TEUBNER *kochen | erleben*

DAS TEUBNER BUCH

Deutsche Küche

DAS TEUBNER BUCH

Deutsche Küche

Fotos: Westermann Studios GbR, Nikolai Buroh

Regionenporträts

Deutschland ist vielfältig: Unterschiedliche geografische und historische Gegebenheiten haben die Landstriche geprägt – auch in kulinarischer Hinsicht.

Im Fokus – Warenkunde

Deutschland ist reich: Vielfalt und Qualität heimischer Lebensmittel können sich sehen lassen – und werden noch weit über die Bundesgrenzen hinaus geschätzt.

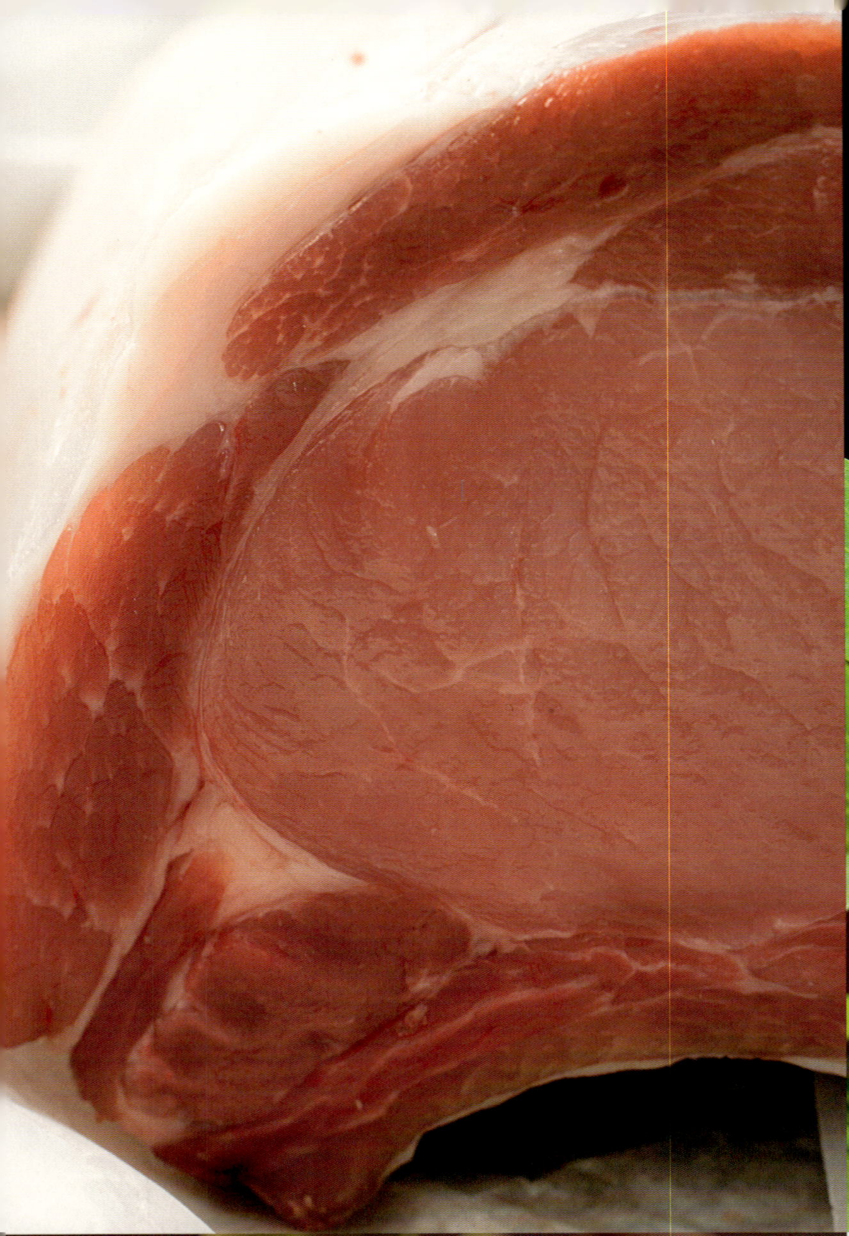

Rezepte

Alle Rezepte sind für 4 Personen berechnet, sofern nicht anders angegeben.

Deutschlands kulinarische Regionen auf einen Blick

Jede Region Deutschlands hat ihre eigenen Spezialitäten und ganz besondere kulinarische Eigenheiten. Kommen Sie mit auf eine kulinarische Reise, die keine Wünsche unerfüllt lässt.

NIEDERSACHSEN

Ursprünglichkeit beherrscht Landschaft und Küche. Letztere kommt auch heute noch ohne viel Schnickschnack aus, denn sie schätzt bodenständige Gerichte. Regionale Spezialitäten, z.B. Nordseefische, Deichlamm oder Heidschnucken, kommen dabei bestens zur Geltung (S. 424 ff.).

NORDRHEIN-WESTFALEN

Wo Ackerflächen, Viehweiden und das grüne Rheintal einen krassen Gegensatz zum großstädtischen Ruhrpott bilden, setzt die Küche der Region auf Ursprünglichkeit und Purismus, wobei traditionell Fleisch und Kartoffeln eine Hauptrolle spielen. Im großstädtischen Raum geht die ursprüngliche Küche gerne eine feine Liaison mit internationaler Kulinarik ein (S. 96 ff.).

THÜRINGEN UND NORDHESSEN

Im deutschen Kernland ist die Küche besonders erfinderisch, wenn es um die Verwendung von Kohl und Kartoffeln geht – oder von Wild und Würsten (S. 240 ff.).

RHEINLAND-PFALZ, SAARLAND UND SÜDHESSEN

Rhein, Mosel und Saar prägen die Landschaften und die Küche einer Region, die ihre kulinarischen Schätze aus fruchtbaren Ebenen und gepflegten Weinbergen holt. Uraltes Kulturland und mildes Klima liefern eine reiche Auswahl an Gemüse, das gerne mit Fisch, Wild und Geflügel aus der Region ergänzt wird. Und natürlich mit Wein, der von jeher zu gutem Essen gehört (S. 312 ff.).

BADEN-WÜRTTEMBERG

Hier ist die regionale Küche in verfeinerter Form zu Hause: Der Südwesten Deutschlands weist ein sehr dichtes Netz an ausgezeichneten Gasthäusern (und Sterneköchen) auf. Die klimatischen Verhältnisse sind gut verteilt: Sonnig-warme und kältere Lagen liefern ein breites Spektrum regionaler Produkte, die – durch die Grenznähe inspiriert – vielfältig und kreativ kulinarisch verarbeitet werden (S. 402 ff.).

HAMBURG, BREMEN UND SCHLESWIG-HOLSTEIN
Zwischen Nord- und Ostsee sind kulinarische Kontraste zu Hause: Die Küche reicht von einfach und deftig bis hin zu feinster Esskultur, die sich gerne – vor allem in den Hansestädten der Region – mit Weltoffenheit paart. Traditionelle regionale Erzeugnisse behalten dabei ihre Bedeutung und werden in Rezepten modern verarbeitet (S. 200 ff.).

MECKLENBURG-VORPOMMERN
Hier lassen sich noch fast in Vergessenheit geratene kulinarische Schätze bergen. Zwischen schroffer Küstenlandschaft und weiten Ebenen verbirgt sich eine Küche, die aus regionalen Werten schöpft: Mit Kartoffeln, Steckrüben, Wild, Geflügel und dem Reichtum der Ostsee glänzt die Küche durch kreative Verarbeitung und einer Vorliebe für Süßsaures (S. 138 ff.).

BERLIN UND BRANDENBURG
Im kulinarischen Schmelztiegel Berlin vereint sich internationaler Appetit mit regionalen Wurzeln, die die Produkte der Uckermark, des Spreewalds und der Gewässer der Region wertschätzen (S. 338 ff.).

SACHSEN UND SACHSEN-ANHALT
Hier geht es, kulinarisch gesehen, kräftig-deftig zur Sache, wäre da nicht die liebevoll zelebrierte Neigung zu Süßem – und natürlich zu Kaffee (S. 492 ff.).

BAYERN
Bayerische Lebensart wird bundesweit geschätzt, insbesondere Brotzeitschmankerln haben hier einen hohen Stellenwert. Die bayerische Küche ist bodenständig. Sie zeigt eine gewisse Affinität zu Fleisch, Wurst und Knödeln und hat südliche Wurzeln, die liebevoll gepflegt werden (S. 34 ff.).

Deutschland genießen

Deutsche essen international, doch immer mehr lockt die original deutsche Küche, nunmehr modern interpretiert, mit kulinarischen Highlights.

Hatten Sie schon einmal mit dem »grünen Hein« zu tun? Noch nie Pumpernickeleis oder Crème brûlée vom Rettich gekostet? Sie wissen nicht, wie »Errötende Mädchen« schmecken und warum Dampfnudeln singen? Und noch nie etwas von »Diebchen« oder »Herrgotts-B'scheißerle« gehört? Dann hält das hier vorliegende Buch über die deutsche Küche eine Vielzahl überraschender Leckerbissen für Sie bereit. Lassen Sie sich auf eine kulinarische Reise ein, wie sie spannender kaum sein kann, und genießen Sie Deutschland in vollen Zügen!

Das neue Standardwerk der deutschen Küche

41 deutsche Spitzenköche und ein stattliches Team von Redakteuren und Autoren haben sich aufgemacht, die Wurzeln der deutschen Küche zu finden und ihrem Wesen und ihren heutigen Highlights nachzuspüren. Nach eineinhalb Jahren Recherche, Rezepterstellung, Testküche und Fotografieren ist das Ergebnis über 600 Seiten stark und wiegt mehrere Kilogramm: Das TEUBNER Buch – Deutsche Küche. Darin finden Sie Originelles wie Originales aus ganz Deutschland in Form von 230 Rezepten mit zahlreichen Varianten und über 500 aussagekräftigen und opulenten Fotos. Dazu Warenkunde, Wissenswertes und Praktisches rund um das, was die deutsche Küche heute charakterisiert. Die qualitativ hochwertigen Rezepte stehen dabei im Vordergrund und nehmen den größten Teil des Buchs ein.

Ein Kochbuch, das als neues Standardwerk der deutschen Küche Maßstäbe setzen will, muss sich zuerst die Frage stellen, was die deutsche Küche heute eigentlich ausmacht. Die Antworten sind vielschichtig. Die deutsche Küche setzt sich nicht allein aus traditionellen Gerichten zusammen. Klassiker wie Eisbein mit Sauerkraut, Kohl mit Pinkel oder Pichelsteiner teilen sich Tisch und Teller längst mit Lebensmitteln und Gerichten aus der Toskana oder Anatolien, aus Bangkok oder Bombay. Die Gesellschaft ist multinational geworden, die Küche ebenso. Auch in Deutschland ist sie ständig im Wandel begriffen und spiegelt den Geist der Zeit, die Verschmelzung der Kochstile und den Lifestyle der Menschen wider. Die zunehmende Mobilität, beruflich wie privat, schafft Nähe zwischen bislang Unbekanntem und uns.

Ursprünglich Fremdes wird Eigenes

Zu den kulinarischen Auswirkungen der Reiselust der Deutschen und ihrer Offenheit gegenüber anderen Kulturen kommen die Einflüsse mediterraner und osteuropäischer Esskulturen, die mit den Gastarbeitern seit den 70-er Jahren des letzten Jahrhunderts ins Land kamen. Auch die Besatzungsmächte und die Teilung Deutschlands haben deutliche Spuren in den Ess- und Kochgewohnheiten der Deutschen hinterlassen. Versorgungsengpässe und Lebensmittelknappheit einerseits und die schier grenzenlose, saisonunabhängige Verfügbarkeit von Esswaren andererseits trugen das Ihre zum Wandel der Speisepläne bei – wenngleich die daraus resultierenden Ausprägungen auch nicht im gesamten heutigen Bundesgebiet und zu allen Zeiten stets gleich waren.
Heute kocht man in Deutschland längst nicht mehr »nur« mit Butter, Margarine oder Maiskeimöl, sondern ebenso mit Olivenöl und anderen hochwertigen Pflanzenölen. Die Palette der Küchenkräuter geht mittlerweile weit über die traditionellen Kräuter, wie Schnittlauch, Petersilie und Dill, hinaus. Basilikum und Rucola werden längst als »normale« einheimische Zutaten empfunden – und sogar regelmäßig auf deutschem Boden kultiviert. Dönerkebab, Hamburger und Pommes frites sind heute Realitäten deutscher Esskultur. Mozzarella ist bekannter als Harzer Roller und das Iberische »Pata-Negra«-Schwein sagt manchem mehr als das Schwäbisch-Hällische.

Alte Rezepte – modern interpretiert

Da viele ausländische Spezialitäten inzwischen genauso zum mehr oder weniger festen Repertoire der deutschen Küche gehören wie einheimische, haben dementsprechend auch die TEUBNER-Köche die Landesgrenzen bei der Auswahl der Zutaten gelegentlich überschritten. Ein Beispiel: »Himmel und Erde« wurde früher traditionell mit Blutwurst zubereitet. In der modernen Version kommen stattdessen Jakobsmuscheln aus dem Atlantik zum Zug, was kulinarischen Traditionalisten haarsträubend erscheinen mag. Aber erstens schmeckt diese Variante hervorragend und zweitens, mal ehrlich, was haben die meisten von uns wohl öfter gegessen, Blutwurst oder Jakobsmuscheln? Eben. Deshalb finden Sie in der »Deutschen Küche« genauso diese moderne Interpretation von »Himmel und Erde« wie auch den allseits bekannten Klassiker (S. 23). Ist dagegen der Unterschied zwischen trendigen und konventionellen Spielarten eher gering, wie zum Beispiel bei unserem Rezept für Curywurst (S. 42), so wird auf eine zusätzliche Beschreibung des Klassikers verzichtet. Ebenso will die »Deutsche Küche« keinen Anspruch auf vollständige Berücksichtigung aller Klassiker erheben, denn dem würde sie nie gerecht werden können.

Kulinarische Traditionen verschmelzen mit neuen Trends zu einer erneuerten deutschen Küche, die die Esskultur genussvoll bereichert.

Es reicht bei einem ehrgeizigen Projekt wie diesem also nicht, Land, Leute und Leckerbissen Bundesland für Bundesland vorzustellen, ohne das Neue, das uns vertraut gewordene Fremde mit einzubeziehen. Anstelle einer Reise durch die traditionellen Regionenküchen haben wir uns von daher für die Menüfolge als Gliederungsprinzip entschieden und das Buch in elf Kapitel eingeteilt: Hier finden Sie eine große Vielfalt, angefangen mit Vorspeisen, Salaten und Suppen über Hauptgerichte mit Fleisch, Fisch oder Wild und diversen Beilagen bis hin zu Süßspeisen und Desserts. Nahezu jedes Kapitel beinhaltet das genauere Porträt einer Region, wie zum Beispiel das Kapitel »Kartoffeln und Gemüse« dasjenige Berlin-Branden-

Deutsche Küche ist vielseitig: Neben deftigen Fleisch-, Wild- und Geflügelgerichten bietet sie auch eine Vielfalt an Kartoffel- und Gemüsegerichten, Salaten, Teigwaren, Saucen, Süßspeisen und Gebäck.

burgs. Diese Zuteilung besagt lediglich, dass es (auch) dort feine Gemüse gibt – kein Wunder, bei den lockeren Sandböden, auf denen Spargel und Spreewaldgurken ja schon nahezu von alleine sprießen.
Nicht immer liegt die Zuordnung der kulinarischen Regionen so deutlich auf der Hand wie etwa im Fall Bayerns. Bei diesem Porträt rückt zwangsläufig das breite Angebot der Schmankerln in den Vordergrund, weshalb das Kapitel »Vorspeisen und kleine Gerichte« als der passende Rahmen erscheint. Ebenso liegt es nahe, das Porträt Hamburgs, Bremens und Schleswig-Holsteins im Kapitel »Fisch« zu platzieren. Die Zuordnung des Porträts Thüringens und Nordhessens zu »Fleisch« trägt der Tatsache Rechnung, dass die mitteldeutsche Küche recht fleischlastig ist und in der Tat eindrucksvolle Schlachtplatten kennt. Mecklenburg-Vorpommern wurde den »Suppen und Eintöpfen« zugedacht, während sich Baden-Württemberg vor allem wegen der Spätzle und Maultaschen im Kapitel »Teigwaren und Beilagen« wiederfindet. »Wild und Geflügel« haben sich Rheinland-Pfalz, Saarland und Südhessen einverleibt – zu diesen edlen Gerichten braucht es einfach ein Gläschen edlen Weins, und den gibt es dort in bester Qualität. Die »Salate« nehmen mit Nordrhein-Westfalen vorlieb (wo tatsächlich ein nicht unwesentlicher Teil der deutschen Salatproduktion herkommt), während in den »Desserts und Süßspeisen« die kulinarischen Traditionen der als »geheime Leckermäuler« bekannten Niedersachsen näher unter die Lupe genommen werden. Zu guter Letzt entfallen Sachsen und Sachsen-Anhalt wegen ihrer berühmten Back- und Süßwaren auf das Kapitel »Backen«.

Die Vielfalt der deutschen Küche genussvoll (wieder-)entdecken

Das TEUBNER Buch – Deutsche Küche versteht sich als Einladung, die grandiose Fülle der deutschen Kulinaria zu entdecken bzw. wiederzuentdecken. Quasi ein »Menü aus deutschen Landen mit Happy End«, bei dem sich bis dahin eventuell vorhandene Vorurteile sicher sehr schnell in Luft auflösen und Komplimente an deren Stelle treten. Dass deutsches Essen an sich langweilig, schwer und plump sei, dieses Statement lässt sich mühelos entkräften. Bodenständiges und Deftiges ist übrigens in fast jeder authentischen Küche der Welt zu Hause und ist oft besonders beliebt. Denn es ernährten sich nicht nur Fürsten und Feinschmecker, sondern auch Leute mit weniger Mitteln oder Möglichkeiten von dem, was Land und Meer, Flüsse, Felder und Wälder hergaben. Manchmal war das nicht viel, dafür blühte der Einfallsreichtum in den Küchen umso stärker. Und ganz nebenbei sei noch bemerkt: Raffinierte französische Buttersaucen, schwere Schweizer Käsefondues, ölreiche italienische Antipasti oder frittierte englische Fish & Chips nehmen es in Sachen Kalorienbilanz durchaus mit einem deftigen deutschen Braten auf.

Kleine Anekdoten und Geheimnisse sorgen für die richtige Mischung

Die Rezepte selbst sind nach dem Prinzip des größtmöglichen Nutzens aufgebaut. Das schließt Informationen in leicht verdaulicher Häppchenform mit ein: Entweder sind die Rezepte mit Hinweisen zur Region, kurzen Anekdoten oder zusätzlicher Warenkunde im Miniformat garniert. Oder sie werden mit praktischen Tipps, Küchengeheimnissen und anschaulichen Steps serviert, die Ihnen die einzelnen Arbeitsschritte beim Nachkochen erleichtern sollen. Auf jeder Rezeptseite werden alle Rezepte, auch die zusätzlich aufgeführten Varianten und Klassiker, ihrem Ursprungs- und Verbreitungsgebiet im Kolumnentitel am oberen Seitenrand zugeordnet.
Gold unterlegte Seiten sind Charakteristika der deutschen Ess- und Trinkkultur gewidmet. Über Themen wie Brot und Wurst hinaus findet man hier zum Beispiel Feuilletonistisches über »Die Krauts und ihre Küche« oder Warenkundliches über »Alte Gemüsesorten«. Denn es gibt da draußen im Land viel Delikates zu entdecken! Wie zum Beispiel Leipziger Allerlei. Die landläufigen Fertiggemüsemischungen, die unter diesem Namen kursieren, haben so gut wie nichts mit dem köstlichen Ursprungsgericht zu tun, in das neben Erbsen, Möhren, Bohnen auch Morcheln, Spargel und Flusskrebse gehören und das eine sorgfältige Zubereitung verlangt.
Sucht man in der Tiefe der Regionen und in ihrer Vergangenheit, so stößt man auf eine Fülle an Genüssen, die weit mehr Aufmerksamkeit verdienten! Pauschal über deutsches Essen die Nase zu rümpfen, heißt, es gründlich zu unterschätzen. Denn bei Weitem nicht nur bei unseren Nachbarn, sondern gerade hier, im Kernland des Umweltbewusstseins, haben sich eine Menge selten gewordener Tierrassen, alter Gemüse- und Obstsorten sowie traditioneller Herstellungsverfahren und Zubereitungsweisen in regionalen Nischen erhalten. Die Köche dieses Buchs machen davon rege Gebrauch, liegt darin doch oft das Besondere eines Gerichts.

Höchste Kochkompetenz als Quelle

41 deutsche Köche stehen hinter den Rezepten dieser außerordentlichen Publikation. Sie werden im Anhang mit ihrer detaillierten Biografie aufgeführt. Große Namen sind darunter, ebenso talentierte Nachwuchsköche. Die Crew der Köche verteilt sich hinsichtlich ihrer Herkunft und ihrem Wirkungskreis über das ganze Land. Dabei fiel auf, dass sich im Südwesten Deutschlands, genauer gesagt in Baden-

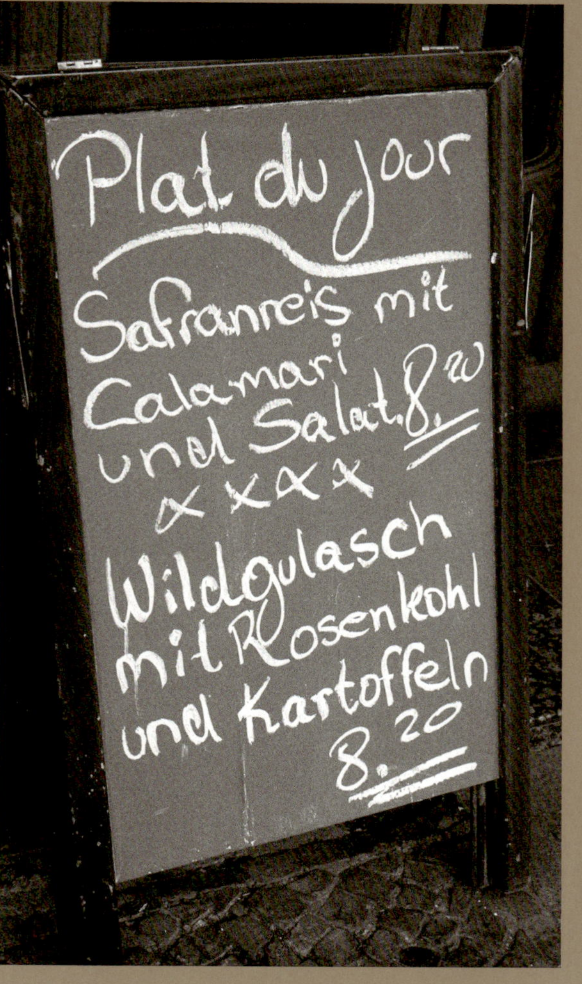

International inspirierte Gerichte haben ihren festen Platz auf den Speisekarten deutscher Restaurants, die sich jedoch immer mehr wieder ihrer ursprünglichen Wurzeln besinnen.

Württemberg, Saarland, Rheinland-Pfalz sowie in Franken, Landgasthöfe von überragender oder sehr guter Qualität häufen und in Berlin, Hamburg, im Ruhrgebiet oder auf Sylt »Feinschmeckeradressen« in hoher Dichte anzutreffen sind. Das bedeutet nicht, dass man im Rest der Republik schlechter essen würde. So findet man in Bayern beispielsweise mit Abstand den größten Fundus an Rezepten, aber eben nicht eine vergleichbare Konzentration von Spitzenköchen auf engem Raum.
Insgesamt ergibt sich jedoch ein bekanntes Bild: Der Süden ist kulinarisch reicher als der Norden, der Westen reicher als der Osten. Im Osten Deutschlands gilt es mitunter, verschüttgegangenes oder bald vergessenes kulinarisches Wissen zu retten, das manchmal nur noch die Großmütter besitzen. Andererseits bilden sich mit Dresden und auch Leipzig neue Zentren des guten Essens im Osten aus.
Ein Vorurteil hat sich jedoch nicht bestätigt – und dem stimmen Sie hoffentlich nach dem Studieren und Ausprobieren der TEUBNER »Deutschen Küche« zu: dass die vielen Köche diesmal nämlich nicht den Brei verderben, sondern sie ihn – jeder auf seine Art – köstlich zubereiten! Lassen Sie sich also inspirieren und von der deutschen Küche zu alten wie ungeahnten neuen Genüssen verführen.

Ihr TEUBNER-Team

Vorspeisen und kleine Gerichte

Kleinigkeiten als Entrée oder Brotzeit

Zubereitungszeit
ca. 45 Min.

Steinpilzkrüstchen mit Rinderfilet

Als würziger Imbiss beliebt, wird mit Salat ein raffiniert leichtes Abendessen daraus.

Zutaten

- *300 g Steinpilze*
- *60 g gesalzene Butter*
- *Salz* · *frisch gemahlener Pfeffer*
- *1 Schalotte*
- *2 große Scheiben Landbrot*
- *1 Knoblauchzehe*
- *3 EL Kalbsjus (Glas oder S. 534)*
- *4 Eier* · *250 g Rinderfilet*
- *2 Zweige Thymian*
- *Meersalz zum Bestreuen*
- *2 EL Schnittlauchröllchen*

1 | **Die Steinpilze putzen** und in möglichst gleichmäßig dicke Scheiben schneiden. Braten Sie die Pilze in 1 EL Butter goldgelb an, würzen Sie sie mit Salz und Pfeffer und stellen Sie sie dann beiseite. Die Schalotte schälen, halbieren, in Streifen schneiden, in 1 EL Butter goldbraun braten und ebenfalls zur Seite stellen.

2 | **Das Brot bei mittlerer Hitze** in 1 EL Butter knusprig braten, mit der halbierten Knoblauchzehe abreiben und warm halten. Den Kalbsjus auf 2 EL reduzieren und warm halten. In einer beschichteten, leicht gebutterten Pfanne aus den 4 Eiern Spiegeleier braten. Das Eiweiß der Spiegeleier leicht salzen.

3 | **Das Rinderfilet** (es sollte Raumtemperatur haben) in 8 Scheiben schneiden. In 1 EL aufschäumender Butter mit den Thymianzweigen und einer halben Knoblauchzehe ganz kurz scharf anbraten (etwa 15 Sekunden), umdrehen und mit grobem Meersalz und frisch gemahlenem Pfeffer würzen. Nehmen Sie das Fleisch nach weiteren 10 Sekunden aus der Pfanne.

4 | **Zum Servieren das Brot halbieren** und jede Hälfte mit jeweils zwei Scheiben Rinderfilet, einigen Schalottenstreifen und den gebratenen Steinpilzen belegen. Beträufeln Sie die Steinpilzkrüstchen mit ein paar Tropfen Jus. Das Ganze mit den Spiegeleiern belegen und mit Schnittlauchröllchen bestreut servieren.

WARENKUNDE

Steinpilze – die »Herren« unter den Pilzen

Steinpilze, auch »Herrenpilze« genannt, sind die nach den Trüffeln wohl begehrtesten aller Speisepilze und fester Bestandteil der Gourmetküche. Ihr feinnussiges Aroma entfaltet sich in vielen Zubereitungsarten und kann auch durch Trocknung oder Tiefkühlung der Pilze konserviert werden. Steinpilze wachsen etwa von Juli bis Oktober bevorzugt in Buchen-, Eichen-, Fichten- oder Tannenwäldern. Beim Putzen den Pilz längs halbieren und auf Madenbefall prüfen, ggf. ausschneiden.

Berlin

bundesweit

Zubereitungszeit
ca. 1 Std. 30 Min.

Pochierte Eier mit Morchelgremolata

Verfeinert mit Spargelspitzen und Muskatbutter

Für die pochierten Eier

- *1/4 l Weißweinessig*
- *4 frische Eier*

Für die Spargelspitzen

- *8 Spargelspitzen (je ca. 6 cm lang)*
- *4 TL Butter* · *1 Prise Zucker* · *Salz*

Für die Muskatbutter

- *1 Msp. gemahlener Kardamom*
- *60 g gebräunte Butter*
- *1 TL Zitronensaft* · *4 TL Honig*
- *3 EL Geflügelfond (Glas oder S. 534)*
- *1 EL geriebene Muskatnuss*
- *Meersalz (Fleur de sel)*
- *1 Msp. Cayennepfeffer*

Für die Morchelgremolata

- *3 Schalotten* · *150 g Morcheln*
- *1 TL Butter* · *2 EL weißer Portwein*
- *3 EL trockener Wermut*
- *200 ml Kalbsjus (Glas oder S. 534)*
- *50 g gebräunte Butter*
- *Salz* · *frisch gemahlener Pfeffer*

Für das Kartoffelpüree

- *400 g mehlig kochende Kartoffeln*
- *100 ml Milch* · *60 g Sahne*
- *frisch geriebene Muskatnuss* · *Salz*
- *frisch gemahlener weißer Pfeffer*
- *50 g gebräunte Butter*

1 | **Für die pochierten Eier** 1 l Wasser mit dem Essig bis knapp unter den Siedepunkt erhitzen. Die eiskalten, frischen Eier einzeln in mit Frischhaltefolie ausgelegte Schälchen schlagen, die Folie verschließen, die Päckchen behutsam ins heiße Essigwasser legen und etwa 5 Minuten darin ziehen lassen. Anschließend aus der Folie nehmen und kurz in gesalzenes Eiswasser legen. Nehmen Sie die pochierten Eier aus dem Eiswasser, lassen Sie sie kurz abtropfen und schneiden Sie ggf. abstehende Eiweißteile ab.

2 | **Die Spargelspitzen** längs vierteln. Die Butter schmelzen und den Spargel hinzugeben. Den Zucker einstreuen, langsam ansautieren und mit Salz würzen. Der Spargel sollte goldgelb sein und einen leichten Biss haben.

3 | **Für die Muskatbutter** alle Zutaten verrühren und mit Salz und Cayennepfeffer abschmecken. Für die Morchelgremolata die Schalotten schälen und fein würfeln. Morcheln putzen, fein würfeln, in Butter anbraten und die Schalotten zugeben. Löschen Sie mit Portwein und Wermut ab. Anschließend würzen und die Flüssigkeit ganz einkochen lassen. Erst dann den Jus zugeben, aufkochen und zum Schluss mit gebräunter Butter, Salz und Pfeffer abschmecken.

4 | **Für das Kartoffelpüree** die Kartoffeln schälen, in gleichmäßig große Stücke schneiden und in gesalzenem Wasser in etwa 15 bis 20 Minuten weich kochen. Das Wasser abgießen und die Kartoffeln zweimal durch eine Kartoffelpresse drücken. Kochen Sie die Milch mit der Sahne auf, geben Sie die Mischung zu den Kartoffeln und schmecken Sie das Kartoffelpüree mit Muskatnuss, Salz, Pfeffer und der gebräunten Butter ab.

5 | **Zum Anrichten** die Eier etwa 40 Sekunden in heißem Wasser erwärmen. Jeweils ein Viertel Kartoffelpüree auf einen vorgewärmten Teller geben und diesen mit der Morchelgremolata bedecken. Nehmen Sie die Eier aus dem Wasser, halbieren Sie sie und setzen Sie die Eier auf die Morchelgremolata. Mit 1 EL Muskatbutter belegen, mit Salz würzen und die Spargelspitzen dazugeben.

VARIANTE: POCHIERTE EIER MIT SENFSAATMARINADE

Zu pochierten Eiern passt auch hervorragend eine Senfsaatmarinade, wie sie in Berlin serviert wird. Dazu 2 EL Senfsaat heiß abspülen und anschließend mit 2 EL Estragonsenf, 50 ml Wasser, 2 EL Honig, 1 EL Estragonessig und 1 EL geschnittenem Kerbel verrühren. Zum Schluss 80 ml Olivenöl langsam mit einem Schneebesen einrühren, bis die Marinade bindet. Schmecken Sie mit Salz und Cayennepfeffer ab. Zum Anrichten die pochierten Eier mit der Marinade übergießen. Dazu passen Kräutersalat und Räucherlachs.

Zubereitungszeit
ca. 1 Std. 15 Min.

Himmel und Erde mit Jakobsmuscheln

Extravagant mit Zwiebelconfit und Balsamicojus

Für das Zwiebelconfit

· 1 große rote Zwiebel · 1 EL Olivenöl · 225 ml Rotwein · ½ Zitrone · Salz · 1 Prise Zucker

Für den Balsamicojus

· ¼ l Geflügelfond (Glas oder S. 534) · ¼ l Kalbsjus (Glas oder S. 534) · 3 EL Aceto balsamico · 50 g Butter · 1 Prise Zucker · Salz · frisch gemahlener Pfeffer

Für Himmel und Erde

· 400 g mehlig kochende Kartoffeln · Salz · 1 Zwiebel · 100 g Butter · 200 ml Milch · 1 EL geschlagene Sahne · frisch geriebene Muskatnuss · 4 gehäufte EL klein gewürfelter Apfel (z.B. Jonagold) · 100 ml Weißwein · 1 gestr. TL Zucker · 1 Msp. gemahlener Zimt · 4 ausgelöste Jakobsmuscheln (ohne Rogen) · 1 EL Distelöl · 4 Scheiben Gänsestopfleber (je 60 g) · Meersalz (Fleur de sel) · frisch gemahlener Pfeffer

S. 96 ff.
REGIONENPORTRÄT Nordrhein-Westfalen

S. 424 ff.
REGIONENPORTRÄT Niedersachsen

1 | **Für das Zwiebelconfit** die rote Zwiebel schälen und in feine Würfel schneiden. Die Zwiebelwürfel in Öl glasig anschwitzen und mit Rotwein auffüllen. Lassen Sie die Mischung sirupartig einkochen, die Zwiebeln sollen weich sein. Mit etwas Salz, Zucker und einem Spritzer Zitronensaft abschmecken.

2 | **Für den Balsamicojus** den Geflügelfond zusammen mit dem Kalbsjus bei großer Hitze auf die Hälfte einkochen lassen. Den Essig und die kalte Butter dazugeben, mit dem Mixer aufschäumen und mit Zucker, Salz und Pfeffer abschmecken.

3 | **Die Kartoffeln schälen** und in Salzwasser in etwa 15 bis 20 Minuten gar kochen, abgießen und durch die Kartoffelpresse drücken. Die Zwiebel schälen, in Würfel schneiden und in der Butter glasig anschwitzen. Geben Sie zuerst die Butter mit den Zwiebeln zu den Kartoffeln und rühren Sie die Masse mit einem Holzlöffel glatt, dann die erhitzte Milch dazugeben und ebenfalls glatt rühren. Die geschlagene Sahne unterheben, mit Salz und Muskatnuss abschmecken. Es soll ein cremig-weiches Püree entstehen.

4 | **Die Apfelwürfel** mit dem Weißwein und 1 gestrichenen TL Zucker einmal aufkochen lassen, dann mit Zimt abschmecken und zur Seite stellen. Würzen Sie die ausgelösten Jakobsmuscheln mit Meersalz und Pfeffer. In einer Pfanne in heißem Öl von beiden Seiten in 3 bis 4 Minuten rasch goldbraun braten. Die Muscheln müssen innen noch leicht glasig sein.

5 | **Eine beschichtete Pfanne erhitzen** und die Leber ohne Fett und nicht gewürzt darin von beiden Seiten etwa 1 Minute goldbraun braten, sodass sie innen noch rosa ist. Würzen Sie sie anschließend mit Meersalz und Pfeffer.

6 | **Zum Anrichten** auf Jakobsmuschelschalen oder vorgewärmte Teller zuerst jeweils einen großen Löffel Kartoffelpüree geben und dann auf dem Püree je einen Löffel Apfelkompott und etwas Zwiebelconfit anrichten. Gießen Sie den Balsamicojus an und setzen Sie die gebratene Gänsestopfleber sowie die Jakobsmuschel darauf.

DER KLASSIKER: MIT BLUTWURST UND APFELKOMPOTT

Beim Klassiker »Himmel und Erde«, der einst ein traditionelles Sonntagsessen kleiner, d.h. armer Leute war, werden in Schmalz gebratene, enthäutete und in Scheiben geschnittene Blutwürste (»Pudel am Band« nannte man diese) und geröstete Zwiebeln auf Kartoffelpüree serviert. Dazu gibt es in der Regel Apfelkompott, am besten aus säuerlichen Sorten zubereitet. Verfeinern Sie diesen Klassiker, indem Sie eine mit Trauben versetzte Blutwurst wählen und nappieren Sie das Gericht zusätzlich mit etwas warmem Kalbsjus (S. 534).

Vom Haferbrei zur bürgerlichen Küche

Kochen ist eine alte Kunst – allerdings sah sie früher natürlich ganz anders aus! Wie sich die deutsche Kochkultur entwickelt hat, zeigt ein Blick in die Historie.

Könnten wir in die Kochtöpfe unserer Ahnen schauen, ergäbe sich schon im Mittelalter ein wenig einheitliches Bild: Während bei den einen tagtäglich nur eine ärmliche Suppe über dem Feuer brodelt, biegen sich bei den anderen die Tische unter der Last der Speisen. So kann – ebenso wenig wie es die *eine* deutsche Küche gibt – von der *einen* Geschichte deutscher Kochkunst die Rede sein. Zu groß sind die Unterschiede von Region zu Region und von Schicht zu Schicht.

Hunger und Überfluss

Im Mittelalter erlebten die Menschen in Mitteleuropa einen ständigen Wechsel zwischen Überfluss und Not. Die Monate nach einem guten Sommer konnten durchaus üppig sein, überwiegend berichten historische Quellen jedoch von Missernten und Dürren. Teuerungen waren die Folge, Getreide wurde knapp und dieses, als Brei gelöffelt oder zu Brot verbacken, stand für die Mehrzahl der Bevölkerung täglich auf dem Speiseplan. Kein Wunder, dass die Menschen damals mehr durch das »Wie viel« als durch das »Was« zu beeindrucken waren. Quantität und weniger die Raffinesse bei der Zubereitung stand im Vordergrund. Man träumte vom Schlaraffenland.

Für die Oberschichten sind dagegen immer wieder aufwendige Mahlzeiten überliefert, deren Aufgabe es war, den Gast gebührend zu beeindrucken. So veranstaltete etwa der Magistrat der Stadt Weißenfels anlässlich der Einweihung der Stadtkirche (1303) eine zweitägige Feier für den Bischof. Schon die Speisefolge des ersten Tages war beachtlich: Gereicht wurde Eiersuppe mit Safran, Pfeffer und Honig, Hirsegemüse, Schaffleisch mit Zwiebeln, gebratenes Huhn mit Zwetschgen, Stockfisch mit Öl und Rosinen, in Öl gebackene Bleie, gesottener Aal mit Pfeffer, gerösteter Bückling mit Leipziger Senf, sauer zubereitete, gesottene Fische, gebackene Barben, in Schmalz zart gebratene kleine Vögel mit Rettich und eine Schweinskeule mit Gurken – auf den Tisch kam schlichtweg alles, was begehrt und teuer war.

Eine Frage des Standes: Herren- oder Bauernspeise

Im Hoch- und Spätmittelalter erlebten die Städte Mitteleuropas eine Blütezeit. Dank des günstigeren Klimas blieben die Ernten über viele Jahre stabil, die Versorgung verbesserte sich. Gleichzeitig wuchsen die Standesunterschiede – auch beim Essen: Weißbrot aus Weizenmehl gehörte auf die Tische der adligen Herren, Bauernbrot bestand aus dunklem Roggen- oder Hafermehl. Wildbret und die besten Stücke von Kalb, Rind oder Schwein galten als Herrenspeise. Speck, Würste, Hülsenfrüchte, Kohl und Rüben waren Bauernkost. Dass die bäuerlichen Unterschichten sich nicht länger damit abfinden wollten, ist für den österreichischen Ritter und Satiriker Seifried Helbling (um 1300) eine »Katastrophe«: »Den Bauern bestimmt man zur Speise Fleisch und Kraut und Gerstenbrei; ohne Wildbret sollen sie sein, an Fasttag Hanf, Linsen und Bohnen; Fisch in Öl sollten sie schon die Herren essen lassen, das war so Brauch. Nun essen sie mit den Herren alles, was man Gutes finden kann. Das ist für das Land ein Hagelschlag.«

Die Rolle der Klöster und der Kirche

Um den immer wiederkehrenden Hungersnöten Herr zu werden, hatte Karl der Große 795 mit seinem Edikt »Capitulare de villis« den Klöstern genaue Vorschriften über die Anlage von Gärten, Ställen und Teichen sowie Angaben zu ihrer Bewirtschaftung an die Hand gegeben. Mönche und Nonnen waren so im Lauf der Zeit zu Agrarfachleuten geworden und gaben ihr Wissen an die Landbevölkerung weiter. Doch damit nicht genug: In ihren Bibliotheken bewahrten sie Traktate über die römische Küche auf, etwa die Schriften des Apicius, des römischen Feinschmeckers und bekanntesten Kochbuchautors der Antike. Die Klöster retteten das kulinarische Erbe Roms und trugen damit entscheidend zur Weiterentwicklung deutscher Kochkunst bei. Die Klosterköche zeigten sich zudem erfinderisch. Um die Fastenzeit abwechslungsreicher zu gestalten, wurden Wasservögel oder Biber zu Fischen erklärt und allerhand Gerichte daraus zubereitet. Erstere hatten ja nur zwei statt der verbotenen vier Beine, Letzere waren zwar vierbeinig, aufgrund des schuppigen Schwanzes jedoch »eindeutig« dem Wasser zuzuordnen. Manche deutsche Spezialität wie »Kartäuserklöße«, »Hasenohren«, »Nonnenfürze« (die auch »Mutzenmandeln« heißen), stammt aus einer Klosterküche.
Auch beim Keltern und Brauen kannten sich die Mönche hervorragend aus. Seit das Bier als (Fasten-) Getränk immer beliebter wurde, stellten es viele Klöster nach eigener Rezeptur her; Namen wie »Franziskaner«, »Paulaner«, »Andechser« oder »Augustiner« zeugen noch heute davon.
Nicht nur in den Klöstern spielte das Kulinarische eine wichtige Rolle. Sonn- und Festtage waren ohne gutes Essen undenkbar, das Einnehmen eines gemeinsamen Mahls stand im Mittelpunkt kirchlicher und familiärer Feiern. Seit jeher spielte dabei Fleisch eine wichtige Rolle, zumal den hohen kirchlichen Feiertagen ja meist Fastentage vorausgingen. So kam zur Kirchweih Geflügel auf den Tisch und an Ostern durften, wo immer man es sich leisten konnte, Braten und Kuchen nicht fehlen. Feines Backwerk wie die Neujahrsbrezel oder der Dreikönigskuchen war oft unmittelbar einem Feiertag zugeordnet.

Fleisch und exotische Gewürze werden en vogue

Nach dem Wüten der Pest im 14. Jahrhundert waren in Mitteleuropa größere Flächen zur Beweidung vorhanden. Fleisch war gefragt wie kaum zuvor und wurde sogar importiert. Bis zu 20.000 Ochsen trieb man um 1500 aus Polen und Ungarn auf deutsche Viehmärkte, etwa ins kleine thüringische Buttstädt.

Während das einfache Volk darbte, ließen es sich Ritter und hohe Geistlichkeiten schmecken: Beim festlichen Gelage kam nur das Allerbeste auf den Tisch (um 1300).

Geflügel, Wild und Kalbfleisch waren lange Zeit als »Herrenspeise« den feinen Herrschaften vorbehalten, in deren Küchen mit Üppigkeit gewirtschaftet wurde (um 1574).

Noch heute erinnert der steinerne Ochse auf der Fleischbrücke in Nürnberg an jene Zeit. Importiert wurde jedoch nicht nur Vieh, sondern vor allem die begehrten Gewürze aus Asien. Sie kamen übers Mittelmeer nach Venedig und auf dem Landweg in die Städte. Dort war im 15. Jahrhundert die Nachfrage nach Pfeffer, Piment und Zimt sprunghaft angestiegen. Die Gewürzhändler, missgünstig »Pfeffersäcke« genannt, verdienten sich eine goldene Nase.

Mit der Entdeckung der Neuen Welt gegen Ende des 15. Jahrhunderts waren dann zunehmend Waren aus Übersee gefragt. Karibischer Rohrzucker, Kaffee und Kakao aus Mittelamerika oder Tee aus Indien wurden zu Luxusgütern, die sich zunächst nur die begüterten Oberschichten leisten konnten. Dennoch: Insgesamt kann das »deutsche« Essen also gar zu schlecht nicht gewesen sein. Michel Eyquem, Seigneur de Montaigne, ein französischer Schriftsteller und weit gereister Philosoph, vermerkt in seinem Reisebericht (1580) über süddeutsche Gasthäuser: »Was die Aufwartung bei Tisch betrifft, treiben sie solchen Aufwand mit Lebensmitteln und bringen in die Gerichte eine solche Abwechslung an Suppen, Saucen und Salaten, und das alles ist in den guten Gasthäusern mit solchem Wohlgeschmack zubereitet, dass die Küche des französischen Adels kaum damit verglichen werden kann.«

Die Verfeinerung der Tischsitten

Das änderte sich erst im 17. und frühen 18. Jahrhundert, als Frankreich aufgrund der enormen Prachtentfaltung am Hofe Ludwigs XIV. (1638–1715) zum großen Vorbild in Sachen Kochkunst und Kultur avancierte. Repräsentative Festbankette und opulente Schauessen sorgten für Aufsehen und regten zur Nachahmung an. So wurden 1717 in Regensburg bei einem »Gala-Diner« für 100 Personen nicht weniger als 148 verschiedene Speisen serviert. Und zwar nach dem »Service français«, bei dem alle Gerichte gleichzeitig auf den Tisch kamen. Erst im 19. Jahrhundert wurde diese Art zu speisen vom »Service à la Russe« abgelöst. Fortan servierten reihum gehende Bedienstete den Gästen die Speisen hintereinander. Eine feste Abfolge entstand, die Zahl der Gerichte verringerte sich: Weniger, dafür besser, war jetzt die Devise.

Verfeinert hatten sich auch die Tischsitten: Man benutzte inzwischen Besteck und tiefe Teller, sie hatten die vorher üblichen Holzbrettchen abgelöst. Im Laufe des 17. Jahrhunderts kam dann als letzter Bestandteil unseres heutigen Gedecks die Gabel hinzu, allerdings nur bei den gehobenen Schichten. Das einfache Volk tauchte noch lange Löffel und Brot in die gemeinsame Schüssel. Beim aufstrebenden Bürgertum, das den Moden der adligen Herrschaften nacheiferte, konnten sich die neuen Tischsitten dagegen schon im 18. Jahrhundert durchsetzen.

Luxusgüter und Kaffeehauskultur

Ausländische Einflüsse haben in der deutschen Küche schon immer eine Rolle gespielt: Während bis zum 15. Jahrhundert vor allem der Mittelmeerraum neue Produkte und Ideen lieferte, kam danach die

Die französische Küche war lange Zeit Vorbild für Kochkunst und Kultur. Wer etwas auf sich hielt, der pflegte französische Sitten.

Neue Welt als Quelle der Inspiration hinzu. Ab dem 17. Jahrhundert begann man sich stärker für die westlichen Nachbarn zu interessieren. Kulinarische Impulse kamen zunehmend auch aus England. Dabei orientierte sich der Adel eher an der französischen, das Bürgertum an der britischen Küche.
Im Laufe des 18. Jahrhunderts kam mit der Kartoffel dann eine weitere große Veränderung auf den Speiseplan. Ihren Aufstieg verdankte die unscheinbare und ursprünglich in Südamerika beheimatete Knolle jedoch nicht allein der Fürsprache Friedrichs des Großen (1712–1786), sondern vor allem wohl der Tatsache, dass sie sich so vielfältig zubereiten ließ wie kaum ein anderes Nahrungsmittel. Man konnte Kartoffeln nach Bauernart braten, aber auch auf vornehmere Art servieren, etwa als Klöße.
Auch andere kulinarische Gewohnheiten änderten sich: Süßes wurde noch beliebter, seinen Frühstückskaffee trank man jetzt mit Zucker. Nachmittags griffen wohlhabende Bürger zu Konfekt, Pralinés oder Marzipan. Hierfür ging man zur privaten »Caffé-Visite« oder besuchte eines der neuen Kaffeehäuser, wie sie vielerorts entstanden waren – 1673 in Bremen und 1677 in Hamburg. In Leipzig öffnete 1720 das Kaffeehaus »Zum Arabischen Coffebaum« seine Türen (Zahlen: Deutscher Kaffeeverband).

Erbswurst und Fleischextrakt

Die fortschreitende Industrialisierung beeinflusste auch die deutschen Essgewohnheiten. Dank der Erfindung des Kunstdüngers, neuer Landmaschinen und moderner Viehzucht war es gelungen, den Hunger zu besiegen. Seit Beginn des 19. Jahrhunderts gab es Nahrungsmittel in Dosen, neue Konservierungsverfahren wie Pasteurisieren und Tiefkühlen kamen hinzu. Dies vereinfachte die Vorratshaltung und den Transport von Lebensmitteln erheblich.
Zudem fielen zahlreiche kulinarische Erfindungen in jene Zeit. 1855 kam das Milchpulver auf den Markt. Zucker, produziert aus heimischen Rüben, verwandelte sich in der zweiten Hälfte des Jahrhunderts vom Luxusprodukt zum Massenprodukt. 1867 wurde mit der Erbswurst die erste deutsche Instantsuppe erfunden, 1869 kam die Margarine hinzu, die im Auftrag Napoleon III. entwickelt wurde. Etwa seit dieser Zeit konnte die deutsche Hausfrau ihre Suppe aus Liebigs Fleischextrakt zubereiten. Und auch die Erfindung der Trockensuppe von Julius Maggi und Carl Knorr fiel in diesen Zeitraum: 1886 kamen die ersten Tütensuppen auf den Markt. 5 Jahre später verkaufte August Oetker sein erstes Backpulver.

Kochbücher für die neugeborene bürgerliche Küche

All diese Neuerungen auf dem Lebensmittelsektor begeisterten die Menschen in den rasant wachsenden Städten. Neben der Arbeiterschaft hatte sich dort ein neues selbstbewusstes Bürgertum etabliert, das nicht länger am Althergebrachten festhielt. Gaststättenwesen und Lebensmittelhandel blühten auf, in den Kolonialwaren- und Delikatessengeschäften gab es Lebensmittel aus der ganzen Welt zu entdecken. Die Vermittlung des Wissens über die neuen Produkte und ihre Zubereitung fiel von nun an den Kochbüchern zu. Am beliebtesten war das 1845 erstmals erschienene »Praktische Kochbuch – Zuverlässige und selbstgeprüfte Recepte der gewöhnlichen und feineren Küche« von Henriette Davidis. Bis ins 20. Jahrhundert hinein blieb es *das* deutsche Kochbuch und erreichte enorme Auflagen.
Zugeschnitten war es – wie die meisten Kochbücher jener Zeit – auf das sogenannte neue Bürgertum. Die Autoren wandten sich nicht länger an Profiköche, sondern schrieben vielmehr für die bürgerliche Hausfrau – sie wurde zum Mittelpunkt der bürgerlichen Kleinfamilie. »Jede Gattin klug und weise« kochte nun »des Mannes Lieblingsspeise«. Der Begriff der »bürgerlichen Küche« entstand und damit war endgültig der Grundstein für die »gutbürgerliche Küche« von heute gelegt.

Katrin Wittmann

Hessen

Rheinland-Pfalz

Baden-Württemberg

Zubereitungszeit
ca. 2 Std.

Zwiebelkuchen mit Speck und Ei

Ein herzhafter Snack – nicht nur zu Wein

Für den Teig (für 2 Springformen, 26 cm Ø)

- *200 g Weizenmehl (Type 550)*
- *200 g Roggenvollkornmehl (Type 1050)*
- *10 g frische Hefe*
- *1 TL Zucker*
- *50 ml Milch*
- *1 gestr. TL Salz*

Für den Belag

- *1,2 kg Zwiebeln*
- *350 g Rauchspeck*
- *100 g Butterschmalz*
- *6 Eier*
- *500 g saure Sahne*
- *Salz*
- *frisch gemahlener Pfeffer*
- *frisch geriebene Muskatnuss*
- *1–2 TL Kümmelsamen*

Kümmel einweichen

Der Kümmel wird beim Backen weicher und aromatischer, wenn Sie ihn über Nacht in etwas kaltem Wasser einweichen.

S. 240 ff.
REGIONENPORTRÄT
Thüringen/Nordhessen

S. 312 ff.
REGIONENPORTRÄT
Rheinland-Pfalz/Saarland/Südhessen

S. 402 ff.
REGIONENPORTRÄT
Baden-Württemberg

1 | **Für den Brotteig** beide Mehlsorten in eine Schüssel sieben und eine Mulde hineindrücken. Die Hefe in 50 ml lauwarmem Wasser auflösen, in die Mulde geben und mit etwas Mehl und Zucker verrühren. Dann lassen Sie den Vorteig mit einem Tuch abgedeckt an einem warmen Ort 15 Minuten gehen.

2 | **Etwa 75 ml warmes Wasser** und die Milch zugeben, das Salz zufügen und langsam zu einem glatten Teig kneten, bis sich der Teig vom Schüsselrand löst. Lassen Sie den Teig nochmals zugedeckt an einem warmen Ort etwa 20 Minuten gehen.

3 | **Anschließend den Teig halbieren,** beide Teighälften jeweils etwa 3 mm dünn ausrollen und zwei Springformen damit auslegen. Einen 3 cm hohen Rand hochziehen. Mit der Gabel einstechen und nochmals 15 Minuten gehen lassen. Wenn Sie keine Springform besitzen, können Sie auch runde Teigfladen formen und bei diesen mit den Fingerspitzen rundherum einen Rand kneifen.

4 | **Für den Belag** die Zwiebeln schälen und in sehr feine Streifen schneiden. Den Speck in feine Scheiben und diese in feine Streifen schneiden. Einige Speckstreifen beiseitelegen. Das Butterschmalz erhitzen und die Zwiebeln mit dem Speck (bis auf die zurückgelegten Streifen) 20 Minuten dünsten. Auskühlen und abtropfen lassen. Den Backofen auf 220 °C vorheizen.

5 | **Die Zwiebel-Speck-Mischung** auf den Teig verteilen. Verrühren Sie die Eier mit der sauren Sahne, schmecken Sie die Mischung ab und gießen Sie sie über den Zwiebel-Speck-Belag. Mit den beiseitegelegten Speckstreifen belegen und den Zwiebelkuchen im vorgeheizten Ofen auf der mittleren Schiene 35 bis 40 Minuten backen. Zum Servieren in Stücke schneiden und mit Salat servieren.

REGIONENPORTRÄT

Weinbaugebiete mit Vorlieben

Ob an Rhein, Main, Neckar oder Mosel: Zwiebelkuchen ist in allen Weinanbaugebieten beliebt. Im Badischen wird er traditionell mit einem kräftigen Brotteig zubereitet. Als »Flammkuchen« kennt ihn der Gourmet im Elsass, wo er im Holzkohleofen gebacken wird. Sein guter Ruf führte ihn sogar bis nach Franken und Schwaben, wo er als »Zwiebelwähe« oder auch »Zwiebelplotz« bekannt ist. Zwiebelkuchen schmeckt am besten frisch aus dem Ofen oder lauwarm.

Zubereitungszeit
ca. 2 Std.

Knuspercrêpes mit Wildkräutercreme

Mit einem Hauch von Speck aromatisch garniert

Für die Knuspercrêpes

- *18 Blatt Filoteig (Asien-Laden; oder Strudelteig)* · *2–3 EL Olivenöl*

Für den Wildkräuterpesto

- *4 TL Olivenöl* · *4 TL Pinienkerne*
- *2 TL grob zerkleinerte Wildkräuter (z.B. Giersch, Wiesenkerbel, Huflattich)*
- *1 TL geriebener Parmesan* · *Salz*
- *einige Eiswürfel*

Für die Wildkräutercreme

- *50 g Quark (20 % Fett)* · *2 EL Sahne*
- *ca. 1–2 EL Wildkräuterpesto*
- *Meersalz* · *frisch gemahlener Pfeffer*
- *1 Blatt Gelatine* · *1 EL Milch*

Für die »Speckwolke«

- *60 g durchwachsener geräucherter Speck*
- *¼ l Kalbsfond (Glas oder S. 534)*
- *2 Blatt Gelatine*

1 | **Für die Knuspercrêpes** den Backofen auf 140 °C vorheizen. Die Filoteigblätter mit Olivenöl bestreichen und jeweils drei Lagen aufeinanderlegen. Stechen Sie aus den nun dreilagigen Platten mit einem runden Ausstecher (Ø 9 cm) 16 kleine »Böden« aus. Die Böden auf ein mit Backpapier belegtes Blech legen und im Backofen auf der mittleren Schiene in 10 Minuten goldbraun backen.

2 | **Für den Wildkräuterpesto** die angegebenen Zutaten in einen Mörser geben und zum Pesto zerreiben. Für die Wildkräutercreme den Quark mit der Sahne glatt rühren. Den Pesto nach Geschmack zugeben und abschmecken. Die Gelatine in kaltem Wasser einweichen und in der warmen Milch auflösen. Dann unter die Wildkräutercreme rühren. Im Kühlschrank auskühlen lassen.

3 | **Für die »Speckwolke«** den Speck in kleine Stücke schneiden, im Kalbsfond einmal aufkochen, 15 Minuten ziehen und dann auskühlen lassen. Gießen Sie den Fond anschließend durch ein feines Sieb ab. Die Gelatine einweichen, in 80 ml warmem Speckfond auflösen und im Kühlschrank fest werden lassen. Inzwischen 120 ml vom Speckfond abmessen und im Tiefkühlfach so lange kühlen, bis er gerade noch flüssig ist. Das Gelee im Mixer aufschlagen und den eiskalten Speckfond langsam zugeben. So lange schlagen, bis die Masse eine Konsistenz von Eischnee hat. Im Kühlschrank 15 bis 20 Minuten abgedeckt kühl stellen.

4 | **Zum Anrichten** zwölf Böden mit Wildkräutercreme bestreichen und je drei davon aufeinandersetzen. Setzen Sie dann die restlichen, nicht bestrichenen Böden als Deckel darauf. Aus der Speckwolke Nocken stechen und die Knuspercrêpes damit dekorieren.

DIE KLASSIKER: PFANNKUCHEN, FLÄDLE, HEENSCH UND SPECKENDICKEN

Der Klassiker ist bundesweit verbreitet: Aus 175 g Mehl, 4 Eiern, 150 ml Milch und 1 Prise Salz zubereitet, wird der Teig in wenig Öl oder Butter portionsweise ausgebacken und kommt in Süddeutschland als »Pfannkuchen« und in Berlin als »Berliner Eierkuchen« mit Marmelade oder Zucker auf den Tisch. »Flädle« werden identisch hergestellt, dienen aber – in Streifen geschnitten – im Schwäbischen als Suppeneinlage. Die in Niedersachsen beliebten Buchweizenpfannkuchen (dazu ersetzt man die Hälfte des Weizenmehls durch Buchweizenmehl und lässt den Teig 3 Stunden quellen) waren einst ein Bauernessen. Heute gelten sie als Traditionsgericht auch für Feinschmecker. Rheinländische »Heensch« sind Buchweizenpfannkuchen, die mit Hefe zubereitet werden. Kenner genießen sie mit Rübensirup. »Speckendicken« kommen aus dem Emsland: Aus Weizenschrot, Roggenmehl, Eiern, Milch, Schmalz, Zucker, Sirup, Anis, Kardamom und Zimt wird ein Teig bereitet, der im Waffeleisen goldbraun gebacken wird.

Zubereitungszeit
ca. 20 Min.

Marinierzeit
ca. 4 Std.

Marinierter Klosterkäse

Ein hessischer Klassiker, der hier mit Schnittlauch, roten Zwiebeln und Koriander variiert wird

Zutaten

- *1 TL Koriander (ganz)*
- *100 ml Schalottenessig (oder Obstessig)*
- *je 100 ml Rapsöl und trockener Riesling*
- *Salz · frisch gemahlener bunter Pfeffer*
- *1 rote Zwiebel · ½ Bund Schnittlauch*
- *400 g Klosterkäse (oder Harzer Roller)*
- *Löwenzahnsalatblätter zum Garnieren*

1 | **Für die Marinade** den Koriander im Mörser grob zermahlen. Essig, Öl und Weißwein verrühren, mit Salz, Pfeffer sowie geschrotetem Koriander kräftig würzen. Schälen Sie die rote Zwiebel und schneiden Sie sie in dünne Scheiben. Den Schnittlauch waschen, trocken schütteln und in feine Röllchen schneiden.

2 | **Die Schnittlauchröllchen** unter die Marinade mischen. Käse in Scheiben schneiden und mit Zwiebeln turmartig aufschichten, dabei jede Schicht mit Marinade beträufeln und mindestens 4 Stunden durchziehen lassen. Mit Löwenzahnsalat garniert servieren.

WARENKUNDE

Schnittlauch – Röllchen mit Schärfe

Das mild-delikate Zwiebelgewächs mit dem hohen Vitamin-C-Gehalt wird schon seit dem Mittelalter in Deutschland kultiviert. Die mehrjährige Pflanze besitzt röhrenförmige Blätter (im Volksmund als Halme bezeichnet), die ständig nachwachsen. Sie verfeinern, in Röllchen geschnitten, eine Vielzahl von Gerichten. Klassischerweise gehört der Schnittlauch etwa in die Frankfurter Grüne Sauce oder auf die Hamburger Aalsuppe. Neben den Blättern sind auch die violetten oder weißen Blüten essbar. Sie verfeinern Salate oder dienen als Garnierung. Schnittlauch schmeckt nur roh, gegart verliert er seine Würzkraft.

Zubereitungszeit
ca. 30 Min.

Obatzder

Eine deftige Brotzeitspezialität aus der Alpenregion, die nicht nur im Biergarten schmeckt

Zutaten

- *1 TL Kümmel*
- *250 g reifer Camembert*
- *50 g weiche Butter*
- *50 g Frischkäse (Doppelrahmstufe)*
- *1 EL helles Weißbier*
- *1 EL Paprikapulver (edelsüß)*
- *2 Schalotten* · *½ Bund Schnittlauch*
- *Salz* · *frisch gemahlener Pfeffer*
- *gewaschene Salatblätter und geraspelte Radieschen zum Anrichten*
- *einige Zwiebelringe zum Anrichten*

Überreif schmeckt gut

Für den Obatzden eignet sich hervorragend ein schon überreifer Camembert, der dann erst sein volles Aroma entfaltet.

1 | **Den Kümmel in kaltem Wasser** einweichen. Den Camembert, die Butter und den Frischkäse mit einer Gabel grob zerdrücken, das Weißbier und das Paprikapulver hinzufügen und alles über einem heißen Wasserbad zum Schmelzen bringen, sodass die Masse flüssig wird. Drücken Sie die heiße Mischung durch ein feines Sieb und stellen Sie die Masse vor dem Weiterverarbeiten für 10 Minuten in den Kühlschrank. Auf diese Weise wird die Käsemasse besonders glatt und cremig.

2 | **Die Schalotten schälen** und in feine Würfel schneiden. Den Schnittlauch waschen, gut trocken schütteln und in feine Röllchen schneiden. Die Schalottenwürfel (Brunoise) 1 Minute in Salzwasser blanchieren, in eiskaltem Wasser abschrecken und gut ausdrücken. Den Kümmel in ein Sieb abgießen und abtropfen lassen. Schalotten, Kümmel und Schnittlauch zur Käsemasse geben. Mit Salz und Pfeffer abschmecken, in kleine Gläser füllen und bis zum Servieren zugedeckt kalt stellen.

3 | **Zum Anrichten** mit einem angefeuchteten Löffel aus der Käsemasse Nocken formen und diese auf ein Bett aus Salatblättern, geraspelten Radieschen und Zwiebelringen legen. Mit Schnittlauch garnieren. Dazu passen frisches Brot oder Brezen.

Im Land der Zwiebeltürme

Weißblauer Himmel, schattige Kastanien im lauwarmen Fallwind, ein kühles Helles vor sich und den Duft von Steckerlfisch in der Nase – das ist bayerische Lebensart.

Was den Einheimischen lieb und teuer, ist Fremden im Freistaat mitunter recht suspekt: die Sprache, die Bräuche, die Mentalität und erst die Küche! Kein Wunder, denkt man beispielsweise an bayerische Spezialitäten wie »Hirnwurst«, die ohne Hirn hergestellt wird, und »Leberkäs'«, dessen Rezeptur weder Käse noch Leber kennt. Auch sonst findet sich manche Eigenheit kulinarischer Natur, die von außen betrachtet einer gewissen Seltsamkeit nicht entbehrt. Zum Beispiel die Münchener Weißwurst. Die Etikette will, dass man sie nicht paar-, sondern stückweise und nur mit süßem Senf und Brez'n, aber nicht mit Messer und Gabel isst, sondern aus der Haut »zuzelt« und das unbedingt vor dem Zwölf-Uhr-Läuten. Alles andere wäre verkehrt – oder zumindest völlig unbayerisch. Als der Metzger Sepp Moser am 22. Februar 1857 mit der bleichen Brühwurst das Manna der Münchener Esskultur erfand, mag der empfohlene Verzehr bis spätestens Mittag noch einen Sinn gehabt haben. Möglicherweise war die Weißwurst an heißen Tagen mittags nämlich schon verdorben. Längst hat man zwar einen Kühlschrank an-, die Regel aber noch nicht abgeschafft. Man repetiert sie wie ein Mantra und verzehrt die Weißwurst gleichwohl ungeniert zu jeder Tageszeit – und natürlich auch mit Messer und Gabel.

Der Herrgott muss ein Bayer sein

Im Land der Zwiebeltürme, in dem die Weißwurst die Grenze gegen alles »Preußische« bildet, hat man einen guten Draht nach oben. Der Verdacht, dass im weißblauen Himmel ein Bayer regiert, drängt sich auf, so schön ist die Natur zwischen Alpen und Main, Bayerischem Wald und Bodensee beschaffen und so üppig mit einer glorreichen Institution ausgestattet: dem Biergarten. »Hopfen und Malz – Gott erhalt's!« Der Gerstensaft ist in Bayern Sache der Kirche. Vor allem Benediktinermönche haben sich darin hervorgetan und verfügen mittlerweile über eine bald tausendjährige Brau-Erfahrung. Der berühmteste Biergarten dürfte Kloster Andechs, der vielleicht idyllischste Kloster Reutberg in Sachsenkam sein; der Quotenretter ist jedenfalls Kloster Mallersdorf, wo nicht Brüder, sondern Schwestern brauen.

Oktoberfest und Hofbräuhaus hin oder her, den Titel der heimlichen Bierhauptstadt machen zwei oberfränkische Städte München streitig: Kulmbach mit seinem Brauereimuseum und Bamberg mit der weltweit größten Brauereidichte. In perfekter Lage zwischen den Bierpolen München und Franken eingebettet liegt das Herzstück bayerischer Braukultur: die Holledau, das größte zusammenhängende Hopfenanbaugebiet der Welt. Hopfen ist neben Gerste und Wasser die entscheidende Zutat für die Bierproduktion, wie es das Reinheitsgebot von 1512 vorschreibt.

Geburtsstunde der Biergärten

1539 kam es zu einem weiteren folgenschweren Gesetz: Wegen erhöhter Brandgefahr wurde fortan im Sommer, genauer gesagt während der künftigen Biergartensaison, vom 23. April bis 29. September das Brauen verboten. Die Brauer beugten Engpässen mit speziellem Märzenbier vor, das sie in kühlen Kellern lagerten. Wegen des hoch liegenden Grundwasserspiegels auf der oberbayerischen Schotterebene reichten die Keller nicht tief hinunter, weshalb die Brauer zur besseren Kühlung Kies darüberschaufelten und Schatten spendende Kastanien pflanzten. Die Methode hatte Erfolg, der Biergarten war geboren. Was Brauereien und Volk freute, machte Wirte wütend. Da die Biergärten bzw. -keller Bier billig und

Essen und Trinken unter freiem Himmel: In Bayern wird diese Art der Verköstigung stilvoll gepflegt.

direkt verkauften, erlitten die Wirte starke Umsatzeinbußen. Ludwig I. fand schließlich eine salomonische Lösung: Die Brauereien durften weiterhin Bier ausschenken, aber kein Essen mehr verkaufen. Damit wurde es noch gemütlicher für das Volk, denn seitdem darf man Körbe voller Schmankerln von zu Hause mitbringen. Der Biergarten wurde zum weltweit einzigartigen Freiluftwohnzimmer für jedermann.

Arbeiterschnitzel zur Brotzeit

»Brotzeit ist die schönste Zeit!«, sagen die Bayern. Denn auch wenn das »flüssige Brot der Mönche« – Bier war auch in Fastenzeiten erlaubt – an sich sehr nahrhaft ist, braucht es eine Unterlage. Dafür sorgen Brotzeitschmankerln wie Schmalzbrote, Quarkaufstriche, Käse, Obatzder (fränkisch »Grupfter«) und Wurst oder deftige Hauptgerichte wie Haxen, Spanferkel, Brathendl oder Steckerlfisch, je nach Appetit. Sogar »Grünzeug«, wie Radi (Rettich), Radieserl und Tomaten, kommt bei der Biergartenbrotzeit zum Zug, wenn auch nur als Randerscheinung. Bei aller Affinität der Bayern zu Fleisch und Wurst gilt ja auch schon das Schnittlauchbrot als Vitaminschub. Und der populärste Salat ist, abgesehen von Kartoffel- und Krautsalat mit Speck, natürlich der Wurstsalat.

Die Brotzeit war ursprünglich das zweite Frühstück, während auf dem Land Milchsuppe mit eingebrocktem alten Brot die erste Mahlzeit darstellte. Die Frauen brachten den Bauern und Knechten frisches Brot und Bier aufs Feld. In der Stadt war die Beschaffung der Brotzeit Aufgabe der Lehrlinge, die Meistern und Gesellen genauso wie Beamten und Vorgesetzten im Büro Leberkässemmeln und Bier holen mussten. Deshalb nennt man Leberkäs' in Bayern gelegentlich immer noch »Arbeiterschnitzel« und »Beamtenschinken«. Fränkischer Presssack, Fleischpflanzerl, kalter Braten oder Schnitzel, Knöcherlsülze, Geräuchertes oder Wurstsemmeln gehören ebenfalls zum Standardrepertoire der traditionellen Brotzeit. Auch warme Wurstgerichte fallen in diese Kategorie, wie gebackene Milzwurst mit Kartoffelsalat oder Nürnberger Rostbratwürste mit Sauerkraut. Der Übergang zum Hauptgericht ist fließend, besonders wenn es sich um Innereien handelt. Bries, Kutteln oder Zunge, saures Lüngerl, Leber, Nieren oder Herz gelten in der altbayerischen Küche als raffinierte kleine Gerichte, wie sie auch die französische Küche schätzt.

Bayerische Biergärten: Mit gutem Bier und einer mitgebrachten Brotzeit wird beim ersten Sonnenstrahl beschauliche Lebensart inszeniert.

Zwischen München und Nürnberg liegt das größte zusammenhängende Hopfenanbaugebiet der Welt: In der Holledau wachsen die sattgrünen Ranken gen Himmel.

Die Liebe gehört dem Schwein

Die Liebe der Bayern gehört jedoch zu allererst dem Schwein. Jungschweinebraten mit knusprig-krachender Kruste ist das herzhafte Meisterstück des Freistaats. Dazu eine Dunkelbiersauce, rohe Kartoffelknödel und Weißkraut – ein Gedicht! Ihrer früheren Führungsrolle in der Schweinezucht verdanken Bayern und Franken angeblich den Titel »Saubayern«. Heute müsste es logischerweise »Saupreiß'n« heißen, da Niedersachsen und Nordrhein-Westfalen in der Schweinemast Marktführer sind, während Bayern seinen Bedarf nicht mehr deckt. Beim Rindfleisch verhält es sich umgekehrt: Bayern produziert das Doppelte seines Bedarfs. Rind und Kalb bestreiten auch viele der klassischen Sonntagsgerichte, etwa Rindsroulade, Böfflamott, Schwäbischer Zwiebelrostbraten oder Ochsenschwanzragout.

Vor dem Braten kommt sonntags eine kräftige Rinderbrühe mit Einlage auf den Tisch. Überhaupt spielen Suppen und Eintöpfe, vor allem mit Kartoffeln und Kohl, in der Alltagsküche eine tragende Rolle. Als preiswerte Hauptgerichte fungieren desgleichen pikante und süße Mehlspeisen, wie man sie teils auch in Österreich kennt. Besonders gut versteht man sich auf Hefeteig, aus dem man Rohr- und Dampfnudeln, Buchteln oder Schneiderfleck' zubereitet, Strudel und Schmalzgebäck. Für den Ausbackteig verwendet man übrigens gelegentlich auch gerne Bier, das ansonsten eher selten beim Kochen zum Einsatz kommt. Mit Mainfranken ist Bayern schließlich Weinproduzent und stellt hervorragende Silvaner und Rieslaner (eine Kreuzung aus Riesling und Silvaner) her. Der Bocksbeutel ist dabei zum Synonym für hervorragenden Frankenwein geworden.

Küche mit südlichen Wurzeln

Zum Wein passt Käse und der kommt im Zweifelsfall aus Bayern, zumal das Allgäu Deutschlands größter Käsehersteller ist: Allgäuer Emmentaler, Backstein- oder Bergkäse sind nur ein paar Beispiele aus der Allgäuer Käsevielfalt. Die bayerischen Bauern erzeugen insgesamt ein Viertel der Milch- und fast ein Fünftel der Getreidemenge in Deutschland, vor allem Gerste und Weizen. Der Freistaat ist das wichtigste Agrarland in Deutschland geblieben, obwohl es mittlerweile auch ein moderner Industriestandort ist.

Neben Käse ist frische bayerische Bergbutter eine Köstlichkeit für sich, die auf gutem bayerischen Sauerteigbrot und erst recht auf frischen Brezen bestens zur Geltung kommt. Die schmecken in Bayern übrigens anders als im restlichen Land. Der Unterschied liegt im Fehlgriff Anton Nepomuk Pfannenbrenners aus dem Kaffeehaus des Königlich Bayerischen Hoflieferanten Johann Eilles. Der Münchener Bäcker verwechselte das Zuckerwasser, mit dem Brezen vor dem Backen bestrichen wurden, mit Natronlauge zum Reinigen der Bleche. Das Ergebnis gefiel, sodass es seither Laugenbrezen gibt. Die bayerischen Schwaben beanspruchen diese Erfindung ebenfalls für sich, nur ist ihre Legende verzwickter zu erzählen.

Apropos Hoflieferanten: In Sachen Brot gilt heute noch die Hofpfisterei als Maß der Dinge, so wie das Hofbräuhaus in puncto Bier. Lange hat die Zeit der bayerischen Könige allerdings nicht gedauert, gerade einmal 112 Jahre. Dafür ist ihre Wirkung umso nachhaltiger. In der Küche haben sich weniger die Monarchen als vielmehr die weitreichenden Verbindungen und Besitzungen der bayerischen Herzöge und Kurfürsten verewigt. Diese reichten bis an die Adria. Tirol, Südtirol, die Steiermark oder Kärnten gehörten in längst vergangenen Zeiten zu Bayern. Mit dem Hause Habsburg pflegte man enge Beziehungen und mit Napoleon verbündete man sich, um rechtzeitig zum Wiener Kongress die Seite zu wechseln – und Tirol gegen Franken einzutauschen. All dies schlägt sich in der bayerischen Küche nieder, die im Gegensatz zum Weißwurstäquator als Grenzlinie im Norden nach Süden keine echten Grenzen zieht, da sie dort schließlich ihren eigenen Wurzeln begegnet. Dementsprechend werden bayerische Gerichte oft für österreichische gehalten, wobei kaum noch zu eruieren ist, was nun Henne und was Ei gewesen ist. Nicht ganz umsonst ist München also auch historisch die nördlichste Stadt Italiens – nach bayerischer Logik.

Ingrid Schindler

Zubereitungszeit
ca. 1 Std. 30 Min.

Marinierzeit
ca. 24 Std.

Geräucherte Entenbrust mit Chicoréesalat

Das feinherbe Aroma dieser Vorspeise ist der perfekte Auftakt für ein festliches Mahl.

Für die Entenbrüste

- *4 Entenbrüste (je 120 g)*
- *6 Wacholderbeeren*
- *10 schwarze Pfefferkörner*
- *2 TL Pökelsalz*
- *1 TL Senfsaat*
- *1 angedrückte Knoblauchzehe*
- *abgeriebene Schale von je ½ unbehandelten Orange und Zitrone*
- *2 EL Räuchermehl (Anglerbedarf)*
- *1 Zweig Thymian*
- *1 Zweig Rosmarin*
- *Olivenöl zum Braten*

Für den Chicoréesalat

- *1 TL Zucker*
- *100 ml Orangensaft*
- *1 EL Champagneressig (oder weißer Aceto balsamico)*
- *50 ml Traubenkernöl* · *1 Eigelb*
- *Salz* · *frisch gemahlener Pfeffer*
- *4 Köpfe Chicorée*
- *2–3 EL Zitronensaft*
- *Kresse zum Garnieren*

1 | **Die Entenbrüste parieren,** die Haut mit einem scharfen Messer mehrmals fein einritzen, ohne in das Fleisch zu schneiden. Die Wacholderbeeren und Pfefferkörner im Mörser zerdrücken. Reiben Sie die Entenbrüste auf beiden Seiten mit dem Pökelsalz, der Senfsaat, dem Knoblauch, den zerdrückten Wacholderbeeren und Pfefferkörnern sowie mit Orangen- und Zitronenschale ein und lassen Sie sie im Kühlschrank abgedeckt 24 Stunden marinieren.

2 | **Die marinierten Entenbrüste** herausnehmen und die Marinade mithilfe eines Messerrückens vom Fleisch abstreifen. Einen Wok mit Alufolie auslegen und das Einsatzgitter vom Wok mit Alufolie überziehen, diese mehrfach einstechen. Das Räuchermehl in den Wok geben, anzünden und den Rosmarin und den Thymian dazugeben. Legen Sie die Entenbrüste mit der Fettseite nach unten auf das Gitter und setzen Sie dieses in den Wok ein. Den Deckel schließen und das Fleisch 10 Minuten räuchern, dann herausnehmen, in einer Pfanne mit Olivenöl knusprig nachbraten und in Alufolie gewickelt warm stellen.

3 | **Für den Salat** den Zucker mit 2 TL Wasser karamellisieren lassen. Mit Orangensaft ablöschen und um zwei Drittel einkochen. Ziehen Sie den Topf vom Herd. In den lauwarmen Fond Essig, Öl und das Eigelb geben und die Flüssigkeit mit dem Pürierstab zu einer homogenen Masse mixen. Mit Salz und Pfeffer abschmecken.

4 | **Den Chicorée halbieren** und vom Strunk befreien. Salzen und zuckern, mit dem Zitronensaft beträufeln, in einen Gefrierbeutel geben, die Luft herausdrücken, den Beutel zubinden und in leicht kochendem Wasser 5 Minuten garen. In Eiswasser abschrecken, herausnehmen und trocken tupfen. Beträufeln Sie den Chicorée mit der Vinaigrette. Die Entenbrüste in Scheiben schneiden, auf dem Salat anrichten und mit Kresse garnieren.

WARENKUNDE

Zichorien – Genuss für Liebhaber

Ihr leicht bitterer Geschmack macht sie nicht bei allen gleich beliebt. Kenner schätzen sie jedoch gerade wegen ihres Aromas und wissen um ihre verdauungsfördernde Wirkung. Das Angebot des ursprünglich südländischen Salatgemüses, das im deutschen Anbau stark aufgeholt hat, ist groß: Es gibt Kopf- und Rosettenzichorien (z.B. Radicchio), Blattzichorien (z.B. Zuckerhut) und Treib- oder Bleichzichorien, zu denen der Chicorée gehört. Seine Sprossen werden in abgedunkelten Treibräumen kultiviert. Chicorée sollte lichtgeschützt aufbewahrt werden, denn je mehr sich seine Blätter ins Grüne verfärben, desto bitterer schmeckt er.

Zubereitungszeit
ca. 5 Std. 20 Min.

Kühlzeit
ca. 7 Std.

Sülze mit Eisbein und Kerbelremoulade

Der Berliner Klassiker als Sülze variiert

Für das Eisbein und die Sülze

- *1 Stange Staudensellerie*
- *100 g frischer Ingwer*
- *1,5 kg Eisbein am Knochen*
- *4 frische Lorbeerblätter*
- *1 EL weiße Pfefferkörner*
- *je 100 g Möhre, Lauch und Gemüsezwiebel, in Würfel geschnitten*
- *2 Blatt Gelatine* · *50 g Zucker*
- *50 ml Estragonessig*
- *2 TL gekochte Senfsaat*
- *je 1 EL Würfel von Salatgurke, eingelegtem Ingwer, Radieschen und Staudensellerie*

Für die Kartoffelchips

- *200 g festkochende Kartoffeln (z.B. Bamberger Hörnchen)*
- *Butterschmalz*

Für die Kerbelremoulade

- *2 Gewürzgurken* · *1 hart gekochtes Ei*
- *4 Stängel Kerbel* · *1 Eigelb*
- *150 ml Rapsöl* · *1 EL scharfer Senf*
- *1 EL Limettensaft* · *Salz*
- *frisch gemahlener Pfeffer*
- *2–3 TL Tabasco*

1 | **Für das Eisbein** den Staudensellerie waschen und würfeln. Den Ingwer schälen und in Scheiben schneiden. Mit dem Eisbein, den Lorbeerblättern, Pfefferkörnern, Möhren-, Lauch- und Gemüsezwiebelwürfeln in einen Topf geben und mit so viel Wasser aufgießen, dass das Eisbein bedeckt ist. Lassen Sie es 3 Stunden 30 Minuten köcheln, dabei immer wieder mit Wasser aufgießen. Dann den Knochen auslösen (Step 1), das Fleisch in Folie einschlagen, in eine Kastenform legen (Step 2) und 4 Stunden kühl stellen. Den Kochfond auf $1/2$ l reduzieren, durch ein mit einem Passiertuch ausgelegtes Sieb filtern und nicht nachdrücken. Den Fond entfetten (S. 570).

2 | **Für die Sülze** die Gelatine in kaltem Wasser einweichen. Den Zucker mit 50 ml Wasser zu Sirup kochen. Die Gelatine in $1/2$ l warmem Eisbeinfond auflösen, Essig und Sirup hinzugeben. Lassen Sie die Flüssigkeit anschließend etwas abkühlen. Die Eisbeinrolle an beiden Seiten glatt schneiden und in zwölf Scheiben (je 1,5 cm dick) teilen. Je drei davon in einen tiefen, vorgekühlten Teller geben. Die Senfsaat und die Gemüsewürfel vermengen und gleichmäßig auf die Eisbeinscheiben verteilen. Den Fond aufgießen und die Teller etwa 2 bis 3 Stunden kalt stellen, bis die Sülze geliert ist.

3 | **Für die Kartoffelchips** erhitzen Sie das Frittierfett auf 140 °C. Die Kartoffeln schälen, in hauchfeine Scheiben hobeln, kurz wässern und jede Scheibe auf Küchenpapier trocknen. Die Kartoffelscheiben portionsweise im Fett in 2 bis 3 Minuten goldgelb ausbacken. Auf Küchenpapier zum Entfetten legen, die Kartoffelchips dann auf ein mit Backpapier belegtes Blech verteilen und im Backofen bei 100 °C noch etwa 30 Minuten trocknen.

4 | **Für die Kerbelremoulade** die Gewürzgurken würfeln. Das hart gekochte Ei pellen und hacken. Kerbel waschen, trocken schütteln und hacken. Verrühren Sie alle Zutaten mit dem Pürierstab und schmecken Sie mit Limettensaft, Salz, Pfeffer und Tabasco ab.

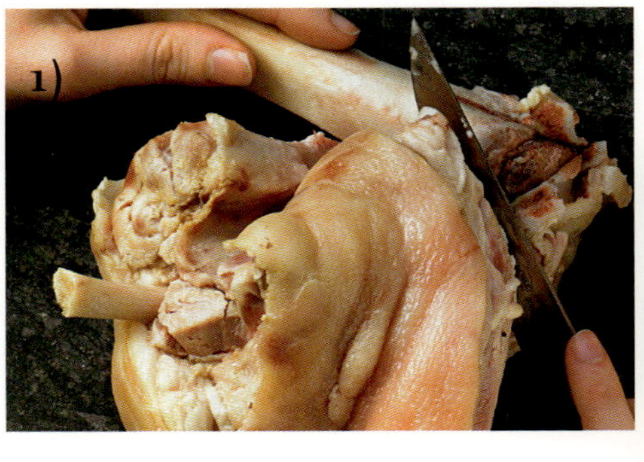

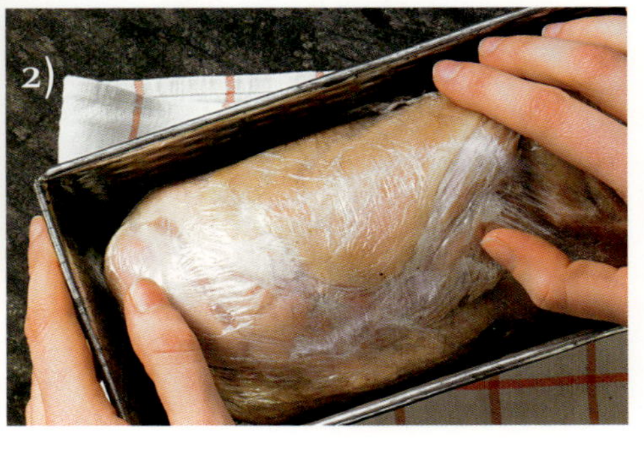

Eisbeinrolle formen

1) Wenn das Fleisch weich ist, das Eisbein aus dem Sud nehmen, leicht auskühlen lassen und mit einem scharfen Messer den Knochen entfernen.

2) Dann das Fleisch fest in Frischhaltefolie einschlagen und die Rolle zum Auskühlen und Modellieren in eine Kastenform legen.

Berlin

bundesweit

Zubereitungszeit
ca. 1 Std. 10 Min.

Berliner Currywurst mit Pommes Pont-Neuf

Das Original von der Spree in feinem Gewand

Zutaten

- *1 rote Zwiebel*
- *1 Knoblauchzehe*
- *1 TL Öl*
- *1 Stück Schinkenschwarte*
- *1 TL Tomatenmark*
- *2 EL Madras-Curry (mild)*
- *1 Dose geschälte Tomaten (250 g)*
- *Salz · frisch gemahlener Pfeffer*
- *Zucker · 2–3 TL Tabasco*
- *2–3 TL Zitronensaft*
- *400 g festkochende Kartoffeln*
- *Öl zum Frittieren*
- *4 original Berliner Currywürste (ohne Darm)*

S. 338 ff.
REGIONENPORTRÄT
Berlin/Brandenburg

1 | **Die Zwiebel schälen,** halbieren und in feine Würfel schneiden. Den Knoblauch schälen und fein hacken. In einem Topf das Öl erhitzen, Zwiebel, Knoblauch und Schinkenschwarte angehen lassen. Tomatenmark zugeben und mit Currypulver bestauben, dann die geschälten Tomaten beigeben, würzen und das Ganze etwa 15 Minuten bei schwacher Hitze köcheln lassen. Passieren Sie die Sauce durch ein feines Sieb. Mit Zucker, Tabasco und Zitronensaft abschmecken und bis zur gewünschten Konsistenz einkochen.

2 | **Für die Pommes Pont-Neuf** die Kartoffeln schälen und in 7 cm lange und 3 cm breite Stäbchen schneiden. Legen Sie die Kartoffelstäbchen bis zur weiteren Verwendung in Wasser. Das Öl zum Frittieren in einem großen Topf oder in einer Fritteuse auf 100 °C erhitzen. Der Topf darf höchstens bis zur Hälfte gefüllt sein, da das Öl beim Einlegen der Kartoffeln aufschäumt. Trocknen Sie die Kartoffeln gut mit Küchenpapier, bevor sie bei 100 °C portionsweise etwa 3 Minuten vorfrittiert werden. Herausnehmen, das Öl auf 180 bis 190 °C erhitzen und die Kartoffelstäbchen knusprig ausbacken. Die Pommes Pont-Neuf herausnehmen, kurz abtropfen lassen und nach Geschmack salzen.

3 | **Die Currywürste** mit einem scharfen Messer seitlich mehrfach einschneiden und dann in einer Pfanne von allen Seiten gleichmäßig bei mittlerer Hitze anbraten. Schneiden Sie die fertig gebratenen Würste in 3 bis 4 cm breite Streifen, übergießen Sie sie mit der Würzsauce und bestreuen Sie sie mit Currypulver. Die Pommes Pont-Neuf separat dazureichen.

REGIONENPORTRÄT

Die Geschichte der Currywurst

Ihr Siegeszug durch Deutschland startete in Berlin: »Das einzig wahre deutsche Fastfood«, wie Journalisten gerne behaupten, soll 1949 in Berlin erfunden und patentiert worden sein. Ein Barbecue mit Wurst statt Grillfleisch traf den damaligen Zeitgeist, der die Anfänge der amerikanischen Küche mit dem Sparzwang der Nachkriegszeit kombinierte. Brühwürste, Army-Ketchup und ein Hauch englischen Currypulvers legten den Grundstein für die deutsche Kultwurst. Und die hat ihr Schmuddelimage längst abgelegt – sie wird mittlerweile sogar bei offiziellen Anlässen gerne verzehrt.

Bayern

Baden-Württemberg

Thüringen

Zubereitungszeit
ca. 50 Min.

Wurstsalat mit Pesto und Artischocken

Eine Biergartenbrotzeit mit italienischem Flair

Für den Basilikumpesto

- *1–2 Bund Basilikum*
- *4 Stängel Blattpetersilie*
- *50 g geröstete Pinienkerne*
- *2 EL fein gehobelter Parmesan*
- *120 ml Olivenöl*
- *50 ml Traubenkernöl*

Für den Wurstsalat

- *200 g Lyoner Fleischwurst*
- *1 rote Zwiebel* · *Zucker*
- *Salz* · *1–2 TL Aceto balsamico*
- *1 Artischocke* · *4 EL Zitronensaft*
- *Olivenöl zum Braten*
- *je 1 Zweig Thymian und Rosmarin*
- *1 ½ geschälte Knoblauchzehen*
- *frisch gemahlener Pfeffer*
- *2 fleischige Flaschentomaten*
- *Salatblätter zum Anrichten*
- *1–2 TL Olivenöl*

Vorratshaltung

Der Pestorest sollte in einem lichtgeschützten Glas kühl und dunkel aufbewahrt werden. Er hält sich 1 bis 2 Wochen.

S. 46 ff.
WARENKUNDE Wurst

1 | **Für den Pesto** die Basilikum- und Petersilienblätter von den Stielen zupfen, waschen, gut trocken schütteln, mit den Pinienkernen und dem Parmesan in einen Mörser geben und darin zerreiben. Fügen Sie dabei nach und nach die beiden Öle hinzu, sodass die Masse eine glatte und dickflüssige Konsistenz annimmt.

2 | **Für den Wurstsalat** die Lyoner von der Haut befreien und in sehr feine Scheiben schneiden. Die Zwiebel schälen, halbieren und die Wurzel keilförmig herausschneiden, sodass Sie die Zwiebel in ihre Schichten zerlegen können. Die Haut zwischen den einzelnen Schichten entfernen, die Zwiebelsegmente in Spalten schneiden und in einer nicht zu heißen Pfanne mit Zucker und Salz kurz anschwitzen, mit ½ TL Essig ablöschen und in einer Schüssel auskühlen lassen. Die Zwiebeln müssen bissfest bleiben.

3 | **Die Artischocke putzen,** die oberen zwei Drittel abschneiden und den Stil so abbrechen, dass alle harten Fasern am Stil bleiben. Die Blätter vom Boden entfernen und das Heu mit einem Löffel herauskratzen. Legen Sie den Artischockenboden kurz in kaltes Zitronenwasser und schneiden Sie ihn in zwölf Stücke. Diese in einer Pfanne mit Olivenöl braten, dabei Thymian, Rosmarin und Knoblauch zugeben. Wenn die Artischockenstücke gar sind, diese salzen und pfeffern. Dann die Kräuterzweige und den Knoblauch entfernen und die Artischocken zu den Zwiebeln geben.

4 | **Von den Tomaten** den Blütenansatz entfernen und den oberen Teil mit einem scharfen Messer leicht einritzen. Die Tomate für etwa 5 Sekunden in kochendes Wasser geben, kalt abschrecken, die Haut abziehen, die Frucht vierteln, entkernen und das Fruchtfleisch in Spalten schneiden. Die Lyoner auf einem Bett aus Salatblättern, Zwiebeln, Tomaten und Artischocken anrichten. 2 EL Basilikumpesto mit dem restlichen Essig und dem Olivenöl verdünnen und über die Lyoner träufeln.

DIE KLASSIKER: REGIONALTYPISCHE WURSTSALATE

In welchem Landstrich der Wurstsalat tatsächlich »erfunden« wurde, ist umstritten. Allerdings sind die Wurstspezialitäten südlich des Mains milder gewürzt und vermutlich kam eines Tages ein Koch genau deshalb auf die Idee, die sanftere Würze durch eine pikante Marinade auszugleichen. Bis heute haben sich viele Rezepturen entwickelt: Am badischen Oberrhein wird Wurstsalat aus Streifen von Lyoner und Emmentalerkäse zubereitet und mit einer Essig-Öl-Marinade angemacht. In Schwaben bevorzugt man anstelle der Lyoner schnittfeste Blutwurst, die sogenannte Schwarzwurst, und der Thüringer Wurstsalat besteht aus Fleischwurst, Gewürzgurken, gekochtem Ei, einem Boskop-Apfel und Zwiebeln, bisweilen sogar einem Hauch Hering.

Brühwurst-Aufschnitt

In zahllosen Sorten in deutschen Wursttheken vertreten. Am beliebtesten und überregional vertreten sind Bierschinken, Gelbwurst mit Petersilie und Paprikabrühwurst aus Putenfleisch.

Deftiges aus der Wurstküche

Pfälzer, Weißwurst, Leberkäse – die Vielfalt deutscher Wurst reicht von regionalen Spezialitäten bis zu Klassikern von Weltruhm.

Ein Blick in die Kühltheke einer beliebigen Metzgerei zeigt, wie man Fleisch in Deutschland am liebsten isst: als Wurst und Würstchen, von denen es hierzulande – weltrekordverdächtig – etwa 1500 Sorten gibt. Diese haben meist eine lange Tradition und prägen die Ernährungsgewohnheiten und die deutsche Küche. Ob als Brotbelag, in Suppen und Eintöpfen, gegrillt und gebraten als Hauptgericht oder als Wurstsalat: Jeder Deutsche verzehrt rund 35 Kilogramm Wurstwaren pro Jahr.

Leberkäse, Fleischkäse

Bayerische Spezialität, die im Handel mit grobem und feinem Brät angeboten wird.

Nur unter den Augen des Gesetzes

Die erlaubten Zutaten in der Wurst – Fleisch, Speck, Innereien, Salz und Gewürze sowie Natur- oder Kunstdarm als Hülle – sind durch lebensmittelrechtliche Verordnungen festgelegt. Ausnahmen gelten nur für regionale Spezialitäten, etwa für Kartoffeln im Pfälzer Saumagen. Für fast jede Wurstsorte ist ein Mindestgehalt an schierem Muskelfleisch (Magerfleisch) vorgeschrieben. Je höher sein Anteil an der Wurst, desto geringer der Fettgehalt und desto höher die Qualität. Alle Wurstsorten werden nach Herstellungsverfahren in drei Gruppen eingeteilt: Rohwurst besteht aus rohem Fleisch, Speck und Gewürzen. Sie wird frisch verzehrt oder durch Trocknen oder Räuchern konserviert (z. B. Tee- oder Mettwurst). Dabei tragen Milchsäurebakterien und Edelschimmel zur Reifung und Aromabildung bei (z. B. Salami). Brühwurst wird aus fein gekuttertem, d. h. zerkleinertem Fleisch meist unter Zusatz von Pökelsalz hergestellt. Dem Wurstbrät wird vor dem Brühen oder Heißräuchern Wasser oder Eis zugesetzt, was bei Weißwurst, Wiener Würstchen und Lyoner für die helle Farbe sorgt. Ein Sonderfall unter den Brühwürsten ist Leberkäse: Er wird im Ofen gebacken. Kochwurst wird vorwiegend aus gekochtem Fleisch oder Leber hergestellt und mit Blut oder Gelee gebunden. Die Sorten werden anschließend nochmals gegart oder geräuchert (z. B. Blut- und Leberwurst, Schwartenmagen). Viele Spezialitäten werden auch heute noch in Kleinbetrieben in Handarbeit hergestellt, manche halten ihre Rezepturen über Generationen hinweg geheim, ganz nach dem Pfälzer Sinnspruch: »Das Innere der Leberworscht ist noch gänzlich unerforscht.«

Frankfurter

Brühwürste aus Schweinefleisch, die im Raum Frankfurt hergestellt werden. Die sehr fein gekutterte Wurstmasse ist zartrosa. Die Rezeptur entspricht weitgehend der für Wiener Würstchen.

Bockwurst

Relativ große Brühwürste aus einem feinen Brät aus Rind-, Schweine- und Kalbfleisch. Die typisch norddeutsche Imbissbudenwurst hat einen Fettgehalt von 20 bis 35 Prozent.

Weißwurst

Bayerische Brühwurstspezialität aus einem fein gekutterten Brät aus Kalb- und Schweinefleisch (in München auch mit Jungrindfleisch und Zusatz von Milch).

Thüringer Bratwurst

Rohe Bratwurst aus Schweinefleisch, das zu sehr grobem Brät verarbeitet und kräftig mit Majoran gewürzt wird. Die typische Bratwurst auf Weihnachtsmärkten – made in Thüringen.

Grobe Schweinsbratwurst

Bundesweit vertretene rohe Brühwurstsorte aus Schweinefleisch, das zu relativ grobem Brät verarbeitet wird. Die rohen Schweinsbratwürste werden meist vor dem Braten noch gebrüht.

Nürnberger Rostbratwurst

Dünne, 5 bis 7 cm lange Würste aus Schweinefleisch, das bis etwa Erbsengröße zerkleinert und kräftig mit Majoran gewürzt wird. Sie werden in sehr dünne Schafsdärme gefüllt.

Lyoner, Fleischwurst

Meist in Ringform und aus einem feinen Brät aus Schweinefleisch (oder in der fettärmeren Version mit Putenfleisch) hergestellt. Sie wird vor allem für Wurstsalat verwendet.

Flönz

Kölner Blutwurst-Spezialität mit zartem Räucheraroma. Sie weist nur kleine Speckstücke im (für Blutwurst) hellen Brät auf.

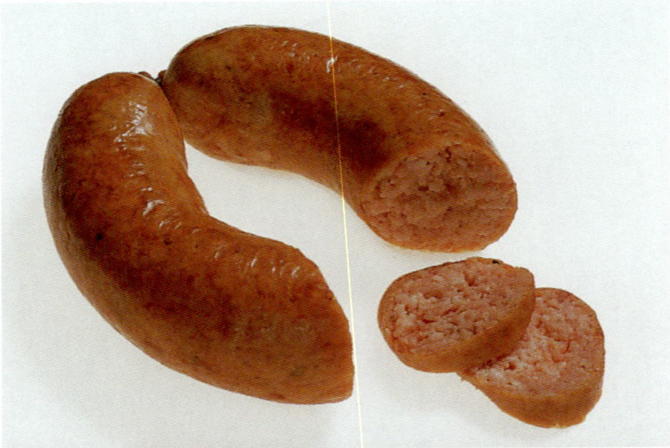

Schmorwurst

Spezialität aus Niedersachsen, die aus Schweinemett hergestellt und mit Kümmel und Koriander gewürzt wird. Sie eignet sich vor allem zum Mitkochen in deftigen Eintöpfen.

Grumbeerewurst

Spezialität vom Hunsrück, die aus einem Brät aus Schlachtfleisch, Kartoffeln und Zwiebeln hergestellt wird. Ihr Name bezieht sich auf den Gehalt an Kartoffeln (Grumbeere).

Kochmettwurst

Leicht getrocknete Rohwurst aus Niedersachsen, die häufig in Eintöpfen mitgekocht wird. Sie ist ungekühlt begrenzt lagerfähig und je nach Reifegrad streichfähig bis schnittfest.

Pinkel

Geräucherte Grützwurst, die in der Gegend um Oldenburg, Bremen und Osnabrück sowie Ostfriesland zu Grünkohl gegessen wird. Sie besteht aus Speck, Grütze, Talg, Schmalz und Gewürzen.

Mecklenburger Grützwurst

Alte Mecklenburger Spezialität (»Grüttwurst«), hergestellt aus einem Brät aus Schweinelunge, -blut, Grieben, Gersten- und Hafergrütze. In der Gegend um Ludwigslust auch mit Rosinen.

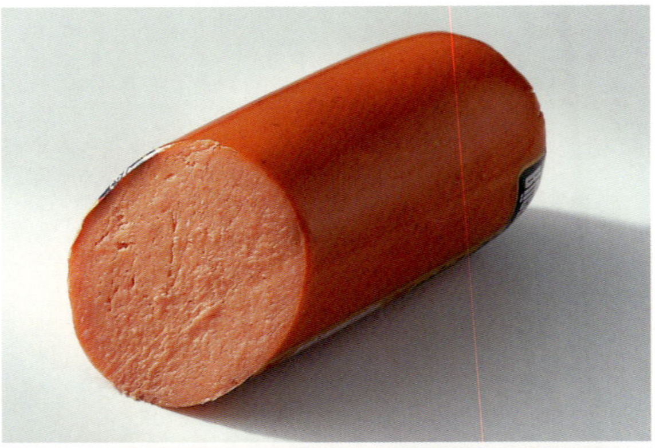

Feine Tee- oder Mettwurst

Bundesweit beliebte, kalt geräucherte Rohwurst, die aus einem feinen Brät aus Schweine- und Rindfleisch hergestellt wird. Sie ist streichfähig, schnittfest und nicht sehr lange lagerfähig.

Jagdwurst (Hirschkochwurst)

Aus Wildfleisch und Schweinespeck sowie mit Pfefferkörnern hergestellte Brühwurst (als Aufschnittware) mit grober Körnung. Gibt es auch als »Kochsalami« aus Rind- und Schweinefleisch.

Deutsche Salami

Rohwurst, die sich je nach Region im Anteil von Rind- und Schweinefleisch sowie in der Reifungsdauer unterscheidet. In beschichteten Wursthüllen, die das Aroma beeinflussen.

Feine Cervelatwurst

Hart ausgereifte Rohwurst, hergestellt aus Rind-, Schweinefleisch und Speck. Das Schnittbild der bundesweit vertretenen Wurst zeigt eine annähernd gleiche Verteilung von Fett und Fleisch.

Grobe Cervelatwurst

Hart ausgereifte Rohwurst, die ähnlich hergestellt wird wie die Feine Cervelatwurst. Die Wurstmasse der bundesweit beliebten Wurstsorte ist jedoch grobkörniger und schmeckt aromatischer.

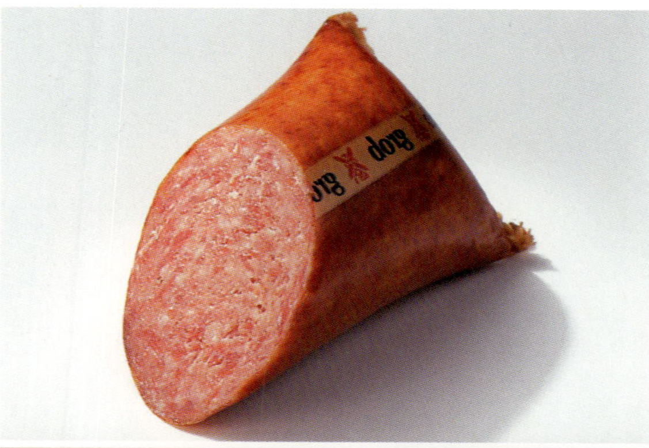

Grobe Mettwurst

Bundesweit bekannte, luftgetrocknete oder geräucherte, grobe Rohwurst aus Schweinemett (selten gemischt mit Rindfleisch), die streichfähig bis nahezu schnittfest ist. Sie ist nicht lange haltbar.

Landjäger

Wurstspezialität aus Bayern und Thüringen, die aus einer groben Wurstmasse (typischerweise mit Kümmel gewürzt) hergestellt und flach gepresst wird. Durch Salztrocknung gut haltbar.

Budeng

Zu Ringen gebundene, kleine Blutwurst aus dem Saarland. Sie ist weich, hell und weist meist nur wenige Speckstücke auf.

Zubereitungszeit
ca. 45 Min.

Saure Zipfel

Fränkischer Gaumenkitzel aus dem Wurstkessel – Nürnberger Bratwürste hier einmal ohne Kraut

Zutaten

- *4 Zwiebeln* · *1 Möhre*
- *1 Stück Petersilienwurzel (30 g)*
- *½ Stange Staudensellerie*
- *200 ml Weinessig*
- *8 schwarze Pfefferkörner*
- *4 Wacholderbeeren*
- *2 Lorbeerblätter*
- *1 Gewürznelke*
- *2 Pimentkörner*
- *Salz* · *Zucker*
- *24 Nürnberger Bratwürste*

1 | **Die Zwiebeln** schälen und in Ringe schneiden. Die Möhre und die Petersilienwurzel schälen und in etwa 2 cm lange Stifte schneiden. Den Staudensellerie waschen und in etwa 2 cm lange Stücke schneiden. Geben Sie das Gemüse zusammen mit Essig, Pfefferkörnern, Wacholderbeeren, Lorbeerblättern, Nelke und Piment in einen hohen Topf und gießen Sie etwa 1 l Wasser an.

2 | **Den Sud** zum Kochen bringen und zugedeckt etwa 30 Minuten köcheln lassen. Mit Salz und Zucker abschmecken. Den Topf vom Herd ziehen, die Bratwürste einlegen und 15 Minuten abgedeckt ziehen lassen. Lassen Sie den Sud keinesfalls mehr kochen, da sonst die Würstchen platzen.

3 | **Zum Servieren** die gegarten Würstchen mit einem Schaumlöffel aus dem Sud heben und in vorgewärmte tiefe Suppenteller geben. Gießen Sie nach Belieben etwas heißen Sud darüber. Dazu passen gut ein kräftiges Bauernbrot oder frische Laugenbrezen sowie ein trockener Frankenwein.

S. 34 ff.
REGIONENPORTRÄT Bayern
S. 46 ff.
WARENKUNDE Wurst

Zubereitungszeit
ca. 1 Std. 45 Min.

Labskaus

Eine edle Variation des ursprünglich einfachen und deftigen hanseatischen Seemannsgerichts

Zutaten

- *1 kleines Bouquet garni (S. 272)* · *Salz*
- *300 g gepökelte, flache Rinderschulter*
- *1 Rote Bete*
- *1 Bund glatte Petersilie*
- *300 g festkochende Kartoffeln*
- *frisch gemahlener Pfeffer*
- *4 frische Wachteleier*
- *4 Matjesfilets (möglichst mit Schwanz)*
- *8 kleine Gewürzgurken (Cornichons)*

1 | **Wasser mit dem Bouquet garni** und Salz zum Kochen bringen, die Rinderschulter einlegen und etwa 1 Stunde 30 Minuten bei geringer Hitze weich kochen. Nach gut zwei Dritteln der Garzeit geben Sie die geschälte Rote Bete bei und kochen sie ebenfalls weich. Rinderschulter und Rote Bete aus dem Kochfond nehmen, abkühlen lassen und beides in Würfel schneiden.

2 | **Die Petersilie waschen,** trocken schütteln und fein hacken. Die Kartoffeln schälen, in kleine Würfel schneiden und in Salzwasser separat garen, abgießen und mit Salz und Pfeffer abschmecken. Mischen Sie die Rinderschulter und die Rote Bete mit den Kartoffeln und rühren Sie nach Belieben etwas Kochfond unter. Mit Salz und Pfeffer abschmecken, mit Petersilie bestreuen.

3 | **Die Wachteleier** aufschlagen und Spiegeleier zubereiten. Setzen Sie je ein Wachtelspiegelei auf eine Portion Labskaus. 4 Gewürzgurken der Länge nach in Scheiben schneiden und mit den restlichen Gurken und den Matjesfilets separat dazureichen.

S. 200 ff.
REGIONENPORTRÄT
Hamburg/Bremen/Schleswig-Holstein

S. 272
WARENKUNDE Bouquet garni

DER KLASSIKER: SERVIERT MIT HÜHNEREI

Der gehaltvolle Fleischeintopf wurde ursprünglich mit Schiffszwieback gebunden, später mit Gerste. Sein Name ist Seemannsenglisch (lobs = handfester Kerl und course = Speisenfolge) und stammt vom norwegischen »Labskaus« ab, einem Gericht aus gesalzenem Kabeljau mit Kartoffeln. Traditionell wird Labskaus mit Salzhering, Essiggurken und Hühnereiern angereichert, alles Lebensmittel, die auch früher auf See zur Verfügung standen.

Zubereitungszeit
ca. 1 Std.

Dillgranat mit Blätterteigkissen

Das zarte Krebsfleisch auf kleinen Pastetchen überzeugt auch anspruchsvolle Feinschmecker.

Zutaten

- *4 Blätter Blätterteig (TK)*
- *1 Eigelb* · *1 TL Sahne*
- *12 Kaisergranatschwänze (oder Riesengarnelen)*
- *1 Schalotte* · *1 Stück Fenchel (50 g)*
- *12 Kirschtomaten*
- *1 Zweig Thymian* · *Salz*
- *Öl zum Dünsten und Braten*
- *200 g Erbsen (TK)*
- *1 Bund Dill* · *200 g Crème fraîche*
- *3 EL Passionsfruchtsaft (Reformhaus; oder Multivitaminsaft)*
- *2 TL Meerrettich (Glas; oder Wasabi)*

1 | **Den Blätterteig** auf einem Küchentuch auslegen und auftauen lassen. Den Backofen auf 175 °C vorheizen. Eigelb und Sahne verrühren und die Blätterteigscheiben (je etwa 10 x 5 cm groß) damit bestreichen. Backen Sie die Blätterteigscheiben im vorgeheizten Backofen etwa 15 Minuten goldbraun, nehmen Sie sie heraus und lassen Sie die Blätterteigkissen auf einem Gitter auskühlen.

2 | **Die Kaisergranate ausbrechen** (Steps 1, 2 und 3). Die Schalotte schälen, den Fenchel putzen und beides fein würfeln. Die Kirschtomaten mit den Schalotten- und Fenchelwürfeln, dem Thymian, Salz und etwas Öl 5 bis 6 Minuten bei 160 °C im Backofen dünsten und anschließend noch 10 bis 15 Minuten ziehen lassen.

3 | **In der Zwischenzeit** kochen Sie die Erbsen 5 Minuten in gesalzenem Wasser. Den Dill waschen, trocken schütteln und sehr fein schneiden. Braten Sie die Kaisergranate kurz scharf an. Die Crème fraîche mit dem Passionsfruchtsaft und dem Meerrettich aufkochen. Leicht salzen, Dill zugeben und die Flüssigkeit mit dem Pürierstab aufmixen. Zum Anrichten die Erbsen mit den Tomaten mischen, in tiefe Teller geben, mit der Sauce beträufeln und die Blätterteigkissen mit den Kaisergranaten darauf anrichten.

S. 424 ff.
REGIONENPORTRÄT Niedersachsen

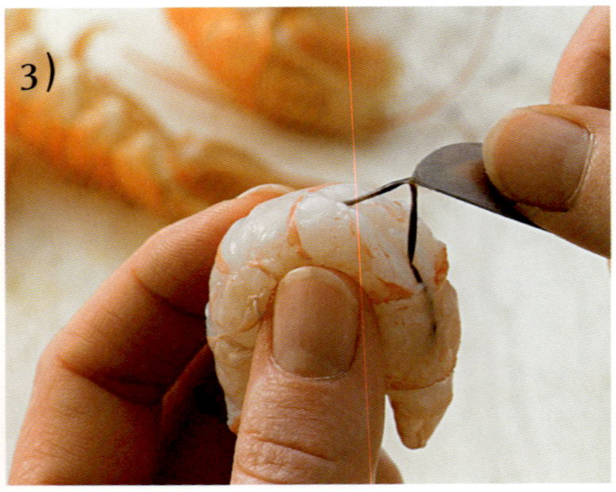

Kaisergranate ausbrechen

1) Den Kaisergranat hinter dem Kopf und am Schwanz mit den Fingerspitzen fassen und das Schwanzteil vorsichtig vom Körper abdrehen.

2) Den Panzer zusammendrücken, bis er aufbricht. Dann die Unterseite mit den Fingern ganz aufbrechen und das Fleisch auslösen.

3) Das Schwanzfleisch mit einem spitzen Messer leicht einritzen, den Darm vorsichtig lösen und behutsam an einem Stück herausziehen.

Zubereitungszeit
ca. 3 Std. 15 Min.

Weinbergschnecken im Flädlerand

Eine badische Spezialität, die den klassischen Schnecken in Kräuterbutter den Rang abläuft

Für den Flädlerand

- *75 g Mehl*
- *2 TL Puderzucker*
- *150 ml Milch* · *2 Eier*
- *1 geh. TL Salz*
- *4 TL gebräunte Butter*
- *2 Eier* · *120 g Sahne* · *Butter*

Für die Schneckensauce

- *16 Schnecken (aus der Dose, mit Saft)*
- *½ Möhre* · *50 g Knollensellerie*
- *1 Stück Lauch (50 g)*
- *1 Bund Schnittlauch* · *1 weiße Zwiebel*
- *1 Knoblauchzehe* · *150 g Butter*
- *50 ml trockener Weißwein*
- *½ Liter Geflügelfond (Glas oder S. 534)*
- *1 Lorbeerblatt* · *100 g Sahne*
- *50 g Crème fraîche* · *Salz*
- *1 Msp. Cayennepfeffer*
- *1–2 TL Zitronensaft*
- *1 EL geschlagene Sahne*
- *Schnittlauchröllchen und Thymian zum Garnieren*

Außerdem

- *4 kleine Savarinförmchen*

1 | **Für den Flädlerand** das Mehl mit Puderzucker vermischen, Milch, Eier, Salz und Butter gründlich unterrühren und den Teig durch ein Sieb passieren, sodass er eine sehr feine Konsistenz erhält. Lassen Sie den Teig vor der Weiterverarbeitung 2 Stunden im Kühlschrank ruhen. Anschließend in einer Crêpepfanne möglichst dünne Crêpes (Ø 24 cm) ausbacken und auskühlen lassen.

2 | **Die Schnecken abgießen** und fein hacken. Die Möhre, den Knollensellerie und den Lauch putzen, ggf. waschen und in feine Würfel schneiden. Den Schnittlauch waschen, trocken schütteln und in Röllchen schneiden. Die Zwiebel schälen, den Knoblauch abziehen und beides sehr fein würfeln.

3 | **Die Schnecken** mit dem Knoblauch in der Hälfte der Butter angehen lassen. Die Gemüsewürfel dazugeben, mit dem Weißwein ablöschen und diesen fast ganz reduzieren. Gießen Sie dann den Geflügelfond an, geben Sie das Lorbeerblatt dazu und lassen Sie die Flüssigkeit komplett einkochen. Sahne und Crème fraîche dazugeben, einmal aufkochen lassen, mit Salz, Cayennepfeffer und Zitronensaft abschmecken. Das Lorbeerblatt entfernen, die Sauce mit dem Pürierstab aufmixen und zum Schluss die geschlagene Sahne unterheben. Mit den Schnittlauchröllchen bestreuen.

4 | **Zum Fertigstellen** des Flädlerands die Eier mit der Sahne verquirlen. Den Backofen auf 150 °C vorheizen. Die Crêpes zunächst in 5 cm breite Streifen und diese in maximal 5 mm schmale »Flädle« schneiden (Step 1). Die Flädle in vier mit Butter ausgefettete kleine Savarinförmchen drücken und die Eier-Sahne-Mischung angießen (Step 2). Den Flädlerand im vorgeheizten Ofen auf der zweiten Schiene von unten in 15 bis 20 Minuten stocken lassen. Zum Anrichten stürzen Sie den Flädlerand auf vorgewärmte Teller (Step 3), gießen die Schneckensauce an und garnieren mit den Kräutern.

Flädlerand herstellen

1) Die Flädle in dünne Streifen schneiden und diese fest in die Savarinförmchen drücken.
2) Eier und Sahne verquirlen und die Mischung auf die Flädlestreifen gießen.
3) Die Flädlesavarins im Backofen garen, herausnehmen, mit dem Messer am Rand lösen und aus den Förmchen stürzen.

Zubereitungszeit
ca. 30 Min.

Lister Muscheln im lauwarmen Kräutersud

Eine Spezialität von der Sylter Küste

Zutaten

- *2 kg Sylter Blaumuscheln (oder Bouchots bzw. Miesmuscheln)*
- *1–2 Möhren*
- *½ Stange Lauch*
- *1 Stück Knollensellerie (100 g)*
- *4 Schalotten*
- *2 Tomaten*
- *80 ml Rapsöl*
- *2–3 EL Olivenöl*
- *¼ l trockener Riesling*
- *50 ml trockener Wermut (Noilly Prat)*
- *1 EL gehackte Petersilie*
- *1 EL Schnittlauchröllchen*
- *frisch gemahlener Pfeffer* · *Salz*
- *1–2 TL Sherryessig (oder Aceto balsamico)*

1 | **Die Muscheln** mit einer Bürste sehr gründlich reinigen und den Bart entfernen. Sortieren Sie dabei geöffnete Muscheln aus, sie könnten bereits verdorben sein. Möhre, Lauch, Sellerie und Schalotten putzen, waschen bzw. schälen und in etwa 5 mm große Stücke schneiden. Die Tomaten am Stielansatz kreuzweise einritzen, kurz in kochendes Wasser tauchen, abschrecken, häuten, vierteln, die Kerne entfernen und das Fruchtfleisch in kleine Würfel schneiden.

2 | **Das Raps- und Olivenöl** in einem großen Topf erhitzen, darin die Gemüse- und Tomatenwürfel anschwitzen. Die Muscheln zugeben, mit dem Riesling und dem Wermut ablöschen und zugedeckt rasch zum Kochen bringen. Garen Sie die Muscheln etwa 3 Minuten und rühren Sie sie dabei zwei- bis dreimal um.

3 | **Die Muscheln** mit einem Schaumlöffel aus dem Topf nehmen, nicht geöffnete Exemplare wegwerfen, sie könnten verdorben sein. Den Sud durch ein feines Sieb in eine Schüssel gießen, die gehackten Kräuter zugeben, mit Pfeffer, Salz und Sherryessig oder Aceto balsamico abschmecken. Geben Sie den Sud über die Muscheln und servieren Sie sie lauwarm. Dazu passt frisches Weißbrot.

S. 200 ff.
REGIONENPORTRÄT
Hamburg/Bremen/Schleswig-Holstein

VARIANTE: ÜBERBACKENE LISTER MUSCHELN

Besonders wohlschmeckend und darüber hinaus auch sehr dekorativ sind auch überbackene Muscheln. Garen Sie die Muscheln dazu im Gemüsewürzsud wie oben beschrieben. Dann die geöffneten Muscheln aus der Schale lösen und nebeneinander in eine feuerfeste Form legen. Etwas Muschelkochfond angießen – am besten durch ein feines Sieb, damit keine Sand- oder Schalenreste mitgegossen werden. Anschließend die Muscheln mit Weißbrotkrumen bestreuen, mit kleinen Kräuterbutterflocken belegen und im vorgeheizten Backofen bei 200 °C auf der mittleren Schiene in 5 bis 10 Minuten goldbraun überbacken. Dazu passt gut ein knackiger Salat (S. 94 oder S. 102) und frisches Weißbrot.

Zubereitungszeit
ca. 3 Std. 20 Min.

Marinierzeit
ca. 10 Std.

Kühlzeit für die Terrine
ca. 5 Std.

Rote-Bete-Terrine mit geräuchertem Saibling

Statt als Salat, Rote Bete als edles Entrée

Für die Rote-Bete-Terrine (für 6 Portionen)

- *500 g Rote Beten*
- *Meersalz (Fleur de sel)*
- *1 ½ TL Kümmel*
- *½ l Rinder- oder Kalbsfond (Glas oder S. 534)*
- *2–3 EL Champagneressig (oder Sherryessig)*
- *1 EL Aceto balsamico*
- *4 EL Distel- oder Rapsöl*
- *2 EL Zitronensaft*
- *Salz*
- *frisch gemahlener Pfeffer*
- *1 Msp. Cayennepfeffer*
- *1 Prise Zucker*
- *1 Zwiebel*
- *1 Knoblauchzehe*
- *6 Blatt Gelatine*
- *3 geräucherte Saiblingfilets (oder geräucherte Forellenfilets)*

Für die Meerrettichmousse

- *80 g saure Sahne (10 % Fett)*
- *1 EL Zitronensaft*
- *50 g Crème fraîche*
- *2 EL Meerrettich (Glas)*
- *Salz*
- *Zucker*
- *1 Msp. Cayennepfeffer*
- *1 Blatt Gelatine*
- *2–3 EL geschlagene Sahne*

Außerdem

- *Terrinen- oder Kastenform (½–1 l Inhalt)*

1 | **Den Backofen auf 180 °C vorheizen.** Die Rote Beten einzeln mit etwas Salz und 1 TL Kümmel in Alufolie einschlagen. Meersalz in einen flachen Topf füllen, die Rote Beten daraufsetzen und im vorgeheizten Ofen 60 bis 90 Minuten garen, bis sie weich sind. Wickeln Sie die Rote Beten aus und lassen Sie sie abkühlen. Dann schälen und in 2 mm dünne Scheiben schneiden (Step 1).

2 | **Aus Rinderfond,** den beiden Essigsorten, Öl und Zitronensaft eine Marinade rühren. Den Kümmel hacken und dazugeben, mit Salz, Pfeffer, Cayennepfeffer und Zucker abschmecken. Die Zwiebel und den Knoblauch schälen, beides halbieren, mit den noch warmen Rote-Bete-Scheiben in die Marinade legen und 10 Stunden darin ziehen lassen (nicht im Kühlschrank). Für die Meerrettichmousse saure Sahne, Zitronensaft, Crème fraîche und Meerrettich verrühren, mit Salz, Zucker und Cayennepfeffer würzen und über Nacht zum Durchziehen stehen lassen.

3 | **Am nächsten Tag** nehmen Sie die Zwiebel und den Knoblauch aus der Marinade der Rote Beten. Die Gelatine in kaltem Wasser einweichen, gut ausdrücken, in etwas erwärmter Marinade auflösen und dann in die restliche Marinade einrühren. Für die Meerrettichmousse die Masse vom Vortag durch ein feines Sieb passieren. Die aufgelöste Gelatine dazugeben und die Schlagsahne unterheben.

4 | **Eine Terrinen- oder Kastenform** mit Frischhaltefolie auslegen und auf Eis stellen. Mit einem Drittel der Rote-Bete-Scheiben und Marinade füllen. Die Hälfte der Meerrettichmousse daraufstreichen und so fest werden lassen, dass die nächste Schicht aus Rote-Bete-Scheiben nicht »einsacken« kann (Step 2). Auf diese die restliche Meerrettichmousse streichen, fest werden lassen und mit den übrigen Rote-Bete-Scheiben und Marinade abdecken. Die Terrine etwa 5 Stunden im Kühlschrank fest werden lassen. Schneiden Sie die Terrine mit einem Elektromesser auf und servieren Sie sie mit den leicht erwärmten Saiblingfilets.

1)

2)

Terrine zubereiten

1) Die weich gekochten Rote Beten aus der Folie nehmen, schälen (dazu am besten Plastikhandschuhe anziehen, denn der rote Saft färbt intensiv) und die Knollen in etwa 2 mm dünne Scheiben schneiden.

2) Die Terrinenform zu einem Drittel mit Rote-Bete-Scheiben und etwas Marinade füllen. Die Hälfte der Meerrettichmousse einfüllen und glatt streichen, dann halbfest werden lassen und mit Rote-Bete-Scheiben abdecken.

Mecklenburg-Vorpommern

bundesweit

Zubereitungszeit
ca. 1 Std. 30 Min.

Marinier- und Kühlzeit
ca. 24 Std.

Gebratene Heringe in Zwiebelmarinade

Süßsauer mariniert und mit knusprigen Bratkartoffeln schmecken sie besonders gut.

Für die Heringe

- *8 frische Heringe (mit Kopf, ausgenommen)*
- *Salz* · *frisch gemahlener Pfeffer*
- *2 EL Mehl* · *4 EL Olivenöl*

Für die Zwiebelmarinade

- *2 Gemüsezwiebeln*
- *½ l Weinessig* · *10 Wacholderbeeren*
- *3 Lorbeerblätter* · *8 Gewürznelken*
- *10 Pimentkörner* · *10 Pfefferkörner*
- *50 g Zucker*

Für die Bratkartoffeln

- *500 g festkochende Kartoffeln*
- *50 g fetter geräucherter Speck*

1 | **Die Heringe waschen,** mit Küchenpapier trocken tupfen und mit Salz und Pfeffer würzen. Anschließend in Mehl wenden, überschüssiges Mehl gut abklopfen und die Fische in Olivenöl von beiden Seiten 8 Minuten goldbraun braten. Legen Sie die gebratenen Fische anschließend nebeneinander in eine flache Form.

2 | **Die Zwiebeln schälen** und in Streifen schneiden. 1 ½ l Wasser zum Kochen bringen, Zwiebeln, Weinessig sowie Wacholderbeeren, Lorbeerblätter, Nelken, Piment- und Pfefferkörner hinzufügen. Mit Zucker, Salz und frisch gemahlenem Pfeffer abschmecken und etwa 10 Minuten kochen lassen. Gießen Sie den Sud über die Bratheringe, lassen Sie das Ganze erkalten und etwa 24 Stunden abgedeckt im Kühlschrank marinieren.

3 | **Die Kartoffeln waschen,** schälen und in etwa 3 mm dünne Scheiben schneiden. Schneiden Sie den Speck in feine Streifen, lassen Sie ihn in einer möglichst großen Stielpfanne etwas aus, dann die Kartoffelscheiben dazugeben und im ausgelassenen Fett bei mittlerer Hitze goldbraun braten, bis die Kartoffeln gar sind. Gelegentlich wenden und das Ganze mit Salz und frisch gemahlenem Pfeffer würzen. Die Bratkartoffeln separat zu den Bratheringen in Zwiebelmarinade reichen.

S. 126 ff.
IM FOKUS – WARENKUNDE
Kartoffeln

S. 138 ff.
REGIONENPORTRÄT
Mecklenburg-Vorpommern

S. 182 ff.
IM FOKUS – WARENKUNDE Fisch

WARENKUNDE

Kleines Herings-ABC

Hering wird vor allem an der Küste gebraten und im Ganzen verzehrt. Früher war er ein typischer Industriefisch, heute ist er nur selten frisch erhältlich. Als Matjes, so bezeichnet man den noch nicht abgelaichten »jungfräulichen« Hering, wird er leicht gesalzen. »Vollheringe« sind ausgewachsene Tiere vor dem Ablaichen mit Milch und Rogen. Sie kommen frisch, geräuchert oder auch als Salzheringe in den Handel. Abgelaichte, magere Heringe heißen »Ihle« und eignen sich vor allem für Heringsmarinaden und als Rollmops. Frischer Hering (»Grüner Hering«) ist ein sehr guter Bratfisch. Vorgesalzene Grüne Heringe kommen geräuchert als »Bückling« in den Handel.

Brandenburg

Baden-Württemberg

Zubereitungszeit
ca. 1 Std. 10 Min.

Gebratener Zander auf Linsensalat

Bunte Linsen und Binnenfisch – ein nicht alltäglicher Vorgeschmack auf ein edles Menü

Für den Linsensalat

- *¾ l Kalbsfond (Glas oder S. 534)*
- *4 Schalotten* · *80 g braune Linsen*
- *120 g rote Linsen* · *100 ml Weißwein*
- *4 TL Sauternes (oder Vin Santo)*
- *4 TL weißer Aceto balsamico*
- *4 TL Olivenöl (oder Traubenkernöl)*
- *80 g kleine, blanchierte Gemüsewürfel (Möhre, Sellerie und Lauch)*
- *Salz* · *frisch gemahlener Pfeffer*

Für die Meerrettichsauce

- *1 EL Meerrettich (Glas)*
- *160 g Crème fraîche*
- *1 TL weißer Aceto balsamico*
- *Sahne zum Verdünnen*

Für den gebratenen Zander

- *4 Zanderfilets (je 80 g)*
- *Salz* · *frisch gemahlener Pfeffer*
- *Mehl zum Wenden*
- *Olivenöl zum Braten*
- *Dill und Kapuzinerkresseblüten zum Garnieren*

1 | **Für den Linsensalat** den Kalbsfond erhitzen. Schalotten schälen und fein würfeln. Die Linsen werden in zwei Töpfen gekocht, weil die Kochdauer unterschiedlich ist. Für die braunen Linsen die Hälfte der Schalottenwürfel in 1 TL Olivenöl anschwitzen, Linsen dazugeben und ebenfalls anschwitzen. Löschen Sie sie mit jeweils der Hälfte von Weißwein, Sauternes, Kalbsfond und Essig ab, würzen Sie mit Salz und Pfeffer und lassen Sie die Linsen 40 Minuten köcheln, dabei ab und zu umrühren.

2 | **Mit den roten Linsen** genauso wie mit den braunen Linsen verfahren, wobei diese nur eine Kochzeit von 15 Minuten haben. Nun sollten die Linsen nur noch so viel Fond aufweisen, dass sie gerade gebunden sind. Schwitzen Sie die blanchierten Gemüsewürfel in den verbleibenden 2 TL Olivenöl kurz an, dann würzen und vermengen Sie sie mit den Linsen in einer Schüssel. Der Linsensalat kann lauwarm serviert werden.

3 | **Für die Meerrettichsauce** den Meerrettich mit 1 EL Wasser vermischen und 5 Minuten stehen lassen. Anschließend gießen Sie die Mischung in ein mit einem Tuch ausgelegtes Sieb und drücken Sie das Tuch sehr kräftig aus, dabei den Saft auffangen. Die Crème fraîche mit dem Meerrettichsaft sowie dem Essig verrühren, mit Sahne verdünnen und abschmecken.

4 | **Die Zanderfilets** mit Salz und Pfeffer würzen, mehlieren und in einer beschichteten Pfanne mit wenig Olivenöl auf beiden Seiten braten; sie sollten innen noch glasig sein. Zum Anrichten geben Sie auf einen großen Teller in die Mitte etwas Linsensalat, legen Sie darauf je ein Zanderfilet, umgießen Sie es mit Meerrettichsauce und garnieren Sie mit frischem Dill und Kapuzinerkresseblüten.

S. 182 ff.
IM FOKUS – WARENKUNDE Fisch

REGIONENPORTRÄT

F(r)ischfang aus der Havel

Seine Herkunft bürgt für hohe Qualität: Havelzander gilt (neben dem Bodenseezander) als der beste seiner Art aus deutschen Landen. Eine gute Wasserqualität und dazu ausreichend Rückzugsflächen in stille Brackwasserbereiche sichern der räuberischen Dorschart hier beste Lebensbedingungen. Das feinaromatische und zarte Fischfleisch ist bis weit über die Grenzen Brandenburgs beliebt und inspiriert immer wieder neu zu erlesenen Zubereitungen.

Zubereitungszeit
ca. 40 Min.

Matjes »Hausfrauenart« mit Äpfeln und Zwiebeln

Der Beginn der Matjessaison ist jedes Jahr ein Ereignis, denn frisch gefangen schmeckt er am besten.

Zutaten

- *4 kleine Äpfel (je 120 g)*
- *3–4 EL Zitronensaft*
- *100 g Salatgurke*
- *120 g Sauerrahm*
- *50 g Crème fraîche*
- *Salz* · *1 Msp. Cayennepfeffer*
- *4 Matjesfilets (je 80 g; nach Möglichkeit mit Schwanz)*
- *1 Zwiebel*
- *frisch gemahlener Pfeffer*
- *1–2 EL Butter*
- *Dillspitzen zum Garnieren*

Matjessaison

Matjes (noch nicht laichreifer Matjeshering) wird Mitte Mai bis Anfang Juni gefangen und dann sofort eingesalzen. So jung schmeckt er am besten.

S. 182 ff.
IM FOKUS – WARENKUNDE Fisch

1 | **Die Äpfel schälen** und am Stielansatz den Deckel abschneiden. Mit einem Kugelausstecher die Äpfel aushöhlen. Es sollte ein etwa 4 bis 5 mm dicker Rand bleiben. Das Kerngehäuse entfernen und die Apfelreste in Stücke schneiden. Reiben Sie den ausgehöhlten Apfel sofort mit Zitronensaft ein, damit er nicht braun wird.

2 | **Die Gurke schälen,** zuerst in 5 mm dicke Scheiben und diese dann in gleichmäßige Würfel schneiden. In sprudelnd kochendem Wasser 30 Sekunden blanchieren, in Eiswasser abschrecken und gut abtropfen lassen. Den Sauerrahm mit Crème fraîche verrühren und mit Salz, Cayennepfeffer und Zitronensaft würzen. Mischen Sie zuletzt die abgetropften Gurken bis auf 2 EL unter. Diese benötigen Sie später zum Garnieren.

3 | **Für die Garnitur** trennen Sie von den Matjesfilets jeweils das Schwanzstück ab und legen es beiseite. Den restlichen Matjes fein würfeln und mit den geschnittenen Apfelresten unter die Sauerrahmgurken geben. Den Matjessalat in die ausgehöhlten Äpfel füllen. Den Backofen auf 180 °C vorheizen.

4 | **Die Zwiebel schälen** und in etwa 1 cm dicke Scheiben schneiden, mit Salz und Pfeffer würzen und in einer Pfanne mit Butter anbraten. Sobald sie hellbraun sind, die Zwiebelscheiben wenden, mit 70 ml Wasser aufgießen und im Ofen etwa 8 bis 10 Minuten schmoren lassen, bis die Flüssigkeit eingekocht ist.

5 | **Zum Servieren** richten Sie die gefüllten Äpfel auf Tellern an. Jeweils ein Matjesschwanzstück danebenlegen und mit den lauwarmen Zwiebelringen, den restlichen Gurkenwürfeln sowie einigen Dillspitzen garnieren. Dazu passt gut frisches Brot, Weißbrot oder auch Bratkartoffeln.

KLASSIKER MIT NAMENSVERWANDTSCHAFT: FORELLE »HAUSMACHERART«

Auch die Forelle mit ihrem zarten und fettarmen Fleisch lässt sich »nach Hausmacherart« zubereiten: Karamellisieren Sie dazu 4 TL Zucker in einem Topf. Mit ¼ l Weißwein ablöschen. Je 100 g geschälte Zwiebeln sowie geputzten Fenchel in feine Scheiben schneiden und mit 2 EL Essig, 1 TL Salz, 400 ml Wasser, 10 Pfefferkörnern, 2 Wacholderbeeren, 10 Korianderkörnern, 1 Lorbeerblatt, 1 Thymianzweig und 2 EL Honig etwa 10 Minuten leise köcheln lassen. 350 bis 400 g Forellenfilets 1 bis 2 Minuten in eine Würzlake aus 1 l Wasser und 100 g Salz legen. Anschließend herausnehmen und trocken tupfen. Den Zwiebel-Fenchel-Sud auskühlen lassen und die Forellenfilets darin einlegen.

Salate und Salatvariationen

Knackig frisch und pikant mariniert

Zubereitungszeit
ca. 1 Std. 45 Min.

Blumenkohlsalat in Schnittlauchvinaigrette

Serviert mit Lachs und Kapercreme

Für die Kapercreme

· 2 Eier · 2 EL Butter · 1 TL Kapern · 1–2 Sardellenfilets · 1 Msp. mittelscharfer Senf · Salz · frisch gemahlener Pfeffer · 1–2 TL fein gehackte Petersilie · 1–2 TL Zitronensaft

Für den Blumenkohlsalat

· 1 Blumenkohl · 1 Schalotte · 1 kleine Stange Lauch (nur das Weiße) · 1 EL Öl · 1 TL Butter · 1 EL Staudenselleriestreifen · 1 gestr. TL zerdrückte Pfefferkörner · 1 Lorbeerblatt · 1 TL Meersalz · 2–3 EL Zucker · 1–2 EL Schalottenessig (oder Obstessig) · 50 ml Geflügelfond (Glas oder S. 534) · 1 EL Zitronensaft

Für die Schnittlauchvinaigrette

· 1–2 EL Schalottenessig (oder Obstessig) · Salz · 2 EL Zucker · frisch gemahlener Pfeffer · ½ Knoblauchzehe · 60 ml Arganöl (oder Pinienkern- oder Nussöl) · 2 EL fein gewürfeltes Gemüse (Möhre, Sellerie und Zucchino) · 1 EL Schnittlauchröllchen

Für den Lachs

· 250 g Lachsfilet ohne Haut · Salz · frisch gemahlener Pfeffer · 1 Msp. abgeriebene Schale von 1 unbehandelten Zitrone · Olivenöl zum Garen · Schnittlauchhalme zum Garnieren

S. 366 ff.
WARENKUNDE Altes Gemüse

1 | **Für die Kapercreme** die Eier 9 Minuten hart kochen. Währenddessen die Butter schaumig aufschlagen. Die Eier pellen und die Eiweiße von den Eigelben trennen. Die Eigelbe durch ein feines Sieb streichen. Die Kapern und die Sardellenfilets zusammen fein hacken. Anschließend die passierten Eigelbe mit der Butter vermischen, die Kapern-Sardellen-Mischung hinzugeben, mit Senf, Salz und Pfeffer abschmecken und mit Petersilie sowie Zitronensaft verfeinern. Stellen Sie die Creme bis zur Weiterverwendung kalt.

2 | **Für den Blumenkohlsalat** den Blumenkohl vom Blattgrün befreien, in einzelne Röschen zerteilen, gründlich in lauwarmem Wasser waschen und abtropfen lassen. Den Strunk ebenfalls waschen und abtropfen lassen, dann zerkleinern. Schälen Sie die Schalotte und schneiden Sie sie in feine Scheiben. Den Lauch putzen, waschen und ebenfalls in feine Scheiben schneiden.

3 | **Öl und Butter in einem Topf erhitzen** und die Schalottenscheiben darin anschwitzen, ohne dass sie Farbe annehmen. Die Lauchscheiben, den Staudensellerie sowie den zerkleinerten Blumenkohlstrunk dazugeben und alles ohne Farbe anschwitzen. Pfefferkörner, Lorbeerblatt, Meersalz und Zucker zugeben, das Gemüse mit dem Essig ablöschen und den Geflügelfond angießen. Den Blumenkohl mit Zitronensaft beträufeln, auf das Gemüse geben und zugedeckt 10 Minuten dämpfen. Dann die Blumenkohlröschen entnehmen und zugedeckt bis zur Weiterverarbeitung beiseitestellen. Passieren Sie den Dämpffond in einen Topf; es sollten etwa 100 ml sein, ggf. können Sie mit Geflügelfond auffüllen.

4 | **Für die Schnittlauchvinaigrette** den Dämpffond vom Blumenkohl auf die Hälfte reduzieren und noch lauwarm mit Essig, Salz, Zucker und Pfeffer abschmecken. Die Knoblauchzehe schälen, auf eine Messerspitze stecken und den Boden einer Salatschüssel damit ausreiben. Den Blumenkohlfond und das Arganöl in die Schüssel geben, verrühren und nochmals abschmecken. Die Gemüsewürfel kurz blanchieren, kalt abschrecken und in die Vinaigrette geben. Mischen Sie die Schnittlauchröllchen darunter und übergießen Sie die lauwarmen Blumenkohlröschen mit der Vinaigrette.

5 | **Für den Lachs** den Backofen auf 60 °C (Umluft) vorheizen. Das Lachsfilet in acht Streifen schneiden, mit Salz, Pfeffer und Zitronenschale würzen und auf einen mit Olivenöl beträufelten Teller legen. Den Lachs im vorgeheizten Backofen auf der mittleren Schiene 30 bis 35 Minuten garen.

6 | **Den marinierten Blumenkohlsalat** so anrichten, dass eine »Gasse« für den Lachs gebildet wird, eventuell in der Schüssel verbliebene Vinaigrette und Gemüsebrunoise über dem Salat verteilen. Den Lachs in die »Gasse« legen. Füllen Sie die Kapercreme in einen Spritzbeutel mit feiner Sterntülle und spritzen Sie sie auf den Lachs. Nach Belieben mit Schnittlauch garniert servieren.

Zubereitungszeit
ca. 4 Std.

Ziehzeit für die Speckmilch
ca. 8 bis 10 Std.

Salat von Brechbohnen mit Bohnencannelloni

Bohnensalat einmal anders: auf italienische Art raffiniert verpackt

Für den Crêpesteig

· 40 g Speck · 1–2 EL Öl · ½ l Milch · 80 g gesiebtes Weizenmehl · 3 kleine Eier · Salz · frisch gemahlener Pfeffer · 1 Prise frisch geriebene Muskatnuss · Butter zum Ausbacken

Für die Kirschtomaten

· 8 Kirschtomaten · Salz · 1 Knoblauchzehe · frisch gemahlener Pfeffer · ½ TL gehackter Rosmarin · ½ TL gehackter Thymian · Puderzucker zum Bestauben

Für die Bohnen

· 250 g Brechbohnen · Salz · je 1 Zweig Rosmarin und Bohnenkraut · 100 g Saubohnen (oder Feuerbohnen) · einige Salatblätter zum Anrichten (z.B. Rucola, Frisée, Endivie)

Für die Vinaigrette

· 2 Schalotten · 1 EL Öl · 2–3 EL Rotweinessig · 1 Msp. fein geschnittenes Bohnenkraut · Salz · frisch gemahlener Pfeffer · 1 Msp. Zucker · 2–3 EL Traubenkernöl · Knoblauch zum Ausreiben der Schüssel · 50 g durchwachsener Speck

Tomaten auf Vorrat

Trocknen Sie ein ganzes Blech Tomaten auf Vorrat, denn getrocknete Kirschtomaten können im Kühlschrank ohne Weiteres 1 Woche aufbewahrt werden. Ausgebackene Crêpes lassen sich gut verpackt einfrieren.

1 | **Für die Crêpes** den Speck in Öl knusprig rösten und in die Milch geben. Die Mischung einmal aufkochen und 8 bis 10 Stunden, am besten über Nacht, ziehen lassen; so erhalten Sie ein feines Räucheraroma im Teig.

2 | **Für die Kirschtomaten** gut gesalzenes Wasser in einem Topf zum Kochen bringen und den Backofen auf 90 °C vorheizen. Die Kirschtomaten waschen, im Salzwasser blanchieren und häuten. Achten Sie darauf, dass der Blütenansatz an den Tomaten erhalten bleibt. Die Knoblauchzehe abziehen und in Scheiben schneiden. Die Tomaten mit dem Grün nach oben auf ein Blech setzen, salzen und pfeffern. Rosmarin, Thymian und Knoblauchscheiben darauf verteilen und mit Puderzucker bestauben. Die Kirschtomaten etwa 3 Stunden im Ofen auf der mittleren Schiene trocknen, dabei die Ofentür einen Spalt geöffnet lassen.

3 | **Für die Bohnen** von den Brechbohnen beide Enden abschneiden, die Bohnen waschen und abtropfen lassen. In einem Topf gesalzenes Wasser zum Kochen bringen, den Rosmarinzweig und das Bohnenkraut hineingeben und 1 Minute köcheln lassen. Die Brechbohnen in das Wasser geben und etwa 3 Minuten bissfest blanchieren. Mit einem Sieblöffel herausnehmen, in Eiswasser abschrecken, in ein Sieb geben und abtropfen lassen. Die Saubohnen ebenso blanchieren, abschrecken und in ein Sieb abgießen, dabei das Bohnenwasser auffangen. Lassen Sie die Saubohnen abtropfen und pulen Sie die Bohnenkerne aus der Schale. Feuerbohnen müssen zuerst gepult, dann blanchiert werden.

4 | **Für die Vinaigrette** die Schalotten schälen und in feine Würfel schneiden. Das Öl erhitzen und die Schalottenwürfel darin glasig anschwitzen. Anschließend mit Essig ablöschen und auf die Hälfte reduzieren. Mit 80 ml Bohnenfond auffüllen und mit Bohnenkraut, Salz, Pfeffer und Zucker abschmecken. Das Traubenkernöl unterrühren. Eine Schüssel mit Knoblauch ausreiben, die Brechbohnen hineingeben und mit der Vinaigrette marinieren. Den Speck in feine Streifen schneiden, in einer Pfanne knusprig ausbraten und auf Küchenpapier warm halten.

5 | **Für die Crêpes** das Mehl und die Eier miteinander verrühren. Die Speckmilch, Salz, Pfeffer sowie Muskatnuss unterrühren und den Teig durch ein Sieb passieren. In einer beschichteten Pfanne wenig Butter bräunen und den Teig darin dünn ausbacken.

6 | **Zum Servieren die Crêpes** halbieren, die Brechbohnen der Länge nach darauflegen und die Crêpes fest zusammenrollen. Die Enden abschneiden, die Crêpes in der Mitte diagonal halbieren und je ein Stück auf einen flachen Teller legen. Garnieren Sie diese Bohnencannelloni mit den getrockneten Kirschtomaten, den Saubohnen, nach Belieben mit Salatblättern und dem Speck.

Zubereitungszeit
ca. 40 Min.

Marinierzeit für den Salat
ca. 24 Std.

Roher Blaukrautsalat mit Preiselbeerdressing

Salat vom Rotkohl – mit Orangensaft und Gewürzen köstlich mariniert

Zutaten

- *1 kleiner Kopf Blaukraut (Rotkohl)*
- *3 Orangen (davon 1 unbehandelt)*
- *1 unbehandelte Zitrone*
- *50 ml Rotweinessig*
- *2 TL Traubenkernöl* · *1 EL Walnussöl*
- *2 EL Preiselbeeren (Glas)* · *Salz*
- *frisch gemahlener Pfeffer* · *Zucker*
- *1 Gewürzsäckchen (Wacholderbeeren, Pfefferkörner, Lorbeeren, Gewürznelke)*

Weißkrautsalat

Sie können nach diesem Rezept auch Weißkrautsalat herstellen. Verwenden Sie dann für das Dressing Weißweinessig sowie Rapsöl und verzichten Sie auf die Preiselbeeren.

S. 34 ff.
REGIONENPORTRÄT Bayern
S. 78 ff.
IM FOKUS – WARENKUNDE Kohl

1 | **Den Kohlkopf vierteln** und mit einem scharfen Messer den Strunk keilförmig herausschneiden. Die äußeren, nicht so schönen Blätter entfernen (Step 1). Die Kohlkopfviertel mit einer Aufschnittmaschine oder mit dem Küchenhobel fein raspeln, waschen und in einem Sieb gut abtropfen lassen.

2 | **Die unbehandelte Orange** und die Zitrone heiß abwaschen, trocken reiben und die Schalen fein abreiben oder von den Schalen mit einem Zestenreißer Zesten abziehen (Step 2). Alle Orangen halbieren, den Saft auspressen (es sollte etwa 100 ml Saft ergeben) und diesen mit den Zitrusschalen verrühren.

3 | **Den Orangensaft mit Rotweinessig,** Traubenkernöl, Walnussöl und Preiselbeeren verrühren. Das Dressing mit Salz, Pfeffer und Zucker abschmecken und über den gehobelten Kohl geben. Die Zutaten etwa 5 bis 10 Minuten leicht mit den Händen kneten (Step 3), dann das Gewürzsäckchen dazugeben und den Salat abgedeckt im Kühlschrank 24 Stunden marinieren.

4 | **Das Gewürzsäckchen entfernen** und das Blaukraut nochmals nach Belieben abschmecken. Nehmen Sie den Blaukrautsalat mindestens 1 Stunde vor dem Servieren aus dem Kühlschrank und lassen Sie ihn bei Zimmertemperatur stehen, damit sich sein Aroma voll entfalten kann.

Blaukrautsalat herstellen

1) Vom Kohlkopf die äußeren Blätter entfernen, den Kohlkopf vierteln und mit einem scharfen Messer den Strunk keilförmig herausschneiden.

2) Mit einem Zestenreißer Zesten von den Schalen der unbehandelten Orange und Zitrone abziehen und mit in die Marinade geben.

3) Den gehobelten Kohl mit dem Preiselbeerdressing vermischen und alle Zutaten mit den Händen 5 bis 10 Minuten leicht kneten.

Zubereitungszeit
ca. 2 Std.

Gebrühter Weißkohlsalat

Das bayerische Original ist sehr gesund und wird mit Kümmel leicht bekömmlich.

Zutaten

- *1 Kopf Weißkohl (am besten Spitzkohl, etwa 800 g–1 kg)*
- *Meersalz (Fleur de sel)*
- *60 g Wammerl (Schweinebauch, mild geräuchert und gekocht)*
- *½ TL Kümmel*
- *200 ml Fleischfond (Glas oder S. 534)*
- *frisch gemahlener Pfeffer*
- *50 ml Distelöl*
- *50 ml Weißweinessig*

Serviertemperatur

Kohlsalat sollten Sie nicht zu kalt, d. h. am besten zimmerwarm, servieren. Erst dann kann er sein volles Aroma entfalten.

S. 34 ff.
REGIONENPORTRÄT Bayern
S. 78 ff.
IM FOKUS – WARENKUNDE Kohl

1 | **Vom Weißkohl** die äußeren welken Blätter entfernen und den Strunk keilförmig herausschneiden. Dann den Kohlkopf in seine einzelnen Blätter zerteilen. Wenn das Kraut sehr fest gewachsen ist, spießen Sie den Kohlkopf vom Strunk her mit einer Gabel auf und halten Sie ihn kurz in kochendes Wasser, dann lassen sich die Blätter leicht lösen.

2 | **Die Kohlblätter waschen,** gut abtropfen lassen und die dicken Mittelrippen keilförmig herausschneiden. Dann die Kohlblätter mit einem scharfen Messer in sehr feine, etwa 2 mm breite Streifen schneiden. Die Streifen mit Meersalz würzen und ziehen lassen.

3 | **Inzwischen das Wammerl** in feine Würfel schneiden und die Schwarte dabei entfernen. Den Kümmel mit einem großen Messer fein hacken oder nach Belieben auch mahlen. Den Fleischfond in einem Topf kurz aufkochen lassen.

4 | **Den marinierten Kohl** in ein Sieb abgießen, kurz abtropfen lassen und in eine große Schüssel geben. Die Wammerlwürfel sowie den Kümmel über den Kohl geben und den kochend heißen Fond gleichmäßig darübergießen. Mit Pfeffer aus der Mühle würzen, mit dem Distelöl und dem Weißweinessig gründlich vermengen. Anschließend 1 Stunde bei Zimmertemperatur marinieren lassen. Schmecken Sie den Salat vor dem Servieren noch einmal ab.

REGIONENPORTRÄT

Zartes Filderkraut für Feinschmeckers Gaumen

Spitzkohl oder Spitzkraut, die zarteste und feinste unter den Weißkohlsorten, liebt wärmere Regionen und wird in Deutschland fast nur in Baden-Württemberg angebaut. Das kegelköpfige Kraut kommt hauptsächlich aus der fruchtbaren Filderebene im Landkreis Esslingen südlich von Stuttgart, wo es beste klimatische Bedingungen und guten Boden vorfindet. Es wird vor allem frisch vermarktet und ist traditionell auch als Herbstweißkohl die Grundzutat für Sauerkraut.

Die »Krauts« und ihre Küche

Obwohl ursprünglich keine deutsche Erfindung, wird Sauerkraut vor allem im Ausland unweigerlich mit typisch deutscher Küche verbunden.

Typisch deutsche Küche: Was ist das? Die Antwort hängt in der Regel von der Nationalität des Befragten ab: Amerikanern fällt meist als Erstes »Bier« ein, Asiaten umschreiben deftige Braten und Knödel mit höflichen Worten, unsere französischen Nachbarn nennen in der Regel zunächst die zahlreichen Krautgerichte. Klingt alles ganz positiv, nur die Engländer finden für deutsche kulinarische Vorlieben kaum nette Worte. So hält sich bis heute hartnäckig der Begriff »Krauts« (eine einsilbige Verkürzung des Wortes Sauerkraut) als abwertend gemeintes Synonym für »die Deutschen« an sich.

Ein hartnäckiges Klischee

Doch was hat es mit dem »kulinarischen Schimpfwort« auf sich? Bis heute hält sich vor allem im anglophilen Sprachraum die Vorstellung, Sauerkraut sei das deutsche Nationalgericht schlechthin. Ist also Sauerkraut eine deutsche Erfindung, ein Gericht mit germanischen Wurzeln? Mitnichten, allerdings sind die Deutschen an der Entstehung der Legende vom »Nationalgericht Sauerkraut« nicht ganz unschuldig. Wenn der Dichter, Literaturwissenschaftler, Jurist und Politiker Ludwig Uhland in seinen Versen »Und dann das edle Sauerkraut, wir dürfen's nicht vergessen. Ein Deutscher hat's zuerst gebraut, drum ist's ein deutsches Essen ...« so etwas wie eine deutsche Urheberschaft einfordert und Wilhelm Busch in »Max und Moritz« dem Sauerkraut seine Zeilen widmet, muss man sich nicht wundern, wenn in den Köpfen anderer Nationen das Bild von den »German Krauts« herumgeistert. Dabei waren es die alten Römer, die bereits vor rund zweitausend Jahren ganze Kohlköpfe in Salzlake einlegten. Niemand käme deswegen auf die Idee, den Italienern das Sauerkraut zuschreiben zu wollen, auch nicht den Griechen oder den Chinesen, die das Säuern von Kraut als effektive Methode des Konservierens ebenfalls schon seit vielen Jahrhunderten anwenden.

Auf dem deutschen Speisezettel tauchte das Sauerkraut erst im ausgehenden Mittelalter auf, als Mönche, die sich übrigens auch um Wein, Käse und Brot verdient machten, das aus Weißkohl gehobelte Kraut salzten, in großen Holzfässern für die Fastenzeit einstampften und abwarteten. Was nämlich jetzt in den Bottichen stattfand, war nicht nur eine natürliche und effektive Konservierung durch Milchsäurebakterien, wobei diese den Fruchtzucker im Weißkraut unter Freisetzung von Kohlensäure in Milchsäure umwandelten. Es war vielmehr auch ein Vorgang, der aufgrund des dabei entstandenen Geschmacks durch die saure Gärung dem Kohl auch seinen künftigen Namen verlieh: Das Sauerkraut war geboren!

Entdeckung der Vielfältigkeit

Die einfache Methode, Weißkohl in Sauerkraut zu verwandeln und damit Gemüsevorräte für die langen Wintermonate anlegen zu können, fiel in einer von Landwirtschaft geprägten Epoche im wahrsten Sinne auf fruchtbaren Boden. Zudem erforderte der im Anbau relativ anspruchslose Weißkohl keine besonderen Kenntnisse und man konnte ihn vielfältig auch in anderen Lebensbereichen verwenden: Zum Beispiel in der Seefahrt. Nachdem im frühen 18. Jahrhundert entdeckt worden war, dass der Verzehr von Sauerkraut Skorbut verhindern kann, kreuzte kaum mehr ein Schiff unter deutscher Flagge ohne Sauerkrautfass an Bord die Meere. Den Briten schien das Kraut zu profan, sie setzten in ihrer Marine vorwiegend auf Zitronensaft als Prophylaxe, eine »prickelnde« Ergänzung zum ansonsten trockenen Schiffszwieback. Was weder Deutsche noch Engländer damals wussten: Sauerkraut enthält die Vitamine A, B und C – rund 400 Gramm Sauerkraut besitzen so viel Vitamin C wie eine Kiwi – sowie Kalium, Kalzium, Eisen und jede Menge Ballaststoffe. Zusätzlich finden sich im Sauerkraut sekundäre Pflanzenstoffe, die die Blutgerinnung beeinflussen, die Verdauung fördern und vor Krebs schützen sollen.

Sauerkraut – ein regionaler Exot

Sauerkraut darf also getrost als ein gesundes Geschenk der Natur bezeichnet werden, für das die Menschheit dankbar sein sollte. Sollte man meinen. Aber immer wieder taucht das Sauerkraut in Verbindung mit dem bedrohlich wirkenden Deutschen auf, das nicht selten blähende und bissig säuerlich schmeckende Kraut als Synonym vermeintlich deutscher Charaktereigenschaften. Auch die Franzosen, allen voran Jules Verne, taten dem Sauerkraut Unrecht. In seinem Roman »Die 500 Millionen der Begum«, der 1879 in Paris erschien, baut der machtgierige deutsche Professor Schultze nicht nur eine Waffenschmiede für Geschütze und Kanonen nach Krupp'schem Muster auf, sondern hegt eine besondere Vorliebe für Sauerkraut! Zu dieser Zeit war das Elsass noch eine Provinz des Deutschen Kaiserreiches und noch kein Departement der französischen Republik. Denn im Elsass feiert Sauerkraut bis heute Triumphe, hier schmückt es als kulinarisches Aushängeschild in vielen schmackhaften Variationen die bodenständige Küche, verfeinert mit Wein oder Champagner, garniert mit Würstchen, Bauchspeck, Rippchen und Kartoffeln. Typisch deutsch? Die Franzosen, inklusive und gerade wegen der Sauerkrauthochburg Elsass, essen mehr Sauerkraut als die Deutschen, deren Verbrauch seit Jahren bei rund 1,2 Kilogramm pro Person im Jahr stagniert. Das meiste davon stammt aus Polen, echtes deutsches Sauerkraut kommt heute vorwiegend aus dem Gebiet der Fildern südlich von Stuttgart, wo 1883 auch die weltweit erste Sauerkrautfabrik entstand. Doch aus dem vermeintlichen

Kulinarische Vorlieben stoßen nicht überall auf Verständnis: Eine alte englische Karikatur spottet über Deutsche beim Sauerkrautessen (1803).

deutschen Nationalgericht ist längst ein regionaler Exot geworden, der nur dort auftaucht, wo es richtig deftig zugeht: Bei der hessischen Spezialität »Rippchen mit Kraut« wird gepökeltes Schweinekotelett im Sauerkraut gekocht, auf der Schwäbischen Schlachtplatte darf es nicht fehlen und in der herzhaften bayerischen Landküche ist Sauerkraut, meist mit Kümmel gewürzt, ein wichtiger Bestandteil. In Franken wird das Sauerkraut mit Bratwürsten, Leberknödeln oder Fleisch serviert, eine Heilbronner Spezialität ist der mit grober Leberwurst und Kartoffelpüree geschichtete Sauerkrautauflauf. Die Berliner und das brandenburgische Umland lieben Eisbein mit Sauerkraut und aus der Mitte Deutschlands kommt »Klunz«, ein deftiges Gericht mit Sauerkraut und Schweineschmalz. Reicht das aus, um eine ganze Nation als »Krauts« zu bezeichnen?

Ingo Swoboda

Spitzkohl

Er ist der kleinste, zarteste und feinste aus der Kohlfamilie. Das Frühlingsgemüse besitzt eine ausgeprägte Kegelform und locker gewickelte Blätter.

Kohl, Kraut und kleine Rüben

Weißkohl, Blaukraut oder Wirsing sind hierzulande sehr beliebt. Das »Gemüse für alle Tage« hat es in sich: Es ist vielseitig einsetzbar, vitamin- und ballaststoffreich.

Weißkohl

Auch Weißkraut oder »Kappes« genannt, ist er das ganze Jahr über erhältlich. Weißkohl wird für Rohkost, zum Kochen und zur Herstellung von Sauerkraut verwendet.

Sie haben hierzulande das ganze Jahr über Saison: Grün-, Weiß-, Rosen- und Chinakohl sowie Wirsing stehen von Herbst bis ins zeitige Frühjahr (dann aus Lagerbeständen) zur Verfügung. Blumenkohl und Kohlrabi sind typische heimische Sommergemüse, die zum Teil noch im Herbst erntefrisch angeboten werden können. Einige Sorten sind sogar fast durchgehend aus heimischer Produktion erhältlich: Rotkohl gibt es lediglich von April bis Juni nicht frisch geerntet, Weißkohl von Mai bis August und Wirsing von Juni bis August. Die Verfügbarkeit hat ihren Preis. Am teuersten sind die »Erstlinge«, etwa Treibhauskohlrabi ab Anfang April oder Rosenkohl ab September.

Vielfältig, schmackhaft und gesund

Kohlgemüse haben eine große Tradition in der deutschen Küche. Ihre Vielfältigkeit und ihr Gesundheitswert machen sie so beliebt: Als zarte Hülle für deftige Rouladen, als Hauptzutat regional geprägter Sauerkrautspezialitäten oder als aromatische Salat- und Gemüsebeilage. Ob roh, gekocht, gedünstet, überbacken oder im Eintopf: Kohlgemüse haben es in sich. Sie liefern jede Menge Vitamine, Mineral- und Ballaststoffe, und das bei einem relativ geringen Energiegehalt. Daneben enthalten sie auch schwefelhaltige Senföle, die für den typischen Geruch und Geschmack verantwortlich sind. Sie stärken den Zellstoffwechsel, regen die körpereigenen Abwehrkräfte an und senken den Cholesterinspiegel.

Die bundesweit beliebtesten Kohlgemüse sind Rot- und Blumenkohl. Grünkohl spielt vor allem in Norddeutschland eine wichtige Rolle. Weißkohl gilt zwar als das typische deutsche Gemüse, allerdings ist er hierzulande erst durch die Übernahme südeuropäischer Essgewohnheiten als Salat populär geworden; sein Hauptanteil wandert nach wie vor nach der Ernte in Sauerkrautfabriken. Steigender Beliebtheit erfreuen sich auffällige (zum Teil alte) Züchtungen, etwa hellgrüne und violette Blumenkohlvarietäten, Kohlrabi mit blauer Schalenfarbe sowie zunehmend auch importierte und mehr oder weniger exotische Kohlarten, wie etwa Brokkoli und Pak Choy.

Rotkohl

Der vor allem in Süddeutschland als Blaukraut bezeichnete Rotkohl hat einen festeren Kopf als Weißkraut und sehr viel Vitamin C. Er eignet sich für Rohkost ebenso wie zum Kochen.

Wirsing

Wirsing hat je nach Sorte mehr oder weniger krause Blätter. Frühwirsing, der bereits ab Mai im Handel ist, besitzt einen kleinen, fast blütenförmig gekrausten Kopf mit hellem, zartem Herz.

Rosenkohl

Das auch als Sprossenkohl bekannte, typische Wintergemüse nimmt durch Frosteinwirkung noch an geschmacklicher Qualität zu. Rosenkohl kommt lose und geputzt in den Handel.

Blumenkohl

Blumenkohl (Karfiol) ist der nicht voll entwickelte Blütenstand. Weiß bleibt er nur, wenn seine grünen Hüllblätter über den Kopf zusammengeknickt werden, sonst verfärbt er sich violett.

Kohlrabi

Im Norden Deutschlands auch als Rübkohl bekannt. Es gibt grüne und blauviolette Züchtungen. Beide besitzen ein weißes Fleisch, das sich geschmacklich nicht unterscheidet.

Grünkohl

Das vor allem in Norddeutschland beliebte Gemüse hat den höchsten Eiweißgehalt unter den Kohlsorten. Das typische Wintergemüse wird erst nach dem ersten kräftigen Frost geerntet.

Chinakohl

Das ursprünglich asiatische Gemüse wird auch »Japankohl« genannt. Mittlerweile wird es in großem Umfang in Deutschland kultiviert. Sein Nährstoffgehalt ähnelt den Salaten: Aufgrund seines geringeren Ballaststoffgehalts ist Chinakohl leichter verdaulich als anderer Kohl.

Zubereitungszeit
je nach Rezept ca. 30 Min. bis 2 Std.

Rettichkompositionen

Ein dreifacher Genuss mit Rettichspaghettini, gebackenem Rettich und Rettichcrème brûlée

Für die Rettichspaghettini

- *2 Blatt Gelatine* · *250 g Sahne*
- *1 Msp. Salz* · *frisch gemahlener Pfeffer*
- *70 g Schnittlauchröllchen*
- *100 g Rettich* · *Zucker* · *Zitronensaft*
- *Schnittlauchspitzen zum Garnieren*

Für den gebackenen Rettich

- *4 Rettichscheiben (1 cm hoch, Ø 3 cm)*
- *Salz für das Kochwasser* · *1 Ei*
- *Semmelbrösel zum Panieren*
- *1 Msp. abgeriebene Schale von 1 unbehandelten Orange*
- *Butterschmalz zum Braten*
- *150 g Rettich* · *Salz* · *Zucker*
- *1–2 TL Reisessig (oder milder Weißweinessig)*
- *1 Msp. Meerrettich (Glas; oder Wasabi, Asienladen)*
- *1 EL Traubenkernöl*
- *1 TL rosa Pfefferkörner*
- *1 EL Schnittlauchröllchen*

Für die Rettichcrème brûlée

- *100 g Rettich* · *100 g Sahne*
- *5 Eigelbe* · *Zucker*
- *Salz* · *frisch gemahlener Pfeffer*
- *Rohrzucker zum Bestreuen*

1 | **Für die Rettichspaghettini** die Gelatine in kaltem Wasser einweichen. Kochen Sie die Sahne mit etwas Salz und Pfeffer auf und lassen Sie sie leicht abkühlen. Die Gelatine ausdrücken, in der Sahne auflösen und mit den Schnittlauchröllchen im Mixer pürieren, bis die Masse grün wird. Durch ein Sieb passieren, mit Zucker und Zitronensaft abschmecken und die Creme in kleine, flache Dessertschälchen füllen. Im Kühlschrank fest werden lassen.

2 | **Den Rettich schälen,** längs zunächst in hauchdünne Scheiben, und diese anschließend in feine Streifen schneiden. Marinieren Sie die Streifen mit Salz, Zucker und Zitronensaft. Zum Servieren mit einer Fleischgabel wie Spaghetti aufrollen, auf der Creme (aus Arbeitsschritt 1) platzieren und mit Schnittlauchspitzen garnieren.

3 | **Für den gebackenen Rettich** die Rettichscheiben in Salzwasser 4 bis 5 Minuten bissfest blanchieren, herausnehmen und trocken tupfen. Verquirlen Sie das Ei in einem tiefen Teller, die Semmelbrösel mit der Orangenschale auf einem zweiten Teller mischen. Die Rettichscheiben zunächst in Ei, dann in den Semmelbröseln wenden und in Butterschmalz knusprig ausbacken.

4 | **Den Rettich schälen,** in feine Würfel schneiden und mit Salz, Zucker, Reisessig, Wasabi und Traubenkernöl marinieren. Mit den Pfefferkörnern und Schnittlauchröllchen mischen. Zum Servieren richten Sie den Salat portionsweise in einem passenden Gefäß an und platzieren die gebackenen Rettichscheiben darauf.

5 | **Für die Rettichcrème brûlée** den Rettich schälen, zerkleinern und in Sahne weich kochen. Mit der Sahne pürieren und durch ein Sieb streichen. Die Masse mit den Eigelben verrühren und mit Zucker, Salz und Pfeffer abschmecken. Heizen Sie den Ofen auf 80 °C vor. Die Masse in vier ofenfeste Förmchen füllen und diese in ein heißes Wasserbad stellen. Die Crème brûlée im Ofen auf der mittleren Schiene fest werden lassen. Abkühlen lassen, mit Rohrzucker bestreuen und mit einem Crème-brûlée-Brenner oder unter dem Backofengrill karamellisieren.

WARENKUNDE

Rettich – Wurzel mit Schärfe

Der vielgestaltige Kreuzblütler besitzt eine stark verdickte Wurzel, die als Mai-, Sommer-, Herbst- oder Winterrettich aus der Erde gezogen wird. Je nach Sorte hat die Rettichwurzel außen eine andere Farbe, die Palette reicht von Weiß, Rosa und Rot über Braun und Violettblau bis zu Schwarz. Der typische Geruch und scharfe Geschmack von Rettich beruht auf dem Gehalt an Senfölen und kann von mild bis brennend variieren. Bierrettich oder »Radi«, wie er in Bayern heißt, ist stark gesalzen und kommt in einer kunstvoll zusammenhängenden Spirale auf den Tisch.

Zubereitungszeit
je nach Rezept ca. 20 bis 40 Min.

Marinierzeit
ca. 2 Std.

Variationen vom Möhrensalat

Gemüsesalate für feine Gaumen: als Rohkost mit Äpfeln, lauwarm mit Minze oder frischem Ingwer

Für den Möhrensalat

- *2 Orangen* · *½ Zitrone*
- *Salz* · *1 TL Zucker*
- *2–3 EL Walnussöl (oder Olivenöl)*
- *750 g Möhren*
- *2 kleine Äpfel (Granny Smith)*
- *gehackte Walnusskerne zum Garnieren*

Für den Möhrensalat mit Minze

- *1–2 Schalotten*
- *400 g kleine Bundmöhren*
- *Olivenöl* · *1 TL brauner Zucker*
- *Salz* · *frisch gemahlener Pfeffer*
- *1 EL Aceto balsamico*
- *2 EL gehackte Minzeblättchen*

Für die marinierten Möhren

- *400 g Möhren* · *½ Stange Zimt*
- *200 ml Gemüsefond (Glas oder S. 109)*
- *1 Knoblauchzehe*
- *1 Stück Ingwerwurzel (2 cm)*
- *2 EL Weißweinessig* · *1 TL Zucker*
- *Salz* · *frisch gemahlener Pfeffer*

1 | **Für den Möhrensalat** die Orangen halbieren, Orangen und Zitrone auspressen. Den Saft in eine große Schüssel geben und mit Salz und Zucker würzen. Das Walnussöl hinzufügen. Die Möhren schälen und auf einer feinen Reibe direkt in die Marinade reiben. Die Äpfel schälen, vierteln und das Kerngehäuse entfernen. Das Fruchtfleisch etwas gröber als die Möhren ebenfalls in die Schüssel reiben. Die Zutaten gut vermischen und abgedeckt mindestens 20 Minuten ziehen lassen. Bestreuen Sie zum Servieren den Salat mit Walnusskernen, nach Belieben auch geröstet.

2 | **Für den Möhrensalat mit Minze** die Schalotten schälen, halbieren und sehr fein hacken. Die Bundmöhren schälen, dabei etwas Grün stehen lassen, und die Möhren der Länge nach halbieren. Die Möhren mit den Schalotten in reichlich Olivenöl andünsten, mit Zucker glacieren, mit Pfeffer und Salz würzen und weiterdünsten, bis die Möhren bissfest sind. In eine Schüssel umfüllen, mit dem Essig marinieren und unmittelbar vor dem Servieren die Minze unterheben. Servieren Sie den Salat lauwarm.

3 | **Für die marinierten Möhren** die Möhren schälen und mit der Zimtstange im Gemüsefond bissfest garen. In der Zwischenzeit für die Marinade den Knoblauch abziehen und fein hacken. Den Ingwer schälen und ebenfalls fein hacken. Knoblauch und Ingwer mit Essig und Zucker vermischen. Würzen Sie mit Salz und Pfeffer. Die gegarten Möhren aus dem Fond nehmen und mit einem Bundmesser in 4 cm lange Stifte schneiden. Den Fond unter die vorbereitete Gewürzmischung rühren und die Möhrenstifte unterheben. Lassen Sie die marinierten Möhren mindestens 2 Stunden bei Zimmertemperatur ziehen. Zum Anrichten die Zimtstange entfernen.

S. 366 ff.
WARENKUNDE Altes Gemüse

S. 450 ff.
WARENKUNDE Obst

KÜCHENGEHEIMNIS: MARINIEREN WIE EIN PROFI

Bei der Zubereitung von Rohkost und zarten Blattsalaten sollten Sie einige einfache Grundregeln beachten: Rohe Salate werden grundsätzlich kalt mariniert. Bei Zutaten, die sich leicht unappetitlich verfärben, stets zuerst die Marinade zubereiten und erst dann die Zutaten zerkleinern und sofort marinieren. Gegarte Zutaten am besten noch warm marinieren, dann nehmen sie das Aroma der Marinade am schnellsten auf. Blattsalate sollten Sie möglichst direkt vor dem Servieren marinieren, damit sie knackig bleiben. Servieren Sie die Salate nie direkt aus dem Kühlschrank, da sie ihr volles Aroma erst bei Zimmertemperatur entfalten.

Zubereitungszeit
ca. 1 Std. 45 Min.

Topinambursalat mit Zanderfilet

Eine alte Knolle genussvoll wiederentdeckt

Für den Kartoffelfond (ergibt etwa ¼ l)

· 1 kleine Schalotte · ¼ Knoblauchzehe · 100 g vorwiegend festkochende Kartoffeln · 1 TL Olivenöl · Salz · frisch gemahlener Pfeffer · ½ kleines Lorbeerblatt · ½ TL Thymianblättchen · ¼ l Geflügelfond (Glas oder S. 534)

Für den Topinambursalat

· 4 Mittelstücke vom Zander (je 75 g) · 1 EL scharfer Senf · 350 g Topinambur · Meersalz · frisch gemahlener Pfeffer · 1 EL frisch geriebener Meerrettich · 3 TL Distelöl · 3 TL Weißweinessig · Mehl zum Bestauben · Öl · 16 Blätter von Kopfsalatherzen · 16 kleine Röschen Feldsalat · 8 getrocknete Schwarzbrotchips zum Garnieren (Fertigprodukt) · Kräuter zum Bestreuen (z. B. rote Kresse)

S. 182 ff.
IM FOKUS – WARENKUNDE Fisch

S. 366 ff.
WARENKUNDE Altes Gemüse

1 | **Für den Kartoffelfond** die Schalotte schälen, halbieren und in feine Streifen schneiden. Den Knoblauch abziehen und fein hacken. Die Kartoffeln schälen und klein schneiden. Das Olivenöl in einem Topf erhitzen und die Schalotten mit dem Knoblauch darin ohne Farbe anschwitzen. Anschließend die Kartoffeln dazugeben und mit Salz sowie Pfeffer würzen. Das Lorbeerblatt und die Thymianblättchen hinzugeben und mit dem Geflügelfond auffüllen. So lange köcheln lassen, bis die Kartoffeln weich sind. Passieren Sie die Flüssigkeit anschließend durch ein Sieb, der Kartoffelfond sollte leicht sämig sein.

2 | **Für den Topinambursalat** die Zanderstücke mit Küchenpapier abtupfen, auf der Hautseite einritzen und mit Senf einreiben. Die Topinamburknollen in einem Siebeinsatz dämpfen (Step 1), schälen und abkühlen lassen. Den Topinambur in Scheiben schneiden, salzen und pfeffern. Heizen Sie den Backofen auf 125 °C vor.

3 | **Vom Kartoffelfond 100 ml** mit dem Meerrettich, dem Öl und dem Essig verrühren und abschmecken. Drei Viertel des Dressings über die Topinamburscheiben geben und diese marinieren (Step 2). Die Zanderfilets dünn mit Mehl bestauben und in einer beschichteten Pfanne bei mittlerer Hitze mit Öl knusprig braten. Die Topinamburscheiben kurz in den vorgeheizten Backofen stellen, um sie zu erwärmen, und dann auf den Tellern anrichten.

4 | **Salatherzen und Feldsalat** putzen, waschen und gut trocken schleudern. Mit dem restlichen Dressing marinieren und auf den Tellern arrangieren. Die gebratenen Zanderstücke auf die Topinamburscheiben setzen. Garnieren Sie den Salat mit Schwarzbrotchips und servieren Sie ihn mit Kräutern bestreut.

Topinambur zubereiten

1) Die Topinamburknollen waschen und in einem Dämpfer mit Siebeinsatz nicht zu weich dämpfen.
2) Den gegarten Topinambur schälen, leicht auskühlen lassen und mit dem Kartoffeldressing marinieren.

Zubereitungszeit
ca. 25 Min.

Gurkensalat mit Dill und Sauerrahm

Nicht nur in Norddeutschland beliebt

Zutaten

- *400 g kleine feste Gurken (z.B. Gartengurken)*
- *2 Schalotten* · *1 Bund Dill*
- *10 Kapernblüten (oder 1 EL gehackte Kapern)*
- *120 g saure Sahne (25 % Fett)*
- *1 EL Zitronensaft*
- *1 Msp. Senfpulver (oder 1 TL Senf)*
- *Meersalz (Fleur de sel)*
- *frisch gemahlener Pfeffer*
- *1 Prise Zucker*

1 | **Die Gurken vom Blütenansatz** zum Stiel schälen, längs halbieren und die Kerne mithilfe eines Teelöffels entfernen. Das Fruchtfleisch entweder in feine Scheiben oder in feine Würfel schneiden. Die Schalotten schälen und dann in sehr feine Würfel schneiden. Waschen Sie den Dill sorgfältig und schütteln Sie ihn trocken. Die Blättchen abzupfen und fein hacken. Die Kapernblüten oder Kapern im Mörser fein zerreiben.

2 | **Die saure Sahne** mit den Schalotten, dem Dill und den Kapern verrühren. Mit Zitronensaft, Senfpulver oder Senf, Meersalz, Pfeffer und Zucker abschmecken. Vermischen Sie die Salatsauce mit den Gurken und schmecken Sie den Salat nochmals ab. Gekühlt servieren. Als zusätzliche Garnitur eignen sich ausgelöste Flusskrebsschwänze, gebeizter Bachsaibling oder gekochte Wachteleier.

WARENKUNDE

Gartengurke – mit Aroma und Biss

Die höchst vielseitige Frucht aus der Familie der Salatgurken kommt vom Winzling (Cornichon) bis zum Riesen (Schlangengurke) aus heimischem Anbau in den Handel. Echte Gartengurken zeichnen sich durch ein gutes Eigenaroma und einen knackigen Biss aus. Man erkennt sie an der leicht länglichen Form und den Unebenheiten auf der meist rauen Schale.

Zubereitungszeit
ca. 20 Min.

Rote-Bete-Salat mit Sektbirne

Herbstliche Zutaten fruchtig-prickelnd angerichtet

Zutaten

- *150 g Feldsalat*
- *150 g Rote Bete, gekocht*
- *1 Birne (z.B. Williams Christ)*
- *200 ml Sekt*
- *4 EL Distelöl*
- *2 EL Weißweinessig*
- *1 Prise feines Meersalz*
- *100 ml Birnensaft*
- *1 Prise Senfpulver*
- *4 TL Pinienkerne*

S. 134
WARENKUNDE Rote Bete

S. 450 ff.
WARENKUNDE Obst

S. 492 ff.
REGIONENPORTRÄT
Sachsen/Sachsen-Anhalt

1 | **Den Feldsalat putzen, waschen** und trocken schleudern. Die Rote Bete schälen und in 1 bis 2 cm große Würfel schneiden. Die Birne schälen und halbieren, dabei das Kerngehäuse entfernen. Das Fruchtfleisch in 1 bis 2 cm große Würfel schneiden. Den Sekt in einem Topf auf etwa 80 °C erwärmen, die Birnenwürfel hineingeben und etwa 5 Minuten ziehen lassen.

2 | **Inzwischen das Distelöl** mit Weißweinessig, Meersalz, Birnensaft und Senfpulver zu einer homogenen Masse verrühren. Dann die Pinienkerne in einer beschichteten Pfanne ohne Fett bei mittlerer Hitze goldbraun rösten. Vorsicht, sie brennen leicht an!

3 | **Den Feldsalat auf einem Teller** flach anrichten. Gut die Hälfte des Dressings mit einem Löffel aus etwas Höhe in runden Bewegungen auf den Feldsalat nappieren. Anschließend die Birnenwürfel auf dem Salat verteilen.

4 | **Die Rote-Bete-Würfel** mit dem restlichen Dressing marinieren und ebenfalls über den Salat geben. Anschließend den Salat mit dem rot gefärbten Dressing beträufeln, dadurch entsteht ein schönes Farbenspiel. Geben Sie zum Schluss die Pinienkerne darüber.

Zubereitungszeit
ca. 50 Min.

Selleriesalat-Törtchen

Mit Trüffel-Schinken-Streuseln und Balsamicomarinade ein ganz besonderer Genuss

Für die Selleriesalat-Törtchen

- *1 Knollensellerie*
- *¾ l Gemüsefond (Glas oder S. 109)*
- *100 g gekochter Schinken*
- *½ Stange Lauch*
- *30 g Trüffel (nach Belieben)*
- *1 TL Trüffelbutter (Feinkost)*
- *3 Eigelbe* · *1 EL Briochebrösel*
- *Salz* · *frisch gemahlener Pfeffer*
- *Butter zum Ausfetten*
- *Selleriegrün zum Garnieren*

Für die Trüffel-Schinken-Streusel

- *10 g Trüffel (nach Belieben)*
- *30 g gekochter Schinken* · *50 g Mehl*
- *2 TL Butter* · *1 TL Trüffelbutter (Feinkost)* · *Salz* · *1 Prise Zucker*

Für die Balsamicomarinade

- *1 EL Pinienkerne* · *2 EL blanchierte Selleriewürfel* · *2 EL Aceto balsamico*
- *2 EL Walnussöl* · *2 EL Traubenkernöl*
- *Salz* · *frisch gemahlener Pfeffer*

Außerdem

- *4 Metallringe (Ø 7 cm, 5 cm hoch; oder Alufolie und Stecknadeln)*

1 | **Für die Sellerietörtchen** den Sellerie schälen, in 5 mm dicke Scheiben schneiden, 16 Scheiben (je 7 cm Ø) ausstechen und diese in Gemüsefond in etwa 4 Minuten bissfest garen. Herausnehmen, abschrecken und trocken tupfen. Den Schinken in sehr feine Würfel schneiden. Den Lauch putzen, waschen, trocken tupfen, in feine Würfel schneiden und diese 1 bis 2 Minuten blanchieren. Die Trüffel mit Küchenpapier trocken abreiben, vierteln und in feine Scheiben schneiden. Schinken- und Lauchwürfel mit den Trüffelscheiben vermischen, Trüffelbutter, Eigelbe und Brösel untermengen. Würzen Sie die Füllung mit Salz und Pfeffer.

2 | **Den Backofen auf 170 °C vorheizen.** Die Metallringe leicht mit Butter ausfetten und auf ein Blech mit Backpapier setzen. Sie können auch ersatzweise Ringe aus Alufolie herstellen. Dazu die Alufolie fünffach zu einem 5 cm hohen Streifen zusammenlegen, daraus Ringe von 7 cm Durchmesser formen und deren Enden mit je einer Stecknadel fixieren. Je eine Sellerieschiebe in die Ringe setzen, etwas Füllung daraufgeben und gut festdrücken, dann die nächste Schicht einlegen. Fahren Sie so fort, bis das Törtchen mit der vierten Sellerieschiebe abschließt. Die Selleriesalat-Törtchen im Ofen auf der mittleren Schiene etwa 6 Minuten garen.

3 | **Inzwischen für die Streusel** Trüffel und Schinken fein würfeln. Mehl, Butter, Trüffelbutter, Trüffel, Schinken, Salz und Zucker mit den Händen zu Streuseln verarbeiten. Die Sellerietörtchen aus dem Ofen nehmen, mit den Streuseln belegen und weitere 6 Minuten garen. Inzwischen für die Balsamicomarinade die Pinienkerne rösten und hacken. Alle Zutaten verrühren und anwärmen. Die Sellerietörtchen unter dem Grill goldbraun backen, aus dem Ofen nehmen und die Ringe entfernen. Die Törtchen auf Tellern anrichten, mit der Marinade umgießen und mit Selleriegrün garnieren.

WARENKUNDE

Trüffel – der Diamant der Küche

Er ist der teuerste Pilz der Welt: Trüffel verströmt ein ausgeprägtes Aroma und wird daher nur sparsam zum Würzen verwendet. Die seltenen »Diamanten der Küche« wachsen auf kalkhaltigen Böden und gehen mit Baumwurzeln (bevorzugt von Eiche, Buche, Pappel oder Weide) eine Symbiose ein. Da Trüffeln unterirdisch wachsen, können sie nur durch ausgebildete Trüffelschweine oder -hunde gefunden werden. In Deutschland gibt es nennenswerte Trüffelfunde (Herbst- oder Burgundertrüffel) bisher nur südlich von Frankfurt. Allerdings wird durch die zunehmende Erderwärmung auch bei uns mit einer weiteren Verbreitung gerechnet. Im Handel wird das Angebot durch französischen Périgordtrüffel sowie italienischen Magnatentrüffel beherrscht.

Zubereitungszeit
je nach Rezept ca. 1 Std. bis 1 Std. 15 Min.

Marinier- und Kühlzeit
je nach Rezept ca. 30 Min. bis 1 Std.

Kartoffelsalat auf zweierlei Art

Traditionell mit Brühe angemacht oder pikant verfeinert mit Rucola und Ziegenkäse

Für den bayerischen Kartoffelsalat

- *800 g festkochende Kartoffeln (z.B. Bamberger Hörnchen)*
- *1 TL Salz* · *½ TL Kümmel*
- *80 ml Kalbs- oder Rinderfond (Glas oder S. 534)*
- *4 Frühlingszwiebeln* · *Salz*
- *½ TL frisch gemahlener Pfeffer*
- *1 EL Senf* · *3 TL Weinessig*
- *2 EL Sonnenblumenöl*
- *3 TL Olivenöl (oder Rapsöl)*
- *2 TL Traubenkernöl*
- *3–4 EL Schnittlauchröllchen*

Für den Rucola-Kartoffelsalat

- *600 g festkochende Kartoffeln*
- *1 kleiner Lorbeerzweig* · *Salz*
- *4 Schnittknoblauchstängel*
- *150 g Ziegenhartkäse*
- *100 ml Olivenöl (oder Rapsöl)*
- *frisch gemahlener Pfeffer*
- *1 Bund Radieschen* · *125 g Rucola*

1 | **Für den bayerischen Kartoffelsalat** die Kartoffeln waschen und mit dem Kümmel in Salzwasser weich kochen. Die Kartoffeln abgießen, heiß pellen und dann in 3 mm dicke Scheiben schneiden. Kochen Sie den Fond einmal auf und gießen Sie ihn über die noch heißen Kartoffeln. Für das Dressing die Frühlingszwiebeln putzen, waschen, trocken schütteln und in feine Scheiben oder kleine Würfel schneiden. Mit Salz, Pfeffer und dem Senf vermengen. Den Essig hinzugeben und nach und nach das Sonnenblumenöl, das Olivenöl und das Traubenkernöl mit einem Schneebesen unterrühren.

2 | **Das Dressing über die Kartoffeln geben** und beides behutsam vermischen. Mit Salz und Pfeffer abschmecken und etwa 30 Minuten ziehen lassen. Zum Servieren den Kartoffelsalat nochmals abschmecken und mit Schnittlauch bestreuen. Soll der Kartoffelsalat nicht gleich verzehrt werden, mischen Sie die Frühlingszwiebeln nicht unter das Dressing, sondern reichen Sie sie separat dazu.

3 | **Für den Rucola-Kartoffelsalat** die Kartoffeln waschen und ungeschält mit dem Lorbeerzweig in Salzwasser weich kochen. Inzwischen den Schnittknoblauch waschen, trocken schütteln und klein schneiden. Den Ziegenhartkäse fein reiben. Die Kartoffeln kalt abschrecken, pellen und je nach Größe vierteln oder halbieren. Vermischen Sie sie noch warm mit Schnittknoblauch, Olivenöl, Pfeffer und dem Käse, dabei etwas Käse zum Garnieren beiseitestellen. Lassen Sie den Salat abkühlen.

4 | **Die Radieschen waschen,** putzen und in dünne Scheiben schneiden. Den Rucola verlesen, waschen und trocken schleudern. Rucola, Radieschen und Kartoffelsalat behutsam mischen, mit Salz abschmecken und mit dem restlichen Käse bestreut servieren.

DIE KLASSIKER: MIT SPECK, GERIEBEN ODER MIT MAYONNAISE

Kartoffelsalat zeigt in Deutschland viele Gesichter: Echte Schwaben lieben ihn »glitschig«, weshalb sie ihn beim Abkühlen häufig umrühren. Für eine herzhafte Variante, wie man sie in Nordhessen bevorzugt, Speckscheiben in Streifen schneiden und in einer Pfanne knusprig ausbraten, auf Küchenpapier abtropfen lassen und über den Kartoffelsalat geben. Beliebig mit frischen Kräutern (etwa Kerbel, Petersilie, Estragon oder Zitronenverbene) geschmacklich abrunden. Werden die gekochten Kartoffeln nicht in Scheiben geschnitten, sondern auf einer Raffel gerieben und dann angemacht, handelt es sich um eine württembergische Varietät. Dieser Salat muss so »fest« sein, dass ein Löffel darin nicht umfällt. Eine Essig-Öl-Marinade sucht man dagegen in Niedersachsen vergeblich: Hier wird Kartoffelsalat mit Mayonnaise angemacht.

Nordrhein-Westfalen

Rheinland-Pfalz

Baden-Württemberg

Zubereitungszeit
je nach Rezept ca. 20 bis 30 Min.

Endiviensalat mit zweierlei Vinaigrettes

Saisonal variiert: im Spätsommer mit Himbeeren, im Winter mit Kürbiskernen

Für den Endiviensalat mit Kürbisvinaigrette

· 1 Kopf gelbe Endivie · Salz · 1 Prise Zucker · 1 EL Weißweinessig · 3 TL Distelöl · 3 TL Kürbiskernöl · frisch gemahlener Pfeffer · 2 EL Kürbiskerne

Für den Endiviensalat mit Himbeervinaigrette und Speck

· 1 Kopf gelbe Endivie · 1 EL Honig · Salz · frisch gemahlener Pfeffer · 2 EL Himbeeressig · 1 EL Zitronensaft · 50 ml Walnussöl (oder Traubenkernöl) · 150 g Himbeeren · 4 Scheiben Speck

Endivie bleichen

Wenn die Endivie zu grün ist, legen Sie den Salat in Zeitungspapier gewickelt 3 Tage in den Kühlschrank, damit er etwas ausbleicht.

S. 96 ff.
REGIONENPORTRÄT
Nordrhein-Westfalen

S. 312 ff.
REGIONENPORTRÄT
Rheinland-Pfalz/Saarland/Südhessen

S. 402 ff.
REGIONENPORTRÄT
Baden-Württemberg

1 | **Für beide Salatvarianten** von der Endivie die äußeren welken und zu grünen Blätter entfernen. Den Strunk mit einem spitzen Messer keilförmig herausschneiden. Die Endivie der Länge nach halbieren und die Blätter mit einem scharfen Messer in feine, etwa 3 bis 5 mm breite Streifen schneiden. Waschen Sie die Endivienstreifen in einer Schüssel zunächst lauwarm, dann kalt waschen und anschließend gut trocken schleudern.

2 | **Für die Kürbisvinaigrette** das Salz mit Zucker und Essig verrühren, dann das Distel- sowie das Kürbiskernöl unterschlagen und die Vinaigrette mit Pfeffer abschmecken. Rösten Sie die Kürbiskerne in einer beschichteten Pfanne ohne Fett goldbraun an und hacken Sie sie anschließend grob. Den abgetropften Endiviensalat mit der Vinaigrette anmachen und die Kürbiskerne darüberstreuen.

3 | **Für die Himbeervinaigrette** den Honig mit Salz, Pfeffer und Himbeeressig verrühren. Den Zitronensaft unterrühren und das Walnuss- oder Traubenkernöl unterschlagen. Die Himbeeren verlesen, vorsichtig waschen und gut abtropfen lassen. Den Speck in kleine Würfel schneiden und diese in einer beschichteten Pfanne ohne Fett knusprig braten. Den abgetropften Endiviensalat auf Teller verteilen und mit den Himbeeren belegen. Die warmen Speckwürfel darüberstreuen und die Himbeervinaigrette daraufträufeln. Den Salat möglichst schnell servieren.

WARENKUNDE

Eskariol – die Endivie unter den Salaten

Im Spätsommer ist sie auf Wochenmärkten und in Gemüsehandlungen ein alltägliches Bild, »Cichorium endivia«, die Salatendivie, auch Eskariol genannt. Der typische Spätsommersalat kommt mit ganzblättrigen Sorten sowie mit geschlitztblättrigen Friséesorten auf den Markt. Etwa 14.000 t davon werden pro Jahr in Deutschland erzeugt, die Hauptanbaugebiete liegen vor allem in Nordrhein-Westfalen, Rheinland-Pfalz und Baden-Württemberg. Endivien lieben humusreiche Böden in sonniger Lage und werden bereits ab Ende März gepflanzt. Die Erntezeit reicht bis in den November, da die Pflanzen leichten Frost relativ gut vertragen können.

Kontraste zwischen Pott und Paderborn

Fast Food oder Haute Cuisine? Die Küche Nordrhein-Westfalens entzieht sich einfachen Zuordnungen: Von urban bis ländlich hat sie alles zu bieten.

Wie schmeckt Nordrhein-Westfalen? Nun, keineswegs nach Hummer und Austern, nach Champagner und Kaviar. Für derart kosmopolitische Genüsse ist die Region zu bescheiden, in vielen Teilen zu ländlich und auch zu zufrieden mit dem, was die eigene Region an Gaumenfreuden zu bieten hat. Statt auf verfeinerte Lebensart setzt man hier vielerorts auf kulinarische Ursprünglichkeit und einen gewissen Purismus – und fährt gut damit.

Das bevölkerungsreichste Bundesland Nordrhein-Westfalen ist schwer mit wenigen Worten zu beschreiben. Seine Existenz verdankt es den willkürlichen Grenzziehungen der Alliierten nach dem Zweiten Weltkrieg, sein Erscheinungsbild ist vielfältig. Der fröhlich-verspielte Katholizismus des Rheinlandes, der im Kölner Karneval kulminiert, findet sein Pendant im gewissenhaften und fleißigen Westfalen, das vor allem protestantisch geprägt ist. Ackerflächen und Viehweiden stehen in krassem Gegensatz zum Großstadtgetöse des Ruhrgebiets. Die dichten Wälder des Sauerlands kontrastieren mit den lichten Weinbergen am Ufer des Rheins.

Im Vaterland des Schinkens

Schon Heinrich Heine machte aus seiner Zuneigung zu den Bewohnern dieses Landstrichs keinen Hehl und rühmte sie in seinem Wintermärchen: »Ich habe sie immer so lieb gehabt, die lieben, guten Westfalen, ein Volk so fest, so sicher, so treu, ganz ohne Gleißen und Prahlen.« Und genau so lassen sich auch die lukullischen Genüsse beschreiben. Sie bestechen durch ihre geradlinige, ehrliche Art, die sich über die Jahrhunderte in ihrer Ursprünglichkeit erhalten hat. Man lasse sich daher von so archaisch anmutenden Namen wie »Möppkenbrot«, »Panhas« oder »Wurstebrei« nicht verunsichern. Diese alten aus dem Platt- beziehungsweise Niederdeutschen übernommenen Bezeichnungen sind der Garant für unverfälschte westfälische Küche, die zwar frei von modischem Schnickschnack, dafür aber voller Geschmack ist.

Paradebeispiel ist der feinmürbe Knochenschinken, der Westfalen als das »Vaterland des Schinkens« bekannt gemacht hat. Fürsten und Könige aus ganz Europa wussten ihn zu schätzen. Am allerbesten schmeckt er übrigens pur. Oder allenfalls in Kombination mit einer Scheibe vom köstlich schwarzen, saftigen Pumpernickel, dem kräftigen westfälischen Schwarzbrot, dessen Name ebenso unübersetzbar wie für die Region charakteristisch ist. Diese beiden kommen der westfälischen Vorstellung vom Paradies schon ziemlich nah. Auch wenn die Liebe mitunter kuriose Blüten treibt: Die Glasfenster der Soester Wiesenkirche aus dem 16. Jahrhundert zeigen, wie Jesus beim Letzten Abendmahl Schinken und Bier mit seinen Jüngern teilt, begleitet von westfälisch-schwarzem Pumpernickel.

Ein Wahrzeichen im Herzen Nordrhein-Westfalens: Der Kölner Dom prägt das Aussehen der Stadt und schafft nachhaltigen Eindruck.

Aber nicht nur zu Wurst und Käse ist westfälischer Pumpernickel beliebt. Die traditionelle westfälische Küche schätzt das süß-würzige Roggenbrot auch zum Binden von Saucen und Suppen, verwendet es für Süßspeisen (herrlich z.B. ein »Bettelmann« aus im Ofen gebackenen Äpfeln, Pumpernickelbröseln, Korinthen, Nüssen, Zucker und Zimt), für Quarkgerichte und zum Herstellen von Torten und Desserts.

Unverfälschte Küche mit köstlichem Geschmack

Knochenschinken und Pumpernickel sind – für den Kenner der westfälischen Küche übrigens völlig unverständlich – die einzigen Exportschlager der Region geblieben. Andere Wurstspezialitäten wie etwa das deftige »Möppkenbrot« werden als eine Art Geheimtipp gehandelt und sind tatsächlich nur auf Wochenmärkten, bei alteingesessenen Fleischern und seltener auch auf der Karte ländlicher Gastwirtschaften zu finden. Was schade ist, denn der an luftigen Parmaschinken und zart schmelzendes Carpaccio gewöhnte Gaumen wäre erstaunt über das intensive und erdverbundene Geschmackserlebnis, das die Kombination aus frischem Schweineblut, Mehl, Speck, Salz, Pfeffer, Gewürzen und zumeist Rosinen hervorzurufen vermag.

Überhaupt ist Fleisch ein wichtiges Thema, wenn es um nordrhein-westfälische Kulinaria geht. Was wäre der Pfefferpotthast, ein würziges Eintopfgericht, das sich von Dortmund bis Bielefeld gleichermaßen hoher Beliebtheit erfreut, ohne saftiges Rind- und Schweinefleisch? Das »Topffleisch«, wie das Nationalgericht aus dem Niederdeutschen übersetzt heißt, war ursprünglich ein Resteessen, das aus Schlachtabfällen wie Ohren, Pfoten, Schwanz und Schnauze vom Schwein hergestellt wurde. Im Laufe der Jahrhunderte verfeinerte sich die Zubereitung aber zusehends, sodass sich der Pfefferpotthast aus Rindfleisch und Zwiebeln, fein abgeschmeckt mit Nelken, Lorbeer und Kapern, heute auch in der gehobeneren Küche nicht mehr zu verstecken braucht.

Neben den Fleischgerichten ist die Kartoffel unentbehrlicher Bestandteil der traditionellen nordrhein-westfälischen Küche. Ob als Beilage zu Fleisch- und Wildgerichten oder als Hauptzutat von »Pickert und Potthucke« (Kartoffelpuffer) – die Knolle spielt auch heute noch eine wichtige Rolle. Im Rheinland beliebt ist etwa »Himmel un Äad«, »Himmel und Erde«, eine Kombination aus Kartoffeln, Äpfeln und Blutwurst, die nur bestätigt, was ohnehin jeder weiß: Nämlich, dass die Rheinländer der Erdenschwere weit weniger anhaften als die braven, bodenständigen Westfalen. Dafür verantwortlich ist nicht allein der Karneval, obwohl er natürlich dazu beiträgt, dass den Rheinländern das Leben nicht zu sauer wird.

Ländlich bescheiden wohnt man in Margarethenhöhe (Essen).

Frisch gezapft schmeckt es am besten: Kölsch, das typische Bier Nordrhein-Westfalens wird traditionell in relativ kleinen Gläsern serviert.

Echtes Kölsch und falsche Hähne

Mindestens ebenso viel Freude dürfte den Menschen der feinmineralische Riesling bereiten, der entlang von Rhein und Mosel erzeugt wird und unter Weinkennern als bester weltweit gilt.
Obwohl Bier im Allgemeinen bevorzugt wird. In Köln etwa schätzt man zum westfälischen Sauerbraten, der im Original aus Pferdefleisch zubereitet wird, ein kräftiges Altbier oder besser noch ein echtes Kölsch. In den vielen Kneipen der Kölner Altstadt wird es auch gerne solo getrunken. Denn das obergärige Bier ist eine Attraktion an sich. Die richtige Grundlage gibt dann ein »Halver Hahn«, eine lokale Spezialität, die nichts mit Geflügel zu tun hat, sondern schlicht ein Roggenbrötchen darstellt, das mit mittelaltem Gouda serviert wird.
Die bedächtigeren Westfalen dagegen trinken eher Pils, das – richtig gezapft – 7 Minuten braucht, bis es mit Schaum und Krone im Glas ist. So viel Zeit hat kein Rheinländer. Das Legere in ihrer Attitüde verdanken sie dem französischen Einfluss, der seit napoleonischen Tagen Alltag und Küche bereichert. Ebenso übrigens wie die geografische Nähe zu Holland, das mit seiner Verbindung zum Meer Seefisch und Meeresfrüchte auf die rheinische Festtafel bringt. Berühmt sind die Muscheln rheinische Art, die am besten schmecken, wenn sie im Rieslingsud gekocht und von gebuttertem Pumpernickel begleitet werden. Abgesehen von dieser Köstlichkeit ist Fisch eher rar in Nordrhein-Westfalen. Es ist der meerfernen Lage geschuldet, dass die Region seit jeher mehr auf Fleisch und Feldfrüchte setzt – und auf Wildgerichte, für die besonders das Sauerland und die Gegend um den Teutoburger Wald berühmt sind.

Der Pott als Schmelztiegel der Küchen

In vieler Hinsicht wird Tradition in Nordrhein-Westfalen großgeschrieben. Und das hat nicht nur mit den Touristenströmen zu tun, die alljährlich vom Karneval angelockt werden. Auch der genussfreudige Gaumen der Westfalen hat dabei die Finger im Spiel. So gehören etwa Aachener Printen, eine Art Honigkuchengebäck, Weckmänner und Stutenkerle (süße Figuren aus Hefeteig) zu den schützenswerten Gütern der Region, die von Gästen und Einheimischen mit derselben Hingabe verzehrt werden.
Häufig geht es hier ruhig und bedächtig zu. Öfter als von Lastwagen und Schwertransportern wird der eilige Autofahrer von landwirtschaftlichen Fahrzeugen, Traktoren, Mähdreschern und Kartoffelrodern aufgehalten. Wer würde das vermuten, wenn der erste Gedanke an Nordrhein-Westfalen oder auch NRW, wie es neuerdings gerne heißt, dem emsigen Großstadttreiben im Pott gilt? Hier freilich, im Industriezentrum der Region, gibt es nach wie vor die Currywurst und dazu Cola oder Bier. Im Revier prägte die Schwerindustrie jahrzehntelang Menschen und Kultur. Kein Wunder, dass sich hier eine völlig eigenständige Küche entwickelt hat, die mit Pumpernickel und Pfefferpotthast nichts am Hut hat. Kebabhütten und Wurstbuden beherrschen das Bild, aber ebenso sind mediterrane, asiatische und fernöstliche Einflüsse zu finden. Sie geben ein gelungenes Beispiel friedlicher Koexistenz. Kampf der Kulturen? Im Pott auf keinen Fall. Die große Bandbreite spiegelt die Lebenswelt der Menschen wider, die einst, angelockt vom deutschen Wohlstand, aus aller Herren Länder als Gastarbeiter hierherkamen. Aber das ist natürlich nicht alles. Hier, wo neben Kohlekumpeln und Gastarbeitern auch das »alte« und »neue« Geld zu Hause ist, haben sich viele hochkarätige, kreative Köche etabliert, die internationale Haute Cuisine mit dem verbinden, was die Region zu bieten hat. Und dabei kommt immer mehr Frische und Leichtigkeit in Pfannen und Töpfe, was den Bedürfnissen und dem Geschmack der städtischen Bevölkerung viel mehr entspricht.
Kaum hat man dem hektischen Ruhrgebiet jedoch den Rücken gekehrt, kehrt wieder ländlicher Frieden ein. Weiden und Ackerland, Wiesen und Wälder verlocken im Münster- und Sauerland zu ausgedehnten Spaziergängen, die den Appetit anregen und Lust machen auf die manchmal zwar deftig-bäuerlichen, dabei aber nie derben westfälischen Traditionsgerichte. Guten Appetit.

Margarethe Brunner

Zubereitungszeit
ca. 1 Std.

Feldsalat mit Kartoffel-Speck-Dressing

Eine typisch süddeutsche Salatbeilage, die sich auch gut als exzellente Vorspeise eignet

Zutaten

- *500 g Feldsalat*
- *2 mehlig kochende Kartoffeln*
- *1 TL Salz* · *1 TL Kümmel*
- *175 ml Geflügelfond (Glas oder S. 534)*
- *4 EL Himbeeressig (oder Obstessig)*
- *2 EL Sud von Essiggurken*
- *1 Schalotte*
- *60 g geräuchertes, gepökeltes und gekochtes Wammerl (Schweinebauch)*
- *4 EL Sonnenblumenöl*
- *frisch gemahlener Pfeffer*
- *1–2 TL Butter*
- *4 EL Weißbrotwürfel*
- *6–8 Radieschen*

1 | **Den Feldsalat putzen,** gründlich waschen und trocken schleudern (Steps 1 und 2). Kochen Sie die Kartoffeln in der Schale in Salzwasser mit dem Kümmel weich. Anschließend die Kartoffeln abgießen, noch heiß pellen, grob zerkleinern und zusammen mit dem Geflügelfond, dem Himbeeressig und dem Essiggurkensud im Mixer auf niedriger Stufe pürieren.

2 | **Die Schalotte schälen** und fein würfeln. Das Wammerl ebenfalls fein würfeln. Das Sonnenblumenöl in einer Pfanne erhitzen und die Wammerlwürfel darin auslassen. Das heiße Fett durch ein Sieb in den Mixer laufen lassen. So wird das Dressing sämig, denn das Fett bindet die Flüssigkeit ab.

3 | **Das Dressing mit Salz und Pfeffer** abschmecken und die Schalotte sowie die gerösteten Wammerlwürfel hinzugeben. Die Butter in einer Pfanne hell aufschäumen und die Weißbrotwürfel darin bei mittlerer Hitze goldbraun anrösten. Die Radieschen waschen, trocken tupfen und in feine Scheiben schneiden. Den Feldsalat in eine ausreichend große Schüssel geben und behutsam mit dem Kartoffel-Speck-Dressing marinieren. Garnieren Sie den Feldsalat mit den Radieschenscheiben und den gerösteten Weißbrotwürfeln.

S. 34 ff.
REGIONENPORTRÄT Bayern

S. 366 ff.
WARENKUNDE Altes Gemüse

Feldsalat vorbereiten

1) Den Feldsalat verlesen und dabei unschöne Blätter entfernen sowie noch anhängende Wurzeln abzupfen.
2) Den Feldsalat gründlich kalt waschen und anschließend behutsam trocken schleudern oder auf einem sauberen Tuch ausgebreitet trocknen lassen.

Zubereitungszeit
ca. 45 Min.

Löwenzahnsalat mit Akazienblütendressing

Ein altes »Unkraut« auf genussvollen Abwegen

Zutaten

- *5 EL Akazienblüten (frisch oder getrocknet; Bio- oder Gewürzladen)*
- *1 TL Zucker (oder Akazienhonig)*
- *500 g gelber Löwenzahn*
- *100 g Ziegenfrischkäse*
- *2 TL weißer Aceto balsamico*
- *100 g Naturjoghurt (1,5 % Fett)*
- *Salz · frisch gemahlener Pfeffer*
- *1 EL Kürbiskernöl (oder Distelöl)*
- *3 TL Himbeermark, leicht gesüßt*
- *1 TL Himbeeressig (oder Obstessig)*
- *1–2 EL Kürbiskerne*
- *Kerbelblättchen zum Garnieren*

S. 312 ff.
REGIONENPORTRÄT
Rheinland-Pfalz/Saarland/Südhessen

S. 402 ff.
REGIONENPORTRÄT
Baden-Württemberg

1 | **Für den Akazienblütenfond** die Akazienblüten mit 200 ml kochendem Wasser überbrühen, den Zucker einrühren und den Tee 10 bis 15 Minuten ziehen lassen. Den Sud durch ein Sieb abgießen und auskühlen lassen. Es sollten etwa 80 ml übrig sein, ggf. einkochen bzw. mit Wasser auffüllen. In der Zwischenzeit vom Löwenzahn den Strunk abschneiden und die Salatblätter einzeln verlesen. 36 schöne, etwa 8 cm lange Spitzen abzupfen und beiseitelegen. Das untere Drittel der Löwenzahnblätter entfernen, den Rest in 2 bis 3 cm lange Stücke schneiden.

2 | **Die Löwenzahnspitzen und -stücke** getrennt 15 Minuten in handwarmes Wasser legen, danach durch ein Sieb abgießen und 15 Minuten in kaltes Wasser legen. Die Salatblätter abtropfen lassen oder trocken schleudern und bis zum Anmachen kühl stellen.

3 | **Für das Dressing** den Ziegenfrischkäse, Akazienblütenfond, Essig und Joghurt mit einem Schneebesen gut verrühren. Mit Salz und Pfeffer würzen. Ein Viertel des Dressings abnehmen und das Kürbiskernöl daruntermischen. Das Himbeermark mit dem Himbeeressig verrühren. Die Kürbiskerne in einer Pfanne ohne Fett leicht rösten und abkühlen lassen.

4 | **Zum Anrichten des Salates** je dreimal drei Löwenzahnspitzen auf einen großen Teller vom Rand zur Mitte legen. Die Löwenzahnstücke mit der Hälfte des Akazienblütendressings marinieren und als Bouquet in die Mitte des Tellers setzen. Die übrigen Dressingarten in die drei Zwischenräume geben: das restliche Akazienblütendressing, das Kürbiskernöldressing und das Himbeermarkdressing. Garnieren Sie den Salat mit den gerösteten Kürbiskernen und einigen Kerbelblättchen.

DER KLASSIKER: ROSSBLUMEN- ODER BETTSEICHERSALAT

Löwenzahnsalat kennt man vor allem im Badischen, wo die robuste Pflanze aufgund ihrer rauen Blätter auch als »Rossblume« bezeichnet wird. Im Saarland heißt die harntreibende Pflanze auch »Bettseicher« und kommt als schmackhafter Salat mit Kartoffeldressing auf den Tisch: Verlesen, waschen und schleudern Sie 500 g Löwenzahn trocken. 1 große gekochte Kartoffel schälen, fein reiben und mit Salz, Pfeffer, 1 Prise Zucker, 5 EL Kräuteressig, 3 EL Öl, 75 g Sahne, 1 EL Senf, 2 EL Zwiebelwürfeln und 1 zerdrückten Knoblauchzehe zur Marinade rühren. Anschließend den Salat damit anmachen und 5 Minuten ziehen lassen. Sie können den Salat mit knusprig gebratenen Dörrfleischwürfeln oder durchwachsenem Speck garnieren.

Suppen und Eintöpfe

Feines zum Löffeln: kalt und warm

Bayern

Baden-Württemberg

Zubereitungszeit
ca. 3 Std. 45 Min.

Rinderbrühe mit Grießnockerln

Für Suppenliebhaber ein absolutes Muss

Für die Rinderbrühe

- *2 Beinscheiben vom Rind (je 300 g)*
- *600 g klein gehackte Rinderknochen*
- *4 Schalotten*
- *1 Stück Knollensellerie (60 g)*
- *1 kleine Möhre*
- *¼–½ Lauchstange*
- *1 Lorbeerblatt*
- *1 Gewürznelke*
- *8 zerdrückte Pfefferkörner*
- *1 Zweig Thymian*
- *4 Stängel Petersilie*
- *1 Msp. frisch geriebene Muskatnuss*
- *Salz zum Abschmecken*

Für die Grießnockerln

- *2 Stängel Kerbel*
- *3 Stängel Petersilie*
- *1–2 Stängel Liebstöckel*
- *40 g Butter* · *1 Ei*
- *80 g Hartweizengrieß* · *Salz*
- *1 Msp. frisch geriebene Muskatnuss*

1 | **Für die Rinderbrühe** die Beinscheiben und die Rinderknochen 3 bis 4 Minuten in kochendem Wasser blanchieren und dann kalt abbrausen. Die Rinderknochen in einen Topf mit 2 l kaltem Wasser geben, aufkochen und den Schaum abschöpfen. Fügen Sie dann die Beinscheiben hinzu und lassen Sie alles 2 Stunden köcheln.

2 | **In der Zwischenzeit die Schalotten schälen,** halbieren und auf den Schnittstellen braun anrösten. Schälen Sie den Sellerie und die Möhre und schneiden Sie beides klein. Den Lauch putzen, waschen und klein schneiden. Lorbeerblatt, Nelke, Pfefferkörner und Thymian in ein Gewürzsäckchen füllen. Die gebräunten Schalotten, das Gemüse sowie das Gewürzsäckchen in den Topf geben und 30 Minuten mitkochen lassen, dabei abschäumen. Ein Sieb mit einem Tuch auslegen und die grob zerkleinerte Petersilie sowie die Muskatnuss hineingeben. Lassen Sie die Brühe durch das Sieb in einen Topf laufen, dann auf 1 l reduzieren und mit Salz abschmecken.

3 | **Für die Grießnockerln** den Kerbel, die Petersilie und den Liebstöckel waschen, trocken schütteln, die Blättchen von den Stielen zupfen und fein hacken. Die Kräuterstiele zur späteren Verwendung beiseitelegen. Rühren Sie die Butter schaumig. Dann das Ei unterrühren, bis es sich gut mit der Butter verbunden hat. Den Grieß mit einem Kochlöffel untermengen und die Masse mit Salz, Muskatnuss, Kerbel, Petersilie und Liebstöckel abschmecken. Die Grießmasse 5 bis 10 Minuten kalt stellen, dann mit zwei Teelöffeln Nocken abstechen und diese wiederum 5 Minuten kalt stellen.

4 | **In einem Topf Salzwasser** mit Muskatnuss und den Kräuterstielen zum Kochen bringen, die Nocken hineingeben, den Deckel halb auflegen und 5 Minuten leicht köcheln lassen. Den Topf von der Herdplatte nehmen, einige Eiswürfel zum Abschrecken hineingeben und die Nocken weitere 10 Minuten ziehen lassen. Die fertigen Grießnockerln sollten noch einen leicht gelben Kern haben. Servieren Sie die Nockerln in der Rinderbrühe.

DIE BASIS FÜR SUPPENKLASSIKER: SELBST GEKOCHTER GEMÜSEFOND

Gemüsefond ist die Basis vieler Suppen und Saucen. Hausgemacht hat er ein unübertreffliches Aroma: 2 Gemüsezwiebeln in Scheiben schneiden und in Butter hell anschwitzen. 100 g Brokkolistiele, 250 g Lauch, 300 g Möhren, 200 g Staudensellerie und 150 g Zucchini mitanschwitzen, dann mit ¼ l Weißwein ablöschen und mit 3 l Wasser aufgießen. ½ gebräunte Zwiebel, je 1 Zweig Rosmarin und Thymian, 1 Lorbeerblatt, ½ Knoblauchzehe und 1 Gewürznelke dazugeben, umrühren und aufkochen. Lassen Sie die Flüssigkeit 40 Minuten leise köcheln und heben sie aufsteigenden Schaum öfters ab. Den Gemüsefond durch ein mit einem Tuch ausgelegtes Sieb passieren, erneut erhitzen und auf etwa 1 ½ l reduzieren. Nach Geschmack salzen.

Bayern

Baden-Württemberg

Rheinland-Pfalz

Zubereitungszeit
je nach Rezept ca. 50 Min. bis 1 Std.

Leber- und Brätnockerln

Ein beliebtes Einlagen-Duo, das jeden Fond zur Genießersuppe macht

Für die Lebernockerln

- *2 Brötchen vom Vortag*
- *1 kleine Zwiebel* · *1–2 EL Butter*
- *½ Knoblauchzehe* · *Salz*
- *2 Zweige Majoran*
- *100 g Kalbsleber (von Häuten und Adern befreit)*
- *2 Eigelbe* · *Semmelbrösel*
- *Majoranblättchen zum Garnieren*

Für die Brätnockerln

- *1–2 EL Butter* · *1 Ei*
- *175 g Kalbsbrät* · *100 g Sahne*
- *60–75 g Semmelbrösel*
- *frisch geriebene Muskatnuss*
- *1 Msp. abgeriebene Schale von 1 unbehandelten Zitrone*
- *frisch gemahlener weißer Pfeffer*
- *1 TL fein gehackte Petersilie* · *Salz*
- *Schnittlauchröllchen zum Garnieren*

Nockerln auf Vorrat

Die Nockerln können Sie gut auf Vorrat machen und tiefgekühlt etwa 3 Monate aufbewahren.

1 | **Für die Lebernockerln** die Brötchen in warmem Wasser einweichen und sehr gut ausdrücken. Die Zwiebel schälen und fein würfeln. Die Butter in einer Pfanne aufschäumen, die Zwiebelwürfel darin goldbraun braten und dann abkühlen lassen. Ziehen Sie den Knoblauch ab und zerdrücken Sie ihn mit etwas Salz.

2 | **Den Majoran waschen,** trocken schütteln und die Blättchen von den Stielen zupfen. Zuerst die Kalbsleber, die gebratenen Zwiebeln und die Majoranblättchen, dann die ausgedrückten Brötchen durch die feine Scheibe des Fleischwolfs drehen. Mischen Sie die Eigelbe und den Knoblauch unter und lassen Sie das Ganze 20 Minuten quellen. Dann die Masse abschmecken, mithilfe von zwei angefeuchteten Teelöffeln eine Probenocke formen und diese in kochendem Salzwasser pochieren. Zerfällt die Probenocke, noch ein paar Semmelbrösel zur Masse geben. Wenn die Masse die richtige Konsistenz hat, Nocken formen und in kochendem Salzwasser oder Fleischbrühe etwa 10 Minuten gar ziehen lassen.

3 | **Für die Brätnockerln** die Butter schaumig rühren, dann das Ei, das Kalbsbrät und die Sahne dazugeben und sämig rühren. Die Semmelbrösel unterziehen und die Masse mit Muskatnuss, Zitronenschale, Pfeffer und Petersilie würzen. Salzwasser in einem großen Topf zum Kochen bringen. Mit einem angefeuchteten Teelöffel eine Probenocke formen, ins kochende Wasser einlegen und 6 Minuten ziehen lassen. Zerfällt die Probenocke, geben Sie noch ein paar Semmelbrösel zur Masse. Wenn die Masse die richtige Konsistenz hat, Nocken formen und garen.

4 | **Zum Servieren** die Nockerln mit einem Schaumlöffel herausheben. Eine vorbereitete heiße Rinder- oder Geflügelbrühe (S. 109) in Suppentassen oder tiefe Teller geben. Legen Sie die Leber- und die Brätnockerln in die Brühe und bestreuen Sie die Suppe mit einigen Schnittlauchröllchen oder Majoranblättchen.

DER KLASSIKER: LEBERKNÖDEL – FÜR DEN GROSSEN HUNGER

In Bayern und Baden-Württemberg liebt man die größeren Leberknödel als Suppeneinlage. Dazu weichen Sie 3 bis 4 klein geschnittene altbackene Brötchen in 100 ml Milch ein und vermengen Sie mit 2 Eiern, 1 gewürfelten, in Butter angeschwitzten Zwiebel sowie Salz, Pfeffer, Majoran und Thymian. Zum Schluss 125 g fein zerkleinerte Kalbsleber unter den Brötchenteig arbeiten, mit angefeuchteten Händen Knödel daraus formen und diese in Salzwasser garen. Sie können aber die Leberknödel auch in heißem Schmalz 8 Minuten ausbacken und danach noch 10 Minuten in der Suppe ziehen lassen. In Rheinhessen kommen Leberknödel sogar als Hauptspeise auf den Tisch: Als regionale Spezialität werden sie vor allem am Kirchweihsonntag mit Sauerkraut, Kartoffelbrühe und in Butter gebräunten Zwiebeln serviert.

Schinkenfleckerl und Eierstich

Zubereitungszeit
je nach Rezept ca. 45 Min. bis 1 Std.

Zwei köstliche Suppeneinlagen aus dem Backofen, nach Belieben mit oder ohne Kräuter zu variieren

Für die Schinkenfleckerl

- *75 g gekochter Schinken (ohne Schwarte)*
- *1 TL Butter*
- *3–4 Stängel Petersilie*
- *4–5 Stängel Schnittlauch*
- *3 Blätter Liebstöckel*
- *3 Eier* · *3 TL Mehl*

Für den Eierstich

- *5 Eier* · *⅛ l Milch* · *Salz*
- *Butter für die Form*

Schnell serviert

Beide Suppeneinlagen lassen sich hervorragend tiefkühlen und können bei Bedarf sehr schnell aufbereitet werden: Zum Servieren einfach in die kochend heiße Suppe geben und 5 Minuten darin ziehen lassen.

1 | **Für die Schinkenfleckerl** den gekochten Schinken in sehr feine Würfel schneiden. Die Butter in einer Pfanne zerlassen, die Schinkenwürfel darin anschwitzen und abkühlen lassen. Den Backofen auf 170 °C vorheizen. Petersilie, Schnittlauch und Liebstöckel waschen und trocken schütteln. Zupfen Sie die Petersilienblätter von den Stielen und hacken Sie sie zusammen mit dem Liebstöckel sehr fein. Den Schnittlauch in feine Röllchen schneiden.

2 | **Die Eier trennen.** Die Eiweiße steif schlagen. Die Eigelbe schaumig aufschlagen, dann das Mehl, den Schinken und die Kräuter behutsam untermischen. Zuletzt den Eischnee locker unterheben. Ein Backblech mit Backpapier auslegen und den Schinkenfleckerlteig etwa 5 mm dick daraufstreichen, ggf. den Rand mit einem Streifen Alufolie begrenzen. Backen Sie die Schinkenfleckerl auf der mittleren Schiene im vorgeheizten Backofen 8 bis 10 Minuten. Abkühlen lassen, vom Backpapier nehmen und in Rauten schneiden.

3 | **Für den Eierstich** den Backofen auf 100 °C vorheizen. Die Eier in eine Schüssel aufschlagen und mit der Milch und etwas Salz verquirlen. Anschließend passieren Sie die Masse durch ein Sieb. Eine ofenfeste Form (etwa 15 x 15 cm) dünn mit Butter ausstreichen, die Eierstichmasse hineinfüllen und die Form mit Alufolie abdecken.

4 | **Die Form im Ofen** in ein heißes Wasserbad stellen und den Eierstich auf der mittleren Schiene im vorgeheizten Backofen etwa 30 Minuten stocken lassen. Lösen Sie den Eierstich mit einem Messer ringsherum vom Rand und stürzen Sie ihn vorsichtig auf ein Brett. Nach Belieben in Form schneiden (z. B. in Würfel) oder mit kleinen Ausstechern dekorative Formen ausstechen. In Rinder- oder Gemüsebrühe (S. 109) servieren.

EIN WEITERER ALTER KLASSIKER: MARKKLÖSSCHEN ALS SUPPENEINLAGE

Für die Klassiker aus Großmutters Suppenküche circa 80 g frisches Rindermark etwa 1 Stunde wässern, dann in einer Kasserolle zerlassen, durch ein feines Sieb gießen und erkalten lassen. 50 g Semmelbrösel unterrühren und nach und nach 3 Eigelbe einarbeiten. Die Masse mit Salz, frisch gemahlenem Pfeffer, frisch geriebener Muskatnuss und etwas gehackter Petersilie würzen und mit 1 EL Mehl binden. Formen Sie mit angefeuchteten Händen kleine Klößchen und lassen Sie diese in kochendem Salzwasser 5 Minuten gar ziehen.

Keine Hochzeit ohne Suppe

Sie ist Genuss, Orakel und Wohlstandsbarometer: Die Hochzeitssuppe darf beim traditionellen Festmenü zu Ehren von Braut und Bräutigam nicht fehlen.

Wer wird in der Ehe das Sagen haben? Hat der Hochzeiter Geld? Und wird die Verbindung mit Kindern gesegnet sein? Das alles ist kein geflüstertes Festgetuschel, das hinter dem Rücken von Braut und Bräutigam aus klatschsüchtigen Mündern kommt. Nein, alle diese Fragen werden ganz offiziell und offen erörtert und geklärt. Nämlich durch die Hochzeitssuppe. Ein in nahezu allen deutschen Regionen bekannter und fester Bestandteil jedes traditionellen Hochzeitsfestes.

Die Hochzeitssuppe hat ihren Ursprung in der mittelalterlichen Ständegesellschaft. Hier war genau festgelegt, welche Nahrungsmittel welchem Stand zugänglich waren. Wild beispielsweise war ausschließlich dem Adel vorbehalten, der in den Wäldern auch das alleinige Jagdrecht besaß. Privilegien waren wichtig, konnte man sich mit ihrer Hilfe doch vom gemeinen Volk abheben, das selbstverständlich auch zu Feierstunden nicht so üppig tafeln durfte wie die Fürsten.

Mit schwäbischer Cleverness kreiert

Für Bauern und Handwerker stellte diese Regelung, die genau festlegte, wie viele Gänge ein Hochzeitsmahl umfassen durfte und woraus es bestehen sollte, eher keine Schwierigkeit dar. Die wirtschaftliche Lage ließ ausschweifende Gelage ohnehin nicht zu. Ganz anders dagegen sah es bei wohlhabenden Kaufleuten und Städtern aus, die gerade bei Hochzeiten ihren Wohlstand gerne zur Schau stellten.

Wie es heißt, war es ein reicher Schwabe, der auf die Idee verfiel, drei Gerichte in einem zu servieren und so die Menüfolge klammheimlich auszuweiten. Auf den Tisch kam dabei eine kräftige Suppe, in der statt einer gleich mehrere Einlagen schwammen. Und alle gleichermaßen delikat. So konnten die Gäste schlemmen und der Hausherr seinen Wohlstand zur Schau stellen, ohne dabei die formalen Schranken seines Standes zu überschreiten. Die Idee hatte durchschlagenden Erfolg, sodass nach wie vor unzählige Varianten der ursprünglichen Hochzeitssuppe existieren.

Regional gibt es viele Unterschiede, aber allen Hochzeitssuppen liegt eine kräftige Brühe zugrunde. In weiten Teilen Deutschlands bevorzugt man dabei eine Fleisch- beziehungsweise Rinderbrühe, gekocht aus Markknochen, Suppenfleisch und einem Wurzelsud mit Sellerie, Möhren und Zwiebeln. Ab und zu, wie im Hadler Land im Elbe-Weser-Dreieck, wird noch ein Stück Ingwer beigegeben. Zwischen Schwerin und Magdeburg dagegen schwört man auf eine fette Hühnerbrühe. Und manche Hochzeitssuppenköche verwenden Hühner-, Rinder- und Spargelbrühe gemischt zu gleichen Teilen.

Original oder international?

Die Grundlage ist geschaffen, aber was kommt in die Brühe? Erst bei dieser Frage scheiden sich die Geister. Denn erst hier werden die regionalen Vorlieben und Unterschiede deutlich. Während man in Süddeutschland vor allem auf Lokalkolorit setzt und einheimische Spezialitäten wie Griesnockerln und Leberspätzle in der Suppe schätzt, gibt man sich im Norden internationaler. Hier kommen Reis und Hackbällchen zum Einsatz, häufig ergänzt durch Eierstich.
In der original schwäbischen Hochzeitssuppe müssen auf jeden Fall »Flädle« schwimmen. Das sind hauchdünn geschnittene Pfannkuchenstreifen aus Mehl, Milch und Eiern. Begleitet werden sie meist von fleischgefüllten Maultaschen und Markklößchen, die aus Rindermark, Eiern und Weißbrotbröseln, abgeschmeckt mit Salz, Pfeffer, Muskatnuss und Petersilie, hergestellt werden. In Niederbayern dagegen besteht die Einlage aus Brät- und Lebernockerln, garniert mit etwas Petersilie. In Franken serviert man zum Hochzeitsmahl Grießnockerln, die je nach Vorliebe mit Pfannkuchenstreifen und Leberknödeln kombiniert werden. Die süddeutschen Varianten der Hochzeitssuppe sind denn auch vornehmlich aus der bäuerlichen Tradition überliefert. Gekocht wird mit dem, was Haus und Hof zu bieten haben. Dem Festtag zu Ehren fällt alles etwas üppiger aus.

Wohlstand im Suppenmaß

Aus Norddeutschland überlieferte Rezepte zeichnen sich dank der hanseatischen Vergangenheit durch teils exotische Zutaten wie etwa Ingwer und Rosinen aus. Berühmt ist beispielsweise die Altländer Hochzeitssuppe aus der Gegend um Hamburg. Die Besonderheit besteht darin, dass die Brühe vor dem Servieren mit Eigelb und Sahne legiert wird. Als Einlage dienen Fleischklößchen, Eierstich und körnig gekochter Reis mit Rosinen. An dieser letzten Zutat wird die Nebenbedeutung der Suppe als Gradmesser für den Wohlstand der Gastgeber deutlich: Rosinen waren im ausgehenden Mittelalter gerade im Norden Deutschlands eine ebenso seltene wie kostbare Zutat, die sich nur wenige Haushalte leisten konnten.
Ähnlich funktioniert die Kehdinger Hochzeitssuppe, wie man sie zwischen Stade und Cuxhaven kennt. Hier wird aus einem einzigen Suppentopf gleich eine ganze Menüfolge geboren. Am Beginn des Mahls steht ein Teller Brühe mit Fleischklößchen, Reis und Rosinen. Dazu wird Weißbrot gereicht. Danach gibt es gekochtes Rindfleisch mit einer herrlich warmen Meerrettichsauce, begleitet von Salzkartoffeln und Backpflaumenkompott. Und wer noch Hunger hat, bekommt einen Teller Suppe hinterher. Sehr ökonomisch: Alles wird aus einem Teller gegessen.
Blickt man weiter nach Osten, wird es wieder »gemüsiger«. In Brandenburg beispielsweise kommen neben Rindfleisch und Eierstich auch Blumenkohl, Erbsen und zarte Möhren in den Hochzeitssuppentopf. In der altmärkischen Variante sind zarte Spargelspitzen unentbehrlich, die mittlerweile auch wieder in vielen der neueren norddeutschen Hochzeitssuppenrezepte auftauchen.

Die schwäbische Hochzeitssuppe buhlt mit ihren Einlagen um die Gunst des Gaumens: Grießnockerln, kleine Leberknödel und Maultaschen verwöhnen große und kleine Suppenliebhaber.

Steht die Suppe erst einmal auf dem Tisch, geht es jedoch nicht nur darum, ob sie schmeckt. Mindestens genauso interessant ist laut Tradition die Frage, wer von den Brautleuten zuerst den Löffel in den Teller taucht. Ist es die Braut? Dann wird sie in der Ehe die Hosen anhaben. Oder ist es der Hochzeiter? Dann gibt es für die Frau wohl nichts zu lachen. Idealfall ist natürlich, wenn beide gleichzeitig zu essen beginnen. Denn das lässt auf eine glückliche Ehe hoffen.

Margarethe Brunner

Zubereitungszeit
ca. 3 Std. 15 Min.

Brotsuppe mit Bries und Steinpilzen

Eine ursprünglich einfache Suppe raffiniert kreiert

Für die Brotsuppe

- *250 g Champignon- und Steinpilzabschnitte*
- *je 15 Koriander- und Pfefferkörner*
- *1 TL Thymianblättchen*
- *400 g Rinderwade* · *1 Möhre*
- *1 Stück Knollensellerie (70 g)*
- *1 Zwiebel* · *20 Wacholderbeeren*
- *1 Lorbeerblatt* · *3 Stängel Petersilie*
- *2 Eiweiße* · *einige Eiswürfel*
- *¼ l Geflügelfond (Glas oder S. 534)*
- *Salz* · *100 g gebräunte Butter*

Für die Einlage

- *150 g dunkles Brot* · *1–2 EL Olivenöl*
- *1 TL fein gehackter Thymian*
- *1 angedrückte Knoblauchzehe*
- *100 g Kalbsbries* · *2 TL Butter*
- *Salz* · *frisch gemahlener Pfeffer*
- *100 g gekochter Kalbskopf*
- *100 g Steinpilze*

Außerdem

- *Räuchermehl (Anglerbedarf)*

S. 34 ff.
REGIONENPORTRÄT Bayern

S. 402 ff.
REGIONENPORTRÄT Baden-Württemberg

1 | Für die Brotsuppe die Champignon- und Steinpilzabschnitte putzen und klein schneiden. Einen Räuchertopf (oder einen Wok) mit Alufolie auskleiden und etwas Räuchermehl, Korianderkörner, Pfefferkörner sowie Thymian hineingeben (Step 1). Ein Gitter, das in den Topf passt, mit Öl bestreichen, mit Alufolie umwickeln und diese mehrmals einstechen (Step 2). Geben Sie die Pilzabschnitte darauf und räuchern Sie diese zugedeckt bei schwacher Hitze etwa 8 Minuten (Step 3). Dann herausnehmen und beiseitestellen.

2 | Die Rinderwade waschen, mit Küchenpapier trocken tupfen und grob zerkleinern. Möhre, Sellerie und Zwiebel schälen und ebenfalls grob zerkleinern. Drehen Sie die Rinderwade mit dem Gemüse durch die grobe Scheibe eines Fleischwolfs. Die geräucherten Pilze, die Wacholderbeeren, das Lorbeerblatt, die Petersilie, die Eiweiße sowie die Eiswürfel dazugeben und vermengen. Mit dem Geflügelfond und 2 l Wasser auffüllen und unter ständigem Rühren aufkochen lassen. Die Suppe 1 Stunde 30 Minuten bei schwacher Hitze köcheln lassen, abschmecken und passieren.

3 | Für die Einlage den Backofen auf 220 °C vorheizen. Das Brot in 5 mm dicke Scheiben schneiden, in einer ofenfesten Pfanne mit 1 EL Olivenöl, Thymian und der Knoblauchzehe vermischen und im Ofen 6 bis 8 Minuten rösten, dabei einmal wenden. Das Bries putzen und die Röschen in heißer Butter anbraten, mit Salz und Pfeffer würzen und warm stellen. Schneiden Sie den Kalbskopf in kleine Würfel und erwärmen Sie diese in einem Topf mit etwas Fond von der Brotsuppe. Die Steinpilze putzen, in dünne Scheiben schneiden und kurz in der Butter anbraten.

4 | Zum Servieren der Suppe Brot, Bries, Kalbskopf und Steinpilze in vorgewärmte Gläser schichten und diesen Vorgang drei- bis viermal wiederholen. Kochen Sie zum Schluss die Suppe auf, rühren Sie die gebräunte Butter unter und servieren Sie sie in Gläsern.

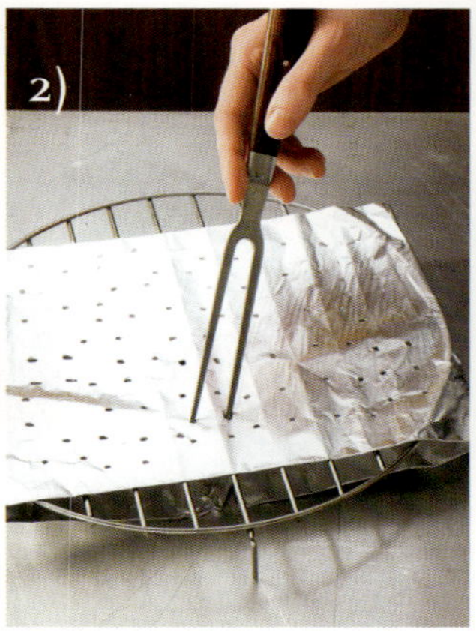

Pilzabschnitte räuchern

1) Den Räuchertopf (oder Wok) mit Alufolie auslegen und etwas Räuchermehl daraufstreuen. Die Gewürze und Kräuter, hier z. B. Korianderkörner, Pfefferkörner und Thymian, hineingeben.
2) Ein Gitter passender Größe mit Öl bestreichen, mit Alufolie umwickeln und diese mit einer Gabel mehrfach einstechen.
3) Die Pilzabschnitte auf das Gitter geben, dieses in den Topf einsetzen und zugedeckt räuchern.

Zubereitungszeit
ca. 45 Min.

Allgäuer Käsesuppe mit Brunnenkressepesto

Eine würzige Suppe aus dem Voralpenland

Für die Käsesuppe

· 1 Zweig Thymian · 1 Zweig Rosmarin · 1 kleines Lorbeerblatt · 1 Zwiebel · 50 g Lauch · 1 Knoblauchzehe · 2 EL Sonnenblumenöl · 1 EL Butter · 1 EL Knollenselleriewürfel · 2 EL Gewürztraminer mit Restsüße · 600 ml Geflügelfond (Glas oder S. 534) · 250 g Sahne · 200 g Bergkäse · frisch gemahlener Pfeffer · 1 Prise frisch geriebene Muskatnuss · Salz · Brunnenkresse zum Garnieren

Für den Brunnenkressepesto

· 2–3 EL Brunnenkresse (oder Gartenkresse) · 1 TL Sonnenblumenöl · 1 EL Sonnenblumenkerne

S. 34 ff.
REGIONENPORTRÄT Bayern
S. 402 ff.
REGIONENPORTRÄT Baden-Württemberg

1 | **Für die Käsesuppe** den Thymian mit dem Rosmarin und dem Lorbeerblatt zu einem kleinen Strauß zusammenbinden. Die Zwiebel schälen und fein schneiden. Den Lauch putzen, waschen und ebenfalls fein schneiden. Ziehen Sie die Knoblauchzehe ab und hacken Sie sie sehr fein.

2 | **Das Sonnenblumenöl im Topf erhitzen** und die Butter hinzugeben. Die Zwiebeln mit dem Lauch in die Öl-Butter-Mischung geben und anschwitzen. Knoblauch und Selleriewürfel hinzufügen und alles mit dem Gewürztraminer ablöschen. Lassen Sie den Wein verdampfen, füllen Sie mit dem Geflügelfond auf und lassen Sie die Suppe 10 Minuten kochen. Die Sahne und das Kräutersträußchen in den Topf geben und weitere 10 Minuten köcheln lassen.

3 | **Inzwischen den Bergkäse reiben.** Das Kräutersträußchen aus der Suppe nehmen, den Käse in die Suppe einstreuen und die Suppe mit dem Pürierstab mixen. Mit Pfeffer und Muskatnuss würzen und durch ein Sieb streichen. Schmecken Sie die Suppe nochmals nach Belieben mit Salz und Pfeffer ab.

4 | **Für den Brunnenkressepesto** die Brunnenkresse verlesen, waschen und trocken schütteln. Die Blättchen von den Stielen zupfen und mit dem Sonnenblumenöl und den -kernen im Mörser fein zermahlen oder im Blitzhacker fein zerkleinern. Zum Anrichten die Käsesuppe in Suppentassen schöpfen und je nach Belieben einen Löffel Pesto hineingeben. Mit Brunnenkresse garniert servieren. Dazu können Sie in Butter geröstete Weißbrotwürfel reichen.

WARENKUNDE

Brunnenkresse – Würze aus dem Wasser

Ihr fast meerrettichscharfes Aroma macht sie nicht bei allen Gourmets gleich beliebt: Brunnenkresse, die in ganz Deutschland in fließenden Gewässern wild wächst, diente schon den Römern als Salat- und Gewürzpflanze. Auch als Bach- oder Wasserkresse bekannt, eignet sie sich gut als rettichscharfe Beilage zu Fleisch, Reis oder Salat. Da das eisenreiche Kraut schnell welkt, sollte es möglichst frisch verwendet und nur in Gewässern mit guter Wasserqualität geerntet werden. Aufgrund seiner anregenden Wirkung auf den Stoffwechsel kann das Kraut den Körper nach den Wintermonaten wieder entschlacken und in Schwung bringen.

Zubereitungszeit
ca. 30 Min.

Frühsommerliche Spargelcreme

Der Klassiker mit Weißwein verfeinert

Zutaten

- *400 g weißer Spargel*
- *Salz* · *1 Prise Zucker*
- *1 EL Zitronensaft*
- *1 Schalotte* · *1–2 EL Butter*
- *100 ml Weißwein*
- *1 EL Speisestärke*
- *200 g Sahne*

Suppeneinlage

Zur Spargelsuppe passen als Einlage Lachsstreifen oder Flusskrebse. Sie lässt sich zudem mit Kräutern verfeinern.

1 | **Den Spargel waschen und schälen.** Die Schalen mit 1 l Wasser, etwas Salz, Zucker und dem Zitronensaft in einen Topf geben und zugedeckt etwa 15 Minuten kochen lassen. Die Schalen in ein Sieb abgießen, den Spargelfond auffangen und auf 600 ml reduzieren.

2 | **Den Spargel in Stücke schneiden.** Die Schalotte schälen und fein würfeln. Die Butter in einem Topf zerlassen und die Schalotte mit dem Spargel darin anschwitzen. Löschen Sie mit Weißwein ab und reduzieren Sie die Flüssigkeit vollständig. Dann den Spargelfond dazugeben und 10 Minuten kochen lassen. Einige Spargelstücke für die Garnitur beiseitelegen.

3 | **Die Suppe pürieren,** durch ein Sieb passieren und nochmals aufkochen. Die Stärke mit der Sahne anrühren, unter ständigem Rühren in die kochende Suppe geben und kurz aufkochen lassen. Schmecken Sie die Spargelcreme nochmals ab und erwärmen Sie die beiseitegelegten Spargelstücke darin.

DER KLASSIKER IM HERBST: KÜRBISCREMESUPPE

Die Kürbiscremesuppe ist der saisonale Kontrapunkt zur frühsommerlichen Spargelcreme. Dafür 500 g zerkleinerten Hokkaidokürbis (mit Schale) und 2 EL Schalottenwürfel in 1 EL Butter andünsten, mit 200 ml Weißwein ablöschen und mit 800 ml Gemüsefond (S. 109) aufgießen. Kochen Sie den Kürbis weich. Die Suppe pürieren, durch ein Sieb passieren, mit 100 g Sahne anreichern und mit Salz, Pfeffer und Ingwer würzen. Als Einlage passen Garnelen.

Zubereitungszeit
ca. 1 Std. 15 Min.

Geeiste Bärlauchsuppe mit Morchelschaum

Kalt und warm im Glas serviert

Für die geeiste Bärlauchsuppe

· 20 g Bärlauchblätter (oder 1–2 EL Bärlauchpesto) · 300 ml Geflügelfond (Glas oder S. 534) · Salz · frisch gemahlener Pfeffer · 2 g Agar-Agar

Für die warme Bärlauchsuppe

· 1–2 Kartoffeln · 2 Schalotten · 1 EL Olivenöl · 600 ml Geflügelfond · 30 g Bärlauchblätter (oder 3 EL getrockneter Bärlauch) · 150 g Sahne · Salz · frisch gemahlener Pfeffer · frisch geriebene Muskatnuss · 1 EL Butter · Bärlauchblätter zum Garnieren

Für den Morchelschaum

· 4–5 getrocknete Morcheln · 100 g Sahne · Salz · 1 EL Madeira

1 | **Für die geeiste Bärlauchsuppe** die Bärlauchblätter waschen, blanchieren und mit dem Geflügelfond, Salz sowie Pfeffer fein pürieren. Das Agar-Agar unter den Fond rühren und die Suppe 3 bis 5 Minuten kochen lassen. Füllen Sie die Bärlauchmasse 1 bis 2 cm hoch in Whiskytumbler und stellen Sie sie kalt.

2 | **Für die warme Bärlauchsuppe** die Kartoffeln schälen und in Würfel schneiden. Die Schalotten schälen, fein würfeln, in Olivenöl andünsten und mit Geflügelfond ablöschen. Die Kartoffelwürfel dazugeben und weich kochen, dabei den Fond gleichzeitig um etwa ein Drittel reduzieren. Die Bärlauchblätter waschen, blanchieren, ausdrücken und mit der Sahne zu den Kartoffeln geben. Nochmals reduzieren und mit Salz, Pfeffer und Muskatnuss würzen. Die Butter hineingeben, die Suppe pürieren und durch ein Sieb passieren.

3 | **Für den Morchelschaum** die Morcheln im Mörser oder in einer elektrischen Kaffeemühle sehr fein zermahlen. Die Sahne steif schlagen, mit Salz und Madeira würzen und etwa die Hälfte des Morchelpulvers unterziehen. Zum Anrichten die warme Bärlauchsuppe auf die geeiste Bärlauchsuppe gießen, dabei das Glas nicht ganz füllen. Geben Sie zum Schluss den Morchelschaum auf die Bärlauchsuppe, streuen Sie das restliche Morchelpulver darauf und garnieren Sie mit jeweils einem Bärlauchblatt.

Zubereitungszeit
ca. 3 Std.

Gekühlte Kartoffel-Bier-Suppe im Glas

Serviert auf Eisbein-Gemüse-Gelee und gekrönt mit einem Schaumhäubchen von Biersabayon

Für das Eisbein-Gemüse-Gelee

- *400 g gepökeltes Eisbein*
- *125 g Schweinehackfleisch*
- *2 Eiweiße* · *3 Blatt Gelatine*
- *je 1 EL Lauch, Sellerie, Möhre (in feine Würfel geschnitten)*

Für die Kartoffelsuppe

- *1 Gemüsezwiebel*
- *500 g festkochende Kartoffeln*
- *200 g Lauch (nur das Weiße)*
- *1 EL Traubenkernöl*
- *300 ml kräftiger Rinderfond*
- *Salz* · *frisch gemahlener Pfeffer*
- *frisch geriebene Muskatnuss*
- *100 g Sahne* · *80 ml Weizenbier*

Für das Biersabayon

- *2 Eigelbe* · *80 ml Weizenbier*
- *1 Msp. Salz* · *1 Prise Zucker*
- *1 Msp. gemahlener Zimt*
- *Schnittlauchröllchen zum Garnieren*

S. 546 f.
IM FOKUS Bier

1 | **Das Eisbein in einen Topf geben,** mit Wasser bedecken und darin in etwa 1 Stunde 30 Minuten weich kochen. Durch ein Sieb abgießen, den Kochfond auffangen und erneut erhitzen, dann das gehackte Fleisch und die Eiweiße dazugeben, etwa 5 Minuten kochen lassen und dabei den aufsteigenden Schaum abschöpfen. Gießen Sie den Kochfond anschließend durch ein mit einem Tuch ausgelegtes Sieb in einen Topf ab, dabei nicht nachdrücken.

2 | **Für das Eisbein-Gemüse-Gelee** die Gelatine in kaltem Wasser einweichen. Das Eisbein in kleine Würfel schneiden. Die Gemüsewürfel blanchieren, kalt abschrecken und mit den Eisbeinwürfeln mischen. 3 EL vom Eisbein-Kochfond erwärmen, die Gelatine ausdrücken, darin auflösen und dann unter weitere 200 ml Eisbein-Kochfond rühren. Die Eisbein-Gemüse-Mischung unterrühren und die Masse in (Bier)gläser füllen, sodass die Gläser je zu einem Drittel gefüllt sind. Stellen Sie sie anschließend kalt.

3 | **Für die Kartoffelsuppe** Zwiebel sowie Kartoffeln schälen und in Würfel schneiden. Lauch putzen, waschen und grob schneiden. Das Traubenkernöl in einem Topf erhitzen und die Zwiebelwürfel darin glasig schwitzen. Lauch und Kartoffeln dazugeben und kurz mitdünsten. Löschen Sie das Gemüse mit dem Rinderfond ab, würzen Sie mit Salz, Pfeffer und Muskatnuss und verfeinern Sie mit der Sahne. Anschließend die Suppe durch ein Sieb passieren und abkühlen lassen. Vor dem Anrichten das Weizenbier unterrühren und die Suppe mit dem Pürierstab aufmixen.

4 | **Für das Biersabayon** die Eigelbe über dem Wasserbad schaumig aufschlagen und mit Salz, Zucker und Zimt würzen (Step 1). Das Weizenbier unter die Schaummasse schlagen (Step 2). Zum Anrichten gießen Sie die gekühlte Kartoffelsuppe auf das Eisbein-Gemüse-Gelee und geben Sie das Biersabayon auf die Suppe. Mit Schnittlauchröllchen bestreut servieren.

Biersabayon zubereiten

1) Die Eigelbe über einem heißen Wasserbad mit dem Handrührgerät schaumig aufschlagen. Die Gewürze dazugeben und kurz mitschlagen.
2) Das Handrührgerät auf die kleinste Stufe stellen, das Weizenbier langsam zur Eigelbmasse geben und alles schaumig aufschlagen.

Baden-Württemberg

Hessen

Rheinland-Pfalz

bundesweit

Zubereitungszeit
ca. 1 Std. 10 Min.

Kartoffelrahmsuppe mit Pfifferlingen

Der Klassiker, verfeinert mit gebackenen Wachteleiern und frischer Petersilie

Zutaten (für 6 Portionen)

- *130 g mehlig kochende Kartoffeln*
- *100 g Lauch (nur das Weiße)*
- *1 Zwiebel* · *1 EL Butter* · *Meersalz*
- *¾ l kräftiger Geflügelfond (Glas oder S. 534)*
- *160 g Pfifferlinge* · *2 EL Olivenöl*
- *Salz* · *frisch gemahlener Pfeffer*
- *frisch geriebene Muskatnuss*
- *200 g Sahne*
- *1 EL frische Majoranblättchen*
- *1–2 TL gehackte Petersilie*

Für die Wachteleier

- *3–4 EL Champagneressig (oder weißer Aceto balsamico)*
- *12 frische Wachteleier (oder 6 frische Hühnereier)*
- *Mehl zum Wenden*
- *1 verquirltes Ei*
- *1 EL Semmelbrösel*
- *Öl zum Frittieren*

S. 126 ff.
IM FOKUS – WARENKUNDE
Kartoffeln

1 | **Die Kartoffeln schälen** und in kleine Würfel schneiden. Den Lauch putzen, waschen und in feine Ringe schneiden. Die Zwiebel schälen und fein würfeln. Die Butter in einem Topf zerlassen und Zwiebel, Lauch sowie Kartoffeln darin glasig dünsten. Leicht mit Meersalz würzen und das Ganze bei geringer Hitze etwa 10 Minuten ziehen lassen. Füllen Sie mit Geflügelfond auf und kochen Sie die Kartoffeln darin weich.

2 | **Für die Wachteleier** ½ l Wasser mit dem Essig aufkochen. Die Eier einzeln in einen großen Esslöffel oder in eine Tasse aufschlagen. Mit einem Holzlöffel im Essigwasser im Kreis rühren, bis sich ein Strudel bildet, die Eier jeweils dort hineingleiten lassen und in 2 bis 3 Minuten weich pochieren. Anschließend nehmen Sie die Eier heraus, schrecken sie ab und tupfen sie trocken.

3 | **Die Pfifferlinge** mit einem Pinsel reinigen. Erhitzen Sie in einer Pfanne das Olivenöl und braten Sie darin die Pfifferlinge kurz von allen Seiten an. Die Pilze mit Pfeffer und Salz würzen, auf ein Sieb abschütten, den Bratenfond auffangen und in die Kartoffelsuppe geben. Die Suppe pürieren, durch ein feines Sieb passieren und wieder in einen Topf zurückgießen.

4 | **Die pochierten Wachteleier** in Mehl, dann in verquirltem Ei und zuletzt in Semmelbröseln wenden. Das Öl auf 170 °C erhitzen und die panierten Wachteleier darin goldgelb frittieren. Das Eigelb sollte nach dem Frittieren noch flüssig sein.

5 | **Die Suppe mit Salz,** Pfeffer und Muskatnuss würzen und die Sahne dazugeben. Alles zusammen erhitzen; die Suppe sollte jedoch nicht mehr kochen. Die Majoranblättchen waschen, trocken schütteln und fein hacken. Kurz vor dem Servieren Majoran, Petersilie und Pfifferlinge in die Suppe geben. Garnieren Sie mit den Wachteleiern, diese dabei möglichst auf einige Pfifferlinge setzen, damit sie nicht in der Suppe versinken.

DIE KLASSIKER: KARTOFFELSUPPE BADISCHE ART, GRUMBEERSUPPE UND MEHR

Deutschland pflegt eine Vielfalt an Kartoffelsuppen: In Baden werden Kartoffelwürfel mit etwas Suppengemüse (Möhre, Lauch und Sellerie), Salz, Pfeffer und Muskatnuss weich gekocht. Einige Löffel stellt man davon beiseite, der Rest wird püriert. Mit der pürierten Suppe gießt man angeschwitzte Zwiebelwürfel auf, verfeinert mit Sahne und der beiseitegestellten Kartoffel-Gemüse-Mischung und serviert mit Croûtons und Schnittlauchröllchen. Anders in Hessen und der Pfalz: Dort schätzt man die Kombination der »Grumbeersuppe« (Kartoffelsuppe) mit »Quetschekuchen«, einer Art Zwetschgenkuchen. Und nahezu bundesweit kennt man die ungebundene Kartoffelsuppe mit Wurzelgemüse, in der gekochtes Rindfleisch mitserviert wird.

Die Kartoffel: Karriere mit Hindernissen

Was der Bauer nicht kennt, isst er nicht, sagt das Sprichwort. Die steinige Karriere der Kartoffel ist dafür ein Paradebeispiel.

Mona Lisa, Chérie, Kleopatra, Ajax, Admiral, Duke, Lady oder King – wer hätte gedacht, dass die Europäer für die anfangs so ungeliebten Knollen aus der Neuen Welt derart fürstliche, heroische und wohlmeinende Namen finden? Die Liebe zur Kartoffel war in der Alten Welt bis weit in die Zeit der Aufklärung hinein keineswegs offensichtlich. Auch in Deutschland, das im europäischen Vergleich am meisten Kartoffeln anbaut, waren sie beileibe nicht immer das »Soulfood« der Nation.

Bereits acht Jahrtausende lang ernährten sich peruanische Inkas von »papas«, Sprossknollen eines Nachtschattengewächses, als 1526 spanische Eroberer davon Notiz nahmen. Am spanischen Hof hielt man die »papas peruanorum« zunächst für Trüffeln (tartuffuli), von deren Namen sich das deutsche »Tartuffeln« ableitet, aus dem »Kartoffeln« wurde. Als die Spanier ihren Irrtum erkannten, nannten sie die Knollen in Anlehnung an die indianische Bezeichnung »patatas«, von dem das englische »potato« abstammt.

Teufelszeug und Schweinefutter

Im Gegensatz zu ihrer Akzeptanz als Zierpflanze begegnete man dem kulinarischen Wert des »Solanum tuberosum«, wie die Kartoffelpflanze botanisch heißt, bis ins 17. Jahrhundert mit großer Ablehnung. Bestenfalls taugte sie als Schweinefutter, wie Spottverse verkündeten: »Ewig sei von mir verflucht / du verhasste Pöbelfrucht / dich gebar der Schoß der Erde / für den Schlund der Borstenherde.« Ihr Ruf, ungenießbar zu sein, beruhte sowohl auf dem Verzehr giftiger oberirdischer Teile der Pflanze, als auch auf dem hohen Solaningehalt der damaligen Sorten, der in der Tat leichte Vergiftungserscheinungen zur Folge haben konnte. Darüber hinaus waren die Urkartoffeln aus den Anden Kurztagspflanzen, die die langen Tage in Mitteleuropa zwar mit prächtigen Blüten, aber dürren Ausläufern und mickrigen Knollen quittierten. Erschwerend kam hinzu, dass die Pflanze nicht in der Bibel erwähnt war, was es Kirchenmännern und Frömmlern leicht machte, sie wegen ihrer »halluzinogenen und wollüstigen« Wirkung als Teufelszeug zu verdammen. Auch Gerüchte, sie würde Lepra, Cholera und Syphilis hervorrufen, waren im Umlauf.

So stand das einfache Volk der Kartoffel als Nahrungsmittel noch bis weit ins 18. Jahrhundert hinein sehr skeptisch gegenüber, während Adlige und Gelehrte ihre ernährungsphysiologischen Vorzüge längst erkannt hatten. Zur Imageverbesserung attestierte ihr sogar die Pariser Universität Sorbonne im Jahre 1771 offiziell, gut, gesund und sehr nützlich zu sein.

Auf dem Weg zum Grundnahrungsmittel

Friedrich der Große griff schließlich zu seiner legendären List, nachdem hungernde Bauern 1774 eine Waggonladung Kartoffeln mit dem Argument zurückwiesen, nicht einmal die Hunde äßen sie. Der König ließ also auf »Muster-Äckern« Kartoffeln unter militärischer Bewachung anbauen. Seine Rechnung ging auf: Weil die Knollen von den »langen Kerls« bewacht wurden, mussten sie wertvoll sein und wurden, wie gewünscht, von den Bauern gestohlen. Auch in Bayern ging die Kartoffel nicht einmal als Armenspeise durch, sodass Graf Rumford in München eine Suppe kreierte, in der das nahrhafte Gemüse zwar enthalten, aber nicht zu erkennen war. Die Rumfordsuppe schmeckte allen – und kam infolgedessen auch bei den Reichen auf den Tisch.
Bevölkerungswachstum, Nahrungsverknappung und Hunger einerseits, die kostenlose Verteilung von Saatgut und Züchtungserfolge andererseits verhalfen der Kartoffel schließlich zum Durchbruch: Sie wurde Volksnahrungsmittel Nummer eins. Um 1900 erreichte der Pro-Kopf-Verbrauch in Deutschland etwa 285 Kilogramm im Jahr. Heute ist er auf weniger als 70 Kilogramm pro Kopf und Jahr geschrumpft. Mehr als die Hälfte davon entfällt auf Industriekartoffeln, aus denen Fertig- und Halbfertigprodukte (Chips, Pommes frites, Klöße, Reibekuchen etc.), Stärke und Alkohol hergestellt werden.

Minikartoffeln aller Art

Die Angaben zur Sortenvielfalt der Kartoffel schwanken: Weltweit soll es um 5.000, in Europa etwa 1.000 Sorten geben, in Deutschland sind nur etwa 200 verbreitet. Die Agrarindustrie tendiert aus wirtschaftlichen Gründen zu »Allroundern« unter den Kartoffeln und damit zu einer Sortenvereinfachung und -reduktion. Andererseits steigt die Zahl der Liebhaber alter und rarer Sorten an, die sich gleich Jägern eines verlorenen Schatzes auf die Suche nach Kartoffeln machen, die nicht in den offiziellen Sortenkatalogen geführt werden. In dieser Nische entwickelt sich die Kartoffel vom Alltags- zum Luxusgut.
Auch Frühkartoffeln (Drillinge oder Grenailles) erfreuen sich unter Feinschmeckern zunehmender Beliebtheit. Sie sind jedoch keine Sorte, sondern eine Sortierungsgröße und bezeichnen Minikartoffeln aller Art mit einem Durchmesser von bis zu 40 Millimetern. Sie haben ein intensives Aroma, kurze Kochzeiten, eine kernige Konsistenz, sind kalorienarm und werden mit der dünnen Schale gegessen. Aufgrund der hohen Nachfrage sind sie ganzjährig erhältlich. Je nach Saison stammen sie aus Nordafrika, Südeuropa oder auch aus heimischer Ernte.
Apropos Herkunft: Wie beim Wein spielt das Terroir auch bei Kartoffeln eine große Rolle. Gute Qualität ist nicht nur eine Frage der Sorte und des Anbaus, sondern ebenso des Bodens und Klimas. Die Bodenbeschaffenheit beeinflusst in hohem Maße Kocheigenschaften, Geschmack und Konsistenz. Sie entscheidet wesentlich, ob eine Kartoffel knackig, speckig, würzig, wässrig, fad oder klebrig ist. Eine Sieglinde aus dem Donaumoos schmeckt anders als eine Heidesieglinde aus norddeutschen Sandböden oder eine Sieglinde aus der oberbayerischen Schotterebene, um bei einer der heute beliebtesten deutschen Kartoffeln zu bleiben. Unstrittige Königin auf dem Feld des Kartoffelsalats ist das speckige, fruchtig-erdige Bamberger Hörnchen, das als die perfekte Salatkartoffel gilt – und nicht auf der Bundessortenliste steht.

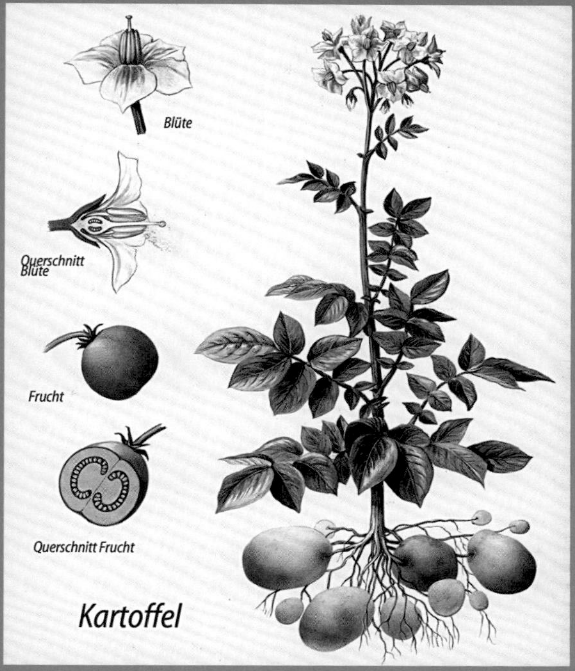

Essbar sind nur die unterirdisch wachsenden Speicherorgane der Kartoffelpflanze; Blätter, Blüten und Früchte sind giftig.

Weniger bestechend im Geschmack als im Aussehen sind dagegen blaue Kartoffeln, die insbesondere als Chips, Püree oder Suppe ein Comeback feiern. In den offiziellen Sortenlisten findet man sie kaum noch, während sie im 18. und 19. Jahrhundert in Deutschland gut vertreten waren. Vom Acker sind die Blauen deswegen noch lange nicht. Kein Wunder, bei so schönen blauen Augen.

Ingrid Schindler

Bamberger Hörnchen

Speckige, kleine Kartoffelsorte mit fruchtig-erdigem Aroma. Sie eignet sich perfekt für Salate.

Kartoffeln: Vielfalt vom Acker

Sie sind äußerlich meist unscheinbar und doch so wertvoll: Kartoffeln spielen in der deutschen Küche eine tragende Rolle.

Kartoffeln sind aus der deutschen Küche nicht wegzudenken. Heute liegt der Pro-Kopf-Verbrauch des »Erdapfels« in Deutschland bei etwa 70 Kilogramm im Jahr, verspeist als Gratin, Knödel, Salz- oder Röstkartoffeln, Salat oder als Kartoffelchips – im Laufe der Zeit haben sich unzählige Zubereitungsarten herausgebildet.

Gelbe, blaue oder rote Kartoffeln

Doch nicht jede Sorte eignet sich auch für jede Zubereitungsart. Mehlig kochende Kartoffeln (z. B. Afra) sind ideal für Suppen, Klöße und Püree, vorwiegend festkochende Sorten (z. B. Agria, Christa) sind universal einsetzbar und festkochende Sorten (z. B. Princess, Cilena) eignen sich für Salz- oder Bratkartoffeln.

Jede Kartoffelsorte, die in Deutschland als Speisekartoffel zugelassen ist, muss gemäß Handelsklassenverordnung einer der drei Kocheigenschaften zugeordnet werden, die auch auf der Verpackung angegeben werden muss. Das erleichtert beim Einkauf die Auswahl der richtigen Kartoffel. Der Verbraucher kann die Kocheigenschaft auch an der farbigen Kennzeichnung der Verpackung erkennen: Blau steht für mehlige, Rot für vorwiegend festkochende und Grün für festkochende Sorten. Eine Auswahl der beliebtesten Speisekartoffeln sehen Sie hier im Überblick.

Frische Kartoffeln aus deutscher Ernte stehen von etwa Ende Mai (Frühkartoffeln) bis etwa Oktober zur Verfügung. Lager- und Importware sichern aber den Bestand das ganze Jahr über. Zuchtbetriebe entwickeln ständig neue Sorten, die beim Bundessortenamt in Hannover zugelassen werden müssen, da nur Pflanzgut zugelassener Sorten gewerblich vertrieben werden darf. Dieser Zulassungspraxis fiel 2005 die beliebte »Linda« zum Opfer, für die Bauern und Verbraucherverbände zunächst eine Lizenzverlängerung bis 2007 erstritten. Derzeit wird sie, wie viele altbewährte Sorten, nur noch von Spezialbetrieben angebaut, die auf eine Lizenzfreigabe hoffen.

Besonders gesund sind aufgrund der antioxidativen Wirkung ihrer Pflanzenfarbstoffe blaue oder rotfleischige Kartoffeln, die originell aussehen und ebenso gut schmecken wie ihre braunschaligen Verwandten.

Sieglinde

Festkochende, sehr beliebte Kartoffelsorte mit dunkler Schale und mildem Aroma.

Granola

Die vorwiegend festkochende Kartoffelsorte hat eine rundovale Knolle mit gelb genetzter Schale. Das gelbe Fleisch schmeckt mild kartoffelig. Sie ist sehr gut lagerfähig.

Quarta

Die mittelfrühe, vorwiegend festkochende Sorte weist eine tiefgelbe Fleischfarbe auf. Die aromatischen Knollen haben flach liegende rot gefärbte Augen. Quarta ist eine sehr gute Lagerkartoffel.

Likaria

Mehlig kochende, mittelfrühe und ertragreiche Kartoffelsorte, die recht große Knollen ausbildet. Sie ist gut lagerfähig und besitzt einen sehr kräftigen Geschmack.

Marabel

Vorwiegend festkochende, frühe, sehr ertragreiche Sorte. Sie hat eine glatte Schale mit flachen Augen und eine reingelbe Fleischfarbe, die sich auch beim Kochen kaum verändert.

Adretta

Mehlig kochende, mittelfrüh reifende Kartoffelsorte, die vor allem in Süd- und Ostdeutschland beliebt ist. Sie hat eine hellgelbe Fleischfarbe, ist rundoval und weist nur flache Augen auf.

Nikola

Festkochende Kartoffelsorte, die vor allem in den nördlichen und westlichen Bundesländern beliebt ist. Sie besitzt eine sehr feine Konsistenz. Ihr sattgelbes Fleisch ist mild im Geschmack.

Grata

Mittelfrühe, vorwiegend festkochende Kartoffelsorte mit gelber Schale und gelbem Fleisch.

Zubereitungszeit
ca. 1 Std.

Aufgeschäumte Erbsensuppe

Der deftige Klassiker erhält hier südliches Flair.

Für den Erbsenschaum

- *1 Zwiebel* · *50 g Lauch*
- *2 dünne Scheiben Speck (60 g)*
- *100 g Erbsenschoten*
- *50 g Butter* · *2 TL Zucker*
- *700 ml Geflügelfond (Glas oder S. 534)*
- *200 g Sahne* · *Meersalz*
- *frisch gemahlener Pfeffer*
- *300 g Erbsen (frisch oder tiefgekühlt)*
- *80 g Paprikawurst (Chorizo oder deutsche Paprikawurst)*
- *2 EL halbsteif geschlagene Sahne*
- *4–6 TL Olivenöl*

Für die garnierten Weißbrotchips

- *1 große Tomate* · *2 EL Olivenöl*
- *1 EL Schalottenwürfel*
- *1 TL weißer Aceto balsamico*
- *Salz* · *frisch gemahlener Pfeffer*
- *80 g Mozzarella*
- *12 Weißbrotchips (Fertigprodukt)*
- *4 TL blanchierte Erbsen*

1 | **Für den Erbsenschaum** die Zwiebel schälen und klein würfeln. Den Lauch putzen, waschen und in feine Ringe schneiden. Den Speck in Streifen schneiden. Waschen Sie die Erbsenschoten und schneiden Sie sie in Stücke.

2 | **Die Butter in einem Topf erhitzen** und die Zwiebel sowie den Lauch mit dem Zucker darin glasig anschwitzen. Den Speck hinzugeben, mit Geflügelfond und Sahne auffüllen und aufkochen lassen. Anschließend mit Salz und Pfeffer würzen. Erbsen und Erbsenschoten dazugeben und etwa 5 Minuten weich kochen (Step 1), anschließend mit dem Pürierstab oder im Mixer fein zerkleinern und durch ein Sieb passieren (Step 2). Schmecken Sie die Suppe ab und schäumen Sie sie mit dem Pürierstab auf (Step 3).

3 | **Für die garnierten Weißbrotchips** die Tomate blanchieren, häuten, von Stielansatz und Samen befreien und das Fruchtfleisch in Würfel schneiden. 1 EL Olivenöl in einer Pfanne erhitzen und die Schalotten darin anschwitzen. Aus der Pfanne nehmen und mit den Tomatenwürfeln vermengen. Mit 1 EL Olivenöl, dem Essig sowie mit Salz und Pfeffer abschmecken. Den Mozzarella in Würfel schneiden und unterheben. Schneiden Sie die Paprikawurst nach Belieben in Scheiben oder Streifen und braten Sie sie in einer beschichteten Pfanne an.

4 | **Zum Servieren** die Paprikawurst in vorgewärmte Teller oder Suppenschüsseln geben und die Erbsensuppe angießen. Geben Sie die leicht aufgeschlagene Sahne und das Olivenöl erst kurz vor dem Servieren auf die Suppe. Die Weißbrotchips mit der Tomatenmischung und den Erbsen belegen und separat zur Suppe reichen.

Erbsenschaum herstellen

1) Erbsen und Erbsenschoten in den vorbereiteten Würzfond geben und etwa 5 Minuten weich kochen.

2) Die Masse fein mixen und anschließend durch ein Sieb passieren.

3) Die Suppe abschmecken und mit dem Pürierstab gut aufschäumen.

Schleswig-Holstein

Hessen

bundesweit

Zubereitungszeit
ca. 1 Std. 30 Min.

Gemüsesuppe mit Pfifferlingklößchen

Mit Petersilienpesto gartenfrisch auf den Tisch

Für die Gemüsesuppe

- *1 l kräftiger Gemüsefond (Glas oder S. 109; oder Geflügelfond)*
- *1 Scheibe geräucherter Bauchspeck (30 g)*
- *500 g Gemüse der Saison (Erbsen, Möhren, Sellerie, Lauch, junger Wirsing, Petersilienwurzeln, Kohlrabi, Weißkohl)*

Für den Petersilienpesto

- *1 Knoblauchzehe*
- *50 g Allgäuer Bergkäse (oder ein anderer Hartkäse)*
- *50 g glatte Petersilie*
- *50 g Mandeln*
- *2–3 EL kalt gepresstes Olivenöl*
- *Salz*
- *frisch gemahlener Pfeffer*

Für die Pfifferlingklößchen

- *150 g Baguette vom Vortag*
- *1 Schalotte*
- *1 Scheibe geräucherter Bauchspeck (30 g)*
- *100 g Pfifferlinge*
- *2 TL Butter*
- *50–75 g Sahne*
- *1 Eigelb*
- *Salz*

1 | **Für die Gemüsesuppe** den Gemüsefond mit dem Bauchspeck aufkochen. Das Gemüse je nach Sorte waschen und putzen oder schälen und in gleichmäßige, 1 bis 2 cm große Würfel schneiden. Das Gemüse nacheinander nach Sorten getrennt im Gemüsefond bissfest garen. Den Bauchspeck aus dem Fond nehmen und in Würfel schneiden. Schmecken Sie die Suppe ab und verdünnen Sie sie bei Bedarf mit etwas Wasser.

2 | **Für den Petersilienpesto** den Knoblauch abziehen und den Bergkäse sehr fein reiben. Die Petersilie waschen, trocken schütteln und die Blätter von den Stielen zupfen. Sechs Blättchen beiseitelegen, den Rest mit den Mandeln und dem Knoblauch fein pürieren. Nach und nach das Olivenöl hinzufügen und zum Schluss den Käse unterrühren. Schmecken Sie mit Salz und Pfeffer ab.

3 | **Für die Pfifferlingklößchen** das Baguette in kleine Würfel schneiden. Die Schalotte und den Bauchspeck fein würfeln, die Pfifferlinge putzen und ebenfalls in kleine Würfel schneiden. Die Butter zerlassen und die Schalotte sowie den Speck darin anschwitzen. Die Pfifferlinge hinzugeben und so lange anbraten, bis sämtliche Flüssigkeit verdampft ist. In der Zwischenzeit die restlichen Petersilienblätter fein schneiden, dann unter die Pilze rühren und mit der Sahne ablöschen. Die Pilzmasse über die Baguettewürfel geben, das Eigelb hinzufügen und alles gut durchmischen. Lassen Sie die Klößchenmasse abgedeckt 20 Minuten ziehen.

4 | **Aus der Klößchenmasse** kleine Knödel formen und diese in kochendem Salzwasser 20 Minuten gar ziehen lassen. Zum Servieren erwärmen Sie die vorgegarten Gemüse und den Bauchspeck im Fond und richten die Suppe mit den Pfifferlingklößchen in tiefen Tellern oder Suppentassen an. Den Pesto separat dazureichen.

DIE KLASSIKER: SCHNÜSCH UND FRANZOSENSUPPE

Spezielle Gemüsesuppen mit frischen Zutaten quer durch den Garten kennt man auch in Schleswig-Holstein und Hessen: Für »Schnüsch«, eine norddeutsche Rezeptvariante, werden 400 g Kartoffelwürfel, je 300 g Möhren- und Bohnenwürfel sowie 200 g Erbsen blanchiert. 1 l Milch wird mit einer Mehlbutter aus 50 g Mehl und 50 g Butter gebunden, das Gemüse hineingegeben und die Suppe mit Salz, Pfeffer und Muskatnuss abgeschmeckt. Die Milch hebt das feine Aroma der Gemüse hervor. Die »Franzosesupp«, wie der Hesse sagt, ist die Adaption eines Kriegsrezepts französischer Herkunft: Dafür bereiten Sie eine Fleischbrühe mit 1 l Salzwasser, je 500 g Suppenknochen und -fleisch und 1 Zwiebel zu und servieren diese mit bissfest gegartem Gemüse nach Belieben sowie dem klein geschnittenen Suppenfleisch. Als Gemüsesorten eignen sich Möhren, Kartoffeln, Sellerie, Bohnen, Erbsen, Blumenkohl, Wirsing, Lauch und Kohlrabi. In manchen Gegenden Hessens serviert man die Suppe mit süßsauren Gurken.

Zubereitungszeit
ca. 1 Std. 30 Min.

Wurzelsuppe von Sellerie und Roter Bete

Weiß und Rot kombiniert, wird aus bodenständigem Gemüse eine feine Suppe.

Für die Selleriesuppe

- *1 Stück Knollensellerie (150 g)*
- *¾ l kräftiger Geflügelfond (Glas oder S. 534)*
- *2 EL Butter* · *1 EL Mehl*
- *100 g Sahne* · *Salz*
- *frisch geriebene Muskatnuss*

Für die Rote-Bete-Suppe

- *150 g rohe Rote Bete*
- *¾ l kräftiger Geflügelfond (Glas oder S. 534)*
- *1 EL Kartoffelstärke* · *1–2 EL Rotwein*
- *Salz* · *frisch gemahlener Pfeffer*
- *Zucker* · *Cayennepfeffer*
- *2 EL Aceto balsamico*

Für die Suppeneinlage

- *1 l Traubenkernöl zum Frittieren (oder Sonnenblumenöl)*
- *12 Scheiben Knollensellerie (Ø etwa 5 cm, 1 mm dick)*
- *12 Scheiben Rote Bete (Ø etwa 5 cm, 1 mm dick)*
- *Mehl zum Wenden*
- *Thymian zum Garnieren*

1 | **Für die Selleriesuppe** den Sellerie schälen und in kleine Würfel schneiden. Die Selleriewürfel im Geflügelfond weich kochen. 1 EL Butter in einem Topf zerlassen und das Mehl darin farblos anschwitzen. Dann rühren Sie die gegarten Selleriewürfel mitsamt dem Fond unter und lassen sie 20 Minuten sanft köcheln.

2 | **Die Suppe durch ein Sieb passieren** und gut durchdrücken. Es sollte etwa ½ l Suppe verbleiben, gegebenenfalls können Sie noch mit etwas Fond auffüllen. Die Suppe nochmals erhitzen und die Sahne einrühren. Mit Salz sowie Muskatnuss würzen und die restliche Butter mit dem Pürierstab untermixen. Die Suppe bis zur weiteren Verwendung abgedeckt beiseitestellen.

3 | **Für die Rote-Bete-Suppe** die Rote Bete schälen, mit dem Gemüsehobel in feine Stäbchen hobeln und mit dem Geflügelfond 20 Minuten kochen lassen. Es sollte etwa ½ l Flüssigkeit verbleiben, gegebenenfalls können Sie noch mit etwas Fond auffüllen.

4 | **Die Stärke mit Rotwein anrühren,** in die Rote-Bete-Suppe geben und mit dem Schneebesen gut durchrühren, damit sich keine Klümpchen bilden. Aufkochen lassen und mit Salz, Pfeffer, Zucker, Cayennepfeffer und etwas Aceto balsamico abschmecken. Passieren Sie die Suppe anschließend durch ein Sieb.

5 | **Für die Suppeneinlage** das Öl auf 170 °C erhitzen. Die Selleriescheiben trocken tupfen und im Öl goldbraun frittieren. Die Rote-Bete-Scheiben in Mehl wälzen und ebenfalls frittieren. Die Gemüsescheiben auf Küchenpapier abtropfen lassen und leicht salzen.

6 | **Zum Anrichten die Selleriesuppe** in vier vorgewärmte tiefe Teller verteilen. Die Rote-Bete-Suppe vorsichtig in die Mitte gießen und mit einem Holzspießchen spiralförmig nach außen verziehen. Legen Sie je drei Scheiben Sellerie und Rote Bete auf den Tellerrand und servieren Sie die Wurzelsuppe mit Thymian garniert.

S. 366 ff.
WARENKUNDE Altes Gemüse

WARENKUNDE

Rote Bete – die Rübe, die es in sich hat

Blutrot und knackig frisch, so erntet man die kugelförmige Rübe in ganz Deutschland: Rote Beten, auch bekannt als »Rahnen«, »Rannen« oder »Salatrüben«, sind ein typisches Herbstgemüse, das sich mit seinem süßlich-erdigen Aroma gut für Suppen und Salate eignet. Für Eilige bietet der Handel die Rüben auch schon vorgegart und vakuumverpackt an. Ihr Gehalt an Eisen, Ballaststoffen sowie an Vitamin A und C macht sie zu einem gesunden Genuss; aufgrund ihres hohen Oxalsäuregehalts sollte sie jedoch nicht täglich gegessen werden.

Zubereitungszeit
ca. 1 Std. 50 Min.

Steckrübensuppe

Mit Zander-Blutwurst-Krapfen veredelt, wird das einstige Arbeiteressen zur Gourmetspeise.

Für die Steckrübensuppe

- *500 g Steckrüben*
- *1 kleine Gemüsezwiebel*
- *2 Knoblauchzehen*
- *1 Scheibe durchwachsener Speck (30 g)*
- *2 EL Olivenöl* · *1 TL Butter*
- *¾ l Gemüsefond (Glas oder S. 109)*
- *250 g Sahne* · *1–2 EL Zitronensaft*
- *Salz* · *frisch gemahlener Pfeffer*
- *1 Prise Cayennepfeffer*

Für die Zander-Blutwurst-Krapfen

- *200 g Zanderfilet* · *100 g Blutwurst*
- *50 g Sahne* · *1 Eiweiß*
- *Salz* · *frisch gemahlener Pfeffer*
- *1–2 TL geriebener Meerrettich*
- *Semmelbrösel zum Panieren*
- *Fett zum Frittieren*

1 | **Für die Suppe** die Steckrüben putzen, schälen und in Würfel schneiden. Die Gemüsezwiebel und Knoblauchzehen schälen und zusammen mit dem Speck fein würfeln. Das Olivenöl und die Butter in einem Topf erhitzen und die Steckrüben-, die Zwiebel-, die Knoblauch- und die Speckwürfel darin anschwitzen. Mit dem Fond auffüllen und das Gemüse in etwa 40 Minuten weich kochen. Die Sahne und den Zitronensaft zum Gemüse geben, mit Salz, Pfeffer sowie Cayennepfeffer abschmecken und pürieren. Gießen Sie die Suppe durch ein feines Sieb und halten Sie sie abgedeckt warm.

2 | **Für die Zander-Blutwurst-Krapfen** die Hälfte des Zanderfilets in Stücke schneiden und 30 Minuten ins Tiefkühlfach stellen. In der Zwischenzeit schneiden Sie das restliche Zanderfilet sowie die Blutwurst in feine Würfel. Die Zanderstücke aus dem Tiefkühlfach mit der Sahne und dem Eiweiß pürieren (Step 1). Die Farce mit Salz, Pfeffer und Meerrettich abschmecken. Zum Schluss die Zander- sowie die Blutwurstwürfel unterheben (Step 2).

3 | **Das Fett zum Frittieren** in einem Topf auf 170 °C erhitzen. Mit einem Esslöffel etwa pflaumengroße Krapfen aus der Zanderfarce ausstechen, diese mit Semmelbröseln panieren und im heißen Fett schwimmend 1 bis 2 Minuten goldgelb frittieren (Step 3). Geben Sie die Steckrübensuppe in vorgewärmte tiefe Teller oder Suppentassen und legen Sie die Zander-Blutwurst-Krapfen hinein.

S. 138 ff.
REGIONENPORTRÄT
Mecklenburg-Vorpommern

S. 366
WARENKUNDE Altes Gemüse

Zander-Blutwurst-Krapfen herstellen

1) Die Farce herstellen: Die gut gekühlten Zanderfiletstücke mit Sahne und Eiweiß glatt pürieren.
2) Die Fischfarce mit Salz, Pfeffer und Meerrettich abschmecken. Dann die Zander- und Blutwurstwürfel unterheben.
3) Mit einem Esslöffel kleine Krapfen abstechen, diese mit Semmelbröseln panieren und in heißem Fett schwimmend frittieren.

Zwischen Rostock und Rügen

Das alte Junkerland Mecklenburg-Vorpommern präsentiert sich voller Geschichte: Auf den Spuren einer fast in Vergessenheit geratenen traditionellen Küche.

Auch wenn es schon immer bekennende Liebhaber dieser Region im Nordosten von Deutschland gab – der prominenteste von ihnen ist wohl Theodor Fontane –, so lautet das verbreitete Vorurteil über die mecklenburgische Küche doch, dass sie nicht der Rede wert sei. Nichts als »Kartoffeln, Weißkraut, Rüben und Pferdebohnen«, so urteilte beispielsweise der Schriftsteller und Philosoph Karl Julius Weber im 18. Jahrhundert.

Stellt man jedoch diese vorgefassten Meinungen über die Küche Mecklenburg-Vorpommerns hintan, so bietet sich die Gelegenheit, eine der interessantesten, weil unbekanntesten Landesküchen Deutschlands kennenzulernen. Denn auch wenn die Geschichte von Mecklenburg und Pommern politisch lange voneinander getrennt verlief – schließlich entstand dieses Bundesland erst nach 1990 aus Mecklenburg, Vorpommern und Neubrandenburg –, so führten ähnliche geografische, klimatische und kulturelle Bedingungen doch zu einer vergleichbaren Küchentradition. Der direkte Zugang zur fischreichen Ostsee, die Nähe zu Polen und die lange Vergangenheit als Junker- und Bauernland bildeten die Grundlage für die kulinarische Entwicklung der Region Mecklenburg-Vorpommern. Fisch und Fleisch sind hier wie dort die ebenso beliebten, wie verbreiteten Hauptzutaten der gehaltvollen Traditionsgerichte.

Von Tüffeln, Wruken und Plinsen

Aber auch in Mecklenburg-Vorpommern wurde nicht jeder als Gutsherr geboren. So verwundert es nicht, dass Gänsebraten, Aal und Barsch nicht auf jedermanns heimischer Tafel landeten. Das einfache Volk, die Bauern und Tagelöhner, musste sich oftmals mit Kartoffeln und Kohlrüben zufriedengeben. Und das galt gerade auch für die Zeiten, in denen der »real existierende Sozialismus« über das tägliche Warenangebot bestimmte. Einflüsse, die sich noch heute in den vielen fleischlosen Kartoffel- und Rübengerichten deutlich erkennen lassen.

Auch wenn den Mecklenburgern nichts über ihre Kartoffeln geht, die sie liebevoll »Tüffeln« nennen und ohne die einfach keine Mahlzeit komplett ist, so gibt es auch andere Gemüse, die erst in jüngster Zeit wieder zu Ehren gekommen sind. Vor allem die Wruke, die Steckrübe, hat lange unter ihrem schlechten Ruf gelitten. Die Mecklenburger haben sie gemieden seit dem Hungerwinter von 1917/18, der als »Steckrübenwinter« in die Geschichte eingegangen ist. Morgens Kohlrüben, mittags Kohlrüben und abends Kohlrüben war einfach auch zu viel des Guten. Da die meisten von uns allerdings keine direkte Erinnerung daran haben dürften, können wir es ruhig wagen, wenigstens einmal Steckrübensuppe zu kosten. Dabei darf ein Versprechen gegeben werden: Wir werden überrascht sein von diesem Geschmackserlebnis, das zwischen Spargel und Schwarzwurzel changiert.

Die Plinse dürfte aber wohl weit höher im Kurs stehen. Dabei handelt es sich um eine Art Eierkuchen, der mit Milch oder Buttermilch und häufig unter Zugabe von Hefe zubereitet wird. Plinsen können je nach Vorliebe süß oder pikant sein. Gerne werden sie mit Apfelmus gereicht. In Verbindung mit geräuchertem Lachs können sie auch mal ein feines Mahl eröffnen. Wenn es sein muss, ist der Mecklenburger also auch fleischlos glücklich.

Berühmtes Mecklenburg-Vorpommern: Die auffälligen Kreidefelsen von Rügen sind sehenswerte Wahrzeichen der Ostseehalbinsel.

Kulinarischer Reichtum der Küste

Wer das Glück hat, direkt an der Küste zu leben, die sich über die gesamte Länge des Bundeslandes erstreckt, kommt das ganze Jahr über in den Genuss der vielfältigen Fischspezialitäten, die sich aus dem reichen Bestand der Ostseegewässer zubereiten lassen. Der Hering nimmt dabei eine Sonderstellung ein. Er hat in der Vergangenheit ein gutes Scherflein zum sprichwörtlichen Reichtum der norddeutschen Hansestädte beigetragen.

Auch heute noch zählt der Hering zu den beliebtesten einheimischen Fischen, und Feinschmecker wie einfache Leute schätzen ihn in zahlreichen Zubereitungsarten. In ihrer Einfachheit köstlich schmecken gebratene Grüne Heringe, aber auch geräuchert und gepökelt macht der unscheinbare Seefisch eine gute Figur. Vor allem eingesalzen gehört er noch heute zum Grundvorrat vieler Haushalte. Berühmt geworden sind die Heringe mit Sahnestipp, das sind Salzheringe in einer Marinade aus Sahne und Essiggurken. Ebenso beliebt, aber vielleicht nicht ganz so bekannt, sind die Heringsklopse, die in einer Sauce aus Butter, Mehl, Kapern und Eigelb serviert werden.

Wer diesem »Armeleuteessen« nichts abgewinnen kann – obwohl bereits Bismarck sehr treffend bemerkte, dass es nur seiner Häufigkeit geschuldet ist, dass der Hering nicht zu den begehrtesten Delikatessen überhaupt gehört –, wendet sich einfach den edleren Ostseefischen zu. Zur Verfügung stehen Dorsch, Barsch, Dornhecht und Schnäpel. Insbesondere der Letztere ist in deutschen Gewässern sehr selten geworden und galt einige Jahre gar als ausgestorben. Sein Verzehr will daher wohl bedacht sein, und er sollte auch aus Respekt vor der Natur nur an hohen Fest- und Feiertagen serviert werden.

Im Land der Kraniche: Wildvögel und Zuchtgeflügel spielten schon immer eine große Rolle in Mecklenburg-Vorpommern.

Inselspezialitäten mit skandinavischem Einfluss

Auf der Insel Rügen kennt und liebt man den Boddenbarsch. Er ist schmackhafter und zarter als seine im Süßwasser lebenden Artgenossen. Sein Lebensraum sind die Bodden, das sind unregelmäßig geformte Buchten mit einem nur engen Zugang zum Meer, der für einen niedrigen Salzgehalt des Wassers sorgt. Daneben haben die Inselbewohner, wie übrigens fast alle in Vorpommern, eine Vorliebe für Süßsaures – man denke nur an die Rosinen im Grünkohl, den Honig am Rippenbraten und die Äpfel im Gänseschmalz. Hier macht sich der skandinavische Einfluss bemerkbar. Schließlich gehörte die Insel fast 200 Jahre lang zu Schweden, bevor die napoleonischen Kriege Rügen zurück zu Preußen brachten. Trotz der rund 270 Kilometer langen Küste erschöpft sich der kulinarische Reichtum der Insel jedoch nicht in den unzähligen Fischspezialitäten, obwohl Dorsch in Senfsauce, Rügener Aalsuppe oder Hornfisch mit Stampfkartoffeln und Rhabarberkompott unbedingt gekostet werden sollten. Ebenso gut versteht man sich darauf, Fleisch, insbesondere Wildgeflügel, und frisches Gemüse zuzubereiten.

Begibt man sich zurück ins Landesinnere, muss man auf Fisch noch lange nicht verzichten. Schließlich gibt es die Mecklenburgische Seenplatte, die geradezu sprichwörtlich für ihren Fischreichtum ist. Hier ist auch der Aal zu Hause, der gekocht, gebraten oder geräuchert als Synonym für die mecklenburgische Fischküche gilt. In den Zeiten der DDR war er auch als »Dreifarbenfisch« bekannt: Er wurde grün gefangen, braun geräuchert und »schwarz« verkauft.

Gänse mit Plummen

Und auch hier schätzt man die Verbindung von süß und pikant. »Swartsuer« ist ein typisches Gericht, bei dem gekochtes Gänseklein mit Birnen gemischt und in einer Sauce aus Gänseblut serviert wird. Werktags gibt es auch mal einfache Stampfkartoffeln, übergossen mit Buttermilch, vielleicht begleitet von einem

An der Müritz finden sich nicht nur verträumte Badeparadiese, sondern auch die besten Angelreviere für mecklenburgischen Fisch.

Schälchen Pflaumenkompott. Denn alle Mecklenburger lieben ihre »Plummen« – egal ob zum Hauptgang oder als Dessert. Dörrpflaumen beispielsweise sind zu vielen Fleischgerichten gern gesehene Begleiter. Auch die Kombination mit Birnen ist beliebt. Alles in allem macht sich hier eine beinahe philosophische Haltung bemerkbar, denn das Herzhafte braucht ein wenig Süße, um richtig zur Geltung zu kommen.

Das weiß auch die kluge Gans. In Mecklenburg-Vorpommern kommt sie daher gefüllt mit Dörrpflaumen, Äpfeln und Brot auf den Tisch. Und ist vermutlich wegen dieser gekonnten Mischung so berühmt geworden. Lange Zeit war dieses edelste Geflügel ausschließlich dem Adel und dem reichen Bürgertum vorbehalten, das vor allem in den Hansestädten Rostock, Schwerin, Wismar, Stralsund und Anklam beheimatet war. Die ärmere Bevölkerung musste sich mit weniger zufriedengeben. Gott sei Dank ist die Weihnachtsgans mittlerweile für jeden zu bezahlen!

»Die Gans ist schon ein verrückter Vogel – für einen zu viel und für zwei zu wenig«, sagt der Mecklenburger und lässt schon daran erkennen, wie innig die Liebe zu diesem Federvieh ist. Denn im Normalfall vermag eine fette Gans mindestens fünf Bäuche aufs Trefflichste zu füllen. Und nicht nur an einem Tag, denn die sparsame Hausfrau lässt nichts verderben. Es gibt zahlreiche traditionelle Rezepte, die aus »Schlachtabfällen« wie Magen, Flomen oder Innereien köstliche Kreationen zaubern. Am bekanntesten ist wohl das Gänseschmalz, das sich zum echten Exportschlager entwickelt hat. Aber auch ein herzhaftes Gänseklein oder ein geriebener Gänsemagen lohnt auf jeden Fall das Ausprobieren.

Aber man hat die mecklenburgische Küche nicht gänzlich erforscht, wenn man nicht die vielen Leckereien aus der Räucherkammer gekostet hat. Und dazu bietet sich – angefangen beim Hering, über den Aal bis hin zur Gänse- oder Entenbrust – vieles an. Diese Art des Haltbarmachens ist typisch für die bäuerliche Vergangenheit der Region. Schließlich durften Fisch und Fleisch, die nicht sofort verzehrt werden konnten, nicht einfach verderben. Das galt und gilt, auch wenn es im Volksmund heißt, »ein Mecklenburger Magen kann alles vertragen«.

Margarethe Brunner

Niedersachsen

Schleswig-Holstein

Mecklenburg-Vorpommern

Zubereitungszeit
ca. 1 Std. 45 Min.

Birnen, Bohnen und Speck

Der bodenständige Eintopf kommt hier mit gefüllten Birnen und Schweinefilets auf den Tisch.

Zutaten

- *4 Kochbirnen (oder reife, feste Birnen)*
- *1 l kräftiger Kalbsfond (Glas oder S. 534)*
- *800 g geschälte, vorwiegend festkochende Kartoffeln*
- *16 hauchdünne Scheiben durchwachsener Speck*
- *1 EL Butter*
- *Salz*
- *frisch geriebene Muskatnuss*
- *2 Schalotten*
- *750 g grüne Bohnen*
- *1 Bund Bohnenkraut*
- *1–2 EL Apfelessig*
- *600 g Schweinefilet*
- *frisch gemahlener Pfeffer*

Fleischvariationen

Das Gericht kann auch mit gepökelten Schweinebacken, Lammkeule oder schwäbischem Schäufele serviert werden.

S. 138 ff.
REGIONENPORTRÄT
Mecklenburg-Vorpommern

S. 200 ff.
REGIONENPORTRÄT
Hamburg/Bremen/Schleswig-Holstein

S. 424 ff.
REGIONENPORTRÄT Niedersachsen

1 | **Die Birnen waschen** und in 100 ml Kalbsfond bissfest dünsten, dann herausnehmen und abtropfen lassen. Während die Birnen garen, 200 g geschälte Kartoffeln weich kochen. Schneiden Sie von den gegarten Birnen das obere Ende mit dem Stiel ab und legen Sie es beiseite. Die Birnen aushöhlen, dabei das Kerngehäuse und so viel Fruchtfleisch entfernen, dass die Birnen eine noch etwa 1 cm dicke Wand haben. Anschließend die ausgehöhlten Birnen mit je einer Scheibe Speck umwickeln. Dann die gegarten Kartoffeln in eine Schüssel geben, mit Butter zerstampfen, mit Salz und Muskatnuss würzen und die Kartoffelmasse in die Birnen füllen. Die Deckel auf die Birnen setzen und diese warm halten. Den Backofen auf 180 °C vorheizen.

2 | **Die Schalotten schälen** und mit 4 Speckscheiben in feine Würfel schneiden. Die Bohnen putzen, waschen und je nach Größe halbieren. Die Speck- und Schalottenwürfel anbraten. Die Birnenreste dazugeben und ebenfalls kurz anbraten. Gießen Sie den übrigen Kalbsfond an, geben Sie die restlichen, in Würfel geschnittenen Kartoffeln dazu und lassen Sie das Ganze 5 Minuten kochen. Die Bohnen mit in den Eintopf geben und 8 bis 10 Minuten mitkochen. Das Bohnenkraut waschen, trocken schütteln und fein hacken. Geben Sie zum Schluss das Bohnenkraut in den Eintopf und schmecken Sie ihn mit dem Essig ab.

3 | **Das Schweinefilet** mit den restlichen 8 Speckscheiben eng umwickeln, von allen Seiten kurz anbraten und dann für 5 bis 6 Minuten in den vorgeheizten Ofen schieben. Den Eintopf in tiefen, vorgewärmten Tellern anrichten. Das Schweinefilet aufschneiden, mit Pfeffer übermahlen und als Tranchen auf den Eintopf geben. Zum Servieren setzen Sie je eine Speckbirne auf den Eintopf.

WARENKUNDE

Kochbirnen – die etwas anderen Früchte

Die seltene Birnenart, die außer in Schleswig-Holstein nur noch in Mecklenburg-Vorpommern und gelegentlich in Niedersachsen kultiviert wird, zeichnet sich durch ihre »Ungenießbarkeit« als »Frucht aus der Hand« aus. Die kleinen, grünen, eher rundlichen Früchte sind roh steinhart und weisen nicht die Süße und Saftigkeit der populären Edelsorten auf. Gekocht entfalten die Birnen jedoch ein großartiges und typisches Aroma, das den Geschmack gekochter Edelsorten bei Weitem übertrifft.

Zubereitungszeit
ca. 1 Std.

Pichelsteiner Eintopf

Gemüse und Fleisch machen das einfache niederbayerische Gericht so gehaltvoll und gut.

Zutaten

- *½ Zwiebel*
- *1 Knoblauchzehe*
- *1 Möhre*
- *100 g Knollensellerie*
- *1 Petersilienwurzel*
- *200 g festkochende Kartoffeln*
- *½ Stange Lauch*
- *8 Wirsingblätter*
- *120 g Rinderschulter*
- *120 g Schweineschulter*
- *120 g Hammelschulter (oder Lammschulter)*
- *4 EL Rapsöl (oder Schweineschmalz)*
- *1 l Kalbsfond (Glas oder S. 534)*
- *Salz*
- *frisch gemahlener Pfeffer*
- *Schnittlauchröllchen und gehackte Petersilie zum Servieren*

1 | **Die Zwiebel schälen,** den Knoblauch abziehen und beides fein hacken. Möhre, Knollensellerie, Petersilienwurzel sowie Kartoffeln schälen und in 1 bis 2 cm große Würfel schneiden. Lauch putzen, waschen und in 1 cm dicke Scheiben schneiden. Waschen Sie die Wirsingblätter, lassen Sie sie abtropfen und schneiden Sie sie dann in 5 mm breite Streifen.

2 | **Die Rinder-, Schweine- und Hammelschulter** parieren, mit Küchenpapier trocken tupfen und in 3 bis 4 cm lange Streifen schneiden. Anschließend das Öl oder Schweineschmalz in einem Topf erhitzen und das Fleisch darin kräftig anbraten. Die Zwiebel sowie den Knoblauch dazugeben und kurz mitrösten. Möhre, Sellerie, Petersilienwurzel, Kartoffeln sowie Lauch hinzugeben. Mit dem Kalbsfond ablöschen und zugedeckt 40 Minuten weich dünsten. Rühren Sie in den letzten 10 Minuten den Wirsing unter und kochen Sie ihn mit.

3 | **Den Pichelsteiner Eintopf** mit Salz und Pfeffer abschmecken und in vorgewärmten tiefen Tellern anrichten. Garnieren Sie ihn nach Belieben mit Schnittlauchröllchen und gehackter Petersilie. Dazu passt besonders gut ein kräftiges Bauernbrot, mit Butter bestrichen und mit Schnittlauchröllchen bestreut.

S. 34 ff.
REGIONENPORTRÄT Bayern

S. 534
REZEPT Kalbsfond

REGIONENPORTRÄT

Büchelstein und der Eintopf

Als »Pichelsteiner« erreichte das bayerische Mischgericht aus dreierlei Fleisch, Gemüse und Kartoffeln Weltruhm. Seine Geburtsstätte liegt im Bayerischen Wald, wo es im Jahr 1847 von der Frattersdorfer Wirtin Auguste Winkler erdacht wurde. Sie kreierte den Eintopf als einfach zu transportierende Verpflegung für die Arbeiter auf dem nahen Hausberg »Büchelstein« (862 m). Noch heute wird dem Ursprung des »Büchelsteiner Fleischgerichts« alljährlich gedacht: Beim traditionellen »Pichelsteinerfest« in Regen im Bayerischen Wald steht der traditionsreiche Eintopf 6 Tage lang im Rampenlicht.

Zubereitungszeit
ca. 2 Std. 30 Min.

Einweichzeit für die Linsen
ca. 10 bis 12 Std.

Feiner Linseneintopf

Ein kräftiges Suppengericht mit Kartoffel-Speck-Maultaschen und Kalbsrouladen

Für die Linsen

· 250 g grüne Linsen · 10 Pfefferkörner · 2 Zweige Thymian · 2 Lorbeerblätter · 2 Knoblauchzehen · ¾ l Geflügelfond (Glas oder S. 534) · Salz · frisch gemahlener Pfeffer · 3 Schalotten · ½ Möhre · 1 Stück Knollensellerie (50 g) · 1 Stück Lauch (30 g) · 50 g Butter · 2 EL Aceto balsamico · 1 Msp. frisch geriebene Muskatnuss · 60 g gebräunte Butter · 70 ml Kalbsjus (Glas oder S. 534)

Für die Kalbsrouladen

· 4 Scheiben Kalbsrücken (je 80 g) · Salz · frisch gemahlener Pfeffer · 4 dünne Scheiben Kochschinken (60 g) · 4 Scheiben Parmaschinken (50 g; oder luftgetrockneter Schinken) · 4 getrocknete, in Öl eingelegte Tomaten · 4 Salbeiblätter, fein geschnitten · Butter zum Anbraten und Nachbraten

Für die Kartoffel-Speck-Maultaschen

· 250 g Speck · 400 g Zwiebeln · 2 Knoblauchzehen · 100 g Butter · 1 Lorbeerblatt · 1 TL gerebelter Majoran · 1 Msp. gemahlener Kümmel · 1 EL fein gehackte Petersilie · 250 g gekochte Kartoffeln (vom Vortag) · 3 Eigelbe · 100 g Hartweizengrieß · 60 g Weizenmehl · Mehl zum Ausrollen des Teigs · verquirltes Eigelb zum Bestreichen · je 1 Zweig Rosmarin und Thymian · Butter zum Anbraten der Maultaschen · Petersilie und Rosmarin zum Garnieren · 1 TL Kräutercroûtons

Außerdem

· Küchengarn · Ausstechform (Ø 9 cm)

1 | **Die Linsen 10 bis 12 Stunden** in lauwarmem Wasser einweichen. In ein Spitzsieb abgießen und mit kaltem Wasser abspülen. Die Pfefferkörner, den Thymian, die Lorbeerblätter und die abgezogenen Knoblauchzehen in ein Gewürzsäckchen (oder einen Teefilter) füllen. Erhitzen Sie den Geflügelfond, schmecken Sie ihn mit Salz und Pfeffer ab und lassen Sie das Gewürzsäckchen darin bis zur Weiterverarbeitung des Fonds ziehen. Inzwischen Schalotten, Möhre sowie Sellerie schälen und in kleine Würfel schneiden. Den Lauch putzen, waschen, in Würfel schneiden und blanchieren.

2 | **Die Butter aufschäumen** und die Schalotten darin anschwitzen. Möhre, Sellerie und Lauch zugeben, mitangehen lassen, dann die Linsen hinzufügen. Mit Essig ablöschen, mit Salz und Muskatnuss würzen, mit dem heißen Fond auffüllen und die Linsen in etwa 40 Minuten gar kochen. Die Hälfte der Linsen abnehmen, fein pürieren, durch ein Sieb passieren und zu den Linsen in den Topf geben. Rühren Sie die gebräunte Butter und den Kalbsjus unter.

3 | **Für die Kalbsrouladen** die Kalbsrückenscheiben zwischen zwei Lagen Frischhaltefolie legen und durch leichtes Klopfen die Oberflächen vergrößern. Würzen Sie mit Salz und Pfeffer. Schinkenscheiben, Tomaten und Salbei nacheinander auf die Fleischscheiben legen. Fest zu Rouladen aufrollen und mit Küchengarn umwickeln. In einer beschichteten Pfanne etwas Butter aufschäumen und die Rouladen darin bei mittlerer Hitze rundherum kurz anbraten. Den Backofen auf 90 °C (Umluft) vorheizen und die Rouladen darin 8 Minuten garen. Warm stellen und vor dem Servieren nochmals in leicht schäumender Butter erwärmen.

4 | **Für die Maultaschen** den Speck in kleine Würfel schneiden. Die Zwiebeln schälen und in Würfel schneiden. Eine Knoblauchzehe abziehen und fein hacken. Die Hälfte der Butter aufschäumen, die Zwiebelwürfel darin glacieren, Speck und Knoblauch dazugeben. Lorbeerblatt, Majoran und Kümmel beigeben und 20 Minuten bei geringer Hitze schmoren. Die Schmelze in ein Sieb geben, abtropfen und abkühlen lassen. Mischen Sie die Petersilie unter.

5 | **Die restliche Butter zerlassen,** bräunen und auf 2 EL reduzieren. Kartoffeln durch eine Presse drücken und mit reduzierter Butter, Eigelben, Grieß und Mehl zu einem Teig verkneten. Den Teig auf einer leicht bemehlten Arbeitsfläche dünn ausrollen und runde Taler (etwa 9 cm Ø) ausstechen. Die Füllung (aus Arbeitsschritt 4) in der Mitte der Taler platzieren. Die Ränder dünn mit Eigelb einpinseln und die Taler zu Halbmonden zusammenfalten. Drücken Sie die Ränder mit dem Gabelrücken fest.

6 | **In einem Topf gesalzenes Wasser** mit Rosmarin,Thymian und der zweiten Knoblauchzehe zum Kochen bringen. Die Maultaschen darin 3 Minuten blanchieren, kalt abschrecken und zum Trocknen auf ein Tuch legen. Zum Servieren Butter aufschäumen lassen und die Maultaschen darin anbraten. Richten Sie die Maultaschen und Kalbsrouladen auf den Linsen an und garnieren Sie das Gericht mit Petersilie oder Rosmarin und Croûtons.

Zubereitungszeit
ca. 2 Std. 30 Min.

Gaisburger Marsch

Mit handgeschabten Spätzle serviert, passt das einstige Soldatengericht gut in die Gourmetküche.

Für den Eintopf

- *1 Zwiebel*
- *500 g Rinderbugblatt*
- *500 g Suppenknochen*
- *150 g Wurzelgemüse, geputzt und geschält (Möhren, Knollensellerie, Lauch)*
- *1 TL Salz*
- *1 Stück frischer Meerrettich (30 g)*
- *200 g vorwiegend festkochende Kartoffeln*
- *1 Möhre*
- *50 g Frühlingszwiebelgrün*
- *frische Kräuter zum Garnieren (z.B. Schnittlauch, Petersilie)*

Für den Spätzleteig

- *50 ml Milch*
- *3 Eier*
- *220 g Mehl*
- *1 gestr. TL Salz*
- *1 Prise frisch geriebene Muskatnuss*
- *Butter zum Schwenken der Spätzle*

Fett macht Aroma

Kenner verwenden auch gerne das Fleisch von Rinderbacken oder vom Leiterstück (Rinderbrust), denn es ist gut durchwachsen und hat ein ausgeprägtes Aroma.

1 | **Die Zwiebel halbieren** und die Schnittfläche kräftig bräunen. Das Rinderbugblatt und die Suppenknochen in einen Topf geben und gut mit kaltem Wasser bedecken. Wurzelgemüse, Zwiebel und Salz dazugeben. Alles langsam erwärmen und bei schwacher Hitze 2 Stunden köcheln lassen, nach 30 Minuten erstmals den Schaum abschöpfen und dies von Zeit zu Zeit wiederholen. Während das Fleisch kocht, bereiten Sie die Spätzle zu (Arbeitsschritt 2). Nach Ende der Garzeit das Fleisch aus dem Topf nehmen, etwas abkühlen lassen und in 1 cm große Würfel schneiden. Den Fond durch ein mit einem Tuch ausgelegtes Sieb passieren und abschmecken. Nach Belieben frischen Meerrettich in den Fond reiben.

2 | **Für die Spätzle** Milch, Eier, Mehl, Salz und Muskat zu einem glatten Teig verarbeiten und diesen schlagen, bis er Blasen wirft. In einem Topf Salzwasser aufkochen. Den Teig dünn auf einem Spätzlebrett aufstreichen und mit einer Palette Spätzle in das Wasser schaben. Wenn die Spätzle an der Wasseroberfläche schwimmen, nehmen Sie sie mit dem Schaumlöffel heraus, schrecken Sie sie in Eiswasser ab und lassen Sie sie gut abtropfen.

3 | **Die Kartoffeln schälen** und in Spalten schneiden. Die Möhre schälen und in Stifte oder Stücke schneiden. Kartoffeln und Möhren separat in Salzwasser bissfest kochen und abtropfen lassen. Das Frühlingszwiebelgrün waschen und klein schneiden. Pro Person etwa 200 bis 350 ml Fond abmessen und erhitzen. Fleisch, Möhre, Kartoffeln und Frühlingszwiebelgrün hineingeben und kurz aufwallen lassen. Inzwischen die Spätzle mit wenig Butter in einer Pfanne schwenken und mit Salz würzen. Den Gaisburger Marsch abschmecken und in vorgewärmte tiefe Teller geben. Richten Sie die Spätzle darauf an und garnieren Sie mit Kräutern.

REGIONENPORTRÄT

Gaisburg – Geschichte à la carte

Der Stuttgarter Stadtteil Gaisburg ist Namensgeber für den Eintopf mit Geschichte: So soll es früher in Gaisburg ein Restaurant gegeben haben, das weithin sehr bekannt war für seinen deftigen Eintopf, für den vor allem die in der Umgebung stationierten Offiziersanwärter gerne einen Marsch zum Wirtshaus in Kauf nahmen. Eine andere Geschichte besagt, dass die Gaisburger Männer einst als Kriegsgefangene darben mussten. Damit sie nicht verhungerten, marschierten ihre Frauen täglich mit einem nahrhaften Eintopf zu ihren Männern.

Zubereitungszeit
ca. 2 Std. 10 Min.

Einweichzeit für die Graupen
ca. 10 Std.

Graupensuppe

Polierte und geschliffene Gerstenkörner machen die delikate Suppe so bekömmlich.

Zutaten

- *80 g Graupen*
- *600 g Rinderschulter*
- *200 g luftgetrockneter durchwachsener Speck*
- *3 Schalotten*
- *1 Lorbeerblatt*
- *2 Gewürznelken*
- *1 TL Salz*
- *200 g Gemüse (Möhre, Knollensellerie und Lauch)*
- *1–2 EL Butter*
- *Salz*
- *frisch gemahlener Pfeffer*
- *3–4 EL Gemüsefond (Glas oder S. 109)*
- *frisch geriebene Muskatnuss*
- *4 Eigelbe (oder 80 g Sahne oder Käse, etwa Emmentaler, Gruyère)*
- *2–3 TL Kräuteressig*
- *gehackte Kräuter (Kerbel, Petersilie, Schnittlauch und Ysop)*

Mit Geflügel

Die Suppe kann auch mit Geflügelfleisch und Curry zubereitet werden. Rindfleisch und Speck entfallen dann.

1 | **Die Graupen 10 Stunden,** am besten über Nacht, in ½ l Wasser einweichen. Die Rinderschulter parieren, waschen und mit Küchenpapier trocken tupfen. Kochen Sie das Rindfleisch und den Speck in 2 l heißem Wasser auf. Die Schalotten schälen und mit dem Lorbeerblatt und den Gewürznelken zum Fleisch geben, salzen und 1 Stunde 30 Minuten köcheln lassen, dabei ab und zu den Schaum abschöpfen. Wenn der Speck und das Rindfleisch gar sind, nehmen Sie sie heraus. Eventuell braucht das Rindfleisch 30 Minuten länger und Sie müssen noch etwas Wasser nachgießen.

2 | **Die Graupen samt Einweichwasser** in einen Topf geben. Das Lorbeerblatt, die Gewürznelken und die Schalotten aus dem Rindfleisch-Speck-Fond entfernen. Verrühren Sie den Fond mit den Graupen und lassen Sie alles zugedeckt etwa 30 Minuten kochen, bis die Graupen weich sind.

3 | **Das Gemüse in der Zwischenzeit putzen** und in feine Würfel schneiden. Die Butter zerlassen und die Gemüsewürfel darin anschwitzen. Das Gemüse salzen, pfeffern und immer wieder löffelweise mit Gemüse- oder Fleischfond ablöschen, damit es keine Farbe nimmt. Rindfleisch und Speck in kleine Würfel schneiden und zur Graupensuppe geben. Kochen Sie die Suppe auf und schmecken Sie sie nach Geschmack mit frisch geriebener Muskatnuss ab.

4 | **Die Graupensuppe vom Herd ziehen.** Die Eigelbe schaumig rühren, mit dem Kräuteressig vermengen und unter die Suppe geben. Die Suppe darf dabei nicht mehr kochen. Geben Sie die angeschwitzten Gemüsewürfel kurz vor dem Servieren in die Graupensuppe und bestreuen Sie sie mit den gehackten Kräutern.

KÜCHENGEHEIMNIS: SO WIRD FOND APPETITLICH KLAR

So werden Sie trüber oder grauer Suppenbrühe Herr: Klären Sie den Fond durch Zugabe von Eiweiß und grob gehacktem Fleisch oder Fisch. Beim erneuten Erhitzen des Fonds bleiben die Trübstoffe am Eiweiß und Fleisch hängen und steigen als Schaum an die Oberfläche, der sich mit einem Schaumlöffel gut abnehmen lässt. Anschließend sollten Sie den Fond durch ein feines Sieb laufen lassen, ohne dabei nachzudrücken. Reicht das nicht aus, um den Fond vollständig zu klären, so können Sie den Fond zusätzlich noch durch ein feines Filtervlies laufen lassen (z. B. Kaffeefilter); das entfernt feinste Schwebeteilchen, nimmt aber etwas Zeit in Anspruch.

Zubereitungszeit
ca. 1 Std.

Grünkernsuppe

Großmutters bestes Suppenrezept für die moderne Gourmetküche neu entdeckt

Zutaten

- *je 100 g Knollensellerie, Möhre, Zwiebeln und Lauch*
- *100 g Graubrot (oder Weißbrot)*
- *1 EL Butter*
- *1 EL Sonnenblumenöl*
- *100 g Grünkernschrot*
- *1 l Geflügel- oder Fleischfond (Glas oder S. 534)*
- *Salz*
- *frisch gemahlener Pfeffer*
- *frisch geriebene Muskatnuss*
- *Worcestersauce*
- *Sojasauce*
- *40 g gehackte Kräuter (Dill, Estragon, Pimpinelle, Petersilie, Schnittlauch)*
- *50 g Sahne*

1 | **Knollensellerie, Möhre und Zwiebeln schälen,** den Lauch putzen und waschen. Schneiden Sie das Gemüse in gleichmäßige, etwa 4 mm große Würfel. Das Graubrot entrinden, in 1 cm große Würfel schneiden und in Butter goldbraun rösten.

2 | **Das Öl in einem Topf erhitzen** und die Gemüsewürfel darin anschwitzen. Den Grünkernschrot hinzufügen und unter ständigem Rühren kurz mitrösten. Löschen Sie die Gemüse-Grünkern-Mischung mit dem Fond ab und bringen Sie sie unter ständigem Rühren zum Kochen. Zugedeckt etwa 40 Minuten bei schwacher Hitze köcheln lassen, damit der Grünkern ausquillt.

3 | **Die Suppe mit Salz,** Pfeffer, Muskatnuss, Worcester- und Sojasauce würzig abschmecken und die gehackten Kräuter hinzufügen. Die Sahne steif schlagen und unterziehen. Reichen Sie die Brotwürfel separat zur Grünkernsuppe.

WARENKUNDE

Grünkern – Getreide mit würziger Note

Bei Grünkern handelt es sich um das noch nicht ganz ausgereifte Korn des Dinkels. Er wird unreif geerntet, vorsichtig gedörrt, geröstet, geschält und anschließend wie Weizen weiterverarbeitet zu Schrot, Grieß oder Mehl. Als vollwertiges Getreideprodukt wird Dinkel vorwiegend zum Binden und Backen sowie für Klöße, Suppen und Saucen eingesetzt. Sein würziger und leicht rauchiger Geschmack entfaltet sich erst beim Kochen voll.

Zubereitungszeit
ca. 40 Min.

Kaltes Gurkensüppchen mit Büsumer Krabben

Ein erfrischender Menü-Auftakt

Zutaten

- *1 unbehandelte Zitrone*
- *2 Salatgurken*
- *1 Gewürzgurke*
- *1 große Gemüsezwiebel*
- *4 EL Olivenöl*
- *½ l Geflügelfond (Glas oder S. 534)*
- *100 ml Weißwein (Riesling)*
- *Meersalz (Fleur de sel)*
- *1 Prise Zucker*
- *1 Msp. Chilipulver*
- *2 EL weißer Aceto balsamico*
- *3 EL Dillspitzen*
- *frisch gemahlener Pfeffer*
- *125 g Sahne*
- *120 g Büsumer Krabben*

1 | **Die Zitrone heiß waschen,** trocken reiben und mit einem Zestenreißer etwa 1 TL feine Streifen von der Schale ziehen. Sie können aber auch die Schale mit einem scharfen Messer hauchdünn von der Frucht und dann in feinste Streifen schneiden.

2 | **Die Salatgurken schälen** und zusammen mit der Gewürzgurke klein schneiden. Die Gemüsezwiebel schälen und in feine Würfel schneiden. Das Olivenöl in einen Topf geben, erhitzen und dann die Zwiebelwürfel darin bei mittlerer Hitze glasig anschwitzen.

3 | **Die Gurkenstückchen zu den Zwiebeln geben** und mit dem Geflügelfond sowie dem Weißwein auffüllen. Mit Salz, Zucker und Chilipulver würzen. Lassen Sie die Suppe 30 Minuten köcheln, pürieren Sie sie dann mit dem Pürierstab oder im Mixer sehr fein und lassen Sie sie zugedeckt erkalten.

4 | **Die Zitronenzesten,** den Essig und zwei Drittel der Dillspitzen in die erkaltete Suppe geben und diese nochmals mit Pfeffer, Meersalz und Zucker abschmecken. Richten Sie die Suppe in tiefen Tellern oder Suppenschälchen an, gießen Sie die Sahne kreisförmig hinein und geben Sie die Krabben in die Mitte. Mit dem restlichen Dill garniert servieren.

Zubereitungszeit
ca. 2 Std. 10 Min.

Hamburger Aalsuppe

Eine traditionelle Fischsuppe aus der Hansestadt: mit und ohne Klößchen als Einlage delikat

Zutaten (für 5–6 Portionen)

- *3 Möhren* · *½ Lauchstange*
- *1 Stück Knollensellerie (100 g)*
- *1 Zwiebel*
- *500 g frischer Aal (gehäutet, ohne Kopf)*
- *1 kg Schinkenknochen (oder geräucherter Rippchenknochen)*
- *5 Pfefferkörner*
- *1 Pimentkorn*
- *1 Lorbeerblatt*
- *250 g junge Erbsen (oder TK)*
- *150 g Dörrobst*
- *1 EL weiche Butter*
- *2 EL Mehl*
- *1 TL gehackter Thymian*
- *2 EL gehackte Petersilie*
- *2 Frühlingszwiebeln*
- *1–2 EL Cidreessig (oder weißer Aceto balsamico)*
- *1 Msp. Zucker* · *Salz*
- *1–2 Scheiben Sauerteigbrot*

1 | **Die Möhren schälen** und in Würfel schneiden. Den Lauch putzen, waschen und in Streifen schneiden. Den Knollensellerie schälen und in kleine Würfel schneiden. Die Zwiebel schälen, halbieren und grob zerkleinern. Den Aal in mundgerechte Stücke schneiden.

2 | **Den Schinkenknochen** in 3 l kaltem Wasser aufsetzen und etwa 1 Stunde 30 Minuten bei schwacher Hitze kochen lassen. 20 Minuten vor Ende der Garzeit zerdrücken Sie die Pfefferkörner und das Pimentkorn im Mörser grob und geben beides zusammen mit der zerkleinerten Zwiebel und dem Lorbeerblatt in den Fond.

3 | **Den Knochen aus dem Fond nehmen** und das Fleisch mit einem Messer abschaben. Den Fond durch ein Sieb in einen Topf passieren, die Möhren-, Lauch- und Selleriewürfel sowie die Erbsen und das Dörrobst hineingeben. Fügen Sie die Aalstücke dazu und lassen Sie die Suppe nochmals etwa 15 Minuten weiterköcheln.

4 | **Die weiche Butter mit dem Mehl** und einem Teil des gehackten Thymians sowie der Petersilie zu einem glatten Teig verkneten. Stechen Sie mithilfe eines Teelöffels kleine Klößchen ab, lassen Sie sie in die Suppe gleiten und 5 Minuten darin köcheln. Inzwischen die Frühlingszwiebeln putzen, waschen und fein schneiden.

5 | **Zum Fertigstellen** das vom Schinkenknochen abgekratzte Fleisch, den Rest der frischen Kräuter sowie die Frühlingszwiebeln in die Suppe geben und diese mit Essig, Zucker und Salz abschmecken. Das Sauerteigbrot rösten und der Länge nach in 3 cm breite Streifen schneiden. Richten Sie die Suppe in tiefen Tellern an und servieren Sie das geröstete Brot separat dazu.

S. 182 ff.
IM FOKUS – WARENKUNDE Fisch

S. 200 ff.
REGIONENPORTRÄT
Hamburg/Bremen/Schleswig-Holstein

VARIANTE: MIT SCHWEMMKLÖSSCHEN ALS SUPPENEINLAGE

In Hamburg und Umgebung wird die Aalsuppe klassischerweise mit Schwemmklößchen als Einlage gereicht. Kochen Sie dazu 220 ml Milch mit 2 TL Butter, 1 Prise Salz und 1 Prise frisch geriebener Muskatnuss in einer Kasserolle auf. 75 g Mehl bei geringer Hitze auf einmal dazugeben und verrühren. Anschließend das Ganze abrösten, bis sich ein leichter Belag auf dem Topfboden bildet. In eine Schüssel umfüllen und lauwarm abkühlen lassen. Zum Schluss 2 Eier unter die Masse ziehen. Stechen Sie mit zwei Löffeln kleine Nocken ab und lassen Sie diese in siedendem Salzwasser in etwa 10 Minuten gar ziehen.

Zubereitungszeit
ca. 2 Std.

Leichte Krebsrahmsuppe

Mit Wurzelgemüse und Kräutern angerichtet

Zutaten (für 6 Portionen)

- *18 große Flusskrebse (je 80–100 g; oder 200 g Krebsfleisch)*
- *Meersalz*
- *1–2 EL Olivenöl*
- *120 g Butter*
- *1 abgezogene Knoblauchzehe*
- *1 Bund Thymian*
- *1 Lorbeerblatt*
- *10 geröstete Korianderkörner*
- *1 Stange Staudensellerie*
- *¼ Stange Lauch*
- *5 Schalotten*
- *200 g Tomaten*
- *50 g Champignons*
- *100 ml Weißwein*
- *50 ml trockener Wermut (Noilly Prat)*
- *50 ml weißer Portwein*
- *½ l Fischfond (Glas oder S. 531)*
- *300 g Crème double*
- *1 Prise Cayennepfeffer*
- *200 g Gemüsestreifen (Möhre, Fenchel und Lauch)*
- *1 TL Butter zum Dünsten*
- *Estragon und Kerbel zum Garnieren*

1 | **Die Krebse in kochendem Salzwasser** 2 Minuten blanchieren, in Eiswasser abschrecken, abtropfen lassen und ausbrechen. Die Krebsschwänze vom Darm befreien und in Kochfond aufbewahren (Steps 1, 2 und 3). Schlagen Sie anschließend die Krebsscheren mit einem Plattiereisen an und rösten Sie sie mit den gereinigten Nasen (Kopfteile) sowie den restlichen Karkassen in Olivenöl an. Mit 300 ml Wasser auffüllen, 100 g Butter, Knoblauch, Thymian, Lorbeerblatt und Koriander dazugeben und 10 Minuten bei schwacher Hitze köcheln lassen.

2 | **Staudensellerie und Lauch putzen** und waschen, Schalotten schälen, Tomaten waschen und Champignons putzen. Alle Gemüse grob zerkleinern, in den Topf geben und weitere 5 Minuten ziehen lassen. Mit Weißwein, Noilly Prat und Portwein ablöschen, vollständig einkochen lassen, erst dann mit dem Fischfond auffüllen und auf etwa 300 ml reduzieren. Die Crème double dazugeben und die Suppe noch 20 Minuten köcheln lassen. Dann durch ein Sieb passieren und mit Salz sowie Cayennepfeffer abschmecken.

3 | **Die Butter zum Dünsten zerlassen,** die Gemüsestreifen darin anschwitzen. Die Krebsschwänze im Kochfond vorsichtig erwärmen, bei maximal 45 °C herausnehmen und auf den Gemüsestreifen anrichten. Die Suppe mit der restlichen Butter aufschäumen, in tiefen Tellern anrichten und mit den Kräutern bestreut servieren.

S. 338 ff.
REGIONENPORTRÄT
Berlin/Brandenburg

Flusskrebse ausbrechen

1) Den Krebs am Kopfteil festhalten und den Schwanz mit einer drehenden Bewegung abziehen. Den Schwanzfächer mit den Fingern vom Schwanzteil abdrehen und den anhängenden Darm herausziehen. Die Krebsschwänze im Kochfond aufbewahren.

2) Den Panzer des Schwanzteils mit den Fingern aufbiegen, bis die dünnere Unterseite zerreißt und das Schwanzfleisch herausfällt oder leicht herausgezogen werden kann.

3) Den Brustpanzer festhalten und das Unterteil mit Kiemen und Innereien abheben. Schild (Nase) und Scheren hängen noch zusammen. Die Scheren mit den Fingern vorsichtig vom Kopfteil abdrehen.

Zubereitungszeit
ca. 1 Std. 30 Min.

Schaumsuppe von Sylter Austern

Mit den echten »Sylter Royals« ein wahrhaft königliches Suppenvergnügen

Zutaten

· 24 frische Austern (Sylter Royals; Frischetest S. 210) · 4 Schalotten · 100 g weiße Champignons · 60 g Butter · 1 gestr. EL Mehl · ½ l Fischfond von Seezungen- oder Steinbuttgräten (Glas oder S. 531) · 200 g Sahne · 200 g Crème fraîche · 100 ml Champagner (oder Sekt) · 2 EL trockener Wermut (Noilly Prat) · 1 Msp. Chilipulver · Salz · Pernod zum Abschmecken · je 1 EL Möhren-, Sellerie- und Lauchwürfel · Dill zum Garnieren

Ohne Austernmesser

Zum Öffnen von Austern eignet sich auch ein kurzes, kräftiges Küchenmesser, ein Parmesanmesser oder notfalls auch ein Stemmeisen.

S. 200 ff.
REGIONENPORTRÄT Hamburg/Bremen/Schleswig-Holstein

S. 210
REGIONENPORTRÄT Sylt

1 | **Die Austern vorsichtig öffnen,** dazu die Austern mit einem Küchentuch fest umfassen. Die Muschel möglichst waagrecht halten, die Spitze des Austernmessers ansetzen und behutsam ein Stück in die Muschel schieben (Step 1). Das Austernmesser langsam kraftvoll drehen, bis die Muschelschale aufgeht (Step 2). Den Austernsaft aus der Muschelschale in ein Schälchen geben und anschließend durch ein feines Sieb passieren. Spülen Sie die geöffneten Austern in kaltem, gesalzenem Wasser, um sie von Sand- und Kalkresten zu befreien. Das Fleisch aus den Schalen lösen, in den passierten Austernsaft legen und kühl stellen.

2 | **Die Schalotten schälen** und fein würfeln, die Champignons putzen und in Scheiben schneiden. Die Butter in einem Topf zerlassen und Schalotten, Champignons sowie 12 der ausgelösten Austern farblos darin anschwitzen. Mit Mehl bestauben und mit Fischfond, Sahne, Crème fraîche, der Hälfte des Champagners oder des Sekts, Wermut und dem Austernsaft auffüllen. Rühren Sie alles gut durch und lassen Sie die Suppe etwa 6 bis 8 Minuten bei schwacher Hitze kochen.

3 | **Die Suppe im Mixer fein pürieren** und anschließend durch ein Haarsieb passieren. Schmecken Sie die Suppe mit Chilipulver, Salz, Pernod und dem restlichen Champagner oder Sekt ab. Dann die Möhren-, Sellerie- und Lauchwürfel kurz in kochendem Salzwasser blanchieren und anschließend in Eiswasser abschrecken.

4 | **Die restlichen Austern** in die Suppe geben, 1 bis 2 Minuten darin ziehen lassen, dann herausnehmen und in vorgewärmte, tiefe Teller legen. Die Suppe mit einem Pürierstab aufschäumen und auf die Austern gießen. Streuen Sie die Gemüsewürfelchen darauf und garnieren Sie die Austernsuppe mit frischem Dill.

Austern öffnen

1) Die Auster mit einem Küchentuch in eine Hand nehmen und möglichst fest umfassen, damit Sie sich beim Öffnen der Muschel nicht mit dem Messer verletzen. Die Muschel waagrecht halten. Die Spitze des Austernmessers ansetzen und behutsam ein Stück in die Muschel schieben.

2) Das Austernmesser kraftvoll drehen, sodass die Muschelschale aufgeht, möglichst ohne dass dabei Randstücke abspringen. Das Wasser aus der Muschel auffangen.

Fisch und Meeresfrüchte

Aus Fluss, See und Meer

Zubereitungszeit
ca. 1 Std. 45 Min.

Einweichzeit für die Senfsaat
ca. 8 bis 10 Std.

Gebackenes Karpfenfilet

Eine fränkische Spezialität mit glaciertem Rettich, Hopfensprossen und Senfsaatremoulade

Für die Senfsaatremoulade

- *2–3 EL helle Senfsaat*
- *4 TL Apfelsaft* · *80 ml helles Bier*
- *4 hart gekochte Eier*
- *1 EL mittelscharfer Senf*
- *2 EL Gewürzgurkenwasser*
- *120 ml Maiskeimöl*
- *2 kleine Äpfel* · *1 Gewürzgurke*
- *2 EL Quark (20 % Fett)*
- *2 EL Sauerrahm*
- *frisch gemahlener Pfeffer*
- *Salz* · *1–2 TL Zitronensaft*
- *1 EL fein gehackter Dill*

Für die Kartoffeln

- *16 Bamberger Hörnchen (oder La-Ratte-Kartoffeln)*
- *1 TL Kümmel* · *1 EL Butter*
- *2 EL kleine Weißbrotwürfel*

Für die Hopfensprossen

- *16 Hopfensprossen (oder grüner oder weißer Spargel)*
- *¼ l Geflügelfond (Glas oder S. 534)*
- *1 EL Butter*

Für den glacierten Rettich

- *250 g roter Rettich*
- *150 ml Geflügelfond (Glas oder S. 534)*
- *60 g Butter* · *Salz* · *Zucker*
- *Speisestärke zum Binden*

Für das gebackene Karpfenfilet

- *500 g Karpfenfilet (ohne Haut)*
- *Salz* · *frisch gemahlener Pfeffer*
- *2–3 EL Zitronensaft* · *4 EL Mehl*
- *2 Eier* · *10 EL Semmelbrösel*
- *Butterschmalz zum Ausbacken*

S. 34 ff.
REGIONENPORTRÄT Bayern

1 | **Die Senfsaat über Nacht** in warmem Wasser einweichen. Gießen Sie die Senfsaat durch ein Sieb ab und spülen Sie sie mit kaltem Wasser gründlich ab. Anschließend in einen Topf geben und mit kaltem Wasser bedecken, das Wasser zum Kochen bringen und 1 bis 2 Minuten kochen lassen. Die Senfsaat abgießen und gründlich mit kaltem Wasser abspülen. Wiederholen Sie den Vorgang insgesamt dreimal, dann geben Sie die Senfsaat wieder in den Topf und füllen mit Apfelsaft und Bier auf. Bei kleiner Hitze so lange kochen, bis keine Flüssigkeit mehr im Topf ist. Die gekochte Senfsaat in einer Schüssel auskühlen lassen.

2 | **Für die Senfsaatremoulade** die gekochten Eier pellen und Eigelbe und Eiweiße trennen. Streichen Sie die Eigelbe durch ein feines Sieb und rühren Sie den Senf und das Gurkenwasser unter. Dann das Maiskeimöl zuerst tropfen- und dann löffelweise unter kräftigem Rühren in die Eier-Senf-Mischung rühren, sodass eine Remouladen-Grundsauce entsteht.

3 | **Die Äpfel schälen,** halbieren, das Kerngehäuse entfernen und das Fruchtfleisch in feine Würfel schneiden. Dünsten Sie die Apfelwürfel kurz in einer Pfanne farblos an. Die Gewürzgurke ebenfalls schälen und in feine Würfel schneiden. Die Apfel- und Gurkenwürfel zur Senfsaat geben. Die Eiweiße hacken und alles zusammen unter die Remouladen-Grundsauce heben. Mit Quark und Sauerrahm verfeinern, mit Pfeffer, Salz, Zitronensaft und Dill würzen.

4 | **Die Bamberger Hörnchen waschen** und in Salzwasser mit dem Kümmel weich kochen. In der Zwischenzeit die Hopfensprossen putzen, in kochendem Geflügelfond offen bissfest garen und dann mit Butter glacieren. Die gegarten Bamberger Hörnchen mit der Schale in einer Pfanne in schäumender Butter nachbraten und dabei die Weißbrotwürfel zugeben.

5 | **Den Rettich waschen** und in etwa 5 mm dicke Scheiben hobeln. Kochen Sie den Geflügelfond mit der Butter auf und schmecken Sie mit Salz und Zucker ab. Dann die Rettichscheiben darin 1 bis 2 Minuten glacieren. Den Fond durch ein Sieb in einen Topf abgießen und mit wenig, in kaltem Wasser angerührter Speisestärke binden. Abschmecken und als Sauce über den Rettich geben.

6 | **Für den gebackenen Karpfen** das Karpfenfilet waschen, trocken tupfen, in acht Stücke schneiden und mit Salz, Pfeffer und Zitronensaft würzen. Panieren Sie die Filetstücke: zuerst in Mehl wenden, dann durch die angeschlagenen Eier ziehen und zuletzt in den Semmelbröseln wälzen. Die Panade sehr gut andrücken. Reichlich Butterschmalz in einer beschichteten Pfanne erhitzen und die Karpfenstücke darin goldbraun backen. Auf dem glacierten Rettich und den Hopfensprossen anrichten und mit der Remoulade garnieren. Die Kartoffeln separat dazureichen.

Zubereitungszeit
ca. 1 Std. 30 Min.

Hecht auf Potsdamer Art

Serviert mit feiner Zitronen-Butter-Sauce und Pellkartoffeln mit Petersilienöl

Für die Zitronen-Butter-Sauce

- *1 l Fischfond (Glas oder S. 531)*
- *¼ l Lime Juice (oder gezuckerter, mit Wasser verdünnter Limettensaft)*
- *8 Blätter Liebstöckel*
- *3 Kaffirlimettenblätter*
- *1 unbehandelte Zitrone*
- *1 EL Pfefferkörner*
- *1 TL Pimentkörner*
- *1 TL Speisestärke*
- *200 g Butter*
- *50 g Kapern*
- *Rapsöl zum Frittieren*
- *abgeriebene Schale von 1 unbehandelten Zitrone*

Für den Hecht

- *4 Hechtfilets (je 180 g)*
- *1 unbehandelte Zitrone*
- *½ EL Meersalz (Fleur de sel)*
- *Schalenzesten von 1 unbehandelten Orange*
- *4 Lorbeerblätter*
- *1 TL Pfefferkörner*
- *2 Zweige Zitronenthymian*
- *¼–½ l Rapsöl*

Für die Pellkartoffeln mit Petersilienöl

- *12 Bamberger Hörnchen (oder La-Ratte-Kartoffeln)*
- *200 g glatte Petersilie*
- *100 ml Distelöl*
- *1 EL Kreuzkümmel*
- *2 EL Salz*
- *1 TL Ascorbinsäure (Apotheke)*

1 | **Für die Zitronen-Butter-Sauce** den Fischfond in einem Topf mit dem Lime Juice, den Liebstöckel- und Kaffirlimettenblättern, der mit der Schale klein geschnittenen Zitrone sowie den Pfeffer- und Pimentkörnern mischen, zum Kochen bringen und die Flüssigkeit auf etwa zwei Drittel reduzieren. Danach durch ein Sieb passieren, zum Kochen bringen und abschmecken. Binden Sie den Fond mit in wenig kaltem Wasser angerührter Speisestärke, zuletzt die Butter einmontieren.

2 | **Die Hechtfilets waschen,** trocken tupfen und mit der Grätenzange oder einer Pinzette entgräten. Heizen Sie den Backofen auf 100 °C vor. Die Zitrone heiß waschen, trocken reiben, halbieren und auspressen, die restliche Frucht klein schneiden. Würzen Sie die Hechtfilets mit Zitronensaft und Meersalz. Die Zitronenstücke mit den Zesten der Orangenschale, den Lorbeerblättern, den Pfefferkörnern und dem Zitronenthymian in eine ofenfeste Pfanne geben, den Fisch dazulegen und mit so viel Öl aufgießen, bis er komplett bedeckt ist. Im vorgeheizten Ofen auf der mittleren Schiene 20 bis 25 Minuten garen. In der Zwischenzeit die Bamberger Hörnchen waschen und in Salzwasser kochen, bis sie weich sind.

3 | **Die Kapern trocken tupfen.** Das Öl in einem kleinen Topf auf 160 °C erhitzen, die Kapern darin 20 Sekunden frittieren, mit dem Schaumlöffel herausnehmen und auf Küchenpapier abtropfen lassen. Für das Petersilienöl die Petersilie waschen und trocken schleudern. Das Öl mit der Petersilie, dem Kreuzkümmel, dem Salz und der Ascorbinsäure fein pürieren, dabei nach Bedarf etwas Wasser zugeben, bis eine dickflüssige Konsistenz gegeben ist. Gießen Sie die gegarten Bamberger Hörnchen ab und lassen Sie sie kurz abdampfen, dann geben Sie sie mit der Schale in eine Pfanne und schwenken sie im Petersilienöl durch. Zum Anrichten die Zitronen-Butter-Sauce nochmals erhitzen und die abgeriebene Zitronenschale hineingeben. Gießen Sie mit der Sauce auf vorgewärmte Teller einen Spiegel, dann legen Sie den Fisch darauf und richten die Kapern und die Pellkartoffeln mit dem Petersilienöl an.

WARENKUNDE

Liebstöckel – kräftige Würze aus dem Garten

Liebstöckel, auch bekannt unter dem Namen »Maggikraut«, ist ein beliebtes Würzkraut. Die Blätter, deren Aussehen an vergrößerte Blattpetersilie erinnert, besitzen ein sehr kräftiges Aroma, das vor allem in Suppen, Saucen und Fleischgerichten gut zur Geltung kommt. Liebstöckel sollte jedoch vorsichtig dosiert werden, da sein intensiver Geschmack schnell dominant wirkt. Ursprünglich stammt die ausdauernde Pflanze aus Persien. Mönche brachten die sattgrüne Staude mit dem starken Wuchs schließlich nach Mittel- und Westeuropa.

Zubereitungszeit
ca. 1 Std.

Eglifilets in der Steinpilzkruste

Mit Pistazienpesto raffiniert verfeinert

Für die Steinpilzkruste

- *10 g getrocknete Steinpilze*
- *2 TL Semmelbrösel*
- *160 g braune Champignons (oder Steinpilze)*
- *5 TL Butter*
- *Salz*
- *frisch gemahlener Pfeffer*
- *2 TL fein gewürfelte Möhre*
- *1 TL fein gewürfelter Knollensellerie*
- *1 TL fein gewürfelter Lauch*
- *1 Knoblauchzehe*
- *1 Scheibe Toastbrot*
- *1 TL fein gehackte Petersilie*
- *1 Msp. gehackter Thymian*
- *½ Eiweiß*

Für den Pistazienpesto

- *1 EL gehackte Pistazien*
- *1 Msp. abgeriebene Schale von 1 unbehandelten Limette*
- *1 gestr. TL Zucker*
- *4–5 TL Milch*
- *1 Prise Salz*
- *8 geputzte, blanchierte Spinatblätter*

Für die Eglifilets

- *4 Eglifilets (oder Rotzungenfilets)*
- *Salz*
- *frisch gemahlener Pfeffer*
- *4 TL Zitronensaft*
- *Mehl zum Bestauben*

S. 402 ff.
REGIONENPORTRÄT
Baden-Württemberg

1 | **Für die Steinpilzkruste** die getrockneten Steinpilze im Mixer oder im Mörser zermahlen. Sieben Sie die groben Restteile der Pilze aus und vermischen Sie das feine Pilzmehl mit den Semmelbröseln. Die Champignons mit einem Küchentuch trocken abreiben. Erhitzen Sie in einer Pfanne 4 TL Butter, bis sie leicht gebräunt ist, dann geben Sie die geputzten Pilze dazu, salzen, pfeffern und braten sie goldbraun. Die Möhren-, Sellerie- und Lauchwürfel dazugeben. Die Knoblauchzehe abziehen, fein hacken und hinzufügen. Zuletzt die Steinpilz-Semmelbrösel-Mischung unterrühren und kurz mitangehen lassen, bis sich der Pilzduft entfaltet. Dann alles in eine Schüssel umfüllen und auskühlen lassen.

2 | **Das Toastbrot entrinden** und in kleine Würfel schneiden. Die restliche Butter in einer Pfanne erhitzen, die Toastbrotwürfel und die Petersilie hineingeben und anrösten. Mischen Sie die Croûtons und den gehackten Thymian unter die Masse für die Steinpilzkruste (Step 1). Schlagen Sie das Eiweiß leicht auf und heben Sie es unter. Die Konsistenz der Masse sollte locker und luftig sein.

3 | **Für den Pistazienpesto** die Pistazien in einer Pfanne anrösten. Geben Sie die Limettenschale zu und bestreuen Sie die Pistazien mit 1 Prise Zucker, der leicht karamellisieren darf. Die Milch aufkochen, mit dem restlichen Zucker und mit Salz abschmecken, die Pistazien und den Spinat hineingeben und alles zusammen mit dem Mixer fein pürieren.

4 | **Mithilfe einer Pinzette** die Gräten aus den Eglifilets ziehen, die Filets kalt waschen und trocken tupfen. Würzen Sie die Fischfilets mit Salz, Pfeffer und Zitronensaft. Auf der Oberseite mit Mehl bestauben und die Masse für die Steinpilzkruste sorgfältig darauf verteilen (Step 2). Die Filets mit der Steinpilzkruste nach unten in eine Pfanne geben und bei mittlerer Hitze anbraten. Nach 3 bis 4 Minuten wenden und auf der zweiten Seite kurz weiterbraten, bis die Filets gar sind (Step 3).

Steinpilzkruste herstellen

1) Die gerösteten Weißbrotwürfel und den Thymian unter die Masse für die Steinpilzkruste heben.
2) Die Eglifilets auf der Oberseite mit Mehl bestauben und die Masse für die Steinpilzkruste darauf gleichmäßig verteilen.
3) Die Fischfilets mit der Steinpilzmasse nach unten in eine heiße Pfanne geben und anbraten, dann wenden und fertig braten.

Brandenburg

Baden-Württemberg

Zubereitungszeit
ca. 1 Std. 20 Min.

Gebratener Zander auf Kohlrabi

Mit Kapern und Ei-Schnittlauch-Vinaigrette ein kulinarisches Vergnügen

Für den Zander auf Kohlrabi

- *1 küchenfertiger Zander (ca. 1,3 kg)*
- *750 g Kohlrabi*
- *Salz*
- *1–2 EL Zitronensaft*
- *2 EL Kapern*
- *Olivenöl zum Frittieren*
- *3 EL Sonnenblumenöl*
- *70 g Butter*
- *frisch gemahlener weißer Pfeffer*
- *1 Prise frisch geriebene Muskatnuss*

Für die Ei-Schnittlauch-Vinaigrette

- *2 hart gekochte Eier*
- *3–4 EL Gemüsefond (Glas oder S. 109)*
- *2 EL weißer Aceto balsamico*
- *6 EL Sonnenblumenöl*
- *2–3 EL Walnussöl*
- *Salz*
- *frisch gemahlener Pfeffer*
- *2 EL Schnittlauchröllchen*

Karkassen verwerten

Zanderfilets mit Haut gibt es nur selten zu kaufen. Filetieren Sie daher den Fisch selbst und nutzen Sie die Karkassen zum Kochen eines würzigen Fischfonds (S. 531) auf Vorrat.

1 | **Den Zander filetieren** (Steps 1 und 2), die Haut dabei auf den Filets belassen. Ziehen Sie mit einer Pinzette eventuell vorhandene Gräten heraus und stellen Sie die Filets bis zur weiteren Verwendung abgedeckt kühl. Die Kohlrabi schälen und in 1 cm große Würfel schneiden, diese in kochendem Salzwasser bissfest blanchieren, herausnehmen, kalt abschrecken und gut abtropfen lassen. Den Backofen auf 160 °C vorheizen.

2 | **Für die Ei-Schnittlauch-Vinaigrette** die Eier pellen, Eigelbe und Eiweiße separieren und beides getrennt fein hacken. Stellen Sie aus dem Gemüsefond, dem Essig und beiden Ölsorten eine Vinaigrette her, die Sie kräftig mit Salz und Pfeffer abschmecken. Eigelbe, Eiweiße und Schnittlauch zugeben und abgedeckt im Kühlschrank ziehen lassen. Die Vinaigrette sollte jedoch rechtzeitig vor dem Servieren aus dem Kühlschrank genommen werden, da sie bei Raumtemperatur ihr Aroma am besten entfaltet!

3 | **Die Zanderfilets auf der Hautseite einritzen,** mit Salz und Zitronensaft würzen und ziehen lassen. In der Zwischenzeit etwas Olivenöl erhitzen und die Kapern zugedeckt 30 Sekunden frittieren, herausnehmen und auf Küchenpapier abtropfen lassen. Den Zander trocken tupfen, in einer ofenfesten Pfanne in Sonnenblumenöl auf der Hautseite anbraten, im Backofen 4 Minuten weitergaren, die Filets umdrehen und weitere 3 Minuten im Ofen garen. Der Fisch sollte innen noch leicht glasig sein. Zum Schluss die Hälfte der Butter zugeben und den Zander kurz darin schwenken.

4 | **Zum Anrichten** die restliche Butter in einem Topf schmelzen lassen, die Kohlrabiwürfel darin erwärmen und mit Salz, Pfeffer und Muskatnuss abschmecken. Die Kohlrabiwürfel in die Mitte der Teller geben, den Zander darauf anrichten, mit frittierten Kapern und 1 bis 2 EL Ei-Schnittlauch-Vinaigrette garnieren.

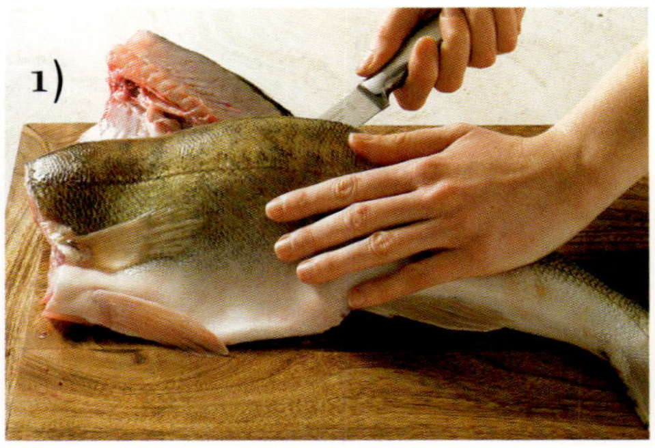
1)

2)

Zander filetieren

1) Zunächst den Fischkopf abschneiden. Den Fisch mit dem Rücken zu sich legen und den Rücken direkt neben der Rückenflosse längs einschneiden. Dann das Messer am Kopfende quer unter das obere Filet schieben und das Filet direkt über der Mittelgräte in Richtung Schwanz abtrennen.

2) Das Messer am Kopfende unter der Mittelgräte ansetzen und das zweite Filet abschneiden. Die Mittelgräte abheben, die Filets parieren, Bauchhöhlengräten entfernen und verbliebene Gräten mit der Pinzette herauszupfen.

Zubereitungszeit
ca. 1 Std. 45 Min.

Renke mit Zitronenthymian

Eine Fischspezialität aus bayerischen Seen

Zutaten

- *4 küchenfertige Renken (je 250–300 g)*
- *3 Schalotten*
- *1 Stange Staudensellerie*
- *½ Fenchelknolle*
- *100 g Knollensellerie*
- *1 Petersilienwurzel*
- *300 ml trockener Weißwein*
- *4 EL Butter*
- *Salz · frisch gemahlener Pfeffer*
- *1 Bund Zitronenthymian*
- *2 TL Zitronensaft*

S. 34 ff.
REGIONENPORTRÄT Bayern

S. 182 ff.
IM FOKUS – WARENKUNDE Fisch

1 | **Die Renken filetieren** (S. 171). Mit einer Pinzette oder Grätenzange die feinen Gräten aus den Filets entfernen. Waschen Sie die Filets unter kaltem Wasser und tupfen Sie sie trocken. Die Schalotten schälen und in feine Würfel schneiden.

2 | **Aus den Gräten** einen Fischfond kochen: Die Gräten 20 Minuten kalt wässern. In der Zwischenzeit putzen Sie den Staudensellerie, Fenchel, Knollensellerie und die Petersilienwurzel. Das Gemüse in feine Würfel schneiden. Die Gräten, das Gemüse, zwei Drittel der Schalotten, den Wein und 300 ml Wasser in einem Topf mischen, 20 Minuten durchkochen lassen und dabei mehrfach abschäumen. Dann durch ein mit einem Tuch ausgelegtes Sieb passieren und auf etwa die Hälfte reduzieren.

3 | **Zum Braten** 2 EL Butter in einer beschichteten Pfanne erhitzen und die Renkenfilets auf der Hautseite knusprig anbraten. Beim Braten darauf achten, dass die Renkenfilets langsam durchziehen, dabei nicht wenden. Wenn Sie die Filets aus der Pfanne nehmen, sollte das Fleisch innen noch leicht glasig sein, sonst wird es trocken. Die gebratenen Filets auf der Fleischseite würzen, herausnehmen und warm stellen. In der Bratenbutter die restlichen Schalotten andünsten, mit 200 ml Fischfond ablöschen und 3 Minuten einkochen lassen. Den Thymian dazugeben. Mit Zitronensaft, Salz und Pfeffer würzen. Die Sauce mit der restlichen Butter binden und zu den Renkenfilets reichen. Dazu passen Bratkartoffeln.

Zubereitungszeit
ca. 45 Min.

Forelle blau mit Limette

Ein Klassiker, der gerne mit einfachen Salz-, Ofen- oder Bouillonkartoffeln serviert wird.

Zutaten

- *4 küchenfertige Forellen*
- *1 Möhre*
- *je 100 g Knollensellerie und Lauch*
- *1 TL Senf (mittelscharf)*
- *50 g Meersalz (Fleur de sel)*
- *2 Limetten*
- *100 ml Weißweinessig*
- *200 g Butter*

S. 182 ff.
IM FOKUS – WARENKUNDE Fisch

1 | **Die Forellen vorsichtig waschen,** die Schleimschicht auf der Haut darf dabei nicht zerstört werden. Die Möhre, den Sellerie und Lauch putzen und in grobe Stücke schneiden. Die Forellen innen dünn mit dem Senf einreiben und salzen. Halbieren Sie die Limetten und pressen Sie eine Hälfte aus. In einem großen Topf 4 l Wasser mit dem Gemüse und den Limetten aufkochen. Den Essig zugeben und den Sud auf ca. 90 °C erwärmen. Die Forellen in den Sud gleiten lassen und etwa 10 Minuten darin ziehen lassen.

2 | **Die Butter in einem Topf bräunen.** Die Forellen jeweils auf vorgewärmten Tellern anrichten und mit dem Limettensaft beträufeln, das Gemüse mit dem Schaumlöffel aus dem Sud mit auf die Teller geben. Die gebräunte Butter separat servieren.

KÜCHENGEHEIMNIS: FISCHE BLAUKOCHEN

Zum Blaukochen eignen sich grundsätzlich nur ganze Fische. In der Regel werden Süßwasserfische zum Blaukochen bevorzugt, z. B. Forellen, Renken, Karpfen oder Schleien. Sie werden in reichlich gewürzter Flüssigkeit knapp unter dem Siedepunkt sanft gegart. Ein Zusatz von Zitrone oder Limette harmoniert mit dem feinen Fischaroma und erhält beim Garen die weiße Farbe des Fischfleisches. Auch Essig im Fond zum Blaukochen ist unverzichtbar: Er verstärkt die Farbe der bläulichen Fischhaut, sodass diese beim Garen stärker hervortritt. Allerdings funktioniert dieser Kochtrick nur, wenn die schützende Schleimschicht der Fischhaut unbeschädigt ist.

Zubereitungszeit
ca. 4 Std.

Waller aus dem Wurzelsud

Aromatisch angerichtet mit frischem Meerrettich, Schnittlauchröllchen und Wurzelgemüse

Für den Waller aus dem Wurzelsud

· 4 Wallerkoteletts (je 220–250 g, mit Haut und Knochen; oder Zander) · ¼ Stange Lauch · 1 weiße Zwiebel · ½ Möhre · 1 Stange Staudensellerie · 5 Stängel Dill · 5 Stängel Petersilie · 50 g Butter · 2 Lorbeerblätter · 1 TL weiße Pfefferkörner · 1 TL Senfkörner · 100 ml Weißwein · 50 ml Weißweinessig · Salz

Für die Meerrettichsauce

· 1 Schalotte · 1 Champignon · 1 Stück Meerrettichwurzel (50 g) · 50 g Butter · 50 ml Riesling · 2 EL trockener Wermut (Noilly Prat) · 200 ml Fischfond (Glas oder S. 531) · 100 g Sahne · 50 g Crème fraîche · Salz · 1–2 TL Zitronensaft · 1 Prise Cayennepfeffer · 4 EL Schnittlauchröllchen

Für das Wurzelgemüse

· ¼ Möhre · 150 g Knollensellerie · ¼ Stange Lauch · 1 TL Butter · Salz

S. 34 ff.
REGIONENPORTRÄT Bayern

S. 182 ff.
IM FOKUS – WARENKUNDE Fisch

1 | **Die Wallerkoteletts** etwa 3 Stunden in kaltem Wasser wässern. Inzwischen den Lauch putzen und waschen, die Zwiebel und Möhre schälen und den Staudensellerie waschen und abtropfen lassen. Schneiden Sie das Gemüse in grobe Würfel. Dill und Petersilie waschen, trocken schütteln und fein hacken. Die Butter in einem Topf zerlassen, das Gemüse, die Kräuter, die Lorbeerblätter, sowie die Pfeffer- und Senfkörner zugeben. Mit Weißwein und Essig ablöschen und das Ganze leicht salzen. Gießen Sie mit 2 l Wasser auf und lassen Sie den Sud 10 Minuten bei kleiner Hitze köcheln.

2 | **Für die Meerrettichsauce** die Schalotte schälen, den Champignon putzen und beides in Scheiben schneiden. Den Meerrettich putzen und sehr fein reiben. Lassen Sie die Schalotten- und Pilzscheiben in Butter angehen, löschen Sie mit Riesling und Wermut ab und reduzieren Sie die Flüssigkeit vollständig ein. Den Fischfond zufügen und ebenfalls einkochen. Sahne und Crème fraîche dazugeben, einmal aufkochen lassen und den Topf vom Herd ziehen. Mit Salz, Zitronensaft, Cayennepfeffer und etwas Meerrettich abschmecken und die Sauce mit dem Pürierstab aufschäumen.

3 | **Für das Wurzelgemüse** die Möhre und den Knollensellerie schälen, den Lauch putzen und waschen und alles in feine Streifen (Julienne) schneiden. Dünsten Sie das Gemüse in Butter bei kleiner Hitze knackig und schmecken Sie es mit Salz ab.

4 | **Zum Fertigstellen** die Wallerkoteletts in den köchelnden Würzsud einlegen und 10 bis 15 Minuten gar ziehen lassen. Mit einem Schaumlöffel herausnehmen und mithilfe eines Löffelstiels von Haut, Fett und Knochen befreien. Richten Sie die Wallerstücke mit dem Wurzelgemüse auf vorgewärmten Tellern an, gießen Sie etwas Meerrettichsauce darüber und garnieren Sie mit Schnittlauchröllchen und frisch geriebenem Meerrettich.

WARENKUNDE

Meerrettich – die Schärfe steckt in der Wurzel

Die ursprüngliche Heimat des Meerrettichs liegt im östlichen Russland und der Ukraine. Heute wird Meerrettich oder »Kren«, wie er in Bayern genannt wird, auch in Deutschland, und hier insbesondere in Baden, in Mittelfranken und im Spreewald angebaut. Die ausdauernde Staude wird bis zu 1,20 m hoch. In der Küche findet nur die Wurzel Verwendung: Sie kommt von Oktober bis März in den Handel und ist reich an Vitamin C, B_1, B_2 und B_6. Ihr scharfes Aroma passt zu kräftigen Fleischgerichten, zu geräuchertem Fisch sowie zu deftigen Suppen und Eintöpfen.

Zubereitungszeit
ca. 2 Std.

Roulade vom Huchen mit Jakobsmuscheln

Serviert mit Schmorgurken und Dillblütensauce

Für die Roulade vom Huchen

- *1 küchenfertiger Huchen (ca. 1 kg; oder Regenbogenforelle)*
- *2 Köpfe Mangold*
- *Salz* · *frisch gemahlener Pfeffer*
- *8 Jakobsmuscheln* · *Olivenöl*

Für die Dillblütensauce

- *3 Schalotten* · *50 g Butter*
- *100 ml Weißwein*
- *½ l Fischfond (Glas oder S. 531)*
- *350 g Sahne* · *Saft von 1 Limette*
- *Salz* · *frisch gemahlener Pfeffer*
- *4 Stängel Dillblüten*

Für die Schmorgurken mit Dill

- *3 Salatgurken* · *Salz* · *1 EL Butter*
- *2–3 EL Sekt (oder Cidre)*
- *frisch gemahlener weißer Pfeffer*
- *1 EL Dijonsenf* · *1 TL gehackter Dill*

S. 182 ff.
IM FOKUS – WARENKUNDE Fisch

1 | **Den Huchen filetieren** (S. 171) und mit einer Grätenzange oder Pinzette entgräten. Den Mangold vom Strunk schneiden, die Blätter waschen und abtropfen lassen. Dicke Stiele wegschneiden, Sie können sie separat verwenden (z. B. gedünstet als Gemüse). Blanchieren Sie die Blätter in Salzwasser und schrecken Sie sie kalt ab. Auf einem sauberen Küchentuch zu einer gleichmäßigen Matte auslegen, mit einem anderen Tuch bedecken und mit einem Nudelholz leicht darüberrollen, sodass die Flüssigkeit in die Tücher geht.

2 | **Für die Dillblütensauce** die Schalotten schälen und in Streifen schneiden, in Butter anschwitzen, mit Weißwein und Fischfond ablöschen und die Flüssigkeit auf etwa die Hälfte reduzieren. Dann mit Sahne auffüllen und mit dem Pürierstab pürieren. Schmecken Sie die Sauce mit Limettensaft, Salz und Pfeffer ab. Zum Schluss die Dillblüten einlegen, 10 Minuten in der Sauce ziehen lassen und vor dem Servieren wieder entfernen.

3 | **Die Huchenfilets würzen** und auf die Mangoldmatte legen. Die Jakobsmuscheln aus der Schale nehmen – den Rogen ggf. entfernen – in dünne Scheiben schneiden und auf das Fischfilet legen. Würzen Sie mit Salz und Pfeffer (Step 1), dann die Mangoldmatte mit der Muschelauflage zur Roulade rollen und fest in gebutterte Alufolie eindrehen (Step 2).

4 | **Die Gurken schälen,** halbieren, die Kerne herauskratzen und das Fruchtfleisch in 1 bis 2 cm große Würfel schneiden. Blanchieren Sie die Gurkenwürfel 1 Minute in Salzwasser, dann gießen Sie sie ab und lassen sie abtropfen. Inzwischen die Roulade vom Huchen in kochendem Wasser 8 Minuten blanchieren. Während der Fisch gart, die Schmorgurken fertigstellen: Die Gurkenwürfel in Butter anschwitzen, mit Sekt und 2 EL Wasser ablöschen und mit Salz, Pfeffer, Senf und Dill abschmecken. Zum Anrichten die Fischroulade aufschneiden und auf die Schmorgurken legen. Die Sauce aufschäumen und den Fisch damit beträufeln.

Huchenroulade herstellen

1) Den gewürzten Huchen auf die vorbereitete Mangoldmatte legen und mit Jakobsmuschelscheiben belegen. Salzen und pfeffern.
2) Die Roulade vorsichtig aufrollen und dann zum Blanchieren fest in gebutterte Alufolie eindrehen.

Baden-Württemberg

bundesweit

Zubereitungszeit
ca. 1 Std.

Saiblingfilets mit Zanderfarce und Minze

Ein gedämpftes Fischgericht, dem frischer Sauerklee Aroma verleiht

Für die Saiblingfilets mit Minze

- *8 Saiblingfilets mit Haut (je ca. 100 g)*
- *80 g Sauerklee (oder Sauerampfer, Gartenkresse)*
- *3–4 Zweige Minze*
- *100 g Zanderfilet (ohne Haut)*
- *150 g Sahne*
- *Salz* · *1–2 TL Zitronensaft*
- *frisch gemahlener weißer Pfeffer*
- *2 EL geschlagene Sahne*
- *Butter für den Dämpfeinsatz*

Für die Weißwein-Butter-Sauce

- *2 Schalotten*
- *100 ml Weißwein*
- *1–2 EL Champagneressig (oder Sherryessig)*
- *80 g kalte Butter in Stücken*
- *Salz* · *1 EL geschlagene Sahne*

S. 182 ff.
IM FOKUS – WARENKUNDE Fisch

S. 402 ff.
REGIONENPORTRÄT
Baden-Württemberg

1 | **Die Saiblingfilets waschen,** trocken tupfen und mit einer Grätenzange oder Pinzette sichtbare Gräten entfernen. Verlesen Sie den Sauerklee, dann waschen Sie ihn und schleudern ihn trocken. Die Minze waschen und trocken tupfen, dann die Blätter von den Stielen zupfen, die Stiele aufbewahren. Das Zanderfilet in Würfel schneiden und mit der Sahne 15 Minuten im Tiefkühlfach kühlen.

2 | **Das Zanderfilet** anschließend mit Salz würzen und im Mixer oder mit dem Pürierstab unter Zugabe der gekühlten Sahne zu einer homogenen Farce verarbeiten. Stellen Sie die Fischfarce für etwa 15 Minuten ins Tiefkühlfach und streichen Sie sie dann durch ein Sieb. Die Farce mit Zitronensaft und weißem Pfeffer abschmecken und die geschlagene Sahne unterheben. Die Minzeblätter in feine Streifen (Julienne) schneiden und unter die Farce mischen.

3 | **Die Zanderfarce** auf 4 Saiblingfilets streichen und mit den restlichen Saiblingfilets bedecken, diese leicht andrücken. In einem Dämpfer Wasser mit den Minzstielen aufsetzen, leicht salzen und zum Kochen bringen. Pinseln Sie den Dämpfeinsatz dünn mit Butter ein. Dann die Saiblingfilets einlegen, den Dämpfer mit einem Deckel verschließen und die Saiblingfilets bei mittlerer Hitze 10 bis 12 Minuten dämpfen. Herausnehmen, die Haut vorsichtig von beiden Seiten lösen und die Filets nachsalzen.

4 | **Während der Fisch dämpft,** für die Sauce die Schalotten schälen, in feine Würfel schneiden, mit Weißwein und Essig zum Kochen bringen und um zwei Drittel reduzieren. Montieren Sie in die Reduktion die kalten Butterstücke ein, schmecken Sie mit Salz ab und ziehen Sie die geschlagene Sahne unter. Die Saiblingfilets mit der Sauce nappieren und mit Sauerklee garnieren.

DER KLASSIKER: GERÄUCHERTER SAIBLING MIT PFIFFERLINGEN UND EI

Eine süddeutsche Spezialität ist geräucherter Saibling, der gerne mit in Butter gebratenen Pfifferlingen und Ei serviert wird. Für den Saibling 4 Saiblingfilets unter Zugabe von Pfeffer, Thymian und Koriander 3 Minuten räuchern (S. 117), anschließend leicht salzen und im Backofen bei 80 °C in etwa 15 Minuten glasig garen. Dazu passt eine Sauce, für die Sie 3 Schalotten und 60 g Knollensellerie grob würfeln und mit 4 Stängeln Liebstöckel in Butter andünsten. Mit je 50 ml Weißwein und Wermut ablöschen, mit ¼ l Geflügelfond (S. 534) auffüllen und das Ganze 30 Minuten köcheln lassen. 1 EL Sauerrahm und 150 g Sahne dazugeben, durch ein Sieb passieren und mit etwas Butter kräftig aufmontieren. 2 Stängel Liebstöckel etwa 5 Minuten darin ziehen lassen, mit Salz, Cayennepfeffer und Zitronensaft abschmecken. Den Liebstöckel vor dem Servieren aus der Sauce entfernen.

Zubereitungszeit
ca. 2 Std. 30 Min.

Hechtklößchen in Rieslingsauce

Ein exzellenter deutscher Wein ist gerade richtig für das ausgefallene Gericht.

Für die Rieslingsauce

- *600 ml Fischfond (Glas oder S. 531)*
- *100 ml trockener Riesling*
- *60 g Crème fraîche*
- *60 g Crème double*
- *4 TL kalte Butter in Stücken*
- *Zitronensaft* · *Salz*
- *3–4 EL Rieslingsekt (oder ein anderer Sekt)* · *2 EL geschlagene Sahne*

Für die Hechtklößchen

- *350 g Hechtfilets*
- *450 g Sahne* · *Salz*
- *frisch gemahlener weißer Pfeffer*
- *1 TL trockener Wermut (Noilly Prat)*
- *2 EL Schlagsahne*

S. 204
KÜCHENGEHEIMNIS
So gelingt eine Farce perfekt

S. 402 ff.
REGIONENPORTRÄT
Baden-Württemberg

S. 531
REZEPT Fischfond

1 | **Für die Rieslingsauce** den Fischfond auf ein Drittel einkochen. Gießen Sie dann den Riesling dazu und reduzieren Sie die Flüssigkeit auf 150 ml. Crème fraîche und Crème double hinzufügen und die Flüssigkeit weiter einkochen, bis etwa 200 ml übrig bleiben.

2 | **Für die Hechtklößchen** das Hechtfilet in 3 bis 5 mm kleine Würfel schneiden und 10 Minuten im Tiefkühlfach durchkühlen. Die Sahne ebenfalls im Tiefkühlfach anfrieren, bis sich Eiskristalle bilden. Die Fischwürfel dritteln und jede Portion unter Zugabe von Salz, Pfeffer und einem Drittel der eiskalten Sahne mit dem Pürierstab fein pürieren. Streichen Sie die Hechtfarce anschließend durch ein Sieb und stellen Sie sie bis zur weiteren Verwendung kalt.

3 | **In einem Topf** etwa 2 l gesalzenes Wasser zum Kochen bringen. Inzwischen den Wermut und die geschlagene Sahne unter die Farce rühren und diese nochmals mit Salz abschmecken. Formen Sie mithilfe eines Teelöffels ein Probeklößchen aus der Hechtfarce und legen Sie dieses in das nur sanft kochende Wasser ein. Sollte die Masse zu weich sein, kann sie durch Zugabe von etwas geschlagenem Eiweiß »verfestigt« werden. Hält das Probeklößchen, aus der restlichen Hechtfarce ebenfalls gleich große Klößchen formen, ins sanft kochende Wasser einlegen, die Hitze reduzieren und in 15 Minuten gar ziehen lassen. Ab und zu vorsichtig drehen.

4 | **Die Rieslingsauce fertigstellen:** Die Butterstücke mit dem Schneebesen unter die Reduktion (aus Arbeitsschritt 1) rühren, aufkochen und mit Zitronensaft und Salz abschmecken. Verfeinern Sie die Sauce mit Sekt und Schlagsahne. Zum Servieren die Hechtklößchen in die Sauce geben und nach Belieben garnieren, z. B. mit frischen Kräutern, Krebsschwänzen und Blätterteigkissen (S. 52). Dazu passen Spargel, Nudeln (S. 408) oder Blattspinat (S. 345).

KÜCHENGEHEIMNIS: WOHER DAS AROMA FEINER SAUCE KOMMT

Feinschmecker wissen: Das Aroma einer Sauce beweist das Können des Kochs – und der hat ein paar Tricks, um Saucen geschmacklich zu komponieren. Das Wichtigste ist die Basis einer feinen Sauce, der Fond (S. 530 ff.). Er wird je nach Verwendungszweck aus Knochen, Karkassen oder auch Gemüse gekocht und mit aromatischen Zutaten, wie etwa Weißwein (bei Fisch) oder Rotwein (bei Wild), Wermut und Gewürzen (z. B. Pfefferkörner, Lorbeerblätter, Gewürznelken, Wacholder etc.), verfeinert. Der Fond als geschmackliches Grundgerüst wird dann je nach Sauce mit speziellen Würzzutaten (z. B. Schalotten, Pilze, Kräuter) ergänzt, die in der Regel zunächst in der Pfanne angeschwitzt werden, bevor sie mit Wein, Hochprozentigem oder Sahne abgelöscht werden. Diese Flüssigkeiten lässt man vollständig einkochen; zurück bleibt ihr Aroma, das sich im anschließend angegossenen Fond auf das Beste entfaltet.

Was Fischers Fritze isst

Ehemals ungeliebtes Fastenessen, hat sich einheimischer Fisch heute zur feinen Gourmetspeise gemausert, die eindeutig regional geprägt ist.

An der Küste war Fisch seit jeher ein Grundnahrungsmittel, im Binnenland spielte Fisch dagegen bis etwa zur Mitte des vorigen Jahrhunderts noch keine allzu große Rolle. Er tauchte allenfalls auf den Speisekarten der Gastronomie auf. Inzwischen hat sich einiges getan, Deutschland scheint sich in ein Land von Gourmets und Hobbyköchen zu verwandeln. Nur zum Fischessen gehen die Deutschen lieber ins Lokal, wenn auch immer öfter ins Gourmetrestaurant, um sich dort Seezunge und Steinbutt, Seeteufel und Dorade, Zander und Saibling schmecken zu lassen. Ist die Scheu vor der Zubereitung von Fisch hierzulande so groß? Schlucken die Menschen deshalb lieber Fischölkapseln statt Heringshappen?
Gründe für die deutsche Zurückhaltung in Sachen Fisch gibt es einige. Schließlich war und ist Fisch eine traditionelle Fastenspeise, ungeliebter Fleischersatz am Freitag. Wer es sich leisten konnte, fastete jedoch genussvoll. Süßwasserfische wie Hecht, Lachs und Stör, Forelle oder Karpfen waren hoch begehrt, für die Mehrheit aber unerschwinglich: Noch im 18. Jahrhundert kostete eine Forelle auf dem Münchener Fischmarkt so viel wie zwei Enten. Schon eher bezahlbar war da »grüner« oder »dürrer« Fisch wie Kabeljau und Hering. Die lange Reise ins Binnenland überstand Letzterer jedoch nur in Salz eingelegt oder getrocknet. Beide wurden zu Symbolen des Fastens – 1559 festgehalten von Pieter Brueghel dem Älteren. Auf seinem Gemälde »Kampf zwischen Fasching und Fasten« lässt er die dürre »Frau Fasten« mit zwei Heringen bewaffnet gegen den feisten »Prinz Karneval« und seinen gut bestückten Bratenspieß antreten.

Gekocht, paniert und pochiert

In den Genuss von frischem Fisch kamen früher lediglich die Bewohner der küstennahen Regionen im Norden, entsprechend beliebt war Fisch in deutschen Hansestädten wie Hamburg oder Bremen. Aber auch in Schleswig-Holstein, Niedersachsen oder Mecklenburg-Vorpommern schätzte man Schellfisch und Scholle, Sprotte und Stint als willkommene Abwechslung. Davon zeugen Gerichte wie die »Hamburger Aalsuppe«, eine süßsaure Suppe mit Obst, Gemüse, Aal und Kräutern, »Schellfisch mit Senfsauce« oder die »Finkenwerder Maischolle«, eine frische Scholle, gebraten und mit Speckwürfeln serviert. Beliebt sind zudem Kombinationen von Fisch und Fleisch wie der »Hamburger Heringssalat«, in dem Lamm oder Kalb nicht fehlen darf, oder das berühmt-berüchtigte »Labskaus« – eine für Ungeübte etwas seltsame Mischung aus Fisch, Fleisch und Gemüse.

Neben dem viel gescholtenen »Panierfisch« mit Remouladensauce gibt es in Deutschland zwei weitere, allerdings feinere klassische Zubereitungen für Fisch: »Nach Müllerinart« wird eine Forelle oder Seezunge erst in Mehl gewendet und dann in Butter gebraten. Im Essigsud »blau« gekocht, oder besser gesagt pochiert, schmecken Forellen und Karpfen.

Tiefkühlware und Konserven

Bis heute existiert das Gefälle zwischen Norden und Süden: Noch immer landet Fisch in Norddeutschland öfter auf dem Teller als im Süden. Unverständlich, angesichts der heutigen Logistik und Kühltechnik, die sich seit ihrer Erfindung im 19. Jahrhunderts stetig verbessert hat. 1897 eröffnete die »Nordsee« ihr erstes Geschäft in Bremen, bald folgten weitere im ganzen Land. Doch das Binnenland blieb skeptisch. Vorträge, Artikel und eigens produzierte Kochbücher warben in den 1920er-Jahren für die scheinbar unerschöpfliche Nahrungsquelle. Aber erst während der NS-Zeit kam Fisch eine ernährungspolitische Bedeutung zu: »Deutscher, iss Fisch! Du sparst dem Reich Devisen.«, hieß es 1937 bei der »Nordsee«. Die Propaganda griff nicht wie geplant und große Mengen an Fisch landeten in Fischmehlfabriken.
Heute ist Seefisch – vornehmlich in Form von Tiefkühlware, Konserven und Marinaden – so gefragt, dass er zu 85 Prozent importiert werden muss. Ganz oben auf der Beliebtheitsskala rangiert Alaska-Seelachs, aus dem Fischstäbchen hergestellt werden. Süßwasserfische spielen beim Gesamtverbrauch mit rund 20 Prozent eine eher bescheidene Rolle. Zwar liefern heimische Seen und Teiche Saiblinge, Felchen, Renken, Hechte, Welse und Zander, doch nur Forellen und Karpfen haben eine größere wirtschaftliche Bedeutung. Forellen schätzt man das ganze Jahr über, Karpfen eher in der kalten Jahreszeit. In Berlin liebt man sie »polnisch«, in Bier gegart, in Brandenburg »blau« oder mit Speck und Kümmel gedünstet und in Franken gebacken. Ebenfalls aus Franken stammen »Meefischli«, frittierte kleine Fische aus dem Main. Zander und Saibling serviert man in Baden-Württemberg in Rieslingsauce, Hecht – der vielen Gräten wegen – als Klößchen, hergestellt aus grätenfreier Farce.

Geräuchert und aus der Hand

Fisch ist heute ein wichtiges kulinarisches Thema, sein Verbrauch steigt von Jahr zu Jahr, dies belegen die Zahlen des Fischinformationszentrums Hamburg. An seine Zubereitung wagen sich jedoch in erster Linie Feinschmecker und Hobbyköche. Einfacher ist da der Umgang mit Räucherfisch: Aus der Hand, eingewickelt in ein Stück Papier und dazu einen Klaren, so genießt man Räucheraal auf der Insel Fehmarn. Räucherfische wie Saibling, Stör, Makrele und Maräne sind im Angebot der »Müritzfischer«. Zu DDR-Zeiten räucherte man nicht nur, sondern züchtete auch Nerze. Heutzutage sind Felle kein Geschäft mehr, stattdessen kümmern sich die Berufsfischer am zweitgrößten deutschen Binnensee um die Aufzucht von Jungfischen und eine nachhaltige Bewirtschaftung der Gewässer. In Mecklenburg-Vorpommern und auch in Schleswig-Holstein schätzt man

Angeln hat in Deutschland eine lange Tradition: In Seen und Flüssen gefangene Fische werden meist regional vermarktet und landen schnell im Kochtopf.

zudem Bücklinge, bis 30 cm große geräucherte Heringe, und Kieler Sprotten, die mit Kopf und Schwanz verzehrt werden. Räuchern ist jedoch nicht allein Sache des Nordens, auch im Schwarzwald oder in Bayern hängt man Saiblinge und Forellen in den Rauch. Auf »Schillerlocken«, wie die geräucherten Bauchlappen des Dornhais heißen, sollte man jedoch besser verzichten. Schließlich steht dieser Fisch schon lange auf der Roten Liste, wie nicht wenige seiner Verwandten aus Salz- und Süßwasser. Neben Überfischung haben Umwelteinflüsse und Klimawandel die Fischbestände negativ beeinflusst. Auch Aal, Heilbutt oder Kabeljau sind in heimischen Gewässern so stark dezimiert, dass sie einer Schonzeit bedürfen.

Katrin Wittmann

Bachsaibling

Das feine Aroma des lachsartigen Süßwasserfisches kommt sehr gut beim Braten, Grillen und Räuchern zur Geltung.

Aus Fluss, See und Meer

Fisch in deutschen Küchen muss nicht importiert sein: Einheimische Ware steht frisch und mit guter Qualität zur Verfügung – sie muss nur (neu) entdeckt werden!

Es gibt viele gute Gründe, sich aus dem Reiche Neptuns zu bedienen: Fisch ist gesund, leicht und bekömmlich, eiweißreich und fettarm. Fisch passt auch perfekt in unsere moderne Lebenswelt, denn er ist einfach und schnell zuzubereiten, gleichzeitig macht er aber auch in der Gourmetküche eine gute Figur. Trotz aller positiven Merkmale liegen die Deutschen derzeit im weltweiten Vergleich mit 14,8 Kilogramm Fischverbrauch pro Person und Jahr ziemlich weit hinten. Nur Ungarn und die Slowakei essen noch weniger Fisch. Internationale Spitzenreiter sind Island und Japan.

Feinschmecker haben die Wahl

Dabei ist das Angebot in den Theken deutscher Händler riesig: Seefische rangieren in der Verbrauchergunst ganz oben, allen voran Alaska-Seelachs (Alaska-Pollack), Hering und Lachs, gefolgt von Thunfisch, Seelachs, Rotbarsch und Kabeljau. Während Alaska-Seelachs und Thunfisch nicht aus heimischem Fang kommen, finden sich viele der bevorzugten Seefische auch auf den Fanglisten deutscher Hochsee- und Küstenfischer, die im Jahr 2005 etwa 271.000 Tonnen anlandeten. Sie gehen auf Fang in Nord- und Ostsee, in westbritischen Gewässern sowie vor Norwegen und Grönland. Im Vergleich zu den Seefischanlandungen ist die heimische Erzeugung an Süßwasserfischen mit 38.000 Tonnen vergleichsweise bescheiden. Sie stammt hauptsächlich aus Seen und Teichen, Flussfischerei spielt kaum mehr eine Rolle. Bekannte regionale Spezialitäten sind Huchen im Donaugebiet, Felchen bzw. Renken am Bodensee, am Chiemsee und an der Odermündung sowie Moselaal und Zander aus der Havel. Die bundesweit wichtigsten Süßwasserfische sind Forelle und Karpfen.

Eine Auswahl der in Deutschland wichtigsten See- und Süßwasserfische sehen Sie hier im Überblick. Sie machen, gemessen am gesamten Fischverbrauch, jedoch nur etwa 15 Prozent aus; 85 Prozent der Nachfrage nach Fisch und Fischwaren wird durch Importe aus aller Welt gedeckt, das sind insgesamt 1,7 Millionen Tonnen Fisch. Die wichtigsten Lieferanten sind Norwegen, China und Dänemark.

Seezunge

Der bis zu 70 cm lange Fisch wird in der Nordsee und im Nordatlantik gefangen. Der feine Fisch eignet sich zum Braten, Dünsten, Pochieren und Dämpfen.

Bachforelle

Sie ist keine eigene Art, sondern eine zeitlebens im Süßwasser lebende Rasse der Lachsforelle. Ihr weißes, feines Fleisch eignet sich gut zum Braten.

Spiegelkarpfen

Diese beliebte Zuchtform des Karpfens hat wenige, unregelmäßig verteilte Schuppen und eignet sich gut zum Braten und Pochieren.

Hecht

Hecht schmeckt außerhalb der Laichzeit (September bis Januar) am besten. Da er viele Gräten besitzt, wird er meist für Farcen verwendet.

Renke, Felchen

Die zum Braten, Grillen und Räuchern beliebten Fische sind in zahlreichen Seen Norddeutschlands und im Alpengebiet zu finden.

Wels, Waller

Er trägt lange Bartfäden und hat keine Schuppen. Sein weißes, fast grätenloses Fleisch ist sehr fett; es eignet sich gut zum Braten und Grillen.

Zander

Der delikate Speisefisch lebt in Seen und Flüssen mit hohem Sauerstoffgehalt. Er eignet sich zum Grillen, Braten und Garen in der Salzkruste.

Flussaal

Er ist in allen europäischen Süßgewässern verbreitet und eignet sich vor allem zum Kochen, Braten, Schmoren und Räuchern.

Scholle

Vor allem als junge Maischolle beliebter Speisefisch zum Braten, der meist in der Nordsee und im Nordatlantik gefangen wird.

Steinbutt

Der bei uns häufig angebotene Steinbutt zählt zu den delikatesten Plattfischen. Er wird hauptsächlich im Nordatlantik gefangen und eignet sich für alle Zubereitungsarten.

Rheinland-Pfalz
Schleswig-Holstein
bundesweit

Zubereitungszeit
ca. 1 Std.

Grüner Aal in leichter Dillsauce

Frischer Aal ist nicht nur eine teure und begehrte Delikatesse, sondern schmeckt auch hervorragend.

Für den Grünen Aal

- *½ Möhre* · *2 Zwiebeln* · *2 Schalotten*
- *½ Stange Staudensellerie*
- *5 Wacholderbeeren*
- *4 Stängel frischer Dill*
- *15 schwarze Pfefferkörner*
- *1 Lorbeerblatt* · *3 TL Meersalz*
- *5 EL Champagneressig (oder Sherryessig)*
- *1 küchenfertiger Aal (ca. 600 g, ausgenommen, mit Kopf)*
- *300 g Salat- oder Gartengurke*
- *1 EL Butter* · *Salz*
- *frisch gemahlener weißer Pfeffer*

Für die Dillsauce

- *2 Schalotten* · *1 Msp. gehackter Knoblauch* · *2 EL Butter*
- *70 g fein geriebene Kartoffel*
- *2 TL trockener Wermut (Noilly Prat)*
- *100 ml trockener Weißwein*
- *½ Chilischote*
- *je 1 EL Zitronen- und Limettensaft*
- *4 Stängel frischer Dill*
- *2–3 EL gemischte, gehackte Kräuter (z.B. Kerbel, Estragon, Petersilie)*

1 | **Für den Grünen Aal** die Möhre, Zwiebeln und Schalotten schälen und in Würfel schneiden. Den Staudensellerie waschen und in Stücke schneiden. Die Wacholderbeeren leicht andrücken, den Dill waschen und abtropfen lassen. Möhre, Zwiebeln, Schalotten, Selleriestücke, Gewürze und Essig mit etwa 1 l Wasser in einen Topf geben und aufkochen. Schneiden Sie den gehäuteten Aal in zwölf Stücke, dann in den kochenden Sud legen, einmal aufkochen und etwa 20 Minuten leise köcheln lassen. Den Aal herausnehmen und warm stellen, den Fond durch ein Sieb passieren.

2 | **Während der Aal gart,** die Gurken schälen, halbieren und entkernen. In dreieckige Stücke schneiden, kurz in Salzwasser blanchieren und in Eiswasser abschrecken. Schwenken Sie die Gurkenstücke vor dem Anrichten kurz in etwas Butter durch und würzen Sie sie mit Salz und weißem Pfeffer.

3 | **Für die Dillsauce** die Schalotten schälen, fein hacken und zusammen mit dem Knoblauch in Butter farblos angehen lassen. Geben Sie die fein geriebene Kartoffel dazu, kurz durchrühren, mit Wermut und Weißwein ablöschen und mit etwa 300 ml Aalfond auffüllen. Mit dem Schneebesen verrühren, sodass keine Klümpchen entstehen, und die Sauce 10 bis 15 Minuten kochen lassen, bis sie eine sämige Konsistenz hat.

4 | **Die Chilischote waschen,** trocken tupfen, der Länge nach aufschneiden, Stielansatz, Kerne und weiße Samenhäute entfernen und das Fruchtfleisch sehr fein hacken. Anschließend in die Sauce geben und mit Zitronen- und Limettensaft abschmecken.

5 | **Zum Anrichten** den Dill für die Sauce waschen, trocken schütteln und fein hacken. Ziehen Sie den Dill und die anderen Kräuter sofort unter die Sauce, dann den Aal auf Tellern anrichten, etwas Sauce angießen und mit den Schmorgurken servieren.

S. 182 ff.
IM FOKUS – WARENKUNDE Fisch

DIE KLASSIKER: RÄUCHERAAL, AAL IN GELEE UND IN WEINSAUCE

Aal gibt's fast überall in Deutschland – wenn die Wasserqualität entsprechend gut ist: In Flüssen, Seen und im Meer wird der schlangenförmige Fisch gefangen, um auf der Speisekarte von Gourmetrestaurants zu landen. Im Rheinland, insbesondere an der Mosel, schätzt man ihn als »Aal in Weißweinsauce«, die mit Riesling und Kalbsfond zubereitet wird. »Aal in Gelee« ist eine Spezialität aus Schleswig-Holstein: Dünne, gekochte Fischexemplare serviert man hier in einem pikanten Gelee, meist garniert mit hart gekochtem Ei und Möhren. Als »Räucheraal« ist er weltberühmt: Sein feines Aroma macht das (fettreiche) Produkt zur begehrten Delikatesse.

Zubereitungszeit
ca. 1 Std. 30 Min.

Gebackener Schnäpel

Mit karamellisierter Zwiebeltarte und feinem Aroma von Thymian

Für die Zwiebeltarte
- *4 Platten Blätterteig (je 12 cm Ø; Kühltheke)*
- *4 weiße Zwiebeln*
- *1 EL brauner Rohrzucker*
- *Salz* · *frisch gemahlener Pfeffer*
- *50 ml Champagneressig (oder Sherryessig)*

Für den gebackenen Schnäpel
- *4 Schnäpelfilets (je 140 g; oder Dorsch)*
- *1 Schalotte*
- *1 Champignon*
- *1 TL Olivenöl*
- *150 ml Fischfond (Glas oder S. 531)*
- *1 Zweig Thymian*
- *80 g fein gehacktes Weißbrot (ohne Rinde)*
- *4 TL flüssige Butter*

S. 138 ff.
REGIONENPORTRÄT
Mecklenburg-Vorpommern

S. 200 ff.
REGIONENPORTRÄT
Hamburg/Bremen/Schleswig-Holstein

1 | **Für die Zwiebeltarte** den Backofen auf 180 °C vorheizen. Die Blätterteigplatten auf ein mit Backpapier belegtes Blech legen und mit einer Gabel mehrfach einstechen. Decken Sie die Teigplatten mit Backpapier ab und beschweren Sie sie jeweils mit einem Teller. Die Blätterteigplatten im vorgeheizten Backofen auf der mittleren Schiene 20 Minuten backen. Die Teller und das obere Backpapier entfernen und nochmals 3 bis 4 Minuten goldgelb backen.

2 | **Inzwischen die Zwiebeln schälen** und in sehr feine Scheiben schneiden. Den Zucker in einer ofenfesten Pfanne karamellisieren, die Zwiebeln dazugeben, mit Salz und Pfeffer würzen, mit Essig ablöschen und bei 180 °C im Ofen in etwa 15 Minuten weich dünsten.

3 | **Die Fischfilets waschen,** trocken tupfen und sichtbare Gräten mit einer Grätenzange oder einer Pinzette entfernen. Die Filets salzen und pfeffern (Step 1). Die Schalotte und den Champignon schälen, blättrig schneiden und in Öl angehen lassen. Löschen Sie mit dem Fischfond ab und legen Sie die Schnäpelfilets hinein (Step 2). Vom Thymian die Blättchen abzupfen und hacken. Die Fischfilets mit Thymian und den Weißbrotkrümeln bestreuen, mit Butter beträufeln und im vorgeheizten Ofen (180 °C) mit Oberhitze garen, bis die Bratkruste goldgelb ist (Step 3).

4 | **Zum Servieren** die gedünsteten Zwiebeln gleichmäßig auf dem gebackenen Blätterteig verteilen. Richten Sie die Fischfilets jeweils auf der Zwiebeltarte an und geben Sie diese nochmals kurz zum Erwärmen in den Ofen. Sofort servieren.

Schnäpelfilets zubereiten

1) Die Fischfilets trocken tupfen und mithilfe einer Grätenzange oder -pinzette sichtbare Gräten entfernen. Die Filets mit Salz und Pfeffer würzen.

2) Die Schalotten-Champignon-Mischung mit Fischfond ablöschen. Die gewürzten Schnäpelfilets in den Schalotten-Champignon-Sud geben.

3) Die Fischfilets mit Thymian und fein gehacktem Weißbrot bestreuen, mit Butter beträufeln und im vorgeheizten Backofen garen, bis die Bratkruste goldgelb ist.

Zubereitungszeit
ca. 1 Std.

Kotelett vom Schellfisch

Auf gebratenem weißen und grünen Spargel und mit Senfsabayon nappiert

Für die Koteletts vom Schellfisch

- *500 g weißer Spargel*
- *500 g grüner Spargel* · *Salz*
- *1 Zwiebel*
- *1 Gewürznelke*
- *1 Lorbeerblatt*
- *1 Stange Lauch*
- *1 Stange Staudensellerie*
- *Meersalz (Fleur de sel)*
- *4 Schellfischkoteletts (je 250 g, mit Haut und Gräten)*
- *1 kleine Möhre*
- *1 Stück Knollensellerie (50 g)*
- *50 g Butter*
- *1 Prise Zucker*

Für das Senfsabayon

- *2 Eigelbe*
- *100 ml Fischfond (Glas oder S. 531)*
- *70 ml Champagner (oder Sekt)*
- *3 EL Pommerysenf (oder grober Senf)*
- *1 Prise Zucker*
- *1–2 TL Zitronensaft*
- *Salz*

1 | **Den weißen Spargel schälen** und die Stangenenden abschneiden. Den grünen Spargel waschen, kurz abtropfen lassen und nur die dicken Enden schälen. Alle Spargelstangen in kochendem Salzwasser bissfest blanchieren, herausnehmen, kalt abschrecken, sehr gut abtropfen lassen und in mundgerechte Stücke schneiden.

2 | **Die Zwiebel** mit der Nelke und dem Lorbeerblatt spicken. Den Lauch putzen und waschen. Schneiden Sie etwa ein Viertel davon in feine Streifen (Julienne), die Sie bis zur weiteren Verwendung beiseitestellen. Den restlichen Lauch grob zerkleinern. Den Staudensellerie waschen, putzen und ebenfalls grob zerkleinern. Geben Sie 2 l Wasser und etwas Meersalz in einen Topf, dann den grob zerkleinerten Lauch und den Staudensellerie sowie die gespickte Zwiebel dazugeben und den Sud etwa 5 Minuten durchkochen.

3 | **In der Zwischenzeit** für das Senfsabayon die Eigelbe mit dem Fischfond, dem Champagner bzw. dem Sekt und dem Senf in eine Schüssel geben. Schlagen Sie die Mischung über einem heißen, jedoch nicht kochenden Wasserbad zu einem schaumigen Sabayon auf und schmecken Sie es mit Zucker, Zitronensaft und Salz ab.

4 | **Die Schellfischkoteletts** in den kochenden Sud geben und bei schwacher Hitze in 10 bis 15 Minuten gar ziehen lassen. Die Möhre und den Knollensellerie schälen und in feine Streifen (Julienne) schneiden. Lauch-, Möhren- und Selleriejulienne in kochendem Salzwasser bissfest blanchieren. Den blanchierten Spargel in der Butter etwa 5 Minuten braten, mit Salz und Zucker würzen und auf vorgewärmten Tellern anrichten. Setzen Sie den Schellfisch darauf, beträufeln Sie den Fisch mit dem Senfsabayon und garnieren Sie mit den Gemüsestreifen. Dazu passen gekochte Kartoffeln, in Butter mit Petersilie geschwenkt.

S. 182 ff.
IM FOKUS – WARENKUNDE Fisch
S. 424 ff.
REGIONENPORTRÄT Niedersachsen

WARENKUNDE

Senf – deutsche Würze mit Geschichte

Die unscheinbaren Senfsamen werden seit der Antike geschätzt und zu Speisesenf, auch Tafelsenf oder Mostrich genannt, verarbeitet. Speisesenf gibt es in Deutschland in unzähligen, regional geprägten Varianten von löwenstark (Düsseldorfer Senf) bis süßlich-mild (bayerischer Weißwurstsenf). Die Herstellung erfolgt aus mehr oder weniger stark gemahlenen Samen diverser Kreuzblütler und Kohlarten, die mit Essig, Wasser, Most, Zucker, Salz und Gewürzen vermischt werden. Weißliche bis gelbe Samen ergeben milderen Senf, schwarze Samen schmecken sehr scharf.

Zubereitungszeit
ca. 2 Std. 10 Min.

Marinierzeit für die Roulade
ca. 12 Std.

Roulade von Seezunge und Zander

Auf Grünkohl mit Trüffelvinaigrette serviert

Für die Zanderfarce

· 80 g Zanderfilet (ohne Haut und Gräten) · Salz · 1 Msp. gemahlener Safran · frisch gemahlener Pfeffer · 1 EL trockener Wermut (Noilly Prat) · 125 g Sahne · 1 EL geschlagene Sahne

Für die Seezungenroulade

· 6 große Spinatblätter (ohne Stiel) · 4 Seezungenfilets (300 g) · Butter für die Alufolie · Salz · 80 g Lachsfilet · 1 EL weiße Pfefferkörner · 1 TL Wacholderbeeren · ⅛ l Olivenöl · 1 Lorbeerblatt · 1 gestr. TL Ingwerpulver · 1 gestr. TL Selleriesalz · 1 gestr. TL edelsüßes Paprikapulver · 1 TL fein gehacktes Zitronengras · 6 Wacholderbeeren zum Räuchern

Für den Grünkohl

· 500 g Grünkohlblätter (ohne Stiel) · Salz · 2 Schalotten · 80 g Butter · ⅛ l Geflügelfond (Glas oder S. 534) · 1 mehlig kochende Kartoffel · frisch gemahlener Pfeffer · Zucker · 1 gestr. TL scharfer Senf · 1 Msp. frisch geriebene Muskatnuss

Für die Trüffelvinaigrette

· 1 mehlig kochende, gegarte Kartoffel · 1 kleine, gekochte blaue Kartoffel · 1 EL Schalotte · 2 EL Olivenöl · ⅛ l Geflügelfond (Glas oder S. 534) · 1 TL Schnittlauchröllchen · 1 TL Trüffelöl (oder Walnussöl) · 1 EL Limettensaft · Meersalz (Fleur de sel) · frisch gemahlener Pfeffer · 10 g schwarze Trüffel (nach Belieben)

Außerdem

· 1–2 EL Räuchermehl (Haushaltswarenladen oder Anglerbedarf)

1 | **Für die Zanderfarce** das Zanderfilet etwa 10 Minuten in das Tiefkühlfach legen, dann in Streifen schneiden und mit Salz, Safran, Pfeffer, Wermut und Sahne fein pürieren. Die Farce durch ein Sieb streichen und für 30 Minuten abgedeckt in den Kühlschrank stellen. Heben Sie anschließend die geschlagene Sahne unter.

2 | **Für die Seezungenroulade** den Spinat waschen, blanchieren, kalt abschrecken und trocken tupfen. Die Seezungenfilets leicht plattieren, auf einen Bogen gebutterte Alufolie lückenlos aneinandersetzen und salzen. Bestreichen Sie die Seezungenfilets mit zwei Dritteln der Zanderfarce. Die Spinatblätter darauflegen und etwas andrücken. Das Lachsfilet in 1,5 cm breite Streifen schneiden, in der Mitte der Blätter anordnen und mit der restlichen Zanderfarce bestreichen. Rollen Sie die Seezungenfilets mit der Auflage zu einer etwa 5 cm dicken Roulade, die Sie an den Seiten in der Alufolie fest zudrehen. Die Roulade 10 bis 12 Minuten im Wasserbad bei 90 °C gar ziehen lassen. Herausnehmen und erkalten lassen.

3 | **Die Pfefferkörner und die Wacholderbeeren** zerdrücken. Das Olivenöl mit Pfeffer, Wacholder, Lorbeerblatt, Ingwerpulver, Selleriesalz, Paprikapulver und Zitronengras vermischen. Nehmen Sie die Seezungenroulade aus der Folie, bestreichen Sie sie mit der Marinade und lassen Sie diese 12 Stunden im Kühlschrank ziehen.

4 | **Die Grünkohlblätter waschen** und in kochendem Salzwasser 7 Minuten blanchieren. Herausnehmen, in eiskaltes Wasser legen und erkalten lassen. Die Blätter ausdrücken und fein hacken. Die Schalotten schälen, in Würfel schneiden und in Butter glasig dünsten. Geben Sie den Grünkohl dazu, gießen Sie den Geflügelfond an und kochen Sie den Kohl, bis er fast weich ist. Die Kartoffel schälen, fein reiben, zum Binden in den Grünkohl geben und aufkochen. Mit Salz, Pfeffer, Zucker, Senf und Muskatnuss abschmecken.

5 | **Für die Trüffelvinaigrette** pellen Sie die Kartoffeln. Die blaue Kartoffel würfeln, die andere Kartoffel fein reiben. Die Schalotte schälen, fein würfeln, in Öl glasig anschwitzen und mit Geflügelfond aufgießen. Einmal aufkochen lassen und mit der geriebenen Kartoffel binden. Den Schnittlauch, das Öl sowie die blauen Kartoffelwürfel dazugeben. Mit Limettensaft, Salz und Pfeffer würzen.

6 | **Einen Wok mit Alufolie auskleiden,** Räuchermehl und Wacholderbeeren daraufgeben. Überziehen Sie das Einsatzgitter mit Alufolie und stechen Sie mit der Gabel ein paar Löcher hinein. Die Seezungenroulade aus der Marinade nehmen und abtropfen lassen. Das Räuchermehl entzünden, die Roulade auf das Einsatzgitter im Wok geben und 15 Minuten zugedeckt räuchern. Die Roulade muss außen goldbraun sein.

7 | **Zum Anrichten** den Grünkohl auf vorgewärmte Teller geben, mit der Vinaigrette überziehen und die Trüffel nach Belieben darüberhobeln. Die Seezungenroulade in 1 cm dicke Scheiben schneiden und jeweils zwei Scheiben auf den Grünkohl setzen.

Zubereitungszeit
ca. 2 Std.

Fischklopse aus Zander und Schillerlocke

Mit Meerrettichdip raffiniert ergänzt

Für den Meerrettichdip

- *2 hart gekochte Eigelbe*
- *2 EL Öl* · *1 EL Weißweinessig*
- *100 g saure Sahne*
- *100 g Joghurt (3,5 % Fett)*
- *2 EL geriebener Meerrettich (frisch oder aus dem Glas)*
- *1 Msp. englisches Senfpulver*
- *Salz* · *frisch gemahlener Pfeffer*

Für die Fischklopse

- *350 g Zanderfilet*
- *150 g Schillerlocke (oder Buttermakrele)*
- *½ altbackenes Brötchen*
- *2 Schalotten* · *1 Knoblauchzehe*
- *1 TL Butter* · *6 Blatt Zitronenmelisse*
- *1 Ei* · *1 TL gemahlene Mandeln*
- *1 Msp. englisches Senfpulver*
- *Salz* · *frisch gemahlener Pfeffer*
- *1–2 TL Zitronensaft*
- *100 g Semmelbrösel*
- *Butterschmalz zum Braten*
- *geschälte Zitronenscheiben und Zitronenmelisse zum Garnieren*

1 | **Für den Meerrettichdip** die Eigelbe durch ein Sieb streichen, in eine Schüssel geben und Öl, Essig, saure Sahne, Joghurt und Meerrettich unterrühren. Schmecken Sie den Dip mit Senfpulver, Salz und Pfeffer ab. Bis zum Servieren abgedeckt kühl stellen.

2 | **Für die Fischklopse** das Zanderfilet und die Schillerlocke in kleine Stücke schneiden und im Tiefkühlfach 15 Minuten durchkühlen lassen. In der Zwischenzeit das Brötchen in kaltem Wasser einweichen. Die Schalotten schälen, den Knoblauch abziehen und beides in feine Würfel schneiden. Die Schalotten- und Knoblauchwürfel in Butter glasig anschwitzen und auskühlen lassen. Das Brötchen aus dem Wasser nehmen und sehr gut ausdrücken. Die Zitronenmelisse waschen, trocken schütteln und sehr fein hacken.

3 | **Das gekühlte Fischfleisch** durch die feine Scheibe des Fleischwolfs drehen. Den fein zerkleinerten Fisch mit den angedünsteten und ausgekühlten Schalotten- und Knoblauchstücken, dem Ei, den Mandeln, dem Brötchen und der Zitronenmelisse rasch zu einem Teig verkneten. Mit Senfpulver, Salz, Pfeffer und Zitronensaft abschmecken. Formen Sie aus der Masse zwölf gleich große Klopse und wenden Sie diese in Semmelbröseln. Das Butterschmalz in einer Pfanne erhitzen und die Klopse darin etwa 5 Minuten goldbraun braten. Dann die Klopse wenden und von der anderen Seite ebenfalls noch etwa 5 Minuten braten.

4 | **Zum Servieren** die Fischklopse auf einer vorgewärmten Platte anrichten und den Meerrettichdip separat dazureichen. Garnieren Sie das Gericht mit geschälten Zitronenscheiben und einigen Blättchen Zitronenmelisse. Dazu passen Kartoffelsalat (S. 93), Gurkensalat mit Dill (S. 88) oder Stampfkartoffeln (S. 336).

S. 182 ff.
IM FOKUS – WARENKUNDE Fisch

S. 366 ff.
WARENKUNDE Altes Gemüse

S. 424 ff.
REGIONENPORTRÄT Niedersachsen

VARIANTEN: FISCHBURGER, FINGERFOOD UND MEHR

Mit der Fischklopsmasse können Sie vielfältig variieren: Sie eignet sich auch sehr gut zum Füllen von zarten Zucchini, jungen Zwiebeln oder ausgehöhlten Schmorgurken. Natürlich können Sie auch statt Klopse aus der Masse flache Fischburger herstellen, die in frischen Brötchen zwischen knackigen Salatblättern hervorragend schmecken. Oder Sie nutzen das Rezept zur Bereicherung Ihres Fingerfoodbufetts: Mit kleinen Fischbällchen oder Minispießen, bei denen Sie zwischen die Fischbällchen Kirschtomaten stecken, haben Sie raffinierte kleine Häppchen.

Zubereitungszeit
ca. 1 Std. 20 Min.

Wirsingroulade vom Kabeljau

Schön verpackt und mit Weißweinsauce ergänzt ein genussvolles Mahl für jeden Tag

Für die Wirsingrouladen vom Kabeljau

- *1 Knoblauchzehe*
- *6 Stängel glatte Petersilie*
- *400 g Kabeljaufilet*
- *Salz · frisch gemahlener Pfeffer*
- *3 EL Zitronensaft*
- *1 Kopf Wirsing*
- *80 g Sahne*
- *60 g Butter*
- *50 ml Sherry*

Für die Weißweinsauce

- *400 ml Fischfond (Glas oder S. 531)*
- *200 ml Weißwein*
- *1–2 EL Butter*
- *2 EL Crème fraîche*

S. 182 ff.
IM FOKUS – WARENKUNDE Fisch

S. 366 ff.
WARENKUNDE Altes Gemüse

1 | **Für die Füllung** der Wirsingrouladen den Knoblauch abziehen und fein hacken. Die Petersilie waschen, trocken schütteln und sehr fein hacken. Schneiden Sie die Kabeljaufilets in Stücke und drehen Sie sie durch die mittlere Scheibe des Fleischwolfs. Anschließend mit Salz, Pfeffer, Knoblauch und Zitronensaft würzen und 30 Minuten im Tiefkühlfach kalt stellen.

2 | **Für die Kohlrouladen** vom Wirsingkopf zwölf große und möglichst helle Blätter abschneiden und in gesalzenem Wasser etwa 8 bis 10 Minuten blanchieren, dann herausnehmen, in Eiswasser abschrecken und abtropfen lassen. Breiten Sie die Wirsingblätter nebeneinander aus und schneiden Sie dicke Blattrippen keilförmig heraus. Vier Blätter jeweils halbieren und damit die Schnittstellen an den Mittelrippen der ganzen Blätter abdecken (Step 1).

3 | **Den gekühlten Kabeljau** portionsweise mit dem Pürierstab pürieren und dabei nach und nach die Sahne zugeben. Die Masse durch ein feines Sieb streichen, die Petersilie unterheben und abschmecken. Die Kabeljaufarce gleichmäßig auf die Wirsingblätter streichen (Step 2), die Seiten einschlagen und die Kohlblätter zu Rouladen aufrollen (Step 3). Salzen und pfeffern Sie die Kohlrouladen, braten Sie sie in Butter an, löschen Sie mit Sherry ab und lassen Sie sie 10 Minuten abgedeckt schmoren.

4 | **Für die Weißweinsauce** den Fischfond mit dem Weißwein auf etwa ein Drittel reduzieren, mit der Butter und der Crème fraîche aufmontieren. Die Wirsingrouladen aus dem Schmorfond nehmen und jeweils zwei davon mit etwas Sauce auf einem vorgewärmten Teller anrichten. Dazu passen Kartoffelpüree (S. 248) oder auch Stampfkartoffeln (S. 336).

Kohlrouladen füllen

1) Die blanchierten Wirsingblätter auf eine Arbeitsfläche legen und dicke Blattrippen herausschneiden. Die Schnittstellen mit einem halben Wirsingblatt abdecken.
2) Auf die vorbereiteten Wirsingblätter jeweils etwa ein Achtel der Kabeljaufarce geben und gleichmäßig verstreichen.
3) Die Seiten der Wirsingblätter schmal einschlagen und das Ganze jeweils zu Rouladen aufrollen.

Hamburg

Bremen

Schleswig-Holstein

Zubereitungszeit
ca. 1 Std.

Schollenfilets mit Nordseekrabben

Mit feiner Sauce serviert und gebettet auf frischen Spinat auch optisch ein Genuss

Für den Spinat

- *750 g frischer Blattspinat*
- *Salz* · *Butter zum Dünsten*
- *frisch gemahlener Pfeffer*
- *1 Msp. frisch geriebene Muskatnuss*

Für die Weißweinsauce mit Nordseekrabben

- *1 Möhre* · *½ Stange Lauch*
- *1 Stange Staudensellerie*
- *Salz* · *2 EL Butter*
- *1–2 EL Mehl*
- *100 g Crème fraîche*
- *1 EL gehackte Petersilie*
- *120 g Nordseekrabben*
- *frisch gemahlener Pfeffer*
- *2 EL geschlagene Sahne*

Für die Schollenfilets

- *2–3 EL Butter*
- *4 Schollenfilets (ca. 600 g)* · *Salz*
- *120 ml Fischfond (Glas oder S. 531)*
- *100 ml trockener Weißwein*

1 | **Für den Spinat** den Blattspinat verlesen, putzen, gründlich waschen, kurz in reichlich Salzwasser blanchieren, mit dem Schaumlöffel herausnehmen, in Eiswasser abschrecken und in einem Sieb sehr gut abtropfen lassen. Den Backofen auf 200 °C vorheizen.

2 | **Für die Weißweinsauce** die Möhre schälen, den Lauch und den Staudensellerie waschen und abtropfen lassen. Schneiden Sie die Möhre sowie den Sellerie in kleine Würfel und den Lauch in feine Ringe. Die Gemüse getrennt voneinander in wenig Salzwasser bissfest garen, herausnehmen, kalt abschrecken und abtropfen lassen.

3 | **Für die Schollenfilets** die Butter zerlassen und mit 1 TL davon eine feuerfeste Form ausstreichen. Legen Sie die Schollenfilets hinein, salzen Sie sie leicht und bestreichen Sie sie mit der restlichen Butter. Den Fischfond und den Weißwein angießen und die Filets im vorgeheizten Backofen 5 bis 6 Minuten garen. Aus dem Ofen nehmen, den Fischsud abgießen und in einem Topf auffangen. Die Filets mit Alufolie abdecken und warm stellen.

4 | **Zum Fertigstellen der Sauce** die Butter in einem kleinen Topf zerlassen und das Mehl darin anschwitzen. Füllen Sie mit dem Fischsud auf und rühren Sie alles glatt. Crème fraîche hinzugeben und 3 bis 4 Minuten mitkochen. Möhren-, Lauch- und Selleriewürfel, Petersilie sowie Krabben in die Sauce geben, mit Salz und Pfeffer abschmecken und mit der geschlagenen Sahne verfeinern.

5 | **Den blanchierten, abgetropften Spinat** in Butter erwärmen, mit Salz, Pfeffer und Muskatnuss würzen. Zum Anrichten den Spinat auf die Teller verteilen, den Fisch darauflegen und mit der Sauce überziehen. Als Beilage eignen sich Reis oder Kartoffeln.

DER KLASSIKER: SCHOLLE FINKENWERDER ART

An der Nordseeküste wird Scholle meist klassisch mit Kartoffeln und Speck serviert: 400 g mehlig kochende Kartoffeln in Salzwasser garen, abgießen, kurz ausdampfen lassen und die Kartoffeln durch eine Presse drücken. Arbeiten Sie rasch 40 g gebräunte Butter, 40 g Weizenmehl und 4 Eigelbe unter die noch heiße Kartoffelmasse und schmecken Sie diese mit Salz, Pfeffer und Muskatnuss ab. 8 Schollenfilets ohne Haut leicht plattieren, salzen und pfeffern, dann die Kartoffelmasse darauf verteilen, die Filets einmal einschlagen und je mit 2 hauchdünnen Scheiben luftgetrocknetem Speck umwickeln. 50 g geklärte Butter erhitzen, die Schollenfilettäschchen darin leicht anbraten und die Pfanne 2 Minuten in den auf 180 °C vorgeheizten Ofen geben. Stellen Sie die Pfanne zurück auf den Herd, drehen Sie die Filets vorsichtig um, braten Sie die andere Seite ebenfalls leicht an und geben Sie die Pfanne nochmals für 2 Minuten in den Ofen. Sofort servieren. Dazu passen Weißweinsauce mit Spinat sowie Kartoffeln.

Deutscher Ring
CAP SAN DIEGO
HAMBURG
Regina Maris

Kulinaria zwischen Land und Meer

Kutterscholle, Korn und Kohl: Zwischen Nord- und Ostsee sind kulinarische Kontraste zu Hause. Hier lebt bäuerliche Bodenständigkeit neben feiner englischer Art.

Katen voller Schinken, Kutter voller Fisch und Kontore voller Gewürze aus aller Welt – das fruchtbare Land zwischen Nord- und Ostsee lebt nicht vom Meer allein. Kulinarische Kontraste sind typisch für den Norden der Republik. Genauso, wie er für Hering oder Hummer steht, ist er für Milch und Butter der Schwarz-Bunten, Kohl und Korn, Mettwurst und Marzipan oder die berüchtigte Sturheit seiner Bauern bekannt. Deren Küche ist einfach, deftig und sehr bodenständig. Eine regionale Armeleuteküche, die an Feiertagen gern nach Kräften und Gutsherrenart aus dem Vollen der Region schöpft. Ganz anders die vornehmen Bürger in Lübeck, Bremen und vor allem Hamburg, die seit Jahrhunderten die feine englische Art adaptieren. Weltoffen zeigen sie sich auch in der Küche. Seit den Tagen der Hanse stehen ihnen nicht nur Gewürze und Genussmittel aus Übersee und Fernost zur Verfügung, sie wenden auch neu gewonnene Kochkenntnisse aus aller Welt an. Zugleich gibt es in der Hamburger und Bremer Küche Einflüsse aus dem niedersächsischen und schleswig-holsteinischen Umland sowie aus Dänemark, den Niederlanden oder Schweden.

Süß, sauer und salzig zugleich

Ganz gleich, ob einfach oder gehoben, ländlich oder urban, charakteristisch für den Geschmack des Nordens ist die Verbindung von salzig und süß. Dieser Vorliebe begegnet man sowohl im Festlichen, z.B. einer Ente nach Lübecker Art, mit Rosinen, Äpfeln, Zimt und Rum, wie auch im Alltäglichen, etwa dem »grönen Hein«, einem Eintopf aus Birnen, Bohnen und Speck. Für viele ist er das Hamburger bzw. schleswig-holsteinische Gericht schlechthin. Ein Paradebeispiel stellen auch »Plumen un Klüten«, Speck, Dörrpflaumen und Klöße in süßsaurer Sauce, dar.
Klöße, auf Plattdeutsch »Klüten« (Klumpen), nehmen in der traditionellen, einfachen Alltagskost nicht selten im Wechsel mit Kartoffeln die Hauptrolle ein. Manchmal landen sie auch in süßen Suppen, wie sie für Hamburg und Holstein typisch sind, z.B. in Buttermilch-, Fliederbeer- (mit Holundersaft) oder Bickbeersuppe (mit Blaubeeren). Ein weiteres Beispiel ist der tennisballgroße nordfriesische »Große Hans«, auch bekannt als »Mehlbüdel« oder »Beutelkloß«. Um nicht auseinanderzufallen, gart er stundenlang in einem Kochbeutel bzw. Leinensäckchen in Speckwasser. Man bereitet ihn ebenfalls süßsalzig zu, z.B. mit heißer Butter, Zucker und Schweinebacke oder mit Kasseler und Sauerkirschen. Auch rein süße Gerichte wie Milchreis oder Grießbrei mit Zimtzucker oder frischem Kompott können eine traditionelle Hauptmahlzeit bestreiten.
Bei den klassischen Hauptspeisen der Region dominieren Eintöpfe, wie das aufwendige Bremer oder Hamburger Stubenkücken oder Grünkohl mit Pinkel, der in Bremen Braunkohl heißt. Grünkohl ist im ganzen Norden zu Hause, wird aber, wie auch das Labskaus, vor allem von den Niedersachen für sich beansprucht. Nirgends gibt es jedoch so viel Kohl wie im Dithmarschener Land in Westholstein. Das flache, fruchtbare Marschland mit feuchtwarmem Nordseeklima ist das größte Kohlanbaugebiet Europas, mit steifen Westwinden als natürlichem Pflanzenschutz.

Gewürze, Kaffee oder Tee: In der alten Speicherstadt im Hamburger Hafen werden noch heute Schätze aus aller Welt gelagert.

Hier kommt alles in einen Topf

Dort, wo das Land karger ist, an Geest und Deichen weiden Lämmer, die den ungedüngten Salzwiesen und viel Auslauf ihr zartes, würziges und mageres Fleisch verdanken. Die Küche reagiert mit hervorragenden Lammgerichten, weit über Lammeintopf mit Kohl oder Steckrüben hinaus. Der Steckrübeneintopf alias »Hamburger« bzw. »Lübecker National« ist eines der populärsten Traditionsgerichte. Der Unterschied besteht lediglich im verwendeten Fleisch (Rind bzw. Schwein). Je nach Region kommen auch »Klüten«, Möhren, Mettwurst, Speck, Kochbirnen, Apfelmus oder Blaubeeren darin vor. An Weihnachten bestücken so viele Zutaten den Eintopf, dass vom »Fullbuksobend« (»Vollbauchabend«) die Rede ist. Ein weiterer Klassiker, bei dem »allens rinkümmt«, was die Vorratskammer hergibt, ist die Hamburger Aalsuppe. Die Bezeichnung ist missverständlich, denn mit Aal hatte das Gericht ursprünglich nichts zu tun, sondern mit »allem«: Gemüse, Gewürze, Dörrobst und Schinkenknochen. Heute fügt man – angeblich wegen der Erwartungen von Touristen – Räucheraal hinzu. Steht »Suersupp« auf der Speisekarte, handelt es sich um das aalfreie Hamburger Original.

Nicht, dass Aal in der norddeutschen Küche ein Fremdwort wäre! Sowohl frisch und gebacken als auch über offenem Buchenholzfeuer geräuchert hat der fette Speisefisch Tradition. Von den zahlreichen Aalkaten, wie sie von Fehmarn bis Hamburg-Altona typisch waren, sind heute nur noch wenige zum Aalräuchern in Betrieb. In die Räucherkammern hängen die Bauern übrigens heute ihre Schinken und Mettwürste, die deswegen Katenrauchschinken und Aalrauchmettwürste heißen.

Hamburger, Hering oder Hummer?

Geräuchert wurden auch andere Nord- und Ostseefische wie Heringe, Sprotten, Makrelen, um Vorräte anzulegen. Die fetten Zeiten für die Fischer und ihre Familien an der Küste waren die Wochen im Jahr, in denen die großen Heringsschwärme vorbeizogen. Ob als Bismarckhering, Bückling, Rollmops, Matjes, Salat oder »grün«, als frischer Brathering, über Mangel an Liebhabern kann sich der ausgesprochen vielseitige Fisch auch heute nicht beklagen. Auch Stinte, Krabben oder Sylter Royals (Austern) sind Delikatessen, die man sich nicht entgehen lassen sollte!

Das Wattenmeer: Magnet für Urlauber, Naturfreunde und Fischliebhaber

Delikat, zart und mit leichtem Raucharoma: Katenschinken ist eine Delikatesse aus dem hohen Norden.

Natürlich nehmen es die Nordlichter auch mit großen Fischen auf. Die Hanseaten sind zu Recht stolz auf ihre breit gefächerte Fischküche, die sich zwischen deftigen Traditionsgerichten wie Kutterscholle Finkenwerder Art, Bremer Schellfisch in Senfsauce, »Pannfisch« aus Fischresten und Bratkartoffeln oder feinen Speisen wie Seezunge mit Krabben, Hummersuppe oder Steinbutt an Champagnersauce bewegt. Viele sagen jedoch, kein Hummer komme gegen frische Nordseekrabben an. Für die beliebten Krabbenbrötchen verwendet man in Hamburg Rundstücke, korrekt ausgesprochen »Rund-st-ücke«. Es gibt auch »Rundstück warm«, womit jedoch ein warmer Imbiss anderer Art – Schweinebraten auf Rundstück, mit Bratensauce und Gewürzgurken – gemeint ist. Ein »Hamburger« besteht übrigens aus einem halben Rundstück, das mit pikantem Käse und Schwarzbrot belegt ist. Aber was für ein Brot! Aus vollem Schrot und Korn, saftig und kräftig-würzig im Geschmack. Mit holsteinischer Butter, Katenrauchschinken und frisch gemahlenem weißem Pfeffer bestreut, ist das eine Delikatesse, die ihresgleichen sucht.

In der Weinstadt des Nordens

Für Schwarzbrote ganz anderer Art ist die Hansestadt Lübeck berühmt: Sie sind aus Marzipan. Obschon seit Jahrhunderten im Orient verbreitet, will eine venezianische Legende den Ursprung des »panis marci«, des »Brots« des venezianischen Stadtheiligen Markus, in der Lagunenstadt wissen. Dort habe man 1407 einem Getreideengpass und einer drohenden Hungersnot mit der Erfindung von Mandelzuckerbrot gegengesteuert. Was die Lübecker nun betrifft, so steht fest, dass der Ruhm ihres Marzipans auf einen Ulmer zurückgeht, den Konditor Johann Georg Niederegger. 1822 begann er in der Hansestadt mit der Marzipanfabrikation. Noch etwa bis Anfang des 19. Jahrhunderts wurde Marzipan in Apotheken hergestellt, da die Zutaten – Mandeln, Zucker, Rosenwasser, ätherische Öle – teuer und schwer erhältlich waren. Aus diesem Grund war das süße Mandelkonfekt lange Zeit nur für Wohlhabende erschwinglich.
Eine weitere, betuchten Bürgern vorbehaltene, alte Lübecker Spezialität war Bordeauxwein, der in Lübeck als »Rotspon« gelagert und abgefüllt wurde – zum Teil auch noch heute. Dank der weitverbreiteten Auffassung, Wein würde auf langen Seereisen am besten reifen, stand französischer Wein made in Lübeck in hohem Ansehen. Die stolze Handelsstadt beherrschte jahrhundertelang den Weinhandel im gesamten Ostseeraum bis nach St. Petersburg. Bremen setzte dagegen auf deutschen Wein und machte in dieser Hinsicht Lübeck den Rang als Weinstadt des Nordens streitig. Der Bremer Ratskeller gilt heute als größte Önothek der deutschen Weinkultur. Über 650 verschiedene deutsche Weine lagern dort, darunter seltene und kostbare Fassweine von 1635 und der älteste noch trinkbare deutsche Wein, der Rüdesheimer Apostelwein von 1727.
Wie in Hamburg bargen die Bremer Speicher noch viele weitere Genussmittel, vor allem riesige Mengen an Zucker, Kaffee, Tee und Schokolade. Kein Wunder, hat sich doch die deutsche Kaffee- und Teekultur mit all ihren Kuchen und Keksen zunächst im hanseatischen Raum entwickelt. Kaffeebohnen wurden in Bremen schon früh im großen Stil geröstet und veredelt, und noch heute kommt jede zweite Tasse Kaffee, die in Deutschland getrunken wird, aus Bremen. Dass dort das erste Kaffeehaus Deutschlands eröffnet wurde, überrascht nicht.
Wer ein richtiger Seemann werden und Seemannsgarn spinnen will, braucht jedoch keinen Kaffee, sondern vielmehr eine »Buddel« Rum. Dafür ist das ehemals dänische Flensburg zuständig, wo Hans Hinrich Pott 1848 mit der Fabrikation von westindischem Rum begann. Ob pur oder als »steifer Grog«, Rum fand rasch seine Anhänger – nicht nur unter Seebären. Die feine Gesellschaft genehmigt ihn sich, wohldosiert wie wohlkaschiert, in Tee, Kaffee (»Pharisäer«) oder heißer Schokolade (»Lumumba« bzw. »tote Tante«). Und natürlich im Rumtopf, in dem nach und nach all die leckeren Früchtchen des norddeutschen Sommers landen, sofern sie nicht schon in der wunderbaren »Roden Grütt« verspeist wurden.

Ingrid Schindler

Zubereitungszeit
ca. 2 Std.

Seezunge »Müllerinart«

Der Klassiker in modernem Gewand: mit raffiniertem Kartoffel-Zitronen-Schnee und Petersiliengelee

Für das Petersiliengelee

· 1 Bund Blattpetersilie · 180 ml Gemüsefond (Glas oder S. 109) · Salz · frisch gemahlener Pfeffer · 1 Msp. Zucker · 4 g Agar-Agar

Für die Seezunge »Müllerinart«

· 1 unbehandelte Zitrone · 100 g Semmelbrösel · 50 g Zanderfilet · Salz · frisch gemahlener Pfeffer · 2 EL Sahne · 1 EL gehackte Petersilie · 8 Seezungenfilets (je 80 g) · 4 Stängel Zitronengras · Distelöl zum Braten · 4 EL Kalbsglace zum Anrichten (Glas oder S. 571) · frittierte Petersilie zum Garnieren

Für den Kartoffel-Zitronen-Schnee

· 400 g mehlig kochende Kartoffeln · Salz · 70 g weiche Butter · 1 Msp. frisch geriebene Muskatnuss · abgeriebene Schale von 1 unbehandelten Zitrone · 6 EL geschlagene Sahne

Für die Petersilienbutter

· 80 g Butter · Salz · frisch gemahlener Pfeffer · 3 TL Zitronensaft · 1 EL fein gehackte Petersilie

1 | Für das Petersiliengelee die Petersilie waschen, abtropfen lassen, die Blättchen von den Stielen zupfen, in kochendem Wasser 1 Minute blanchieren, abschrecken, gut ausdrücken und mit dem Pürierstab mit Gemüsefond, Salz, Pfeffer und Zucker pürieren. Das Agar-Agar einrühren, die Masse aufkochen, auf ein mit Folie ausgelegtes Blech gießen und zum Gelieren kühl stellen.

2 | Für die Seezunge die unbehandelte Zitrone heiß waschen, trocken reiben, die Schale abreiben und den Abrieb im Backofen bei 80 °C etwa 15 Minuten antrocknen. Den Zitronenabrieb mit den Semmelbröseln mischen und beiseitestellen. Das Zanderfilet in kleine Stücke schneiden, salzen und pfeffern, 10 Minuten im Tiefkühlfach kühlen und anschließend mit der Sahne im Mixer oder mit dem Pürierstab fein pürieren. Streichen Sie die Farce durch ein Sieb, ziehen Sie die Petersilie unter und schmecken Sie mit Salz und Pfeffer ab, bevor Sie sie abgedeckt 20 Minuten kühl stellen.

3 | Für den Kartoffel-Zitronen-Schnee die Kartoffeln waschen, in der Schale in wenig Salzwasser gar kochen, herausnehmen, schälen und durch eine Presse drücken. Mit der Butter verrühren, mit Salz, Muskatnuss und der Zitronenschale aromatisieren. Heben Sie zuletzt, kurz vor dem Servieren, die geschlagene Sahne unter.

4 | Die Seezungenfilets waschen, trocken tupfen, salzen, pfeffern und mit der Hautseite nach oben dünn mit der Zanderfarce bestreichen. Aufrollen und je zwei Röllchen mit einem Zitronengrashalm, der vorne schräg angeschnitten wird, aufspießen. Wenden Sie die Seezungenrouladen in den Zitronen-Semmelbröseln und braten Sie sie in heißem Öl in einer beschichteten Pfanne goldbraun.

5 | Für die Petersilienbutter die Butter in einer Pfanne aufschäumen lassen, salzen, pfeffern, Zitronensaft und Petersilie zugeben. Die Kalbsglace erwärmen. Jeweils etwas Kartoffel-Zitronen-Schnee in Sockelform und eine Scheibe Petersiliengelee auf Teller geben und darauf die Seezungenröllchen anrichten. Mit Petersilienbutter sowie Kalbsglace umgießen und mit frittierter Petersilie garnieren.

KÜCHENGEHEIMNIS: SO GELINGT EINE FARCE PERFEKT

Für Farcen sollten Sie nur absolut frische Zutaten verwenden. Befreien Sie Fisch oder Fleisch von Gräten bzw. Sehnen und schneiden Sie alles in kleine Stücke. Diese sollten Sie vor der Weiterverarbeitung im Tiefkühlfach gut kühlen, denn die Zutaten dürfen sich beim anschließenden Zerkleinern im Mixer nicht zu stark erwärmen, damit die Farce eine gute Bindung erhält. Dies können Sie unterstützen, indem Sie vor dem Zerkleinern würzen und die Geräte vorkühlen. Zerkleinern Sie das vorbereitete Fleisch oder den Fisch im Mixer portionsweise, sodass der Vorgang möglichst schnell geht. Erwärmt sich die Farce während des Arbeitsvorganges fühlbar, sollten Sie die Zutaten und Geräte zwischendurch nochmals kühlen.

Zubereitungszeit
ca. 1 Std.

Weißer Heilbutt mit Kräuterkruste

Auf feinem Steinpilzbett serviert: ein edles Gericht aus deutschen Landen

Für den weißen Heilbutt mit Kräuterkruste

· 60 g Butter
· 6 Stängel Kerbel
· 3 Stängel Estragon
· ½ Bund Schnittlauch
· 4 Stängel Petersilie
· 4 Tranchen weißer Heilbutt (je 150 g; oder Steinbutt)
· Salz · 4 EL Zitronensaft
· 100 g Semmelbrösel
· 3–4 EL Olivenöl

Für die Steinpilze

· 4 Stängel Petersilie
· ½ Bund Schnittlauch
· 1 Zweig Thymian
· 400 g Steinpilze (oder braune Champignons)
· 2 Schalotten
· 2–3 EL Olivenöl · Salz
· frisch gemahlener Pfeffer

S. 182 ff.
IM FOKUS – WARENKUNDE Fisch

1 | **Für den Heilbutt** die Butter zerlassen. Den Kerbel, den Estragon, den Schnittlauch und die Petersilie waschen und gut trocken schleudern. Schneiden Sie den Schnittlauch in feine Röllchen, die restlichen Kräuter sehr fein hacken. Die Heilbutttranchen mit Salz und Zitronensaft würzen. Die geschnittenen Kräuter mit den Semmelbröseln vermischen. Die Heilbutttranchen auf der Grätenseite in die zerlassene Butter tauchen, in das Kräuter-Semmelbrösel-Gemisch legen und andrücken, sodass eine dicke Schicht Kräuter-Semmelbrösel-Gemisch auf den Heilbutttranchen haften bleibt. Den Backofen auf 160 °C vorheizen.

2 | **Für die Steinpilze** die Kräuter waschen und trocken schütteln. Beim Thymian und bei der Petersilie die Blättchen von den Stielen zupfen und fein hacken; den Schnittlauch in Röllchen schneiden. Die Steinpilze mit einem Pinsel von Sand und Schmutz befreien, nur bei sehr starker Verschmutzung kalt waschen und dann gut abtropfen lassen. Schneiden Sie die gereinigten Steinpilze in dünne Scheiben. Die Schalotten schälen und in feine Würfel schneiden.

3 | **Das Olivenöl** für den Heilbutt in einer ofenfesten Pfanne erhitzen, den Fisch darin goldgelb anbraten, auf die Hautseite drehen und je nach Größe 5 bis 8 Minuten im vorgeheizten Backofen auf den Punkt garen. Der Fisch soll dabei innen noch ganz leicht glasig sein. Während der Heilbutt im Ofen nachzieht, schwitzen Sie die Schalotten in einer Pfanne im heißen Olivenöl farblos an. Geben Sie die Steinpilze dazu und braten Sie sie rasch an. Mit Salz, Pfeffer, Thymian, Schnittlauch und Petersilie würzen. Zum Servieren das Heilbuttfilet mit der Kräuterseite nach oben auf den Steinpilzen anrichten. Dazu passen Bratkartoffeln oder selbst gemachte Eiernudeln (S. 408).

WARENKUNDE

Kerbel – zartes Kraut mit feinem Aroma

Sein zartes Aussehen trügt: Die buschig wachsende, anspruchslose Pflanze weist weiche, glatte oder krause Blätter auf, die recht kältetolerant sind. Ihr anisartiges, süßliches Aroma macht sie als Küchenkraut für Suppen und Saucen, zu Fisch- und Eierspeisen sowie Rohkost beliebt. Kerbel, auch Gartenkerbel genannt, sollte vor der Blüte geerntet werden, seine Blätter schmecken jung und frisch am besten. Er lässt sich jedoch nur bedingt konservieren: Tiefkühlen erhält sein Aroma, beim Trocknen wird es zerstört.

Zubereitungszeit
ca. 3 Std.

Gebratene Steinbuttdarnen

Köstlich arrangiert mit knackig gegartem jungen Gemüse und Zitronenbutter

Für das Gemüse

· 100 g frischer Blattspinat · 4 Artischocken · 2–3 TL Zitronensaft · 500–600 g gemischtes Gemüse (Brokkoli, Blumenkohl, kleine Möhren, Zuckerschoten, Bohnen, Frühlingszwiebeln, Staudensellerie) · 8 Kirschtomaten · Meersalz (Fleur de sel) · frisch gemahlener Pfeffer · Olivenöl und Butter zum Garen · Gemüsefond (Glas oder S. 109)

Für die Zitronenbutter

· 4 Schalotten · 200 ml Weißwein · 2 EL trockener Wermut (Noilly Prat) · 2 EL Zitronensaft · ½ TL Estragonessig (oder weißer Aceto balsamico) · 150 g kalte Butter in Stücken · Salz · frisch gemahlener Pfeffer · 1 Msp. Zesten von 1 unbehandelten Zitrone

Für den Steinbutt

· 4 Tranchen Steinbutt (je 200 g; aus der Mittelgräte geschnittene Darnen) · Meersalz (Fleur de sel) · frisch gemahlener Pfeffer · 2 EL Rapsöl · 2 TL Butter

1 | **Für das Gemüse den Spinat verlesen,** waschen und gut abtropfen lassen. Die Artischocken putzen und die Böden freilegen (S. 45). Sofort mit etwas Zitronensaft beträufeln, damit sie sich nicht verfärben. Das gemischte Gemüse putzen und in mundgerechte Stücke schneiden. Das Gemüse und die Artischocken nacheinander in kochendem Wasser bissfest garen und in kaltem Wasser abschrecken. Auf einem Küchentuch bis zur Weiterverarbeitung abtropfen lassen. Die Kirschtomaten in kochendem Wasser blanchieren, kalt abschrecken, die Haut abziehen, salzen und pfeffern. Heizen Sie den Backofengrill vor, bepinseln Sie die Tomaten mit Öl und grillen Sie sie anschließend im Ofen auf der obersten Schiene, bis sie goldgelb sind. Herausnehmen und abgedeckt beiseitestellen.

2 | **Für die Zitronenbutter** die Schalotten schälen und fein würfeln, mit dem Weißwein und dem Wermut auf etwa 5 bis 6 EL reduzieren, dann den Zitronensaft und Essig hinzugeben (Step 1) und die Butter in Stückchen einrühren. Die Sauce mit Salz und Pfeffer abschmecken und die Zitronenzesten hinzugeben (Step 2).

3 | **Für den Steinbutt** den Backofen auf 200 °C vorheizen. Würzen Sie die Steinbuttdarnen mit grobem Meersalz und Pfeffer. Das Öl in einer beschichteten, ofenfesten Pfanne erhitzen, den Steinbutt darin rasch auf beiden Seiten goldgelb anbraten. Das Öl abgießen, die Butter hinzufügen und den Fisch 4 bis 5 Minuten im vorgeheizten Backofen weitergaren.

4 | **Zum Servieren** alle Gemüse (bis auf die Tomaten) in einer Pfanne mit etwas Butter und Gemüsefond andünsten. Schmecken Sie das Gemüse mit Salz und Pfeffer ab. Kurz vor dem Anrichten den jungen Spinat unterheben. Aus dem Gemüse ein Bett auf vorgewärmten Tellern anrichten, die Tomaten anlegen, die Steinbutttranchen platzieren und mit der Zitronenbutter umgießen.

Zitronenbutter herstellen

1) Schalotten mit Weißwein und Wermut auf 5 bis 6 EL reduzieren, dann Zitronensaft und Essig hinzugeben.

2) Die kalte Butter in Stückchen einmontieren und zum Schluss die Zitronenzesten dazugeben.

Zubereitungszeit
ca. 2 Std.

Gratinierte Austern

Auf einem Spinatbett angerichtet und mit Weißweinsabayon goldbraun überbacken

Zutaten

- *12 frische Austern*
- *100 ml trockener Weißwein*
- *100 ml Fischfond (Glas oder S. 531)*
- *1 Schalotte*
- *2 TL trockener Wermut (Noilly Prat)*
- *100 g Sahne*
- *1 TL Speisestärke*
- *1 Msp. Cayennepfeffer*
- *1 Eigelb*
- *1 EL frisch geriebener Parmesan*
- *Meersalz zum Gratinieren der Austern*
- *4–5 EL blanchierter Blattspinat*

Austern-Frischetest

So testen Sie die Frische von Austern: Geschlossene Austern müssen wie Steine klingen, wenn man sie aneinanderklopft. Klingt es hohl, hat die Auster Wasser verloren und ist nicht mehr frisch.

1 | **Die Austern öffnen:** Dazu die Muschel mit einem Tuch in eine Hand nehmen, fest umfassen und die Auster möglichst waagrecht halten. Die Spitze des Austernmessers ansetzen und behutsam ein Stück in die Muschel schieben. Dann den Austernöffner kraftvoll drehen, sodass die Muschelschale aufgeht (S. 159). Gießen Sie das Muschelwasser durch ein mit einem Tuch ausgelegtes Sieb in einen kleinen Topf ab, fügen Sie den Wein hinzu und kochen Sie die Mischung auf. Inzwischen die Austern aus der Schale lösen, 1 Minute im heißen Muschel-Wein-Fond ziehen lassen (»absteifen«) und mit einem Schaumlöffel wieder herausnehmen.

2 | **Den Muschel-Wein-Fond** mit dem Fischfond mischen und auf ein Drittel reduzieren. Die Schalotte schälen, fein würfeln, dazugeben und mitkochen. Den Wermut und die Sahne hinzufügen, die Mischung nochmals aufkochen, mit der mit wenig kaltem Wasser angerührten Speisestärke binden und 2 Minuten kochen lassen. Schmecken Sie mit Cayennepfeffer ab, schlagen Sie die Sauce mit einem Pürierstab kurz auf und passieren Sie sie dann durch ein Sieb. Die Sauce mit dem Eigelb binden und den Parmesan unterrühren. Den Backofengrill vorheizen.

3 | **Die Austernschalen reinigen** und trocken tupfen. Setzen Sie die Schalen auf ein Bett aus Meersalz. In die Schalen etwas Blattspinat geben, darauf jeweils eine Auster platzieren und mit etwas Sauce übergießen. Die Austern unter dem Backofengrill goldgelb gratinieren und sofort servieren.

S. 200 ff.
REGIONENPORTRÄT
Hamburg/Bremen/Schleswig-Holstein

REGIONENPORTRÄT

Die »Royals« von Sylt

Überfischung und ein sehr kalter Winter Anfang der 1920er-Jahre brachten die deutsche Austernfischerei zum Erliegen. Seit Mitte der 1980er-Jahre spielt sie in der Gastroszene jedoch wieder eine Rolle: die einheimische Auster, auch als »Felsenauster« oder »Sylter Royal« bekannt. Auf Sylt, nahe des Lister Hafens auf der Wattenmeerseite, liegt die einzige Austernzuchtfarm Deutschlands. Bei Wassertiefstand werden hier die Muscheln täglich geerntet und bundesweit vermarktet. Dabei wird an eine jahrhundertealte Tradition angeknüpft: Die ersten Austernbänke vor Sylt wurden bereits im 11. Jahrhundert angelegt. Hamburger und Bremer Kaufleute ließen sich von hier beliefern.

Zubereitungszeit
ca. 1 Std. 30 Min.

Ragout von Nordseefischen

Heimatliches Edelgericht mit Miesmuscheln und Hummer, Seeteufel und Seezunge

Für den Fischsud

- *1 kg Seezungengräten*
- *4 Schalotten* · *4 Knoblauchzehen*
- *½ Stange Lauch* · *½ Fenchelknolle*
- *1 Stange Staudensellerie*
- *5 Wacholderbeeren* · *5 Pimentkörner*
- *½ Bund Petersilie* · *4 EL Olivenöl*
- *½ l Fischfond (Glas oder S. 531)*
- *¼ l Geflügelfond (Glas oder S. 534)*
- *½ l trockener Riesling* · *4 TL Pernod*
- *1 Lorbeerblatt* · *4 Gewürznelken*
- *1 Zweig Rosmarin* · *4–5 Safranfäden*
- *1 TL fein geriebener Ingwer*
- *Meersalz (Fleur de sel)*

Für die Einlage

- *200 g Miesmuscheln* · *1 Tomate*
- *250 g gemischtes Gemüse (Lauch, Sellerie, Fenchel, Möhren, Zucchino, rote Paprika)*
- *1 festkochende Kartoffel*
- *2 Schalotten*
- *1 gekochter Hummer (500 g)*
- *4 EL Olivenöl*
- *100 g Seezungenfilet*
- *100 g Steinbuttfilet*
- *100 g Seeteufelfilet*
- *100 g Kabeljaufilet*
- *100 g Lachsfilet*
- *50 g gemischte, gehackte Kräuter (Estragon, Dill, Kerbel, Schnittlauch, Petersilie)*
- *Salz* · *frisch gemahlener Pfeffer*
- *2–3 EL Pernod*

S. 200 ff.
REGIONENPORTRÄT
Hamburg/Bremen/Schleswig-Holstein

1 | **Für den Fischsud** die Seezungengräten grob zerkleinern und in einer Schüssel 20 Minuten wässern. Erneuern Sie das Wasser dabei immer wieder, bis es frei von Trübstoffen ist und klar bleibt. Schalotten und Knoblauchzehen schälen, den Knoblauch mit dem Messerrücken zerdrücken und die Schalotten fein würfeln. Den Lauch, den Fenchel und den Staudensellerie putzen, waschen und zerkleinern. Die Wacholderbeeren und Pimentkörner im Mörser zermahlen. Die Petersilie waschen, trocken schütteln und fein schneiden.

2 | **Die Seezungengräten abgießen** und abtropfen lassen. Das Olivenöl erhitzen und die Gräten, das Gemüse, die Schalotten und den Knoblauch darin anschwitzen. Mit Fischfond, Geflügelfond, Wein und Pernod auffüllen. Das Lorbeerblatt, die Nelken, den Rosmarin, den Safran und den Ingwer dazugeben, mit Meersalz würzen, aufkochen und 20 Minuten köcheln lassen. Gießen Sie den Sud durch ein mit einem Tuch ausgelegtes Sieb ab, dabei keinesfalls nachdrücken, da der Sud sonst trüb wird.

3 | **Für die Einlage** die Miesmuscheln waschen und anhaftende Bartfäden abzupfen. Geöffnete Muscheln aussortieren, sie könnten verdorben sein. Lassen Sie die Muscheln in einem Sieb bis zur Weiterverarbeitung abtropfen. Die Tomate am Stielansatz einritzen, mit kochendem Wasser übergießen, abschrecken und die Haut abziehen. Die Tomate halbieren, die Kerne entfernen und das Fruchtfleisch würfeln. Das Gemüse für die Einlage putzen und waschen, ggf. schälen und alles in Rauten oder kleine Würfel schneiden. Die Kartoffel und die Schalotten schälen, die Schalotten sehr fein würfeln und die Kartoffel in 1 bis 2 cm große Würfel schneiden.

4 | **Das Hummerfleisch auslösen.** Dazu den gekochten Hummer am Brustpanzer festhalten und die Scheren abdrehen. Den Hummerkörper mit einem scharfen Messer der Länge nach halbieren, die beiden Hälften auseinanderklappen, mit einem Löffel die grünliche Leber entfernen und den Darm herausziehen. Anschließend die Antennen und Beine abdrehen. Die Beine mit dem Messerrücken anschlagen und mit einer Hummergabel oder einem Spieß das Fleisch herausziehen. Das Scherenfleisch auslösen, dafür den kleinen Scherenfinger nach oben wegziehen. Das untere Scherenglied abdrehen und das Fleisch auslösen. Das große Scherenstück mit dem Messerrücken anschlagen und das Fleisch freilegen.

5 | **Für das Ragout** in einem flachen, großen Topf das Olivenöl erhitzen und die Schalottenwürfel mit dem Gemüse und den Kartoffeln darin anschwitzen. Mit dem Fischsud auffüllen und zum Kochen bringen. Inzwischen schneiden Sie die Fischfilets in 2 bis 3 cm große Stücke. Die Fischstücke und die Miesmuscheln in den kochenden Sud geben und in etwa 3 Minuten gar ziehen lassen. Das Hummerfleisch, die Kräuter und die Tomatenwürfel dazugeben und erwärmen. Den Eintopf mit Salz, Pfeffer und Pernod abschmecken und sofort servieren. Dazu passt frisches Weißbrot.

Zubereitungszeit
ca. 1 Std. 30 Min.

Gebackener Hummer auf Kartoffelsalat

Mit echtem Helgoländer Hummer ein durch und durch deutsches Gericht

Für den Kartoffelsalat

- *2 Tomaten* · *3–4 Schalotten*
- *400 g gekochte vorwiegend festkochende Kartoffeln*
- *½ Salatgurke* · *2 Gewürzgurken*
- *400 ml Geflügelfond (Glas oder S. 534)*
- *1 Msp. gemahlener Safran*
- *3 EL Weinessig* · *1 gestr. TL Zucker*
- *Salz* · *frisch gemahlener Pfeffer*
- *1 gestr. TL Speisestärke zum Binden*
- *2 geh. EL gewürfelten Speck*
- *3 EL fein gehackte Petersilie*
- *2 EL Olivenöl*

Für den gebackenen Hummer

- *2 gekochte Hummer (je 500 g; Helgoländer oder Norweger)*
- *50 g Weizenmehl* · *2 Eier*
- *200 g Semmelbrösel*
- *Butterschmalz zum Braten*
- *Petersilie zum Garnieren*

1 | **Für den Kartoffelsalat** die Tomaten am Stielansatz einritzen, mit kochendem Wasser übergießen, kalt abschrecken und die Haut abziehen. Halbieren Sie die Tomaten, entfernen Sie die Kerne und schneiden Sie das Fruchtfleisch in Würfel. Die Schalotten schälen und fein hacken. Die Kartoffeln pellen und in Würfel schneiden.

2 | **Die Salatgurke und die Gewürzgurken** schälen und in kleine Würfel schneiden. In einem Topf den Geflügelfond mit den Gurkenwürfeln vermischen, erhitzen und mit den Schalotten, dem Safran, Essig, etwas Zucker, Salz und Pfeffer 10 Minuten köcheln lassen. Die Speisestärke mit kaltem Wasser anrühren und den Sud leicht binden. Gießen Sie den Sud anschließend über die gewürfelten Kartoffeln und lassen Sie den Kartoffelsalat auskühlen.

3 | **Den Speck** in einer beschichteten Pfanne ohne Fett knusprig ausbraten und mit den Tomatenwürfeln, der Petersilie und dem Olivenöl unter den Kartoffelsalat rühren. Schmecken Sie dann den Salat nochmals mit Salz, Pfeffer, Essig und Zucker ab.

4 | **Den gekochten Hummer** auslösen (S. 213). Die Hummerteile in Mehl wenden, gut abklopfen, durch die verquirlten Eier ziehen und in den Semmelbröseln wenden. Den panierten Hummer in einer Pfanne mit reichlich Butterschmalz von beiden Seiten etwa 2 Minuten goldbraun braten. Zum Servieren den bunten Kartoffelsalat auf Tellern anrichten und den gebratenen Hummer auf den Salat setzen. Mit Petersilie garniert servieren.

REGIONENPORTRÄT

Helgoland – die »Hummerinsel«

Die kleine Hochseeinsel ist die Heimat der einzigen deutschen Hummerpopulation: Die Tiere, die felsigen Untergrund lieben, finden diesen rund um Helgoland. Noch in den 1920er-Jahren wurden jährlich 20.000 Hummer gefangen, heute gehen den wenigen autorisierten Fischern nur noch 200 bis 300 Exemplare in die Fangkörbe. Der Bestand der Krebstiere ist gefährdet; seit 1999 gibt es ein Aufstockungsprojekt, bei dem jährlich 1.200 Hummer gezüchtet, aufgezogen und als Einjährige im Naturschutzgebiet »Helgoländer Felssockel« ausgesetzt werden.

Fleisch und Innereien

Gerichte von Schwein, Rind und mehr

Zubereitungszeit
ca. 3 Std. 45 Min.

Gepökelte Schweinshaxe mit Sauerkrautsuppe

Statt Braten mit Knödel hier eine moderne Variante

Für die Schweinshaxe

- *1 Möhre*
- *1 Stück Knollensellerie (100 g)*
- *½ Stange Lauch*
- *1 kleine Zwiebel*
- *1 Knoblauchzehe*
- *1 gepökelte Schweinshaxe mit Knochen (ca. 1 kg)*
- *1 Lorbeerblatt*
- *1 Zweig Thymian*
- *12 weiße Pfefferkörner*
- *12 Korianderkörner*
- *6 Wacholderbeeren*
- *6 Pimentkörner* · *1 TL Kümmel*
- *1 EL Weißweinessig*

Für die Sauerkrautsuppe

- *500 g Sauerkraut*
- *1 Apfel* · *1 Knoblauchzehe*
- *2 Schalotten* · *2 Zwiebeln*
- *70 g Schweineschmalz*
- *Salz* · *frisch gemahlener Pfeffer*
- *2 EL gewürfelter Bauchspeck (30 g)*
- *1 Zweig Thymian*
- *150 ml trockener Wermut (Noilly Prat)*
- *100 ml trockener Weißwein*
- *10 Pfefferkörner*
- *2 Wacholderbeeren*
- *1 TL Kümmel*
- *2 Lorbeerblätter*
- *150 g Sahne*
- *2 EL Crème fraîche*
- *Majoran- oder Thymianblättchen zum Garnieren*

S. 34 ff.
REGIONENPORTRÄT Bayern

S. 78 ff.
IM FOKUS – WARENKUNDE Kohl

1 | **Für die Schweinshaxe** die Möhre und den Sellerie schälen, den Lauch putzen und waschen, die Zwiebel schälen und alles in etwa walnussgroße Stücke schneiden. Den Knoblauch abziehen und vierteln. Das Gemüse mit den Zwiebelstücken, dem Knoblauch und der Schweinshaxe in einen Topf geben, die Kräuter, die Gewürze und den Essig dazugeben, mit 3 l kaltem Wasser auffüllen, zum Kochen bringen und in etwa 2 Stunden bei schwacher Hitze weich kochen.

2 | **Für die Sauerkrautsuppe** inzwischen das Sauerkraut kalt waschen und abtropfen lassen. Legen Sie 2 EL davon für die Garnitur beiseite. Den Apfel schälen, das Kerngehäuse entfernen und das Fruchtfleisch grob zerkleinern. Die Knoblauchzehe abziehen. Die Schalotten und die Zwiebeln schälen und in feine Streifen schneiden. Schwitzen Sie die Schalotten und die Zwiebeln im Schweineschmalz an und würzen Sie sie leicht mit Salz und Pfeffer. Dann das Sauerkraut hinzufügen und etwa 3 Minuten mitdünsten.

3 | **Die Apfelstücke,** den Speck, den Thymian und die Knoblauchzehe dazugeben. Löschen Sie mit Wermut und Weißwein ab und lassen Sie die Flüssigkeit fast vollständig einkochen, dann mit 1 l Sud vom Kochen der Schweinshaxe auffüllen. Die Gewürze in ein Stoffsäckchen oder in ein Gewürzei geben und hinzufügen. Lassen Sie die Suppe 1 Stunde 30 Minuten bei schwacher Hitze kochen.

4 | **Die Haxe aus dem Sud nehmen,** den Sud durch ein Sieb abgießen und bis zur späteren Verwendung beiseitestellen. Den Backofen auf 200 °C vorheizen. Trennen Sie mit einem scharfen Messer die Schwarte vom Fleisch und lösen Sie das Fleisch vom Knochen. Das Fleisch abgedeckt kalt stellen. Die Schwarte auf ein mit Backpapier ausgelegtes Backblech legen und mit Backpapier abdecken. Das Ganze mit einem Topf beschweren und im vorgeheizten Backofen in etwa 1 Stunde knusprig braten. In der Zwischenzeit die Sauerkrautsuppe fertigstellen.

5 | **Den Thymianzweig** aus der Sauerkrautsuppe entfernen, die Sahne und die Crème fraîche hineingeben und die Suppe nochmals aufkochen lassen. Die Gewürze im Gewürzei oder Gewürzsäckchen, die Knoblauchzehe und den Bauchspeck aus der Suppe nehmen. Schäumen Sie die Suppe mit einem Mixer auf, passieren Sie sie anschließend durch ein Sieb und würzen Sie nach Geschmack mit Salz und Pfeffer. Halten Sie die Suppe zugedeckt warm. Für die Garnitur das beiseitegelegte Sauerkraut mit Küchenpapier gut trocken tupfen und anschließend bei 180 °C knusprig frittieren, sodass das Sauerkraut eine goldene Farbe erhält.

6 | **Zum Anrichten** die gekochte Schweinshaxe in dünne Scheiben schneiden und in vorgewärmte Teller geben. Die Schwarte aus dem Ofen nehmen und mit einem Messer grob hacken. Gießen Sie die heiße, aufgeschäumte Suppe mit einem Suppenlöffel vorsichtig in die Teller und geben Sie die knusprige Schwarte und das frittierte Sauerkraut als Garnitur auf das Fleisch. Nach Belieben mit frischem Majoran oder Thymian bestreut servieren.

Zubereitungszeit
ca. 2 Std. 50 Min.

Marinierzeit für das Kraut
ca. 12 bis 48 Std.

Schweinebraten mit Blaukraut

Kenner genießen den Braten ganz traditionell mit Semmel- oder Kartoffelknödeln.

Für das Blaukraut

- *1,25 kg Blaukraut (Rotkohl)*
- *1 Apfel* · *4 EL Rotweinessig*
- *Salz* · *1 Prise Zucker*
- *4 EL kalt gerührte Preiselbeeren*
- *2 Zwiebeln*
- *100 g Schweineschmalz*
- *1 rohe Kartoffel*
- *300 ml Rotwein*
- *4 Gewürznelken*
- *4 Pimentkörner*
- *1 TL weiße Pfefferkörner*
- *3–4 Wacholderbeeren*
- *2 Lorbeerblätter*
- *½ Zimtstange*

Für den Schweinebraten

- *1,5 kg Schweineschulter (mit Schwarte, ohne Knochen)*
- *2 Knoblauchzehen*
- *Salz* · *frisch gemahlener Pfeffer*
- *2 Möhren* · *1 Zwiebel*
- *½ Knollensellerie*
- *600 ml Gemüse- oder Fleischfond (Glas oder S. 109 bzw. 534)*
- *½ l dunkles Bier*

S. 34 ff.
REGIONENPORTRÄT Bayern

S. 546 f.
IM FOKUS Bier

1 | **Marinieren Sie das Blaukraut** 1 bis 2 Tage vor dem Servieren: Dazu das Kraut putzen und in feine Streifen schneiden oder fein hobeln. Den Apfel schälen und raspeln. Das Kraut mit Apfel, Rotweinessig, Salz und Zucker stampfen, die Preiselbeeren hinzufügen, gründlich unterrühren und das Blaukraut zugedeckt mindestens 12 Stunden im Kühlschrank marinieren.

2 | **Für den Schweinebraten** die Schwarte der Schweineschulter mit einem sehr scharfen Messer rautenförmig einschneiden. Den Backofen auf 150 °C vorheizen. Die Knoblauchzehen abziehen und sehr fein hacken. Reiben Sie dann das Fleisch mit dem Knoblauch und mit Salz und Pfeffer ein. Die Möhren, die Zwiebel und den Sellerie schälen und in Würfel schneiden. Verteilen Sie das Gemüse auf einem tiefen Backblech oder in einem Bräter und legen Sie die Schweineschulter darauf. Den Fond angießen und das Fleisch im vorgeheizten Ofen 2 Stunden schmoren. Etwa alle 10 Minuten mit dem ausgetretenen Bratensaft übergießen, damit das Fleisch beim Garen nicht austrocknet. Die letzte halbe Stunde immer wieder etwas Bier über die Schwarte gießen, damit die Kruste knusprig wird.

3 | **Während das Fleisch gart,** für das Blaukraut die Zwiebeln schälen, fein würfeln und im Schmalz andünsten. Das marinierte Kraut hinzufügen, die Kartoffel schälen, hineinreiben und den Rotwein angießen. Geben Sie die Gewürze in ein Gewürzsäckchen und dieses zum Kraut. Das Blaukraut in etwa 40 Minuten weich kochen, ggf. noch Wasser angießen. Dann in einem Sieb abtropfen lassen, den Saft auffangen und auf die Hälfte einkochen. Das Blaukraut zurück in den Topf geben. Vor dem Anrichten das Fleisch in Alufolie gewickelt 10 Minuten ruhen lassen, dann aufschneiden. Den Bratensaft durch ein Sieb abgießen, abschmecken, leicht binden und als Sauce dazureichen. Dazu passen Kartoffel- (S. 393) oder Semmelknödel (S. 396). Traditionell wird statt Blaukraut auch Sauerkraut zum Schweinebraten gereicht.

NOCH EIN BRATENKLASSIKER: GROSSMUTTERS SCHWEINEROLLBRATEN

In Bayern findet auch ein saftiger Rollbraten viele Liebhaber: Lösen Sie 1,5 kg Schweinebauch (ohne Schwarte) aus, würzen Sie mit Salz, Pfeffer, Kümmel und 3 gehackten Knoblauchzehen, rollen Sie den Schweinebauch ein und binden Sie ihn mit Küchengarn in Form. Je 1 Zwiebel, Möhre, Lauchstange und Petersilienwurzel putzen und grob zerkleinern. Die Knochen mit dem Gemüse im Bräter in wenig Öl angehen lassen, das Fleisch darauflegen und im Backofen bei 200 °C anbraten. Sobald das Fleisch Farbe bekommt, 700 ml Gemüsefond (S. 109) hinzufügen, den Braten immer wieder damit begießen und den Bratansatz lösen. Nach 1 Stunde 45 Minuten die Sauce durch ein Sieb abgießen und nach Belieben binden.

Zubereitungszeit
ca. 2 Std.

Pökelzeit für das Fleisch
ca. 4 Tage

Gepökeltes Spanferkelschäufele

Mit Honig-Mandel-Glasur und Wirsingpüree

Für das Schäufele

- *1 große Zwiebel* • *1 Möhre*
- *¼ Knollensellerie*
- *1 Schäufele (Spanferkelschulter)*
- *Pökelsalz (Fleischereibedarf oder Gewürzhandel)*
- *½ TL Pfefferkörner*
- *1 TL Senfkörner*
- *1 Lorbeerblatt*
- *1 Zweig Rosmarin*
- *3 EL Mandelblättchen*
- *70 g Honig*
- *1 TL grob geschroteter Pfeffer*
- *1 EL Thymianblättchen*

Für das Wirsingpüree

- *600 g Wirsing* • *Salz*
- *2 Schalotten*
- *1 Scheibe Speck*
- *1 TL Butterschmalz*
- *400 ml Gemüsefond (Glas oder S. 109)*
- *150 g Sahne*
- *3–4 EL fein gehackte Petersilie*

S. 78 ff.
IM FOKUS – WARENKUNDE Kohl

S. 402 ff.
REGIONENPORTRÄT
Baden-Württemberg

1 | **Für das Schäufele** Zwiebel, Möhre und Sellerie schälen und in grobe Würfel schneiden. Das vorbereitete Gemüse mit der Spanferkelschulter in einen Topf geben und mit so viel Wasser aufgießen, dass das Fleisch bedeckt ist; die Wassermenge mit einem Messbecher erfassen. Das Fleisch wieder aus dem Topf nehmen und beiseitelegen. Wiegen Sie pro Liter Wasser 100 g Pökelsalz ab. Dann das Wasser mit dem Gemüse, den Gewürzen, dem Lorbeerblatt, dem Rosmarin und dem Pökelsalz aufkochen. Die Lake zugedeckt abkühlen lassen, das Fleisch hineinlegen, mit Folie auf der Oberfläche »luftdicht« abdecken und 4 Tage im Kühlschrank pökeln.

2 | **Das Fleisch aus der Lake nehmen** und diese durch ein Sieb gießen. Das Spanferkel samt Gemüse und Gewürzen in den Topf zurücklegen, mit frischem Wasser auffüllen, aufkochen und den aufsteigenden Schaum abschöpfen. Das Fleisch 1 Stunde kochen, mit der dünnen Hautseite nach oben auf den Ofenrost legen, trocken tupfen und bei 180 °C Umluft und zugeschaltetem Grill 5 Minuten rösten. Während das Fleisch gart, rösten Sie die Mandelblättchen. Den Honig mit Pfeffer und Thymianblättchen aufkochen, die Mandeln dazugeben und etwa 2 Minuten karamellisieren lassen, dann sofort auf das Schäufele geben. Den Ofen ausschalten und die Schulter bei geöffneter Ofenklappe 5 Minuten ruhen lassen.

3 | **Für das Wirsingpüree** die Wirsingköpfe vierteln, den Strunk entfernen und in Streifen schneiden. Den Wirsing in kochendem, gesalzenem Wasser blanchieren, abschrecken und in einem Sieb abtropfen lassen. Die Schalotten schälen und in feine Streifen, den Speck in Würfel schneiden und beides in Butterschmalz glasig andünsten. Den Wirsing hinzugeben, mit dem Gemüsefond auffüllen und diesen unter gelegentlichem Rühren fast vollständig reduzieren. Mit zwei Dritteln der Sahne aufgießen und cremig einkochen lassen. Der Wirsing sollte püreeartig verkocht sein, ggf. mit einem Pürierstab noch etwas feiner mixen. Die restliche Sahne steif schlagen und mit der Petersilie unter das Püree rühren.

IM GANZEN ZUBEREITET: KLASSISCHER SPANFERKELBRATEN

Er hat lange Tradition, braucht nur wenige Zutaten und ist doch eine kleine Herausforderung für jeden Koch. Ein wirklich guter Spanferkelbraten gelingt nur mit dem richtigen Fleisch: Das Spanferkel sollte nicht schwerer als 7 kg sein. Es wird auf einem Gitterrost im vorgeheizten Backofen bei maximal 160 °C gegart und dazu lediglich mit starkem Salzwasser eingepinselt. Im Backofen sollte eine Schale mit Wasser aufgestellt werden, damit das Fleisch nicht trocken wird (gelegentlich auffüllen). Das Fleisch wird alle 10 Minuten mit Butter eingepinselt, damit es eine appetitliche Farbe erhält. Stechen Sie die Spanferkelhaut immer wieder ein, damit sie keine Blasen wirft. Nach etwa 2 Stunden dürfte das Fleisch gar sein.

Schwarzwälder Schinken

Er wird aus dem entbeinten Hinterschinken durch Pökeln und Kalträuchern über Tannen- oder Fichtenholz hergestellt. Außen ist er sehr dunkel und er besitzt ein kräftiges und ausgeprägtes Raucharoma.

Gepökelt, getrocknet und gekocht

»Ein Himmel voller Schinken« ist hierzulande keine Wunschvorstellung, sondern Realität: Zahlreiche deutsche Spezialitäten bereichern den Speisezettel.

Genuss braucht Zeit: Die Herstellung eines wahrhaft feinen Schinkens kann dauern, jedenfalls, wenn er nach traditioneller Art gemacht wird. Dazu wird das Fleisch, das in der Regel vom hinteren Oberschenkel des Schweins stammt, je nach Zubereitungsart gepökelt, gebrüht, gebraten, getrocknet oder geräuchert. Kochschinken wird erst gepökelt, dann gebrüht und ist nur kurz haltbar. Rohschinken wird durch Salzen (Pökeln), Lufttrocknen und Räuchern haltbar gemacht. Während in Mittelmeerländern aufgrund des trockeneren Klimas Schinken bevorzugt luftgetrocknet wird, ist dies hierzulande klimatisch bedingt unmöglich. Als Ersatz werden die moderne Lufttrocknung in Klimakammern sowie das Räuchern (vor allem Kalträuchern) eingesetzt.

Rindersaftschinken

Hergestellt aus dem zarten Schwanzstück junger Mastrinder: Er wird in gewürzte Lake eingelegt, dann in Form gebunden und schließlich gekocht.

Räuchern ist eine Kunst

Räuchern hat eine lange Tradition in Deutschland: Schon seit über 1000 Jahren wird etwa Westfälischer Schinken in der Münsterländer Tieflandbucht hergestellt. Das Fleisch, das zunächst mit Knochen einige Wochen trocken gepökelt wird, muss nach dem Kalträuchern Monate reifen, bis schließlich der Knochen entfernt wird. Der gesamte Herstellungsprozess dauert je nach Qualität bis zu 18 Monate. Ammerländer Schinken, eine niedersächsische Spezialität, wird trocken gepökelt, mit Pfeffer, Piment, Wacholder und Zucker gewürzt und darf nach dem Kalträuchern über Buchenholz mindestens ein Vierteljahr lang reifen. Ebenso hat Schwarzwälder Schinken unter den deutschen Schinkenspezialitäten, von denen hier eine Auswahl vorgestellt wird, Berühmtheit erlangt. Ein guter Schinken zeichnet sich durch sein Aroma und seine Konsistenz aus. Das beste Aroma entwickelt sich, wenn der Schinken eine ausreichend lange Reifezeit hat, in der er Wasser verliert und seine Festigkeit erreicht. Luftgetrockneter Schinken benötigt eine viel längere Reifezeit als geräucherter Schinken. Wird Schinken hingegen im Schnellverfahren hergestellt, können sich Geschmack und Konsistenz nicht optimal ausbilden. Sie schmecken in der Regel nur salzig aufgrund der hohen, zur Haltbarmachung eingesetzten Menge an (Nitritpökel-)Salz.

Westfälischer Hüftschinken

Rohschinken aus Westfalen, der 3 bis 5 Monate über Buchenholz und Wacholder kalt geräuchert wird. Charakteristisch sind die helle, goldgelbe Schwarte sowie die dunkelrote Fleischfarbe.

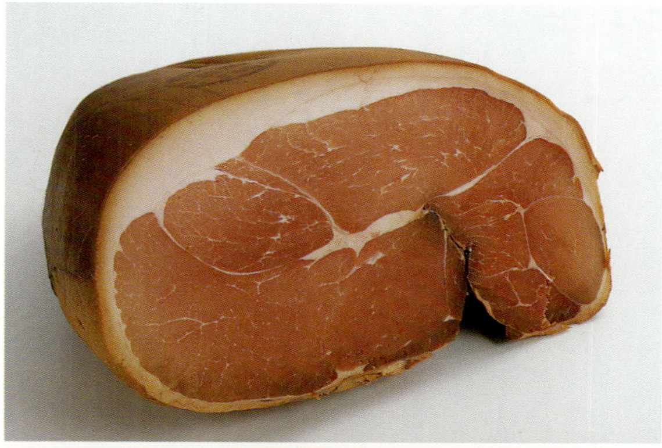

Holsteiner Katenschinken

Rohschinken aus Schleswig-Holstein, der trocken gepökelt und kalt geräuchert wird. Anschließend muss der nussige, zarte Schinken noch einige Monate reifen, traditionell von Oktober bis Mai.

Grafschafter Landschinken

Die westfälische Spezialität wird aus der Unterschale hergestellt, trocken gepökelt und kalt über Buchenholz geräuchert. Nach 2 bis 3 Monaten Reifung ist der Schinken fest und würzig.

Würzschinken mit Schwarte

Für die bundesweit vertretene Sorte wird die entbeinte Keule in einer Gewürzlake gepökelt, nicht abgewaschen, sondern nur getrocknet, anschließend gekocht und kalt geräuchert.

Gekochter Rollschinken

Die bundesweit vertretene Sorte wird aus Keulenstücken hergestellt, in Form gebunden, gekocht und häufig leicht geräuchert.

Braunschweiger Schinken

Die niedersächsische Spezialität wird aus entbeinter Keule hergestellt, die nass gepökelt, in Form gepresst und gekocht wird. Er hat ein mildes Aroma und ist auch als »Brunswick ham« bekannt.

Kernrauchschinken

Die würzige holsteinische Spezialität wird vor dem Kochen gepökelt, in Form gebunden und über Buchenholz geräuchert, was ihm die charakteristische dunkle Hülle verleiht.

Zubereitungszeit
ca. 2 Std. 15 Min.

Schweinefilet mit Dörrpflaumen gespickt

Serviert mit Pfefferspitzkohl und Tresterjus

Für den Tresterjus

· 500 g Knochen und Fleischabschnitte vom Schwein · 1 Möhre · 1 Zwiebel · 1 Stück Knollensellerie (50 g) · 50 ml Öl · 50 g Tomatenmark · 1 Lorbeerblatt · 10 Wacholderbeeren · 1 Zweig Thymian · 1 l Geflügelfond (Glas oder S. 534) · 100 ml Rotwein (Spätburgunder) · 1–2 EL Tresterbrand (z. B. Grappa) · frisch gemahlener weißer Pfeffer · Salz · 1 TL Speisestärke

Für den Pfefferspitzkohl

· 1 Zweig Thymian · 2 Lorbeerblätter · je 1 EL weiße und rote Pfefferkörner · 1 Gewürznelke · 5 Wacholderbeeren · je 1 EL Senf- und Korianderkörner · 200 ml trockener Riesling · 1 kg Spitzkohl · 3 Schalotten · 50 g Butter · 3 EL Zucker · 200 ml Gemüsefond (Glas oder S. 109) · 50 ml Weißweinessig · Salz · 1 TL Speisestärke

Für das Schweinefilet

· 2 Schweinefilets ohne Spitze (700 g) · 100 g Dörrpflaumen · 1 TL Pflanzenöl

1 | **Für den Tresterjus** die Knochen klein hacken. Möhre, Zwiebel und Sellerie schälen und in kleine Stücke schneiden. Die Knochen mit den Fleischabschnitten und dem Gemüse in Öl kräftig anbraten, das Tomatenmark zugeben und mit anrösten. Lorbeerblatt, Wacholderbeeren und Thymian zugeben, dann mit dem Fond aufgießen, aufkochen und 1 Stunde köcheln lassen. Gießen Sie dann den Fond durch ein Sieb ab und lassen Sie ihn auf 200 ml einkochen.

2 | **Für den Pfefferspitzkohl** zerkleinern Sie die Kräuter und Gewürze im Mörser und lassen sie im Riesling 10 Minuten kochen. Durch ein Sieb abgießen und den Pfeffersud auffangen. Den Spitzkohl putzen, vierteln und in feine Streifen schneiden oder hobeln. Die Schalotten schälen und in feine Streifen schneiden. Die Butter und den Zucker in einem Topf karamellisieren lassen, die Schalotten- und Spitzkohlstreifen sowie den Pfeffersud dazugeben. Mit Gemüsefond und Essig auffüllen und leicht salzen. Mit einem kleineren Deckel beschweren, damit der Kohl vollständig in der Flüssigkeit liegt, aufkochen und bei schwacher Hitze 30 Minuten kochen lassen. Den Fond etwas reduzieren und mit in kaltem Wasser angerührter Speisestärke binden.

3 | **Durchbohren Sie das Schweinefilet** der Länge nach mit einem Wetzstahl. Den Backofen auf 100 °C vorheizen. Die Dörrpflaumen grob würfeln und mit dem Daumen in die Schweinefilets drücken. Die Filets mit Salz und Pfeffer würzen und im heißen Öl anbraten, dann im heißen Ofen etwa 30 Minuten weitergaren.

4 | **Zum Fertigstellen** lassen Sie den Rotwein für den Tresterjus auf etwa die Hälfte einkochen und füllen ihn dann mit dem reduzierten Fond (aus Arbeitsschritt 1) auf. Mit Tresterbrand, Pfeffer und Salz abschmecken und nach Belieben mit Stärke binden. Den Backofen auf 180 °C hochschalten und die Schweinefilets 5 Minuten lang darin erhitzen, dann herausnehmen und in Scheiben schneiden. Die Schweinefiletscheiben auf dem Pfefferspitzkohl anrichten und mit dem Tresterjus umgießen.

WARENKUNDE

Wacholder – Würzbeere mit intensivem Aroma

Wer sie ernten will, muss hoch hinaus: Wacholdersträucher wachsen baumartig bis zu 10 m hoch. Ihre kugeligen Früchte können frisch oder getrocknet, ganz oder gemahlen verwendet werden. Die Würzkraft der Beeren hängt vom Klima des Pflanzenstandortes ab: Je sonniger er ist, desto aromatischer sind die Früchte. Sie verleihen Marinaden, Sauerbraten, Krautgerichten, Fischsud und Ragouts sowie speziellen Branntweinen (z. B. Steinhäger oder Dornkaat) eine unverwechselbare Geschmacksnote.

Zubereitungszeit
ca. 5 Std.

Marinierzeit
ca. 1 bis 2 Tage

Marinierter Schweinebauch

Herbstlich angerichtet mit Steinpilzgröstl

Für die Marinade

· 2 Knoblauchzehen · 1 TL Kümmel · 1 TL Koriandersamen · 1 TL Thymian · 1 Lorbeerblatt · 2 Gewürznelken · 1 Chilischote · 2 EL scharfer Senf · 4 EL Zitronensaft · 6–8 EL Olivenöl · ½ TL edelsüßes Paprikapulver · frisch gemahlener Pfeffer

Für die Ofentomaten

· 8 vollreife Tomaten · 3 abgezogene Knoblauchzehen · Olivenöl · 1 gestr. TL Zucker · Salz · frisch gemahlener weißer Pfeffer · 1 EL frische Thymianblättchen · 1 TL frische Rosmarinnadeln · 1 EL grob gehacktes Basilikum

Für den Schweinebauch

· 1,5 kg Schweinebauch (mit Schwarte) · Salz · Meersalz (Fleur de sel) · 2–3 EL Olivenöl · 400 g klein gehackte Schweineknochen · 1 Möhre · 3 Schalotten · 1 Stange Staudensellerie · 1 l dunkler Kalbsfond (Glas oder S. 534)

Für das Steinpilzgröstl

· 10 Steinpilze (oder Pfifferlinge) · 1 Schalotte · ½ abgezogene Knoblauchzehe · 15 Lauchzwiebeln (nur das Weiße) · 1 Bund Rucola · Olivenöl zum Braten · 8–10 Ofentomatenviertel, längs halbiert · Salz · frisch gemahlener Pfeffer · 1 Spritzer Aceto balsamico · gehackte Petersilie nach Belieben

1 | **Für die Marinade** den Knoblauch abziehen, vom Keim befreien und fein schneiden. Kümmel, Koriander, Thymian, Lorbeerblatt und Gewürznelken fein hacken. Die Chilischote halbieren, Stiel, Samen und Scheidewände entfernen und das Fruchtfleisch fein hacken. Verrühren Sie alle Zutaten für die Marinade miteinander und reiben Sie den Schweinebauch damit ein, dann setzen Sie ihn mit der Schwarte nach oben in ein Gefäß, gießen die restliche Marinade an und lassen ihn zugedeckt 1 bis 2 Tage darin marinieren.

2 | **Für die Ofentomaten** die Tomaten überbrühen, häuten und vierteln, dabei Kerne und Stielansätze entfernen. Den Backofen auf 50 °C vorheizen. Ein Backblech mit einer halbierten Knoblauchzehe abreiben, mit Öl bestreichen, die Tomaten darauf verteilen und mit Zucker, Salz und Pfeffer bestreuen. Den restlichen Knoblauch in Scheiben schneiden. Die Tomaten mit den Kräutern bestreuen, mit dem Knoblauch belegen und im Ofen 5 Stunden trocknen lassen.

3 | **Für den Schweinebauch** den Backofen auf 220 °C vorheizen. Das Fleisch aus der Marinade nehmen und mit der Schwarte nach unten in einen Bräter mit so viel kochendem Salzwasser geben, dass nur die Schwarte im Wasser liegt. Lassen Sie den Schweinebauch 10 Minuten im kochenden Wasser, dann herausnehmen und die Schwarte rautenförmig einschneiden. Anschließend reiben Sie den Schweinebauch rundherum mit Meersalz ein. Die Schweineknochen in Öl im Bräter im Ofen anbraten. Möhre und Schalotten schälen, Sellerie waschen und putzen. Das Gemüse grob zerkleinern, zu den Knochen geben und kurz mitbraten. Den Schweinebauch mit der Schwarte nach unten auf die Knochen legen. Braten Sie das Fleisch 30 Minuten und übergießen Sie es dabei mit der Marinade. Dann den Braten wenden, mit 100 ml Wasser übergießen und das Fleisch 1 Stunde 30 Minuten weiterbraten, dabei nach und nach den Kalbsfond angießen und immer wieder reduzieren.

4 | **Während der Braten gart,** die Steinpilze putzen und in 4 mm dünne Scheiben schneiden. Die Schalotte schälen und zusammen mit dem Knoblauch fein würfeln. Lauchzwiebeln putzen, in 5 cm lange Stücke schneiden, blanchieren, abschrecken und abtropfen lassen. Den Rucola verlesen, waschen und trocken schleudern. Braten Sie die Pilze, die Schalotten und den Knoblauch in einer beschichteten Pfanne in Olivenöl an. Die Lauchzwiebeln kurz mitbraten, die Ofentomaten untermischen, mit Salz und Pfeffer würzen und mit dem Essig verfeinern. Zum Schluss den grob gezupften Rucola und die gehackte Petersilie unterschwenken.

5 | **Zum Fertigstellen** nehmen Sie den Schweinebauch aus dem Bräter, wickeln ihn in Alufolie und lassen ihn auf einem Gitter etwa 10 Minuten ruhen. Inzwischen die Sauce durch ein Sieb passieren und abschmecken. Den Schweinebauch in Scheiben schneiden, auf vorgewärmte Teller geben, etwas Steinpilzgröstl daneben platzieren und die Sauce angießen. Dazu passen sehr gut Kartoffel- (S. 390 und S. 393) oder Semmelknödel (S. 396).

Ofentomatenvorrat

Die restlichen Ofentomaten halten sich verschlossen und mit Öl beträufelt im Kühlschrank gut 1 Woche.

Zubereitungszeit
ca. 4 Std.

Kasseler im Kümmelteig

Nach Berliner Machart in der Teighülle gegart, bleibt das Fleisch zart und saftig.

Für den Brotteig

- *30 g frische Hefe*
- *500 g Mehl* · *1 TL Zucker*
- *100 g Roggenmehl (Type 1150)*
- *1 TL Meersalz (Fleur de sel)*
- *1 TL Kümmelsamen*
- *2 EL getrocknete Zwiebeln (Fertigprodukt)*
- *Mehl für die Arbeitsfläche*

Für das Kasseler (für 6–8 Portionen)

- *1–2 Zwiebeln* · *1 Möhre*
- *½ Stange Lauch*
- *1 Stange Staudensellerie*
- *2 EL Meersalz (Fleur de sel)*
- *1 EL Zucker*
- *2 Lorbeerblätter*
- *3 Pimentkörner*
- *2 Stängel Petersilie*
- *2 Stängel Liebstöckel*
- *1,2 kg rohes Kasseler (ohne Knochen)*

S. 338 ff.
REGIONENPORTRÄT
Berlin/Brandenburg

1 | **Für den Brotteig** bröseln Sie die Hefe in eine Schüssel. Dann 200 g Mehl, den Zucker und 450 ml lauwarmes Wasser hinzufügen und mit einem Schneebesen kräftig durchrühren. 100 g Mehl auf den flüssigen Teig sieben, mit einem Küchentuch abdecken und etwa 25 Minuten bei Zimmertemperatur ruhen lassen. Der Teig sollte sein Volumen fast verdoppelt haben.

2 | **Geben Sie das Roggenmehl,** das restliche Weizenmehl, das Meersalz, den Kümmel und die getrockneten Zwiebeln zum Vorteig und verkneten Sie alles mit den Knethaken des Mixers oder von Hand zu einem geschmeidigen Teig. Anschließend abgedeckt 2 Stunden im Kühlschrank kalt stellen.

3 | **Für das Kasseler** schälen Sie die Zwiebeln und die Möhre. Den Lauch und den Staudensellerie waschen und das Gemüse in 2 cm große Stücke schneiden. Erhitzen Sie 3 l Wasser in einem Topf. Alle Zutaten bis auf das Kasseler dazugeben und 10 Minuten sanft kochen lassen. Das Kasseler in den Sud geben und weiterköcheln lassen. Nach etwa 20 Minuten das Kasseler aus dem Sud nehmen und auf einem Gitter auskühlen lassen.

4 | **Den Backofen auf 180 °C vorheizen.** Rollen Sie den Brotteig auf einer bemehlten Arbeitsfläche zu einem 1 cm dicken Rechteck aus. Das ausgekühlte Kasseler mit einem Küchentuch trocken reiben, auf den Brotteig legen und so einschlagen, dass keine Löcher entstehen und das Kasseler überall mit Brotteig bedeckt ist.

5 | **Das Kasseler im Teig** auf ein mit Backpapier belegtes Blech setzen und im vorgeheizten Ofen 45 Minuten backen. Vor dem Aufschneiden kurz ruhen lassen. Servieren Sie dazu Senf, Sauerkraut, grüne Bohnen oder Schmorgurken (S. 343).

Zubereitungszeit
ca. 1 Std. 30 Min.

Pökelrippchen mit Krautkartoffeln

Dem Pfälzer Weincräwes nachempfunden und perfekt ergänzt durch ein Glas guten Moselweins

Zutaten

- *2 Schalotten* · *50 g Butter*
- *200 ml Weißwein*
- *¼ l Gemüsefond (Glas oder S. 109)*
- *1 Lorbeerblatt* · *1 Zweig Thymian*
- *1 TL Senfkörner* · *1 Gewürznelke*
- *2 angedrückte Knoblauchzehen*
- *1 TL Wacholderbeeren*
- *600 g Pökelrippchen ohne Knochen*
- *400 g Sauerkraut (mit Saft)*
- *300 g mehlig kochende Kartoffeln*
- *200 g Sahne* · *2 EL Crème fraîche*
- *Salz* · *1 Prise Cayennepfeffer*

1 | **Die Schalotten schälen,** in kleine Würfel schneiden und in der Butter glasig anschwitzen. Mit dem Weißwein und dem Gemüsefond auffüllen. Das Lorbeerblatt, den Thymianzweig, die Senfkörner, die Nelke, den Knoblauch und die Wacholderbeeren in ein Leinensäckchen oder einen Teefilterbeutel geben, oben fest zubinden und zusammen mit den Pökelrippchen und dem Sauerkraut in den Wein-Gemüsefond geben. Lassen Sie die Pökelrippchen 1 Stunde bei mittlerer Hitze kochen. In der Zwischenzeit die Kartoffeln schälen und in 1 bis 2 cm große Würfel schneiden.

2 | **Nach der Hälfte der Garzeit** die vorbereiteten Kartoffeln zum Kraut geben. Rühren Sie nach weiteren 15 Minuten Garzeit die Sahne und die Crème fraîche unter. Lassen Sie das Ganze weitere 15 Minuten kochen und schmecken Sie mit Salz und Cayennepfeffer ab. Nehmen Sie die Pökelrippchen anschließend aus dem Sud, schneiden Sie die Rippchen auf und servieren Sie die Scheiben mit den Krautkartoffeln.

Nordrhein-Westfalen

Berlin

Sachsen

Zubereitungszeit
ca. 2 Std. 45 Min.

Schalotten-Fleischtopf mit Pumpernickelknödel

Das Zwiebelfleisch kommt hier im edlen Festtagsgewand auf den Tisch.

Für den Schalotten-Fleischtopf

· 400 g Schweineschulter
· 350 g Rindfleisch vom Bug
· 600 g Schalotten · 4 Knoblauchzehen
· 2 EL Butterschmalz · Salz
· frisch gemahlener Pfeffer
· 1 EL Zucker · 1 EL Tomatenmark
· 300 ml roter Portwein · 6 cl Weinbrand
· ½ l Kalbsfond (Glas oder S. 534)
· je 1 Zweig Rosmarin und Thymian
· 3 Lorbeerblätter

Für die Pumpernickelknödel

· 4 Brötchen (oder 250 g Knödelbrot)
· 150 ml Milch · 150 g Pumpernickel
· 2 EL süßer Senf · Salz
· frisch gemahlener Pfeffer
· 2 Eier · 4 TL Butter
· 30 g geröstete Semmelbrösel

S. 96 ff.
REGIONENPORTRÄT Nordrhein-Westfalen

S. 338 ff.
REGIONENPORTRÄT Berlin/Brandenburg

S. 492 ff.
REGIONENPORTRÄT Sachsen/Sachsen-Anhalt

S. 516 f.
WARENKUNDE Brot

1 | **Für den Schalotten-Fleischtopf** das Fleisch in 2 bis 3 cm große Stücke schneiden. Die Schalotten schälen und vierteln. Den Knoblauch abziehen. Braten Sie die Fleischstücke im Bräter in heißem Butterschmalz bei starker Hitze von allen Seiten an, dann herausnehmen, salzen, pfeffern und in ein Sieb geben. Im Bräter die geviertelten Schalotten anschwitzen, den Knoblauch dazugeben und mit dem Zucker bestreuen. Sobald die Schalotten glasig sind, rühren Sie das Tomatenmark unter und rösten Sie es mit an. Dann mit dem Portwein und dem Weinbrand ablöschen, beides einkochen lassen und anschließend mit dem Kalbsfond auffüllen. Den Backofen auf 175 °C vorheizen.

2 | **Den Rosmarin mit dem Thymian** und den Lorbeerblättern in ein Leinensäckchen oder einen Teefilterbeutel geben und zubinden. Geben Sie das Fleisch und das Gewürzsäckchen in die Portwein-Kalbsfond-Sauce und garen Sie alles mit geschlossenem Deckel etwa 2 Stunden im vorgeheizten Ofen, bis das Fleisch zart ist. Dabei nach Bedarf immer wieder Kalbsfond oder Wasser nachfüllen.

3 | **Für die Pumpernickelknödel** in der Zwischenzeit die Brötchen in feine Scheiben schneiden und die Milch erhitzen. Den Pumpernickel fein zerbröseln, mit der heißen Milch übergießen und mit Senf, Salz und Pfeffer würzen. Die Eier untermengen und die Masse gut durchkneten. Formen Sie aus der Knödelmasse eine Rolle, die Sie in eine Stoffserviette einrollen, fest zubinden und in leicht siedendem Wasser etwa 20 Minuten ziehen lassen. Den Knödel ausrollen und in Scheiben schneiden. Die Butter in der Pfanne bräunen, die Knödelscheiben darin angehen lassen und mit den Semmelbröseln bestreuen. Den Schalotten-Fleischtopf abschmecken, die Knoblauchzehen und das Gewürzsäckchen entfernen und mit den Knödelscheiben auf vorgewärmten Tellern anrichten.

DIE KLASSIKER: POTTHAST, BOLLENFLEISCH UND SÄCHSISCHES ZWIEBELFLEISCH

Kenner der deutschen Küche rühmen alle drei Spielarten gekochten Fleisches: »Pfefferpotthast« ist eine westfälische Eintopfspezialität, die es schon seit dem 14. Jahrhundert gibt. Hierfür wird traditionell Fleisch (in der Regel Rind und Schwein gemischt) mit reichlich Zwiebeln und viel Pfeffer in wenig Wasser mit Gewürzen gekocht, bis das Fleisch weich ist und die Zwiebeln eine schöne Bindung geben. Ähnlich wird das original Berliner »Bollenfleisch« zubereitet, jedoch mit Hammelfleisch. Die »Bollen«, so nennt man in der volkstümlichen Berliner Mundart die Zwiebeln, sind auch hier reichlich bemessen. Das sächsische Pendant dazu wird aus Schweine- oder Rindfleisch zubereitet und ergänzt das traditionelle Rezept mit Kümmel und Bier in der Sauce und je nach Gegend auch mit Pilzen, Preiselbeeren oder sauren Gürkchen.

Saarland

Bayern

Berlin

bundesweit

Zubereitungszeit
je nach Rezept ca. 40 Min.

Frikadellen auf zweierlei Art

Klassisch gebraten aus Rind- und Schweinefleisch oder saarländisch mit Knoblauch und Grillaroma

Für die klassischen Frikadellen

- *1 altbackenes Brötchen (vom Vortag)*
- *je 300 g Schweine- und Rinderhackfleisch*
- *1 Zwiebel* · *50 g Butter* · *2 Eier*
- *½ TL edelsüßes Paprikapulver*
- *2 EL fein gehackte Petersilie*
- *Salz* · *frisch gemahlener Pfeffer*
- *Öl zum Braten*

Für die saarländischen Frikadellen

- *je 300 g Lamm- und Rinderhackfleisch*
- *1 Zwiebel* · *1–2 Knoblauchzehen*
- *½ Bund glatte Petersilie*
- *1 altbackenes Brötchen (vom Vortag)*
- *1 Ei* · *1 EL Joghurt (3,5 % Fett)*
- *2 TL mittelscharfer Senf*
- *Salz* · *frisch gemahlener Pfeffer*
- *2 TL gerebelter Majoran*

S. 312 ff.
REGIONENPORTRÄT
Rheinland-Pfalz/Saarland/Südhessen

1 | **Für die klassischen Frikadellen** legen Sie das altbackene Brötchen in wames Wasser und beschweren es mit einem Teller oder Schneidebrett, damit es sich rasch vollsaugt. Das gemischte Hackfleisch in eine Schüssel geben und mit einer Gabel auflockern. Die Zwiebel schälen, fein würfeln und in 1 TL Butter glasig schwitzen. Drücken Sie das eingeweichte Brötchen sehr gut aus und geben Sie es zum Hackfleisch.

2 | **Das Hackfleisch mit den Zwiebeln,** dem Brötchen, den Eiern, dem Paprikapulver, der Petersilie sowie Salz und Pfeffer mischen. Alle Zutaten zu einem Fleischteig verkneten und pikant abschmecken. Formen Sie aus dem Fleischteig acht gleich große Frikadellen. In einer Pfanne reichlich Öl zum Braten erhitzen. Die Frikadellen einlegen und bei mittlerer Hitze etwa 8 Minuten von jeder Seite goldbraun braten. Zum Schluss die restliche Butter zufügen und die Frikadellen darin jeweils weitere 2 Minuten auf jeder Seite braten. Dazu passen Gurken- (S. 88) und Kartoffelsalat (S. 93).

3 | **Für die saarländischen Frikadellen** ebenfalls das Hackfleisch mit der Gabel auflockern. Schälen Sie die Zwiebel und den Knoblauch, schneiden sie beide in sehr feine Würfel und geben Sie diese zum Fleisch. Die Petersilie waschen, trocken schütteln, sehr fein hacken und ebenfalls zum Fleisch geben.

4 | **Das Brötchen vom Vortag** in Wasser einweichen. Drücken Sie es gut aus und geben Sie das Brötchen mit dem Ei, dem Joghurt, dem Senf und den Gewürzen ebenfalls zum Fleisch. Alle Zutaten mit der Hand zu einem geschmeidigen Fleischteig verkneten. Formen Sie aus dem Fleischteig etwa zwölf Frikadellen, die Sie auf dem Holzkohlegrill von beiden Seiten 15 Minuten grillen.

DIE KLASSIKER: AUS BAYERN UND BERLIN

Klassische »Fleischpflanzerl«, wie Frikadellen in Bayern heißen, müssen aus einer Mischung von Schweine- und Rinderhackfleisch zubereitet werden, damit sie schön saftig bleiben. Knoblauch hat in echten, bayerischen »Fleischpflanzerln« nichts verloren, sehr fein gehackte Zwiebeln und reichlich Petersilie hingegen schon. Als »Bulette« mit einem Hauch von Knoblauch findet sich diese Frikadellenvariante in fast jeder Berliner Kneipe. Puristen schwören dagegen auf die magere Variante: Reines Rinderhack ist die Basis der aus den USA adaptierten Burger, die mehr und mehr Einzug auch in deutsche Küchen halten. Feinschmecker erkennen den Unterschied zu herkömmlichen Frikadellen blind, denn das Fett aus dem Schweinefleisch ist ein elementarer Geschmacksträger. Darüber hinaus gibt es zahllose Rezeptvariationen: So können die Frikadellen beispielsweise auch mit Käse (z.B. Gorgonzola, Schafskäse) gefüllt werden.

Thüringen

bundesweit

Zubereitungszeit
ca. 1 Std. 10 Min.

Gebackene Kohlroulade

In zarter Wirsinghülle, variiert mit einer würzigen Füllung aus Fleisch, Perlgraupen und Kräutern

Zutaten

- *1 Kopf Wirsing* · *Salz*
- *100 g Perlgraupen* · *1 EL Rapsöl*
- *400 ml Gemüsefond (Glas oder S. 109)*
- *1 Möhre* · *1 Zwiebel*
- *1 Knoblauchzehe* · *1 EL Olivenöl*
- *200 g Hackfleisch (Rind und Schwein gemischt)* · *1 TL gerebelter Thymian*
- *1–2 EL gehackte Petersilie*
- *Salz* · *frisch gemahlener Pfeffer*
- *½ TL edelsüßes Paprikapulver*
- *1 Msp. abgeriebene Schale 1 unbehandelten Zitrone* · *1 Ei* · *2 EL Butter*
- *200 ml Kalbsfond (Glas oder S. 534)*
- *100 ml trockener Weißwein*
- *100 g Steinpilze* · *100 g Champignons*
- *1 TL Speisestärke* · *2 EL Sahne*

Außerdem

- *Küchengarn zum Binden*

Die Hülle macht's

In Thüringen bereitet man »Rotwickel« zu, deren Hülle aus Rotkohl besteht, in Bayern hingegen kommen die »Krautwickel« im Weißkrautmantel auf den Tisch.

S. 78 ff.
IM FOKUS – WARENKUNDE Kohl

1 | **Vom Wirsing 16 Hüllblätter** vom Strunk lösen. Die Blätter waschen und abtropfen lassen. In einem großen Topf reichlich gesalzenes Wasser zum Kochen bringen, die Wirsingblätter darin 3 Minuten blanchieren, herausnehmen, kalt abschrecken und abtropfen lassen. Die groben Blattrippen keilförmig herausschneiden.

2 | **Für die Füllung** schwitzen Sie die Perlgraupen in Rapsöl glasig an. Mit etwas Gemüsefond ablöschen und langsam wie ein Risotto köcheln lassen, dabei immer wieder etwas Gemüsefond dazugeben, sodass eine cremige Konsistenz entsteht. Die Perlgraupen auskühlen lassen. Inzwischen schälen Sie die Möhre und die Zwiebel und schneiden beide in kleine Würfel. Dann den Knoblauch abziehen und fein hacken. Möhren, Zwiebeln und Knoblauch in Olivenöl andünsten, das Hackfleisch dazugeben und anbraten, bis es krümelig ist. Mit Thymian, Petersilie, Salz, Pfeffer, Paprikapulver und Zitronenschale würzen. Auskühlen lassen, die Perlgraupen und das Ei untermischen und die Masse nochmals abschmecken.

3 | **Für die Kohlrouladen** jeweils zwei Wirsingblätter überlappend nebeneinanderlegen, sodass die Ausschnittstellen der Blattrippen verdeckt sind. Jeweils ein Achtel der Füllung daraufgeben, die Seiten einschlagen, die Blätter zur Roulade rollen (Step 1) und mit Küchengarn binden (Step 2). Den Backofen auf 200 °C vorheizen. Braten Sie die Rouladen in heißer Butter an. Mit dem Kalbsfond und dem Weißwein übergießen und im vorgeheizten Backofen 20 Minuten garen. Dabei die Rouladen immer wieder wenden und mit Fond begießen. In der Zwischenzeit die Pilze putzen, in Scheiben schneiden und in einer beschichteten Pfanne ohne Fett anbraten.

4 | **Zum Fertigstellen** nehmen Sie die Kohlrouladen aus der Form und stellen Sie sie zugedeckt warm. Den Schmorfond entnehmen und die Pilze damit aufgießen. Mit Salz und Pfeffer abschmecken. Die Speisestärke mit der Sahne anrühren und die Sauce damit binden. Die Rouladen auf vorgewärmten Tellern anrichten und mit Sauce nappiert servieren. Dazu passen Salzkartoffeln.

1)

2)

Kohlrouladen binden

1) Schlagen Sie die Seiten der Wirsingblätter ein und rollen Sie sie zur Roulade auf. Ein Stück Küchengarn unter der Kohlroulade durchziehen.

2) Das Küchengarn oben überkreuzen und zu den Seiten führen. Die Roulade umdrehen, das Küchengarn in der Mitte verknoten und so die Roulade formstabil binden. Entfernen Sie das Küchengarn vor dem Servieren.

Im Herzen Deutschlands

Die kulinarischen Einflüsse im deutschen Kernland kommen von allen Seiten. Nordhessen und Thüringen bieten jedoch auch eigenständige kulinarische Schätze.

Thüringer Wald, Knüllgebirge, Kaufinger Wald, Habichtswald, Taunus ..., das hört sich eher nach den sieben Zwergen und Grimms Märchen an als nach appetitlichem Gaumenschmaus. Dabei gibt es in Nordhessen und Thüringen so einige typische regionale Spezialitäten und zugehörige Bräuche. Die Regionen liegen beide im Herzen Deutschlands, und wie bei allem, was in der Mitte ist, wird auch hier von allen Seiten gehörig gedrückt und eingeengt. Und so ist und war der Einfluss von Nord, Süd, Ost und West auf das deutsche Kernland gewaltig. Die angrenzenden Länder beeinflussten die Ess- und Trinkgewohnheiten in besonders starkem Maße. Umso interessanter und spannender ist es, dass sich trotzdem – oder vielleicht gerade deshalb – einige traditionelle hessisch-thüringische Gerichte gehalten haben.

Schmalhans ist erfinderisch

Die Landschaftsstruktur ist prägend: Hier steht jede Menge Wald, und der gab und gibt den Menschen reichlich Wild und Beeren. Weil die Böden oft sehr mager waren und nur recht geringe Erträge brachten, musste man aus dem Wenigen das Beste machen. Und das ist gelungen: Heute preisen zahlreiche Kochbücher Thüringen und Nordhessen als das »klassische Land der Klöße, der Kuchen und Rostbratwürste«, im gleichen Atemzug wird aber häufig auch die Einfalt der Küche angeprangert, und das ist eigentlich eine Gemeinheit. Denn erfinderisch waren die Menschen hier durchaus, und das mussten sie auch sein, denn oft genug war Schmalhans Küchenmeister. Es gab Kohl, immer wieder Kohl, und natürlich Kartoffeln – dies allerdings in unendlich vielen interessanten und schmackhaften Variationen.

Wo der Siegeszug der Klöße begann

Der Zwang, alles nur irgendwie Verwertbare auch zu nutzen, macht bekanntlich kreativ. So gewann man aus der Kartoffel eine der berühmtesten Thüringer Speisen: den Kloß, den übrigens auch die Hessen sehr zu schätzen wissen. Er spielt sogar in der an Märchen und Sagen reichen Region eine besondere Rolle: So soll Frau Holle, die unter anderen Umständen durch die hessischen Gebrüder Grimm als die nette ältere Dame mit den Federbetten und dem Schnee bekannt wurde, den Thüringern das Kloßrezept geschenkt haben. Der Legende nach, um sie für den sauren Wein zu entschädigen, der dort angebaut wurde. Frau Holle soll dem Wirt eines Meininger Gasthauses gezeigt haben, wie man die komischen Knollen, die dieser nicht kannte, schälte, rieb, auspresste und aus der Masse Klöße formte. Solche und ähnliche Geschichten gibt es aus vielen deutschen Regionen, niemand kann zum Glück beweisen, welche davon stimmt. Das tat der Beliebtheit des Kloßes keinen Abbruch, und noch heute gibt es in der Region den Spruch: »Ein Sonntag ohne Klöße ist kein Sonntag«. Ob sie nun Diebichen, Fauleweiberklöße, Gemengte Klöße, Halbseidene, Hefe-, Seide- oder Watteklöße heißen, Servietten- oder natürlich Thüringer Klöße genannt werden – beliebt sind sie alle bis auf den heutigen Tag.

Ohne Kartoffeln geht gar nichts

Eigentlich ist dieser Siegeszug im Nachhinein verwunderlich, denn wie auch anderswo musste die Bevölkerung erst mühsam vom Nährwert der aus Südamerika eingeführten Kartoffel überzeugt werden. Irgendwann hatte auch der Letzte den großen Nutzen der Erdknolle verstanden, und die Einheimischen waren froh, auf ihren kargen Böden eine Feldfrucht anbauen zu können, die schnell und nachhaltig sättigte. »Kartoffeln in der Früh, zum Mittag in der

Der Nationalpark Thüringer Schiefergebirge sorgt für Abwechslung: Er bietet Hochflächen und Täler, Stauseen, Teichlandschaften sowie ausgedehnte Wälder.

Brüh, des Abends mitsamt dem Kleid, Kartoffeln in Ewigkeit«, reimte ein Unbekannter. So wurde und blieb die Kartoffel das einzig nennenswerte Produkt, das von außen in die Landesküche hineingelangte. Noch heute findet sich kaum ein traditionelles Gericht in der pikanten Küche ohne Kartoffeln. Ob in der Linsensuppe mit Rotwurst, zur »Schwarzen Brüh« (Rauchfleischbraten mit Rosinensauce), zu Heringskartoffeln, Karpfen Thüringer Art oder Karpfen in Braunbier, zu Blutwurst mit Linsen, zum Fuhrmannsbraten (einem Rinderschmorbraten) und zum »Rhön Schäfer Essen« (Hammelbraten mit Zwiebeln) – zu jedem gab und gibt es Kartoffeln, meist als Kloß oder gestampft als feines und grobes Püree. So auch traditionell zum Topfbraten aus Innereien, einem klassischen Schlachtfestgericht, oder zu »Motten mit Klößen« (Möhren auf hessische Art) und dem »Diebchen mit Schustersooß« (mit Dauerwurst gespickten Klößen in Specksauce). Sogar zum Kaffee soll man hier »Hüllerchen«, das sind Stampfkartoffelbällchen in Specksauce mit Zwiebeln, gegessen haben. Und selbst der Kaffee wurde einst aus Kartoffeln zubereitet – und soll gut geschmeckt haben.

Die Erfurter Krämerbrücke ist eine Berühmtheit: Bereits im 11. Jahrhundert als hölzerne Überbauung der Gera geschaffen, wurde der Grenzhandelsplatz mit Läden und Krambuden 1325 mit Stein komplett saniert.

Heimat der Brot- und Saucenliebhaber

Wo die Erde fruchtbarer war und ist, wächst neben Buschbohnen viel Getreide. Das aus dem Mehl gebackene Brot ist Sattmacher und Beilage zahlreicher hessischer und Thüringer Gerichte – ob in der Brotsuppe mit Leberwurst, der Sauerkrautsuppe oder der aus Schweinenieren, -leber und -bauch zubereiteten »Fernbreitenbacher sauren Brühe«. Überhaupt Innereien: Sie spielen in beiden Regionen eine große Rolle. So sind Nieren besonders in Hessen geschätzt. Bekannt sind vor allem die »Nieren berscherlisch«, auf Hochdeutsch: Nieren bürgerlich, die in Scheiben geschnitten und mit Mehl bestaubt knusprig gebraten werden. Dazu gibt es natürlich eine Sauce aus Zwiebeln, Weißwein und Brühe. Ein Essen ohne Sauce ist für einen Hessen wohl ähnlich unvorstellbar wie für den Thüringer das Ausbleiben der Kartoffel: Die weltbekannte »Grie Sooß« aus Frankfurt und ihre zahlreichen regionalen Abstufungen sind bis heute fester Bestandteil der hessischen Küche. Aber auch die Thüringer schwören auf Saucen. Denn ohne Sauce schmeckt kein Kloß. Das dazu gereichte Fleisch spielt heute häufiger als früher nur eine Nebenrolle und ist vor allem herzhafter Aromengeber der Sauce. Und was wäre eine Sauce ohne Zwiebeln – sie bestimmen sogar das vermutlich größte Volksfest Thüringens, den Weimarer Zwiebelmarkt. Den gibt es nun schon im fünften Jahrhundert, bereits 1653 karrten Bauern Zwiebeln auf den Markt zu Weimar. Heute werden dort die schönsten, längsten und besten Zwiebelzöpfe Deutschlands angeboten.

Wilde Hirsche und weltbeste Kirschkernspucker

Noch immer werden Traditionen großgeschrieben, und dazu gehören die zahlreichen Wildgerichte in besonderem Maße, denn wo viel Wald ist, da ist viel Wild. Sehr artenreich war der hessische Reinhardswald, in dem nach wie vor Hirsche leben. Dort ent-

Eine kulinarische Berühmtheit mit Biss: Die Thüringer Rostbratwurst darf auf keinem Wochenmarkt fehlen.

stand wohl der überaus beliebte »Dippehas«. Denn während die adligen Herren die kapitalen Hirsche schossen, musste die arme Bevölkerung mit den kleineren Tieren Vorlieb nehmen, vor allem mit Hasen. Hasenläufe und Rückenstücke werden für den »Dippehas« mit Petersilienwurzeln, Karotten und Sellerie mariniert, dann angebraten und anschließend unter einer Brotteigkruste geschmort. Das so entstandene deftige Mahl kann am Ende nur noch durch süßen »Kirschemichel« gekrönt werden, einen Kuchen aus altbackenen Brötchen und Kirschen. Hessische Kirschen sind, vor allem rund um Witzenhausen, einer der größten Exportschlager Nordhessens. Im Schutz des Hohen Meißners, der mit 754 Metern die höchste Erhebung weit und breit ist, erblühen im Frühjahr 160.000 Bäume. Natürlich kürt Witzenhausen alljährlich eine Kirschenkönigin, und am zweiten Juliwochenende feiern die Bürger die Kesper-Kirmes, ein zünftiges Volkfest, bei dem stets das obligatorische Kirschkernspucken abgehalten wird. Schon länger gehören nordhessische Kirschkernspucker mit Weiten von 20 bis fast 30 Metern zur Weltelite.

Woher kommt die Rostbratwurst?

Bei solchen Festen darf eine weitere nordhessische Spezialität nicht fehlen – die Wurst. Während südhessische Wurst meist feiner (und teurer) ist, hat die nordhessische, die gröber zubereitet ist, einen Vorteil: Sie hält nicht nur länger, sondern reift im Laufe der Zeit zu einer immer schmackhafteren Wurst heran. Zwar streckten sie die Fleischer dann und wann auch mal mit etwas Fett und Knorpelmasse oder gaben ein Fünftel bis Viertel Kartoffeln hinein, geschmacklich geschadet hat ihr dies nie. Denn das Geheimnis einer guten Wurst ist das Würzen, und das beherrschen Hessen ebenso wie Thüringer – auch wenn deren Wurst viel berühmter wurde und von keiner Kirmes und keinem Jahrmarkt oder Grillfest mehr wegzudenken ist. Dabei ist die Thüringer Rostbratwurst eigentlich ein Relikt aus der Zeit, in der die Bauern noch selbst Schlachtfeste abhielten. Etwa um den Martinstag herum wurde – was heute nur noch selten der Fall ist – auf dem Hof eine Sau geschlachtet und ihr Fleisch nahezu restlos und frisch verarbeitet zu Blut- und Leberwürsten, Koch- und Brühwurst. Die Rostbratwurst gibt es wohl schon lange. Wie lange allerdings genau, weiß niemand. Fest steht, dass die »Thüringer« seit 2004 EU-weit eine geschützte geografische Angabe (g. g. A.) besitzt. In Jenaprießnitz will man die Wurst um 1400 auf dem Bauernmarkt erfunden haben, Erfurt behauptet Ähnliches, während sich Gotha genau dasselbe zuschreibt.

Hergestellt wird sie aus Schweinehack, bisweilen etwas Kalb- und Rindfleisch sowie Salz, Pfeffer, Kümmel, Majoran und Knoblauch und anderen Gewürzen, die überwiegend aus Thüringen stammen sollen. Am besten schmeckt sie vom Holzkohlengrill mit einem Thüringer Bier. Bereits ein gewisser Martin Luther wusste: »Die Pferde fressen den größten Teil des Getreides. Danach saufen die Bauern und Bürger das andere Teil im Bier aus« – und meinte damit Thüringen, dessen Bier er als »ein gutten Trunck« empfohlen hatte. Heute wird Thüringer Bier, etwa Köstritzer Schwarzbier, an vielen Orten in Deutschland getrunken, die Menschen von Schleswig bis Berchtesgaden essen Thüringer Bratwürste. So haben, heimlich, still und leise, dann doch einige Spezialitäten des deutschen Kernlandes ihren Weg in die weite Welt gefunden. Wer hätte das gedacht?

Robert Lücke

Berlin

bundesweit

Zubereitungszeit
ca. 1 Std. 40 Min.

Falscher Hase

Ein Hackbraten in Berliner Tradition, der mittlerweile bundesweit zu Hause ist

Für den Falschen Hasen (für 6 Portionen)

· 1 altbackenes Brötchen (vom Vortag) · 50–60 ml Milch · 1 Gemüsezwiebel · 2 Knoblauchzehen · 1 Bund Petersilie · 1 kg Rinderhackfleisch · 2 Eier · 2 EL mittelscharfer Senf · 2 EL Ketchup · Salz · frisch gemahlener weißer Pfeffer · 200 g Semmelbrösel · 60 g geklärte Butter · 50 g gemischte getrocknete Pilze (z.B. Steinpilze, Morcheln, Butterpilze) · 1–2 TL Mehl · 1 TL Zuckercouleur (karamellisierter Zucker; Fertigprodukt) · 100 g Schmand

Für das Estragondressing

· 40 ml Estragonessig · 1 EL Zucker · 1 EL mittelscharfer Senf · 60 ml Rapsöl · Salz · 1 Prise Cayennepfeffer

Für den gemischten Salat

· 1 Kopfsalat · 1 Staude Löwenzahn · 4 Radieschen · 4 Bundmöhren · 4 Teltower Rübchen · 1 rote Zwiebel · 2 EL fein gehackter Kerbel · 2 EL fein gehackte Petersilie

1 | **Für den Falschen Hasen** das altbackene Brötchen in Scheiben schneiden, die Milch erwärmen und über das Brötchen gießen. Die Gemüsezwiebel und den Knoblauch schälen und in feine Würfel schneiden. Die Petersilie waschen, trocken schütteln und fein hacken. Das Hackfleisch mit dem eingeweichten Brötchen, der Zwiebel, den Eiern, dem Senf, dem Ketchup, der Petersilie und dem Knoblauch vermengen. Schmecken Sie den Fleischteig kräftig mit Salz und Pfeffer ab. Heizen Sie den Backofen auf 80 °C vor.

2 | **Den Fleischteig halbieren** und aus jeder Hälfte einen länglich-ovalen Laib formen. Die Fleischlaibe in Semmelbröseln wälzen und bei niedriger Hitze in einer ofenfesten Pfanne in geklärter Butter braten, bis beide Seiten knusprig braun sind. Lassen Sie die beiden Fleischlaibe nun im vorgeheizten Backofen mindestens 45 Minuten ziehen, bis sie durchgegart sind. In der Zwischenzeit die Trockenpilze etwa 30 Minuten in heißem Wasser einweichen, herausnehmen, bei geringer Hitze in eine Bratpfanne geben, salzen, pfeffern und mit dem Mehl bestauben. Gerade so viel Einweichwasser der Pilze durch ein Sieb angießen, dass die Sauce sämig bindet. Zuckercouleur und Schmand unterrühren.

3 | **Für das Estragondressing** Essig, Zucker, Senf, Rapsöl, Salz sowie 40 ml kaltes Wasser gründlich miteinander vermischen. Den Cayennepfeffer dazugeben und gut verrühren. Für den Salat den Kopfsalat und Löwenzahn putzen, waschen, trocken schleudern und in mundgerechte Stücke zupfen. Radieschen, Bundmöhren und Rübchen putzen, waschen und in feine Scheiben hobeln. Die Zwiebel schälen und in feine Scheiben schneiden. Vermengen Sie alle Zutaten in einer großen Schüssel.

4 | **Zum Servieren** schneiden Sie den Falschen Hasen in etwa 1 bis 2 cm dicke Scheiben. Geben Sie zuerst etwas Sauce in jeweils einen tiefen Teller und richten Sie darauf pro Portion zwei bis drei Scheiben Falschen Hasen an. Den Salat mit dem Dressing marinieren und separat dazureichen.

WARENKUNDE

Petersilie – der Liebling deutscher Küchen

Das wohl beliebteste deutsche Küchenkraut spielt eine dreifache kulinarische Rolle: Glatte Petersilie besitzt ein intensives Aroma, das als Speisewürze sehr dominant wirkt. Krause Petersilie ist zwar weniger aromatisch, dafür aber besonders vitaminreich und sehr dekorativ. Beide Petersilienarten eignen sich zur Herstellung von Vinaigrettes, sind fester Bestandteil von Bouquet garni und Grüner Sauce und machen sich hervorragend in Wildbeizen, Marinaden und Saucen. Wurzelpetersilie besitzt ebenfalls glatte und würzige Blätter. Ihre möhrenförmigen Wurzeln schmecken delikat und sind vor allem in Suppen und Eintöpfen beliebt.

Berlin

bundesweit

Zubereitungszeit
ca. 3 Std.

Königsberger Klopse mit Rote-Bete-Salat

Feine Fleischbällchen in pikanter Sauce

Für den Rote-Bete-Salat

· 600 g Rote Beten · 1 TL Kümmel · 100 g grobes Salz · 2 Schalotten · 100 ml Traubenkernöl · 50 ml Rotweinessig · 50 ml Kalbsfond (Glas oder S. 534) · Salz · Zucker · frisch gemahlener Pfeffer · 2–3 EL Schnittlauchröllchen

Für die Klopse

· 1 altbackenes Brötchen · 200 ml Milch · 2 Schalotten · 1 Scheibe Bauchspeck (30 g) · 1 kleines Bund glatte Petersilie · Öl zum Braten · 400 g Kalbfleisch · 1 Ei · 1 TL scharfer Senf · 1 TL Kapern · 1 gehacktes Sardellenfilet · Salz · frisch gemahlener Pfeffer · ½ l Kalbsfond · 1 Lorbeerblatt

Für die Sauce

· 2 Champignons · 2 Schalotten · 3 TL Kapern · 1 Sardellenfilet · 4 TL Mehl · 50 ml Weißwein · ½ l Kalbsfond (Glas oder S. 534) · 50 g Crème fraîche · 250 g Sahne · Salz · Cayennepfeffer · Zitronensaft · 1 Eigelb · 50 g eiskalte Butter in Stücken · 2 EL geschlagene Sahne · Petersilie und Kapern zum Garnieren

1 | **Für den Rote-Bete-Salat** die Rote Beten mit Kümmel in Alufolie einschlagen und auf Salz im 150 °C heißen Ofen etwa 1 Stunde bis 1 Stunde 30 Minuten weich garen. Die Rote Beten schälen und in Streifen schneiden. Die Schalotten schälen und fein würfeln. Alle restlichen Zutaten zur Vinaigrette verrühren, die Rote Beten damit marinieren und vor dem Servieren mit den Schalotten und den Schnittlauchröllchen bestreuen.

2 | **Für die Klopse** weichen Sie das Brötchen in Milch ein. Schälen Sie die Schalotten und schneiden Sie sie mit dem durchwachsenen Bauchspeck in Würfel. Petersilie waschen, trocken schleudern, einige Blättchen als Garnitur beiseitelegen und den Rest fein hacken. Speckwürfel, Schalotten und die gehackte Petersilie in Öl angehen lassen. Abkühlen lassen und mit dem Kalbfleisch und dem sehr gut ausgedrückten Brötchen durch die feine Scheibe des Fleischwolfs drehen (Step 1). Ei, Senf, Kapern und Sardelle dazugeben, abschmecken und die Fleischmasse 30 Minuten kalt stellen. Anschließend von der Fleischmasse mit angefeuchteten Händen gleichmäßig kleine Klopse abdrehen (Step 2). Den Kalbsfond mit dem Lorbeerblatt aufkochen, salzen und die Klopse einlegen. Reduzieren Sie die Hitze und lassen Sie die Klopse in 10 bis 15 Minuten gar ziehen.

3 | **Für die Sauce** Champignons und Schalotten schälen, blättrig schneiden und mit 1 TL Kapern und dem Sardellenfilet in 1 EL Butter andünsten. Mit Mehl bestreuen, mit der Hälfte des Weißweins ablöschen und einkochen lassen. Gießen Sie mit Kalbsfond auf und reduzieren Sie ihn komplett. Crème fraîche und Sahne zugeben, mit Salz, Pfeffer und Zitronensaft abschmecken und die Sauce aufmixen, sodass sie eine feine Konsistenz hat. Das Eigelb mit dem restlichen Weißwein über einem heißen Wasserbad zum Sabayon aufschlagen und die Butter einmontieren. Die geschlagene Sahne unterheben und kurz vor dem Servieren erneut aufmixen. Mit Petersilie und Kapern garnieren.

Klopsmasse herstellen

1) Das Kalbfleisch mit den angedünsteten Zwiebeln, dem Speck und dem ausgedrückten Brötchen durch die feine Scheibe des Fleischwolfs drehen.

2) Den Fleischteig pikant abschmecken, 30 Minuten kalt stellen, dann aus der Masse kleine Klopse abdrehen.

Zubereitungszeit
ca. 3 Std. 20 Min.

Geschmorte Kalbshaxe mit Pfifferlingen

Klassisch serviert mit leichtem Kartoffelpüree

Zutaten (für 6 Portionen)

- *1 Gemüsezwiebel*
- *2 Knoblauchzehen*
- *2 Möhren*
- *3 Stangen Staudensellerie*
- *2 Tomaten*
- *2 Lorbeerblätter*
- *½ TL Pfefferkörner*
- *3 Stängel glatte Petersilie*
- *1 Zweig Rosmarin*
- *2 Zweige Thymian*
- *300 g kleine Pfifferlinge*
- *700 ml Kalbsfond (Glas oder S. 534)*
- *¼ l trockener Weißwein*
- *1 Kalbshaxe (ca. 2 kg, mit Knochen)*
- *Salz*
- *frisch gemahlener Pfeffer*
- *2 EL kalte Butter in Stücken*
- *1 Schalotte*
- *2–3 TL Zitronensaft*
- *2 EL Schnittlauchröllchen*

Für das Kartoffelpüree

- *600 g mehlig kochende Kartoffeln*
- *Salz*
- *225 ml Milch*
- *5 EL Butter*
- *frisch gemahlener Pfeffer*
- *1 Msp. frisch geriebene Muskatnuss*

Richtig würzen

Pfifferlinge nie pfeffern, sondern nur salzen, denn sie schmecken von Natur aus scharf.

S. 34 ff.
REGIONENPORTRÄT Bayern

S. 126 ff.
IM FOKUS – WARENKUNDE
Kartoffeln

1 | **Den Backofen auf 160 °C vorheizen.** Zwiebel, Knoblauchzehen und Möhren schälen, Staudensellerie und Tomaten waschen und abtropfen lassen. Schneiden Sie das Gemüse in kleine Stücke. Anschließend mit Lorbeerblättern und Pfefferkörnern in einen Bräter geben. Petersilie, Rosmarin und Thymian waschen, trocken schütteln und grob hacken. Die Pfifferlinge kurz waschen, behutsam trocken schleudern und auf einem Küchentuch gut trocknen lassen. Kalbsfond und Weißwein mischen.

2 | **Die Haxe mit Salz und Pfeffer würzen** und auf das Bett aus klein geschnittenem Gemüse in den Bräter legen. Im vorgeheizten Ofen etwa 30 Minuten schmoren, die Hälfte der Kalbsfond-Wein-Mischung angießen und die Kräuter dazugeben. Garen Sie die Haxe im Ofen noch etwa 2 Stunden 30 Minuten weiter, dabei nach und nach die restliche Kalbsfond-Wein-Mischung angießen. Die Kalbshaxe immer wieder mit der Flüssigkeit übergießen, damit sie beim Garen nicht austrocknet.

3 | **Ist die Kalbshaxe weich,** nehmen Sie das Fleisch heraus, wickeln es in Alufolie und lassen es im ausgeschalteten Ofen ruhen. Die Sauce durch ein Sieb abgießen, nach Geschmack etwas einkochen und 1 EL Butter einmontieren. Die Schalotte schälen, fein hacken, in der restlichen Butter andünsten, die Pfifferlinge dazugeben und anbraten, mit Salz würzen, mit Zitronensaft abschmecken und den Schnittlauch darüberstreuen.

4 | **Für das Kartoffelpüree** die Kartoffeln schälen, in großen Stücken in leicht gesalzenem Wasser gar kochen und durch ein Sieb abgießen. Drücken Sie die Kartoffeln durch eine Kartoffelpresse in die erhitzte Milch. Die Butter zugeben, glatt rühren und mit Salz, Pfeffer und Muskatnuss abschmecken. Zum Anrichten die Haxe aus der Folie nehmen, den Knochen auslösen, das Fleisch in Scheiben schneiden und mit den Pfifferlingen anrichten. Mit Sauce nappiert servieren. Das Kartoffelpüree separat dazureichen.

KÜCHENGEHEIMNIS: WARUM FLEISCH ZART WIRD

Frisch geschlachtetes Fleisch ist immer zäh; bei richtiger, kontrollierter Lagerung, in Fachkreisen als »Abhängen« bezeichnet, wird es jedoch mit der Zeit weich und mürber. Verantwortlich für die grundsätzliche Zähigkeit ist der Gehalt des Fleisches an Kollagen, einer speziellen Art von Eiweiß, das im Fleisch, in Haut, Sehnen, Knorpel und Bindegewebe vorkommt. Kollagen wird durch natürliche Abbauvorgänge beim Abhängen abgebaut. Dies setzt die Hitze beim Garvorgang fort. Auch das Marinieren hat einen ähnlichen Effekt: Die Säure der Marinade (etwa durch Essig oder Wein) greift das Bindegewebe an, lockert es auf und zersetzt es schließlich.

Zubereitungszeit
ca. 3 Std.

Gefüllte Kalbsbrust

Mit einer raffinierten Füllung aus Roggenbrot, die sich mit gebratenen Pilzen leicht abwandeln lässt

Zutaten (für 6 Portionen)

- *400 g Roggenbrot*
- *1 Bund Liebstöckel*
- *2 Möhren*
- *2 Schalotten*
- *1 Stück Knollensellerie (100 g)*
- *½ Stange Lauch (oder 1 Frühlingszwiebel)*
- *2 EL Butter* · *6 Eier*
- *120 ml Milch*
- *Salz* · *frisch gemahlener Pfeffer*
- *1 Msp. frisch geriebene Muskatnuss*
- *1 Zwiebel*
- *1 Stange Staudensellerie*
- *1,5 kg Kalbsknochen*
- *1 Kalbsbrust (mit eingeschnittener Tasche, ohne Knochen)*
- *1 l Kalbsfond (Glas oder S. 534)*
- *50 g eiskalte Butter in Stücken*

Außerdem

- *Küchengarn zum Binden*

1 | **Für die Füllung** das Brot in kleine Würfel schneiden und in eine große Schüssel geben. Den Liebstöckel waschen, trocken schütteln und fein hacken. Eine Möhre, die Schalotten und den Sellerie schälen, den Lauch putzen und waschen, das Gemüse in feine Streifen (Julienne) schneiden und in der Butter glasig dünsten. Verquirlen Sie die Hälfte der Eier, geben Sie sie zum Gemüse in die Pfanne, rösten Sie die Masse wie ein Rührei an und verteilen Sie sie auf dem Brot. Dann zusammen mit den restlichen 3 Eiern und der Milch gut vermischen, mit Liebstöckel, Salz, Pfeffer und Muskatnuss abschmecken. Heizen Sie den Backofen auf 175 °C vor.

2 | **Für die Kalbsbrust** die übrige Möhre und die Zwiebel schälen und beides in grobe Stücke schneiden. Den Staudensellerie putzen, waschen und ebenfalls grob zerkleinern. Das Gemüse in einen Bräter geben. Die Knochen waschen, abtropfen lassen und auf das Gemüse legen. Füllen Sie anschließend die Brotmasse locker in die Tasche der Kalbsbrust (Step 1) und nähen Sie diese mit Küchengarn zu (Step 2). Die Kalbsbrust von beiden Seiten mit Salz und Pfeffer würzen und auf die Kalbsknochen in den Bräter legen.

3 | **Den Kalbsfond angießen.** Schieben Sie den Bräter in den vorgeheizten Backofen und lassen Sie das Ganze 2 Stunden 30 Minuten schmoren. Dabei immer wieder mit dem Schmorsaft übergießen und nach etwa der Hälfte der Zeit die Temperatur auf 150 °C reduzieren. Die Kalbsbrust herausnehmen und in Alufolie gewickelt im ausgeschalteten Ofen ruhen lassen. Inzwischen den Bratfond durch ein Sieb passieren, etwas reduzieren und die kalte Butter einmontieren. Die Kalbsbrust in Scheiben schneiden und mit der Sauce nappiert servieren. Dazu passt ein gemischter Salat.

S. 34 ff.
REGIONENPORTRÄT Bayern

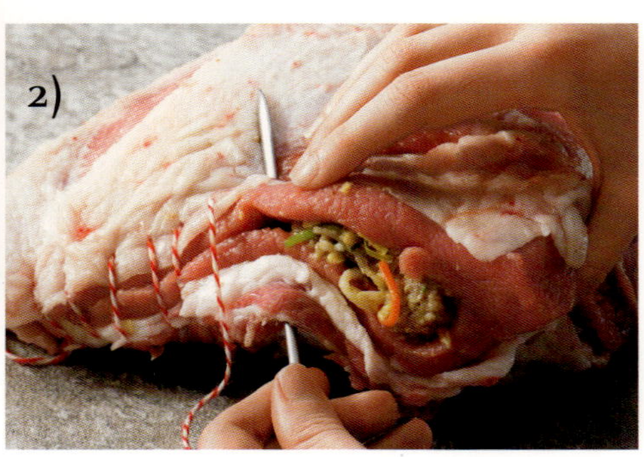

Kalbsbrust füllen

1) Die Füllung mit einem Löffel locker in die Tasche der Kalbsbrust schieben. Die Masse nicht festdrücken, da sie beim Garen aufgeht und sonst die Kalbsbrust aufreißt.
2) Die gefüllte Kalbsbrust mit Küchengarn so dicht zunähen, dass keine Füllung austreten kann.

Zubereitungszeit
ca. 3 Std. 10 Min.

Marinierzeit für das Fleisch
ca. 8 bis 10 Std.

Kalbsrahmgulasch

Klassischerweise serviert mit Butterkartoffeln oder selbst gemachten Bandnudeln

Zutaten (für 6 Portionen)

- *1 kg Kalbsschulter*
- *40 g edelsüßes Paprikapulver*
- *1 EL Kümmel*
- *1 kg weiße Zwiebeln*
- *100 g Schweineschmalz*
- *Salz*
- *frisch gemahlener Pfeffer*
- *2 EL Mehl*
- *2 EL Tomatenmark*
- *100 ml Weißweinessig*
- *1 ½ l Kalbsfond (Glas oder S. 534)*
- *1 rote Paprikaschote*
- *1 Knoblauchzehe*
- *abgeriebene Schale von ½ unbehandelten Zitrone*
- *200 g geschlagene Sahne*
- *2 EL gehackte Petersilie*

S. 34 ff.
REGIONENPORTRÄT Bayern

1 | **Die Kalbsschulter am Vortag** mit einem Messer in etwa 5 cm große Würfel schneiden und mit dem Paprikapulver und der Hälfte des Kümmels vermischen. Zugedeckt im Kühlschrank etwa 8 bis 10 Stunden durchziehen lassen.

2 | **Die Zwiebeln schälen** und in feine Scheiben schneiden. Erhitzen Sie das Schweineschmalz in einem flachen, breiten Topf und dünsten Sie darin die Zwiebeln ohne Farbe weich. Das Fleisch salzen, pfeffern und mit 1 EL Mehl bestauben. Zu den Zwiebeln geben und rasch von allen Seiten anbraten.

3 | **Das Tomatenmark** und das restliche Mehl dazugeben. Dann mit dem Essig ablöschen, den Kalbsfond angießen, einen Deckel auflegen und das Fleisch bei schwacher Hitze etwa 2 Stunden bis 2 Stunden 30 Minuten garen. Von Zeit zu Zeit das Fett abschöpfen und umrühren, damit das Gulasch nicht am Boden ansetzt.

4 | **Die Paprika waschen,** putzen, vierteln, in 2 cm große Stücke schneiden und 20 Minuten vor Ende der Garzeit zugeben. Den restlichen Kümmel fein hacken, den Knoblauch abziehen und hacken und beides mit der Zitronenschale zum Gulasch geben. Vor dem Servieren die Sahne unterziehen und die Petersilie daraufstreuen.

Zubereitungszeit
ca. 2 Std.

Westfälisches Töttchen mit Petersilienpüree

Das Kalbfleischragout mit Kapern und Zitrone verwöhnt mit cremig-feinem Aroma.

Für das Töttchen
- *2 Zwiebeln* · *1 Möhre*
- *700 g Kalbsschulter oder -brust*
- *1 Gewürznelke* · *1 Lorbeerblatt*
- *80 g Butter* · *2 EL Mehl*
- *1 EL Worcestersauce*
- *abgeriebene Schale von ½ unbehandelten Zitrone*
- *1 EL mittelscharfer Senf*
- *2 EL Kapern* · *Salz*
- *frisch gemahlener weißer Pfeffer*
- *2 EL Crème fraîche*

Für das Petersilienpüree
- *1 Bund glatte Petersilie*
- *1 Zwiebel* · *2 EL Öl*
- *Salz* · *frisch gemahlener Pfeffer*
- *1 Prise frisch geriebene Muskatnuss*

1 | **Für das Töttchen** eine Zwiebel und die Möhre schälen und nur grob zerkleinern. Das Kalbfleisch zusammen mit den Zwiebel- und Möhrenstücken, der Nelke und dem Lorbeerblatt in einen Topf geben, mit 1 ½ l Wasser auffüllen und etwa 1 Stunde 30 Minuten bei mittlerer Hitze kochen lassen. Nehmen Sie das Fleisch zum Abkühlen heraus und gießen Sie den Kochfond durch ein mit einem Tuch ausgelegtes Sieb ab. Vom Kochfond ½ l abmesssen.

2 | **Das abgekühlte Kalbfleisch** von Fett und Sehnen befreien und in 1 bis 2 cm große Stücke schneiden. Die übrige Zwiebel schälen, in feine Würfel schneiden und in der Butter andünsten. Mit dem Mehl bestauben, dieses kurz mit angehen lassen und mit dem abgemessenen Kochfond ablöschen. Mit Worcestersauce, Zitronenschale, Senf, Kapern, Salz, Pfeffer und Crème fraîche abschmecken. Fügen Sie das Fleisch hinzu und erwärmen Sie es in der Sauce.

3 | **Für das Petersilienpüree** die Petersilie waschen, abtropfen lassen, in kochendem Salzwasser 7 bis 8 Minuten blanchieren, herausnehmen, abschrecken und abtropfen lassen. Die Zwiebel schälen und fein hacken, anschließend in Öl glasig dünsten. Zwiebeln und Petersilie zusammen fein pürieren. Mit Salz, Pfeffer und Muskatnuss würzen. Erwärmen Sie das Püree bei schwacher Hitze und formen Sie mit einem Teelöffel Nocken, die Sie um das Töttchen herum anrichten. Dazu passen Salzkartoffeln oder Nudeln (S. 408).

S. 96 ff.
REGIONENPORTRÄT
Nordrhein-Westfalen

Zubereitungszeit
ca. 3 Std.

Marinierzeit für das Fleisch
ca. 24 Std.

Geschmorte Rinderschulter

Aromatisch nach edlen Gewürzen duftend und mit glaciertem Gemüse angerichtet

Für die geschmorte Rinderschulter

- *1,4 kg Rinderschulter*
- *250 g rote Zwiebeln*
- *1 Möhre* · *1 Knoblauchzehe*
- *1 Stange Staudensellerie*
- *2 Kardamomkapseln*
- *2 Lorbeerblätter*
- *200 ml roter Portwein*
- *1 l trockener Rotwein*
- *1 TL Pfefferkörner*
- *2 kleine Zimtstangen*
- *2–3 Gewürznelken*
- *1–2 Sternanis*
- *Zesten von 1 unbehandelten Orange*
- *1 Scheibe leicht geräucherter, durchwachsener Speck (30 g)*
- *½ Vanilleschote*
- *Salz* · *frisch gemahlener Pfeffer*
- *Mehl zum Bestauben*
- *Distelöl zum Anbraten*
- *1 EL Tomatenmark*
- *800 ml Kalbsfond (Glas oder S. 534)*
- *1–2 Rippchen Bitterschokolade (mindestens 65 % Kakao)*
- *2 EL Aceto balsamico*
- *Speisestärke zum Binden*

Für das glacierte Gemüse

- *3–4 Möhren*
- *200 g Perlzwiebeln*
- *3 EL Butter*
- *4–5 EL Gemüsefond (Glas oder S. 109)*
- *1 gestr. TL Zucker*
- *1 EL Aceto balsamico*

S. 366 ff.
WARENKUNDE Altes Gemüse

1 | **Die Rinderschulter parieren,** die Abschnitte aufheben. Die Zwiebeln und die Möhre schälen und beides in Stücke schneiden. Den Knoblauch abziehen und fein hacken. Den Sellerie waschen, putzen und in Stücke schneiden. Den Kardamom andrücken, die Lorbeerblätter einritzen. Geben Sie das Fleisch und die Abschnitte mit dem Portwein, dem Rotwein, den Gewürzen, dem Gemüse und den Orangenzesten in eine Schüssel und lassen Sie alles zusammen zugedeckt 24 Stunden im Kühlschrank marinieren.

2 | **Das Fleisch und die Abschnitte** aus der Marinade nehmen und trocken tupfen. Die Marinade durch ein Sieb abgießen und auffangen, das Gemüse und die Gewürze gut abtropfen lassen. Die Marinade aufkochen und den Schaum abschöpfen. Heizen Sie den Backofen auf 200 °C vor und schneiden Sie den Speck in Würfel. Die Vanilleschote aufschlitzen und das Mark herauskratzen.

3 | **Zum Schmoren** die Rinderschulter mit Salz und Pfeffer würzen, mit Mehl bestauben, in einem Bräter im heißen Öl scharf anbraten und herausnehmen. Dann den Speck und die Abschnitte hineingeben und ebenfalls scharf anbraten. Fügen Sie das Vanillemark, das abgetropfte Gemüse, das Tomatenmark und die Vanilleschote hinzu und rösten Sie alles kurz mit an. Mit 150 ml Marinade ablöschen, diese ganz reduzieren, mit der restlichen Marinade und dem Kalbsfond aufgießen. Das Fleisch einlegen und im vorgeheizten Ofen etwa 2 Stunden schmoren.

4 | **Für das glacierte Gemüse** die Möhren und die Perlzwiebeln schälen. Bei den Zwiebeln darauf achten, dass die Wurzelscheibe nicht entfernt wird, sonst zerfallen sie später beim Garen. Die Möhren in 3 bis 4 cm lange Stifte schneiden, die Perlzwiebeln halbieren oder je nach Größe vierteln. Die Möhren und die Zwiebeln 15 Minuten vor Ende der Garzeit des Schmorbratens in Butter andünsten. Den Gemüsefond dazugeben und die Gemüse bissfest garen, der Fond soll dabei vollständig reduziert werden. Bestreuen Sie das Gemüse mit dem Zucker und warten Sie, bis dieser im heißen Topf geschmolzen ist, dann mit Essig und 3 EL Schmorfond vom Fleisch ablöschen und das Gemüse darin glacieren.

5 | **Zum Fertigstellen des Gerichts** nehmen Sie das Fleisch aus dem Bräter und lassen es in Folie gewickelt ruhen. In der Zwischenzeit den Schmorfond durch ein Sieb in einen Topf passieren und gut nachdrücken. Die Schokolade im passierten Schmorfond auflösen und die Sauce mit Essig, Salz und Pfeffer abschmecken. Nach Belieben mit etwas in kaltem Wasser angerührter Speisestärke binden. Zum Anrichten schneiden Sie den Schmorbraten in 1 cm dicke Scheiben. Mit dem glacierten Gemüse auf vorgewärmte Teller geben und das Fleisch mit etwas Sauce nappieren, den Rest der Sauce separat dazureichen. Dazu passen Kartoffelpüree (S. 248), Stampfkartoffeln (S. 336) oder Kartoffelknödel (S. 390).

Zubereitungszeit
ca. 3 Std. 45 Min.

Rinderroulade mit Gemüsesauce

Schön durchwachsene Rinderbacken kommen hier gefüllt und butterweich geschmort auf den Tisch.

Für die Füllung

· 2–3 Möhren · 1 Stück Knollensellerie (80 g) · 1 TL Distelöl · 4 Cornichons · 60 g Sauerkraut · 1 TL scharfer Senf · 1 TL Meerrettich (Glas) · Salz · frisch gemahlener Pfeffer

Für die Rouladen

· 4 Rinderbacken (ca. 600 g, oder 4 Rinderrouladen aus der Oberschale) · Salz · frisch gemahlener Pfeffer · mittelscharfer Senf zum Bestreichen · 8 dünne Scheiben Bauchspeck · 4 Stücke Schweinenetz (beim Fleischer vorbestellen)

Für die Gemüsesauce

· 4 Zwiebeln · 2 Knoblauchzehen · 3 Möhren · ½ Stange Staudensellerie · 1 Zweig Rosmarin · 3 Zweige Thymian · 2 EL Öl · 2 EL Butter · 1 TL schwarze Pfefferkörner · 5 Wacholderbeeren · 2 Lorbeerblätter · Salz · frisch gemahlener Pfeffer · 2 EL Tomatenmark · 1 Handvoll Crasheis · ½ l Rotwein · 300 ml roter Portwein · 700 ml Kalbsfond (Glas oder S. 534) · 1 kleine geschälte Kartoffel

Außerdem

· Küchengarn zum Binden

1 | **Für die Füllung** Möhren und Sellerie schälen, beides in 5 mm dünne Stifte schneiden, in Öl andünsten und gut auskühlen lassen. Schneiden Sie die Cornichons in feine Streifen, mischen Sie die Zutaten für die Füllung und schmecken Sie mit Salz und Pfeffer ab.

2 | **Für die Rouladen** die Rinderbacken jeweils von der Seite bis 1 cm vor dem gegenüberliegenden Rand einschneiden (Schmetterlingsschnitt). Das Fleisch auseinanderklappen, salzen, pfeffern und mit wenig Senf bestreichen, jeweils eine Speckscheibe darauflegen und 1 bis 2 EL Füllung daraufgeben. Schlagen Sie die Seiten ein und rollen Sie das Fleisch dann zur Roulade auf. Anschließend jede Roulade in ein Stück Schweinenetz einschlagen, mit Küchengarn binden, salzen und pfeffern.

3 | **Für die Gemüsesauce** Zwiebeln, Knoblauch und Möhren schälen und in kleine Stücke schneiden. Den Sellerie waschen und würfeln. Rosmarin und Thymian waschen, trocken schütteln und grob hacken. Braten Sie die Rouladen in einer Mischung aus Öl und Butter von allen Seiten goldgelb an, geben Sie das Gemüse dazu und rösten Sie es an. Die Gewürze und Kräuter hinzufügen, salzen und pfeffern, das Tomatenmark einrühren und kurz mit angehen lassen. Nehmen Sie den Topf vom Herd, geben Sie eine Handvoll Eis dazu sowie je einen Schuss Rotwein und Portwein und lassen Sie das Ganze 3 Minuten stehen, sodass sich der Bratansatz löst.

4 | **Den Topf wieder auf den Herd stellen,** die Flüssigkeit vollständig reduzieren, nochmals mit etwas Rot- und Portwein aufgießen und erneut einkochen lassen. Wiederholen Sie den Vorgang noch zweimal, erst dann mit Kalbsfond auffüllen, die Rouladen hineingeben, die Kartoffel dazureiben und das Fleisch zugedeckt 2 Stunden köcheln lassen, bis es weich ist. Dann die Rouladen herausnehmen, die Sauce durch ein Sieb passieren und mit Salz und Pfeffer abschmecken. Die Fäden der Rouladen entfernen, die Rouladen in die Sauce geben, einmal aufkochen und auf vorgewärmten Tellern anrichten. Dazu passt Kartoffelpüree (S. 248).

KÜCHENGEHEIMNIS: SCHMOREN BRINGT AROMA, ZARTHEIT – UND GUTE SAUCE

Beim Garen soll ein Lebensmittel weich werden und Geschmack erhalten. Beim Schmoren, für das sich besonders Fleisch mit einem hohen Bindegewebsanteil eignet, geschieht dies – anders als beim Braten oder Kochen – nacheinander: Das Anbraten bei starker Hitze produziert Röst- und Aromastoffe, das Fortkochen bei geringer Hitze macht weich und zart. Und: Durch die Zugabe einer würzigen Schmorflüssigkeit (z. B. Fond) wird das Schmorgut geschmacklich nicht ausgelaugt, sondern zusätzlich aromatisch bereichert.

Zubereitungszeit
ca. 3 Std.

Marinierzeit für das Fleisch
ca. 3 bis 4 Tage

Rheinischer Sauerbraten

Herbe Bitterschokolade gibt dem klassischen Schmorgericht Farbe und ein köstliches Aroma.

Für die Marinade

- *2 Möhren* · *2 Zwiebeln*
- *¼ Knollensellerie*
- *½ TL Pfefferkörner*
- *6 Pimentkörner*
- *10 Wacholderbeeren*
- *2 Lorbeerblätter*
- *2 l trockener Rotwein*
- *200 ml Estragonessig (oder Rotweinessig)*

Für das Fleisch

- *1 ½ kg Rinderschulter (Mittelbugstück)*
- *Salz* · *frisch gemahlener Pfeffer*
- *1–2 EL Mehl zum Bestauben*
- *½–¾ l Kalbsfond (Glas oder S. 534)*
- *2 EL Schweineschmalz*
- *50 g Pumpernickel*
- *2 Rippchen Bitterschokolade (mindestens 65 % Kakao)*
- *50 g Rosinen*

S. 312 ff.
REGIONENPORTRÄT
Rheinland-Pfalz/Saarland/Südhessen

1 | **Für die Marinade** die Möhren, die Zwiebeln und den Sellerie schälen. Das Gemüse in kleine Stücke schneiden und in einer großen Schüssel mit den Pfeffer- und Pimentkörnern, den Wacholderbeeren, den Lorbeerblättern, dem Rotwein und dem Essig mischen. Die Rinderschulter in die Marinade legen (sie soll vollständig bedeckt sein, ggf. noch etwas Wein angießen) und zugedeckt mindestens 3 bis 4 Tage im Kühlschrank durchziehen lassen.

2 | **Die Rinderschulter** aus der Marinade nehmen, mit Küchenpapier gut trocken tupfen, mit Salz und Pfeffer würzen und mit Mehl bestauben. Die Marinade durch ein Sieb abgießen und das Gemüse gut abtropfen lassen. Von der Marinade ½ l abmessen und mit dem Kalbsfond mischen. Heizen Sie den Backofen auf 180 °C vor.

3 | **Das Fleisch in einem Bräter** im heißen Schweineschmalz von allen Seiten kräftig anbraten, das Gemüse dazugeben, kurz mitbraten und mit etwa der Hälfte der Marinade-Kalbsfond-Mischung ablöschen. Das Fleisch im Ofen zugedeckt 1 Stunde schmoren lassen, dabei wiederholt begießen, bis die restliche Marinade-Kalbsfond-Mischung aufgebraucht ist. Wenden Sie das Fleisch. Zerkleinern Sie den Pumpernickel im Blitzhacker und geben Sie die Brösel zusammen mit der Bitterschokolade in die Schmorsauce. Den Sauerbraten noch mindestens 1 Stunde 30 Minuten weiterschmoren lassen und dabei immer wieder mit dem Schmorfond übergießen.

4 | **Zum Fertigstellen** nehmen Sie das Fleisch aus der Sauce und stellen es in Folie gewickelt im ausgeschalteten Ofen warm. Die Sauce durch ein Sieb passieren, die Rosinen hinzufügen und aufkochen lassen. Den Braten in Scheiben schneiden, auf vorgewärmten Tellern anrichten und mit Sauce umgießen. Die restliche Sauce separat servieren. Dazu passen in Butter gebratene Scheiben vom Serviettenkloß (S. 394) oder Kartoffelknödel (S. 390 und 393).

VARIANTE: SAUERBRATENKLÖSSE VOM OCHSENSCHWANZ

Für 4 Portionen zerteilen Sie 3 kg Ochsenschwanz in Stücke und marinieren das Fleisch wie einen Sauerbraten (siehe oben). Anschließend die Stücke aus der Marinade nehmen, anbraten, mit Marinade aufgießen und weich schmoren, das Fleisch vom Knochen lösen (ergibt 350 g) und in eine Kastenform gepresst erkalten lassen. Dann 4 Scheiben Toastbrot entrinden, würfeln und 4 getrocknete Apfelringe klein schneiden. Brot, Apfelringe, 2 Eigelbe, 1 EL in Apfelsaft eingelegte Rosinen, 1 EL Semmelbrösel und 60 g ausgelassenes, passiertes Rindermark vermischen und 4 Knödel daraus formen. Den Ochsenschwanz in 2 cm dicke Scheiben schneiden, die Markknödel damit ummanteln, in Schweinenetz einschlagen und zur Kugel formen. Die Klöße in Öl anbraten, mit Schmorfond übergießen und 20 Minuten im Ofen bei 200 °C garen. Für die Sauce reduzieren Sie 60 ml Portwein auf die Hälfte, dann zum Schmorfond geben, durch ein Sieb passieren, mit 1 EL Butter und 2 EL Aceto balsamico verfeinern.

Zubereitungszeit
ca. 1 Std. 15 Min.

Schwäbischer Rostbraten

Reichlich geröstete Zwiebeln verleihen dem Gericht die richtige Würze.

Für die Bratkartoffeln

- *600 g festkochende Kartoffeln*
- *Salz*
- *1 EL Kümmel*
- *1 Lorbeerblatt*
- *60 g geräucherter Bauchspeck*
- *1 kleine Zwiebel*
- *50 g Butter*
- *2 EL Schnittlauchröllchen*

Für den Rostbraten

- *4 Scheiben Rostbraten (Ribeye, je 160 g)*
- *4 Zwiebeln*
- *1 Knoblauchzehe*
- *Fett zum Braten*
- *Salz*
- *frisch gemahlener Pfeffer*
- *2 EL Butter*
- *1 EL Aceto balsamico*
- *100 ml trockener Rotwein*
- *1 Lorbeerblatt*
- *2 Zweige Thymian*
- *140 ml Kalbsjus (Glas oder S. 534)*
- *Thymian zum Garnieren*

Für die Röstzwiebeln

- *4 Zwiebeln*
- *1 gestr. TL Paprikapulver edelsüß*
- *1 EL Butterschmalz*

S. 402 ff.
REGIONENPORTRÄT
Baden-Württemberg

S. 548
WARENKUNDE Zwiebeln

1 | **Für die Bratkartoffeln** die Kartoffeln waschen und in einem Topf mit Wasser, Salz, Kümmel und Lorbeerblatt je nach Größe der Kartoffeln in 20 bis 30 Minuten weich kochen. Gießen Sie die Kartoffeln ab und lassen Sie sie ausdampfen, anschließend noch heiß pellen und dann vollständig auskühlen lassen. Den Speck fein würfeln, die Zwiebel schälen und ebenfalls fein würfeln.

2 | **Die gekochten, geschälten Kartoffeln** in gleichmäßige Scheiben schneiden. In einer beschichteten Pfanne die Butter erhitzen und die Kartoffeln darin goldgelb braten. Nach etwa der Hälfte der Bratzeit die Speckwürfel zugeben, kurz vor Ende der Garzeit auch die Zwiebelwürfel dazugeben. Alles weiterbraten, bis die Zwiebeln gar und die Kartoffeln knusprig sind. Vor dem Servieren die vorbereiteten Schnittlauchröllchen untermischen.

3 | **Für den Rostbraten** klopfen Sie, während die Kartoffeln braten, das Fleisch mit einem Plattiereisen auf eine Dicke von 1 cm. Die Zwiebeln schälen, halbieren und in Streifen schneiden. Den Knoblauch abziehen und andrücken. In einer Pfanne das Fett gut erhitzen, das Fleisch beidseitig anbraten, mit Salz und Pfeffer würzen und weiterbraten bis es »medium« ist (d.h. halb gar mit rosa Kern). Den Rostbraten aus der Pfanne nehmen, Butter hineingeben und die Zwiebeln darin bräunen. Mit dem Essig ablöschen, reduzieren und dann mit dem Rotwein auffüllen. Die angedrückte Knoblauchzehe, das Lorbeerblatt und den Thymian dazugeben und mit Kalbsjus auffüllen. Lassen Sie die Zwiebeln bei schwacher Hitze köcheln, bis sie sich sämig mit der Flüssigkeit verbunden haben.

4 | **Für die Röstzwiebeln** die Zwiebeln schälen und in dünne Ringe schneiden, diese kurz in kaltem Wasser waschen und sehr gut trocken tupfen. Würzen Sie die Zwiebeln mit Salz, Pfeffer und Paprikapulver. Das Butterschmalz in einem Topf auf 160 °C erhitzen und die Zwiebeln darin goldbraun frittieren. In ein Sieb schütten und abtropfen lassen oder auf Küchenpapier entfetten. Zum Servieren die Bratkartoffeln auf vorgewärmte Teller geben. Legen Sie den Rostbraten an, belegen Sie ihn jeweils zur Hälfte mit Zwiebelsauce und Röstzwiebeln. Mit Thymian garniert servieren.

KÜCHENGEHEIMNIS: WANN IST KURZ GEBRATENES GAR?

Ganz gleich, ob Schweinefilets, Rinderlende oder Kalbssteak: Kurz gebratene Fleischstücke werden im Restaurant ganz nach Wunsch »blutig«, »halb gar« oder »durch« (auf Englisch »rare«, »medium« oder »well done«) serviert. Und so erspürt der Koch den Gargrad: Gibt das Fleisch auf Fingerdruck weich nach, ist es innen noch blutig. Fühlt es sich in der Mitte noch elastisch an und wird zum Rand hin fester, ist es innen noch rosa (medium). Durchgebraten gibt das Fleisch auf Druck dann kaum mehr nach.

Zubereitungszeit
ca. 2 Std.

Badisches Ochsenfleisch

Mit geschmorten Kopfsalatherzen und Bouillonkartoffeln ein edler Hauptgang

Für das Badische Ochsenfleisch

· 750 g Mittelbugblatt vom Ochsen · 1 Zwiebel · 3 Gewürznelken · 1 Lorbeerblatt · 2 TL Salz · 1 kleines Bund Suppengrün (Sellerie, Möhre, Lauch) · 1 TL zerstoßene Pfefferkörner · 5 zerdrückte Wacholderbeeren

Für die Bouillonkartoffeln

· 1 Stück Knollensellerie (50 g) · 2 Schalotten · 1 Möhre · 50 g Lauch · 400 g vorwiegend festkochende Kartoffeln · 1 EL Sonnenblumenöl · Salz · frisch gemahlener Pfeffer · frisch geriebene Muskatnuss · 1–2 TL Tabasco · Meersalz (Fleur de sel) · 2 EL Schnittlauchröllchen

Für die geschmorten Kopfsalatherzen

· 4 kleine Romana-Salatköpfe · 4 sehr dünne Speckscheiben · Öl · 200 ml Gemüse- oder Geflügelfond (Glas oder S. 109 und S. 534) · 1 EL Butter · frisch gemahlener Pfeffer · Meersalz (Fleur de sel) · 1 TL gehackte Petersilie · 3–4 EL Croûtons

1 | **Das Ochsenfleisch** kurz unter kaltem Wasser abspülen. Die Zwiebel schälen und mit Nelken und Lorbeer spicken. Das Fleisch mit 2 l Wasser, Salz, Gewürzen, Zwiebel und Suppengrün aufkochen und 2 Stunden 30 Minuten köcheln lassen, dabei gelegentlich etwas Wasser auffüllen. Während das Fleisch gart, die Bouillonkartoffeln und Kopfsalatherzen zubereiten. Das Fleisch ist gar, wenn Sie eine Fleischgabel ohne Widerstand einstechen können. Das Ochsenfleisch dann bis zum Servieren zugedeckt in etwas Kochfond warm halten. Vom restlichen Kochfond ½ l abmessen und für die Zubereitung der Bouillonkartoffeln beiseitestellen, den restlichen Fond kalt stellen und anderweitig verwenden.

2 | **Für die Bouillonkartoffeln** Sellerie, Schalotten und Möhre schälen. Den Lauch putzen und waschen. Das Gemüse in feine Würfel schneiden. Die Kartoffeln schälen und in 1 cm große Würfel schneiden. Die Schalottenwürfel im heißen Öl anschwitzen, den Sellerie und die Möhrenwürfel hinzufügen und kurz mitanschwitzen. Geben Sie die Kartoffelwürfel dazu und füllen Sie mit dem beiseitegestellten Kochfond (aus Arbeitsschritt 1) auf. Die Bouillonkartoffeln sanft garen und bei Bedarf noch etwas Kochfond nachgießen. Fügen Sie die Lauchwürfel erst kurz vor dem Servieren zu. Pikant mit Salz, Pfeffer, Muskatnuss und Tabasco abschmecken.

3 | **Für die Kopfsalatherzen** entfernen Sie die äußeren grünen Blätter des Salates. Umwickeln Sie jeweils ein Salatherz mit einer Speckscheibe, dann mit einem Zahnstocher feststecken (Step 1). In einer Pfanne Öl erhitzen und die Salatherzen darin kurz anbraten und gleich darauf mit dem Geflügelfond ablöschen. Die Pfanne abdecken und die Salatherzen in 3 bis 4 Minuten knackig dünsten (Step 2). Den Fond etwas einkochen lassen, dann die Salatherzen mit Butterflocken bedecken. Mit reichlich Pfeffer, etwas Meersalz und Petersilie würzen. Zum Servieren jeweils einige Scheiben Ochsenfleisch in die Bouillonkartoffeln geben und mit Meersalz und Schnittlauchröllchen bestreuen. Die Kopfsalatherzen mit Croûtons bestreuen und separat dazureichen.

Kopfsalatherzen zubereiten

1) Die äußeren grünen Blätter entfernen. Jeweils ein Salatherz mit einer Speckscheibe umwickeln und diese mit einem Zahnstocher feststecken.

2) In einer flachen Pfanne Öl erhitzen, die Salatherzen darin anbraten, mit dem Fond ablöschen, abdecken und in 3 bis 4 Minuten knackig dünsten.

Deutsche Kochkultur: Kraut & Cross-over

Die Rückbesinnnung auf die wahren Wurzeln gutbürgerlicher Küche sowie erstklassige regionale Produkte haben die deutsche Kochkultur nachhaltig geprägt.

Frittenbude, Dönerstand, McDonalds, der Italiener um die Ecke, der Grieche und die Tapas-Bar. So viel zur Esskultur in Deutschland. Aber die deutsche Esskultur? Betrachten wir sie lieber von außen: »In Deutschland gibt es viele internationale Restaurants. Viele Deutsche bevorzugen die internationale Küche vor traditionellem deutschen Essen.« Nachzulesen in »Lectura 3a«, einer Internet-Deutschlektion für Spanier. Wie wahr!

Der Zustand der deutschen Küche wird oft beklagt, doch blühen neben all den Einflüssen von außen ihre Blüten eben mancherorts im Verborgenen. Zum Beispiel in einem Gasthof in der Uckermark, wo man mit Glück wunderbar gewürzte Blutwurst frisch aus dem Kessel bekommt, in einem Wirtshaus in der Eifel, wo vielleicht eine fangfrische Forelle aus einem munteren Wildbach in der Pfanne landet, oder im oberbayerischen Pfaffenwinkel, wo man möglicherweise eine echte bayerische Bauerngans nicht mit künstlicher Sauce und Knödeln, sondern mit conveniencefreien, hausgemachten Beilagen serviert.

Ja, es gibt sie, die deutsche Esskultur, und es lohnt sich, ihr nachzuspüren. Hinter der mitunter abschreckenden Fassade des »Gutbürgerlichen«, dem Musikantenstadl der Kochkultur, verstecken sich potenzielle Schätze. Was heute weitgehend mit billig, banal, bodenständig und derb gleichgesetzt wird, bedeutete früher das pure Gegenteil: Die gutbürgerliche Küche hat genau das auf den Tisch gebracht, was qualitativ hochstehend, repräsentativ und sorgfältig zubereitet war – kurz das, was so gut »nach Heimat« schmeckt. Mit fetttriefenden Pommes, vorfrittierten Fertigschnitzeln und Golden Nuggets aus der Tiefkühltruhe hat das rein gar nichts zu tun – auch wenn mancher Gastwirt das Etikett »gutbürgerlich« in diesem Sinn gründlich missinterpretiert.

Weg vom Eintopfeinerlei

Ohne Zweifel, in den Jahren während und nach dem Zweiten Weltkrieg hatte die deutsche Küche an Highlights wenig zu bieten. Die 1940er- und frühen 1950er-Jahre drehten sich kulinarisch im Eintopfeinerlei um Kartoffel, Kraut und Rüben. Abwechslung kam per Carepaket auf den Tisch, womit nicht nur eine Wende zum Besseren ausgelöst wurde, sondern eine Dauer-Welle der Amerikanisierung. Bald schon stand der ganze Kontinent unter dem Einfluss Amerikas, auch in der Küche schlug er sich nieder. Die »Swinging Fifties« feierten die neuen Freuden und

Freiheiten mit Cocktails, Bowlen und bunten Happy-Hour-Häppchen. Dosen- und Südfrüchte waren so angesagt wie Speck auf den dünnen Rippen. Was sich mit Vespa und Gelato Ende der 1950er ankündigte, rollte in den 1960ern lawinenartig übers Land: die Sehnsucht nach Bella Italia. Wir lernten Pizza, Prosciutto und Lasagne und die ersten Brocken Italienisch kennen und, bevor wir uns versahen, die ganze Italianità.

Nouvelle Cuisine kontra Fast Food

Mit dem Wirtschaftswunder rochen wir den Braten: Das Deutsche war zu derb! Auf Raffinement kam es fortan an! Dieses fanden wir beim Nachbarn und tauschten Vollkornbrot gegen Baguette; französische Zwiebelsuppe, Camembert, Quiche und Fondue waren en vogue. Zugleich eroberten Brathähnchen, Balkangrill, Fischstäbchen und Holzfällersteaks das Land. In den 1970ern fielen Kiwis und Avocados ein, wir aßen »Hamburger«, Bamigoreng und Crêpes. Die Fastfoodwelle ließ uns nicht mehr los, während die Franzosen mit Nouvelle Cuisine auf Schmalhans setzten. In den 1980ern entdeckten wir Bio, Öko und Naturkost und werteten die Küche weltanschaulich auf. Tofu lautete die Parole, Omas Sonntagsbraten wollte kein Gutmensch mehr genießen.

In den 1990ern raste die Globalisierung auf uns zu: Kulinarisch war uns nichts zu fern, zu fremd. Wir kochten asiatisch, mexikanisch, marokkanisch. Im Kochtopf gab es keine Grenzen, Cross-over hieß das Zauberwort. Die Küchen der Welt fusionierten, bis das Traditionelle, Territoriale wieder auferstand. Slowfood statt Fast Food lag seit der Jahrtausendwende im Trend. Das Rare, Alte und Einheimische wurde zur besonderen, wahren Delikatesse. Höchste Zeit, die eigene Esskultur wiederzuentdecken!

Beim Essen geht's schnell zur Sache

Und wie sieht es aktuell in Sachen Esskultur aus? Die beginnt schon beim Frühstück und da schneiden wir gar nicht schlecht ab: Wo gibt es sonst so ein schönes Essen am Morgen? Vielleicht in Österreich und der Schweiz. Das Frühstück macht in Deutschland satt und ist für viele die wichtigste Mahlzeit des Tages. Beim Mittag- und Abendessen kommt die deutsche Küche schnell zur Sache. Anders als etwa Italiener und Franzosen, die beim Frühstück Versäumtes mit Amuse-bouches, Hors d'oeuvres und Antipasti aufholen. Ebenso wenig deutsch ist die buffetartige Auswahl an Mezze, die uns beim Türken oder Libanesen so herrlich schmeckt. So viel Aufhebens kennt die deutsche Esskultur nicht. Ein kleiner Salat, eine Suppe vorweg, das reicht. Von wegen ein Gang nach dem anderen, wenn's am Nachmittag schon wieder Kaffee und Kuchen gibt. Die deutsche Kaffeetafel ist schließlich eine Institution, die die mediterranen Mehrgangesser schlichtweg ignorieren.

Beim Hauptgericht geht es häufig um Fleisch. Unsere Teller sind gut gefüllt, die Portionen groß. »Typisch deutsche Gemüse sind Sauerkraut und Rotkraut«, lesen wir weiter in der Deutschlektion. Das hat auch schon Michel de Montaigne 1580 in seinem Reisebericht über Deutschland festgestellt: »Überall werden

Vom Eintopfeinerlei der 1940er- und 1950er-Jahre ist nicht viel übrig: Deutsche Kochkultur hat sich durch allerlei Einflüsse auch regional weiterentwickelt.

Kohlköpfe gezogen, die man mit einem besonderen Instrument klein zerhackt und dann in großen Mengen in Zubern einsalzt; davon werden den ganzen Winter Kohlsuppen gekocht …«. Obwohl die Franzosen statistisch mehr davon essen, sind im Ausland die Deutschen »die Krauts«. Und während »Choucroute« als Ausdruck hoher Kochkunst gilt, stehen wir den eigenen kulinarischen Traditionen skeptisch, zurückhaltend und verkrampft gegenüber. Dabei ist im Regionalen ein riesiger Schatz an wohlschmeckenden Gerichten und erstklassigen Produkten verborgen. Auch bei uns. Man muss ihn nur heben.

Ingrid Schindler

Thüringen

bundesweit

Zubereitungszeit
ca. 2 Std. 30 Min.

Zickleinkeule mit saurer Sahne

Fein gebettet auf Rosmarinkartoffeln

Für die Zickleinkeule

· 1 Zickleinkeule (ca. 900 g) · Salz · frisch gemahlener Pfeffer · 4 Knoblauchzehen · 2 Zweige Thymian · 2 Zweige Rosmarin · 4 Schalotten · 1 Möhre · 1 Stück Knollensellerie (50 g) · 50 ml Olivenöl · 2 kleine Tomaten · 100 ml trockener Rotwein · 100 ml Gemüsefond (Glas oder S. 109) · 60 ml Madeira (oder Portwein) · 100 g saure Sahne (oder Crème fraîche)

Für die Rosmarinkartoffeln

· 400 g festkochende Kartoffeln · 2 Schalotten · ½ Knoblauchzehe · 80 ml Olivenöl · 1 TL Rosmarinnadeln

S. 126 ff.
IM FOKUS – WARENKUNDE
Kartoffeln

S. 240 ff.
REGIONENPORTRÄT
Thüringen/Nordhessen

1 | **Lösen Sie die Zickleinkeule aus:** Das Fleisch an der Naht zwischen Oberschale und Nuss einschneiden (Step 1) und den Oberschenkelknochen freilegen (Step 2). Das Kniegelenk durchtrennen und den Unterschenkelknochen freilegen. Die Keule innen und außen mit Salz und Pfeffer würzen. Den Knoblauch andrücken und mit den Thymian- und Rosmarinzweigen in das Fleisch einschlagen (Step 3). Den Backofen auf 180 °C vorheizen.

2 | **Schalotten, Möhre und Sellerie schälen** und in Stücke schneiden. Die Zickleinkeule rundherum in heißem Öl anbraten und herausnehmen. Das Gemüse in den Bräter geben und kräftig anrösten, die Tomaten halbieren, dazugeben, mitrösten und mit Rotwein und Fond ablöschen. Die Keule in den Bräter geben und 1 Stunde im Ofen schmoren, dabei das Fleisch ab und zu mit Madeira begießen. Während der Braten schmort, schälen Sie die Kartoffeln für die Rosmarinkartoffeln, schneiden sie in Würfel und garen sie etwa 20 Minuten in Salzwasser. Dann abgießen und ausdampfen lassen.

3 | **Für die Rosmarinkartoffeln** die Schalotten und den Knoblauch schälen, beides fein hacken und in Öl glasig dünsten. Die Kartoffeln und den Rosmarin dazugeben, alles durchschwenken und mit Salz und Pfeffer würzen. Die rosa gebratene Zickleinkeule aus dem Bräter nehmen, warm stellen und den Fond durch ein Sieb passieren. Wenn nötig, reduzieren Sie den Fond nochmals, dann rühren Sie die saure Sahne ein und schmecken die Sauce ab. Zum Servieren die Zickleinkeule in Tranchen schneiden, auf den Rosmarinkartoffeln anrichten und mit der Sauce übergießen.

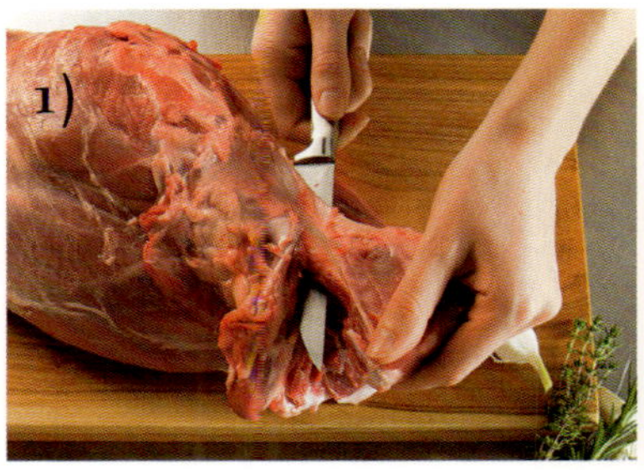

Zickleinkeule auslösen

1) Das Fleisch der Zickleinkeule an der Naht zwischen Oberschale und Nuss mit einem scharfen Messer bis auf den Knochen einschneiden.
2) Den Oberschenkelknochen mit dem Messer mit kleinen Schnitten allmählich vollständig freilegen und ringsherum vom Fleisch lösen.
3) Die ausgelöste Keule würzen, mit dem Knoblauch und den Kräutern belegen und das Fleisch einschlagen, sodass der Knoblauch und die Kräuter innen liegen.

Zubereitungszeit
ca. 3 Std.

Marinierzeit für das Fleisch
ca. 2 Tage

Durchziehzeit für die Lammschulter
ca. 10 bis 12 Std.

Lammschulter in Gewürzsauce

Die Kräutermarinade gibt diesem festlichen Hauptgang seine delikate Geschmacksnote.

Zutaten

- *6 Schalotten*
- *2 Möhren*
- *¼ Knollensellerie*
- *4 Wacholderbeeren*
- *1 TL schwarze Pfefferkörner*
- *2 Lorbeerblätter*
- *2 Knoblauchzehen*
- *1 Zweig Rosmarin*
- *1 Zweig Thymian*
- *1 l Rotwein*
- *1 kg Lammschulter (ohne Knochen, Heidschnucke oder Deichlamm)*
- *Meersalz (Fleur de sel)*
- *frisch gemahlener Pfeffer*
- *Distelöl zum Anbraten*
- *1 Gewürznelke*
- *1 Zimtstange*
- *je 2 Msp. abgeriebene Schale von 1 unbehandelten Orange und Zitrone*

1 | **Schalotten, Möhren und Sellerie schälen** und alles grob zerkleinern. Die Wacholderbeeren und den Pfeffer im Mörser grob zerstoßen. Die beiden Gewürze mit der Hälfte des Gemüses sowie mit 1 Lorbeerblatt, 1 geschälten und halbierten Knoblauchzehe, je einem halben Zweig Rosmarin und Thymian sowie mit dem Rotwein mischen. Legen Sie die Lammschulter hinein und lassen Sie sie 2 Tage zugedeckt in dem Gewürzwein marinieren. Das übrige Gemüse abgedeckt bis zur weiteren Verwendung kühl stellen.

2 | **Die Lammschulter** aus der Gewürzweinmarinade nehmen und trocken tupfen. Die Marinade durch ein Sieb gießen und auffangen. Die Kräuter und Gewürze, die im Sieb hängen bleiben, wegwerfen. Würzen Sie das Fleisch mit Salz und Pfeffer. Die beim Marinieren übrig gebliebenen Gemüse im Bräter im heißen Öl auf dem Herd anbraten. Das Fleisch dazugeben und, wenn dieses Farbe bekommt, mit der Gewürzweinmarinade ablöschen. Die restlichen Kräuter, die übrige Knoblauchzehe, die Gewürznelke, die Zimtstange sowie den Orangen- und Zitronenabrieb dazugeben. Die Lammschulter etwa 2 Stunden bei mittlerer Hitze zugedeckt schmoren, bis sie weich ist, dabei das Fleisch ab und zu wenden.

3 | **Zum Fertigstellen** die Lammschulter aus dem Schmorfond nehmen und in eine Schüssel legen. Die Sauce durch ein Sieb passieren und auf etwa 200 ml reduzieren. Lassen Sie die Sauce auskühlen, gießen Sie sie anschließend über die Lammschulter und lassen Sie sie 10 bis 12 Stunden abgedeckt im Kühlschrank ziehen. Zum Servieren die Lammschulter in der Sauce erwärmen. Dazu passen Spätzle (S. 401) und gekochter Rotkohl.

S. 424 ff.
REGIONENPORTRÄT Niedersachsen

REGIONENPORTRÄT

Küstenlandschaft Wesermarsch

Landschaftlich reizvoll zwischen Bremerhaven und Oldenburg gelegen, zieht die Region nicht nur sportliche Naturliebhaber, sondern auch kulinarisch interessierte Reisende an. Die kulinarische Besonderheit wächst bei Wind und Wetter auf den zahlreichen Deichen und Wiesen der Wesermarsch heran: Schafe mit ihren Jungtieren prägen das Landschaftsbild. Die salzhaltige Luft und der natürliche Speiseplan der Lämmer, der aus Gras und Milch besteht, sorgen für das besondere Aroma des weithin bekannten und beliebten Deichlammfleisches.

Zubereitungszeit
ca. 1 Std. 45 Min.

Saure Kalbsleber mit Schalottensauce

Fein ergänzt mit Kartoffelplätzchen, geschmorten Feigen und Bohnengemüse

Für die Kartoffelplätzchen

· 400 g mehlig kochende Kartoffeln · Salz · 1 Zwiebel · 60 g Speck · 1 Ei · 3 Eigelbe · 100 g Mehl · 100 g Grieß · je 1 TL gehackte Petersilie und Majoran · frisch gemahlener Pfeffer · 1 Msp. frisch geriebene Muskatnuss · 50 g gebräunte Butter · 50 g geklärte Butter (S. 571)

Für das Bohnengemüse

· 200 g Keniabohnen (oder Buschbohnen) · Meersalz (Fleur de sel) · je 2 Zweige Bohnenkraut und Thymian · 2 Knoblauchzehen · 60 g Butter · 100 ml Geflügelfond (Glas oder S. 534) · Salz · frisch gemahlener Pfeffer · 1 TL frische Bohnenkrautblätter

Für die geschmorten Feigen

· 2 TL Zucker · 8 Feigen · 2 TL Aceto balsamico · 3 EL Geflügelfond (Glas oder S. 534) · Salz · frisch gemahlener Pfeffer · 2 Zweige Thymian · ¼ Lorbeerblatt · 1 TL Butter

Für die Schalottensauce

· 5–6 Schalotten · 1 Knoblauchzehe · 1 EL Zucker · 2 TL Olivenöl · 1 frisches Lorbeerblatt · 1 Zweig Rosmarin · 1 Zweig Thymian · Salz · frisch gemahlener Pfeffer · je 1 EL Sherry- und Himbeeressig · 70 ml Weißwein · 80 ml Kalbsjus (Glas oder S. 534)

Für die saure Kalbsleber

· 8 Scheiben parierte Kalbsleber (5 mm dick, je 70 g) · Mehl zum Mehlieren · ½ Knoblauchzehe · 2 TL Öl · 50 g geklärte Butter · 2 Salbeiblätter · 2 Zweige Thymian · 4 Zweige Rosmarin

1 | **Für die Kartoffelplätzchen** die Kartoffeln schälen und in kaltem Wasser waschen. Die Kartoffeln in einen Topf legen, mit Wasser bedecken, salzen und in 25 bis 30 Minuten weich garen, dann abgießen und gut ausdampfen lassen. Schälen Sie in der Zwischenzeit die Zwiebel. Speck und Zwiebel fein würfeln, den Speck in einer Pfanne auslassen, die Zwiebel darin glasig dünsten und beides in einem Sieb abtropfen lassen. Ei, Eigelbe, Mehl, Grieß, Speck und Zwiebeln in eine Schüssel geben. Die Kartoffeln durch eine Kartoffelpresse dazudrücken und mit den Kräutern, Gewürzen und der gebräunten Butter rasch zum Teig kneten. Aus dem Teig zwei Rollen (je 4 cm Ø) formen und diese auskühlen lassen.

2 | **Für das Bohnengemüse** die Bohnen waschen, abtropfen lassen und putzen. Würzen Sie etwa 1 l Wasser mit Meersalz, geben Sie die Kräuter und den Knoblauch dazu und blanchieren Sie die Bohnen darin bissfest. In Eiswasser abschrecken und sehr gut abtropfen lasssen. Kurz vor dem Servieren die Butter in den Geflügelfond geben und aufkochen, die Bohnen darin glacieren, salzen, pfeffern und mit den Bohnenkrautblättern würzen.

3 | **Für die geschmorten Feigen** den Backofen auf 180 °C vorheizen. Die Feigen halbieren oder in etwa 1 cm dicke Scheiben schneiden. Schmelzen Sie den Zucker in einer ofenfesten Pfanne, setzen Sie dann die Feigen hinein und löschen Sie mit dem Essig ab. Den Geflügelfond angießen, salzen, pfeffern, Thymian, Lorbeerblatt und Butter dazugeben. Die Pfanne mit einem ofenfesten Deckel oder mit einem großen Teller verschließen und die Feigen darin 10 Minuten im Ofen garen. Anschließend bis zum Servieren im ausgeschalteten Ofen warm halten.

4 | **Für die Schalottensauce** die Schalotten und den Knoblauch schälen, beides fein würfeln. Karamellisieren Sie den Zucker mit 1 EL Wasser, dann die Schalotten und den Knoblauch unterrühren und das Olivenöl angießen. Lorbeerblatt, Rosmarin und Thymian dazugeben, salzen, pfeffern und mit den beiden Essigsorten ablöschen. Den Weißwein angießen und diesen vollständig reduzieren. Mit Kalbsjus auffüllen und die Sauce 4 bis 5 Minuten kochen lassen. Inzwischen die Kartoffelteigrollen (aus Arbeitsschritt 1) in 1 cm dicke Scheiben schneiden und diese in einer beschichteten Pfanne in geklärter Butter bei mittlerer Hitze goldbraun braten.

5 | **Die Leber mit Mehl bestauben.** Den Knoblauch abziehen. Das Öl und die Butter in einer Pfanne erhitzen, Salbei, Thymian und Knoblauch hinzufügen, dann die Leber hineingeben und von beiden Seiten jeweils 30 Sekunden goldbraun braten. Würzen Sie die Leber nach dem Braten mit Salz und Pfeffer. Zum Anrichten je 2 Scheiben Leber in der Tellermitte platzieren, jeweils ein bis zwei Kartoffelplätzchen daneben anrichten. Setzen Sie die geschmorten Feigen dazu, gießen Sie die Schalottensauce an und servieren Sie die Kalbsleber mit Rosmarin garniert.

Zubereitungszeit
ca. 2 Std. 15 Min.

Saures Lüngerl

In Bayern schätzt man – kulinarisch gesehen – auch die inneren Werte des Kalbs.

Zutaten

- *1 Kalbslunge (vorbestellen)*
- *1 Bouquet garni (siehe unten)*
- *1 TL Pfefferkörner* · *2 Lorbeerblätter*
- *1 Zweig Rosmarin* · *2 Zweige Thymian*
- *1 l Kalbs- oder Gemüsefond (Glas oder S. 534)* · *100 ml Estragonessig*
- *2 Schalotten* · *2 EL Butter*
- *2 geh. EL Mehl* · *¼ l Weißwein*
- *1 EL mittelscharfer Senf*
- *4 EL Essiggurkensaft*
- *Salz* · *frisch gemahlener Pfeffer*
- *1 EL Zitronensaft* · *150 g Sahne*
- *je 2 EL feine Streifen von Möhre, Knollensellerie, Lauch und Essiggurken*
- *1–2 EL fein gehackte Petersilie*
- *blanchierte Gemüsestreifen und frische Kräuter zum Garnieren*

1 | **Kochen Sie die Kalbslunge** mit dem Bouquet garni, den Gewürzen und den Kräutern im Kalbsfond und Essig in etwa 1 Stunde 30 Minuten weich. Die Lunge mit einem Topfdeckel beschweren, damit sie nicht schwimmt, sondern im Kochfond gegart wird. Herausnehmen, abkühlen lassen, in feine Scheiben schneiden, von Adern und Röhren befreien und dann die Scheiben in feine Streifen schneiden. Den Kochsud auf 300 ml reduzieren und erkalten lassen. Falls Sie vorgekochte Kalbslunge verwenden, ersetzen Sie den Kochfond durch Kalbs- oder Geflügelfond (Glas oder S. 534).

2 | **Die Schalotten schälen,** fein würfeln und in der Butter glasig dünsten. Das Mehl hinzugeben und eine Mehlschwitze herstellen. Nach und nach den kalten, reduzierten Fond und den Weißwein einrühren und 10 Minuten köcheln lassen. Mit den restlichen Zutaten abschmecken, die Sahne hinzufügen und fein mixen. In die heiße Rahmsauce die Gemüsestreifen geben und bissfest gar ziehen lassen. Das geschnittene Lüngerl und die Petersilie hinzufügen und nochmals abschmecken. Mit Gemüsestreifen und Kräutern nach Belieben garnieren. Mit Semmelknödeln (S. 396) servieren.

WARENKUNDE

Bouquet garni für Fleisch

Ein Bouquet garni (Gemüsebündel) für Fleischgerichte besteht in der Regel aus Petersilienwurzel, Knoblauch, Möhre und reichlich Petersiliengrün. Dazu kommen Liebstöckel, Zitronenthymian, Oregano und Bohnenkraut. Für ein besonders kräftiges Aroma empfiehlt sich noch die Zugabe von Selleriegrün, Salbeiblättern, Lorbeer und die Schale einer unbehandelten Orange.

Zubereitungszeit
ca. 40 Min.

Kalbsnieren mit süßem Senf

Vom jungen Milchkalb sind sie eine Delikatesse.

Zutaten

· 2 Milchkalbsnieren (je ca. 400 g) · 5 Schalotten · Salz · frisch gemahlener Pfeffer · 1 Knoblauchzehe · 1 Stängel Majoran · Distelöl zum Braten · 2 EL Butter · 1 Lorbeerblatt · 3 EL süßer Senf · 3 EL grober Senf (z.B. Rotisseur-Senf) · 3 EL Apfelessig · ¼ l Kalbsfond (Glas oder S. 534) · 2 EL fein gehackte Petersilie · Thymian zum Garnieren

S. 34 ff.
REGIONENPORTRÄT Bayern

S. 402 ff.
REGIONENPORTRÄT Baden-Württemberg

1 | **Die Kalbsnieren** bis auf einen kleinen Rand von anhängendem Fett befreien. Entfernen Sie auch die Drüse im Inneren der Niere und schneiden Sie die Nieren anschließend in etwa 5 mm dicke Scheiben. Die Schalotten schälen, halbieren und in feine Streifen schneiden, dann kurz in kochendem Salzwasser blanchieren, abschrecken und sehr gut abtropfen lassen.

2 | **Würzen Sie die Nieren** mit Salz und Pfeffer. Den Knoblauch abziehen und fein hacken. Den Majoran waschen, trocken schütteln, die Blättchen von den Stielen zupfen und hacken. Das Öl in einer Pfanne erhitzen, die Butter darin aufschäumen lassen, die Nieren in der Öl-Butter-Mischung kurz anbraten, dann herausnehmen und abgedeckt warm stellen. Die blanchierten Schalotten in der gleichen Pfanne anschwitzen, den Knoblauch, das Lorbeerblatt, den Majoran sowie die beiden Senfsorten dazugeben.

3 | **Mit dem Apfelessig ablöschen,** ganz einkochen lassen und mit dem Kalbsfond auffüllen. Lassen Sie die Sauce kurz aufkochen und schwenken Sie dann die Nieren einmal darin durch. Zum Servieren mit gehackter Petersilie bestreuen und mit Thymian garnieren. Dazu passen gut Kartoffelpüree (S. 248) sowie Möhren-Lauch-Gemüse.

Zubereitungszeit
ca. 4 Std. 15 Min.

Kalbskutteln mit Pfeffernudeln

Der Apfelsaft verleiht dem traditionellen Gericht eine erfrischend säuerliche Note.

Für die Pfeffernudeln

· 1 gestr. TL weißer Pfeffer · 1 TL schwarzer Pfeffer · ½ TL Szechuan-Pfeffer · 250 g Mehl · 250 g Hartweizengrieß · 4 Eier · 2 Eigelbe · 2 EL Olivenöl · 1 TL Salz · Mehl für die Arbeitsfläche

Für die Kalbskutteln

· 750 g Kalbskutteln (weich gekocht) · 2–3 Schalotten · 50 g Butter · Salz · 1 Prise frisch geriebene Muskatnuss · frisch gemahlener Pfeffer · 150 ml trockener Riesling · 80 ml klarer Apfelsaft · 2 Zweige Thymian · 1 Lorbeerblatt · 1 geschälte Knoblauchzehe · 1 Stück hauchdünn abgeschälte Schale von 1 unbehandelten Zitrone · 3 weiße zerdrückte Pfefferkörner · 3 schwarze zerdrückte Pfefferkörner · 150 ml Geflügelfond (Glas oder S. 534) · 3 EL eiskalte Butter in Stücken · frisch gehacktes Petersilienwurzelgrün

Für das glacierte Wurzelgemüse mit Pilzen

· 4 kleine Petersilienwurzeln · ½ l Geflügelfond (Glas oder S. 534) · 12 Zwergmöhren (oder 3 große Möhren) · 2 EL Butter · 200 g Steinpilze (oder Champignons) · Salz · frisch gemahlener Pfeffer · Parmesanspäne nach Belieben

Kutteln vorgaren

Die Kutteln nur gebrüht und frisch beim Metzger kaufen. Etwa 1 Stunde 30 Minuten in Salzwasser vorgaren.

1 | **Für die Pfeffernudeln** die drei Pfeffersorten mischen und durch ein sehr feines Sieb schütteln, sodass gröbere Bestandteile entfernt werden. Die feine Pfeffermischung mit dem Mehl und dem Grieß vermischen, die Eier, die Eigelbe, das Olivenöl und das Salz dazugeben und alle Zutaten zu einem geschmeidigen Teig verarbeiten. Wickeln Sie den fertigen Nudelteig in Frischhaltefolie und stellen Sie ihn für etwa 3 Stunden kühl.

2 | **Den Nudelteig** in vier Portionen schneiden. Rollen Sie ihn portionsweise auf einer bemehlten Arbeitsfläche hauchdünn aus. Den ausgerollten Teig in 1 cm breite und 25 cm lange Nudeln schneiden und diese in kochendem Salzwasser in 1 bis 2 Minuten bissfest garen, dann abgießen, abschrecken und abtropfen lassen. Sie können den Teig auch mithilfe einer Nudelmaschine verarbeiten.

3 | **Für die Kalbskutteln** die Kutteln in 5 cm lange Streifen schneiden. Die Schalotten schälen und in feine Würfel schneiden. In einem Topf die Butter aufschäumen und die Schalottenwürfel darin farblos anschwitzen. Die Kutteln dazugeben und mit Salz, Muskatnuss und Pfeffer würzen, dann mit Riesling und Apfelsaft ablöschen. Den Thymian, das Lorbeerblatt, die Knoblauchzehe, die Zitronenschale und die Pfefferkörner in ein Leinensäckchen geben. Ersatzweise können Sie eine Gewürzkugel oder einen Teefilterbeutel verwenden und zu den Kutteln in die Flüssigkeit hängen. Lassen Sie die Flüssigkeit bei schwacher Hitze auf ein Drittel einkochen.

4 | **Für das glacierte Wurzelgemüse** die Petersilienwurzeln schälen, der Länge nach vierteln und in Geflügelfond bissfest blanchieren. Die Zwergmöhren schälen, spitz tournieren und im gleichen Fond blanchieren. Glacieren Sie danach beide Gemüse gemeinsam mit 1 EL Butter und 3 bis 4 EL des Geflügelfonds. Die Steinpilze putzen, den Stiel mit einem kleinen Messer leicht abkratzen, die Pilze vierteln und in einer Pfanne mit der restlichen Butter bissfest garen. Mit Salz und Pfeffer würzen.

5 | **Zum Fertigstellen** die Kalbskutteln mit dem Geflügelfond auffüllen, etwas einkochen lassen, das Gewürzsäckchen entfernen und die Sauce mit 3 EL Butter montieren. Die gekochten Pfeffernudeln dazugeben und unterschwenken. Die Konsistenz sollte leicht sämig sein. Das Petersilienwurzelgrün glacieren, dazugeben und nochmals pikant abschmecken. Richten Sie die Kalbskutteln mit den Pfeffernudeln in der Tellermitte an. Mit dem glacierten Gemüse einrahmen und zuletzt Parmesanspäne nach Belieben anlegen.

Zubereitungszeit
ca. 4 Std. 30 Min.

Rahmbeuscherl mit warmem Räucheraal

Kalbsherz und -lunge in einer würzigen Sauce harmonieren wunderbar mit feinem Räucheraal.

Zum Kochen der Innereien

- *1 Lunge (sauber pariert)*
- *1 Herz vom Milchkalb (sauber pariert)*
- *1 Möhre*
- *3–4 Zwiebeln*
- *2 Schalotten*
- *1 Stück Knollensellerie (50 g)*
- *½ Stange Staudensellerie*
- *2 EL Meersalz (Fleur de sel)*
- *2 EL Weißweinessig*
- *1 EL Pfefferkörner*
- *1 Lorbeerblatt*
- *5 Wacholderbeeren*

Für die Beuscherlrahmsauce

- *4 Schalotten*
- *1 Knoblauchzehe*
- *1 EL Kapern*
- *1 Sardellenfilet*
- *1–2 Essiggurken*
- *2 Zweige Majoran*
- *4 Stängel Petersilie*
- *150 g mehlig kochende Kartoffeln*
- *50 g Butter*
- *150 ml trockener Weißwein*
- *1 EL Weißweinessig*
- *Salz · frisch gemahlener Pfeffer*
- *2 TL Zitronensaft*
- *50 g geschlagene Sahne*
- *200 g filetierter Räucheraal*
- *Kerbel zum Garnieren*

1 | **Die Lunge und das Herz** in eine große Schüssel legen, mit kaltem Wasser auffüllen, mit einem Teller oder Deckel beschweren, sodass die Innereien komplett von Flüssigkeit bedeckt sind. Stellen Sie die Schüssel in den Kühlschrank und lassen Sie die Lunge und das Herz etwa 1 bis 2 Stunden wässern. Dann herausnehmen und kurz kalt abspülen.

2 | **Das Gemüse zum Kochen der Lunge putzen:** Möhre, Zwiebeln, Schalotten und Sellerie schälen, Staudensellerie waschen. Das Gemüse grob zerkleinern. 2 ½ l Wasser mit Salz und Essig zum Kochen bringen, das Gemüse sowie die Gewürze hineingeben, die gewässerten Innereien dazugeben und mit einem Teller beschweren, sodass alles von Wasser bedeckt ist. Lassen Sie das Ganze 1 Stunde 30 Minuten köcheln, dann herausnehmen, kalt abschrecken, abtropfen und erkalten lassen. Den Sud durch ein Sieb gießen und bis zur weiteren Verwendung beiseitestellen.

3 | **Für die Beuscherlrahmsauce** die Schalotten und den Knoblauch schälen und fein würfeln, die Kapern und das Sardellenfilet fein hacken, die Essiggurken in kleine Würfel schneiden. Den Majoran und die Petersilie waschen, trocken schütteln und separat fein hacken. Schneiden Sie die gekochte, ausgekühlte Lunge und das Herz mit einem Messer oder mit der Aufschnittmaschine in etwa 3 bis 4 mm dünne Scheiben und anschließend in feine Streifen (es sollten etwa 700 g Lunge und etwa 400 g Herz sein). Die Kartoffeln schälen und sehr fein reiben.

4 | **Die Butter in einem Topf zergehen lassen,** die Schalotten darin kurz anschwitzen, die geriebenen Kartoffeln dazugeben und rühren, bis es eine zähe Masse ergibt. Löschen Sie mit dem Weißwein ab, den Essig sowie 1 l Kochfond (von Lunge und Herz) dazugeben, unter Rühren aufkochen und etwa 30 Minuten bei kleiner Hitze köcheln lassen, dabei ständig rühren, damit sich am Topfboden nichts ansetzt. Mit Salz und Pfeffer abschmecken.

5 | **Zum Fertigstellen** die Lungen- und Herzstreifen in die Rahmsauce geben, die Gurken, die Kapern, das Sardellenfilet, den Knoblauch und den Majoran hinzufügen, das Ganze noch einmal durchkochen lassen, mit Zitronensaft abschmecken und zum Schluss die geschlagene Sahne und die Petersilie unterziehen. Den Aal in schräge Streifen schneiden und in einer ofenfesten Pfanne im Backofen leicht erwärmen. Das Beuscherl in vorgewärmten tiefen Tellern anrichten, den lauwarmen Aal darauflegen und mit Kerbel garnieren.

S. 34 ff.
REGIONENPORTRÄT Bayern

S. 182 ff.
IM FOKUS – WARENKUNDE Fisch

Zubereitungszeit
ca. 1 Std. 15 Min.

Trocknungszeit für die Apfelchips
ca. 6 Std.

Kalbsleber Berliner Art

Auf Kartoffelpüree mit eingelegten Perlzwiebeln, glacierten Äpfeln und Apfelchips

Für die Apfelchips
- *1 Apfel (z.B. Boskop)*
- *250 g Läuterzucker (siehe unten)*

Für die glacierten Äpfel
- *2 Äpfel (z.B. Boskop)*
- *2–3 EL Zucker (je nach Süße der Äpfel)*
- *4 TL Butter* · *¼ Vanilleschote*
- *2 EL Zitronensaft*

Für die Perlzwiebeln
- *20 Perlzwiebeln* · *Olivenöl*
- *50 ml Geflügelfond (Glas oder S. 534)*
- *3–4 EL weißer Aceto balsamico*
- *50 ml Weißwein* · *3 Zweige Thymian*
- *1 EL Waldhonig* · *4 Pfefferkörner*
- *Salz* · *1 Prise Zucker*

Für das Kartoffelpüree
- *700 g vorwiegend festkochende Kartoffeln* · *Salz*
- *225–250 ml Milch* · *3 EL Butter*
- *frisch geriebene Muskatnuss*

Für die Kalbsleber
- *8 kleine Scheiben Kalbsleber (je 75 g)*
- *Mehl* · *je 1 EL Butterschmalz und Butter* · *Salz*
- *frisch gemahlener weißer Pfeffer*

Läuterzucker kochen
Mischen Sie 180 ml Wasser mit 70 g Zucker und kochen Sie die Zuckerlösung kräftig auf, bis sie klar bleibt. Aufsteigenden Schaum dabei abschöpfen.

S. 126 ff.
IM FOKUS – WARENKUNDE
Kartoffeln

S. 338 ff.
REGIONENPORTRÄT
Berlin/Brandenburg

S. 450 ff.
WARENKUNDE Obst

1 | **Für die Apfelchips** den Apfel waschen und trocken reiben. Halbieren Sie den Apfel quer, dann von der Schnittseite aus etwa 20 hauchdünne Scheiben schneiden. Diese 1 Minute in Läuterzucker (siehe unten) blanchieren, herausnehmen, kurz abtropfen lassen und dann auf ein mit Backpapier belegtes Blech legen. Die Apfelscheiben im Backofen unter gelegentlichem Wenden bei 60 °C etwa 6 Stunden trocknen. Lassen Sie dabei die Backofentüre einen Spalt weit offen.

2 | **Für die glacierten Äpfel** 2 Äpfel schälen, halbieren, das Kerngehäuse entfernen und das Fruchtfleisch in etwa 1 cm große Würfel schneiden. Schmelzen Sie den Zucker in einem Topf, geben Sie die Apfelwürfel dazu, schwenken Sie sie kurz durch und mischen Sie dann die Butter unter. Die Vanilleschote der Länge nach aufschlitzen, das Mark herauskratzen, Vanillemark und -schote zu den Äpfeln geben und diese mit Zitronensaft und nach Geschmack mit Zucker abschmecken. Die glacierten Äpfel bis zur weiteren Verwendung abgedeckt auf dem ausgeschalteten Herd ziehen lassen.

3 | **Für die Perlzwiebeln** den Backofen auf 140 °C vorheizen. Die Perlzwiebeln schälen und in heißem Olivenöl anbraten. Mit dem Geflügelfond ablöschen, den Essig und den Weißwein angießen, den Thymian, den Waldhonig und die Pfefferkörner dazugeben und die Perlzwiebeln abgedeckt in den vorgeheizten Backofen stellen. Garen Sie die Perlzwiebeln darin etwa 20 Minuten, dann nehmen Sie sie aus dem Ofen, schmecken sie mit Salz und Zucker ab und lassen sie bis zum Servieren ziehen.

4 | **Für das Kartoffelpüree** inzwischen die Kartoffeln schälen, vierteln und mit etwas Salz in kochendem Wasser in 20 bis 25 Minuten weich kochen. Anschließend das Wasser abschütten und die Kartoffeln zerstampfen. Die Milch mit der Butter erhitzen und unter die zerstampften Kartoffeln rühren; so bleibt das Püree heiß und muss nicht so lange gerührt werden. Schmecken Sie mit Muskatnuss ab und halten Sie das Püree zugedeckt warm.

5 | **Mehlieren Sie die Leber** und braten Sie sie in einer Pfanne von beiden Seiten etwa 2 bis 3 Minuten im heißen Butterschmalz an. Die Leber herausnehmen und das Butterschmalz mit Küchenpapier aus der Pfanne entfernen. Dann die Butter hineingeben und die Leber etwa 3 Minuten darin nachbraten, auf eine vorgewärmte Platte legen und mit Salz und Pfeffer würzen. Füllen Sie das Kartoffelpüree in einen Spritzbeutel mit großer Sterntülle. Zum Anrichten platzieren Sie je 2 Scheiben Kalbsleber auf einem vorgewärmten Teller, spritzen etwas Kartoffelpüree darauf und geben einige Perlzwiebeln und glacierte Äpfel dazu. Mit den Apfelchips garnieren und sofort servieren.

Zubereitungszeit
ca. 3 Std. 30 Min.

Strudel von Blut- und Leberwurst

Stilecht mit Kraut gefüllt und mit geschäumter Majoransauce aromatisch abgerundet

Für das Sauerkraut

· 1 Zwiebel · 2 TL Butter · 500 g rohes Sauerkraut · 100 g geräucherter Bauchspeck (Stück) · 1 Lorbeerblatt · 4 Wacholderbeeren · 100 ml trockener Riesling · 1–2 EL Zucker · ¼ l Gemüsefond (Glas oder S. 109) · 1 mehlig kochende Kartoffel · Salz · frisch gemahlener Pfeffer

Für den Strudelteig

· 250 g Mehl · 1 Prise Salz · 1 Ei · 1–2 EL Öl

Für den Strudel (ergibt 6–8 Portionen)

· 400 g Blutwurst · 350 g Leberwurst · 1 kleiner Kopf Wirsing (800 g) · Salz · 1 Schalotte · 2 Scheiben durchwachsener Speck (60 g) · 3 EL Butter · 1 gekochte Kartoffel

Für die Majoransauce

· 200 ml Geflügelfond (Glas oder S. 534) · 100 g Sahne · 80 g Crème fraîche · 10 Stängel Majoran · Salz · frisch gemahlener Pfeffer

Geeignete Blutwurst

Wählen Sie für dieses Gericht eine schnittfeste Blutwurst, die man auch braten kann.

S. 46 ff.
WARENKUNDE Wurst

S. 96 ff.
REGIONENPORTRÄT Nordrhein-Westfalen

S. 240 ff.
REGIONENPORTRÄT Thüringen/Nordhessen

1 | **Für das Sauerkraut** die Zwiebel schälen, in Streifen schneiden und in 2 TL Butter farblos anschwitzen. Das Sauerkraut auflockern und hinzugeben. Den Speck, das Lorbeerblatt und die Wacholderbeeren in das Kraut geben und mit Riesling auffüllen. Geben Sie den Zucker dazu und gießen Sie mit Gemüsefond auf. Einmal aufkochen, die Hitze reduzieren und das Kraut zugedeckt 40 Minuten köcheln lassen. Hin und wieder kontrollieren, ob noch genügend Flüssigkeit vorhanden ist, ggf. können Sie mit Wasser oder Gemüsefond auffüllen. Nach Ende der Garzeit den Speck und die Gewürze entfernen und die fein geriebene Kartoffel unterarbeiten. Nochmals etwa 10 Minuten köcheln lassen und dann abschmecken.

2 | **Den Strudelteig herstellen:** Das Mehl sieben, das Salz, das Ei und das Öl dazugeben und nach und nach 100 bis 140 ml lauwarmes Wasser unterkneten, bis die Masse einen festen, nicht mehr klebrigen Teig ergibt. Den Strudelteig zunächst mit den Händen kräftig durchkneten und dann auf einem Brett oder der Arbeitsfläche 10 Minuten abschlagen. Wickeln Sie den Teig in Frischhaltefolie und lassen Sie ihn bei Raumtemperatur 20 Minuten ruhen.

3 | **Für den Strudel** teilen Sie die Blut- und Leberwurst in jeweils acht Stücke. Je zwei Scheiben Blut- und eine Scheibe Leberwurst zusammensetzen. Vom Wirsingkopf acht Blätter zur Seite legen; den Rest vom Strunk befreien. Beides separat in kräftig gesalzenem Wasser weich kochen. Die Blätter ebenfalls vom Strunk befreien und zwischen zwei Tüchern trocken pressen. Den Rest des Wirsings gut ausdrücken. Die Schalotte schälen, halbieren und wie den Speck in Streifen schneiden. Beides in 1 EL Butter anschwitzen und den Wirsing untermischen. Die gekochte Kartoffel pellen, grob reiben, unter den Wirsing rühren und alles kräftig abschmecken.

4 | **Für die Majoransauce** vom Sauerkrautkochfond 75 ml abnehmen. Lassen Sie den Geflügelfond auf die Hälfte einkochen, dann den Sauerkrautkochfond zugeben. Wieder auf die Hälfte einkochen lassen, mit der Sahne und der Crème fraîche aufkochen und schaumig aufmixen. Den Majoran in die warme Sauce geben und etwa 10 Minuten am Herdrand ziehen lassen. Dann den Majoran durch ein Sieb abpassieren und die Sauce abschmecken. Den Backofen auf 220 °C vorheizen.

5 | **Zum Fertigstellen des Strudels** die restlichen 2 EL Butter zerlassen. Den Strudelteig in vier Portionen teilen und jeweils hauchdünn ausziehen. Je zwei Wirsingblätter mit einem Viertel der Wirsingmasse bestreichen, mit der geschichteten Wurst belegen und dann vorsichtig einrollen. Die Päckchen in den mit zerlassener Butter bestrichenen Strudelteig einrollen; dabei sollten Sie die Wurstpakete mindestens viermal mit Strudelteig umwickeln. Den Strudel mit Butter bestreichen und im vorgeheizten Ofen etwa 10 Minuten backen, bis er Farbe bekommt. Zum Anrichten den Strudel aufschneiden, auf dem Kraut platzieren und die Sauce angießen.

Wild und Geflügel

Aus Feld, Wald und Wiese

Zubereitungszeit
ca. 3 Std.

Feines Rehragout

Unter Kennern der feinen Wildküche auch als Rehpfeffer bekannt

Zutaten (für 5–6 Portionen)

- *1 kg Rehschulter*
- *400 g rote Zwiebeln*
- *1 Möhre · ½ Stange Lauch*
- *1 Stange Staudensellerie*
- *1 Knoblauchzehe*
- *1 Scheibe Bauchspeck (30 g)*
- *10 Wacholderbeeren*
- *1 kleiner Apfel*
- *Salz · frisch gemahlener Pfeffer*
- *1–2 EL Mehl · Öl zum Anbraten*
- *je 1 Msp. abgeriebene Schale einer unbehandelten Zitrone und Orange*
- *2 EL Tomatenmark*
- *2 EL Preiselbeermarmelade*
- *¾ l junger Rotwein (mit viel Säure)*
- *je 1 Zweig Rosmarin und Thymian*
- *800 ml Wildfond (Glas oder S. 533)*
- *2–3 EL geschlagene Sahne*
- *Thymian oder Petersilie zum Garnieren*

1 | **Die Rehschulter parieren** und in 5 cm große Würfel schneiden. Die Zwiebeln und die Möhre schälen, den Lauch und den Staudensellerie putzen und waschen. Alle Gemüse in Stücke schneiden. Die Knoblauchzehe in der Schale mit dem Messerrücken andrücken, den Bauchspeck in grobe Stücke schneiden. Zerdrücken Sie die Wacholderbeeren im Mörser. Den Apfel schälen, das Kerngehäuse entfernen und das Fruchtfleisch in Würfel schneiden.

2 | **Das Rehragout salzen, pfeffern** und mit etwas Mehl bestauben. Das Öl in einem breiten, flachen Topf erhitzen und die Rehstücke von allen Seiten anbraten. Gemüse, Bauchspeck, Apfel, Orangen- und Zitronenschale beigeben. Das Tomatenmark dazugeben und leicht anrösten, das Ragout nochmals mit Mehl bestauben, die Preiselbeermarmelade dazugeben, kurz angehen lassen und mit einem Drittel des Rotweins ablöschen. Reduzieren Sie den Wein vollständig und wiederholen Sie den Vorgang anschließend noch zweimal, bis der Wein aufgebraucht ist.

3 | **Rosmarin und Thymian zugeben,** mit Wildfond und so viel Wasser angießen, dass das Fleisch vollständig bedeckt ist. Dann das Ganze zum Kochen bringen und zugedeckt bei mittlerer Hitze etwa 2 Stunden garen, dabei von Zeit zu Zeit das Fett mit einem Löffel abnehmen. Nach etwa 2 Stunden das Fleisch aus der Sauce nehmen, die Sauce durch ein Sieb passieren, abschmecken und das Fleisch dann wieder einlegen. Verfeinern Sie das Ragout mit geschlagener Sahne und garnieren Sie es nach Belieben mit Thymian oder Petersilie. Dazu passen als Beilage Semmelknödel (S. 396), Spätzle (S. 401) oder selbst gemachte Nudeln (S. 408).

S. 533
REZEPT Wildfond

WARENKUNDE

Preiselbeere – die gesunde Wildfrucht

Die Vitamin-C-reiche Preiselbeere ist in ganz Deutschland verbreitet und auch als »Kranichbeere«, »Fuchsbeere«, »Kronsbeere« oder »Grantl« bekannt. Die scharlachroten Früchte reifen von August bis Oktober an immergrünen Zwergsträuchern, die vorwiegend auf Moor-, Sand- und Heideböden zu finden sind. Roh sind die Früchte nur bedingt genießbar: Ihr leicht bitterer Geschmack ist Liebhabersache. Preiselbeeren werden zu Kompott, Marmelade und Saft verarbeitet. Sie sind ein Klassiker zu Wild, ihr Aroma harmoniert aber auch gut mit Geflügel und Forelle.

Zubereitungszeit
ca. 3 Std. 30 Min.

Rehrücken »Baden-Baden«

Ein alter Klassiker neu entdeckt

Für den ersten Saucenansatz

- *1 kg Rehknochen* · *2–3 EL Distelöl*
- *1 Zwiebel* · *2 Schalotten*
- *½ fein gewürfelte Möhre*
- *2 EL Knollenselleriewürfel*
- *1 TL Tomatenmark* · *1 Zweig Thymian*
- *2 Zweige Rosmarin* · *2 Lorbeerblätter*
- *10 Wacholderbeeren* · *10 Pfefferkörner*
- *1 Stück unbehandelte Orangenschale*
- *¼ l Rotwein* · *¼ l roter Portwein*
- *2–3 EL Cassislikör* · *2 EL Preiselbeeren*
- *1 l dunkler Wildfond (Glas oder S. 533)*

Für den zweiten Saucenansatz

- *1–2 EL Orangensaft*
- *3 EL Cassislikör* · *3 EL Portwein*
- *120 ml kräftiger Rotwein*
- *10 geschrotete Pfefferkörner*
- *2 EL gebräunte Butter*
- *2 EL Preiselbeeren*

Für den Rehrücken

- *8 Scheiben durchwachsener Speck*
- *1,2 kg parierter Rehrücken mit Knochen*
- *Salz* · *frisch gemahlener Pfeffer*
- *100 g Butter*
- *1 TL zerdrückte Wacholderbeeren*
- *1–2 Msp. abgeriebene Schale einer unbehandelten Orange*

Für die Preiselbeerbirnen

- *4 Birnen (400 g; z.B. Conference)*
- *2 EL Zitronensaft* · *120 ml Weißwein*
- *1 Zimtstange* · *4 Gewürznelken*
- *1 Lorbeerblatt* · *3 EL Zucker*
- *Schalenstücke von je ½ unbehandelten Zitrone und Orange*
- *8 EL Preiselbeeren*

Für die sautierten Pfifferlinge

- *300 g geputzte Pfifferlinge*
- *2 EL Schalottenwürfel* · *2 EL Distelöl*
- *1 abgezogene Knoblauchzehe*
- *2 EL Butter* · *1 EL gehackte Petersilie*

1 | **Für den ersten Saucenansatz** die Knochen zerkleinern und in Öl anbraten. Zwiebel und Schalotten schälen und grob zerkleinern. Gemüse, Tomatenmark, Kräuter, Gewürze und Orangenschale zu den Knochen geben, mitrösten, mit Rotwein nach und nach ablöschen und immer wieder einkochen lassen. Portwein, Cassislikör und Preiselbeeren dazugeben, mit Wildfond bedecken. Schöpfen Sie aufsteigenden Schaum ab und lassen Sie alles 1 Stunde 20 Minuten köcheln. Durch ein Sieb passieren und bis zur gewünschten Konsistenz reduzieren. Parallel dazu den zweiten Saucenansatz zubereiten, um den Charakter des ersten Saucenansatzes zu verstärken: Mischen Sie die Zutaten bis auf die Preiselbeeren und lassen Sie alles auf etwa zwei Drittel einkochen. Dann den ersten Saucenansatz damit auffüllen, durch ein Sieb passieren, wiederholt aufkochen, abschäumen und unmittelbar vor dem Servieren die Preiselbeeren zugeben.

2 | **Für den Rehrücken** den Backofen auf 140 °C vorheizen. Die Speckscheiben auf ein mit Backpapier ausgelegtes Backblech legen. Mit Backpapier abdecken und zum Beschweren ein Backblech darauflegen; so bewahrt der Speck seine Form. Den Speck in den vorgeheizten Ofen schieben und knusprig werden lassen, dabei von Zeit zu Zeit die Konsistenz des Specks kontrollieren. Dann herausnehmen, beiseitestellen und den Ofen auf 90 °C Umluft einstellen. Den Rehrücken mit Salz und Pfeffer würzen. 50 g Butter in einem Bräter aufschäumen lassen und den Rehrücken darin rundherum anbraten, auf ein Küchengitter setzen und im Ofen 20 Minuten weitergaren. Schalten Sie den Ofen aus und lassen Sie den Rehrücken in Alufolie gewickelt 15 Minuten ruhen.

3 | **Die Birnen so schälen,** dass der Stiel an der Birne bleibt, und sofort in kaltes Zitronenwasser legen. Das obere Drittel der Birne abschneiden, beiseitelegen und den unteren Teil aushöhlen. Aus den Schalen und ausgestochenen Teilen der Birnen mit dem Wein und den Gewürzen einen Sud herstellen, etwa 15 Minuten köcheln lassen, durch ein Sieb passieren und die Gewürze in den Sud zurücklegen. Geben Sie die Zitronen- und Orangenschale dazu und garen Sie die Birnen im Sud unter dem Siedepunkt in etwa 5 Minuten bissfest. Herausnehmen, abtropfen lassen, mit Preiselbeeren füllen, den passenden Deckel aufsetzen und warm stellen.

4 | **Die Pfifferlinge in einer Pfanne** ohne Fett kurz anschwitzen und dann in ein Sieb geben. Die Schalottenwürfel in Öl anschwitzen. Knoblauch beigeben und leicht anbraten. Die Pfifferlinge zu den Schalotten geben, würzen, Butter und Petersilie unterrühren. Den Rehrücken aus der Folie nehmen, in einer Pfanne 50 g Butter aufschäumen, Wacholderbeeren und Orangenschale beigeben und den Rehrücken unter ständigem Übergießen mit Butter erwärmen. Zum Anrichten den Rehrücken vom Knochen lösen, aufschneiden, auf vorgewärmten Tellern anrichten, mit Pfifferlingen und Speck umlegen und mit den Birnen garnieren. Etwas Sauce angießen, den Rest separat dazureichen. Dazu passt Wirsing- oder Spitzkohl.

Die Zechlust der Teutonen

Lange Zeit war die Auswahl an deutschem Wein eher bescheiden. Erst Mitte der 1980er-Jahre begann die Renaissance für Erzeugnisse aus deutschen Landen.

Das Weinland Deutschland hat eine wechselvolle Geschichte hinter sich: Glanz und Gloria um die Jahrhundertwende, internationale Anerkennung, Spitzenpreise für Auslesen von Rhein und Mosel. Dann kamen Kriege, Hunger und das Wirtschaftswunder. Die Zeit nach dem Zweiten Weltkrieg, vor allem die 1960er-Jahre, brachten im Weinbau gewaltige Veränderungen durch Neuzüchtungen, Kunstdünger und modernen Pflanzenschutz, in deren Folge die Produktion anschwoll und der Wein für immer größere Bevölkerungsschichten bezahlbar, aber leider auch immer süßer wurde. Erst die Sehnsucht der Deutschen nach dem Süden – und die mit ihr verbundene kulinarische Aufklärung – machten dieser Entwicklung ein Ende. Die Deutschen fuhren in den Ferien an den Gardasee, nach Rimini, in die Toskana, Provence, an die Côte d'Azur und Costa del Sol. Dort holten sie sich einen Sonnenbrand, tranken trockenen Rotwein und bewunderten die Einheimischen, die Wein am Werktag und sogar mittags tranken und trotzdem nicht als Alkoholiker abgestempelt wurden. Einen so lockeren Umgang mit Wein gab es in Deutschland damals kaum, jedenfalls nicht außerhalb der Weinbaugebiete. In Franken, in Baden, in der Pfalz und in Württemberg gingen die Uhren natürlich immer schon ein wenig anders. Dort waren Essen und Wein generell wichtiger als im Rest der Republik. Aber so sehr diese Regionen ein Beweis für Lebensart in Deutschland sind, so sind sie und ihr kulinarischer Genuss nur ein Anfang im Vergleich zu dem, was Frankreich oder Italien auf dem Feld der Feinschmeckerei geschaffen haben.

Deutscher Wein liegt im Trend

Die Veränderung der deutschen Trinkkultur begann, als die süße Welle ihr Ende durch den Glykolskandal Mitte der 1980er fand. Plötzlich verlangte die deutsche Spitzengastronomie, allen voran Eckart Witzigmann, von deutschen Winzern trockene Weine – und zwar harmonisch trockene Weine und keine sauren Reißer. Am Anfang konnten den nur ein paar Qualitätsfanatiker liefern, die sich gegen den süßen Sündenfall ihrer Kollegen gewehrt hatten. Diese Leute sorgten für die Wiedergeburt der klassischen deutschen Rebsorten aus einzelnen Lagen, wie z. B. Riesling, Weiß-, Grau- und Spätburgunder. Die Strahlkraft der deutschen Gastronomie hat seitdem enorme Auswirkungen auf die Weinqualität. Deutscher Wein ist wieder in, wird wahrgenommen und gewürdigt.

Riesling passt zu jeder Küche

Heute gehört Deutschland im Bereich Weißwein zu den führenden Weinbauländern. Von hier kommen Weine, die sich durch ein kraftvolles Spiel zwischen Frucht und Säure auszeichnen. Riesling ist hier der Star: Er kann trocken oder restsüß ausfallen und jung, reif oder sogar alt sein. Er ist in jeder dieser Ausprägungen ein talentierter Speisebegleiter – und zwar international. Riesling passt immer, egal ob amerikanisch-pazifische New-Wave-Küche, fruchtig-scharfe asiatische Spezialitäten, orientalisch inspirierte Gerichte, klassische Haute Cuisine oder das, was wir hier als »bürgerliche Küche« bezeichnen.
In den letzten Jahren der Qualitätsrevolution hat das Weißweinland Deutschland auch beim Rotwein Boden gutgemacht. Es ist vor allem Spätburgunder, mit dem die Winzer zu neuen Höhenflügen aufbrechen. Ihre besten Weine sind ideale Partner zu Wild und zu komplexen Kompositionen rund um Rind, Kalb, Lamm, Ente, Gans sowie zu Schmorgerichten. Aber auch bei Cuvées aus mehreren Rotweinsorten zeigt sich, dass sich deutsche Winzer vom Diktat steriler Reinsortigkeit distanzieren und die Fantasie bei ihren Weinkompositionen spielen lassen.

Ein Paradies für Weinfreunde

Deutschland hat dreizehn Weinbaugebiete. Alle liefern eigenständige Weine. Um einen repräsentativen Querschnitt darzustellen, sollen fünf von ihnen näher beschrieben werden: Mosel-Saar-Ruwer, Rheingau, Baden, Franken und Pfalz.
Das Anbaugebiet Mosel-Saar-Ruwer ist Deutschlands viertgrößte Weinregion. Rund zweihundert Kilometer folgen die Weinberge dem Verlauf der Mosel, deren Tal ein Naturschauspiel ist, ein Canyon, der sich tief in die Erde gegraben hat und durch sein günstiges Klima und den Schiefer einzigartig elegante Weine von hinreißender Leichtigkeit hervorbringt.
Um 1900 erzielten Rheingauer Güter Preise für ihre Weine, die denen der berühmtesten Häuser des Bordeaux ebenbürtig waren. Die Region mit dem aristokratischen Image verfügt über eine Vielzahl hervorragender Lagen. Seit dieser Epoche genießt der Riesling einen weltweit glänzenden Ruf für seine Langlebigkeit und aromatische Komplexität.
Nirgendwo in Deutschland wird es so heiß wie in Baden. So kommt es, dass in den von der Sonne verwöhnten Weinbergen viel Rotwein, vor allem edler Spätburgunder angebaut wird. Doch auch die Weißen aus Baden brauchen keinen Vergleich zu scheuen, allen voran der Grauburgunder.

Franken gehört zu den kleineren deutschen Anbaugebieten und genießt einen guten Ruf. Nicht zuletzt aufgrund der vielen hervorragenden, zum Teil weltberühmten Weinberge, wie dem Würzburger Stein. Riesling und Silvaner sind die wichtigsten Sorten und werden in die traditionelle Bocksbeutelflasche gefüllt. Die trockenen Sorten haben weniger als vier Gramm Restzucker pro Liter – und damit erheblich weniger als sonst in Deutschland üblich.
Keine deutsche Weinbauregion hat so volle und weiche Weine zu bieten wie die Pfalz. Das milde Klima wird durch die Lage im Rheingraben bestimmt. Die Pfalz feiert zur Zeit ein glänzendes Comeback – dank

Riesling ist der berühmteste Weinbotschafter Deutschlands. Keine andere Rebsorte schöpft das Potenzial unseres Klimas und unserer Weinberge besser aus als er.

des Engagements vieler Betriebe, die auf Qualität achten. Die zentrale Rebsorte des Gebietes ist der Riesling, gefolgt von Weiß- und Grauburgunder sowie Chardonnay. Bei den Rotweinen laufen Spätburgunder und Sankt Laurent zu großer Form auf.
Deutscher Wein wächst also aus den Kinderschuhen. Gleichzeitig erlebt der Genuss eine Renaissance, vor allem der am Kochen, am Tafeln und am Reden darüber. Beides sind gute Zeichen, denn der Wein entfaltet seine kulinarische Synergie vor allem beim Essen. Schön, dass sich das langsam herumgesprochen hat.

Cornelius und Fabian Lange

Zubereitungszeit
ca. 3 Std. 40 Min.

Auskühl- und Kühlzeit
ca. 8 bis 9 Std.

Rehpastete

Ein kulinarisches Meisterwerk, das kalt und warm genossen werden kann

Für die Pastete

- *150 g pariertes Rehfleisch*
- *150 g pariertes Schweinefleisch*
- *160 g frischer Speck*
- *9 Wacholderbeeren* · *1 TL Salz*
- *abgeriebene Schale von je 1 unbehandelten Orange und Zitrone*
- *250 g Rehfilets* · *Pastetensalz (Gewürzfachhandel)*
- *2 EL Öl* · *1 EL Butter*
- *2 EL Schalottenwürfel* · *2 cl Cognac*
- *120 ml stark reduzierter Wildfond (Glas oder S. 533)*
- *2 EL geschälte Pistazien*
- *50 g gekochter Schinken*
- *50 g Pökelzunge*
- *20 g Trüffel (nach Belieben)*
- *Butter für die Form*
- *1 Ei zum Bestreichen*

Für den Pastetenteig

- *300 g Mehl*
- *1 gestr. TL Salz*
- *250 g weiche Butter*
- *1 kleines Ei (40 g)*
- *Mehl für die Arbeitsfläche*

Für das Madeiragelee

- *100 ml Madeira*
- *½ l geklärter Wildfond (Glas oder S. 533)*
- *6 Blatt Gelatine*

Außerdem

- *1 Terrinen- oder Pastetenform*
- *Ausstecher (2–3 cm Ø)*

S. 204
KÜCHENGEHEIMNIS
So gelingt eine Farce perfekt

S. 228
WARENKUNDE Wacholder

S. 533
REZEPT Wildfond

1 | **Das sauber von Sehnen und Häuten** befreite Reh- und Schweinefleisch sowie den Speck in Streifen schneiden. Die Wacholderbeeren im Mörser zerdrücken und die Hälfte davon mit dem Salz sowie der Hälfte der Orangen- und Zitronenschale unter das Fleisch mischen. Drehen Sie das Fleisch zweimal durch die feinste Scheibe des Fleischwolfs, den Speck nur einmal. Den Speck und die Fleischmasse anschließend gründlich zur Farce vermischen; die Schüssel dabei auf Eis stellen, damit die Farce gut gekühlt wird. Streichen Sie die Farce anschließend durch ein Sieb und stellen Sie sie kühl.

2 | **Die Rehfilets mit Pastetensalz würzen** und im heißen Öl ganz kurz anbraten. Die Filets herausnehmen und das Öl abgießen. Die Butter in der Pfanne zerlassen, die Schalotten darin hell anschwitzen, mit Cognac ablöschen und mit dem Wildfond aufgießen. Die übrigen zerdrückten Wacholderbeeren und die restliche Orangen- und Zitronenschale dazugeben und zu einem dickflüssigen Jus einkochen. Passieren Sie den Jus durch ein Sieb über die Rehfilets und lassen Sie das Ganze mindestens 1 Stunde erkalten.

3 | **Für den Pastetenteig** das Mehl mit dem Salz mischen. Die Butter und das Ei hinzufügen und das Ganze unter Zugabe von 4 bis 6 EL Wasser zu einem mürben Pastetenteig kneten. Wickeln Sie den Teig in Folie und stellen Sie ihn bis zur Verwendung kühl. Anschließend die Füllung für die Pastete fertigstellen: Die Pistazien grob hacken, den Schinken und die Pökelzunge würfeln und nach Belieben Trüffeln fein hacken. Alles unter die Farce mischen. Den Backofen auf 220 °C vorheizen. Streichen Sie eine Terrinenform mit Butter aus. Drei Viertel des Pastetenteigs auf einer bemehlten Arbeitsfläche 5 mm dünn ausrollen und damit die Terrinenform auslegen. Die Farce etwa 2 bis 3 cm hoch einfüllen und an den Wänden etwas hochziehen, sodass in der Mitte eine Rinne entsteht.

4 | **Die Rehfilets hintereinander** in diese Rinne einlegen und mit dem dickflüssigen Jus beträufeln. Die restliche Farce darüber verteilen. Die überhängenden Teigränder über die Farce legen. Rollen Sie den restlichen Pastetenteig aus und decken Sie die Terrine mit einem Teigdeckel ab. In den Teigdeckel in die Mitte eine Öffnung für den Dampfabzug schneiden, einen kreisförmigen Ausstecher (2–3 cm Ø) als »Kamin« einsetzen und die Teigoberfläche mit Ei bestreichen. Aus Teigresten zum Verzieren kleine Formen ausstechen und auflegen, ebenfalls mit Ei bestreichen. Die Pastete bei 220 °C 15 Minuten backen, anschließend die Hitze auf 180 °C reduzieren und weitere 25 Minuten backen. Die Pastete aus dem Ofen nehmen und in der Form erkalten lassen.

5 | **Die erkaltete Pastete** mit Madeiragelee ausgießen. Dazu den Madeira mit dem Wildfond mischen und erhitzen. Die eingeweichte, gut ausgedrückte Gelatine darin auflösen. Den Kamin aus der Pastete ziehen und die Pastete mit Madeira-Gelee-Masse auffüllen. Im Kühlschrank in etwa 4 bis 5 Stunden fest werden lassen. Zum Servieren stürzen Sie die Pastete behutsam aus der Form und schneiden sie mit einem scharfen Messer in 2 cm dicke Scheiben.

Zubereitungszeit
ca. 4 Std. 30 Min.

Hirschrücken in Hagebuttensauce

Edles Fleisch mit Wildfrüchten stilvoll ergänzt

Für die Hagebuttensauce

- *3 Möhren*
- *2 Gemüsezwiebeln*
- *¼ Knollensellerie*
- *1 Stange Lauch*
- *3 kg gehackte Wildknochen*
- *Distelöl zum Anbraten*
- *50 g Tomatenmark*
- *600 ml Rotwein*
- *16 Wacholderbeeren*
- *1 TL Pfefferkörner*
- *2 Gewürznelken*
- *je 2 Zweige Thymian und Rosmarin*
- *1 Lorbeerblatt* · *Salz*
- *frisch gemahlener Pfeffer*
- *250 g Hagebutten (oder Preiselbeeren)*
- *230 g Zucker*
- *2 Schalotten*
- *200 ml Portwein*

Für den Hirschrücken

- *500 g pariertes Hirschrückenfilet*
- *Salz* · *frisch gemahlener Pfeffer*
- *300 g Steinpilze oder Champignons (oder 30 g getrocknete Steinpilze)*
- *2 Schalotten* · *1 TL Butter*
- *2 EL Schnittlauchröllchen*

1 | **Für die Hagebuttensauce** Möhren, Zwiebeln und Sellerie schälen und alles in gleich große Stücke schneiden. Den Lauch putzen, waschen und grob zerkleinern. Die Wildknochen in heißem Öl anrösten. Möhren und Sellerie dazugeben und mitangehen lassen, erst dann Zwiebeln und Lauch dazugeben und mitrösten. Schöpfen Sie aufsteigendes Fett ab, fügen Sie dann das Tomatenmark hinzu und rösten Sie es kräftig mit. Mit einem Drittel des Rotweins ablöschen, diesen vollständig einkochen lassen und den Vorgang noch zweimal wiederholen. Anschließend mit 1 l Wasser auffüllen, die Kräuter und Gewürze hinzugeben und 2 bis 3 Stunden köcheln lassen. Passieren Sie den fertigen Fond durch ein Sieb und nehmen Sie Fett, das auf der Oberfläche schwimmt, mit einem Löffel ab.

2 | **Die Hagebutten inzwischen waschen,** halbieren und entkernen. Lösen Sie den Zucker in ½ l heißem Wasser auf, geben Sie die Hagebutten hinein und kochen Sie sie in 1 Stunde 30 Minuten weich. Dann nehmen Sie sie mit einem Schaumlöffel heraus und pürieren sie mit einem Pürierstab sehr fein. Die Schalotten für die Sauce schälen, in Streifen schneiden und in einem Topf anschwitzen, mit Portwein ablöschen und diesen reduzieren. Den Wildfond (aus Arbeitsschritt 1) angießen und so lange einkochen lassen, bis die Sauce würzig schmeckt. Binden Sie die Sauce anschließend mit dem Hagebuttenpüree. Den Backofen auf 180 °C vorheizen.

3 | **Das Hirschrückenfilet in vier Portionen schneiden,** salzen, pfeffern und von allen Seiten anbraten. Im Ofen etwa 5 Minuten bei 180 ° C fertig braten und zum Ruhen 2 bis 3 Minuten in Alufolie hüllen. Die Steinpilze putzen, blättrig schneiden und ohne Fett in einer beschichteten Pfanne anbraten. Die Schalotten schälen, in Würfel schneiden, in Butter glasig schwitzen und mit dem Schnittlauch zu den Pilzen geben. Zum Anrichten den Hirschrücken in Scheiben schneiden und mit den Steinpilzen anrichten. Etwas Hagebuttensauce angießen, die restliche Sauce separat dazureichen. Servieren Sie dazu Selleriepüree oder Kartoffelwaffeln (S. 335).

WARENKUNDE

Hagebutte – die Frucht der Rose

Die kugeligen bis eiförmigen orangefarbenen bis roten Früchte einer Reihe von Rosenarten sind nicht nur herbstliche Zierde in Gärten, sie haben auch kulinarisch einiges zu bieten: Ihr feines, herb-säuerliches Aroma passt sehr gut zu Fleisch, Wild und Geflügel, wird aber auch in Konfitüre, Saft und Tee geschätzt. Der hohe Gehalt an Vitamin A und C macht Hagebutten sehr gesund, ihre Zubereitung ist jedoch aufwendig: Die Scheinfrüchte sind mit kleinen Kernen und juckenden Härchen gefüllt, die (am besten mit Handschuhen) entfernt werden müssen.

Zubereitungszeit
ca. 3 Std. 20 Min.

Gamsrücken unter der Walnusskruste

Eine knusprige, rosa gebratene Delikatesse mit Walnüssen und Dörrpflaumen

Für den Gamsrücken (für 6–8 Portionen)

- *1 Gamsrücken (ca. 3 kg, mit Knochen; oder Hirschrücken)*
- *1–2 Möhren*
- *3 Zwiebeln*
- *1 Stück Knollensellerie (120 g)*
- *7 EL Distelöl*
- *1 EL Tomatenmark*
- *½ Apfel*
- *½ Orange*
- *4 Dörrpflaumen*
- *8 Wacholderbeeren*
- *½ TL Pfefferkörner*
- *frisch gemahlener Pfeffer*
- *150 ml Rotwein*
- *3 EL Madeira*
- *1,2 l Wildfond (Glas oder S. 533; oder Gemüse- oder Rinderfond)*
- *3 EL Butter*

Für die Walnusskruste

- *4 Scheiben Weißbrot (oder 3–4 EL Semmelbrösel)*
- *80 g geschälte Walnüsse*
- *2 EL Butter*
- *1 TL süßer Senf*
- *2 Eier*
- *Salz*
- *1 Prise Cayennepfeffer*

S. 34 ff.
REGIONENPORTRÄT Bayern

S. 533
REZEPT Wildfond

1 | **Den Gamsrücken auslösen.** Das Fleisch sauber parieren und zugedeckt kühl stellen. Die Knochen zerhacken, Möhren, Zwiebeln und Sellerie schälen und grob zerkleinern. Die Knochen und das Gemüse im Bräter in 4 EL Öl rösten. Wenn alles genügend Farbe genommen hat, das Tomatenmark dazugeben und mitrösten. Den Apfel und die Orange in Stücke schneiden, mit den Dörrpflaumen und Gewürzen dazugeben, mit Rotwein und Madeira ablöschen und mit dem Wildfond auffüllen. Lassen Sie die Sauce 1 bis 2 Stunden bei schwacher Hitze köcheln, anschließend passieren Sie sie durch ein Sieb. Den Fond nach Belieben noch etwas reduzieren und zum Schluss 2 EL Butter einmontieren.

2 | **Für die Walnusskruste** das Weißbrot zerkleinern. Aus den Walnüssen, der Butter, dem Senf, den Eiern und dem Weißbrot eine Paste bereiten: Die Zutaten dazu mit einem Blitzhacker gründlich mischen, mit einem Mixer pürieren oder im Mörser zu einer feinen Paste zerreiben. Die Paste mit Salz und Cayennepfeffer abschmecken. Den Backofen auf 175 °C vorheizen.

3 | **Den Gamsrückenstrang** im restlichen Öl rundherum anbraten und für etwa 5 Minuten in den 175 °C heißen Ofen stellen. Danach den Gamsrücken herausnehmen und für knapp 5 Minuten abgedeckt ruhen lassen, damit sich das Fleisch entspannt und sich der Fleischsaft im Fleisch verteilt.

4 | **Die Grillfunktion des Backofens vorheizen.** Das Fleisch nochmals kurz in 1 EL Butter nachbraten, mit der Walnusspaste belegen und unter dem Grill im Ofen goldgelb gratinieren. In kleine Medaillons aufschneiden, mit Salz und Pfeffer würzen und mit dem Gamsjus servieren. Dazu passen Kürbisgemüse und glacierte Dörrpflaumen sowie Kartoffelpüree (S. 248) oder Kroketten.

VARIANTE: GEBRATENER GAMSRÜCKEN IM SPECKMANTEL

In den bayerischen Alpen wird auch Gamsbraten serviert, der in einer würzigen Speckhülle gegart wurde: Dazu wird der Gamsrücken zunächst 1 bis 2 Tage in einem in Essig getränkten Tuch in einem kühlen Raum abgelagert. Dann den Gamsrücken mit Thymian, zerdrücktem Wacholder, Pfeffer und Salz würzen, in Speckscheiben einwickeln und wie einen Rollbraten binden. Im vorgeheizten Ofen bei 220 °C anbraten, nach 15 Minuten die Hitze auf 200 °C reduzieren und 2 bis 3 Lorbeerblätter sowie eine Handvoll Röstgemüse zugeben. Gießen Sie mit ¼ l Rotwein auf und lassen Sie den Braten 25 bis 30 Minuten schmoren. Den Speckmantel entfernen, das Fleisch kurz übergrillen und zugedeckt warm stellen. Passieren Sie zum Schluss den Bratfond durch ein Sieb, schmecken Sie ihn mit Salz, Johannisbeergelee und Pfeffer ab und verfeinern Sie ihn mit süßer Sahne.

Zubereitungszeit
ca. 4 Std.

Marinierzeit
ca. 24 Std.

Wildschweinkeule mit braisiertem Rosenkohl

Ein feines Schmorgericht aus Regionen, in denen Wildschweine noch häufiger vorkommen

Für die Wildschweinkeule

- *1,2 kg Wildschweinkeule (entbeint)*
- *3–4 Möhren* · *3–4 rote Zwiebeln*
- *¼ Knollensellerie*
- *5 Wacholderbeeren*
- *1 EL Pfefferkörner*
- *5 Pimentkörner*
- *2 Lorbeerblätter*
- *¾ l kräftiger Rotwein*
- *Salz* · *frisch gemahlener Pfeffer*
- *Distelöl* · *1 EL Tomatenmark*
- *1 l Wildfond (Glas oder S. 533)*
- *200 ml frisch gepresster Orangensaft*
- *150 ml schwarzer Johannisbeersaft*
- *1 EL Preiselbeeren (kaltgerührt)*
- *1 TL Senfpulver* · *1 TL Ingwerpulver*
- *½ EL geriebener Meerrettich*
- *abgeriebene Schale von 2 unbehandelten Zitronen*
- *1 TL Maisstärke* · *2 EL Crème fraîche*

Für den Rosenkohl

- *800 g geputzter und gewaschener Rosenkohl*
- *80 g durchwachsener Speck*
- *Salz* · *frisch gemahlener Pfeffer*
- *100 ml Wildfond (Glas oder S. 533)*
- *3–4 Dörrpflaumen*

Außerdem

- *Küchengarn zum Binden*

1 | **Das Fleisch der Wildschweinkeule** zu einem Bratenstück zusammenbinden. Anschließend das Gemüse vorbereiten: Möhren, Zwiebeln und Sellerie schälen und in Würfel schneiden. Zerstoßen Sie die Wacholderbeeren, die Pfeffer- und die Pimentkörner im Mörser. Das Fleisch in eine Schüssel geben, das Gemüse, die zerstoßenen Gewürze und die Lorbeerblätter sowie den Rotwein dazugeben, abdecken und im Kühlschrank 24 Stunden marinieren.

2 | **Am nächsten Tag das Fleisch** aus der Marinade nehmen, die Flüssigkeit durch ein Sieb abgießen und auffangen. Den Backofen auf 160 °C vorheizen. Die Keule trocken tupfen, mit Salz und Pfeffer würzen und in einem Bräter in Öl anbraten, dann herausnehmen und das abgetropfte Gemüse mit dem Tomatenmark bräunen lassen. Löschen Sie mit der Rotweinmarinade ab und reduzieren Sie sie auf die Hälfte. Mit Wildfond auffüllen, aufkochen lassen, die Keule hinzugeben und bei geschlossenem Deckel im vorgeheizten Backofen etwa 2 Stunden schmoren lassen.

3 | **Das Fleisch herausnehmen** und in Alufolie gewickelt ruhen lassen. Passieren Sie den Schmorfond durch ein Sieb und kochen Sie ihn auf etwa die Hälfte ein. Parallel dazu in einem zweiten Topf Orangen- und Johannisbeersaft mit Preiselbeeren, Senf- und Ingwerpulver, Meerrettich und Zitronenabrieb verquirlen und dickflüssig einkochen. Mit dem reduzierten Schmorfond auffüllen, erneut aufkochen und mit der in wenig kaltem Wasser angerührten Stärke binden. Schmecken Sie die Sauce mit Crème fraîche ab, lassen Sie sie dann aber nicht mehr kochen.

4 | **Für den Rosenkohl** die Kohlröschen entblättern und in grobe Streifen schneiden. Den Speck in feine Streifen schneiden, in einer Pfanne auslassen, den Kohl hinzufügen, andünsten und mit Salz und Pfeffer würzen. Mit Wildfond auffüllen, zudecken und bissfest garen. Die Dörrpflaumen nur grob hacken, untermischen und nochmals abschmecken. Zum Servieren die Wildschweinkeule in Scheiben schneiden, auf dem Kohl anrichten und mit Sauce nappieren.

VARIANTE: GEBRATENE WILDSCHWEINKEULE

In Norddeutschland liebt man die Wildschweinkeule gebraten. Dazu das Fleisch mit Wacholderschnaps übergießen und etwa 2 Stunden ziehen lassen, dann trocken tupfen, mit Thymian, Wacholder, Pfeffer und Salz würzen, zusammenklappen, mit Speckscheiben ummanteln und mit Küchengarn binden. Die Keule auf Röstgemüse setzen und im Ofen bei 175 °C 20 Minuten garen, mit Rotwein und Wildfond (S. 533) aufgießen und fertig garen. Bratansatz lösen, durch ein Sieb passieren und gegebenenfalls leicht binden. Mit geschlagener Sahne verfeinern.

Zubereitungszeit
ca. 3 Std.

Gebratener Hasenrücken mit glacierten Äpfeln

Ein herbstlich-fruchtiges Festmahl

Zutaten

- *2 Hasenrücken mit Knochen*
- *3 EL Distelöl*
- *2 Möhren*
- *1 Zwiebel*
- *½ Knollensellerie*
- *1 EL Tomatenmark*
- *1 Lorbeerblatt*
- *6 Pfefferkörner*
- *5 Wacholderbeeren*
- *¼ l trockener Rotwein*
- *100 g eiskalte Butter* · *Salz*
- *frisch gemahlener Pfeffer*
- *2 Äpfel*
- *1 EL Butter*
- *4 TL Zucker*
- *3 EL Zitronensaft*
- *Distelöl zum Braten*
- *1 TL feines Meersalz (Fleur de sel)*
- *1 TL zerstoßene Pfefferkörner*
- *Rosmarin zum Garnieren*

1 | **Für die Sauce** die Hasenrücken vom Knochen lösen und die Sehnen entfernen. Die Knochen klein hacken und in heißem Öl anrösten. Möhren, Zwiebel und Sellerie schälen, in 2 cm große Würfel schneiden, das Tomatenmark beigeben und mitrösten, bis es karamellisiert. Die Gewürze dazugeben, mit etwas Rotwein ablöschen und diesen vollständig reduzieren. Erneut mit Rotwein ablöschen und wieder einkochen lassen. Dann 3 l Wasser dazugeben und den Fond 30 Minuten bei schwacher Hitze kochen lassen, dabei ab und zu mit einem Löffel Fett und Schaum abschöpfen. Anschließend die Sauce durch ein Sieb passieren, die Flüssigkeit auf ¼ l reduzieren und dann die eiskalte Butter mit dem Schneebesen einrühren. Würzen Sie bei Bedarf mit Salz und Pfeffer.

2 | **Für die Apfelspalten** inzwischen die Äpfel schälen, halbieren, Strunk und Kerngehäuse entfernen. Die Hälften sechsteln und die Kanten der Apfelspalten mit dem Schäler abrunden. Die Butter in eine Pfanne geben, bei starker Hitze aufschäumen lassen, die Apfelspalten dazugeben und kurz anrösten. Wenn beide Seiten leicht gebräunt sind, den Zucker hinzufügen und die Äpfel durchschwenken. Der Zucker sollte karamellisieren. Geben Sie den Zitronensaft dazu und stellen die Äpfel beiseite.

3 | **Für die Hasenrücken** den Backofen auf 160 °C vorheizen. Die Rückenstränge in Öl von beiden Seiten rasch anbraten und auf einem Küchengitter im vorgeheizten Ofen 12 Minuten weitergaren. Das Fleisch dabei zwei- bis dreimal im Ofen wenden, dann herausnehmen, in Alufolie wickeln und 4 Minuten ruhen lassen. Zum Anrichten die Hasenrücken schräg in 1 cm breite Scheiben schneiden, diese mit Meersalz und grob zerstoßenem Pfeffer bestreuen, auf vorgewärmten Tellern anrichten und etwas Sauce angießen. Platzieren Sie einige Apfelspalten auf dem Fleisch und garnieren Sie mit Rosmarin. Als Beilage passen gut Schwarzwurzeln (S. 349) oder Mangold sowie Spätzle (S. 401) oder Kartoffelklöße (S. 393).

KÜCHENGEHEIMNIS: BRATEN WIE EIN PROFI

Außen knusprig gebräunt, innen saftig und rosa – so sollte gebratenes Fleisch auf den Tisch kommen. Fleisch zum Kurzbraten (z.B. Steak, Filet) kommt dazu in die Pfanne, größere Fleischstücke gehören in den Backofen. Mittelgroße Fleischstücke, wie der Hasenrücken, werden bei großer Hitze angebraten und dann im Ofen bei reduzierter Hitze fertig gegart. Wichtig: Das Anbraten muss rasch erfolgen, damit die gewünschte Kruste erreicht wird und wenig Fleischsaft austritt. Erhitzen Sie die Pfanne kräftig, erst dann legen Sie das (zimmerwarme, trocken getupfte) Fleisch ein und warten, bis die aufliegende Stelle gebräunt ist. Nicht zu schnell und zu häufig wenden, sonst wird das Fleisch leicht zäh!

Zubereitungszeit
ca. 1 Std. 15 Min.

Geschmortes Kaninchen

Mit Kümmel und Senf eine pikante Abwechslung zum gewohnten Sonntagsbraten

Zutaten

- *2 Kaninchenkeulen, am Gelenk geteilt, mit Knochen*
- *2 Kaninchenschultern mit Knochen*
- *1 Kaninchenrücken mit Knochen*
- *Salz*
- *frisch gemahlener Pfeffer*
- *1 EL Mehl*
- *2 EL Olivenöl*
- *50 g Butter*
- *400 g festkochende Kartoffeln*
- *3 Tomaten*
- *20 Perlzwiebeln*
- *1 TL ganzer Kümmel*
- *100 ml trockener Weißwein*
- *400 ml stark reduzierter Geflügelfond (Glas oder S. 534)*
- *je 1 Zweig Rosmarin, Thymian und Salbei*
- *2 EL grober Senf*
- *3 Zweige Estragon*
- *2 EL geschlagene Sahne*

1 | **Die Kaninchenteile salzen,** pfeffern und mehlieren. Den Backofen auf 160 °C vorheizen. In einem Bräter Olivenöl und Butter erhitzen und die Fleischteile rasch darin anbraten, dann in den vorgeheizten Ofen schieben und etwa alle 5 Minuten mit dem heißen Fett übergießen. Nach 10 Minuten die Fleischstücke drehen und nochmals 5 Minuten braten. Nehmen Sie die Rückenstücke heraus und stellen Sie sie warm.

2 | **Die Kartoffeln schälen** und mit einem Parisienne-Ausstecher rund nachformen. Die Tomaten überbrühen, häuten, vierteln, entkernen und in Spalten schneiden. Die Perlzwiebeln schälen. Die Kartoffeln, den Kümmel und die Perlzwiebeln in den Bräter geben und anschwitzen. Löschen Sie mit dem Weißwein ab, lassen Sie ihn vollständig reduzieren, gießen Sie dann den Geflügelfond an und geben Sie die Kräuter zu. Nach 20 bis 25 Minuten die restlichen Fleischstücke herausnehmen.

3 | **Die Sauce durch ein Sieb passieren** und mit Senf binden. Den Estragon fein schneiden und dazugeben, die Tomaten beifügen und die geschlagene Sahne unterheben. Erhitzen Sie die Fleischstücke in der Sauce und servieren Sie das geschmorte Kaninchen nach Geschmack mit Spätzle (S. 401) oder Serviettenknödeln (S. 304).

Zubereitungszeit
ca. 1 Std. 15 Min.

Marinierzeit
ca. 10 bis 12 Std.

Wildentenbrust mit Kürbisgemüse

Feinaromatischer Muskatkürbis ist geschmacklich die perfekte Ergänzung zur zartrosa Entenbrust.

Für das Kürbisgemüse

- *500 g Muskatkürbis (ohne Schale)*
- *Salz • frisch gemahlener Pfeffer*
- *1–2 TL Paprikapulver*
- *1–2 TL gehackter Kümmel*
- *2 Schalotten • 1–2 EL Butter*
- *1 EL Tomatenmark*
- *2 EL Crème fraîche*
- *2–3 EL gehackter Kerbel*

Für die Wildentenbrust

- *4 Wildentenbrüste*
- *Salz • frisch gemahlener Pfeffer*
- *2–3 Wacholderbeeren*
- *Distelöl zum Braten*
- *50 g Butter*
- *1 Zweig Thymian*

1 | Für das Kürbisgemüse den Kürbis grob raspeln, mit etwas Salz, Pfeffer, Paprikapulver und Kümmel marinieren, kurz durchkneten und zugedeckt im Kühlschrank über Nacht ziehen lassen. Den Kürbis leicht ausdrücken. Den Backofen auf 160 °C vorheizen. Die Schalotten schälen und würfeln. Die Butter in einem Topf zerlassen, Schalotten zugeben und das Tomatenmark mit angehen lassen. Den Kürbis dazugeben, kurz anschwitzen und alles mischen. Die Ränder des Topfes säubern, sodass nichts einbrennen kann, den Topf mit einem Deckel verschließen und im vorgeheizten Backofen auf der mittleren Schiene 45 Minuten garen. Dann aus dem Ofen nehmen, den Deckel abheben und die restliche Flüssigkeit verdampfen lassen. Heben Sie zum Schluss die Crème fraîche unter und bestreuen Sie den Kürbis mit Kerbel.

2 | Die Wildentenbrüste salzen und pfeffern. Die Wacholderbeeren andrücken. Das Öl in einer Pfanne erhitzen, die Butter darin aufschäumen lassen und die Wildentenbrüste sowie die Wacholderbeeren und den Thymianzweig hineingeben. Das Fleisch von beiden Seiten langsam unter ständigem Übergießen mit heißem Fett 5 bis 7 Minuten braten. Die Pfanne vom Herd nehmen, das Fleisch zugedeckt etwa 7 bis 10 Minuten ruhen lassen und dann in Scheiben schneiden. Richten Sie das Kürbisgemüse sockelartig auf vorgewärmten Tellern an und platzieren Sie die Wildentenbrust darauf. Die Sauce separat dazureichen.

Zubereitungszeit
ca. 4 Std. 30 Min.

Gebratene Ente mit Sauerkirschsauce

Zartes Geflügel und leicht säuerliche Früchte vereint in perfekter Harmonie

Für die Ente

- *1 Ente (ca. 3 kg; mit Innereien)*
- *Salz* · *frisch gemahlener Pfeffer*
- *1–2 Äpfel* · *2–3 Zwiebeln*
- *2 TL getrockneter Beifuß*
- *2 TL brauner Zucker*
- *⅛ l trockener Rotwein*
- *400 g Sauerkirschen (ohne Stein)*
- *300 ml Enten- oder Geflügelfond (Glas oder S. 534)*
- *2 EL Aceto balsamico*

Für die bayerischen Serviettenknödel

- *250 g altbackene Semmeln (Brötchen)*
- *300 ml Milch* · *2 EL Schalottenwürfel*
- *4 TL Butter* · *2 Eiweiße* · *4 Eigelbe*
- *2 EL Öl* · *4 EL gehackte Petersilie*
- *Salz* · *frisch gemahlener Pfeffer*

Außerdem

- *Küchengarn zum Binden*

S. 450 ff.
WARENKUNDE Obst

1 | **Die Ente mit Salz und Pfeffer** von innen und außen würzen und 20 Minuten ziehen lassen. Den Backofen auf 140 °C vorheizen. Die Äpfel und die Zwiebeln schälen und in 1 bis 2 cm große Stücke schneiden. Die Apfelstücke, die Zwiebeln und den Beifuß in die Ente füllen, mit Küchengarn zunähen und in einen Bräter legen. Braten Sie die Ente im vorgeheizten Backofen etwa 2 Stunden; dabei immer wieder mit dem austretenden Bratenfett begießen. Dann die Temperatur auf 200 °C erhöhen, um eine knusprige Haut zu erhalten, und die Ente noch etwa 45 Minuten bis 1 Stunde weiterbraten.

2 | **Für die Sauce** den braunen Zucker in einer Kasserolle karamellisieren, mit dem Rotwein ablöschen und die Hälfte der Kirschen dazugeben. Etwas einkochen lassen, dann den Entenfond angießen, mit dem Essig verfeinern, abschmecken und ggf. leicht binden. Geben Sie die restlichen Kirschen dazu und lassen Sie sie in der Sauce ziehen; sie sollten dabei nicht mehr kochen.

3 | **Für die Serviettenknödel** schneiden Sie die Brötchen in kleine Würfel und übergießen sie mit der lauwarmen Milch. Die Innereien der Ente (Herz und Leber) fein würfeln, mit den Schalottenwürfeln in Butter anschwitzen und auskühlen lassen. Die Eiweiße steif schlagen. Die Eigelbe, das Öl, die übrige Butter, die Petersilie und die Innereien unter die Brötchen rühren, zum Schluss den Eischnee vorsichtig unterheben und mit Salz und Pfeffer würzen.

4 | **Die Knödelmasse** zuerst in Frischhaltefolie (6 bis 7 cm Ø) und dann zur Fixierung zusätzlich in Alufolie einrollen. Die Enden gut zudrehen und die Knödelrolle in leicht kochendem Wasser 25 Minuten garen. Herausnehmen und aus der Folie wickeln. Schneiden Sie die abgekühlte Knödelstange in 2 cm dicke Scheiben und braten Sie sie in Butter braun. Die Ente tranchieren (Steps 1, 2 und 3) und mit Knödelscheiben und etwas Sauerkirschsauce anrichten. Die Füllung der Ente und den Rest der Sauce separat dazureichen.

Ente tranchieren

1) Die Keulen vom Rumpf trennen: Von der Brust her einschneiden, den Knochen ein wenig nach außen drehen und die Keule im Gelenkspalt abtrennen.
2) Die Flügel abtrennen und dabei ein wenig vom Brustfleisch mit abschneiden.
3) Das Brustfleisch, vom Brustbein beginnend, in zwei Teilen ablösen. Die Karkasse umdrehen und die Füllung der Ente entnehmen. Sie wird separat serviert.

Zubereitungszeit
ca. 4 Std. 45 Min.

Kirchweihgans

Beim traditionellen Festessen werden dazu hausgemachte Kartoffelknödel und Blaukraut serviert.

Für das Blaukraut

- *1 Kopf Blaukraut (Rotkohl; ca. 800 g)*
- *1 Apfel (Boskop)*
- *2–3 TL Salz*
- *100 ml Rotweinessig*
- *200 ml Rotwein*
- *1 Zimtstange (3 cm)*
- *1–2 Gewürznelken*
- *1 Lorbeerblatt*
- *1 Msp. abgeriebene Schale 1 unbehandelten Orange*
- *frisch gemahlener Pfeffer*
- *200 ml Geflügelfond (Glas oder S. 534)*
- *1 gestr. TL Speisestärke*

Für die Kirchweihgans (für 5–6 Portionen)

- *1 Gans (ca. 3,5 kg, mit Innereien)*
- *1 Zwiebel* · *Salz*
- *frisch gemahlener Pfeffer*
- *1–2 Zweige Beifuß*
- *1 kleine Möhre*
- *2 kleine Quitten (oder Äpfel)*
- *2 EL Zucker*
- *4 Scheiben Stangenweißbrot*
- *1 TL Butter*

Außerdem

- *Küchengarn zum Binden*

S. 34 ff.
REGIONENPORTRÄT Bayern
S. 450 ff.
WARENKUNDE Obst

1 | **Für das Blaukraut** die äußeren Blätter des Kohlkopfs entfernen, den Strunk keilförmig herausschneiden und anschließend die Blätter in feine Streifen schneiden. Den Apfel waschen, vierteln, das Kerngehäuse entfernen und das Fruchtfleisch ungeschält in kleine Stücke schneiden. Salzen Sie den Kohl, geben Sie den Essig und den Rotwein dazu und lassen Sie den Kohl zugedeckt bis zur weiteren Verwendung ziehen. Den Backofen auf 200 °C vorheizen.

2 | **Die Gans bratfertig machen:** Dazu die äußeren Flügelknochen und den Hals in kleine Stücke hacken. Das innere Fett der Gans herausnehmen und aufbewahren. Die Zwiebel schälen und würfeln. Die Gans innen und außen mit Salz und Pfeffer einreiben, die Hälfte der Zwiebel und den Beifuß in die Gans füllen und diese zunähen. Enthäuten Sie den Gänsemagen und schneiden Sie ihn in Stücke. Die Leber parieren und mit 50 g vom vorher entnommenen inneren Fett der Gans in feine Würfel schneiden; Leber und Fett zusammen fein hacken, salzen und pfeffern.

3 | **Die Gans in einen Bräter legen** (Brustseite nach unten), 1 Tasse Wasser dazugießen und 45 Minuten im vorgeheizten Backofen garen, damit das Fett auslaufen kann. Das Fett in ein Gefäß abgießen, die Gans auf den Rücken drehen, die gehackten Hals- und Flügelknochen dazugeben und für etwa 15 Minuten wieder in den Ofen schieben. Inzwischen für die Sauce die Möhre schälen und in Stücke schneiden. Die Zwiebel- und Möhrenstücke in den Bräter geben und leicht anrösten, dann die Magenstücke dazugeben und die Gans weitergaren. Übergießen Sie dabei die Gans nach und nach mit wenig heißem Wasser, damit sie eine Sauce zieht.

4 | **Das Blaukraut zubereiten,** während die Gans im Ofen gart: In einem großen, weiten Topf 3 EL des abgegossenen Gansfetts erhitzen, den Apfel darin anschwitzen und den marinierten Kohl mit der Marinade, den Gewürzen und einem Stück Orangenschale dazugeben, salzen, pfeffern und 10 Minuten kochen lassen. Gießen Sie den Geflügelfond an und garen Sie das Blaukraut zugedeckt bei schwacher Hitze. Rühren Sie immer wieder um und gießen Sie, wenn nötig, etwas Wasser an. Nach etwa 45 Minuten ist das Blaukraut gar. Die Speisestärke mit wenig kaltem Wasser anrühren und das Blaukraut damit binden.

5 | **Die Quitten schälen,** vierteln, entkernen und in Spalten schneiden. Dann die Spalten in eine Pfanne legen, mit Zucker bestreuen, knapp mit Wasser bedecken und garen, bis die Flüssigkeit verkocht ist, dann ein wenig des abgegossenen Gansfetts dazugeben und die Quittenspalten darin bei mäßiger Hitze glacieren.

6 | **Die Weißbrotscheiben** mit Butter in der Pfanne bräunen, die Lebermasse (aus Arbeitsschritt 2) darauf verteilen, in der Pfanne im Ofen garen und als Croûtons zur Gans servieren. Die Gans nach gut 3 Stunden Garzeit aus dem Ofen nehmen, die Füllung in die Sauce geben und dann die Sauce durch ein Spitzsieb passieren, gut ausdrücken und nochmals entfetten. Tranchieren Sie die Gans (S. 304) und servieren Sie sie mit Kartoffelknödeln (S. 390).

Zubereitungszeit
ca. 3 Std. 30 Min.

Gefüllte Gans

Köstlich zubereitet mit Esskastanien, Äpfeln, getrockneten Birnen und frischen Kräutern

Für die fruchtige Kastanienfüllung

- *2 Zwiebeln* · *2 EL Butter*
- *2–3 Äpfel (Cox Orange)*
- *150 g geschälte Esskastanien*
- *180 g getrocknete Birnen*
- *1 TL Waldhonig*
- *280 g Toastbrotwürfel (ohne Rinde)*
- *3 Eier* · *2 TL gehackter Beifuß*
- *1 TL gehackter Zitronenthymian*
- *Salz* · *frisch gemahlener Pfeffer*

Für die Gans (für 6–8 Portionen)

- *1 Gans (ca. 4,5–5 kg)* · *Salz*
- *frisch gemahlener Pfeffer* · *4 Zwiebeln*
- *3 Äpfel (Cox Orange)* · *2 Zweige Beifuß*
- *300 ml Geflügelfond (Glas oder S. 534)*

Form erhalten

Sollten Sie einmal eine Gans ohne Füllung zubereiten, legen Sie der Gans zum Braten eine leere Flasche in den Bauch. So behält sie ihre rundliche Form. Vor dem Servieren entfernen.

1 | **Für die Kastanienfüllung** die Zwiebeln schälen, fein würfeln und in der Butter glasig anschwitzen. Die Äpfel schälen, vierteln und das Kerngehäuse entfernen. Die Äpfel, die Esskastanien und die getrockneten Birnen in Scheiben schneiden. Dünsten Sie sie in einer Pfanne etwa 5 Minuten an und geben Sie dann den Honig dazu. Alles gründlich vermischen und vom Herd ziehen. Anschließend die Brotwürfel bräunen, die Eier verrühren und mit den Brotwürfeln und den Kräutern mischen, mit Salz und Pfeffer würzen.

2 | **Die vorbereitete Füllung** in die Gans geben, den Bürzel abschneiden und die Bauchöffnung mit einem Faden zunähen. Die Gans von allen Seiten mit Salz und Pfeffer würzen. Die Zwiebeln schälen und mit den Äpfeln in grobe Würfel schneiden, auf ein tiefes Backblech geben und mit ½ l Wasser auffüllen. Geben Sie den Beifuß dazu und setzen Sie die Gans darauf.

3 | **Die Gans garen:** Im Backofen bei 170 °C Umluft auf der mittleren oder unteren Schiene etwa 2 Stunden braten, dabei alle 30 Minuten die Gans ein Stück drehen, damit sie gleichmäßig bräunt. Zuletzt nochmals etwa 30 Minuten die Brustseite nach oben drehen, dann ist der Gänsebraten gar. Zur Prüfung mit der Gabel am Flügelgelenk einstechen. Löst sich das Fleisch leicht, ist die Gans gar.

4 | **Die Gans aus dem Ofen nehmen,** abdecken und warm stellen. Den Apfel-Zwiebel-Ansatz vom Blech in eine Pfanne geben und anrösten. Dann nach und nach mit Geflügelfond ablöschen und nach 15 Minuten durch ein Sieb passieren. Den so entstandenen Gänsejus eventuell noch mit Salz abschmecken. Als Beilage eignen sich Kartoffelknödel »halb und halb« (S. 393) sowie Rosenkohl.

REGIONENPORTRÄT

Pommern und die Gänse

Die deutsch-polnische Grenzregion an der südlichen Ostseeküste zwischen der Halbinsel Darß und der Danziger Bucht galt früher als Heimat der Gänse. Ob frisch zum Braten oder als »Spickgans«, eine geräucherte Spezialität: Das gute und reichhaltige Fleisch der Pommerngans war bekannt und geschätzt. Gänsezucht hat in Pommern schon seit Jahrhunderten Tradition: Die relativ mageren Böden eignen sich nicht für intensive Bewirtschaftung. Heute spielt die Gänsezucht nur für die (eher regionale) Frischvermarktung eine Rolle – und für den Tourismus.

Zubereitungszeit
ca. 1 Std. 30 Min.

Traminerhähnchen mit Morcheln

In feinem Wein geschmort, krönt dieses köstliche Hähnchengericht jede Festtagstafel.

Zutaten

- *1 Hähnchen (oder 2 Stubenkücken)*
- *Salz* · *frisch gemahlener Pfeffer*
- *1 EL Mehl*
- *½ Stange Lauch*
- *1 Stange Staudensellerie*
- *4 Schalotten*
- *4–5 Champignons*
- *100 g Butter*
- *Distelöl zum Braten*
- *200 ml Gewürztraminer (oder anderer aromatischer Weißwein)*
- *½ l Geflügelfond (Glas oder S. 534)*
- *200 g Morcheln*
- *1 kleines Bund glatte Petersilie*
- *250 g Sahne*
- *Saft von ½ Zitrone*
- *1 EL geschlagene Sahne*

S. 290 f.
IM FOKUS Wein

S. 312 ff.
REGIONENPORTRÄT
Rheinland-Pfalz/Saarland/Südhessen

S. 492 ff.
REGIONENPORTRÄT
Sachsen/Sachsen-Anhalt

1 | **Das Hähnchen halbieren** und zum Teil auslösen: Bei der Brust den Flügelknochen belassen und dessen Spitze entfernen. Die Keulen vom Rumpf trennen und im Gelenk halbieren. Würzen Sie alle Fleischteile mit Salz und Pfeffer und mehlieren Sie sie. Lauch und Staudensellerie putzen, waschen und in grobe Stücke schneiden. 3 Schalotten schälen, die Champignons mit Küchenpapier trocken abreiben und beides in grobe Würfel schneiden.

2 | **Zum Schmoren des Hähnchens** 1 EL Butter und etwas Öl in einem weiten Topf erhitzen, das Geflügel mit der Hautseite nach unten einlegen und bei mittlerer Hitze leicht angehen lassen. Dann umdrehen und nochmals etwa 5 Minuten garen. Das vorbereitete Gemüse beigeben und 5 bis 7 Minuten mitschwitzen. Leicht mit Mehl bestauben, mit Wein ablöschen, fast vollständig reduzieren und den Geflügelfond angießen. Den Topf mit einem Deckel verschließen und bei mittlerer Hitze etwa 10 Minuten leise köcheln lassen. Anschließend die Hähnchenbrüste herausnehmen und warm stellen. Garen Sie die Keulen noch weitere 15 Minuten.

3 | **Inzwischen die Morcheln putzen:** Dazu die Stiele entfernen und die Pilze mindestens dreimal waschen. Die noch verbliebene Schalotte schälen und in Würfel schneiden. Die Petersilie waschen, trocken schleudern und fein hacken. Sobald die Hähnchenkeulen gar sind, die Keulen herausnehmen, die Sauce durch ein Sieb passieren und stark einkochen lassen. Mit Sahne binden und mit Salz und Zitronensaft abschmecken. Mixen Sie die Sauce auf und ziehen Sie die geschlagene Sahne unter.

4 | **Die restliche Butter** in einer Pfanne aufschäumen. Die Morcheln anschwitzen, salzen und pfeffern, Schalotte beigeben, mit Petersilie bestreuen und diese kurz mit angehen lassen. Die Pilz-Kräuter-Mischung auf einem Küchenpapier abtropfen lassen und zu der Sauce geben. Die Hähnchenteile mit Sauce nappiert servieren. Als Beilage eignet sich Kräuterreis.

VARIANTE: HUHN IN WEISSWEIN MIT PERLZWIEBELN

Auch trockener Riesling aus der Pfalz mit seinem feinsäuerlichen Aroma verleiht zartem Geflügel eine köstliche Note. Die rheinländische Variation des Rezepts kombiniert dieses festliche, vor allem aber auch leicht bekömmliche Schmorgericht mit fruchtigen Perlzwiebeln: Zerlegen Sie dazu ein Hähnchen in acht Teile, diese würzen, mehlieren und in Öl anbraten. Reichlich Perlzwiebeln mit angehen lassen, mit trockenem Riesling ablöschen, reduzieren, mit Geflügelfond (S. 534) auffüllen und das Fleisch fertig garen. Montieren Sie vor dem Servieren die köstliche Sauce noch mit 1 EL eiskalter Butter auf.

STADT BONN
WAPPEN von COCHEM

Am kulinarischen Grenzfluss Rhein

Fruchtbare Ebenen, altes Kulturland und gepflegte Weinberge: Im Saarland, in Rheinland-Pfalz und im Süden Hessens prägten Bauern und Winzer die Küche.

Essen heißt immer auch die Begegnung mit Landschaften, die aus geologischen und klimatischen Bedingungen heraus bestimmte Produkte hervorbringen und damit den traditionellen Küchenzettel einer Region prägen. Ob jenseits des sogenannten »Weißwurst-Äquators« besser oder schlechter gegessen wird, bleibt eine Geschmacksfrage. Dennoch gibt es eine Art kulinarische Trennungslinie, an deren Anfang eine Laune der Natur steht: Der Rhein, der nur einmal auf dem Weg ins Meer seinen gewohnten Lauf von Süd nach Nord ändert und bei Mainz und Wiesbaden für rund 50 Kilometer von Osten nach Westen fließt, zeichnet mit dieser Richtungsänderung eine kulinarische Wende. Bis hierhin ist Weinland: Der rechtsrheinische Rheingau zählt zu den nördlichsten Anbaugebieten Deutschlands. Der Fluss prägt den Rheingau, hat es für den Weinbau geformt. In einer ausladenden Landschaft mit sanften Hügeln zeigt sich der Rheingau einmal offen und weit, einige Flusskilometer abwärts im engen Rheintal dagegen steil und verschlossen.

Kulinarische Relikte – neu entdeckt

Das Terroir mit seinen geografischen Unterschieden und Besonderheiten sorgt für schmackhafte Abwechslung. Dazu kommen beste geografische und klimatische Voraussetzungen: Vor den rauen Nordwinden bietet das Rheingaugebirge ausreichend Schutz, die tagsüber erwärmten Böden in den nach Süden ausgerichteten Weinbergen geben die gespeicherte Wärme nachts an die Rebstöcke ab. Vor allem dem Riesling bekommen die warmen Sonnentage und relativ kühlen Nächte gut; das perfekte Zusammenspiel lässt die Trauben langsam reifen und konzentriert die Aromen und Extrakte in den Beeren.

Zum Wein gehört auch gutes Essen: Die traditionelle Küche der Bauern und Winzer war im Rheingau einfach und dennoch gut. Die Küche schöpfte aus dem, was die nähere Umgebung je nach Saison hergab: Kartoffeln, Gemüse, Zwiebeln, Fleisch aus der Hausschlachtung, Fische aus Rhein und Bächen und Wild aus den nahen Wäldern. Heute erlebt der regionale Zusammenhang zwischen Produkt und Zubereitung eine Renaissance. In Straußwirtschaften, Gutsschänken und Landgasthöfen werden zum Wein herzhafte Hausmacher Wurst-, Fleisch- und Wildgerichte angeboten, der »Mainzer Handkäs« mit oder ohne Musik ist ein kulinarisches Relikt aus der gemeinsamen Historie. Im südlichen Hessen, das rechtsrheinisch liegt, bietet die deftige Regionalküche »Bloatze«, einen dünngewalzten Brotteig, auf dem Kartoffeln, Zwiebeln und Speck verteilt werden.

Kräftig, deftig, bodenständig

Auf dem anderen Ufer, der linken Rheinseite, öffnet sich bis zur französischen Grenze eine abwechslungsreiche Landschaft, deren Regionen – mit Ausnahme des Saarlandes – nach 1945 als »Rheinland-Pfalz« zusammengefasst wurden. Das Herzstück darin ist, neben den weiten fruchtbaren Ebenen in Rheinhessen, die Pfalz, uraltes Kulturland und eines der größten deutschen Weinanbaugebiete.

Kulinarisch geht es zwischen Worms im Norden und der französischen Grenze im Süden der Pfalz meist

Fachwerkhäuser, wie hier in Bacharach am Rhein (Rheinland-Pfalz), geben der Region ihren Charme.

herzhaft zu. Die sprichwörtliche Pfälzer Gastlichkeit, die man in den idyllischen Ortschaften entlang der Pfälzer Weinstraße antrifft, ist bodenständig wie Land und Leute selbst. Traditionsreiche, gemütliche Landgasthöfe, typische Weinstuben und Gutsschänken tischen traditionelle Gerichte wie gebackene Blutwurst mit Apfelstückchen und Bratkartoffeln auf. Blut-Leberwurst-Strudel und Käseknöpfle, aber auch Spanferkel, angemachtes Bratwurstfüllsel, Wildgerichte, geschmorte Ochsenbacken, Pfälzer Rumpsteak mit Zwiebeln und natürlich die original Pfälzer »Grumbeersupp« (Kartoffelsuppe) gehören zu den beliebten Klassikern der Pfalz. Als Pfälzer Nationalgericht gilt Saumagen, der es als Lieblingsgericht eines deutschen Bundeskanzlers sogar in die Weltgeschichte schaffte. Seine Entstehung verdanken wir einer Legende nach Lieselotte von der Pfalz. Sie soll ihn auf einer ihrer Reisen in der Normandie entdeckt und ins Pfälzische übersetzt haben. Ihre Landsleute sollen daraufhin alle jungen Schweine geschlachtet und die Mägen mit diversen Zutaten gefüllt haben.

Die Gourmetküche wird erobert

Neben den deftigen Spezialitäten bietet die Pfalz mit ihrem relativ milden Klima eine reiche Auswahl an frischem Gemüse, von einfachen Kartoffeln bis zu edlem Spargel. Auch die Spitzengastronomie bedient sich dieses Portfolios. Verfeinert, kreativ verändert und ergänzt, gelingt ihr die Gratwanderung zwischen moderner Gourmet- und traditioneller Regionalküche. Eine Renaissance erlebt hier vor allem der Fisch: Heimische Süßwasserfische wie Bachforelle, Saibling, Schleie, Karpfen, Zander, Barsch, Hecht, Aal, Wels und Stör haben sich ihren Platz auf den Speisekarten erobert. Bei den Fleischgerichten haben Lamm, Wild und Geflügel das einstmals dominierende Rindfleisch verdrängt. Und dazu immer wieder Wein: Vom Riesling und Spätburgunder bis zu Chardonnay und Cabernet Sauvignon bieten die Pfälzer Weinbaubetriebe eine reiche Auswahl. Ob rustikal oder fein, die Küche orientiert sich längst am heimischen Angebot, denn die verschiedenen Weintypen machen zu vielen Gerichten eine gute Figur: sei es zu leichten Fischgerichten, zum heimischen Geflügel oder zum geschmorten Wild aus den umliegenden Wäldern, garniert mit Gemüse und Kräutern aus dem hauseigenen Garten.

Immer mehr Köche bevorzugen regionale Produkte, das tut selbst der französisch inspirierten Gourmetküche keinen Abbruch, im Gegenteil. Die Ideen der französischen Haute Cuisine finden immer stärker Eingang in traditionelle Regionalgerichte. Dazu beigetragen hat eine neue, noch recht junge Kochgeneration, inspiriert vom nahen Elsass, aufgeschlossen gegenüber neuen Trends und alten Traditionen gleichermaßen. Sie haben aus einfachen Wirtschaften erstklassige Restaurants gemacht und damit auch der Region neue touristische Impulse gegeben, ohne dabei ihre Wurzeln zu verleugnen.

Im hessischen Kloster Eberbach (Hattenheim) findet sich noch eine uralte Weinkelterei.

Weine mit Weltruf und eine einfache Regionalküche

Neben der Pfalz ist die Mosellandschaft – unterteilt in Saar, Ruwer, Unter-, Mittel- und Obermosel – ein Touristenmagnet. Die Weinbauregion mit ihren atemberaubenden Landschaftsbildern gehört zu den faszinierendsten Anbaugebieten der Welt. Tief eingeschnitten in ein uraltes Schiefergebirge zieht der kleine Fluss seine Schleifen, flankiert von der zufließenden Saar und der Ruwer.

In den steilen Hängen der engen Flusstäler werden die Reben seit Generationen in schwindelerregenden Höhen im Terrassenweinbau kultiviert. Römische Winzer waren die Ersten, die das enorme Potenzial der Landschaft als Weinbaugebiet entdeckten. Vor allem Rieslingreben klammern sich in den steinigen Schieferboden, der einige der besten Weißweine der Welt hervorgebracht hat. Die Kabinettweine sind zart und fruchtig, die Spätlesen finessenreich und mit einer betörenden Mineralität sowie prononcierter

Sanfte Weinhänge und mildes Klima: Die Weinberge bei Rüdesheim am Rhein bringen exzellente Tropfen hervor.

Säure ausgestattet. Dazu gibt es eine große Tradition edelsüßer Spezialitäten.
Kulinarisch hat die Mosel allerdings keine allzu stark ausgeprägte Regionalküche zu bieten. Sie beschränkt sich vorwiegend auf Fisch, mit der Verbesserung der Wasserqualität kommen beispielsweise auch wieder öfter echte Moselaale auf die Teller der Restaurants, dazu Zander und Welse, meist im Rieslingsud gekocht, mit Riesling verfeinert oder von einer Riesling-Trauben-Sauce begleitet. Daneben ergänzen vor allem herzhafte, hausgemachte Wurstspezialitäten wie z. B. »Weinbauernsülze« aus Schweinebauch mit Schwarte und saisonale Wildspezialitäten aus dem nahen Hunsrück das regionale Angebot.

Deutlich französisch inspiriert

Weniger römisch, dafür französisch inspiriert geht es einige Kilometer flussabwärts der Saar zu, dort wo Rheinland-Pfalz an das kleine Saarland grenzt. Die Feinschmeckerei wird im Saarland großgeschrieben, das angrenzende Frankreich mit seinen kulinarischen Einkaufsmöglichkeiten erlaubt eine grenzübergreifende Geschmackswelt, Kochphilosophien sind vermischt, französische Haute Cuisine und traditionelle Regionalgerichte finden sich gemeinsam auf den Speisekarten der Restaurants und Gasthäuser wieder. Das Saarland ist kulinarisch betrachtet ein Zusammenspiel zwischen deutscher Bodenständigkeit und französischer Fantasie, eine in jeder Hinsicht schmackhafte Symbiose.
Der Gourmettourismus geht mittlerweile in beide Richtungen, die Grenzregion hat ihre Genussbalance gefunden und das Saarland hat sich längst einen Platz unter den kulinarisch besonders empfehlenswerten Regionen erobert. Dabei hat sich der Saarländer seine regionalen Klassiker bewahrt und liebt nach wie vor seine herzhafte Landesküche. Denn bei genauem Hinsehen ist die ursprüngliche Küche des Saarlandes eine rustikale, bäuerliche Küche, wie sie die Provinz aus den Produkten hervorbringt, die der heimische Markt hergibt. Liebend gerne werden »Dibbelabbes« (ein Kartoffelauflauf mit Speckwürfeln), »Kappes und Grumbeere« (Weißkraut und Kartoffeln) und die legendären »Gefilde« (Klöße in Specksauce) oder »Bettseichersalat« (Löwenzahnsalat) mit Kartoffeldressing bestellt. Niemals darf dabei die Lyoner fehlen, eine Fleischwurst, deren Rezept ursprünglich aus der französischen Stadt Lyon stammt, wo sie aber »Cervelas« genannt wird. Lyoner wird im Saarland am liebsten zu »Kerschdscher«, das sind rohe, in heißem Fett geschmorte Kartoffelwürfel, gegessen, aber auch zu warmem Kartoffelsalat oder einfach mit Senf und Weck (Brötchen).

Ingo Swoboda

Hamburg

bundesweit

Zubereitungszeit
ca. 2 Std. 45 Min.

Gefüllte Stubenküken

Das zarte Fleisch erhält durch eine feine Kalbsfarce eine aromatische Ergänzung.

Für Kalbsjus und Kalbsfarce

· 6 Schalotten · 1 Möhre · 1 kleine Stange Staudensellerie · ½ EL Pfefferkörner · 5 Pimentkörner · 800 g Kalbsknochen und Parüren · 1 EL Butterschmalz · 1 EL Tomatenmark · ¼ l Rotwein · ½ l Kalbsfond (Glas oder S. 534) · ½ Lorbeerblatt · 2 Zweige Estragon · 50 g kalte Butter · 100 g Kalbfleisch · Salz · frisch gemahlener Pfeffer · 1 cl Cognac · 1 Eiweiß · 125 g Sahne · 1 EL fein gewürfelte Wintertrüffeln (nach Belieben)

Für die Stubenküken

· 4 Stubenküken (je 250 g) · Salz · frisch gemahlener Pfeffer · 4 kleine Stücke Schweinenetz · 2 EL Butterschmalz · 2 Tomaten · 400 g gekochte Kartoffeln · 12 gekochte Artischockenböden · 1 Wintertrüffel (nach Belieben)

1 | **Für den Kalbsjus** die Schalotten und die Möhre schälen, den Staudensellerie waschen und alles würfeln. Die Pfeffer- und die Pimentkörner im Mörser zerdrücken. Knochen und Parüren zerkleinern und in Butterschmalz anrösten. Dann das Gemüse dazugeben, kurz mitrösten, Tomatenmark hinzufügen und mit angehen lassen. Mit Rotwein ablöschen, mit Kalbsfond auffüllen, Lorbeerblatt und Estragon dazugeben und etwa 1 Stunde köcheln lassen, dann durch ein Sieb passieren und auf die Hälfte reduzieren. Montieren Sie die kalte Butter ein und schmecken Sie die Sauce ab.

2 | **Für die Kalbsfarce** das Fleisch würfeln, mit Salz und Pfeffer würzen und 10 Minuten im Tiefkühlfach anfrieren, dann mit Cognac und Eiweiß pürieren. Nach und nach die Sahne hinzufügen, bis eine homogene Masse entsteht. Streichen Sie die Farce durch ein Sieb und ziehen Sie nach Belieben Trüffelwürfel unter.

3 | **Die Stubenküken ausbeinen** (Steps 1, 2 und 3). Den Ofen auf 160 °C vorheizen. Füllen Sie jedes Stubenküken mit 1 EL Kalbsfarce und drücken Sie es in Form. Jeweils mit Salz und Pfeffer würzen und in Schweinenetz einwickeln. Die Stubenküken in einer ofenfesten Pfanne in Butterschmalz goldbraun anbraten, dann in den Backofen schieben und noch 15 Minuten darin weitergaren.

4 | **Die Tomaten überbrühen,** häuten, entkernen und das Fruchtfleisch in Würfel schneiden. Die Kartoffeln pellen, zu gleich großen Kugeln tournieren und in Butter goldbraun braten. Die Artischockenböden vierteln und mit den Tomatenstücken dazugeben. Würzen Sie mit Salz und Pfeffer. Zum Servieren die Stubenküken auf die Kartoffeln mit Tomaten und Artischocken setzen. Hobeln Sie nach Belieben Trüffel darüber und gießen Sie etwas Kalbsjus an.

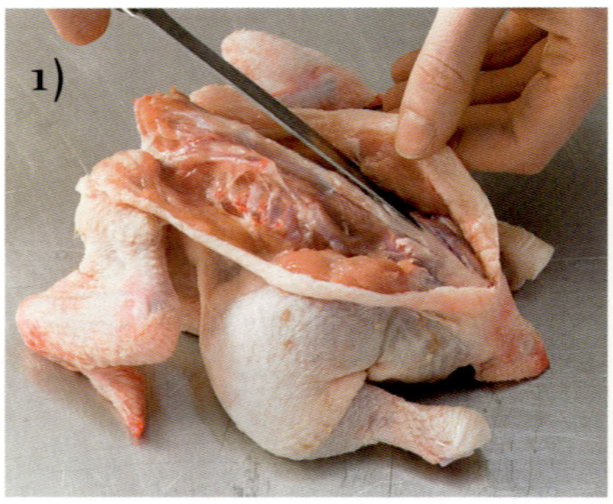

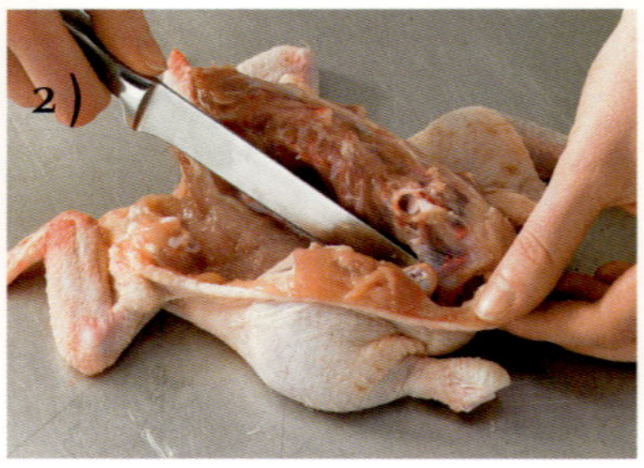

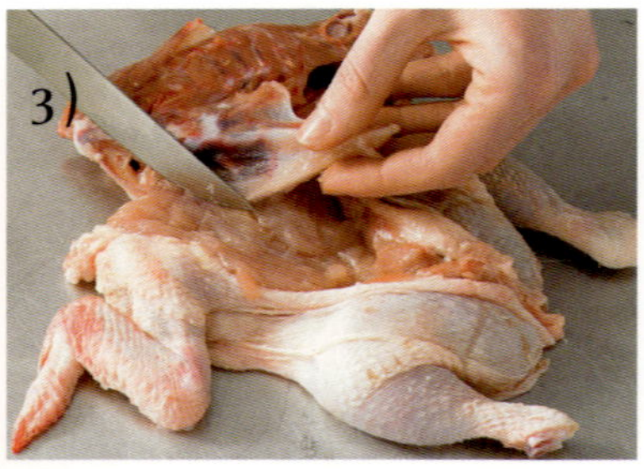

Stubenküken ausbeinen

1) Das Stubenküken am Rücken entlang in der Mitte bis auf den Knochen einschneiden. Die Haut behutsam zur Seite ziehen.
2) Das Fleisch entlang der Karkasse bis zum Hüftgelenk ablösen. Den Knochen ertasten, freilegen und im Gelenk durchtrennen.
3) Das Brustfilet entlang der Rippen ablösen, beim Übergang zum Brustbein aufpassen, dass das Brustfleisch unversehrt bleibt. Das Brustbein ganz lösen.

Zubereitungszeit
ca. 1 Std. 15 Min.

Fasan »Winzerinart«

Im Majoran-Speck mit Tresterjus und Trauben-Sauerkraut-Quiche

Für die Trauben-Sauerkraut-Quiche

- *1 Packung Blätterteig (Kühltheke)*
- *1 Eigelb* · *2 EL Sahne*
- *4 TL Crème fraîche*
- *Salz* · *frisch gemahlener Pfeffer*
- *1 Prise frisch geriebene Muskatnuss*
- *60 g gekochtes Sauerkraut*
- *70 g helle Trauben*
- *2 EL Rosinen, in Apfelsaft eingelegt*

Für den Fasan »Winzerinart« (6 Portionen)

- *6 Fasanenbrüste*
- *Salz* · *frisch gemahlener Pfeffer*
- *1 Bund frischer Majoran*
- *12 dünne Scheiben Speck*
- *1 Schweinenetz, gewässert und getrocknet*
- *2 EL Distelöl* · *1 EL Butter*
- *1 EL Wacholderbeeren* · *250 g Sahne*
- *500 g gekochtes Sauerkraut*
- *2–3 cl Tresterschnaps*
- *150 ml Geflügelfond (Glas oder S. 534)*

Außerdem

- *6 Backförmchen (in Schiffchenform; oder 1 Quicheform)*
- *Hülsenfrüchte zum Blindbacken*

1 | **Für die Trauben-Sauerkraut-Quiche** den Backofen auf 180 °C vorheizen. Den Blätterteig leicht ausrollen, mit der Gabel einstechen, die Backförmchen wie Schablonen daraufsetzen und den Teig rundherum mit 1 cm Zugabe ausschneiden. Statt kleiner Förmchen können Sie auch eine Springform verwenden. Die Teiglinge in die Backförmchen legen, mit den Hülsenfrüchten auffüllen und auf der untersten Schiene des Ofens etwa 10 bis 15 Minuten blindbacken. Inzwischen das Eigelb mit Sahne und Crème fraîche verrühren und mit Salz, Pfeffer und Muskatnuss würzen. Das Sauerkraut fein hacken, die Trauben häuten, entkernen und würfeln. Die Backförmchen aus dem Ofen nehmen und die Hülsenfrüchte entfernen. Das Sauerkraut, die Trauben und Rosinen auf die Quicheförmchen verteilen, mit Eimasse begießen und im Backofen goldgelb backen.

2 | **Für den Fasan** die Fasanenbrüste salzen und pfeffern. Jede Fasanenbrust mit etwas frischem Majoran in 2 Speckscheiben einhüllen und dann sorgfältig mit einem Stück Schweinenetz umwickeln. In Distelöl von allen Seiten scharf anbraten, anschließend bei niedriger Temperatur mit Butter und den Wacholderbeeren langsam auf den Punkt garen. In der Zwischenzeit reduzieren Sie die Sahne auf etwa ein Drittel, dann rühren Sie das Sauerkraut unter und lassen alles noch einmal aufkochen.

3 | **Zum Fertigstellen** das Fleisch aus der Pfanne nehmen, in Alufolie wickeln und im ausgeschalteten Backofen warm stellen. Den Bratansatz mit dem Tresterschnaps lösen, diesen vollständig reduzieren, dann mit dem Geflügelfond auffüllen und den Fasanenjus nochmals leicht reduzieren. Zum Anrichten das Rahmsauerkraut auf vorgewärmten Tellern platzieren, die Fasanenbrust in 1 bis 2 cm dicke Scheiben schneiden und auf das Kraut setzen. Den Fasanenjus und die Trauben-Sauerkraut-Quiche separat dazureichen. Dazu passen Kartoffelpüree (S. 248), glacierte Esskastanien (S. 374) oder in Butter geschwenkte Trompetenpilze.

DER KLASSIKER: FASAN MIT TRAUBENSAUCE

In der Weinregion Pfalz reicht man zu gebratenem Fasan eine Traubensauce. Dazu wird der Fasan klassisch mit Salz und Pfeffer gewürzt, mit Speck umwickelt und gebraten. Für die Spezialsauce dünstet man Weintrauben in Butter an, glaciert sie mit ein wenig Zucker, löscht mit Weinbrand oder Cognac ab, füllt mit Geflügelfond (S. 534) auf und würzt mit Muskatnuss, Salz und grobem Pfeffer. Die Sauce bei kleiner Hitze kochen lassen, bis die Trauben weich sind, dann durch ein Sieb streichen. Das Traubenmus zu den Fasanen geben und diese fertig garen. Verfeinern Sie die Sauce mit Sahne und garnieren Sie mit frischen, halbierten Trauben.

Niedersachsen

bundesweit

Zubereitungszeit
ca. 1 Std. 30 Min.

Gebratenes Rebhuhn auf sautiertem Spitzkohl

Mit Honigäpfeln und Rieslingsauce serviert

Für den Spitzkohl

- *1 Kopf Spitzkohl (ca. 500 g)*
- *1 Apfel (Cox Orange)*
- *1–2 EL Butter*
- *Salz*
- *frisch gemahlener Pfeffer*
- *1–2 EL Schnittlauchröllchen*

Für die Honigäpfel

- *1 Apfel (Cox Orange)*
- *2 EL Honig*
- *1–2 TL Zitronensaft*

Für das Rebhuhn

- *4 bratfertige Rebhühner (je 300 g; oder Stubenkücken, Perlhuhnbrust)*
- *Salz*
- *frisch gemahlener Pfeffer*
- *4 Knoblauchzehen*
- *4 Zweige Rosmarin*
- *Öl zum Braten*

Für die Rieslingsauce

- *1 Schalotte*
- *1 TL Butter*
- *1 TL Honig*
- *100 ml trockener Riesling*
- *160 g Sahne*
- *Salz*
- *frisch gemahlener Pfeffer*
- *1 Prise frisch geriebene Muskatnuss*
- *2 Walnusskerne*
- *1 TL gehackte Petersilie*

Außerdem

- *Küchengarn zum Binden*

1 | **Vom Spitzkohl acht Blätter lösen**, waschen, jedes Blatt zu einem Dreieck (7 x 10 cm) schneiden, in Salzwasser blanchieren und trocken tupfen. Anschließend den restlichen Spitzkohl in Streifen schneiden. Den Apfel schälen, das Kerngehäuse entfernen und den Apfel würfeln. Spitzkohlstreifen und Apfelwürfel in Butter 2 Minuten dünsten, abschmecken und den Schnittlauch einrühren. Je ein Spitzkohldreieck auf ein Blech geben, das Spitzkohlgemüse darauf verteilen und mit einem weiteren Spitzkohldreieck abdecken. Zum Anrichten kurz im Backofen erhitzen. Für die Honigäpfel den Apfel schälen, in zwölf Spalten schneiden und die Kanten mit dem Messer abrunden. Den Honig mit dem Zitronensaft in einer Kasserolle erhitzen und die Apfelspalten darin langsam bissfest garen.

2 | **Die Rebhühner bridieren** (Steps 1 und 2), innen und außen würzen und mit je einer angedrückten Knoblauchzehe und einem Rosmarinzweig füllen. Den Backofen auf 200 °C vorheizen. Die Rebhühner dünn mit Öl zum Braten einreiben. Das restliche Öl in einer ofenfesten Pfanne erhitzen, die Rebhühner von allen Seiten braun anbraten und für 10 bis 12 Minuten in den Backofen schieben. Aus der Pfanne nehmen und zugedeckt warm stellen. Entfernen Sie vor dem Anrichten Bindfaden, Knoblauch und Rosmarin.

3 | **Für die Rieslingsauce die Schalotte schälen** und fein würfeln. Das Bratfett der Rebhühner abgießen und die Butter in der Pfanne aufschäumen. Schalottenwürfel und Honig zufügen und die Schalotten glasig anschwitzen. Mit Riesling ablöschen, Sahne zufügen und etwas reduzieren. Mit Salz, Pfeffer und Muskatnuss abschmecken. Grob gehackte Walnüsse und Petersilie in die Sauce geben.

4 | **Zum Anrichten je ein Spitzkohldreieck** auf die Tellermitte geben und je ein Rebhuhn daraufsetzen. Etwas Sauce parallel zu den Seiten des Dreiecks angießen. Dazu passen sehr gut Schupfnudeln (S. 383) oder Macairekartoffeln.

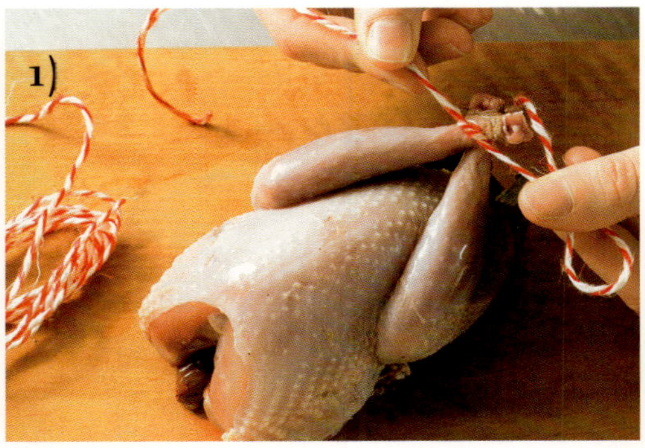

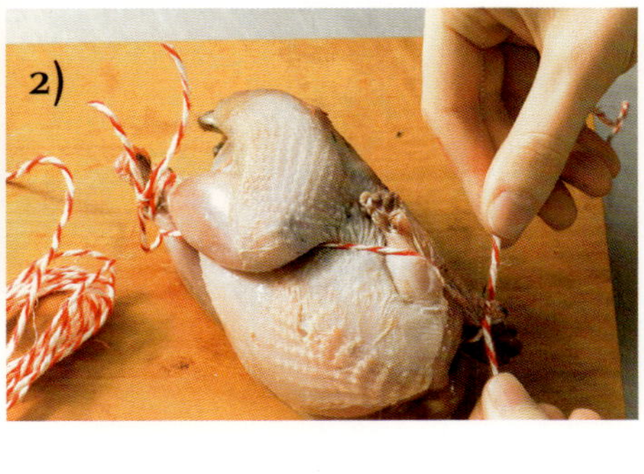

Rebhuhn bridieren

1) Die Keulen über der Brust kreuzen und mit Küchengarn zusammenbinden. Die Flügelspitzen in Richtung Rücken klappen.

2) Den Faden von den Keulen über den Rücken und die Flügel zur Brust führen und verknoten.

Kartoffeln und Gemüse

Frisch aus dem Garten oder vom Feld

Bayern

Baden-Württemberg

Berlin

bundesweit

Zubereitungszeit
ca. 1 Std. 45 Min.

Bratkartoffeln mit gewürztem Speck

Die fein gewürzte Joghurtsauce verleiht dem deftigen Kartoffelgericht einen Hauch Frische.

Für das Gewürzjoghurt

- *1 Msp. Anis*
- *1 Msp. Koriander*
- *1 Msp. Kreuzkümmel*
- *1 Kardamomkapsel*
- *150 g Joghurt (3,5 % Fett)*
- *Salz*

Für die Bratkartoffeln

- *800 g festkochende Kartoffeln (z.B. Bamberger Hörnchen)*
- *Salz*
- *1 TL Kümmel*
- *8 Scheiben fetter, gewürzter Speck (ca. 125 g; oder Lardo-Speck)*
- *4 Schalotten*
- *Öl*
- *frisch gemahlener Pfeffer*
- *1 EL Butter*
- *2 EL fein gehackte Petersilie*

1 | **Für das Gewürzjoghurt** die Gewürze im Mörser fein zerkleinern, mit dem Joghurt verrühren und zugedeckt am besten im Kühlschrank etwa 1 Stunde ziehen lassen. Das Gewürzjoghurt aus dem Kühlschrank nehmen, durch ein feines Sieb passieren, mit etwas Salz abschmecken und cremig rühren. Stellen Sie das Gewürzjoghurt bis zur weiteren Verwendung kühl.

2 | **Die Kartoffeln mit dem Kümmel** 20 Minuten in Salzwasser garen, abgießen, kurz abdampfen lassen und anschließend pellen. Lassen Sie die geschälten Kartoffeln leicht abkühlen und halbieren Sie sie anschließend. Dann schneiden Sie den Speck in Streifen. Die Schalotten schälen und in sehr feine Streifen schneiden.

3 | **Für die Bratkartoffeln** Öl in einer beschichteten Pfanne erhitzen, die Kartoffeln darin anbraten und sofort mit Salz und Pfeffer würzen. Danach die Kartoffeln wenden, die Speckstreifen hinzufügen und mitbraten. Die Schalottenstreifen in einer separaten Pfanne goldgelb anbraten. Geben Sie sie erst zum Schluss zu den Bratkartoffeln. Die Kartoffeln auf vorgewärmten Tellern oder in kleinen Schüsseln anrichten, mit der Petersilie bestreuen. Das Gewürzjoghurt separat dazureichen.

S. 126 ff.
IM FOKUS – WARENKUNDE
Kartoffeln

DIE KLASSIKER: »BAUERNFRÜHSTÜCK« UND »HOPPELPOPPEL«

Bratkartoffeln gibt es in zahlreichen Varianten in Deutschland. Für die perfekte Zubereitung gilt grundsätzlich: Festkochende Kartoffeln bei möglichst geringer Hitze und nicht zu häufigem Wenden langsam in einer großen Pfanne (damit nicht zu viele Schichten übereinanderliegen) garen lassen und erst zum Schluss die separat gebratenen Zwiebeln und den Speck dazugeben. Auch andere Zutaten können Bratkartoffeln verfeinern: Als »Bauernfrühstück« bezeichnet man in Süddeutschland Bratkartoffeln mit Ei und Speck, Wurst oder Bratenresten. Der Name stammt aus landwirtschaftlich geprägter Zeit, als man sich morgens für einen körperlich anstrengenden Arbeitstag noch extra kräftigen musste. »Hoppelpoppel« ist dagegen der Berliner Name für ein traditionelles Resteessen, mit dem man früher Bratenteile und andere Überbleibsel von Mahlzeiten vor dem Verderben bewahrte. Schälen Sie dazu Pellkartoffeln und braten Sie sie mit diversen Resten in Schmalz an. Zum »Aufpeppen« verwendet man Gewürzgurken, Zwiebeln, Gemüse, Eier, Sahne, Salz, Pfeffer und Schnittlauchröllchen.

Bayern

Baden-Württemberg

Nordrhein-Westfalen

bundesweit

Zubereitungszeit
je nach Rezept ca. 40 Min.
bis 1 Std. 20 Min.

Kartoffelpuffer

Hier sind die besten drei: klassisch, schnell und einmal ganz anders mit Speck und Kräutern

Für klassische Kartoffelpuffer

- *800 g mehlig kochende Kartoffeln*
- *2 Eigelbe*
- *2 EL Schmand*
- *Salz*
- *frisch gemahlener Pfeffer*
- *1 Prise frisch geriebene Muskatnuss*
- *Rapsöl zum Ausbacken*

Für rasch zubereitete Kartoffelpuffer

- *750 g mehlig kochende Kartoffeln*
- *3 Eigelbe*
- *2 EL Crème fraîche*
- *60 g Kartoffelstärke*
- *Rapsöl zum Ausbacken*

Für Kartoffelpuffer mit Speck und Kräutern

- *800 g mehlig kochende Kartoffeln*
- *2 Eigelbe*
- *2 EL Schmand*
- *Salz*
- *frisch gemahlener Pfeffer*
- *1 Prise frisch geriebene Muskatnuss*
- *1–2 Zwiebeln*
- *100 g Speck*
- *3–4 Stängel Petersilie*
- *3–4 Stängel Schnittlauch*
- *1 Zweig frischer Majoran*
- *Rapsöl zum Ausbacken*

S. 126 ff.
IM FOKUS – WARENKUNDE
Kartoffeln

1 | **Für die klassischen Kartoffelpuffer** die Kartoffeln schälen und auf einer Küchenreibe in sehr feine Raspel reiben. Drücken Sie die Raspel in einem Sieb fest aus und fangen Sie den Saft auf. Lassen Sie den Kartoffelsaft 5 Minuten stehen, damit sich die Stärke absetzt. Den Saft abgießen und die abgesetzte Stärke mit den geriebenen Kartoffeln, den Eigelben und dem Schmand verrühren. Mit Salz, Pfeffer und Muskatnuss würzen. Kleine Fladen formen und in einer Pfanne mit Rapsöl knusprig herausbacken.

2 | **Für die rasch zubereiteten Kartoffelpuffer** zunächst die Kartoffeln schälen und grob schneiden, mit den anderen Zutaten in einen Mixbecher geben und mit einem Pürierstab pürieren. Eine beschichtete Pfanne mit etwas Rapsöl heiß werden lassen und jeweils etwa 1 bis 2 EL Teig für kleine Puffer in die Pfanne gießen. Backen Sie die Kartoffelpuffer auf einer Seite goldbraun. Wenden Sie sie anschließend und lassen Sie sie auch auf der anderen Seite knusprig und goldbraun werden.

3 | **Für die Kartoffelpuffer mit Speck und Kräutern** den Grundteig zunächst genauso zubereiten wie für die im ersten Arbeitsschritt beschriebenen klassischen Kartoffelpuffer. Zusätzlich die Zwiebel schälen und fein würfeln, den Speck in feine Würfel (Brunoise) schneiden, die Kräuter waschen, trocken schütteln, die Blättchen von den Stielen zupfen und fein hacken. Zwiebeln, Speck und Kräuter unter den Grundteig mischen und mit Salz und Pfeffer abschmecken. Kleine Fladen formen und in einer Pfanne mit Rapsöl knusprig braun braten.

4 | **Zum Servieren** die Kartoffelpuffer auf vorgewärmten Tellern anrichten. Als Beilagen für alle Kartoffelpuffervarianten eignen sich Räucherlachs mit Meerrettichsahne, Rindertatar mit Crème fraîche, Lachstatar, Rahmkraut, Schmand mit Kresse oder cremiger Gurkensalat. Sie können jedoch stattdessen auch Apfelmus, Birnenkraut, eingekochtes Birnenmus oder Zimtzucker dazureichen.

DIE KLASSIKER: »RÖSTI«, »DOTSCH«, »REIBEPLÄTZCHEN« UND MEHR

Manche Leute behaupten, es gebe in Deutschland ebenso viele Kartoffelpufferrezepte wie Einwohner. Die Vielfalt ist tatsächlich sehr groß und wird durch viele verschiedene Namen für ein und dasselbe (oder sehr ähnliche) Rezept belegt: »Rösti« kennt man bundesweit (das Rezept stammt von den Schweizer Nachbarn), »Reiberdatschi« heißen die Kartoffelküchlein in Bayern, »Dotsch« in der Oberpfalz und »Kartoffelkratzer« in Schwaben. In Westfalen findet man sie als »Kartoffelplätzchen« auf der Speisekarte, im Rheinland als »Rievekooche«. Im Münsterland werden sie als »Reibeplätzchen«, im Vogtland dagegen als »Aardappelklitscher« und in der Eifel als »Rieverschnieden« serviert. Knusprig gebraten schmecken sie überall gleich gut.

Zubereitungszeit
ca. 3 Std.

Dibbelabbes

Kartoffelpuffer nach »Saarländer Art«, serviert mit zart geschmorter Lammschulter

Für die geschmorte Lammschulter

· 1–2 Stängel Basilikum · 2 Zweige Thymian · 1 Zweig Rosmarin · 1–2 Knoblauchzehen · Salz · frisch gemahlener Pfeffer · 1 Lammschulter (1–1,2 kg, ohne Knochen) · Öl · 500 g Mirepoix (aus Möhren, Sellerie, Petersilie, Zwiebeln und Lorbeerblatt; siehe unten) · 1 EL Tomatenmark

Für die Dibbelabbes

· 120 g geräucherter Speck (oder Schinken) · 1 kg mehlig kochende Kartoffeln · ½ Stange Lauch · ½ Bund Petersilie · 2 EL Butterschmalz · 3 Stängel Majoran · 1 Ei · 1 Msp. frisch geriebene Muskatnuss · Majoran zum Garnieren

Außerdem

· Küchengarn zum Binden

S. 126 ff.
IM FOKUS – WARENKUNDE
Kartoffeln

S. 312 ff.
REGIONENPORTRÄT
Rheinland-Pfalz/Saarland/Südhessen

1 | **Die Kräuter waschen,** trocken schütteln, die Blättchen bzw. die Nadeln von den Stielen zupfen und fein hacken. Den Knoblauch abziehen und fein würfeln. Die Lammschulter rundherum mit Salz und Pfeffer würzen und auf der Innenseite mit den Kräutern und dem Knoblauch einreiben. Rollen Sie anschließend das Fleisch ein und binden Sie es mit Küchengarn in Form.

2 | **Den Backofen auf 200 °C vorheizen.** Die Lammschulter in einem Bräter in heißem Öl von allen Seiten kräftig anbraten. Mirepoix (siehe unten) und Tomatenmark dazugeben und mit anrösten. Dann mit so viel Wasser auffüllen, dass das Fleisch vollständig bedeckt ist. Garen Sie die Lammschulter im vorgeheizten Backofen 1 Stunde 30 Minuten bis 2 Stunden. Das Fleisch herausnehmen, in Alufolie gewickelt warm stellen, den Fond durch ein Sieb passieren, reduzieren und abschmecken.

3 | **Für die Dibbelabbes** den Speck in kleine Würfel (Brunoise) schneiden. Die Kartoffeln schälen und auf einer Küchenreibe grob reiben. Den Lauch putzen, waschen und fein schneiden. Die Kräuter waschen, trocken schütteln und sehr fein hacken. Lassen Sie die Speckwürfel in einem Bräter im Butterschmalz aus. Den Lauch und die Kräuter mit den Kartoffeln, dem Ei und dem Speck vermischen und nach Geschmack würzen. Die Masse im Bräter etwa 1 Stunde bei 200 °C im Backofen braten und dabei immer wieder mit Hilfe von zwei Pfannenwendern zerreißen.

4 | **Zum Anrichten die Lammschulter** aus der Folie nehmen und mit einem scharfen Messer in gleichmäßig dicke Scheiben schneiden. Mit den Dibbelabbes auf vorgewärmten Tellern anrichten. Gießen Sie als Sauce nur wenig vom reduzierten Schmorfond (aus Arbeitsschritt 2) an und servieren Sie die restliche Sauce separat. Mit frischem Majoran garniert servieren.

WARENKUNDE

Mirepoix für Saucen und Suppen

Die Fachsprache der Köche ist Französisch: Unter »Mirepoix« versteht man eine Mischung von Gemüse, das beim Kochen zum Ansetzen einer Sauce (oder auch Suppe) angeröstet wird – eine wichtige Voraussetzung dafür, dass sie eine schöne Farbe und ein feines Aroma erhält. Üblicherweise gehören zur »Mirepoix« klein geschnittene Möhren und Zwiebeln (1 bis 2 cm groß) sowie nach Geschmack auch zerkleinerter Staudensellerie und grob gehackte Petersilie, gelegentlich ergänzt durch Schinken oder Speck.

Zubereitungszeit
ca. 1 Std. 10 Min.

Buntes Kartoffelgemüse

Eine mittlerweile überregionale Spezialität, die ursprünglich in Thüringen zu Hause war

Zutaten

- *400 g festkochende Kartoffeln*
- *1–2 Möhren*
- *1 Stück Knollensellerie (100 g)*
- *1–2 weiße Zwiebeln*
- *½ Stange Lauch*
- *60 g Butter* · *3 EL Mehl*
- *50 ml Weißweinessig*
- *1 l Rinder- oder Kalbsfond (Glas oder S. 534)*
- *Salz* · *frisch gemahlener Pfeffer*
- *1 Prise frisch geriebene Muskatnuss*
- *2 EL gehackte Petersilie zum Garnieren*

1 | **Die Kartoffeln schälen** und in 3 cm große Würfel schneiden. Möhren, Knollensellerie und Zwiebeln schälen, den Lauch putzen und waschen. Den Lauch in Ringe, das restliche Gemüse in kleine Würfel oder Stücke schneiden.

2 | **Die Butter in einem Topf zerlassen,** das Mehl einrühren und bei mittlerer Hitze hellbraun anrösten. Geben Sie dann die Zwiebeln dazu und schwitzen Sie sie goldgelb an. Mit dem Weißweinessig ablöschen und den Rinderfond angießen. Das Gemüse hinzufügen und auf kleiner Hitze in etwa 40 Minuten bis 1 Stunde gar kochen, bis das Kartoffelgemüse eine cremige Konsistenz hat. Schmecken Sie das Kartoffelgemüse mit Salz, Pfeffer und Muskatnuss ab und servieren Sie es mit gehackter Petersilie bestreut. Das Kartoffelgemüse passt gut zu mariniertem Schweinebauch (S. 231), Frikadellen (S. 237), Falschem Hasen (S. 245) und zu gekochtem Ochsenfleisch (S. 262).

S. 126 ff.
IM FOKUS – WARENKUNDE
Kartoffeln

S. 240 ff.
REGIONENPORTRÄT
Thüringen/Nordhessen

Zubereitungszeit
ca. 40 Min.

Schmandkartoffeln mit Essiggurken

Eine alte pommersche Spezialität, die man als moderne Variante mit Quark überall kennt

Zutaten

· 700 g mehlig kochende Kartoffeln · 1 TL Kümmel · Meersalz (Fleur de sel) · 2 Essiggurken · 1 rote Zwiebel · je ½ Bund glatte Petersilie, Dill und Schnittlauch · 400 g Schmand · ½ EL edelsüßes Paprikapulver · Salz · frisch gemahlener Pfeffer · 2 TL Haselnussöl (oder Walnussöl) · 2–3 EL Zitronensaft · 2 EL geschlagene Sahne · 50 g Butterflocken zum Garnieren

S. 126 ff.
IM FOKUS – WARENKUNDE
Kartoffeln

S. 138 ff.
REGIONENPORTRÄT
Mecklenburg-Vorpommern

1 | **Die Kartoffeln gründlich waschen** und in gesalzenem Wasser mit dem Kümmel je nach Größe in 25 bis 35 Minuten gar kochen. In der Zwischenzeit die Essiggurken in feine Würfel schneiden. Die Zwiebel schälen, fein würfeln, kurz blanchieren, mit eiskaltem Wasser abschrecken, abtropfen lassen und leicht ausdrücken. Die Kräuter waschen, trocken schütteln und fein hacken.

2 | **Die Schmandcreme fertigstellen:** Dazu den Schmand mit den Essiggurken, Zwiebelwürfeln, Kräutern, Gewürzen, dem Öl und Zitronensaft vermischen und abschmecken. Heben Sie zum Schluss die geschlagene Sahne unter die Creme und stellen Sie dann die Schmandcreme bis zum Servieren abgedeckt kühl.

3 | **Zum Anrichten** das Kochwasser der Kartoffeln abgießen und diese ein paar Minuten offen stehen lassen, damit sie trocknen. Servieren Sie die Kartoffeln nach Belieben entweder als Pellkartoffeln in der Schale oder geschält und mit je einer Butterflocke garniert. Die Schmandcreme separat dazureichen.

Hessen

Rheinland-Pfalz

Saarland

Zubereitungszeit
ca. 2 Std.

Kartoffelwaffeln

»Grumbeerwaffele«, wie die Pfälzer sie nennen, passen hervorragend zu Rahmpfifferlingen.

Zutaten

- *400 g mehlig kochende Kartoffeln*
- *200 ml Milch*
- *1 Prise Zucker*
- *25 g Hefe*
- *50 g Butter*
- *150 g Crème fraîche*
- *3 Eier*
- *Mehl zum Binden*
- *Öl für das Waffeleisen*

S. 126 ff.
IM FOKUS – WARENKUNDE
Kartoffeln

S. 240 ff.
REGIONENPORTRÄT
Thüringen/Nordhessen

S. 312 ff.
REGIONENPORTRÄT
Rheinland-Pfalz/Saarland/Südhessen

1 | **Die Kartoffeln schälen,** in gleichmäßig große Stücke schneiden und in Salzwasser etwa 20 Minuten weich kochen. Sobald die Kartoffeln gar sind, gießen Sie das Wasser ab und stellen sie zum Ausdampfen auf den Herd zurück. Die trockenen, heißen Kartoffeln durch eine Kartoffelpresse in eine Schüssel drücken.

2 | **Die Milch mit dem Zucker leicht erwärmen,** die Hefe zerbröckeln und in der lauwarmen Milch unter Rühren auflösen. Die Mischung mit einem Küchentuch abdecken und für etwa 30 Minuten in einer warmen, zugfreien Umgebung gehen lassen.

3 | **Die Butter in einen kleinen Topf geben** und so lange erhitzen, bis sie eine leicht braune Farbe erhält (Nussbutter, Step 1). Geben Sie die gebräunte Butter mit der Crème fraîche, den Eiern und den Kartoffeln zur Hefe-Milch-Mischung und verrühren Sie alles zu einem Teig. Er sollte dickflüssig bis cremig sein und leicht vom Löffel gleiten. Falls der Teig noch sehr dünnflüssig ist, binden Sie ihn noch mit wenig Mehl (Step 2).

4 | **Die Kartoffelwaffeln bei mittlerer Hitze** im leicht geölten Waffeleisen jeweils goldgelb ausbacken (Step 3). Die Kartoffelwaffeln zum Anrichten in Viertel schneiden und möglichst frisch servieren, damit sie noch knusprig sind. Sie schmecken gut mit Apfelmus oder Birnenkompott, passen aber auch als Beilage zu Fleisch-, Fisch- und Wildgerichten oder Gemüse.

Kartoffelwaffeln zubereiten

1) Zunächst die Butter so lange erhitzen, bis sie eine leicht braune Farbe hat. Das bezeichnet man fachsprachlich als »Nussbutter«.

2) Nussbutter, Crème fraîche, Eier und Kartoffeln zur Hefe-Milch geben und zu einem Teig verrühren. Falls dieser zu dünnflüssig ist, mit wenig Mehl binden.

3) Nacheinander bei mittlerer Hitze Waffeln im leicht gefetteten Waffeleisen goldgelb ausbacken. Zum Servieren nach Belieben halbieren oder in Viertel schneiden.

Zubereitungszeit
ca. 40 Min.

Stampfkartoffeln mit Speck und Schalotten

Gebräunte Butter sorgt für feines Nussaroma.

Zutaten

- *800 g festkochende Kartoffeln (z. B. Linda oder Bamberger Hörnchen)*
- *120 g durchwachsener Speck in dünnen Scheiben*
- *3 Schalotten*
- *1 Bund Schnittlauch*
- *2–3 EL Butter*
- *120 g Schmand oder Crème fraîche*
- *Meersalz (Fleur de sel)*
- *frisch gemahlener Pfeffer*

1 | **Die Kartoffeln waschen** und mit der Schale in kräftig gesalzenem Wasser je nach Größe in 25 bis 30 Minuten weich kochen. In der Zwischenzeit den Speck 10 Minuten im Tiefkühlfach anfrieren lassen und dann in feine Würfel schneiden. Schälen Sie die Schalotten und schneiden Sie sie in sehr feine Würfel. Den Schnittlauch waschen, trocken schütteln und in Röllchen schneiden.

2 | **Die Hälfte der Butter** in einem kleinen Topf bei mittlerer Hitze so lange köcheln lassen, bis sie leicht braun wird und nussig duftet (Nussbutter, S. 335). Passieren Sie die Butter durch ein Haarsieb oder einen Kaffeefilter.

3 | **Die Schalottenwürfel und Speckstückchen** in der restlichen Butter anschwitzen, bis sie goldbraun sind. Die Kartoffeln abgießen und pellen, durch ein grobes Sieb drücken oder grob zerstampfen. Wichtig ist, dass die Kartoffeln noch etwas Struktur behalten, es soll kein feincremiges Püree entstehen.

4 | **Die zerstampften Kartoffeln** mit dem Speck und den Schalotten vermischen. Schmand zufügen und kurz erwärmen. Schmecken Sie mit Salz und Pfeffer ab. Zuletzt die gebräunte Butter (Nussbutter) und den Schnittlauch unterheben. Die Stampfkartoffeln passen sehr gut zu Kabeljau, Fischklopsen (S. 195) oder Steinbutt (S. 209) sowie zu hellem Fleisch und Geflügel.

S. 96 ff.
REGIONENPORTRÄT Nordrhein-Westfalen
S. 126 ff.
IM FOKUS – WARENKUNDE Kartoffeln
S. 424 ff.
REGIONENPORTRÄT Niedersachsen

REGIONENPORTRÄT

Das »Gold« der Heide

Wer je in der Lüneburger Heide unterwegs war, kennt den Anblick: Kartoffelfelder, gut zu erkennen an den typischen Erddämmen, sind hier fast allgegenwärtig. Kein Wunder, bietet die Region doch allerbesten, sehr gut durchlüfteten Sandboden, den die Kartoffelpflanze liebt. Sie dankt es mit weniger Pflanzenkrankheiten, gutem Ertrag und feinem Aroma. Egal ob Speisekartoffel, Knollen für die industrielle Verarbeitung oder Saatkartoffelzucht: In der Lüneburger Heide spielen Kartoffeln eine tragende wirtschaftliche Rolle; hier werden etwa 170 von über 200 in Deutschland registrierten Kartoffelsorten gepflegt. Allen voran die bekannte »Nikola«, aber auch vom Aussterben bedrohte Sorten wie »Blauer Schwede« oder »Poorlander«.

Von Berlin bis ins Herz Brandenburgs

Ob im Spreewald, in der Uckermark oder in der Bundeshauptstadt: Die Küche und Köche in Brandenburg und Berlin kennen zahlreiche regionale Spezialitäten.

»In der Mark Brandenburg liebt man's bodenständig und nah an der Realität«, sagt Major Dubslav in Theodor Fontanes »Stechlin«. Damit ist viel gesagt über den »Landstrich oben rechts« in Deutschland. Aber damit ist noch nicht alles gesagt über seine Küche – noch dazu, wo sich mittendrin die riesige Stadt Berlin ausbreitet, in der man ganz anders lebt und isst als im Umland.

Immerhin fordert derselbe Fontane vom Reisenden: »Wer in die Mark reisen will, der muss zunächst Liebe zu Land und Leuten mitbringen, mindestens keine Voreingenommenheit. Er muss den guten Willen haben, das Gute zu finden, anstatt es durch kritische Vergleiche totzumachen«. Verspottet wurde die Gegend nämlich seit langer Zeit – als »Streusandbüchse« des Heiligen Römischen Reiches, in der es außer Kiefern und Gras nur noch eines gab, nämlich Sand. Tatsächlich ging es immer zuerst ums Überleben in einer landwirtschaftlich fast hoffnungslosen Gegend. Wäre da nicht Friedrich II., der »Alte Fritz«, König von Preußen, gewesen. Die Mark Brandenburg war das Kernland seines Reiches, er verlieh ihr Glanz mit dem Bau seines Schlosses Sanssouci in Potsdam, und Hermann Fürst von Pückler-Muskau gestaltete den Landschaftspark rund um Schloss Branitz.

Kartoffeln gegen den Hunger

Jener König Friedrich war es auch, der eine ganz besondere Knolle als Grundnahrungsmittel für seine Soldaten erkannte, später auch für alle Preußen: Die Kartoffel bewahrte die preußische Landbevölkerung später vor Hungersnöten und wurde fundamentaler Bestandteil der Brandenburger Küche – ob als Pellkartoffeln, mit Speckstippe, als Quetschkartoffeln oder Kartoffelpuffer. Denn in dem sandigen Boden der Mark gedieh die Kartoffelpflanze ebenso wie die Zwiebel, die heute noch in vielen brandenburgischen Gerichten eine wichtige Rolle spielt.

Neben Sand und Kiefern gibt es aber noch eine weitere Landschaftsform, die Küche und Köche beeinflusst hat. Die zahllosen kleinen und großen Gewässer, Bäche, Seen, Flüsse, Tümpel und Kanäle voller Hechte, Zander, Aale, Schleien, Barben, Neunaugen und natürlich Flusskrebse. Sie wurden verewigt in Gerichten wie Havelzander mit Lauchgemüse und Buttersauce oder Aal in Dillsauce. Der fett gemästete Karpfen ist auch eine Brandenburger Spezialität. Wohl nirgendwo in Deutschland kommen Karpfen in derart vielen Zubereitungen und Kombinationen auf den Tisch wie im Brandenburgischen – in Suppen, Aufläufen, Ragouts, gebraten, gegrillt oder gekocht.

Von Tuchmachern und Gurkenfliegern

Eine ganz besondere Gepflogenheit bestimmt die Küche des Spreewaldes in der Niederlausitz. Es waren flämische Tuchmacher, die man ursprünglich ins Land geholt hatte, um die Leinenproduktion anzukurbeln. Sie brachten aus ihrer Heimat ein grünes, krummes Ding aus der Familie der Kürbisgewächse mit. Daraus wurde später eine der bekanntesten deutschen Spezialitäten: die Spreewaldgurke. Und nach und nach entdeckten die im Spreewald lebenden Sorben, Angehörige einer slawischen Minderheit, die nahrhaften und segensreichen Eigenschaften der Gurken, die vielen früher verborgen geblieben waren, als man pulverisiertes Gurkenfleisch nur dazu benutzte, um damit Mäuse zu vertreiben. Saure Gurken,

Im Herzen der Hauptstadt gelegen: Das alte Berliner Reichstagsgebäude mit seiner spektakulären Glaskuppel ist eine Touristenattraktion.

so entdeckte man, halfen sogar gegen Kater: »Was klärt den Kopp bei Mann und Frau? Saure Gurken aus Lübbenau«. Allmählich änderte sich das Image und Gurken wurden zur schmackhaften und haltbaren Beilage: 1874 hatte der Lübbener Kaufmann Schulz entdeckt, dass die in essigsaurer Marinade eingelegten Gurken länger halten, wenn man sie beim Einlegen mehrfach einsticht. So kann die konservierende Marinade schneller in die Gurke eindringen. Mit Zwiebeln, Essig, Nelken, Lorbeer, Dill, Weinblättern, Senfkörnern, Zucker und Salz zusammen müssen die Essiggurken an einem kühlen Ort einen Monat oder länger ziehen. Heute sind sie als Spreewaldgürkchen ein Exportschlager bis hin nach Amerika, geerntet werden sie mit »Gurkenfliegern«, speziellen Traktoren mit seitlichen Auslegern, auf denen die Erntehelfer bäuchlings liegen. Außer Gurken werden im Spreewald noch Meerrettich, Kürbis und die gleichfalls berühmten Teltower Rübchen angebaut. Sie werden in den mageren Sandböden viel kleiner als anderswo, sind aber sehr zart und besonders aromatisch. Eine weitere Spezialität ist der Spargel, der nicht nur in Brandenburg äußerst beliebt ist.

Spezialitäten aus Wald und Flur für ruhigen oder schnellen Genuss

Die Uckermark, ein dünn besiedeltes Gebiet von der Größe des Saarlandes, liefert noch heute Wild. Hier jagten schon die Hohenzollern, und auch die SED-Bonzen ließen sich hier Rehe, Hirsche und anderes Waldgetier vor die Flinte treiben. Hasenragout, Rehpfeffer und Hirschbraten sind nach wie vor sehr beliebte Spezialitäten. Hinzu kommen Unmengen von Obst verschiedenster Sorten, dem sogar mehrfach literarisch gehuldigt wurde. Wolf Biermann würdigte die Buckower Süßkirschen, und Theodor Fontane huldigte der Havelländer Birne in seinem Gedicht »Herr von Ribbeck auf Ribbeck im Havelland«.
Heute vermarkten die Brandenburger Bauern ihr Obst ziemlich erfolgreich, veranstalten Feste und keltern Obstweine. Im Vermarkten waren sie indessen schon immer gut. Bereits 1879 regte der Werdener Obstbauer Wilhelm Wils an, die spektakuläre Obstblüte in Werder in allen Berliner Zeitungen bekanntzugeben. So geschah es, und die Berliner kamen in Scharen, um die blühenden Birnen- und Apfelbäume zu bestaunen. Denn in ihrer Stadt blühte wenig, und

Wälder, Wild und Wasser prägen das Gesicht der Uckermark: In Lychen wohnt man romantisch am See.

wenn, dann war es nach den Worten des Völkerkundlers Georg Forster höchstens »Üppigkeit, Prasserei – ich möchte fast sagen Gefräßigkeit!«. Denn Zeit zum Essen hat der Berliner keine, das wusste schon Kurt Tucholsky, und geändert hat sich das bis heute nicht, behaupten Kenner der Berliner Lebensart.

Berlin: kulinarischer Schmelztiegel

Auch heute noch nimmt Berlin eine Sonderstellung in Sachen Kulinaria ein: Eine eigenständige Küche konnte die Stadt nie entwickeln, zu sehr verwässerten die zahlreichen Einwanderer aus Böhmen, Schlesien, Ostpreußen und Tausende französische Hugenotten mit ihren mitgebrachten Speisen und Traditionen die Küche. Ähnliches erlebte die Stadt im 20. Jahrhundert noch einmal, als Ausländer aus dem Süden, insbesondere aber Zehntausende Türken nach Berlin zogen. Ihre berühmteste Speise passt gut zum eiligen Berliner Esser: »Dönerkebab«, vom sich drehenden Grillspieß abgesäbeltes Kalb- oder Hammelfleisch, dessen Ursprung nicht etwa in Istanbul, sondern in Berlin-Kreuzberg liegt. Seit 1971 avancierte der Döner zu einem der beliebtesten Fast-Food-Gerichte, fast gleichauf mit einer weiteren berühmten Berliner Erfindung, der Currywurst. Als Herta Heuwer 1949 in ihrer kleinen Imbissbude am Stuttgarter Platz – aus Langweile heraus, wie sie später erzählte – mit allerlei Gewürzen herumexperimentierte und so ganz nebenbei die Currysauce erfand, konnte sie nicht wissen, dass es heute Imbissbuden gibt, wo die Gäste Champagner zu ihrer Currywurst trinken.

Vom einstigen Armenhaus zum modernen Gourmettempel

Heute gibt es in Berlin viele hervorragende Restaurants, in denen quer um die Welt gekocht wird, dabei aber regionale Wurzeln nicht vergessen sind. Deftige Gerichte wie Kasseler oder Eisbein überdauerten ebenso wie die Königsberger Klopse, der Spandauer Rosenkohltopf, Soleier, Buletten, Bockwürstchen oder das Omelett »Hoppelpoppel«. Eigentlich ist es gar kein richtiges Omelett, sondern ein buntes Durcheinander aus Bratkartoffeln, Schnitzelfleisch, Speck und Eiern. Fleisch und Kartoffeln werden, mit Kümmel und Majoran gewürzt, zusammenvermengt und aufgeschlagene Eier darübergegeben. Nach Art eines Bauernomelettes wird alles geformt und gestürzt, dazu gibt es Bratensauce und Salat. Ähnlich deftig ist auch der »Falsche Hase«. Statt Wildfleisch fungiert hier Gehacktes als Sattmacher, mit Speckstreifen garniert. Eine beliebte Spezialität waren früher auch Krebse Berliner Art. Berlin und das Brandenburger Umland waren einst eine der krebsreichsten Regionen Deutschlands, doch die Krebspest im 19. Jahrhundert führte zum Aussterben des heimischen Edelkrebses. An seine Stelle in Oder und Spree trat der robustere amerikanische Flusskrebs. Heute kommen die Krebse aus der Türkei oder China, geblieben ist das Krebsessen. Die gekochten Krebse werden in einer eintopfartigen Terrine mit Dill, Tomatenwürfeln, Ei und Sahne serviert. Viele Berliner Gerichte sind Armeleutespeisen, die zum Teil auf »Suppen-Lina«, Lina Morgensterns Armenspeisungen im 19. Jahrhundert, zurückgehen, z.B. der Getreidebrei. Auch später diktierte wieder die Not den Speiseplan, zur Zeit der sowjetischen Berlin-Blockade 1948/1949 waren die klassischen Resteverwertungen wie Eintöpfe mit Kartoffeln, Speck und Bohnen unverzichtbare Essensgrundlage. Aus dem einstigen Armenhaus Berlin ist heute, mit einer Vielzahl sehr guter Restaurants, wieder eine echte Metropole für Gourmets geworden, in der Einwanderer und die Geschichte der Stadt ihre deutlichen Spuren hinterlassen haben. Aber noch immer gilt der Spruch: »Lieba wat jutet, aba dafür en bisken mehr!«

Robert Lücke

Die Sorben, eine Volksgruppe slawischen Ursprungs, leben in der Ober- und Niederlausitz. Sie pflegen sehr altes Brauchtum sowie die Erhaltung ihrer Sprache und Kultur.

Zubereitungszeit
ca. 2 Std. 45 Min.

Schmorgurken

Das Originalrezept verlangt echte Spreewälder Gurken von bester Qualität.

Zutaten

- *800 g Gurken (z.B. Landgurken)*
- *Salz*
- *3 Salatgurken*
- *2 EL Zucker*
- *4 TL Weinessig*
- *1–2 weiße Zwiebeln*
- *80 g Schinkenspeck*
- *2 Sternanis*
- *5 Pimentkörner*
- *2 Lorbeerblätter*
- *½ TL Senfkörner*
- *1 TL Pfefferkörner*
- *2 EL kalte Butter*
- *Dillspitzen zum Garnieren*

1 | **Die Landgurken schälen,** der Länge nach halbieren und das Kerngehäuse entfernen. Das Gurkenfleisch in etwa 3 cm große Rauten schneiden, einsalzen, abgedeckt in einer Schüssel 2 Stunden ziehen lassen und anschließend in ein Sieb abgießen.

2 | **Die Salatgurken gut waschen,** grob zerkleinern und die Stücke mit der Schale in einem Entsafter entsaften. Ersatzweise die Gurken fein reiben, in ein mit einem Tuch ausgelegtes Sieb geben, das Tuch an den Enden zusammennehmen, den Saft herauspressen und auffangen. Es sollten 300 ml Gurkensaft sein. In einem Topf den Zucker farblos karamellisieren, mit dem Weinessig ablöschen, mit dem Gurkensaft auffüllen und aufkochen. Geben Sie die geschnittenen Landgurken dazu und schmoren Sie die Gurken mit geschlossenem Deckel bissfest.

3 | **Die Zwiebeln schälen** und in Würfel schneiden. Den Schinkenspeck fein würfeln. Speck und Zwiebeln in einer Pfanne glasig anschwitzen und zu den geschmorten Gurken geben. Die Gewürze in ein Säckchen (oder in einen Teefilter) geben und hinzufügen, den Topf vom Herd ziehen und alles etwa 20 Minuten ziehen lassen.

4 | **Das Gewürzsäckchen entfernen** und die Gurken vorsichtig durch ein Sieb abgießen, dabei den Fond auffangen. Kochen Sie den Gurkenfond dickflüssig ein und montieren Sie die kalte Butter ein. Zuletzt die Gurken wieder hinzugeben, noch einmal mit Salz und Essig abschmecken und mit Dill bestreut servieren. Schmorgurken passen gut zu Koteletts, Steaks, Fisch oder Flusskrebsen.

REGIONENPORTRÄT

Der Spreewald – die Vorratskammer Brandenburgs

Der Spreewald, geografisch etwa 100 km südöstlich von Berlin gelegen, gilt als die Vorratskammer Brandenburgs. Die Region zeichnet sich durch eine vom Menschen geprägte, aber dennoch weitgehend naturnahe Auenlandschaft aus. Sie ist ein bedeutender Wirtschaftsraum für Obst, Nüsse, Pilze, Kartoffeln, Getreide, Fisch, Wild und Spargel. Der Spreewald beherbergt Deutschlands größtes zusammenhängendes Gurkenfeld von 64 Hektar Größe – das entspricht etwa 128 Fußballfeldern. Die seit 1996 unter der Dachmarke Spreewald geschützten Traditionserzeugnisse »Spreewälder Gurken« und »Spreewälder Meerrettich« sind bundesweit und über die Landesgrenzen hinaus bekannt.

Zubereitungszeit
ca. 1 Std. 15 Min.

Blattspinat mit Winterkabeljau

Perfekt kombiniert mit würziger Eier-Senf-Sauce

Für die Weißwein-Grundsauce

- *3 Schalotten* · *2 EL Butter*
- *3 EL trockener Wermut*
- *100 ml trockener Weißwein*
- *½ l Fischfond (Glas oder S. 531)*
- *200 g Sahne*

Für die Eier-Senf-Sauce

- *2 Eier* · *2 EL Schnittlauchröllchen*
- *1 EL mittelscharfer Senf*
- *1 EL geschlagene Sahne*

Für den Blattspinat

- *300 g frischer Spinat* · *2 Schalotten*
- *½ gehackte Knoblauchzehe*
- *80 g gebräunte Butter*
- *Salz* · *weißer Pfeffer*
- *1 Msp. frisch geriebene Muskatnuss*

Für den Winterkabeljau

- *300 ml Weißwein*
- *½ l Fischfond (Glas oder S. 531)*
- *1 Bouquet garni für Fisch (siehe unten)*
- *4 Kabeljaufilets mit Haut (je 150 g)*
- *Meersalz (Fleur de sel)*

1 | **Die Weißwein-Grundsauce herstellen:** Die Schalotten schälen, in feine Würfel schneiden und in Butter etwa 5 Minuten glasig anschwitzen. Geben Sie den trockenen Wermut dazu und lassen Sie ihn fast vollständig einkochen. Den Weißwein angießen, mit Fischfond auffüllen und die Flüssigkeit etwa auf die Hälfte reduzieren. Die Sahne unterrühren und 5 Minuten kochen lassen. Zuletzt die Weißwein-Grundsauce durch ein Sieb passieren.

2 | **Die Eier für die Eier-Senf-Sauce** 4 Minuten kochen, sodass der Dotter wachsweich wird. Die Eier abschrecken, pellen und in 1 cm große Würfel schneiden. Kochen Sie 400 ml Weißwein-Grundsauce auf, rühren Sie den Schnittlauch und Senf ein, geben Sie die Eier dazu und heben Sie die Sahne unter.

3 | **Den Blattspinat sorgfältig verlesen,** putzen und waschen. Die Schalotten schälen, in feine Würfel schneiden und mit dem gehackten Knoblauch in der Hälfte der gebräunten Butter glasig dünsten. Den Spinat zugeben und in 4 bis 5 Minuten zusammenfallen lassen. Mit Salz, weißem Pfeffer und Muskatnuss abschmecken.

4 | **Für den Kabeljau** den Weißwein mit dem Fischfond mischen, das Bouquet garni dazugeben und zugedeckt aufkochen. Die Fischfilets mit Meersalz würzen, nebeneinander in einen Dämpfeinsatz legen und über dem gewürzten Fond in 6 Minuten glasig dämpfen.

5 | **Zum Anrichten den Spinat** auf vier vorgewärmte Teller geben, die gedämpften Kabeljaufilets daraufsetzen und mit der Eier-Senf-Sauce nappieren. Nach Belieben mit gebräunter Butter beträufeln. Als Beilage eignen sich gedämpfte Kartoffeln.

S. 182 ff.
IM FOKUS – WARENKUNDE Fisch
S. 366 ff.
WARENKUNDE Altes Gemüse

WARENKUNDE

Bouquet garni für Fisch

Ein Bouquet garni, das Würz- und Kräutersträußchen für feinen Fischsud, besteht klassischerweise etwa zu gleichen Teilen aus Estragon- und Thymianzweigen, reichlich Petersilie, einem Stück Sellerieknolle, einigen Sellerieblättern, einem Stück unbehandelter Zitronenschale und einer Peperoni ohne Samenkerne. Das Kräuterbündel wird der Garflüssigkeit von Anfang an beigegeben, damit alle Bestandteile ihr Aroma gut abgeben. Das Bouquet garni wird vor dem Weiterverarbeiten oder Servieren entfernt.

bundesweit

Zubereitungszeit
ca. 1 Std. 15 Min.

Trocknungszeit
ca. 4 Std.

Gefüllte Zucchini mit Ziegenkäse

Ein typisches Sommergemüse im Ofen gratiniert

Zutaten

- *3 Fleischtomaten*
- *Salz · frisch gemahlener Pfeffer*
- *½ TL Zucker*
- *2–3 TL Olivenöl*
- *1 gelbe Paprikaschote*
- *4 Stängel glatte Petersilie*
- *2 Zweige frischer Majoran*
- *2 Zucchini*
- *4 Frühlingszwiebeln*
- *1 Knoblauchzehe*
- *1 mittelscharfe Peperoni*
- *4 TL Traubenkernöl*
- *1 Prise frisch geriebene Muskatnuss*
- *4 TL trockener Weißburgunder*
- *200 g Ziegenfrischkäse*
- *2 Eigelbe*
- *4 TL geriebenes, entrindetes Weißbrot (oder Semmelbrösel)*
- *50 g geriebener Ziegenhartkäse*

S. 366 ff.
WARENKUNDE Altes Gemüse

1 | **Den Stielansatz der Tomaten** kreuzweise einschneiden, die Tomaten mit kochendem Wasser überbrühen, abschrecken, die Haut abziehen, entkernen und das Fruchtfleisch in feine Würfel schneiden. Den Backofen auf 80 °C vorheizen. Die Tomatenwürfel salzen, pfeffern und mit etwas Zucker bestreuen, mit 1 TL Olivenöl vermengen und etwa 4 Stunden im vorgeheizten Backofen trocknen, damit sie aromatischer werden.

2 | **Den Backofen auf 170 °C vorheizen.** Die Paprikaschote waschen, trocken tupfen und rundherum mit Olivenöl einpinseln. Im vorgeheizten Ofen etwa 10 Minuten garen, herausnehmen, in einen Kunststoffbeutel geben, diesen gut verschließen und die Paprika darin auskühlen lassen. Ziehen Sie dann die Haut der Paprikaschote ab, Samen und Scheidewände entfernen und das Fruchtfleisch in feine, etwa 3 mm große Würfel schneiden. Die Petersilie und den Majoran waschen, trocken schütteln, die Blättchen von den Stielen zupfen und sehr fein hacken.

3 | **Die Zucchini waschen** und der Länge nach halbieren. Die Zucchinihälften mit einem Teelöffel oder Kugelausstecher aushöhlen, dabei 5 bis 6 mm starke Außenwände stehen lassen. Das ausgestochene Zucchinifleisch grob hacken. Die Frühlingszwiebeln waschen und abtropfen lassen, den Knoblauch schälen, die Peperoni halbieren und entkernen. Schneiden Sie alles in feine Stücke. Die Frühlingszwiebeln in Traubenkernöl anschwitzen, Knoblauch- und Peperonistückchen hinzugeben und kurz mitangehen lassen.

4 | **Das gehackte Zucchinifleisch,** die Tomaten- und die Paprikawürfel dazugeben. Mit Salz, Pfeffer und Muskatnuss würzen, die fein gehackte Petersilie und den Majoran hinzugeben und mit dem Weißburgunder ablöschen. Den Ziegenfrischkäse, die Eigelbe und das Weißbrot unterrühren und die Frischkäsemasse abschmecken. Heizen Sie den Backofen auf 200 °C vor.

5 | **Die Frischkäsemasse** in die ausgehöhlten Zucchinihälften füllen, in eine feuerfeste, geölte Form setzen und mit dem geriebenen Ziegenhartkäse bestreuen. Im vorgeheizten Backofen auf der mittleren Schiene 20 bis 25 Minuten garen und zum Schluss nach Belieben kurz unter dem Grill des Backofens goldbraun gratinieren.

Zubereitungszeit
ca. 1 Std. 15 Min.

Schwarzwurzeln mit gebratenem Saibling

Mit Rotwein-Butter-Sauce serviert, kommt hier eine alte Gemüsesorte zu kulinarischen Ehren.

Für das Schwarzwurzelgemüse

- *1 kg Schwarzwurzeln*
- *1 Zitrone* · *1 EL Mehl* · *Salz*
- *100 ml trockener Wermut*
- *100 g Sahne* · *4 TL Mehlbutter (S. 572)*
- *4 TL kalte Butter* · *2 EL Crème fraîche*
- *Salz* · *1 Msp. Cayennepfeffer*
- *2 EL gehackter Kerbel*

Für die Rotwein-Butter-Sauce

- *4 Schalotten* · *100 ml Portwein*
- *100 ml Spätburgunder* · *1 Lorbeerblatt*
- *1 Zweig Thymian* · *Salz*
- *frisch gemahlener Pfeffer*
- *4 TL kalte Butter*

Für den Saibling

- *4 Saiblingfilets (je 80 g, mit Haut)*
- *Salz* · *1–2 EL Zitronensaft*
- *frisch gemahlener weißer Pfeffer*
- *Distelöl zum Braten*

1 | **Von den Schwarzwurzeln** die Erde abwaschen. Die Zitrone halbieren und auspressen. In einem Topf 2 EL Zitronensaft mit Wasser vermischen und das Mehl hineinrühren, dann die Schwarzwurzeln schaben oder schälen und jeweils sofort in das Wasser legen, damit sie sich nicht verfärben. Kochen Sie zum Garen der Schwarzwurzeln gesalzenes Wasser mit dem restlichen Zitronensaft auf. Die geschälten Wurzeln in Streifen schneiden und in etwa 20 Minuten im Zitronenwasser bissfest kochen, in ein Sieb abgießen und den Sud dabei auffangen. Die Schwarzwurzeln nicht abschrecken.

2 | **Den Wermut** mit 100 ml Schwarzwurzelkochsud mischen und zur Hälfte einkochen lassen. Dann geben Sie die Sahne hinzu und binden die Sauce mit Mehlbutter. Zuletzt die kalte Butter sowie die Crème fraîche unterrühren und mit Salz und Cayennepfeffer würzen. Die Sauce durch ein Sieb passieren und die gegarten Schwarzwurzeln unterheben. Mit gehacktem Kerbel abschmecken.

3 | **Für die Rotwein-Butter-Sauce** die Schalotten schälen und fein würfeln, kurz in Salzwasser aufkochen, abgießen und in einem kleinen Topf mit Portwein, Spätburgunder, Lorbeerblatt und Thymian mischen. Die Flüssigkeit aufkochen und auf ein Viertel reduzieren. Gießen Sie den Sud durch ein Sieb ab, dann schmecken Sie ihn ab und montieren die Butter ein.

4 | **Die Saiblingfilets** mit Salz, Zitronensaft und Pfeffer würzen und in heißem Öl auf der Hautseite kross anbraten. Die Fischfilets auf dem Schwarzwurzelgemüse anrichten und zum Schluss mit der Rotwein-Butter-Sauce umgießen.

S. 182 ff.
IM FOKUS – WARENKUNDE Fisch

WARENKUNDE

Schwarzwurzeln, der »Spargel für Arme«

Das auch als »Skorzener Wurzeln« und als »Winter-« oder »Bergmannsspargel« (Ruhrgebiet) bekannte Gemüse kommt von November bis etwa März in den Handel. Aussehen und Geschmack erinnern an Spargel: Die weißen Stangen gedeihen am besten in Moorerde, aus der sie einzeln ausgegraben werden. Ihr Aroma ist mild und leicht säuerlich. Das vielseitige Gemüse eignet sich zum Kochen, Dünsten und Dämpfen, was seine wachsende Beliebtheit erklärt. Der deutsche Name bezieht sich auf die Farbe der Wurzelschale und darauf, dass der Wurzelsaft oxidiert und sich beim Schaben oder Schälen schnell grauschwarz verfärbt.

Zubereitungszeit
ca. 2 Std.

Spargelragout mit Spitzmorcheln und Seezunge

Ein leichtes Festtagsgericht mit edlen Zutaten

Zutaten

· 150 g frische Spitzmorcheln (oder 25 g getrocknete Morcheln) · 1 Schalotte · 3 EL Butter · 200 ml Geflügel- oder Kalbsfond (Glas oder S. 534) · 3 EL trockener Sherry · 200 g Sahne · Meersalz (Fleur de sel) · 800 g weißer Spargel · 1 Prise Zucker · 4 TL gebräunte Butter · 600 g Seezungenfilets

Getrocknete Pilze

Die Sauce wird intensiver mit getrockneten (und meist leicht geräucherten) Morcheln. Dafür die Pilze in warmem Wasser 15 Minuten einweichen, abgießen und das Einweichwasser für die Sauce verwenden.

S. 182 ff.
IM FOKUS – WARENKUNDE Fisch

S. 352 f.
IM FOKUS Spargel

1 | **Für die Sauce** die Morcheln gründlich säubern, waschen und abtropfen lassen. Die Schalotte schälen und in feine Würfel schneiden. Die vorbereiteten Morcheln in 1 EL Butter mit den Schalottenwürfeln angehen lassen, mit dem Geflügelfond und dem Sherry ablöschen. Die Flüssigkeit bei kleiner Hitze auf ein Drittel reduzieren und mit der Sahne auffüllen. Die Sauce erneut aufkochen und mit etwas Salz abschmecken.

2 | **Den Spargel schälen.** 3 l Wasser mit Salz, Zucker und der gebräunten Butter kräftig abschmecken. Den Spargel in dem leicht siedenden Wasser in etwa 10 bis 12 Minuten bissfest garen. Anschließend aus dem Kochwasser nehmen und nebeneinander auf eine kalte Platte legen (nicht abschrecken). Abkühlen lassen und dann in etwa 3 cm lange Stücke schneiden.

3 | **Die Seezungenfilets** in je drei bis vier Stücke schneiden und salzen. Die restlichen 2 EL Butter in einer Pfanne zerlassen und die Seezungenfilets darin von beiden Seiten goldbraun braten. Dann geben Sie den in Stücke geschnittenen Spargel und die Morcheln dazu. Kurz durchschwenken, bis alles erwärmt ist, und das Ragout anschließend in tiefen, vorgewärmten Tellern anrichten. Die Seezungenfilets darauf platzieren. Schäumen Sie die Morchelsauce auf und beträufeln Sie damit das Gericht.

DER BERÜHMTE KLASSIKER: SPARGEL MIT SAUCE HOLLANDAISE

Während der Spargelsaison wird Spargel überall in Deutschland mit einem alten Saucenklassiker, der Sauce hollandaise, serviert. Dazu die Spargelstangen schälen und die Schnittflächen der Stangen abschneiden. In einem großen Topf Wasser mit etwas Salz, Zucker und 2 EL Zitronensaft aufkochen und den Spargel darin in etwa 10 bis 15 Minuten bissfest garen. Während er gart, bereiten Sie die Sauce hollandaise zu: Dafür 2 EL Schalottenwürfel mit je 1 EL gehackter Petersilie und Estragon, 2 EL Essig, 8 EL Weißwein und 2 EL Wasser aufkochen und auf ein Viertel reduzieren. Durch ein Sieb in eine Schüssel gießen, 3 Eigelbe dazugeben und mit dem Schneebesen über einem Wasserbad dick-cremig aufschlagen. Dann die Masse vom Wasserbad nehmen und 170 g geklärte, leicht abgekühlte Butter erst tropfenweise, dann in feinem Strahl zugeben und unterschlagen, bis die Sauce eine homogene Konsistenz hat. Die Sauce möglichst sofort servieren und nicht aufwärmen, da sie dabei ihre feine Konsistenz verliert.

Bleiche Stangen für Genießer

»Veronika, der Lenz ist da!« Die Deutschen haben ein besonderes Verhältnis zu ihrem Spargel. So konkurriert einheimische Ware erfolgreich mit Billigimporten.

Ob aus Walbeck am Niederrhein, Brandenburg, der Lüneburger Heide, Südbaden, Schwaben oder Niederbayern, kein Gemüse schmeckt den Deutschen so gut wie weißer Spargel aus deutschem Boden. Liegt es am feinen Geschmack, der bei frischen Stangen direkt ab Hof nicht zu übertreffen ist? Am Figurbewusstsein, da Spargel so gut wie keine Kalorien enthält? An seiner langen, bleichen und dünnen Gestalt, wie sie de Gaulle schlagfertig kommentierte: »Es hat mich nie gestört, dass man mich manchmal mit einem Spargel verglichen hat, denn am Spargel ist der Kopf das Wichtigste.« Oder an der berüchtigten Wirkung, die die Comedian Harmonists in der Ode an Veronika besangen? Am Stechen selbst liegt es kaum. Spargelbauern und Arbeitsämter klagen unisono, dass sich kaum mehr deutsche Arbeiter dafür finden lassen. Da hilft kein Hartz IV, sondern nur ein Heer polnischer Spargelstecher. Denn die Ernte ist ein mühsames Werk.

Licht ist Gift für weißen Spargel

An sich wächst Spargel wild und grün auf ebenem Boden der Sonne entgegen. Ursprünglich im Mittelmeerraum beheimatet, haben ihn wohl die alten Römer im Zuge ihrer Eroberungen als Gemüsepflanze über ganz Europa verbreitet. Mit bis zu sechs Meter langen Wurzeln ist er bestens an trockene Verhältnisse angepasst und entzieht dem Boden gierig Wasser und Nährstoffe, während die rudimentären Blätter möglichst wenig Wasser der Verdunstung preisgeben. Die unterirdischen, brüchigen Triebe brauchen lockeres, sandiges, humoses Erdreich, um ans Licht der Welt zu dringen. Um Letzteres und damit die Bildung von Chlorophyll zu verhindern, schüttet man für den weißen Spargel bis zu 50 cm hohe Erdwälle über den Wurzelstöcken auf. Zeigen sich im Frühjahr feine Risse auf dem Wall, ist es Zeit, die bleichen Triebe freizulegen, herauszustechen, die Erde wieder aufzuschütten und oben abzuflachen – in Handarbeit, gebückt, am frühesten Morgen. Sobald ein Trieb durch die Erde ans Licht kommt, verfärbt sich der Spargelkopf lila, entsprechend der beginnenden Chlorophylleinlagerung, was beispielsweise in Frankreich sehr geschätzt, in Deutschland aber als Qualitätseinbuße betrachtet wird.

Nach der fränkischen Bauernregel »Kirschen rot, Spargel tot« ist die heimische Spargelsaison an Johanni, am 24. Juni, zu Ende. Die Triebe dürfen dann frei wachsen, damit sich die Wurzelstöcke bis zum Winter regenerieren. Nach circa zehn Jahren sinken die Erträge eines Spargelfelds massiv und erst nach

15 bis 20 Jahren Fruchtwechsel kann erneut Spargel darauf angebaut werden. Dieses aufwendige Verfahren hat sich seit Jahrhunderten nur wenig modernisieren lassen und erklärt den hohen Preis des Spargels, der traditionell Privilegierten vorbehalten war.

Quietschend frisch und wertvoll

Auch in der Naturheilkunde und Diätetik galt und gilt Spargel als besondere Pflanze. Heilkundige schwören seit über 2.000 Jahren auf seine harntreibende Wirkung. Schon die lateinische Bezeichnung Asparagus officinalis L. weist ihn als Arznei aus. Zu etwa 95 Prozent besteht er aus Wasser, das es allerdings in sich hat: Spargel enthält Vitamin B_1, B_2, Folsäure, Vitamin C und E, sekundäre Pflanzenstoffe, reichlich Kalium, aber wenig Natrium. Mit 13 Kilokalorien pro 100 Gramm, null Gramm Fett und Cholesterin, wenig Eiweiß und Kohlenhydraten, aber vielen Ballaststoffen ist er der Schlankmacher par excellence, der Darm, Verdauung und Nieren anregt, vermehrt Flüssigkeit und Stoffwechselprodukte auszuscheiden.
Frisch gestochen schmeckt Spargel am besten, wobei der Geschmack von der Bodenbeschaffenheit beeinflusst wird und von mild bis nussig variieren kann. Bitter schmeckt er nur, wenn er zu knapp am Wurzelstock geschnitten wurde. Grüner Spargel ist aromatischer, am intensivsten ist der wilde Spargel. Ein Zeichen für Frische sind geschlossene, feste Köpfe und pralle, glänzende Stangen, die quietschen, wenn man sie gegeneinanderreibt. Da die Schnittenden rasch austrocknen, sind sie entgegen landläufiger Meinung kein zuverlässiges Indiz für die Frischebestimmung. In ein feuchtes Tuch eingeschlagen, lässt sich Spargel ohne große Geschmackseinbuße einige Tage im Gemüsefach des Kühlschranks aufbewahren. Wie beim Wein zählen aber nicht nur der Boden und der Erntezeitpunkt, es kommt auch auf die Sorte an.

Vom Luxus- zum Alltagsprodukt

Um den steigenden Appetit auf weißen Spargel aus und in Deutschland zu stillen, haben die Spargelbauern in den letzten zehn Jahren die Anbaufläche verdoppelt und den Start der Spargelsaison mithilfe von Tunnelfolien, die vor Kälte, Nässe und Licht schützen, vorverlegt. Immerhin vertilgt statistisch gesehen jeder Bundesbürger über ein Kilo Spargel im Jahr. Längst wird er ganzjährig aus Südeuropa, Mittel- und Südamerika sowie aus Süd- und Nordafrika importiert. Wegen der niedrigeren Lohnkosten in den Herkunftsländern und den weniger streng geregelten Anbaumodalitäten ist er meist deutlich billiger als deutsche Ware, wenn auch ökologisch fragwürdig.
Wie so oft geht der Schritt vom Luxus- zum Alltagsprodukt mit Qualitäts- und Sorteneinbußen einher. Der »Ruhm von Braunschweig« verblasst, »Eros« und »Schwetzinger Meisterschuss« verschwinden. Da geschmacksintensive, bewährte, alte Sorten anfälliger für Pilzkrankheiten sind und Ansprüchen an gleichmäßige Größe nicht genügen, werden sie zunehmend durch holländische Hybridzüchtungen ersetzt. Wenn das der große Staatsmann Marcus Porcius Cato gewusst hätte, zu dessen Zeiten Spargel ganz oben auf der Beliebtheitsskala rangierte! Er stand in der

Wenn sich die Spargelspitze aus der Erde ans Licht schiebt, ist der günstigste Erntezeitpunkt verpasst.

Gunst der römischen Upperclass so hoch, dass der Staatsmann in seinen Schriften genaue Anleitungen hinterließ, wie das Gemüse am frischesten zu genießen und deshalb am besten im eigenen Garten zu kultivieren sei. Damals handelte es sich allerdings um grünen Spargel, der heute weltweit der Favorit und auch in Deutschland auf dem aufsteigenden Ast ist. Die Methode des Bleichens mittels Dammanbau setzte sich erst im 18. Jahrhundert im großen Stil durch. Bis dahin gedieh der »Apothekerspargel«, wie man das teure Gemüse auch nannte, vornehmlich in Kloster- und Apothekergärten.

Ingrid Schindler

Zubereitungszeit
ca. 25 Min.

Geschmorte Petersilienwurzeln

Das wieder neu entdeckte Gemüse passt sehr gut als Beilage zu kurz gebratenem Fleisch.

Zutaten

- *4 Petersilienwurzeln*
- *1 kleine weiße Zwiebel*
- *2 Stängel Petersilie*
- *3 EL Butter*
- *Meersalz (Fleur de sel)*
- *frisch gemahlener weißer Pfeffer*
- *1–2 EL Zitronensaft*
- *Schnittlauchstängel zum Servieren*

Ohne Wein kochen

Die Wurzeln grundsätzlich ohne Wein kochen, da sie durch die Weinsäure einen stärkeren Biss behalten und sich auch die Farbe unschön verändern kann.

S. 366 ff.
WARENKUNDE Altes Gemüse

1 | **Die Petersilienwurzeln** in kaltem Wasser sauber bürsten, ggf. auch abschaben. Am oberen Ende den Blattansatz stehen lassen. Die Zwiebel schälen, halbieren und in feine Streifen schneiden. Die Petersilie waschen, trocken schütteln, die Blätter von den Stielen zupfen und fein hacken.

2 | **In einem Topf 1 EL Butter erwärmen,** die Zwiebelstreifen dazugeben und bei mäßiger Hitze anschwitzen. Dann die ganzen Petersilienwurzeln dazugeben, mit Meersalz und Pfeffer würzen und die Hälfte des Zitronensaftes über die Wurzeln geben. Anschließend mit etwa 150 ml Wasser begießen, den Deckel auflegen und die Wurzeln 15 Minuten leicht köcheln lassen. Wenn nötig, gießen Sie noch etwas mehr Wasser an. Die Petersilienwurzeln sollten noch einen leichten Biss haben.

3 | **Die gegarten Wurzeln herausnehmen,** nach Belieben im Ganzen belassen, in schräge Scheiben schneiden oder die Wurzeln der Länge nach halbieren. Anschließend den Sud nochmals leicht einkochen. Die Wurzeln wieder dazugeben, die restliche Butter unterrühren und zum Schluss die Petersilie darüberstreuen. Zum Anrichten die Petersilienwurzeln mit dem Schnittlauch bündeln, auf eine vorgewärmte Platte geben und mit der Sauce umgießen.

VARIANTE: PETERSILIENWURZEL- ODER KERBELKNOLLENPÜREE

Ein feines Püree aus Kräuterwurzeln ist eine nicht alltägliche, aromatische Alternative zu Kartoffelpüree oder herkömmlichen Gemüsebeilagen und verleiht Ihrem Festtagsmenü, vor allem Wild, Tafelspitz oder Gänsebraten, eine besondere Geschmacksnote. Putzen Sie dazu 500 g Petersilienwurzeln (oder Kerbelknollen) und würfeln Sie sie grob. Die Würfel in einen Topf geben und mit 250 g Sahne bedecken. Sollte die Flüssigkeitsmenge nicht ausreichen, um die Gemüsewürfel zu bedecken, mit Wasser oder Milch auffüllen. Die Mischung zum Kochen bringen, die Flüssigkeit mit Salz und Zucker abschmecken und die Wurzeln bei schwacher Hitze gut weich kochen. Anschließend die Würfel in einem Sieb gut abtropfen lassen (den Fond können Sie sehr gut für eine Suppe weiterverwenden) und ganz fein pürieren. Das Püree durch ein feines Sieb streichen, dann erneut erwärmen. Schmecken Sie zum Schluss die aromatische Beilage mit Salz, Zucker, etwas altem Aceto balsamico und gebräunter Butter ab.

Zubereitungszeit
ca. 45 Min.

Gebackener Sellerie im Haselnusshemd

Gefüllt mit Frischkäse, Tomaten und Basilikum

Für den gebackenen Sellerie

· 1 Ei · 4 EL Weißwein · 50 g Mehl · 3 TL Haselnussgrieß (oder gemahlene Haselnüsse) · 1 EL gehackte Haselnüsse · Salz · 2 TL Zucker · 1 Zitrone · 2 Knollensellerie (je 800 g) · Mehl zum Mehlieren des Selleries · Öl zum Ausbacken

Für die Frischkäsefüllung

· 100 g Frischkäse · Salz · frisch gemahlener weißer Pfeffer · 2 Blatt Basilikum · 1 Tomate · 1 EL Semmelbrösel

S. 366 ff.
WARENKUNDE Altes Gemüse

1 | **Den Backteig zubereiten:** Das Ei trennen. Eigelb, Weißwein, Mehl, Haselnussgrieß, gehackte Haselnüsse und 1 Prise Salz miteinander zu einem glatten Teig verrühren. Schlagen Sie das Eiweiß mit dem Zucker steif und heben Sie den Eischnee unter die Ei-Haselnuss-Masse. Die Zitrone halbieren und auspressen.

2 | **Den Knollensellerie schälen** und wie folgt zerkleinern: Mit einem scharfen Messer acht Scheiben mit 6 bis 7 cm Durchmesser und einer Dicke von 1 cm schneiden. Zusätzlich vier Scheiben mit 6 bis 7 cm Durchmesser und einer Stärke von 2 cm zuschneiden und in diesen Scheiben mittig ein Loch von 4 bis 5 cm Durchmesser für die Füllung ausstechen. Alle Selleriescheiben rasch mit Zitronensaft einpinseln, damit sie sich nicht verfärben, und in kochendem Wasser mit dem restlichen Zitronensaft und etwas Salz in etwa 5 bis 7 Minuten bissfest blanchieren. Mit einem Schaumlöffel herausheben, in eiskaltem Wasser abschrecken und auf Küchenpapier auslegen, damit die Selleriescheiben trocknen können.

3 | **Die Füllung herstellen:** Den Frischkäse mit Salz und Pfeffer würzen. Die Basilikumblättchen fein hacken. Halbieren Sie die Tomate, entfernen Sie den Stielansatz und schneiden Sie das Fruchtfleisch in Würfel. Basilikum, Tomatenwürfel und Semmelbrösel unter den Frischkäse heben. Den Sellerie füllen und ausbacken wie unten gezeigt (Steps 1, 2 und 3). Den gebackenen Sellerie aus dem Öl nehmen, kurz auf Küchenpapier entfetten, die Zahnstocher entfernen und sofort servieren.

Sellerie füllen

1) Eine ganze Scheibe Sellerie auf ein Küchentuch legen, einen Selleriering daraufsetzen und mit der Frischkäsemasse füllen.

2) Den gefüllten Sellerie mit einer ganzen, ungelochten Scheibe Sellerie abdecken und das Ganze mit Zahnstochern fixieren.

3) Den gefüllten Sellerie mehlieren, durch den Backteig ziehen und in heißem Öl goldgelb ausbacken.

Zubereitungszeit
ca. 4 Std. 15 Min.

Leipziger Allerlei

Ein weltbekanntes Gemüsegericht, edel variiert mit Zanderklößchen für den ganz besonderen Anlass

Für die Zanderklößchen

· 150 g Zanderfilet (ohne Haut) · Salz · frisch gemahlener Pfeffer · 1 Prise frisch geriebene Muskatnuss · 1 Prise Cayennepfeffer · 1 Ei · 150 g gut gekühlte Sahne · 1 TL Zitronensaft

Für die Krebse

· 20 Flusskrebse (lebend; oder 2 Hummer) · Salz

Für die Sauce

· 1 Tomate · 180 g Butter · 600 ml Fischfond (Glas oder S. 531) · 1 geschälte Knoblauchzehe · Salz · 1 Schalotte · je 1 EL Lauch- und Staudenselleriewürfel · 3 cl Cognac · 2–3 EL weißer Portwein · 1–2 EL trockener Weißwein · 1 TL trockener Wermut (Noilly Prat) · 1–2 TL Tomatenmark · 450 g Sahne · 1 Prise Cayennepfeffer · Sauternes zum Abschmecken

Für das Gemüse

· 20 frische Morcheln · 500 g weißer Spargel · 2 kleine Kohlrabi · 500 g Bundmöhren · je 150 g Romanesco und Blumenkohl · ½ Zitrone · 1 Scheibe Weißbrot · 200 g frische Erbsen · Salz · 200 ml Geflügelfond (Glas oder S. 534) · 1 EL kalte Butter · Salz · frisch gemahlener Pfeffer · 1 Prise frisch geriebene Muskatnuss · ½ Bund Kerbel

S. 366 ff.
WARENKUNDE Altes Gemüse

S. 492 ff.
REGIONENPORTRÄT
Sachsen/Sachsen-Anhalt

1 | **Für die Zanderklößchen** das Zanderfilet fein schneiden oder durch die feine Scheibe des Fleischwolfs drehen. Mit Salz, Pfeffer, Muskatnuss und Cayennepfeffer würzen und abgedeckt im Tiefkühlfach 20 Minuten anfrieren lassen. Pürieren Sie den Fisch mit dem Ei im Mixer, dann ziehen Sie nach und nach die gekühlte Sahne unter. Die Farce durch ein Sieb streichen und auf Eis kühlen. Mit Salz, Pfeffer, Cayennepfeffer, Muskatnuss und Zitronensaft abschmecken. Aus der Masse mit zwei Teelöffeln Nocken abstechen und im heißen Salzwasser 5 bis 10 Minuten gar ziehen lassen. Das Wasser darf dabei nicht kochen. Die Nocken in Eiswasser abkühlen, auf ein Blech legen und mit einem feuchten Tuch abdecken.

2 | **Die Krebse in sprudelnd kochendem Salzwasser** 3 bis 4 Minuten garen. Die Scheren und Schwänze ausbrechen (S. 157), die Därme entfernen, die Schalen und Nasen gut auswaschen und für die Sauce zur Seite stellen. Bewahren Sie das Krebsfleisch in einem Teil des abgekühlten Kochwassers auf, damit es sich nicht verfärbt.

3 | **Für die Sauce die Tomate kurz waschen** und in grobe Würfel schneiden. Dann die Butter mit etwa der Hälfte des Fischfonds aufkochen, mit dem Pürierstab kurz durchmixen und mit der Knoblauchzehe und den Krebskarkassen zurück in den Topf geben. Vorsichtig salzen und 6 bis 8 Minuten köcheln lassen. Die geschälte und fein gewürfelte Schalotte sowie die Tomaten-, Lauch- und Selleriestückchen dazugeben und alles weitere 12 bis 14 Minuten köcheln lassen. Mit den Alkoholika ablöschen und das Tomatenmark zugeben. Lassen Sie alles einmal gut durchkochen und füllen Sie mit dem restlichen Fischfond auf. Die Flüssigkeit um etwa ein Drittel reduzieren. Die Sahne zugeben und 15 Minuten köcheln lassen. Durch ein mit einem Tuch ausgelegtes Sieb passieren und anschließend schaumig aufschlagen. Schmecken Sie die Sauce mit Salz, Cayennepfeffer und Sauternes ab.

4 | **Für das Gemüse die Morcheln putzen** und in kaltem Wasser waschen. Den Spargel schälen, holzige Endstücke entfernen und in etwa 4 cm lange Stücke schneiden. Die Kohlrabi dünn schälen, halbieren und in Scheiben schneiden. Die Möhren putzen, dabei den Ansatz des Grüns stehen lassen, dann schälen und in Stücke schneiden. Romanesco und Blumenkohl putzen, waschen und in Röschen teilen. Kochen Sie den Spargel in reichlich Wasser mit etwas Zitrone und der Weißbrotscheibe gar, dann in Eiswasser abschrecken. Alles übrige Gemüse separat voneinander in Salzwasser blanchieren, sodass es noch einen leichten Biss hat. Das Gemüse in Eiswasser abschrecken und gut abtropfen lassen.

5 | **Zum Fertigstellen des Gerichts** den Geflügelfond mit der Butter erhitzen. Darin die blanchierten Gemüse erwärmen und zum Schluss die Morcheln dazugeben. Mit Salz, Pfeffer und Muskatnuss würzen, mit grob gehacktem Kerbel bestreuen. Erwärmen Sie die Krebse und Zanderklößchen in der Sauce. Das Gemüse in tiefe Teller verteilen, die Krebse und die Zanderklößchen darauf anrichten und mit der aufgemixten Sauce überziehen.

Zubereitungszeit
ca. 35 Min.

Kohlrabi in Sahnesauce

Einfach und geschmackvoll, denn die deutsche Küche liebt es manchmal auch ganz schlicht

Zutaten

- *4 kleine Kohlrabi mit Blattgrün*
- *4 TL Butter*
- *Salz · frisch gemahlener Pfeffer*
- *100 g Sahne*
- *1 Msp. frisch geriebene Muskatnuss*
- *4 Kohlrabi zum Anrichten*
- *Paprika- oder Tomatenwürfel zum Garnieren*

1 | **Die Kohlrabiblätter abzupfen,** die ganz zarten Blättchen aufbewahren. Schälen Sie die Kohlrabi und schneiden Sie jeweils etwa das untere Drittel ab, das meist holzig ist. Die Kohlrabiabschnitte klein schneiden und beiseitelegen, die schönen Kohlrabiteile in etwa 5 mm dicke Scheiben und in möglichst gleichmäßige Würfel schneiden. Ungleichmäßige Kohlrabistücke zu den klein geschnittenen Abschnitten geben und alles mit 300 ml Wasser bedecken, salzen, pfeffern und 15 Minuten auf kleiner Hitze kochen lassen. Anschließend durch ein Sieb passieren und gut nachdrücken. Es soll etwa 200 ml Kohlrabifond entstehen.

2 | **Die Butter erwärmen,** die Kohlrabiwürfel dazugeben, salzen und pfeffern, den Kohlrabifond angießen und etwa 5 Minuten offen kochen, bis kaum noch Flüssigkeit vorhanden ist. Geben Sie die Hälfte der Sahne dazu und lassen Sie das Gemüse weiterköcheln. Die restliche Sahne steif schlagen. Sobald das Gemüse eine cremige Konsistenz erreicht hat, den Topf vom Herd nehmen, die geschlagene Sahne unterheben und mit Muskatnuss würzen. Zum Anrichten von den Kohlrabi einen Deckel abschneiden und die Kohlrabi mit einem Kugelausstecher oder Löffel aushöhlen. Das Gemüse hineingeben und mit den zarten Kohlrabiblättchen und Paprika- oder Tomatenwürfeln garnieren. Passt zu gekochtem Rindfleisch oder zu mariniertem Schweinebauch (S. 231).

Zubereitungszeit
ca. 2 Std. 30 Min.

Stielmus von Rüben

In Westfalen, Hessen und im Rheinland serviert man junge Rübenstiele als delikate Fleischbeilage.

Für den Fond

- *750 g Querrippe (Rind)*
- *2–3 Stängel Petersilie*
- *60 g Lauch (nur das Weiße)* · *½ Möhre*
- *1 kleines Stück Knollensellerie (20 g)*
- *2 Schalotten* · *1 Lorbeerblatt*
- *2 zerdrückte Wacholderbeeren*
- *1 Gewürznelke*

Für das Gemüse

- *600 g vorwiegend festkochende Kartoffeln* · *4 Möhren*
- *¼ Knollensellerie* · *300 g Stielmus (Stiele von jungen Rüben)*
- *1 Bund Petersilie*
- *100 g kalte Butter* · *Salz*

Saisonal variiert

Das traditionsreiche Gericht, das etwas in Vergessenheit geriet, bietet auch Variationsmöglichkeiten mit anderen Saisongemüsen wie Kohlrabi, jungen Erbsen oder Bohnen. Das Fleisch kann auch fein gewürfelt werden.

1 | **Für den Fond die Querrippe** in einem großen Topf mit kaltem Wasser auffüllen, das Ganze langsam bis knapp unter den Siedepunkt erhitzen. Schöpfen Sie immer wieder den Schaum ab und lassen Sie das Fleisch 1 Stunde bei kleiner Hitze kochen. In der Zwischenzeit die Petersilie waschen, trocken schütteln und grob hacken. Lauch, Möhre, Sellerie und Schalotten putzen und in Würfel schneiden. Das gewürfelte Gemüse sowie die Gewürze und die grob gehackte Petersilie zum Fleisch geben und dieses 1 Stunde weiterkochen lassen. Dann den Topf vom Herd nehmen, den Fond etwas abkühlen lassen und behutsam durch ein Tuch passieren.

2 | **Für das Gemüse** die Kartoffeln, die Möhren und den Knollensellerie schälen und in 5 mm große Würfel schneiden. Die Rübenstiele waschen, verlesen und putzen. Schneiden Sie die Rübenstiele in feine Streifen, dann blanchieren Sie sie kurz in kochendem Wasser, schrecken sie ab und lassen sie abtropfen. So behalten sie ihre Farbe. Die Petersilie waschen, trocken schütteln und fein hacken.

3 | **Den passierten Fleischfond** in einem Topf zum Kochen bringen. Kartoffeln, Möhren und Sellerie nach und nach in die kochende Flüssigkeit geben und darin garen. Das Gemüse sollte noch Biss haben. Geben Sie nun das Stielmus und die kalte Butter dazu und rühren Sie so lange, bis sich die Butter aufgelöst hat und eine leichte Bindung entstanden ist. Mit Salz abschmecken und die gehackte Petersilie unterrühren. Das Stielmus auf Tellern oder in Suppentassen anrichten. Es passt gut als Beilage zu gekochtem Rindfleisch.

Bremen

Niedersachsen

Bayern

Baden-Württemberg

Zubereitungszeit
ca. 25 Min.

Grünkohl

Vor allem in Norddeutschland ein traditionelles Gemüse, das nicht nur zu Pinkel-Grützwurst passt

Zutaten

- *1,2 kg Grünkohl*
- *Salz*
- *4 Schalotten*
- *100 g Speck*
- *60 g Gänseschmalz (oder Butterschmalz)*
- *frisch gemahlener Pfeffer*
- *1 Msp. frisch geriebene Muskatnuss*
- *100 ml kräftiger Rinder- oder Kalbsfond (Glas oder S. 534)*
- *2 TL Speisestärke*

Cremig gebunden

Der Fond kann auch mit einer in Weißwein fein geriebenen Kartoffel gebunden werden. Sie können aber auch 80 g Sahne zugeben und den Fond cremig einkochen.

S. 78 ff.
IM FOKUS – WARENKUNDE Kohl

S. 200 ff.
REGIONENPORTRÄT Hamburg/Bremen/Schleswig-Holstein

S. 424 ff.
REGIONENPORTRÄT Niedersachsen

1 | **Vom Grünkohl den Strunk entfernen** und die Blätter von den einzelnen Stängeln abstreifen oder abschneiden. In kaltem Wasser waschen und in einem Sieb gut abtropfen lassen. Bringen Sie in einem großen Topf reichlich Salzwasser zum Kochen und blanchieren Sie darin den Grünkohl, bis er gar ist. Herausnehmen, in Eiswasser abschrecken und gut ausdrücken. Die blanchierten Blätter in Streifen schneiden.

2 | **Die Schalotten schälen und fein würfeln.** Den Speck ebenfalls in feine Würfel schneiden und im heißen Schmalz glasig anschwitzen. Den Grünkohl dazugeben, mit Salz, Pfeffer und Muskatnuss würzen und ebenfalls andünsten. Den Rinderfond angießen und das Gemüse zugedeckt etwa 5 Minuten kochen.

3 | **Den Grünkohl** mit einem Schaumlöffel aus dem Fond nehmen. Die Speisestärke mit wenig kaltem Wasser anrühren und den im Topf verbleibenden Grünkohlfond damit binden. Den Grünkohl anschließend zurück in den Topf geben, umrühren, aufkochen und servieren. Grünkohl passt gut zu gebratener Blutwurst, zu Wildschweinkeule (S. 299), Gans (S. 307) oder – wenn man den Grünkohl ohne Speck zubereitet – zu gegrillten Seeteufelmedaillons.

DIE SÜDDEUTSCHE ENTSPRECHUNG: KLASSISCHES WIRSINGGEMÜSE

Während in Norddeutschland gerne Grünkohl mit Speck und Schmalz zubereitet wird, greift man in Süddeutschland vor allem auf Wirsing zurück. Für ein Wirsinggemüse putzen Sie den Kohl und schneiden die harten Mittelrippen heraus. Anschließend die Wirsingblätter waschen und abtropfen lassen. In kochendem Salzwasser kurz blanchieren, kalt abschrecken (so behält er seine Farbe) und gut abtropfen lassen. Dann schneiden Sie den blanchierten Wirsing in etwa 5 mm breite Streifen, dünsten sie in Schmalz und ausgelassenem Speck an, würzen, gießen mit ganz wenig Gemüsefond (S. 109) und Sahne auf und dünsten das Wirsinggemüse bissfest.

Zubereitungszeit
ca. 50 Min.

Gratin von Teltower Rübchen

Die Rübchen mit Weltruhm hier einmal anders: aromatisch im Backofen gratiniert

Zutaten (für 6 Portionen)

- *600 g Teltower Rübchen (oder Mairüben)*
- *3 Möhren* · *1 EL Zitronensaft*
- *Salz* · *1 Msp. Zucker*
- *100 ml Milch* · *100 g Sahne*
- *frisch gemahlener Pfeffer*
- *1 Prise frisch geriebene Muskatnuss*
- *1 EL Crème fraîche*
- *1 Msp. Wasabi (oder Meerrettich)*
- *Butter für die Form*
- *50–80 g geriebener Hartkäse (z. B. Bergkäse oder Emmentaler)*
- *1 kleines Bund Schnittlauch*

1 | **Die Rübchen putzen,** waschen und mit einem Küchenmesser die Schale abschaben. Anschließend halbieren oder je nach Größe auch vierteln. Die Möhren schälen und sehr grob raspeln. Die Rübchen mit etwas Zitronensaft beträufeln, damit sie die Farbe behalten, salzen und leicht zuckern. Den Backofen auf 180 °C vorheizen.

2 | **Milch und Sahne aufkochen,** mit Salz, Pfeffer und Muskatnuss abschmecken. Rühren Sie die Crème fraîche und die Wasabipaste ein und stellen Sie die Masse beiseite. Eine Auflaufform mit Butter ausfetten, die Rübchen darin einschichten, die geraspelten Möhren darüberstreuen, mit der gewürzten Sahnemilch übergießen und im vorgeheizten Ofen auf der mittleren Schiene 20 bis 25 Minuten garen. Die Rübchen sollen noch etwas Biss haben.

3 | **Das Gratin kurz aus dem Ofen nehmen,** mit geriebenem Käse bestreuen und noch einmal etwa 5 Minuten im Ofen gratinieren. Inzwischen den Schnittlauch waschen, trocken schütteln und in feine Röllchen schneiden, über das Gratin streuen und servieren. Das Gratin passt gut zu Schweinebraten (S. 222), gefüllter Kalbsbrust (S. 251) oder Wildschweinkeule (S. 299).

S. 338 ff.
REGIONENPORTRÄT Berlin/Brandenburg

S. 366 ff.
WARENKUNDE Altes Gemüse

WARENKUNDE

Teltower Rübchen – Speiserübe mit gutem Ruf

Die edelzarte Spielart aus der Familie der Speiserüben besitzt eine kegelförmige Pflanzenwurzel, deren feines Aroma schon Goethe rühmte. Die beste Qualität erreicht sie auf nährstoffarmem Sandboden (etwa rund um Teltow), wo sie besonders zart und klein bleibt und sich das typische Aroma auf das Feinste entwickelt. Der beste Erntezeitpunkt ist, wenn die Rübe eine Länge von 6 bis 8 cm und eine Dicke von etwa 3 bis 4 cm erreicht hat. Teltower Rübchen eignen sich fein geraspelt roh für Salat, schmecken aber auch gedünstet sehr gut.

Stielmangold

Gelb, rot oder weiß – Mangold kommt in drei Varietäten auf den Markt. Die gut frostbeständige Runkelrübenart wird ähnlich wie Spinat zubereitet.

Altes Gemüse neu entdeckt

Sie sind die Schätze der Felder und Äcker: Alte Gemüsesorten erleben eine Renaissance in der Küche und bereichern sie mit kräftigen Aromen und Wirkstoffen.

Wer sich für alte Gemüsesorten interessiert, kommt nicht umhin, in mittelalterlichen Aufzeichnungen über Heilpflanzen nachzuschlagen. Unter Gemüse verstand man damals Wurzeln und Kräutlein, die nach dem Kochen zu Mus (»G'müs«) wurden, dem man heilsame Kräfte zuschrieb. So sollten Pastinaken gut gegen Schlaflosigkeit sein, mit Sauerampfer heilte man traditionell Leber- und Nierenleiden. Fast jedem einheimischen Gemüse wurde eine Wirkung zugeschrieben.

Nahrung der Armen und Asketen

Die Ernährung mit Gemüse gehörte zu den festen Gebräuchen des Mönchtums, denn Gemüse stand für Askese. So aßen Benediktiner- und Kartäusermönche vegetarisch. Der mittelalterliche Adel schätzte Gemüse deshalb gering ein – Fleisch bedeutete Wohlstand, und wer Gemüse aß, war arm oder fastete. Heute ist der Stellenwert von Gemüse ein anderer. Gemüse sichert als wichtiges Grundnahrungsmittel die Versorgung mit Nährstoffen (Kohlenhydrate, Ballaststoffe, Vitamine, Mineralstoffe und Eiweiß). Derzeit beträgt der Pro-Kopf-Verbrauch für Gemüse in Deutschland pro Jahr 90 bis 95 Kilogramm. Etwa zwei Drittel davon werden als Frischware konsumiert. Am beliebtesten sind Fruchtgemüse wie Tomaten und Gurken, aber auch Zwiebeln, Möhren, Rote Beten und Salatgemüse (z. B. Feldsalat) liegen in der Gunst der Verbraucher ganz vorne. Dagegen ist die Beliebtheit von Grob- und Wurzelgemüse (z. B. Kohl, Sellerie) rückläufig. Bemerkenswert ist die vor allem in der gehobenen Gastronomie neuentdeckte Wertschätzung alter Gemüsesorten, z. B. von Pastinaken oder Stielmus, den jungen Blättern und Stielen von Speiserüben. Sie waren in Vergessenheit geraten, weil ihr Ertrag nur gering war oder sie nur regionale Bedeutung hatten.
Die Hauptanbaugebiete für heimische Gemüse liegen in Nordrhein-Westfalen, Niedersachsen, Rheinland-Pfalz, Bayern und Baden-Württemberg. Am Verbrauch gemessen ist die deutsche Gemüseproduktion insgesamt jedoch zu gering; sie deckt nur etwa 30 bis 40 Prozent des eigenen Bedarfs, 60 bis 70 Prozent der in Deutschland konsumierten Gemüse stammen daher aus dem Ausland.

Kerbelrüben

Selten kultiviertes Gemüse, das auch Knollenkerbel genannt wird. Kann wie Kartoffeln zubereitet werden und schmeckt süßlich.

Pastinake

Altes, sehr nährstoffreiches Wurzelgemüse, das auch als Pasterna bezeichnet wird. Das in Vergessenheit geratene Gemüse ist besonders für Eintöpfe und Schmorgerichte wieder sehr beliebt.

Bundmöhren

Regional auch als Karotte, Gelbe Rübe oder Mohrrübe bekannt. Mitsamt Grün kommen nur frühe, leicht süßliche Sorten, die im Frühling und Sommer jung geerntet werden, in den Handel.

Knollensellerie

Das auch als Wurzelsellerie bekannte Knollengemüse hat einen typischen, intensiven Eigengeschmack. Es gilt als unverzichtbarer Bestandteil im Suppengrün und im Bouquet garni.

Staudensellerie

Auch als Stangen- oder Blattsellerie bekannt. Er schmeckt roh ebenso gut wie gekocht, geschmort und gebraten. Sein feines Aroma eignet sich gut für Rohkost, Salate, Eintöpfe und Saucen.

Petersilienwurzel

Auch unter dem Namen Wurzelpetersilie bekannt. Sie dient überwiegend als Suppengewürz. Ihr Grün kann wie das der Petersilie verwendet werden, schmeckt aber nicht so intensiv.

Bleichspargel

Wurzelspross mit feinem Aroma, der in Erdwällen kultiviert und von Hand geerntet wird. Sobald der Spross ans Licht kommt, verfärbt er sich lila, was zur Qualitätseinbuße führt.

Topinambur

In Baden auch als Ross-Erdapfel oder Erdbirne bekannt. Wird heute vor allem in Baden und Niedersachsen angebaut und ist ansonsten weitgehend durch die Kartoffel verdrängt.

Feldsalat

In Nordhessen auch Nüsschen genannt, in Süddeutschland als Vogerlsalat oder Rapunzel bekannt. Die Blattrosette dieses Salatgemüses wird von Hand geerntet.

Buschbohnen

Sie kommen in breiter Farben- und Formenvielfalt auf den Markt und werden sowohl frisch als auch zur Herstellung von Tiefkühlprodukten oder Trockensuppen eingesetzt.

Stangenbohnen

Auch als breite Bohnen im Handel; der Name beruht auf ihrer flachen Hülsenform, die gelb, grün oder blau gefärbt ist. Roh ungenießbar werden sie gekocht zu Salat oder Gemüse verarbeitet.

Zuckererbsen

Bei den Zuckererbsen fehlt die dünne Pergamentschicht an der Innenseite der Hülse, daher können die zarten Hülsen mitsamt der unreifen Samen im Ganzen verzehrt werden.

Lauch

Das robuste Stangengemüse, das häufig auch als Porree bezeichnet wird, gedeiht auch bei rauherem Klima gut im Freiland. Sein kräftiges Aroma unterstreicht seine Verwandtschaft mit Zwiebeln.

Mairübe

Die Feinste unter den Speiserüben wird schon seit der Antike genutzt. Neben der Rübe, auch Nevette genannt, können auch die Blätter gegessen werden, wenn man sie wie Spinat zubereitet.

Herbstrübe

Hier die Sorte »Runde Weiße Rotköpfige«. Sie besitzen ein sehr ausgeprägtes Eigenaroma und schmecken am besten gekocht und püriert oder klein geschnitten im Eintopf.

Teltower Rübchen

Die brandenburgische Zwergform der weißen Rübe hat einen feineren Geschmack als ihre Rübenverwandten. Das süßliche Aroma passt gut zu Rohkost und kommt gekocht gut zur Geltung.

Steckrübe

In der Osnabrücker Gegend auch Rananke genannt, wird die Steck-, Erd- oder Kohlrübe von September bis Mai geerntet. Die Wurzelknollen mit der derben Schale schmecken herbsüß.

Münchener Weißer Treib und Setz

Kurze, gedrungene weiße Rettichsorte, die einen ausgeprägten, aromatischen Geschmack hat und besonders in Bayern sehr beliebt ist. Für den Rohverzehr und zum Kochen geeignet.

Schwarzer Rettich

Auch als Winterrettich bekannt. Es gibt längliche und rundliche Sorten (hier die Sorte »Runder Schwarzer Winter«). Schwarzer Rettich hat sehr festes Fleisch und muss geschält werden.

Radieschen

Kugelige Form einer Art Minirettich. Das Farbenspiel der Sorten ist vielfältig, das Fleisch ist jedoch immer weiß. Sie werden roh verzehrt und sind besonders in Süddeutschland beliebt.

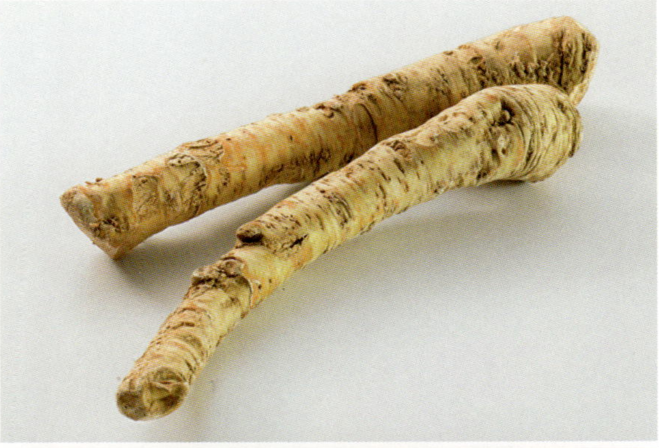

Meerrettich

Die in Bayern auch als Kren bekannte Wurzel wird hierzulande bereits seit dem Mittelalter angebaut. Beim Anschneiden verströmt sie einen stechenden und zu Tränen reizenden Geruch.

Blattspinat

Gartenspinat kommt je nach Aussaattermin in zwei Varietäten auf den Markt: Zarter Sommerspinat (Ernte März bis Mai) kann auch roh gegessen werden, Winterspinat (Ernte September bis November) muss gekocht werden.

Zubereitungszeit
ca. 1 Std.

Einweichzeit
ca. 10 bis 12 Std.

Schnippelbohnen mit Speck und Zwiebeln

Durch knusprige Kartoffelwürfel köstlich ergänzt

Zutaten

- *80 g getrocknete weiße Bohnen*
- *125 g geräucherter Speck (Stück)*
- *2–3 rote Zwiebeln*
- *1 Knoblauchzehe*
- *2 Zweige Bohnenkraut*
- *50 ml Weißwein*
- *600–700 ml Gemüsefond (Glas oder S. 109)*
- *1 Lorbeerblatt*
- *300 g festkochende Kartoffeln*
- *500 g grüne Bohnen*
- *Salz* · *3 EL Distelöl*
- *frisch gemahlener Pfeffer*
- *4 TL kalte Butter*
- *2–3 EL Schnittlauchröllchen*

1 | **Die weißen Bohnen** am Abend vorher in Wasser einweichen. Schneiden Sie den Speck in kleine Würfel. Die Zwiebeln und den Knoblauch schälen und beides fein würfeln. Beim Bohnenkraut die Blättchen von den Stielen streifen und fein hacken. Den Speck anbraten. Fügen Sie die Zwiebeln, die eingeweichten weißen Bohnen und den Knoblauch hinzu und schwitzen Sie alles zusammen an. Mit Weißwein ablöschen und mit dem Fond auffüllen. Das Lorbeerblatt dazugeben und etwa 40 Minuten köcheln lassen, bis die weißen Bohnen gar sind.

2 | **In der Zwischenzeit die Kartoffeln schälen** und in 1 cm dicke Würfel schneiden. Die Würfel in einem Sieb unter kaltem Wasser abspülen, damit die Stärke aus den Kartoffeln weicht. Lassen Sie sie anschließend auf Küchenpapier abtropfen. Die grünen Bohnen putzen, waschen, schräg in 2 cm große Stücke schneiden (»schnippeln«) und in reichlich gesalzenem Wasser bissfest garen. Während die Schnippelbohnen kochen, die Kartoffeln in einer Pfanne in Öl anbraten, bis sie von allen Seiten goldgelb sind. Würzen Sie die Kartoffeln mit Salz und Pfeffer.

3 | **Die gegarten weißen Bohnen** in ein Sieb abgießen, den Sud dabei auffangen. Die weißen Bohnen mit den Schnippelbohnen vermischen und auf den vorgewärmten Tellern anrichten. Den aufgefangenen Sud mit der kalten Butter aufmixen und den Schaum über die Bohnen geben. Die knusprigen Kartoffelwürfel darüber verteilen und mit etwas Schnittlauch bestreuen. Statt Kartoffelwürfeln passen auch gut klein geschnittene, gebratene Semmelknödel (S. 396) zu den Schnippelbohnen.

S. 96 ff.
REGIONENPORTRÄT Nordrhein-Westfalen

S. 424 ff.
REGIONENPORTRÄT Niedersachsen

EINE BOHNENVARIANTE: MARINIERTE SAUBOHNEN

Saubohnen, ursprünglich in mediterranen Gefilden zu Hause, werden immer mehr auch in der deutschen Küche verwendet. Für marinierte Saubohnen brechen Sie die Saubohnen (Puffbohnen) auf und holen die Bohnenkerne heraus. 160 g Bohnenkerne in Salzwasser kochen, bis sie gar sind. In der Zwischenzeit 60 g Schalottenstreifen mit etwas Knoblauch in 2 EL Olivenöl und 2 EL Butter anschwitzen. 350 g klein geschnittene Kartoffeln dazugeben, mit Salz, frisch gemahlenem Pfeffer, ½ Lorbeerblatt und 1 Zweig Thymian würzen und mit 1 l Geflügelfond auffüllen. So lange köcheln lassen, bis die Kartoffeln weich sind, dann durch ein Sieb streichen, sodass ein sämiger Kartoffelfond entsteht. Mit etwas Essig und Öl verrühren, 2 Msp. gehacktes Bohnenkraut dazugeben und die gegarten, abgetropften Bohnenkerne damit marinieren. Dann geben Sie 40 g Tomatenwürfel (ohne Haut) sowie 2 EL hauchdünn geschnittene Streifen von luftgetrockneter, scharfer Salami dazu. 200 g gebratene Schweinebacken in Scheiben schneiden und in etwas Geflügelfond (S. 534) erwärmen. Die marinierten Bohnenkerne auf Tellern anrichten und die Schweinebacken daraufsetzen. Mit Kalbsjus (S. 534) beträufelt servieren.

Zubereitungszeit
ca. 1 Std. 20 Min.

Einweichzeit
ca. 10 Std.

Gelbes Erbsenpüree

Aus getrockneten oder frischen Erbsen zubereitet, wird der Berliner Klassiker meist zu Eisbein serviert.

Zutaten

- *200 g getrocknete gelbe Erbsen*
- *1 Kartoffel*
- *1 kleine Möhre* · *1 Zwiebel*
- *½ Stange Lauch (nur das Weiße)*
- *2 EL Schmalz*
- *½ l Geflügelfond (Glas oder S. 534)*
- *2 Stängel Liebstöckel*
- *2 Stängel Petersilie*
- *1 TL Zucker* · *Salz*
- *frisch gemahlener weißer Pfeffer*
- *1 Prise frisch geriebene Muskatnuss*
- *50 g Butter*

1 | **Die Erbsen in einem Sieb** unter fließendem Wasser waschen, dann in eine Schüssel geben und zugedeckt über Nacht in kaltem Wasser einweichen. Die Kartoffel, die Möhre und die Zwiebel schälen, den Lauch putzen und waschen. Schneiden Sie alle Gemüsesorten in etwa 1 cm große Stücke.

2 | **In einem Topf das Schmalz erhitzen** und die Gemüsestücke darin farblos anschwitzen. Die eingeweichten Erbsen mit dem Einweichwasser hinzufügen und mit dem Geflügelfond auffüllen. Liebstöckel und Petersilie waschen und unzerkleinert zu den Erbsen geben. Mit Zucker, Salz, Pfeffer und Muskatnuss würzen. Lassen Sie das Gemüse 30 bis 40 Minuten bei schwacher Hitze offen kochen, bis alle Zutaten weich sind. Gelegentlich mit einem Holzlöffel umrühren und darauf achten, dass der Erbsenbrei nicht am Topfboden ansetzt. Gegebenenfalls können Sie noch etwas Fond auffüllen.

3 | **Den Erbsenbrei im Mixer pürieren** und anschließend durch ein feines Sieb streichen. Dadurch erhält das Erbsenpüree eine besonders feine Konsistenz. Die Butter in Stückchen schneiden, diese unter die Erbsenmasse rühren und noch einmal abschmecken. Erbsenpüree passt gut zu Eisbein oder Pökelrippchen (S. 233).

S. 338 ff.
REGIONENPORTRÄT
Berlin/Brandenburg

S. 366 ff.
WARENKUNDE Altes Gemüse

DER KLASSIKER: PÜREE AUS FRISCHEN GRÜNEN ERBSEN

Klassisch wird das Püree aus frischen grünen Erbsen zubereitet. Dazu schälen Sie 3 Schalotten und schneiden sie in feine Würfel. In einem Topf 3 EL Butter schmelzen und die Schalottenwürfel darin glasig anschwitzen. 500 g grüne Erbsen, 150 ml Gemüsefond (S. 109) und 2 TL Limettensaft hinzugeben. Mit etwas Salz, frisch gemahlenem Pfeffer und 2 gestrichenen TL Zucker würzen und etwa 10 Minuten köcheln lassen. Die Erbsen nicht zu lange köcheln lassen, sonst verlieren sie ihre herrlich grüne Farbe und werden grau. 5 Minzeblätter waschen und mit den Erbsen und der Kochflüssigkeit sehr fein pürieren. Das Erbsenpüree wieder in einen Topf geben, nochmals leicht erhitzen, 6 bis 8 EL Sahne unterrühren und abschmecken. Das frische Erbsenpüree passt gut zu Eisbein, Koteletts, Fisch und Meeresfrüchten.

Rheinland-Pfalz

Hessen

Zubereitungszeit
ca. 3 Std.

Glacierte Maronen in Haselnussvinaigrette

Sie lassen sich extravagant mit einem würzigen Parmesansüppchen kombinieren.

Für die glacierten Maronen

- *70 g getrocknete Aprikosen*
- *1 Schalotte*
- *100 g gekochte Maronen*
- *70 g gekochte Artischockenböden*
- *70 g weiße Trauben*
- *1 Zweig Thymian*
- *1 EL Haselnussöl (oder Walnussöl)*
- *1 TL Zucker*
- *2 TL Butter*
- *Salz*
- *frisch gemahlener Pfeffer*
- *2 EL Granatapfelkerne*
- *Thymian zum Garnieren*

Für das Parmesansüppchen

- *2 Schalotten*
- *1 EL Olivenöl*
- *400 ml Geflügelfond (Glas oder S. 534)*
- *100 g Sahne*
- *1–2 EL Zitronensaft*
- *Salz*
- *frisch gemahlener Pfeffer*
- *1 Prise frisch geriebene Muskatnuss*
- *1 EL geriebener Parmesan*
- *4 TL Butter*

Für die Haselnussvinaigrette

- *2 TL Kalbsjus (Glas oder S. 534)*
- *2 TL Aceto balsamico*
- *1 Prise Zucker*
- *1–2 EL Haselnussöl (oder Walnussöl)*
- *Salz*
- *frisch gemahlener Pfeffer*

1 | **Für die glacierten Maronen** die getrockneten Aprikosen fein würfeln. Die Schalotte schälen und ebenfalls in Würfel schneiden, die Maronen halbieren und die Artischockenböden würfeln. Häuten Sie die weißen Trauben, dann halbieren und entkernen Sie sie. Den Thymian waschen, trocken schütteln, die Blättchen vom Stiel zupfen und sehr fein hacken.

2 | **Für das Parmesansüppchen** die Schalotten schälen und in feine Würfel schneiden, dann in Olivenöl glasig andünsten, mit dem Geflügelfond ablöschen und die Flüssigkeit um etwa ein Drittel reduzieren. Anschließend die Sahne dazugeben und das Ganze nochmals um etwa ein Drittel reduzieren.

3 | **Für die Haselnussvinaigrette** inzwischen den Kalbsjus leicht erwärmen und mit dem Essig, dem Zucker und dem Haselnussöl verrühren. Würzen Sie die Haselnussvinaigrette mit Salz und Pfeffer. Anschließend die glacierten Maronen fertigstellen: Dazu die Schalottenwürfel in Haselnussöl glasig dünsten, Aprikosen, Maronen, Artischocken und Trauben dazugeben und kurz mit anschwitzen, mit Thymian würzen und mit Zucker und Butter glacieren. Schmecken Sie die glacierten Maronen mit Salz und Pfeffer ab.

4 | **Zum Servieren** die Maronen in einem tiefen Geschirr anrichten und mit der Haselnussvinaigrette beträufeln. Mit den Granatapfelkernen und nach Belieben mit Thymian bestreuen. Würzen Sie das Parmesansüppchen mit etwas Zitronensaft, Salz, Pfeffer und Muskatnuss und mixen Sie es mit dem Parmesan und der Butter zu einer sämigen Suppe auf. In kleinen, vorgewärmten Gläsern oder in Mokkatässchen anrichten und zu den Maronen servieren.

WARENKUNDE

Maronen – Kastanien für Gourmets

Die Samen der Edel- oder Esskastanie kennt man in Süddeutschland als »Maroni«, in der Pfalz werden sie als »Keschte« bezeichnet. Bei uns gedeiht die Marone hauptsächlich in mildem Weinbauklima, etwa im Rheintal, aber auch im Taunus, im westlichen Odenwald und im Pfälzer Wald. Das süßliche Aroma der mehligen Edelkastanien entfaltet sich erst beim Kochen oder Rösten. Dabei muss die Schale unbedingt eingeritzt werden, da die Maronen ansonsten zerbersten. Früher waren Maronen eine Armenspeise und dienten als Mehlersatz, heute nehmen sie in der gehobenen Küche einen festen Platz als Beilage zu Wild und Geflügel ein und werden auch zu feinen Kuchen und Cremes verarbeitet.

Zubereitungszeit
ca. 1 Std.

Essiggurken Spreewälder Art

Feinsauer eingelegt sind sie eine echte Delikatesse, die man über die Bundesgrenzen hinaus kennt.

Zutaten (für 6 Gläser mit je 640 ml)

- *1 Bund Dill*
- *200 g Zucker*
- *200 ml Weißweinessig*
- *1 TL Pfefferkörner*
- *1 TL Senfkörner*
- *½ TL Korianderkörner* · *Salz*
- *8 Gurken (Spreewälder Gurken, insg. 1,5 kg)*

Außerdem

- *6 Einmachgläser mit Twist-Off-Deckel (je 640 ml)*

S. 338 ff.
REGIONENPORTRÄT Berlin/Brandenburg

S. 343
REGIONENPORTRÄT Spreewald

1 | **Den Dill waschen, trocken schütteln** und grob hacken. Den Zucker mit 100 ml Wasser mischen, aufkochen und so lange bei kleiner Hitze kochen lassen, bis die Masse leicht zu bräunen beginnt. Mit dem Essig ablöschen, Pfeffer-, Senf- und Korianderkörner sowie den Dill beigeben und mit 2 l Wasser aufgießen. Lassen Sie den Sud etwa 5 Minuten bei kleiner Hitze köcheln und schmecken Sie ihn mit Salz ab.

2 | **Die Gurken schälen** und in etwa 5 bis 6 cm lange Stifte schneiden, grobe Kerne dabei entfernen. Stapeln Sie die Gurkenstifte in die Einmachgläser und bedecken Sie sie mit dem kochenden Würzsud. Die Gläser verschließen und in einen passenden Kochtopf stellen, dessen Boden mit einem Stück Pappkarton ausgelegt ist. So bewegt sich das Glas beim Einkochen nicht und zerspringt nicht.

3 | **Die Gläser mit Wasser vollständig bedecken,** langsam aufheizen, bis kleine, einzelne Bläschen in den Gläsern aufsteigen und ab diesem Zeitpunkt 20 Minuten leicht köchelnd einkochen. Nehmen Sie die Gläser behutsam heraus und stellen Sie sie zum Auskühlen mit dem Deckel nach unten auf ein Küchentuch. Erst nach dem Erkalten die Gläser wieder umdrehen und mit dem Deckel nach oben stehend lagern. Die so eingemachten Gurken sind bei einer Lagertemperatur von 14 bis 18 °C etwa 4 bis 5 Monate haltbar.

EIN WEITERER EINGELEGTER KLASSIKER: KÜRBIS SÜSSSAUER

Der Kürbis galt hierzulande lange als Armeleuteessen oder wurde gleich an das Vieh verfüttert. In der Steiermark, in Slowenien und in Ungarn wurde er vorwiegend zur Ölgewinnung angebaut. Mittlerweile hat sich die Bekömmlichkeit und Vielseitigkeit des Herbstgemüses jedoch in ganz Deutschland herumgesprochen und der formenreiche Kürbis erfreut sich wachsender Beliebtheit. Für eingelegten Kürbis schälen und würfeln Sie den Kürbis. Anschließend schichten Sie ihn mit einem Stück Zimtstange (2 cm), einem kleinen Stück geschälter Ingwer- oder Meerrettichwurzel (1–2 cm) sowie 1 bis 2 Gewürznelken in Einmachgläser. 100 ml Essig mit 100 ml Weißwein und 1 l Wasser mischen, mit Salz und Zucker abschmecken und den Sud aufkochen. Den kochenden Sud in die Gläser schöpfen, sodass der Kürbis bedeckt ist. Die Gläser verschließen und in einen Kochtopf stellen, dessen Boden mit einem Stück Karton belegt ist. Füllen Sie den Topf mit Wasser auf, heizen Sie es langsam auf und kochen Sie den Kürbis etwa 25 Minuten bei 80 °C ein. Eingelegter Kürbis passt gut zu Wild, kurz gebratenem, dunklem Fleisch wie Rindersteak, aber auch zu gebratener Ente und Gans.

Teigwaren und Beilagen

Knödel, Klöße, Nudeln und mehr

Zubereitungszeit
ca. 2 Std.

Kletzen-Schupfnudeln

Mit getrockneten Birnen, Pflaumen und Feigen leicht süßlich aromatisiert

Zutaten

- *1 kg mehlig kochende Kartoffeln*
- *grobes Salz*
- *1–2 Kletzen (getrocknete Birnen)*
- *120 g Dörrobst (Pflaumen, Feigen, Aprikosen und Äpfel)*
- *80 g doppelgriffiges Mehl (Wiener Grießler, Spätzlemehl)*
- *2 TL Hartweizengrieß*
- *1 Eigelb*
- *1 gestr. TL Salz*
- *1 Msp. frisch geriebene Muskatnuss*
- *Butter zum Schwenken*

Klassisch ohne Obst

Sie können die Schupfnudeln auch klassisch ohne Kletzen und Dörrobst zubereiten: So passen sie besonders gut zu Sauerkraut oder Apfelmus.

S. 34 ff.
REGIONENPORTRÄT Bayern

S. 402 ff.
REGIONENPORTRÄT Baden-Württemberg

1 | **Den Backofen auf 180 °C vorheizen.** Die Kartoffeln waschen, oben und unten einritzen und im Ofen auf einem Bett aus grobem Salz etwa 1 Stunde garen, so verlieren die Kartoffeln ihre Feuchtigkeit. Anschließend herausnehmen, etwas abkühlen lassen, pellen und noch warm zweimal durch die Kartoffelpresse drücken.

2 | **Drei Viertel der Kletzen und des Dörrobsts** fein hacken. Vermengen Sie das doppelgriffige Mehl mit dem Hartweizengrieß und dem gehackten Dörrobst. Die Mehlmischung mit dem Eigelb, dem Salz und der Muskatnuss zu den Kartoffeln geben und alles rasch zu einem Teig kneten (Step 1). Den Teig zu Rollen formen (1 bis 2 cm Ø) und diese in 2 bis 3 cm lange Stücke teilen (Step 2). Rollen Sie die Teigstücke zu Schupfnudeln (Step 3).

3 | **In einem großen Topf Salzwasser** zum Kochen bringen und die Schupfnudeln einlegen. Sobald sie an die Oberfläche steigen, mit der Schaumkelle herausnehmen und auf ein geöltes Blech legen. Nicht abschrecken, da sie sonst Wasser aufsaugen.

4 | **Vor dem Servieren** etwas Butter in einer Pfanne zerlassen und die Schupfnudeln darin einige Minuten durchschwenken, bis sie wieder erwärmt sind und eine goldbraune Farbe aufweisen. Dann das restliche Dörrobst untermischen. Schmecken Sie mit Salz und Muskatnuss ab. Die Kletzen-Schupfnudeln passen gut zu Wildgerichten oder können als Hauptgericht zu Kompott serviert werden.

1)

2)

3)

Schupfnudeln formen

1) Den Hartweizengrieß mit dem doppelgriffigen Mehl und dem Dörrobst vermischen. Mit Kartoffeln, Eigelb und Gewürzen rasch zum Teig kneten.

2) Aus dem Kartoffelteig 1 bis 2 cm dicke Rollen formen und diese mit einem Küchenmesser in etwa 2 bis 3 cm lange Stücke teilen.

3) Die Teigstücke mit den Handflächen an beiden Enden spitz zulaufend rollen, bis sie die typische Schupfnudelform haben.

Zubereitungszeit
ca. 1 Std. 25 Min.

Gebratene Wickelklöße

Gefüllt, gerollt und gebraten macht die Spezialität aus dem Erzgebirge Appetit auf mehr.

Zutaten

- *350 g mehlig kochende Kartoffeln*
- *grobes Salz*
- *4 TL Mehl*
- *4 TL Speisestärke*
- *1 Eigelb* · *Salz*
- *frisch gemahlener Pfeffer*
- *1 Prise frisch geriebene Muskatnuss*
- *1 Scheibe durchwachsener Speck (30 g)*
- *1 weiße Zwiebel*
- *4 Stängel Blattpetersilie*
- *2–3 EL Semmelbrösel*
- *Butterschmalz zum Braten*

S. 126 ff.
IM FOKUS – WARENKUNDE
Kartoffeln

S. 312 ff.
REGIONENPORTRÄT
Rheinland-Pfalz/Saarland/Südhessen

S. 492 ff.
REGIONENPORTRÄT
Sachsen/Sachsen-Anhalt

1 | **Die Kartoffeln waschen** und trocken tupfen. Den Backofen auf 200 °C vorheizen. Das grobe Salz auf ein Backblech geben, die Kartoffeln daraufsetzen und im Ofen 40 bis 45 Minuten weich garen. Anschließend herausnehmen, etwas abkühlen lassen, pellen und noch warm durch die Kartoffelpresse drücken. Mehl, Stärke und Eigelb unter die Kartoffeln heben und die Masse mit Salz, Pfeffer sowie etwas Muskatnuss abschmecken. Decken Sie den Kartoffelteig mit einem Tuch ab und lassen Sie ihn auskühlen.

2 | **Inzwischen den Speck** in feine Würfel schneiden und in einer beschichteten Pfanne auslassen. Die Zwiebel schälen, sehr fein würfeln, zum Speck geben und glasig schwitzen. Lassen Sie die Speck-Zwiebel-Mischung auf Küchenpapier abtropfen. Die Petersilie waschen, trocken schütteln und fein hacken.

3 | **Den Kartoffelteig durchkneten** und 5 mm dick zu einem Quadrat ausrollen. Die Kartoffelteigplatte mit Semmelbröseln bestreuen und die Speck-Zwiebel-Mischung sowie die Petersilie gleichmäßig darauf verteilen. Rollen Sie die Teigplatte auf und schneiden Sie die Rolle in vier Teile. Jedes Teigstück zunächst in Frischhaltefolie, dann in Alufolie einpacken und dabei die Enden gut zudrehen.

4 | **In einem Topf Wasser aufkochen,** vom Herd nehmen, die eingepackten Klöße einlegen und etwa 10 Minuten im Wasser ziehen lassen. Dann die Klöße herausnehmen und auspacken. In einer Pfanne etwas Butterschmalz erhitzen und die Klöße darin goldgelb braten. Auf Küchenpapier abtropfen lassen, portionsweise in 2 cm dicke Scheiben schneiden und anrichten. Servieren Sie die Wickelklöße zu Fleischgerichten mit Sauce; Sie können sie jedoch auch als Hauptgericht mit Salat genießen.

ÄHNLICH ZUBEREITET: DER KLASSIKER SAARLÄNDISCHE SCHNEEBÄLLCHEN

Im Saarland kennt man ähnlich zubereitete Klöße, die als »Schneebällchen« bezeichet werden. Kochen Sie dafür etwa 1 kg Kartoffeln am Vortag in der Schale weich, pellen Sie sie, drücken Sie die Kartoffeln durch eine Kartoffelpresse und lassen Sie sie ausdampfen. Am nächsten Tag mit 2 Eigelben, 2 EL gehackter Petersilie, Salz, Pfeffer und frisch geriebener Muskatnuss zu einem Teig verkneten. So viel Mehl dazugeben, dass der Teig nicht mehr an den Händen klebt. Formen Sie kleine Bällchen und kochen Sie diese in Salzwasser so lange, bis sie von selbst an die Wasseroberfläche steigen. Die Schneebällchen passen sehr gut zu geschmortem Kaninchen (S. 302) oder auch zu geschmorter Rinderschulter (S. 255).

Zubereitungszeit
ca. 3 Std. 10 Min.

Diebchen mit Ochsenschwanz

Nicht wie das Original mit »Ahler Worscht«, einer Art getrockneter Mettwurst, sondern mit Fleisch

Für den Ochsenschwanz

- *1 kg Ochsenschwanz*
- *Salz* · *1–2 Zwiebeln*
- *1 Stück Knollensellerie (80 g)*
- *1–2 Möhren*
- *50 g Butterschmalz*
- *3 TL Butter*
- *2 EL Tomatenmark*
- *200 ml kräftiger Rotwein*
- *200 ml Kalbsfond (Glas oder S. 534)*
- *2 Knoblauchzehen*
- *2 Zweige Thymian*
- *1 Zweig Rosmarin*
- *10 weiße Pfefferkörner*
- *1 kleines Lorbeerblatt*
- *3 Pimentkörner*
- *1 Prise Zucker*
- *250 g Pfifferlinge (oder Steinpilze)*
- *2 EL Schalottenwürfel*
- *1 TL Schnittlauchröllchen*

Für die Diebchen

- *500 g gekochte Pellkartoffeln (vom Vortag)*
- *500 g mehlig kochende Kartoffeln (roh)*
- *1–2 TL Essig*
- *50–75 ml Milch*
- *1 TL frische Majoranblättchen*
- *2 Eier* · *Salz*
- *2–4 EL Mehl*

S. 126 ff.
IM FOKUS – WARENKUNDE
Kartoffeln

S. 240 ff.
REGIONENPORTRÄT
Thüringen/Nordhessen

S. 312 ff.
REGIONENPORTRÄT
Rheinland-Pfalz/Saarland/Südhessen

1 | **Den Ochsenschwanz in Stücke teilen** und mit Salz kräftig würzen. Zwiebel, Knollensellerie und Möhren schälen und in grobe Stücke schneiden. Das Butterschmalz in einem Topf erhitzen und die Ochsenschwanzstücke darin von allen Seiten kräftig anbraten. Nehmen Sie die Fleischstücke heraus und schütten Sie das Fett ab.

2 | **Die Hitze zurückschalten** und das Gemüse sowie 1 TL Butter in den Topf geben. Goldgelb anbraten, das Tomatenmark zugeben, kurz anrösten und das Fleisch wieder dazugeben. Mit dem Rotwein ablöschen und 3 Minuten köcheln lassen, dann den Kalbsfond angießen und zum Kochen bringen. Den Ochsenschwanz zugedeckt bei schwacher Hitze in etwa 2 Stunden weich schmoren. Schöpfen Sie zwischendurch den aufsteigenden Schaum ab.

3 | **Etwa 10 Minuten vor Ende der Garzeit** die Knoblauchzehen abziehen und zusammen mit Thymian, Rosmarin, Pfefferkörnern, Lorbeerblatt sowie den Pimentkörnern in den Topf geben und mitschmoren lassen. Das Fleisch aus der Sauce nehmen und abkühlen lassen. Passieren Sie die Sauce durch ein mit einem Tuch ausgelegtes Sieb, reduzieren Sie die Flüssigkeit auf etwa 200 ml und schmecken Sie sie mit Salz und Zucker ab.

4 | **Das Fleisch vom Knochen lösen** und die schönsten Stücke zur Seite legen. Den Rest (es sollten etwa 6 EL sein) in einer beschichteten Pfanne anbraten und mit 4 EL der reduzierten Sauce glacieren. Gut abschmecken und heiß mithilfe von Alufolie zu einer kompakten Rolle von 3 bis 4 cm Durchmesser und etwa 25 cm Länge drehen. Im Kühlschrank fest werden lassen, dann die Folie entfernen und die Fleischrolle in acht Stücke schneiden.

5 | **Für die Diebchen** die gekochten Kartoffeln pellen und reiben. Die rohen Kartoffeln schälen und in eine Schüssel mit Wasser, dem Essig zugesetzt wurde, reiben. Die rohen, geriebenen Kartoffeln in einem sauberen Küchentuch sehr gut ausdrücken. Vermischen Sie die gekochten und die rohen geriebenen Kartoffeln miteinander.

6 | **Die Milch erhitzen.** Die Majoranblättchen waschen, trocken schütteln und fein schneiden. Milch, Eier, wenig Salz und Majoran unter die Kartoffeln mischen. So viel Mehl dazugeben, dass eine formbare Kloßmasse entsteht. Die Kloßmasse in acht Stücke teilen und jeweils um ein Stück der Ochsenschwanzmasse einen Kloß formen. Bringen Sie in einem Topf Salzwasser zum Sieden und lassen Sie die Diebchen darin etwa 15 Minuten gar ziehen.

7 | **Zum Servieren die Pfifferlinge putzen,** mit den Schalottenwürfeln in der restlichen Butter anbraten und mit Salz würzen. Wenn die sich bildende Flüssigkeit verkocht ist, die vorher beiseitegelegten Fleischstücke vom Ochsenschwanz zugeben und erhitzen. Abschmecken und 2 EL der Schmorsauce sowie den Schnittlauch dazugeben. Mit den Diebchen und der restlichen Sauce servieren.

Zubereitungszeit
ca. 2 Std. 45 Min.

Baumwollne Klöße

Eine fränkische Kartoffelspezialität zu Fleisch, die sich aber auch international variieren lässt.

Zutaten

- *1 Knoblauchzehe*
- *100 g Butter*
- *2 Zweige Rosmarin*
- *1 kg mehlig kochende Kartoffeln*
- *1 Walnussbrötchen*
- *1–2 EL Olivenöl*
- *80 g Dinkelmehl (Type 1050)*
- *90 g Kartoffelstärke*
- *1 gestr. TL Salz* · *2 Eier*

Asiatisch variiert

Sie können dieses traditionelle Gericht auch asiatisch inspiriert zubereiten: Dazu 5 g Tandooripulver mit den Eiern verrühren und unter die Kartoffelmasse heben. Zum Kochen 1 Stängel Zitronengras mehrfach anschlagen und ins Kochwasser geben.

S. 34 ff.
REGIONENPORTRÄT Bayern

S. 126 ff.
IM FOKUS – WARENKUNDE Kartoffeln

1 | **Den Knoblauch abziehen** und mit dem Messerrücken andrücken. Die Butter mit Rosmarin und angedrücktem Knoblauch in einem Topf aufschäumen lassen und durch ein Sieb passieren. Den Backofen auf 180 °C vorheizen. Die Kartoffeln waschen und trocken reiben. Mit der Schale halbieren, auf Alufolie legen und jeweils mit 1 bis 2 EL Rosmarinbutter beträufeln. Die Alufolie über den Kartoffeln einschlagen und schließen. Im Backofen etwa 1 Stunde garen, die Kartoffelpäckchen noch warm öffnen und überschüssige Butter in einer Schüssel auffangen. Kratzen Sie das Kartoffelfleisch aus den Schalen und stellen Sie es offen etwa 1 Stunde kühl.

2 | **Das Walnussbrötchen in kleine Würfel schneiden.** Das Olivenöl in einer Pfanne erhitzen und die Brötchenwürfel darin knusprig anbraten, dann kühl stellen. Das Kartoffelfleisch durch eine Presse drücken, mit Dinkelmehl, Kartoffelstärke, Salz und der aufgefangenen Rosmarinbutter vorsichtig vermengen. Die Eier verrühren und unter die Kartoffelmasse heben. Verkneten Sie alles behutsam miteinander zum Teig. Hier ist Eile angezeigt, denn bei zu starkem und langem Kneten tritt die Stärke aus der Kartoffel aus und die Klöße werden klebrig und schmecken mehlig.

3 | **Den Kartoffelteig zu Klößen formen,** dabei darauf achten, dass sie einigermaßen gleich groß sind. Falls der Teig zu stark an den Händen klebt, können Sie noch etwas Dinkelmehl unterkneten. Die Walnussbrotwürfel in die Klöße füllen, diese verschließen und abrollen, damit die Oberfläche wieder glatt wird. In einem Topf etwa 3 l Wasser aufkochen, die Klöße in das siedende Wasser einlegen und 15 Minuten gar ziehen lassen; das Wasser soll aber dabei nicht mehr kochen. Herausnehmen und sofort anrichten.

REGIONENPORTRÄT

Oberfranken und die Kartoffeln

Hier fing alles an: Um 1647 begannen erstmals Bauern systematisch mit dem Feldanbau der noch heute beliebten Kartoffel – und zwar in Oberfranken. Das »Kartoffeldenkmal« in Pilgramsreuth im Landkreis Hof erinnert an die Vorreiterrolle des Dorfes und an den Bauern Hans Rogler, der, so erzählen die historischen Schriften der Gemeinde, die »Erdäpfel« bei einem Verwandtenbesuch entdeckt und fortan kultiviert haben soll. Bis heute hat der Kartoffelanbau in Oberfranken Tradition, und ihr verdanken wir solch wohlschmeckende Kartoffelsorten wie die »Bamberger Hörnchen«.

Bayern

Thüringen

Zubereitungszeit
ca. 1 Std. 30 Min.

Kartoffelknödel von rohen Kartoffeln

Klassisch zum »Schweinsbraten«, der den Knödelgenuss durch reichlich Sauce perfektioniert

Zutaten

- *2 kg mehlig kochende Kartoffeln*
- *½ l Milch*
- *50 g Weizengrieß*
- *1 gestr. TL Salz*

Ohne Verfärbung

Geben Sie in das Wasser, in das Sie die Kartoffeln reiben, etwas Essig oder Vitamin C (Pulver); das verhindert ebenfalls Verfärbungen.

S. 34 ff.
REGIONENPORTRÄT Bayern

S. 126 ff.
IM FOKUS – WARENKUNDE Kartoffeln

S. 240 ff.
REGIONENPORTRÄT Thüringen/Nordhessen

1 | **Die Kartoffeln schälen** und dann auf einer feinen Reibe in eine Schüssel mit kaltem Wasser reiben. So bleiben sie weiß und verfärben sich nicht (siehe unten). Gießen Sie die geriebenen Kartoffeln in ein mit einem Tuch ausgelegtes Sieb und drücken Sie sie gut aus. Dabei die ablaufende Flüssigkeit auffangen und stehen lassen, damit sich am Boden die Stärke absetzen kann.

2 | **Inzwischen die Milch erhitzen,** den Grieß einrühren und einmal aufwallen lassen. Dann den heißen Grießbrei nach und nach zu den geriebenen, ausgedrückten Kartoffeln geben, bis der Teig eine geschmeidige Konsistenz hat. Das Kartoffelwasser vorsichtig abgießen, die Stärke soll in der Schüssel zurückbleiben. Mischen Sie die abgesetzte Stärke sowie das Salz unter den Kartoffelteig.

3 | **In einem Topf reichlich Salzwasser** zum Kochen bringen. Aus der Kartoffelmasse Knödel formen und diese in das siedende Wasser einlegen. Reduzieren Sie die Hitze und lassen Sie die Knödel bei halb aufgelegtem Deckel etwa 20 Minuten gar ziehen.

4 | **Die Knödel mit einem Schaumlöffel** aus dem Wasser nehmen, abtropfen lassen und in eine vorgewärmte Schüssel geben, in die eine umgedrehte Untertasse gelegt wurde. So können die Knödel ausdampfen, ohne im ablaufenden Wasser zu liegen.

DER KLASSIKER: THÜRINGER KLÖSSE

Klöße sind eine Spezialität im Südosten Deutschlands. Während die Südbayern sie gern aus gekochten Kartoffeln servieren und »Knödel« dazu sagen, bevorzugen die Franken die Variante »halb und halb«, das heißt Klöße aus gekochten und rohen Kartoffeln (S. 393). Aus Thüringen stammt das Rezept für »Grüne Klöße«. Sie werden – ohne Grieß – zu zwei Dritteln aus rohen, geriebenen und zu einem Drittel aus gekochten Kartoffeln zubereitet. Dabei kommt es auf schnelles Arbeiten und gutes »Timing« an, sonst werden die Klöße grau. Für Thüringer Klöße sollten Sie 750 g mehlig kochende Kartoffeln schälen, grob zerkleinern, gar kochen, abgießen und zu Brei stampfen. Während die Kartoffeln noch kochen, 1 ½ kg mehlig kochende Kartoffeln schälen, schnell fein reiben (am besten mit einer Küchenmaschine) und mit Kraft auspressen. Den Saft auffangen und kurz warten, bis sich die Stärke am Boden absetzt. Gießen Sie das Wasser ab und geben Sie die Stärke zu den Kartoffeln. Die zerstampften Kartoffeln möglichst heiß über die rohe Kartoffelmasse gießen, gründlich durchrühren, zu Klößen formen und in kochendes Salzwasser geben. Die Klöße darin etwa 20 Minuten gar ziehen lassen.

Bayern

bundesweit

Zubereitungszeit
ca. 1 Std. 10 Min.

Kartoffelknödel »halb und halb«

Beliebt zu kräftigen Fleisch- und Wildgerichten

Zutaten

- *1 Scheibe Toastbrot*
- *1 TL Butter*
- *1–2 Zweige Majoran*
- *1 ½ kg mehlig kochende Kartoffeln*
- *1 TL Ascorbinsäure (Vitamin C; Apotheke, Reformhaus; oder Essig)*
- *1 TL Salz*
- *1 TL Speisestärke*

Ohne Majoran

Wollen Sie die Knödel nicht zu Schweinefleisch servieren, sollten Sie sie ohne Majoran zubereiten.

S. 34 ff.
REGIONENPORTRÄT Bayern

S. 126 ff.
IM FOKUS – WARENKUNDE Kartoffeln

S. 240 ff.
REGIONENPORTRÄT Thüringen/Nordhessen

1 | **Die Toastbrotscheibe in kleine Würfel schneiden.** Die Butter in einer beschichteten Pfanne aufschäumen und die Brotwürfel darin goldbraun rösten. Waschen Sie den Majoran und schütteln Sie ihn trocken. Die Blättchen von den Stielen zupfen und fein schneiden. Die Kartoffeln schälen, es sollten etwa 1,2 kg übrig bleiben. Die Hälfte der Kartoffeln in kochendem Salzwasser garen.

2 | **Inzwischen reichlich Wasser** in einer großen Schüssel mit der Ascorbinsäure vermischen. Die rohen Kartoffeln auf einer feinen Reibe direkt in das Wasser reiben. Ein Sieb mit einem Tuch auslegen, die geriebenen Kartoffeln hineingießen und sehr gut ausdrücken, damit sie so trocken wie möglich sind. Fangen Sie dabei das ablaufende Wasser auf und lassen Sie es 5 bis 10 Minuten stehen, damit sich die Stärke absetzen kann.

3 | **Die Flüssigkeit vorsichtig abgießen** und die sich am Boden abgesetzte Kartoffelstärke zu den ausgedrückten Kartoffeln geben. Die Masse auflockern, salzen und den fein geschnittenen Majoran dazugeben. Die gekochten Kartoffeln abgießen und kurz ausdampfen lassen, dann möglichst rasch durch eine Kartoffelpresse zu den rohen Kartoffeln pressen und alles gut mischen.

4 | **Aus der Kartoffelmasse** acht Knödel formen (siehe unten), dabei jeweils einige Weißbrotwürfel in ihre Mitte geben. Bringen Sie in einem großen Topf reichlich gesalzenes Wasser zum Kochen, dann rühren Sie die mit wenig kaltem Wasser angerührte Speisestärke hinein und legen die Klöße ein. Die Hitze reduzieren und die Knödel etwa 20 Minuten gar ziehen lassen.

KÜCHENGEHEIMNIS: SO WERDEN KNÖDEL UND KLÖSSE EINE RUNDE SACHE

Die Zubereitung von Klößen und Knödeln aller Art hat einige Tücken. So sollten Sie grundsätzlich darauf achten, dass der Teig nicht zu weich ist, sonst behalten die Knödel ihre Form nicht. Im Zweifelsfall etwas Stärke (bei Kartoffelknödeln) oder Semmelbrösel (bei Semmelknödeln) zugeben. Formen Sie die Klöße mit leicht angefeuchteten Händen gleichmäßig rund und legen Sie sie in reichlich kochendes Salzwasser ein. Dazu sollten Sie einen möglichst großen Topf verwenden, denn bei zu wenig Wasser kühlt die Flüssigkeit beim Einlegen der (kalten) Knödel stark ab und benötigt dann zu lange, um die optimale Gartemperatur wieder zu erreichen. Das Knödelwasser sollte nach dem Einlegen knapp unter dem Siedepunkt gehalten werden: Durch zu starkes Kochen zerfallen die Knödel leicht; eine zu geringe Wassertemperatur macht die Knödel hingegen matschig. Und zum Schluss: Servieren Sie die Knödel möglichst frisch, dann sind ihre Konsistenz und ihr Aussehen am besten.

Zubereitungszeit
ca. 1 Std. 10 Min.

Thüringer Serviettenkloß

Das Original wird mit Milchbrötchen und feinem Grieß zubereitet.

Zutaten (für 6 Portionen)

- *275 g Milchbrötchen (ersatzweise Toastbrot ohne Rinde)*
- *2 Schalotten* · *1 EL Öl*
- *50 g gemischte Kräuter (Petersilie, Liebstöckel, Schnittlauch)*
- *½ l Milch* · *110 g Weizengrieß*
- *100 g weiche Butter*
- *4 Eier* · *Salz*
- *frisch gemahlener Pfeffer*
- *1 Prise frisch geriebene Muskatnuss*
- *Butter zum Anbraten*

Mit Nüssen variiert

Im Herbst zur Wildzeit können Sie auch gehackte Nüsse oder Apfelwürfel in die Kloßmasse geben.

1 | **Die Milchbrötchen** in kleine, gleichmäßige Würfel schneiden. Die Schalotten schälen und in feine Würfel schneiden. Erhitzen Sie das Öl in einer Pfanne, schwitzen Sie die Schalotten darin glasig an und lassen Sie sie anschließend abkühlen. Die Kräuter waschen, gut trocken schütteln und dann fein hacken.

2 | **Die Milch mit dem Grieß aufkochen** und diesen etwa 10 Minuten quellen lassen. Die weiche Butter dazugeben und die Eier nacheinander unterrühren (Step 1). Die Grießmasse mit Salz, Pfeffer und Muskatnuss abschmecken. Heben Sie die Brotwürfel, die Schalotten und die Kräuter vorsichtig unter (Step 2).

3 | **Die Kloßmasse zum Garen** in eine Serviette aus Stoff einrollen und mithilfe eines Bindfadens zu einer gleichmäßig dicken Rolle binden. Sie können die Kloßmasse aber auch zuerst in ein Stück Frischhaltefolie und dann in Alufolie einwickeln und sie mit den Händen gleichmäßig fest rollen (Step 3).

4 | **In einem Topf Salzwasser** zum Kochen bringen, die Rolle einlegen und den Kloß knapp unter dem Siedepunkt 30 Minuten gar ziehen lassen. Anschließend den Serviettenkloß aus dem Wasser nehmen, aus der Serviette oder der Folie lösen und in etwa 2 cm dicke Scheiben schneiden. Braten Sie die Scheiben zum Servieren in etwas Butter mit nur leichter Farbe an.

Serviettenkloß herstellen

1) Milch mit dem Grieß aufkochen und etwa 10 Minuten quellen lassen, die weiche Butter dazugeben und nach und nach die Eier unterrühren.

2) Die Grießmasse mit Salz, Pfeffer und Muskat abschmecken. Die Brotwürfel, Schalotten und fein gehackten Kräuter vorsichtig unterheben.

3) Die Kloßmasse zuerst in Frischhaltefolie und dann in Alufolie wickeln und sie mit den Händen gleichmäßig fest rollen. Die Rolle in kochendes Salzwasser einlegen und gar ziehen lassen.

Zubereitungszeit
ca. 50 Min.

Semmelknödel

Aus Brötchen von gestern wird eine luftig-lockere Beilage zu Gerichten mit viel Sauce.

Zutaten

- *8 altbackene Semmeln (Brötchen, ca. 400 g)*
- *300 ml Milch*
- *1 Zwiebel*
- *1 Bund glatte Petersilie*
- *1–2 TL Butter*
- *3 Eier* · *Salz*
- *frisch gemahlener Pfeffer*
- *Semmelbrösel nach Bedarf*

Mit Speck variiert

Sie können auch zusätzlich fein gewürfelten, ausgelassenen Speck in die Knödelmasse mischen. Übrig gebliebene Semmelknödel schmecken in Scheiben geschnitten und in etwas Butter geröstet sehr gut.

S. 34 ff.
REGIONENPORTRÄT Bayern

S. 516 f.
WARENKUNDE Brot

1 | **Die Semmeln in kleine Würfel schneiden.** Die Milch leicht erwärmen und gleichmäßig über die Semmelwürfel gießen, damit diese durchfeuchten. Die Zwiebel schälen und in sehr feine Würfel schneiden. Die Petersilie waschen, trocken schütteln und fein hacken. Die Butter in einer Pfanne zerlassen und die Zwiebelwürfel darin goldgelb braten. Ziehen Sie dann die Pfanne vom Herd, mischen Sie die Petersilie unter die gebratenen Zwiebeln und lassen Sie die Mischung auskühlen.

2 | **Die Eier zur Semmelmasse geben** und mit Salz sowie Pfeffer würzen. Die abgekühlte Zwiebel-Petersilien-Mischung dazugeben und alles rasch miteinander zu einer Knödelmasse vermengen. Falls die Knödelmasse zu stark an den Händen klebt, fügen Sie noch etwas Semmelbrösel hinzu. Ist die Masse hingegen zu fest, noch etwas Milch unterarbeiten.

3 | **Die Hände anfeuchten** und aus der Semmelmasse gleichmäßig große Knödel formen. Dazu die Masse zwischen den gewölbten Handflächen erst leicht zusammendrücken und dann rund drehen. Reichlich Wasser zum Kochen bringen, leicht salzen und die Knödel einlegen. Lassen Sie die Knödel im nur leicht köchelnden Wasser gar ziehen, bis sie an der Oberfläche schwimmen. Heben Sie die Knödel mit einem Schaumlöffel heraus, lassen Sie sie kurz abtropfen und servieren Sie sie zu Fleisch- und Wildgerichten.

NOCH EIN KLASSIKER: ORIGINAL BAYERISCHE BREZENKNÖDEL

In Bayern sind nicht nur Semmeln die Grundlage von Knödeln, sondern auch Brezen. Für Brezenknödel entfernen Sie von 7 bis 8 Laugenbrezen (sie dürfen gerne auch vom Vortag sein) das Salz. Die Brezen in dünne Scheiben schneiden und mit ¼ l lauwarmer Milch gleichmäßig übergießen, sodass die Brezen durchfeuchten. Sie sollen sich jedoch nicht nass anfühlen. 2 Schalotten schälen und fein würfeln. ½ Bund Petersilie waschen, trocken schütteln und sehr fein hacken. Die Schalotten und die Petersilie in 1 EL Butter andünsten, vom Herd nehmen und auskühlen lassen. Geben Sie die Schalotten-Petersilien-Mischung zu den Brezenscheiben, würzen Sie die Masse mit frisch geriebener Muskatnuss und mischen Sie 2 bis 3 Eier unter. Formen Sie aus der Masse kleine Knödel und lassen Sie sie in leicht köchelndem Salzwasser gar ziehen.

Zubereitungszeit
ca. 40 Min.

Schwarzbrotnocken

Eine süddeutsche Spezialität, die vor allem zu Rindfleisch- oder Wildgerichten gereicht wird

Zutaten

- *6 Eier*
- *400 g Mehl*
- *½ TL Salz*
- *1 Msp. frisch geriebene Muskatnuss*
- *2–3 EL Mineralwasser*
- *4 Schalotten*
- *80 g Speck*
- *2–3 EL Butterschmalz*
- *200 g Schwarzbrot*
- *½ Bund Schnittlauch*
- *1 EL Butter*

S. 516 f.
WARENKUNDE Brot

1 | **Die Eier verquirlen.** Das Mehl mit den Eiern, Salz, Muskatnuss und etwas Mineralwasser in einer Schüssel zu einem Teig verrühren, der die Konsistenz eines Spätzleteigs aufweist. Falls dieser zu flüssig ist, noch etwas Mehl, falls er zu fest ausfällt, noch etwas Mineralwasser einrühren. Den Teig von Hand mit einem Kochlöffel schlagen, dabei immer wieder vom Boden der Schüssel ziehen und wieder fallen lassen. So wird Luft untergearbeitet und der Teig bindet gleichzeitig gut. Decken Sie den Teig mit einem Tuch ab und lassen Sie ihn 15 Minuten ruhen.

2 | **Die Schalotten schälen** und – wie den Speck – in feine Würfel schneiden. Erhitzen Sie in einer Pfanne 1 TL Butterschmalz, braten Sie darin die Schalotten sowie den Speck glasig und lassen Sie beides anschließend etwas abkühlen. Inzwischen das Schwarzbrot in maximal 1 cm große Würfel schneiden. Das restliche Butterschmalz in einer Pfanne erhitzen, die Brotwürfel darin unter Rühren braun rösten und auf Küchenpapier abtropfen lassen. Den Schnittlauch waschen, trocken schütteln, in sehr feine Röllchen schneiden und zusammen mit den Brot-, Schalotten- und Speckwürfeln in den Nockenteig einarbeiten.

3 | **In einem großen Topf reichlich Salzwasser** zum Kochen bringen. Einen Esslöffel in heißes Wasser tauchen, rasch mit einer drehenden Bewegung Nocken vom Teig abstechen und diese sofort in das kochende Wasser geben. Die Nocken 1 Minute kochen und anschließend bei reduzierter Hitze 5 bis 6 Minuten ziehen lassen. Die Schwarzbrotnocken mit einem Schaumlöffel aus dem Wasser nehmen und kurz abtropfen lassen. Zerlassen Sie die Butter in einer Pfanne und braten Sie die Nocken darin goldbraun an.

Bayern

bundesweit

Zubereitungszeit
ca. 2 Std.

Grießknödel

In Butter geschwenkt ein Hochgenuss zu frischen Pilzen und Gemüse

Zutaten

- *120 g Butter*
- *3 Eier*
- *180 g Hartweizengrieß*
- *1 Prise Salz*
- *1 Prise frisch geriebene Muskatnuss*
- *1 ½ l Rinder- oder Kalbsfond (Glas oder S. 534)*
- *100 g Butter*

S. 34 ff.
REGIONENPORTRÄT Bayern

1 | **Die Butter mit dem Mixer schaumig rühren,** dann Eier, Grieß, Salz und geriebene Muskatnuss dazugeben und untermischen. Die Grießmasse 1 Stunde 30 Minuten kalt stellen, damit der Grieß gut quellen kann. Bringen Sie den Fond in einem Topf zum Kochen.

2 | **Aus der Grießmasse** mit einem Esslöffel Nocken ausstechen und diese in den kochenden Fond einlegen. Dabei zunächst einen Probeknödel zubereiten, um zu sehen, ob die Masse die Form hält. Falls nicht, noch etwas Grieß unter den Teig arbeiten. Die Knödel 5 Minuten kochen lassen und dann bei reduzierter Hitze weitere 10 Minuten gar ziehen lassen. Heben Sie sie mit einem Schaumlöffel aus dem Wasser und lassen Sie sie abtropfen.

3 | **Zum Anrichten** die Grießknödel in Butter schwenken und servieren. Dazu passen sautierte Steinpilze in Rahm und Fingermöhren oder Lauchgemüse mit Rahm und Orangen. Sie können die Grießknödel auch in einem Geflügel- oder Rinderfond servieren. Dann sollten Sie sie jedoch zuvor nicht in heißer Butter schwenken.

Zubereitungszeit
ca. 1 Std.

Spinatspätzle

Das schwäbische Original kommt hier aromatisch gefärbt auf den Tisch.

Zutaten

- *100 g frischer Blattspinat*
- *3 kleine Eier*
- *Salz*
- *60 ml Milch*
- *225 g Mehl*
- *1 Prise frisch geriebene Muskatnuss*
- *1 EL Butter*

Klassische Spätzle

Für die klassischen Spätzle verrühren Sie 300 g Mehl mit 3 Eiern, Salz und 1 Prise Muskatnuss und arbeiten so viel Wasser oder Milch unter, dass ein zähflüssiger Teig entsteht. Die Spätzle kochen wie im Rezept rechts beschrieben.

S. 366 ff.
WARENKUNDE Altes Gemüse

S. 402 ff.
REGIONENPORTRÄT Baden-Württemberg

1 | **Den Blattspinat gründlich waschen** und verlesen. In einem Topf Wasser zum Kochen bringen und die Spinatblätter darin etwa 2 Minuten blanchieren. In ein Sieb abgießen, eiskalt abschrecken und sehr gut ausdrücken. Den Spinat mit den Eiern fein pürieren. Bringen Sie anschließend in einem großen Topf reichlich gesalzenes Wasser zum Kochen.

2 | **Die Eier-Spinat-Masse** mit Milch, Mehl, Salz sowie Muskatnuss zu einem glatten, zähflüssigen Teig verarbeiten und diesen mit einem Kochlöffel so lange schlagen, bis er Blasen wirft. Sollte der Teig zu flüssig sein, können Sie noch etwas Mehl hinzufügen.

3 | **Den Spätzleteig dünn** auf ein angefeuchtetes Spätzlebrett aufstreichen (Step 1) und mit einer Palette längliche Spätzle in das kochende Wasser schaben (Step 2). Die Palette und das Brett dazu immer wieder ins Wasser tauchen und anfeuchten. Sie können die Spinatspätzle auch mit einem Spätzlehobel ins Wasser hobeln oder mit dem »Spätzleschwob«, einer Art Presse, in das Wasser drücken.

4 | **Das Wasser mit den Spätzle** einmal aufwallen lassen, dann die Spätzle mit einem Schaumlöffel herausheben, mit kaltem Wasser abschrecken und gut abtropfen lassen. Zerlassen Sie die Butter in einer Pfanne, schwenken Sie darin die Spätzle und würzen Sie sie nochmals nach Geschmack. Die Spinatspätzle passen sehr gut zu Gaisburger Marsch (S. 148) oder zu Fleisch- und Gemüsegerichten.

Spätzle schaben

1) Das Brett zum Schaben der Spätzle anfeuchten und den Spätzleteig dünn daraufstreichen.
2) Mit einer Palette längliche Spätzle in das kochende Wasser schaben. Die Palette und das Brett dazu immer wieder ins Wasser tauchen.

Ein kulinarisch verwöhntes Duo

Das sonnige Klima im Südwesten verbindet zwei sehr unterschiedliche Regionen. Dennoch haben Badener und Schwaben aber auch gemeinsame kulinarische Vorlieben.

Unlängst feierte Baden-Württemberg einen runden Geburtstag. Feste und Feiern landauf, landab, bei denen Brezeln und Wein, Maultaschen und Spätzle – die kulinarischen Heiligtümer der Region – nicht fehlen durften. Man setzte sich zusammen, prostete sich zu und gab sich gut gelaunt. Das war nicht immer so. Von der Gründung Baden-Württembergs 1952 bis in die 1970er-Jahre hinein, existierten durchaus noch gegenseitige Vorbehalte zwischen Badenern und Württembergern, politische zumeist. Einig war man sich hingegen kulinarisch: Zum Essen ins »Badische« fahren, in die Ortenau oder ins Markgräfler Land, das war schon immer etwas Besonderes, eine kulinarische Verheißung. Gut essen konnte man aber auch in Schwaben: Nichts geht über »a gscheits Veschper« und ein gutes »Viertele«. Auf der Karte vieler »Wirtschäftla« fanden sich Spezialitäten wie Zwiebelrostbraten, »Saure Niernle« und natürlich immer wieder Maultaschen – geschmälzt oder in der Brühe serviert, am besten mit Kartoffelsalat.

Grenznähe genießerisch verarbeitet

Heute tragen viele Gaststätten Namen wie »Bella Napoli« oder »Kappadokia«. Internationale Spezialitäten aus aller Herren Länder sind beliebt, in Schwaben wie in Baden. Vor allem in Baden hat man es von jeher meisterhaft verstanden, ausländische Einflüsse der grenznahen Regionen kulinarisch einzubeziehen. Besonders die hervorragende Küche des benachbarten Elsass hat zu einer Kreativität und Verfeinerung der Kochkunst beigetragen, für die diese Region am Oberrhein in ganz Deutschland berühmt ist. Aber auch Einflüsse aus der Schweiz, aus Vorarlberg oder der Habsburger k.u.k.-Küche haben ihre Spuren hinterlassen – kein Familienfest ohne Linzer Torte! Kulinarische Beziehungen unterhielt man ebenso zum benachbarten Schwaben: Hier wie dort liebte man seine Spätzle, im allemannischen Süden die verwandten Knöpfle.

Die Fragen, ob Knöpfle oder Spätzle zuerst da waren oder woher der Name Spätzle nun genau kommt, stellt man jedoch besser nicht. Von italienisch »spezzare – streifig abschneiden« bis zu einer Ableitung von Spatz, Sperling wird alles vermutet. Die wahren Ursprünge bleiben im Dunkeln verborgen. Und auch die Frage »Wer hat's erfunden?« kann nicht endgültig beantwortet werden, ebenso wenig wie bei den beliebten Maultaschen. Der Sage nach wurden sie von einem Mönch des Klosters Maulbronn während der Fastenzeit kreiert. Der Gute wollte ein Stück Fleisch nicht verkommen lassen, hackte es klein und versteckte es in einer Teigtasche, damit der Herrgott es nicht sehen könne. Daher nennen die Schwaben ihre Maultaschen – eine traditionelle Gründonnerstagsspeise – auch »Herrgotts-B'scheißerle«.

Kulinarische Verwandtschaften

Verwandtschaften zwischen der badischen und schwäbischen Küche finden sich noch viele, gerade in der Alltagsküche: »Kartoffelschnitz und Spätzle«, die fleischlose Variante des schwäbischen »Gaisburger Marschs«, kennt man in Baden als »Verheiratete«, Pellkartoffeln heißen dort »Gschwellte«, Bratkartof-

Heidelberg, landschaftlich reizvoll am Neckar gelegen, gilt als eine der romantischsten Städte Deutschlands.

feln »Brägele« und der schwäbische »Eierhaber« oder das »Holzmus« – ein mit Gabeln zerrissener Pfannkuchen – wird in Baden zur »Kratzete«.
Doch bei der einstigen Armeleutekost hören die Gemeinsamkeiten nicht auf: Keine andere deutsche Region weist ein ähnlich dichtes Netz an ausgezeichneten Gasthäusern auf – angefangen bei der einfachen Vesperstube über gutbürgerliche (Land-)Gasthöfe bis hin zur Sterneküche. Wohl mit ein Grund dafür, dass so viele Feinschmecker auf Goethes Spuren in den Südwesten pilgern: »Mir behagt die Lebensweise. Hilf Himmel, was gibt's da für Speise!«, soll dieser die Küche dieser Gegend gerühmt haben.
Angefangen hatte alles in den 1970er-Jahren im »Erbprinz« in Ettlingen. Als erstes deutsches Restaurant erhielt das Haus zwei der begehrten Michelin-Sterne. Seither stieg ihre Zahl ständig: 60 sind es inzwischen im Bundesland, verteilt auf 55 Spitzenrestaurants. Mit sieben Sternelokalen ist Stuttgart nicht nur politische, sondern auch kulinarische Hauptstadt im »Ländle«, das alles kann – außer Hochdeutsch.

Weinberge vor der Großstadt

Die verschiedenen Regionen Baden-Württembergs bringen, abhängig von den jeweiligen geografischen und klimatischen Gegebenheiten, eigene Produkte und Spezialitäten hervor. In den sonnigen und warmen Gebieten des Rheintals, im Bodenseeraum oder im Neckartal stehen der Anbau von Gemüse, Obst und Wein im Vordergrund. In den höheren und damit auch etwas kühleren Grünlandregionen des Allgäus, des Schwarzwalds, der Alb und des Schwäbisch-Fränkischen Waldes hat dagegen Tierhaltung für die Fleisch- und Milcherzeugung Vorrang.
Berühmt geworden für seine guten Fleischprodukte ist beispielsweise der Osten Baden-Württembergs. Schon seit dem ausgehenden 18. Jahrhundert ist »Boeuf de Hohenlohe« ein Begriff für Qualität. Bis nach Paris wurden die Hohenloher Rinder der Rasse Limpurger Rind einst getrieben, zum letzten Mal 1913, kurz vor dem Ersten Weltkrieg. Fast hätten die Kriegswirren dann auch das Aus für das Limpurger Rind bedeutet, eine Rasse, die neben der Milch- und Fleischerzeugung auch zur Arbeit auf dem Feld eingesetzt wurde. Heute steht die älteste noch existierende Rinderrasse Württembergs wieder in den mittlerweile etwa 95 Betrieben der Erzeugergemeinschaft »Boeuf de Hohenlohe«. Überregional bekannt ist auch das Schwäbisch-Hällische Schwein. Diese alte, stressresistente Schweinerasse liefert hochwertiges, etwas fetthaltigeres, dafür umso schmackhafteres Fleisch – die Grundlage für viele Schweinefleisch- und Wurstspezialitäten.
Der Nordosten Baden-Württembergs ist für seine Weine bekannt, vor allem die Weißweine überzeugen mit einer feinen mineralischen Note. Schon die Römer hatten entdeckt, dass sich die Region um die Flüsse Neckar, Kocher und Jagst für den Weinbau gut eignet. Heute setzen Weingüter und Winzergenossenschaften im ganzen Land verstärkt auf Qualität – und das Ergebnis kann sich sehen lassen. Auch in der Region Stuttgart spielt der feine Rebensaft eine Rolle, reichen doch die Weinberge in der Landeshauptstadt und in Esslingen bis an den Stadtrand heran.

Spitzenprodukt für Feinschmecker: Das Schwäbisch-Hällische Schwein liefert hochwertiges, etwas fetthaltigeres, dafür umso schmackhafteres Fleisch.

Albschnecken und Most

Oben auf den Fildern gedeiht das Filder-Spitzkraut, weiter südlich, an den Hängen der Schwäbischen Alb, werden die Äpfel und Birnen der Streuobstwiesen wieder vermehrt zu Saft und Most verarbeitet, ja sogar Schaumwein lässt sich daraus herstellen. Die Wacholderheiden der rauen Albhochfläche bieten Schafherden reichlich Nahrung, das zarte Fleisch des Württemberger Lamms ist hellrot und von bester Qualität. Fast in Vergessenheit geraten wären zwei weitere kulinarische Besonderheiten der Schwäbischen Alb, die »Alb-Leisa«, entscheidende Zutat für »Linsen mit Spätzle ond Saitawürschtla«, und die

Idyllische Zustände: Landwirtschaftliche Produkte profitieren in Baden-Württemberg von den milden klimatischen Verhältnissen.

»Albschnecken«. Letztere erfreuen sich aufgrund ihres guten Geschmacks zunehmender Beliebtheit, etwa als Zutat für ein badisches Schneckensüppchen. Baden ist nicht nur eine der bekanntesten Weinbauregionen des Landes, denn viele der Weine aus der Ortenau, vom Kaiserstuhl oder aus dem Markgräflerland zählen zu den deutschen Spitzengewächsen. Baden wird auch gerühmt für seine Edelbrände, allen voran das hochprozentige Kirschwasser, das im berühmtesten Gebäck der Region, der »Schwarzwälder Kirschtorte«, nicht fehlen darf. Als deren Erfinder gilt ein Josef Keller aus Radolfzell, serviert hat er seine Kreation erstmals 1915, allerdings nicht im Schwarzwald, sondern in einem Café in Bad Godesberg. Wer Salziges bevorzugt, stärkt sich stattdessen mit »Schwarzwälder Schinken«. Roh, mild gepökelt und geräuchert ist er eine echte Delikatesse, die es zu Weltruhm gebracht hat. Oder wie wäre es mit einer »Schwarzwaldforelle«? Sie wird frisch geräuchert, blau oder gebraten in vielen Gasthöfen angeboten. Weiter südlich, am Bodensee, bestellt man stattdessen die feinen Felchen.

Wo die Seelen zu Hause sind

In Sachen Milchprodukte machen Oberschwaben und das Allgäu, zunehmend aber auch der Schwarzwald von sich reden: Allgäuer Emmentaler und Bergkäse, Weich- und Ziegenkäse werden dort produziert. Die Liste der regionalen Spezialitäten ließe sich noch lange fortsetzen, allein bei den Backwerken gibt es viel zu entdecken. Angefangen von der oberschwäbischen »Seele« bis zur »Brezel«, die im Unterschied zur bayerischen »Brezen« dünnere Ärmchen hat. Gesellig geht's zu, wenn in Reutlingen am Donnerstag nach Dreikönig um die »Mutschel«, ein sternenförmiges Hefegebäck, gewürfelt wird. Und am Crailsheimer Stadtfeiertag erinnern »Crailsheimer Horaffen«, ein Symbolgebäck aus Hefeteig, noch heute an die Belagerung der Stadt im Jahre 1379/80. Der Legende nach habe die Bürgermeisterin, als sie sich nicht mehr anders zu helfen wusste, ihr Hinterteil entblößt, um die Belagerer in die Flucht zu schlagen.

Kulinarisch gibt es heute also landesweit viel Verbindendes zwischen Baden und Schwaben und regional noch jede Menge Neues zu entdecken. Das Bewusstsein dafür wächst, die regionale Küche in verfeinerter Form ist im Trend. Indiz dafür ist wohl auch der Sitz der deutschen »Akademie für Kulinaristik« im baden-württembergischen Bad Mergentheim. Zudem erfreuen sich Initiativen zur Vermarktung heimischer Produkte großer Unterstützung, etwa die Aktion »Schmeck den Süden«. Sie zeichnet Gasthäuser aus, die auf regionalen Einkauf und kreative Küche setzen, oder auch die Aktion »Landzunge«, die in Oberschwaben und im Allgäu dieselben Ziele verfolgt. »Zum Kocha, da brauchsch Idea – un abrenna darf dr nix!« – so Harald Wohlfahrt unlängst in einem Werbespot fürs Ländle.

Hervorragende Produkte, kurze Lieferwege, gepaart mit einem ausgeprägten Sinn für Geschmack und einem Schuss Kreativität – das sind die Zutaten der Küche des Südwestens, die Pfeiler einer »ehrlichen Gastronomie«, auf die in Baden-Württemberg sehr viel Wert gelegt wird.

Katrin Wittmann

Zubereitungszeit
ca. 1 Std.

Allgäuer Käsespätzle

Würzige »Knöpfle«, deren Aroma auf einer ganz besonderen Käsemischung beruht

Zutaten

- *5 Eier · 6 Eigelbe · 1 Msp. Salz*
- *1 Msp. frisch geriebene Muskatnuss*
- *500 g Mehl · 1 EL saure Sahne*
- *75 g Allgäuer Bergkäse*
- *75 g Emmentaler*
- *75 g Edamer (oder Weißlackerkäse)*
- *400 g weiße Zwiebeln*
- *80 ml Rapsöl*
- *250 g Zwiebeln*
- *50 g Butter*
- *frisch gemahlener Pfeffer*
- *3–4 EL Schnittlauchröllchen*
- *Bratensauce nach Geschmack*

Käsewahl

Wer es nicht so kräftig mag, kann den Bergkäse weglassen. Emmentaler sollte jedoch dabei sein, da er sehr gut schmilzt und die klassischen Fäden zieht.

1 | **Eier, Eigelbe, Salz und Muskatnuss** mit einem Schneebesen anschlagen und 1 Minute ruhen lassen. Dadurch bekommt der Teig eine kräftigere Farbe. Das Mehl und die saure Sahne hinzufügen und so lange schlagen, bis der Teig Blasen wirft. Lassen Sie den Spätzleteig zugedeckt etwa 20 Minuten ruhen.

2 | **Den Bergkäse, den Emmentaler und den Edamer** inzwischen fein reiben. Die weißen Zwiebeln schälen und in feine Scheiben schneiden. Das Öl in einer Pfanne erhitzen und die Zwiebelscheiben darin langsam goldbraun und knusprig rösten. In ein Sieb abschütten, auf Küchenpapier abtropfen lassen und mit Salz bestreuen. Die Zwiebeln schälen und in feine Würfel schneiden. Die Butter aufschäumen lassen, die fein gewürfelten Zwiebeln hinzugeben und goldbraun rösten. Würzen Sie mit Salz und Pfeffer.

3 | **In einem großen Topf reichlich Salzwasser** aufkochen lassen. Tauchen Sie den Spätzlehobel kurz in das Wasser ein, befüllen Sie ihn mit Teig und hobeln Sie dann die Spätzle ins kochende Wasser. Die Spätzle kräftig aufkochen lassen, dann jede Portion mit einem Schaumlöffel herausnehmen, kurz abschrecken und anschließend gut abtropfen lassen.

4 | **Die Spätzle mit den Zwiebelwürfeln** durchschwenken. Würzen Sie mit Salz und reichlich Pfeffer. Den geriebenen Käse unter die heißen Spätzle rühren, er sollte schmelzen und Fäden ziehen. Die Bratensauce erwärmen. Die Käsespätzle auf vorgewärmte Teller geben, die knusprigen Zwiebelringe darüberverteilen, etwas Bratensauce angießen und die Käsespätzle mit Schnittlauchröllchen bestreut servieren. Als Beilage eignet sich Kopfsalat oder Feldsalat.

VARIANTE: SCHWÄBISCHE TOPFENSPÄTZLE

Vor allem zu Fleischgerichten mit reichlich Sauce passen gut schwäbische Topfenspätzle. Dazu vermischen Sie 325 g Mehl mit 4 Eiern und 2 Eigelben. 200 g Topfen (oder Quark) dazugeben, mit Salz, frisch geriebener Muskatnuss und weißem Pfeffer würzen. Den Teig unter Zugabe von 2 bis 3 EL Wasser so lange schlagen, bis er Blasen wirft. Mithilfe eines Holzbrettes schaben Sie Spätzle in kochendes, gesalzenes Wasser. Die Spätzle aufwallen lassen, herausnehmen, abschrecken und gut abtropfen lassen. Schwenken Sie die Topfenspätzle in 30 g Butter gut durch und servieren Sie sie möglichst frisch.

Bayern

Baden-Württemberg

bundesweit

Zubereitungszeit
ca. 2 Std. 30 Min.

Hausgemachte Eiernudeln

Als bloße Beilage fast zu schade

Zutaten

- *300 g Mehl*
- *3 Eier*
- *1 Prise Salz*
- *Mineralwasser nach Bedarf*
- *Butter zum Servieren*
- *Mehl für die Arbeitsfläche*

Rasch gegart

Eiernudeln garen sehr rasch, viel schneller als italienische Pasta. Behalten Sie daher den Gargrad der Nudeln gut im Auge. Durch das Anrichten mit etwas Kochsud nehmen die Nudeln noch mehr Geschmack auf und sind besonders saftig.

S. 488
WARENKUNDE Hühnereier

1 | **Das Mehl durch ein feines Sieb** auf eine glatte Arbeitsfläche sieben und in die Mitte eine kleine Mulde drücken. Die Eier in die Mulde aufschlagen und leicht mit einer Gabel verquirlen. Geben Sie das Salz auf das Mehl.

2 | **Alles zum Teig kneten:** Das Mehl mit den Eiern und dem Salz in kreisenden Bewegungen zu einer homogenen Masse verarbeiten. Immer nur etwas Mehl vom Rand mit den Eiern verkneten, sodass sich die Masse nach und nach verbindet und somit geschmeidig wird, ohne zu verklumpen. Benutzen Sie zum Kneten die volle Handfläche, die Wärme der Hände ist hilfreich! Falls der Teig zu trocken ist, tröpfchenweise Mineralwasser hinzugeben. Den fertigen Teig in Frischhaltefolie wickeln und 1 Stunde ruhen lassen.

3 | **Den Teig auf einer mehlierten Arbeitsfläche** mit dem Nudelholz sorgfältig 2 mm dünn ausrollen. Lassen Sie die ausgerollte Teigplatte etwa 2 Minuten antrocknen, dann falten Sie sie mehrfach und schneiden sie in beliebig breite Streifen.

4 | **In einem großen Topf** reichlich Salzwasser zum Kochen bringen. Geben Sie die Nudeln hinein und kochen Sie sie bissfest. In ein Sieb abgießen, nicht ganz ablaufen lassen, sondern noch feucht mit etwas Garsud und Butter in eine vorgewärmte Schüssel geben, kurz etwas durchziehen lassen und sofort servieren (siehe links).

ZUBEREITUNGSVARIANTE MIT NUDELTEIG: SCHWÄBISCHE KRAUTKRAPFEN

Nudelteig ist auch die Grundlage für »Schwäbische Krautkrapfen«: Hier wird er mit gekochtem Sauerkraut, Speck und Zwiebeln belegt und aufgerollt. Schälen Sie 150 g Zwiebeln und schneiden Sie sie in Ringe. 150 g durchwachsenen Räucherspeck fein würfeln. Zwiebeln und Speck in 1 EL Butterschmalz goldbraun anbraten. Rollen Sie 250 g Nudelteig auf einer bemehlten Arbeitsfläche dünn aus und belegen Sie ihn mit 500 g gekochtem, gut abgetropftem Sauerkraut. Die Zwiebeln und den Speck darauf verteilen, die Teigränder mit Eiweiß bestreichen und den Nudelteig aufrollen. Schneiden Sie die Rolle mit einem scharfen Messer in etwa 4 cm große Stücke. Eine ofenfeste Pfanne oder einen Bräter mit etwas Butter ausstreichen und die Krautkrapfen mit der Schnittfläche nach unten nicht zu eng hineinsetzen. In einem Topf 125 g Butter zerlassen, die Hälfte davon über die Krautkrapfen gießen und diese im vorgeheizten Ofen bei 200 °C in 20 Minuten goldbraun backen. Mit der restlichen Butter beträufelt servieren.

Zubereitungszeit
ca. 3 Std.

Schwäbische Maultaschen

Die »Herrgotts-B'scheißerle« verbergen eine pikante Füllung aus Fleisch und Spinat.

Für den Nudelteig
- *100 g Hartweizengrieß* · *5 Eier*
- *3 Eigelbe (60 g)* · *1 Prise Salz*
- *1 EL Olivenöl* · *400 g Mehl*
- *2 Eier zum Bestreichen des Teigs*

Für die Hackfleischfüllung
- *2 kleine altbackene Brötchen*
- *100 ml lauwarme Milch* · *1 Zwiebel*
- *1 TL Butter* · *4 Stängel Petersilie*
- *500 g gemischtes Hackfleisch*
- *4 EL blanchierter, gehackter Spinat*
- *4 EL Quark* · *Salz*
- *frisch gemahlener Pfeffer*
- *1 Msp. frisch geriebene Muskatnuss*

Für die Maultaschen
- *Fleischfond zum Garen*
- *2 Zwiebeln* · *1 EL Butter*
- *Schnittlauch und Dillblüten zum Servieren*

S. 402 ff.
REGIONENPORTRÄT
Baden-Württemberg

1 | **Für den Nudelteig** den Grieß mit den Eiern, den Eigelben, dem Salz und dem Öl gut verrühren und etwa 1 Stunde quellen lassen. Dann das Mehl unterarbeiten, zu einem Teig verkneten und diesen zugedeckt etwa 30 Minuten bei Zimmertemperatur ruhen lassen.

2 | **Inzwischen für die Hackfleischfüllung** die Brötchen klein schneiden, in lauwarmer Milch etwa 30 Minuten einweichen, dann sehr gut ausdrücken und in Stücke zupfen. Schälen Sie die Zwiebel und schneiden Sie sie in feine Würfel. Die Butter in einer Pfanne zerlassen und die Zwiebelwürfel darin glasig anschwitzen. Die Petersilie waschen, trocken schütteln und fein hacken. Aus Brötchen, Zwiebeln, Petersilie, Hackfleisch, Spinat und Quark eine geschmeidige Masse herstellen, kräftig mit Salz, Pfeffer sowie Muskatnuss abschmecken und zugedeckt kalt stellen.

3 | **Mit der Nudelmaschine** aus dem Teig dünne Bahnen ausrollen. Auf eine Längsseite der Nudelteigbahn mit einem Esslöffel im Abstand von etwa 6 bis 8 cm Häufchen der Hackmasse setzen. Bestreichen Sie den Rest der Nudelteigbahn mit verquirltem Ei und rollen Sie den Nudelteig der Länge nach auf. Dann drücken Sie den Nudelteig zwischen der Füllung mit einem Kochlöffelstiel zusammen und schneiden den gefüllten Teigstrang an diesen Stellen mit einem Teigrad in Stücke, sodass einzelne Maultaschen entstehen.

4 | **In einem Topf Fleischfond** zum Kochen bringen, die Maultaschen einlegen, einmal leicht aufkochen und bei reduzierter Hitze etwa 15 Minuten gar ziehen lassen. In der Zwischenzeit die Zwiebeln schälen, in Ringe schneiden und in Butter goldbraun braten. Nehmen Sie die Maultaschen aus dem Fond und servieren Sie sie mit den Zwiebeln sowie mit Schnittlauch und Dillblüten garniert.

VARIANTE: MAULTASCHEN MIT KALBSFARCE

Eine edle Variante sind Maultaschen mit Kalbsfarce: Schneiden Sie dazu 700 g Kalbfleisch aus der Keule und 80 g Kalbsleber in Würfel. Lassen Sie sie einige Stunden im Tiefkühlfach anfrieren, geben Sie sie portionsweise in den Mixer, würzen Sie mit Salz und Pfeffer und verarbeiten Sie alles mit 1 Ei und 250 g Sahne zu einer geschmeidigen Farce. Als Einlage nach Geschmack blanchierte Gemüsewürfel, Knoblauchcroûtons, gebratene Pilze, gekochten Kalbskopf oder Kalbszunge und gehackte Kräuter (Petersilie, Thymian) unter die Farce heben. 300 g Nudelteig dünn ausrollen, die eine Hälfte mit Eigelb bestreichen und mit einem Esslöffel kleine Häufchen von der Farce daraufsetzen. Mit der anderen Nudelplatte abdecken und die Ränder der Häufchen andrücken. Mit einem gezackten Teigrad gleichmäßig ausschneiden. Die Maultaschen in Rinderfond einmal aufkochen und dann 5 Minuten gar ziehen lassen. Servieren Sie die Maultaschen im Fond, mit einer Waldpilz- oder Kräutersauce oder mit Salbeibutter.

Desserts und Süßspeisen

Cremes, Parfaits und Süßes aus dem Ofen

Zubereitungszeit
ca. 1 Std. 30 Min.

Kühlzeit für die Creme
ca. 3 Std.

Bayerische Creme

Luftig-leichtes Dessert mit historischen Wurzeln, das hier mit Himbeeren verfeinert wird.

Zutaten

- *1 Vanilleschote* · *6 Blatt Gelatine*
- *200 g Himbeeren (oder Erdbeeren)*
- *Butter für die Förmchen*
- *5 Eigelbe (100 g)*
- *150 g Zucker* · *½ l Milch*
- *4 cl Himbeergeist* · *200 g Sahne*
- *Minzeblättchen zum Garnieren*
- *Himbeersirup zum Servieren*

Außerdem

- *4 Förmchen (Chrom oder Glas)*

S. 34 ff.
REGIONENPORTRÄT Bayern

S. 450 ff.
WARENKUNDE Obst

1 | **Die Vanilleschote längs aufschlitzen** und das Mark mit einem Messer herauskratzen. Die Gelatine in kaltem Wasser einweichen. Waschen Sie die Beeren und lassen Sie sie sehr gut abtropfen. Die Förmchen dünn mit Butter ausstreichen. Die Eigelbe mit dem Zucker sehr schaumig rühren. Die Milch mit dem Vanillemark und der Vanilleschote in einem Topf einmal kurz aufkochen.

2 | **Die kochende Milch** zu der schaumig gerührten Eigelbmasse geben und gut verrühren. Anschließend diese Masse zurück in den Topf gießen. Bei schwacher Hitze – die Creme darf nicht kochen – mit einem Holzlöffel rühren, bis sie leicht andickt und auf dem Kochlöffel dick-cremig liegen bleibt (»zur Rose abziehen«, Steps 1 und 2). Geben Sie die Creme in eine vorgekühlte Schüssel. Die eingeweichte Gelatine gut ausdrücken und in der Creme auflösen. Rühren Sie anschließend den Himbeergeist unter.

3 | **Die Creme auf Eiswasser langsam kalt rühren,** sie soll dabei nicht schaumig werden. Die Sahne steif schlagen und unter die abgekühlte, angedickte Creme heben. Legen Sie die vorbereiteten Förmchen mit den Himbeeren oder Erdbeeren aus und legen Sie dabei einige Früchte für die Garnitur beiseite. Anschließend die Cremamasse in die Förmchen füllen und diese im Kühlschrank in etwa 3 Stunden fest werden lassen. Zum Stürzen die Förmchen bis knapp unter den Rand kurz in heißes Wasser tauchen und die Creme vorsichtig mit der Messerspitze vom Rand lösen. Die Bayerische Creme auf Dessertteller stürzen, nach Belieben mit Himbeersirup umgießen und mit den beiseitegelegten Früchten und Minzeblättchen dekorieren.

Creme »zur Rose abziehen«

1) Die kochende Milch zu den schaumig gerührten Eigelben geben und gut verrühren. Die Masse zurück in den Topf gießen.

2) Die Creme erhitzen (nicht kochen!) und rühren, bis sie auf dem Kochlöffel dick-cremig liegen bleibt. Bläst man darauf, bilden sich Kringel, die an Rosenblätter erinnern.

Zubereitungszeit
je nach Rezept ca. 20 Min. bis 2 Std.

Teecreme-Variationen

Was darf es zum Dessert sein: zarte Creme, schaumige Mousse oder feine Ganache?

Für die Teecreme

- *1 Blatt Gelatine*
- *100 ml Milch* · *50 g Zucker*
- *20 g schwarzer Tee (z.B. Darjeeling oder Assam)*
- *4 Eigelbe (80 g)* · *250 g Sahne*

Für die Schokoladen-Teemousse

- *120 g dunkle Kuvertüre (60–70 % Kakao)*
- *100 ml Milch* · *15 g schwarzer Tee*
- *1 Blatt Gelatine* · *200 g Sahne*

Für die Teeganache

- *125 g Zucker* · *70 g Mandeln*
- *250 g Vollmilchkuvertüre (30–40 % Kakao)*
- *50 g dunkle Kuvertüre (60–70 % Kakao)*
- *180 g Sahne* · *15 g schwarzer Tee*
- *40 g Butter*

Für die Teewolke

- *450 ml schwarzer Tee*
- *Zucker nach Geschmack*
- *5 Blatt Gelatine*

Teebeutel verwenden

15 g Tee entspricht dem Inhalt von etwa 7 Teebeuteln.

S. 424 ff.
REGIONENPORTRÄT Niedersachsen

1 | **Für die Teecreme** die Gelatine in kaltem Wasser einweichen. Die Milch zusammen mit dem Zucker in einem Topf aufkochen, den schwarzen Tee dazugeben und 6 Minuten ziehen lassen. Durch ein feines Sieb gießen. Die Gelatine gut ausdrücken und in der Teemilch auflösen. Die Eigelbe und die Sahne unterrühren. Anschließend gießen Sie die Masse in ofenfeste Portionsschälchen und lassen sie im Backofen bei 140 °C Umluft auf der mittleren Schiene in etwa 30 Minuten fest werden.

2 | **Für die Schokoladen-Teemousse** die Kuvertüre im Wasserbad schmelzen. Inzwischen die Milch aufkochen, den Tee zufügen und 6 Minuten ziehen lassen. Die Gelatine in kaltem Wasser einweichen. Die Milch mit dem Tee durch ein feines Sieb gießen, die Gelatine ausdrücken und in der Teemilch auflösen. Die Kuvertüre dazugeben, zu einer glatten Masse verarbeiten und abkühlen lassen. Die Sahne steif schlagen. Wenn die Schokoladencreme eine Temperatur von etwa 25 °C hat, die geschlagene Sahne unterheben. Lassen Sie die Mousse 1 bis 2 Stunden im Kühlschrank fest werden. Zum Servieren aus der Masse mit angefeuchteten Löffeln Nocken formen.

3 | **Für die Teeganache** 100 g Zucker mit 50 ml Wasser in einen Topf geben und erhitzen, bis sich der Zucker aufgelöst hat. Dann die Mandeln dazugeben und unter ständigem Rühren bei mittlerer Hitze karamellisieren lassen. Die Mandeln abkühlen lassen und fein hacken. Ebenso die Vollmilch- und die Zartbitterkuvertüre fein hacken. Kochen Sie die Sahne auf, geben Sie den Tee hinein und lassen Sie ihn 6 Minuten ziehen. Die Sahne durch ein feines Sieb gießen, unter ständigem Rühren zur Kuvertüre geben und diese schmelzen lassen. Den restlichen Zucker unterrühren. Sobald die Masse handwarm ist, die Butter sowie die karamellisierten Mandeln unterrühren. Diese Ganache 5 mm hoch auf ein Blech streichen und etwa 1 Stunde erkalten lassen. Nach Belieben mit Eis oder Biskuits servieren.

4 | **Für die Teewolke** schwarzen Tee zubereiten und mit Zucker kräftig süßen. Die Gelatine in kaltem Wasser einweichen. 350 ml Tee im Tiefkühlfach auf 1 °C abkühlen. Die Gelatine ausdrücken und in den verbliebenen, leicht erwärmten 100 ml Tee auflösen. Die Flüssigkeit kühl stellen. Sobald der Tee zu stocken beginnt, in einer Küchenmaschine zu Schaum schlagen. Geben Sie nach und nach die 350 ml Tee aus dem Tiefkühlfach zum Schaum und schlagen Sie alles bei maximaler Geschwindigkeit, bis sich eine schaumige Konsistenz einstellt.

Zubereitungszeit
ca. 3 Std. 30 Min.

Berliner Luft mit Himbeergranité

Als Lied steht die »Berliner Luft« für ein freies Lebensgefühl, das luftige Dessert passt gut dazu.

Für das Himbeergranité

- *2–3 EL Zucker*
- *½ klein gehackter Stängel Zitronengras*
- *200 g Himbeeren*
- *1 Prise gemahlener Safran*

Für die Berliner Luft

- *½ l Milch*
- *100 g Zucker*
- *30 g Speisestärke*
- *3–4 Eigelbe (80 g)*
- *2 unbehandelte Zitronen*
- *Zitronenmelisseblättchen zum Garnieren*

S. 338 ff.
REGIONENPORTRÄT Berlin/Brandenburg
S. 450 ff.
WARENKUNDE Obst

1 | **Für das Himbeergranité** den Zucker mit 40 ml Wasser und dem Zitronengras köcheln lassen, bis der Zucker sich aufgelöst hat, dann die Flüssigkeit durch ein Sieb passieren. Von diesem Zuckersirup 35 ml abmessen. Die Himbeeren mit dem Sirup im Mixer pürieren und den Safran dazugeben. Die Masse in ein flaches Gefäß füllen und 3 Stunden im Tiefkühlfach gefrieren lassen. Inzwischen die Berliner Luft zubereiten.

2 | **Für die Berliner Luft** die Milch mit 50 g Zucker aufkochen. Den restlichen Zucker mit der Speisestärke und den Eigelben verrühren. Mit 2 EL von der kochenden Milch glatt rühren, dann die Stärkemischung unter Rühren zur kochenden Milch geben. Lassen Sie die Flüssigkeit einmal aufkochen und nehmen Sie den Topf anschließend vom Herd.

3 | **Die Zitronen waschen,** die Schalen in Zesten schneiden und den Saft auspressen. Zitronenzesten und -saft unter die gekochte Masse rühren. 20 Minuten stehen lassen, dann die Masse durch ein feines Sieb passieren. In ein Sahnesyphon (ISI-Flasche) füllen und kalt stellen. Ersatzweise die Masse für die Berliner Luft mit einem Handrührgerät leicht aufschlagen.

4 | **Zum Anrichten die Creme** in Whiskytumbler, große Wassergläser oder Sektschalen füllen. Das Himbeergranité mit einem Löffel kratzen, bis eine feine, kristalline Masse entsteht. Jeweils mittig 1 bis 2 EL Himbeergranité auf die Berliner Luft geben. Servieren Sie das Dessert garniert mit Zitronenmelisseblättchen.

WARENKUNDE

Zitronenmelisse – erfrischend aromatisch

Die Minzeverwandte mit dem intensiven Zitronenduft ist ein stark wucherndes Gewächs, das sonnige, windgeschützte Standorte mit humusreichen und wasserdurchlässigen Böden bevorzugt. Die mehrjährige Staude wächst nach dem Schneiden rasch nach und ist reich an ätherischen Ölen sowie Gerb- und Bitterstoffen. Ihre Blätter sind eine feinfruchtige Zutat in Gemüse, Salat und Dessert. Sie passen zu allen Speisen, die Zitrone enthalten, und sollten am besten kurz vor dem Servieren zugegeben werden, da sie schnell braun werden. Zitronenmelisse schmeckt am besten frisch; sie lässt sich jedoch schonend getrocknet auch gut zur späteren Verwendung bevorraten.

Zubereitungszeit
ca. 2 Std. 45 Min.

Errötendes Mädchen

Vanillecreme und Schokoladenganache mit Rum harmonieren bestens mit frischen Preiselbeeren.

Für die kaltgerührten Preiselbeeren

- *100 g Preiselbeeren (oder Johannisbeeren)*
- *50 g Zucker*

Für die Ganache mit Rum

- *125 g dunkle Kuvertüre (70 % Kakao)*
- *120 ml Milch* · *125 g Sahne*
- *50 g Zucker* · *2–3 Eigelbe (50 g)*
- *4 cl Rum (oder Weinbrand)*

Für die Vanillecreme

- *2 ½ Blatt Gelatine*
- *1 Vanilleschote* · *350 g Sahne*
- *60 g Baisers (Meringen)*

Für die Dekoration

- *2 Eiweiße (60 g)*
- *2 TL Zucker*

S. 287
WARENKUNDE Preiselbeeren

S. 424 ff.
REGIONENPORTRÄT Niedersachsen

1 | **Die Preiselbeeren verlesen** und mit dem Zucker in der Küchenmaschine auf niedriger Stufe etwa 1 Stunde 30 Minuten kaltrühren. Testen Sie, ob sich der Zucker vollständig aufgelöst hat, falls nicht, weiterrühren (Step 1). Während die Preiselbeeren gerührt werden, die Ganache mit Rum herstellen.

2 | **Für die Ganache mit Rum** die Kuvertüre hacken und im warmen Wasserbad schmelzen. Milch, Sahne, Zucker und Eigelbe in einem Topf unter ständigem Rühren auf 85 °C erhitzen. Die heiße Sahne-Milch-Mischung durch ein Sieb in eine Schüssel passieren. Geben Sie nach und nach die geschmolzene Kuvertüre dazu und verrühren Sie alles zu einer glatten Masse (Step 2). Die Ganache etwa handwarm abkühlen lassen, dann den Rum unterrühren. Die Preiselbeeren in vier Tumblergläser verteilen, die Ganache mit Rum auf die Preiselbeeren geben und kalt stellen.

3 | **Inzwischen für die Vanillecreme** die Gelatine in kaltem Wasser einweichen. Die Vanilleschote längs aufschlitzen und das Mark mit einem Messer herauskratzen. 200 g Sahne mit dem Vanillemark verrühren. 25 g Sahne auf 40 °C erwärmen, die ausgedrückte Gelatine darin auflösen und unter die Vanillesahne schlagen. Die Flüssigkeit auf Eiswasser bis kurz vor dem Stocken anziehen lassen. Geben Sie inzwischen die Baisers in einen Gefrierbeutel und zerkleinern Sie sie mithilfe eines Teigrollers in grobe Stücke. Die restlichen 125 g Sahne steif schlagen und zusammen mit den Baiserstücken unter die Vanillecreme heben.

4 | **Die Vanillecreme in die Gläser** auf die Ganache mit Rum geben und im Kühlschrank in 1 Stunde fest werden lassen (Step 3). Für die Dekoration die Eiweiße mit dem Zucker steif schlagen, bis der Eischnee Spitzen zieht. Garnieren Sie die Desserts vor dem Servieren mit dem geschlagenen Eiweiß.

1)

2)

3)

Errötendes Mädchen zubereiten

1) Die Preiselbeeren mit dem Zucker 1 Stunde 30 Minuten kaltrühren. Dann testen, ob sich alle Zuckerkristalle aufgelöst haben, falls nicht, noch weiterrühren.

2) Die geschmolzene Kuvertüre allmählich unter die Sahne-Milch-Mischung rühren.

3) Die Vanillecreme auf die erstarrte Ganache mit Rum geben und fest werden lassen.

Heideküche und Fischgerichte

Ohne viel Schnickschnack: Niedersachsens Küche ist geprägt von dem, was das Land hergibt. Fisch, Lamm, Kartoffeln und Gemüse spielen bis heute eine Hauptrolle.

Bloß keine kulinarischen Spitzfindigkeiten – so lässt sich die Küche Niedersachsens beschreiben. Zyniker behaupten sogar, dass die Norddeutschen die Gourmandise nicht erfunden hätten. Und verweisen sofort auf ein paar alte Gerichte, deren Aussehen heutigen kulinarischen Ansprüchen kaum mehr genügen kann: Dazu zählt unter anderem Labskaus, für das Corned Beef, Zwiebeln und Kartoffelpüree so lange miteinander vermengt werden, bis das Ergebnis ein kaum schmackhaftes Äußeres aufweist. Das mächtige Labskaus war eine typische Speise der Seeleute, beugte dem gefürchteten Skorbut vor – und ist ein gutes Beispiel für die alte Küche Niedersachsens. Die hatte immer einen Zweck zu erfüllen, und der hieß: schnell satt werden. Denn darum ging es zuallererst, für kulinarische Spitzfindigkeiten fehlten Zeit, Geld und Lust. Denn der Landwirt des meist platten Hinterlandes wollte und musste satt werden und der Fischer an der Küste sowieso. Dennoch: Wer das heutige Niedersachsen kennt, weiß, dass es doch Oasen in der vermeintlich kulinarischen Wüste gibt! Man muss sie nur entdecken.

Die Landschaft prägt die Küche

An der Küste und auf den acht Inseln beherrschte immer Fisch den Speiseplan, und im Binnenland das, was – je nach Bodenbeschaffenheit – angebaut und erzeugt werden konnte: Kartoffeln, Getreide, das Fleisch der Rinder und Schweine und die Eier der Hühner. Hinzu kamen Pilze und Gemüse. Daraus wurde gekocht, was schnell satt machte und möglichst lange vorhielt. Dabei unterschieden sich Stadt und Land sehr deutlich. »Das ganze Stadtwesen mit seinem öden Firlefanz« – wie es der die Heide liebende Journalist und Dichter Herrmann Löns formuliert hat – war dem Landbewohner zuwider. Löns selbst vergnügte sich lieber mit »Schwarzbrot ohne Butter« und einem Stück »hartem Käse und drei Stangen Johannislauch«. Aber ganz so spartanisch haben dann doch nicht alle alten Niedersachsen gelebt. In der Heide gab es Honig satt, auf dem Sandboden gediehen duftende Kräuter wie Thymian, Bohnenkraut, Koriander, Kümmel sowie Beeren. Daraus brühte man Tee und brannte Schnäpse.

Suppe und Sauce für den Adel

Die Landeshauptstadt Hannover zum Beispiel ist sogar Ursprungsort einer der berühmtesten Saucen der Welt. Ein niedersächsischer Koch widmete eine von ihm kreierte Sauce dem Herzog Wilhelm August von Cumberland, einem Sohn König Georgs II. von England. Der Herzog aß die süßliche Sauce vor allem gerne zu Wild, kaltem Fleisch und Pasteten. Das tun Millionen Menschen noch heute, aber mit Hannover würde man die Cumberlandsauce wohl kaum in Verbindung bringen.

Die Nähe zwischen den Welfenherzögen Hannovers und der englischen Krone entstand durch die Heirat eines Welfensohnes mit der Enkelin des englischen Königs: Deren Sohn bestieg 1714 als Georg I. den englischen Thron. Von den Engländern übernahmen die Welfen die Liebe zur Schildkrötensuppe. Sie waren es auch, die bald dafür sorgen sollten, dass die Mockturtlesuppe zum festen Speiseplan im britischen Empire wurde. Dass dabei Reptilien- gegen Säugetierfleisch ausgetauscht wurde, ist einerseits Napoleon, Kaiser von Frankreich, anderseits einem findigen, aber namenlos gebliebenen niedersächsischen Bauern zu verdanken. Während Bonaparte mit seiner Kontinentalsperre unter anderem auch die Einfuhr von Schildkrötenfleisch nach Deutschland

Leuchttürme gehören zur norddeutschen Küste wie das Wasser zum Meer. Die Wahrzeichen der Deichlandschaften sind auch beliebte Ausflugsziele.

verhinderte, forderte als Folge jener Bauer seine Köchin auf, sie möge doch einen Ersatz finden für das feinfaserige und mitunter auch leicht körnige Schildkrötenfleisch. Die Köchin nahm einen Kalbskopf, dazu Gewürze und Madeira. Der Bauer war begeistert, und nicht nur er. Fortan hieß die Suppe nicht mehr Turtle, sondern Mockturtle – also »nachgemachte Schildkrötensuppe«.
Deutschlands Küche verdankt den Welfen aber noch eine weitere Delikatesse, die Welfenspeise, auch »Hannoverscher Pudding« genannt. Die Hausfarben der Welfen waren Gelb und Weiß, entsprechend sieht auch die Welfenspeise aus: weißer Eischnee, auf dem ein gelblicher Weinschaum ruht. Überhaupt haben die Niedersachsen bis heute eine Vorliebe für Süßes: Sehr bekannt sind Prilleken (ein Fastnachtsgebäck aus der Braunschweiger Gegend, für das Hefeküchlein in Fett gesotten werden), Heidesand, ein Weihnachtsgebäck mit viel Butter, Milchreis mit Dörrobst oder Rote Grütze – auf die aber noch andere norddeutsche Länder ihren Hoheitsanspruch erheben.

Pilgerfahrten zum Grünkohlessen

Ein weiterer, aber unumstrittener Klassiker der niedersächsischen Küche ist Brägenwurst mit Grünkohl. Als Brägen bezeichnet man das Schweinehirn; die ziemlich fette Wurst besteht neben Hirn auch noch aus Schwarten, Fleisch, Zwiebeln und Gewürzen. Überhaupt ist Grünkohl schon immer fester Bestandteil der Küche gewesen. Meist gab es dazu salzige Würste, oft harte Mettwürste. Das Grünkohlessen ist ein alter Brauch in Norddeutschland – gepflegt wird er auch heute noch vor allem im Oldenburger Land, um Bremen, in Verden an der Aller, Rotenburg an der Wümme und der Umgebung von Braunschweig. Dabei kommt es zu regelrechten Grünkohl-Pilgerfahrten. Die Teilnehmer fahren, oft auf von Pferden gezogenen Planwagen, durch Wälder, Felder und Wiesen zu einem nahe gelegenen Dorfgasthof. Dabei ist bereits der Weg das Ziel, während der Fahrt wird aus allerlei wichtigen und nichtigen Anlässen reichlich getrunken. Bei der Ankunft ist die halbe Kohlgesellschaft schon betrunken. Im Gasthaus gibt

Die Zwillingsmühlen von Greetsiel sind typisch für Ostfriesland. Hier gehen die Uhren anders: einfach etwas langsamer.

es dann Grünkohl mit Kartoffeln und Kasseler, Brägen-, Pinkel- oder Kohlwurst. Natürlich wird im Gasthaus weitergezecht, und mancherorts nach dem Essen auch getanzt.

Störtebeker lässt grüßen

In Osnabrück, wo Grünkohl wegen seiner palmenhaften Silhouette als »Osnabrücker Palme« bezeichnet wird, gibt es noch heute Wettkämpfe, wer den meisten Grünkohl essen kann. Der Sieger darf sich »Grünkohlkönig« nennen, in einigen Gegenden findet das Grünkohlessen seinen Höhepunkt in der Proklamation des »Kohlkönigspaares«. Wie so oft, dient so etwas natürlich auch gerne zur Rechtfertigung zünftiger Gelage, bei denen eine oder mehrere »Lüttjen Lage« nicht fehlen dürfen. Das ist ein Kombigetränk aus Klarem (Schnaps) und Bier: Ein Glas Bier und darüber ein Schnapsglas werden in einer Hand gehalten und beides gleichzeitig getrunken, wozu es einiger Übung bedarf! Aus Weizen oder Roggen gebrannter Korn ist bis heute, zumindest in ländlichen Gegenden, eine Art Grundnahrungsmittel geblieben. Früher nannte man den Klaren vermutlich »Landwein«, und schon der legendäre Pirat Klaus Störtebeker soll ihm gerne zugesprochen haben.

Zu Störtebekers Zeit beliebt war zudem der noch heute vor allem im Emsland und der Grafschaft Bentheim weit verbreitete Buchweizenpfannkuchen. Vor allem auf kargen Heide- und Moorböden gedeiht das Knöterichgewächs Buchweizen, dessen Samen wie Bucheckern schmecken und genauso nährstoffreich sind. Um den daraus zubereiteten »Bookwetenpannkoken« – wie man im dort noch gesprochenen Plattdeutsch sagt – ranken sich allerlei Anekdoten, wie beispielsweise diese: Kehrte ein auf Freiersfüßen wandelnder Jungbauer im Haus seiner Angebeteten ein, servierte man ihm Buchweizenpfannkuchen mit Speckstückchen. War die Zahl der kredenzten Speckstücke gerade, durfte er bleiben, war sie ungerade, durfte er zwar aufessen, musste danach aber auf Nimmerwiedersehen verschwinden.

Unter Sandgarnelen und Krabbenpulern

Ob an der Küste derlei Geschichten kursierten, ist unbekannt. Etwa 300 Kilometer Küste und acht Inseln machen Nordniedersachsen zur maritimen Region. Das Meer und seine Produkte prägen die Küche bis heute. Schollen und andere Plattfische, Hering und Knurrhahn, aber vor allem »Crangon crangon«, die Sandgarnele, die immer Nordseekrabbe genannt wird, obwohl sie keine Krabbe, sondern eben eine Garnele ist. Sie ist ein schwieriger Fall, denn sie entzieht sich bisher allen Versuchen, sich maschinell pulen zu lassen, weil es nicht die ideale, genormt große Nordseekrabbe gibt. Was Maschinen nicht können, machen heute für wenig Geld Polen, Weißrussen oder vermehrt Marokkaner. Bei uns kostet ein Schälchen mit 125 Gramm gepulten Krabben dann ganze drei Euro. Ihr nussig-süßliches Fleisch ist aber auch weite Wege wert.

Nicht ganz so edel, dafür aber umso symbolträchtiger ist noch ein anderes Tier für Niedersachsen geworden: die Heidschnucke. Für die meisten Menschen ist es nur ein zu kleines Schaf mit verfilztem Fell, das streng riecht und genauso schmeckt. Aber das ist nur die halbe Wahrheit. Denn das Fleisch von Heidschnuckenlämmern ist zart und nur leicht würzig. Besonders gut passt dazu das bittersüße Aroma von Wacholderbeeren – und auch sie sind ein typischer Bestandteil der Heideküche. Von der kleinen genügsamen Schafart existieren vermutlich acht Rassen, einige häufig, andere selten. Die gehörnte weiße Heidschnucke gehört heute sogar zu den als »extrem gefährdet« eingestuften alten Haustierrassen.

Ganz anders schmecken die Salzwiesenlämmer von den Deichen an der Nordsee. Ihr Fleisch nimmt über das Futter eine leichte Salzigkeit an. Allerdings leidet das Lamm noch heute unter dem Image, zu schmecken, wie ein alter Hammel riecht: tranig. Dabei ist das Unsinn. Und von einem deftigen Lammbraten werden sogar die hungrigen niedersächsischen Bauern und Fischer richtig satt.

Robert Lücke

Das Teufelsmoor, nordöstlich von Bremen gelegen, besticht durch seine Schönheit, Weite und Ursprünglichkeit.

Zubereitungsszeit
ca. 40 Min.

Abtropfzeit
ca. 8 bis 10 Std.

Quarkmousse mit marinierten Erdbeeren

Ein köstliches Dessert, das gut vorzubereiten ist

Für die Quarkmousse

- *½ Vanilleschote*
- *250 g Magerquark*
- *abgeriebene Schale von ½ unbehandelten Zitrone*
- *3 Eiweiße (90 g)*
- *120 g Zucker*
- *300 g Sahne*

Für die marinierten Erdbeeren

- *500 g Erdbeeren*
- *½ Vanilleschote*
- *1 Msp. gemahlener Zimt*
- *100 g Puderzucker*
- *1 TL Aceto balsamico*
- *75 ml fruchtiger Rotwein*

Saisonales Dessert

Hierfür eignen sich alle jahreszeitlichen Früchte, mariniert oder mit Perlsago zu einer Grütze gekocht.

1 | **Für die Quarkmousse** die Vanilleschote der Länge nach aufschlitzen und das Mark mit einem kleinen Messer herauskratzen. Den Magerquark mit dem Vanillemark und der abgeriebenen Zitronenschale verrühren. Schlagen Sie die Eiweiße mit dem Zucker steif und heben Sie sie unter die Quarkmasse. Anschließend die Sahne steif schlagen und ebenfalls unter die Quarkmasse heben.

2 | **Ein Sieb mit einem Tuch auslegen,** die Quarkmasse daraufgeben, eine Schüssel unterstellen und das Tuch über der Masse einschlagen. Lassen Sie die Quarkmasse 8 bis 10 Stunden, am besten über Nacht, im Kühlschrank ablaufen.

3 | **Für die marinierten Erdbeeren** die Erdbeeren kalt waschen, gut abtropfen lassen und je nach Größe halbieren oder vierteln, dabei die Blütenansätze entfernen. Die Vanilleschote der Länge nach aufschlitzen und das Mark herauskratzen. Vanillemark, Zimt, Puderzucker, Aceto balsamico und Rotwein verrühren und die Erdbeeren damit 20 Minuten marinieren.

4 | **Die Quarkmousse in eine Schüssel geben,** die abgelaufene Flüssigkeit weggießen. Die marinierten Erdbeeren auf die Dessertteller verteilen. Stechen Sie mit einem in Wasser getauchten Löffel Nocken aus der Quarkmousse aus, formen Sie diese ggf. leicht nach und richten Sie sie auf den Erdbeeren an.

WARENKUNDE

Die Erdbeere – »Königin der Beeren«

Die mit der Rose verwandte Frucht wird bei uns bereits seit dem 18. Jahrhundert kultiviert. Botanisch gesehen ist die Erdbeere nicht die Frucht der Erdbeerpflanze, sondern der fleischige Blütenboden. Die kleinen Kerne auf der Beere sind die eigentlichen Früchte (Nüsschen). Es gibt etwa 600 Erdbeersorten, geschmacklich unübertroffen ist die (ebenfalls züchtbare) kleine Walderdbeere. Generell gilt: Je kleiner die Erdbeere, desto aromatischer und duftender ist sie. Ernten oder kaufen Sie Erdbeeren stets ganz reif, denn sie reifen nicht nach. Immer nur mit Stiel und rasch waschen, da sie sonst ihr Aroma verlieren.

Zubereitungsszeit
ca. 50 Min.

Kühlzeit für die Mousse
ca. 4 Std. 30 Min.

Mousse von der Buttermilch

Die feine Creme wird mit einem Hauch von Limette und Fruchtsauce erfrischend leicht.

Für die Mousse von der Buttermilch

- *3 ½ Blatt Gelatine*
- *380 g Buttermilch*
- *2–3 EL Puderzucker*
- *2 EL Limettensaft*
- *1–2 Eiweiße (45 g)*
- *1 Prise Salz*
- *2–3 EL Zucker*
- *200 g Sahne*

Für die rote Fruchtsauce

- *250 g gemischte rote Früchte (z.B. Johannisbeeren, Himbeeren, Kirschen)*
- *2–3 EL Zucker*
- *1 Päckchen Vanillezucker*
- *1 TL Speisestärke*

Buttermilchsülze

Für eine Buttermilchsülze verdoppeln Sie die Menge an Buttermilch, Puderzucker und Limettensaft und erhöhen die Anzahl der Gelatineblätter auf 4 Stück. Sahne, Eiweiß, Salz und Zucker werden für die Sülze nicht verwendet.

1 | **Die Gelatine in kaltem Wasser einweichen.** Geben Sie die Buttermilch mit dem Puderzucker und dem Limettensaft in eine Schüssel und verrühren Sie alles. Die Eiweiße mit Salz und 1 EL Zucker zu Schnee schlagen. Erst wenn das Eiweiß deutlich an Volumen gewonnen hat und fest wird, wieder etwas Zucker hinzufügen. Diesen Vorgang wiederholen, bis der restliche Zucker aufgebraucht und cremiger Eischnee entstanden ist. Anschließend die Sahne halbsteif schlagen.

2 | **Von der Buttermilchmischung** 4 EL abnehmen und in einem kleinen Topf handwarm (maximal 40 °C) erwärmen. Nehmen Sie den Topf vom Herd, drücken Sie die Gelatine gut aus und lösen Sie sie in der Flüssigkeit auf. Die Gelatine-Buttermilch-Mischung unter ständigem Rühren mit dem Schneebesen unter die restliche Buttermilchmischung rühren.

3 | **Die Schüssel auf Eiswasser stellen** und die Buttermilchmischung unter gelegentlichem Rühren abkühlen, bis sie zu stocken beginnt. Die Schüssel vom Eiswasser nehmen und die Sahne mit einem Teigschaber unter die Buttermilchmischung ziehen. Zum Schluss den Eischnee unter die Buttermilchsahne heben. Die Buttermilchmousse in 5 Dessertschalen füllen und mindestens 4 Stunden kalt stellen. In der Zwischenzeit die Fruchtsauce zubereiten.

4 | **Für die rote Fruchtsauce** die Früchte waschen, abtropfen lassen und dann mit Zucker und Vanillezucker aufkochen. Binden Sie das Ganze mit der in wenig kaltem Wasser angerührten Speisestärke und lassen Sie die Fruchtsauce abkühlen. Zum Servieren geben Sie auf vier Portionen Buttermilchmousse etwas Fruchtsauce. Aus dem fünften Schälchen Buttermilchmousse mit einem Löffel vier Nocken ausstechen und auf den Desserts anrichten.

VARIANTE: FEINES HIMBEERGELEE

Nach dem gleichen Prinzip wie die Buttermilchsülze (siehe oben) können Sie auch ein köstliches Fruchtgelee zubereiten: Dazu 800 g Himbeeren mit 80 g Zucker mischen, abdecken und auf ein heißes, aber nicht kochendes Wasserbad stellen. Die Beeren etwa handwarm erhitzen, dann von der Wärmequelle nehmen und 3 Stunden ziehen lassen. Gießen Sie die Beeren durch ein Sieb ab und lassen Sie sie 1 Stunde abtropfen. Dabei nicht nachdrücken, damit der Saft klar bleibt. 350 ml Himbeersaft abmessen und 5 Blatt Gelatine in kaltem Wasser einweichen. 40 g Zucker mit 50 ml Wasser aufkochen, vom Herd ziehen, auf 50 °C abkühlen lassen und die gut ausgedrückte Gelatine darin auflösen. Fügen Sie 30 ml Zitronen- und 50 ml Orangensaft durch ein Sieb hinzu und rühren Sie die Mischung unter den Himbeersaft, ohne Schaum aufzuschlagen. Das Gelee in Gläser oder Förmchen füllen und mindestens 4 Stunden kalt stellen.

Zubereitungszeit
ca. 2 Std.

Kühl- und Tiefkühlzeit
ca. 3 Std.

Hefeparfait mit Mandelstreuseln

Kuchen oder Dessert? Knusprige Streusel und sahniges Eis lassen keine Wünsche offen.

Für das Hefeparfait

- *60 ml Milch*
- *140 g Sahne*
- *1 EL Milchpulver (10 g)*
- *50 g Zucker*
- *15 g frische Hefe*
- *2 Eiweiße (60 g)*
- *Erdbeer- oder Himbeersauce zum Anrichten*
- *Zitronenmelisseblättchen zum Garnieren*

Für die Mandelstreusel

- *50 g weiche Butter*
- *50 g Rohrzucker*
- *50 g Mehl*
- *50 g gemahlene Mandeln*
- *50 g Mandelblätter*

Für den Milchschaum

- *100 ml Milch*
- *2–3 EL Zucker*
- *150 g Sahne*

Außerdem

- *1 Parfait- oder Minikastenform (ca. ½ l Inhalt)*

1 | **Für das Hefeparfait** die Milch, 70 g Sahne, das Milchpulver und 35 g Zucker zusammen aufkochen, anschließend durch ein Sieb passieren und abkühlen lassen. Wenn die Mischung nur noch lauwarm ist, geben Sie die Hefe dazu und lassen die Masse unter gelegentlichem Rühren auf Eiswasser vollständig abkühlen.

2 | **Die Eiweiße mit dem restlichen Zucker** steif schlagen. Die restliche Sahne ebenfalls steif schlagen. Den Eischnee zusammen mit der Sahne unter die kalte Hefeparfaitmasse heben. Das Hefeparfait in eine Form füllen und etwa 2 Stunden tiefkühlen. Inzwischen die Mandelstreusel herstellen.

3 | **Für die Mandelstreusel** den Backofen auf 160 °C vorheizen. Butter, Rohrzucker, Mehl, Mandeln und Mandelblätter zu Streuseln verarbeiten und im Ofen auf der mittleren Schiene 10 bis 15 Minuten goldgelb backen (Step 1). Anschließend nehmen Sie die Streusel heraus und lassen sie auskühlen.

4 | **Für den Milchschaum** Milch und Zucker leicht erwärmen, bis der Zucker aufgelöst ist, dann die Sahne dazugeben. Die Mischung in ein Sahnesyphon (ISI-Flasche) füllen, mit einer Gaspatrone laden und in den Kühlschrank stellen. Ersatzweise können Sie die Masse mit einem Milchaufschäumer oder dem Handrührgerät leicht aufschlagen.

5 | **Zum Servieren die Mandelstreusel** auf den Tellern verteilen. Das Hefeparfait aus der Form stürzen, in Scheiben schneiden und daraufgeben (Step 2). Den Milchschaum kräftig schütteln und auf das Hefeparfait aufspritzen (Step 3). Mit Erdbeersauce und Zitronenmelisseblättchen garnieren und sofort servieren.

Parfait mit Streuseln herstellen

1) Die Zutaten für die Mandelstreusel zwischen den Händen zu Streuseln verreiben und im vorgeheizten Backofen bei 160 °C goldgelb backen.
2) Das Hefeparfait aus der Form stürzen und in etwa 2 cm dicke Scheiben schneiden.
3) Das Parfait auf den Mandelstreuseln anrichten. Den Milchschaum im Sahnesyphon kräftig schütteln und auf das Parfait spritzen.

Zubereitungszeit
ca. 1 Std. 10 Min.

Tiefkühlzeit
ca. 4 Std.

Tannenhonigparfait mit Brombeermark

Herbstlich kühler Eisgenuss mit würziger Note

Zutaten

- *4 Eiweiße (120 g)* · *1 Prise Salz*
- *5 Eigelbe (100 g)* · *120 g Tannenhonig*
- *400 g Sahne* · *2 cl Kirschwasser*
- *300 g Brombeeren (oder Stachelbeeren)*
- *Puderzucker zum Süßen*
- *Tannenhonig zum Servieren*
- *Waffeln oder kandierte Orangenschalenzesten zum Garnieren*

Außerdem

- *4 Parfaitförmchen*

Mit Ziegenquark

Hervorragend schmeckt es auch, wenn Sie ein Drittel der Sahne durch Ziegenquark ersetzen und das Parfait mit Brombeeren servieren.

1 | **Die Eiweiße mit Salz** steif schlagen. Die Eigelbe mit dem Honig in einer Schüssel über einem heißen Wasserbad dick-cremig aufschlagen und anschließend auf Eiswasser wieder kalt schlagen. Die Sahne steif schlagen und die Eigelb-Honig-Masse behutsam unterziehen. Das Kirschwasser dazugeben, unterrühren und den Eischnee nach und nach unterheben. Füllen Sie die Parfaitmasse in vorgekühlte, mit Pergamentpapier ausgelegte Tassen oder Formen und stellen Sie sie mindestens 4 Stunden ins Tiefkühlfach.

2 | **Die Brombeeren verlesen,** kurz waschen und abtropfen lassen. Die Beeren durch ein Sieb streichen, sodass die kleinen Kerne hängen bleiben und nur das Mark übrig bleibt. Das Brombeermark nach Geschmack mit etwas Puderzucker verrühren.

3 | **Das Tannenhonigparfait** etwa 15 Minuten vor dem Servieren aus dem Tiefkühlfach nehmen, damit es cremiger wird. Die Parfaits aus den Förmchen lösen und zusammen mit dem Brombeermark auf Tellern anrichten. Mit etwas Tannenhonig beträufeln und mit Waffeln oder kandierten Zesten garnieren. Rasch servieren. Zum Tannenhonigparfait passen statt Brombeermark auch sehr gut Himbeeren, Kirschen, Hagebuttenkompott oder Rhabarber.

Zubereitungszeit
ca. 1 Std.

Trockenzeit
ca. 2 Tage

Pumpernickeleis

Für Liebhaber ausgefallener deutscher Küche ein ganz besonderes Vergnügen

Zutaten

- *40–50 g Pumpernickel*
- *1–2 TL Grappa nach Belieben*
- *1 Vanilleschote*
- *400 ml Milch*
- *140 g Zucker*
- *30 g Milchpulver*
- *150 g Sahne*
- *1–2 Eigelbe (30 g)*

1 | **Den Pumpernickel 2 Tage trocknen lassen,** dann mahlen oder fein zerreiben und nach Belieben mit Grappa beträufeln. Die Vanilleschote der Länge nach aufschlitzen und das Vanillemark mit einem Messer herauskratzen. Die Milch mit dem Zucker und dem Vanillemark handwarm erwärmen. Dann das Milchpulver, die Sahne und die Eigelbe hinzufügen.

2 | **Die Masse behutsam erhitzen,** bis sie sämig bindet, keinesfalls jedoch kochen lassen, da sie sonst gerinnt. Anschließend durch ein Sieb passieren und erkalten lassen. Den Pumpernickel hinzufügen und die Masse in der Eismaschine 30 bis 40 Minuten gefrieren lassen. Sie können die Eismasse auch ersatzweise in eine Metallschüssel geben und im Tiefkühlfach fest werden lassen. Rühren Sie die Eismasse dabei gelegentlich kräftig durch, damit keine zu groben Eiskristalle entstehen. Zum Anrichten das Pumpernickeleis mit einem Eisportionierer zu Kugeln formen und auf frischen Früchten, Fruchtsauce (S. 431) oder Kompott (S. 448) anrichten.

S. 96 ff.
REGIONENPORTRÄT Nordrhein-Westfalen

S. 516 f.
WARENKUNDE Brot

Zubereitungszeit
ca. 1 Std.

Tiefkühlzeit
ca. 3 bis 4 Std.

Apfelcreme mit Mandelmakronen

Knuspriges Mandelgebäck als Kontrast zu einer zarten Creme mit feinem Apfelaroma

Für die Apfelcreme

· 350 ml Apfelsaft · 130 g frisch geriebenes Apfelpüree · 1 EL Zitronensaft · 1 EL Fenchel- oder Blütenhonig · 1 Faden Safran · 2 Blatt Gelatine · 3 Eigelbe (60 g) · 1 EL Calvados · 80 g Sahne · 1 Eiweiß (30 g) · 1 Prise Salz · 1 EL Zucker · 50 ml Champagner (oder Sekt) · Zitronenmelisse zum Garnieren · hauchdünne Apfelscheiben zum Garnieren

Für die Mandelmakronen

· 5 Eiweiße (150 g) · 1 Prise Salz · 2 EL Zucker · 320 g Puderzucker · 200 g Mandelgrieß (oder fein gemahlene Mandeln) · Zucker zum Bestreuen

S. 138 ff.
REGIONENPORTRÄT Mecklenburg-Vorpommern

S. 450 ff.
WARENKUNDE Obst

1 | **Vom Apfelsaft 260 ml abmessen,** aufkochen und auf die Hälfte reduzieren. Das Apfelpüree dazugeben und einmal aufkochen lassen, dann den Topf vom Herd ziehen. Zitronensaft sowie Fenchelhonig unter die Apfelmasse rühren und diese pürieren. Geben Sie den Safranfaden hinzu und lassen Sie die Masse abkühlen.

2 | **Den Safranfaden entfernen** und den restlichen Apfelsaft unter die Apfelmasse rühren. Die Gelatine in kaltem Wasser einweichen. Die Apfelmasse mit den Eigelben über dem warmen Wasserbad zu einem Sabayon aufschlagen (Step 1). Drücken Sie die Gelatine gut aus und lösen Sie sie in dem warmen Sabayon auf. Die Masse auf Eis kaltrühren und zum Schluss den Calvados hinzugeben.

3 | **Die Sahne halbsteif schlagen** und mit dem Schneebesen unterrühren. Das Eiweiß mit Salz und Zucker zu einer festen, cremigen Masse aufschlagen. Den Eischnee vorsichtig unter die Creme heben und den Champagner oder Sekt hinzufügen (Step 2). Füllen Sie die Creme in Glasschälchen und stellen Sie sie 3 bis 4 Stunden kalt.

4 | **Für die Mandelmakronen** die Eiweiße mit Salz und Zucker zu steifem Eischnee schlagen. Den Puderzucker mit dem Mandelgrieß vermischen und unter den Eischnee heben. Die Makronenmasse mit einem Spritzbeutel mit Lochtülle (Nr. 6) als kleine Häufchen auf ein mit Backpapier belegtes Blech spritzen und mit Zucker bestreuen. Lassen Sie die Makronen 15 Minuten trocknen, sodass sie eine Haut ziehen. Den Backofen auf 180 °C vorheizen.

5 | **Zum Fertigstellen** die Makronen im vorgeheizten Backofen 10 bis 15 Minuten backen. Etwa 3 Minuten vor Ende der Backzeit die Backofentür einen Spalt öffnen, damit sie schön knusprig werden. Die Makronen abkühlen lassen und zur Apfelcreme servieren. Die Apfelcreme jeweils mit einem Blättchen Zitronenmelisse sowie mit einigen hauchdünnen Apfelscheiben garnieren.

1)

2)

Apfelcreme fertigstellen

1) Den Fond mit den Eigelben über dem heißen Wasserbad zum Sabayon aufschlagen, die Gelatine darin auflösen und auf Eis oder Eiswasser kaltrühren.

2) Die halbsteif geschlagene Sahne sowie den Eischnee unterheben. Zum Schluss den Champagner hinzufügen, die Creme in Schälchen füllen und kalt stellen.

Bayern

bundesweit

Zubereitungszeit
ca. 4 Std.

Quittenragout mit Topfenschaum

Eine kulinarische Augenweide aus Quark, Quitten und goldbraun gebackenen »Schatzkistchen«

Für die »Schatzkistchen«

- *200 g Zucker*
- *110 g weiche Butter*
- *100 g Mehl*
- *100 ml Glukosesirup*
- *Schokoladenstäbchen zum Garnieren*
- *Minzeblättchen zum Garnieren*

Für den Topfenschaum

- *250 g Topfen (20 % Fett; oder Quark)*
- *2 EL Puderzucker*
- *Mark von 1 Vanilleschote*
- *Saft und abgeriebene Schale von 1 unbehandelten Orange*
- *1 TL Zitronensaft*
- *1 Msp. abgeriebene Zitronenschale*
- *3–4 Eiweiße (100 g)*
- *1 Prise Salz*
- *80 g Zucker*
- *250 g geschlagene Sahne*

Für das Quittenragout

- *4 Quitten*
- *2–3 EL Zitronensaft*
- *100 g Akazienhonig*
- *200 ml Sauternes (oder süßer Weißwein)*
- *200 ml trockener Wermut (Noilly Prat)*
- *1 Vanilleschote*
- *200 ml Apfelsaft*

1 | **Für die »Schatzkistchen«** alle Zutaten miteinander verkneten. Den Backofen auf 180 °C vorheizen. Die weiche Masse zwischen einer Silpatmatte und einem Stück Backpapier mit einem Nudelholz dünn ausrollen (siehe unten). Das Backpapier vorsichtig ablösen und die Masse auf der Matte im Backofen auf der mittleren Schiene goldgelb backen. Aus dem Ofen nehmen, mit Backpapier abdecken, umdrehen und leicht abkühlen lassen.

2 | **Die Silpatmatte abziehen** und das Gebäck nochmals im Ofen erwärmen, bis es weich ist. Herausnehmen und vier Rechtecke von etwa 10 x 20 cm Größe schneiden. Jedes Rechteck rasch zu einem in etwa viereckigen »Kästchen« formen, das oben und unten offen ist. Die Kästchen in den Ecken etwa 2 cm tief einschneiden und die Seiten nach außen biegen. Schneiden und verarbeiten Sie die Masse unbedingt im warmen Zustand, da sie sonst bricht.

3 | **Für den Topfenschaum** den Topfen mit Puderzucker, Vanillemark, Orangensaft und -schale sowie Zitronensaft und -schale verrühren. Schlagen Sie die Eiweiße mit dem Salz steif, dabei den Zucker während des Schlagens gleichmäßig einrieseln lassen, damit cremiger, steifer Eischnee entsteht. Die Sahne steif schlagen und unter die Quarkmasse geben. Den Eischnee vorsichtig unterziehen. Die Masse auf ein mit einem Tuch ausgelegtes Sieb geben und über einer ausreichend großen Schüssel abgedeckt im Kühlschrank etwa 1 Stunde abtropfen lassen.

4 | **Für das Quittenragout** die Quitten schälen, halbieren, Kerngehäuse entfernen und das Fruchtfleisch in etwa 5 mm große Würfel schneiden. Legen Sie die Quittenwürfel sofort in Zitronenwasser, damit sie sich nicht verfärben. Den Honig in einem weiten Topf leicht karamellisieren, mit Sauternes und Wermut ablöschen und auf etwa die Hälfte reduzieren. Die Vanilleschote der Länge nach aufschlitzen und das Mark herauskratzen.

5 | **Die Quitten, den Apfelsaft** und das Vanillemark in die reduzierte Honig-Wein-Mischung geben und zugedeckt bei mittlerer Hitze etwa 20 Minuten köcheln lassen, bis die Quitten weich sind. In ein Sieb abgießen, dabei den Fond auffangen und je nach Konsistenz noch etwas reduzieren, er sollte sirupartig sein und einen leicht süßsäuerlichen Geschmack haben. Gegebenenfalls noch mit Sauternes und etwas Honig abschmecken. Abkühlen lassen.

6 | **Zum Anrichten die »Schatzkistchen«** am Boden etwa 5 mm hoch mit Topfenschaum füllen, 1 bis 2 cm hoch Quittenragout einfüllen und wieder mit Topfenschaum bedecken. Die »Schatzkistchen« auf dem übrigen Quittenragout anrichten und nach Belieben mit geschmolzener Schokolade, Schokoladenstäbchen und Minzeblättchen anrichten.

Silpatmatte nutzen

Eine Silpatmatte ist eine hitzebeständige Matte aus Silikon, die optimal ist zum Verarbeiten weicher Massen und sich auch für den Einsatz im Backofen eignet. Sie können ersatzweise auch Backpapier verwenden.

S. 34 ff.
REGIONENPORTRÄT Bayern

S. 450 ff.
WARENKUNDE Obst

Zubereitungszeit
ca. 2 Std. 30 Min.

Rote Grütze

Der Klassiker aus dem Norden ist überall beliebt: Hier nach alter Machart mit Perlsago zubereitet.

Zutaten

- *4 TL Perlsago (40 g; oder ca. 2 EL Speisestärke)*
- *300 ml Rotwein*
- *220 g Rhabarber*
- *180 g Kirschen*
- *180 g kleine Erdbeeren*
- *180 g Johannisbeeren*
- *150 g Zucker*
- *Sahne oder Vanillesauce nach Belieben*

Helle Fruchtgrütze

Sie können die Grütze auch mit anderen Früchten zubereiten, etwa mit Apfelstückchen und trockenem Weißwein.

1 | **Den Perlsago in einem Topf** mit dem Rotwein übergießen und abgedeckt 1 Stunde quellen lassen. In der Zwischenzeit die Früchte vorbereiten: Den Rhabarber schälen und in 1 bis 2 cm große Würfel schneiden. Die Kirschen waschen, abtropfen lassen, entstielen und entsteinen. Die Erdbeeren waschen, abtropfen lassen und die Blütenkelche entfernen. Große Früchte halbieren, alle anderen ganz lassen. Die Johannisbeeren waschen, abtropfen lassen und die Beeren von den Stielen zupfen.

2 | **Kochen Sie den gequollenen Perlsago** bei schwacher Hitze unter gelegentlichem Umrühren so lange, bis er glasig ist. Dann den Zucker und die Rhabarberwürfel unterrühren und bei kleiner Hitze weiterköcheln lassen, bis der Rhabarber bissfest ist.

3 | **Kirschen, Johannisbeeren sowie Erdbeeren** unterrühren und die Mischung nochmals kurz aufkochen, dabei gelegentlich umrühren. Füllen Sie die Grütze in eine Schüssel oder in Dessertschalen und lassen Sie sie abkühlen. Die Rote Grütze nicht zu kalt und nach Belieben mit Sahne oder Vanillesauce (S. 459) servieren.

S. 200 ff.
REGIONENPORTRÄT Hamburg/Bremen/Schleswig-Holstein

S. 424 ff.
REGIONENPORTRÄT Niedersachsen

S. 450 ff.
WARENKUNDE Obst

KÜCHENGEHEIMNIS: WELCHES GELIERMITTEL EIGNET SICH WOFÜR?

Ob Creme, Mousse oder Pudding: Alle enthalten Binde- und Geliermittel, die dem Dessert die gewünschte Festigkeit verleihen. Für Gelee oder »Wackelpudding« eignen sich Gelatine oder Agar-Agar am besten, denn nur sie verleihen die charakteristische »wackelige« Konsistenz. Gelatine, die aus tierischen Rohstoffen hergestellt wird, erhalten Sie in Blattform oder gemahlen. Gelatineblätter müssen zunächst in kaltem Wasser eingeweicht werden, Gelatinepulver rühren Sie mit kaltem Wasser an. Die Gelatine wird dann in beiden Fällen in warmer Flüssigkeit aufgelöst. Sie darf nicht kochen, denn dann schmeckt Gelatine leimig. Agar-Agar, auch »Pflanzengelatine« genannt, wird dagegen direkt in die zu bindende, kalte Flüssigkeit eingerührt und anschließend einmal aufgekocht. Alternative Bindemittel wie Carrageen, das aus Rotalgen hergestellt wird, Pektin, Johannisbrotkernmehl oder Perlsago führen nicht zu einem stichfesten, klaren, »wackeligen« Ergebnis. Sie gehören zur Gruppe der »Verdickungsmittel«, die Wasser binden, ohne dabei selbst zu gelieren. Sie eignen sich daher eher für cremig gebundene Grützen oder auch für süße Suppen.

Bayern

Baden-Württemberg

bundesweit

Zubereitungszeit
ca. 4 Std.

Ziehzeit für den Holunderblütensud
ca. 1 Woche

Holunderblütensuppe mit Joghurt-Limetten-Eis

Eine frühsommerliche Köstlichkeit

Für den Holunderblütensud

· 1 kg Zucker · 2 Zitronen · 30–40 Holunderblütendolden · 1 g Zitronensäure · ½ Flasche Sekt

Für die Holunderblütensuppe

· 3 Blatt Gelatine · ½ l Holunderblütensud (oder verdünnter Holunderblütensirup; Reformhaus) · 120 ml Champagner (oder Sekt) · 2 cl Marc de Champagne (oder anderer Tresterbrand, z.B. Grappa)

Für das Joghurt-Limetten-Eis

· 250 g Naturjoghurt (3,5 % Fett) · 70 g Puderzucker · 3 EL Limettensaft · 2–3 EL Sahne · abgeriebene Schale von 1 unbehandelten Limette

Für die Garnitur

· 250 g Himbeeren · 1 EL Himbeermark · Minzeblättchen

1 | **Für den Holunderblütensud** 1 l Wasser mit dem Zucker aufkochen lassen, dann auf 30 bis 40 °C abkühlen lassen. Die Zitronen halbieren und auspressen. Die Holunderblütendolden vorsichtig ausschütteln und von Verunreinigungen befreien. Zitronensäure, Zitronensaft, Holunderblüten und Sekt zum abgekühlten Zuckersirup geben und in einem verschlossenen Gefäß gut gekühlt etwa 1 Woche ziehen und reifen lassen. Gießen Sie dann den Sud durch ein Sieb ab und kochen Sie ihn auf. Heiß in Flaschen abgefüllt und gut verschlossen hält sich Holunderblütensud einige Monate.

2 | **Für die Holunderblütensuppe** die Gelatine in kaltem Wasser einweichen. Etwas Holunderblütensud leicht erwärmen, die Gelatine darin auflösen und unter den restlichen Sirup rühren. Gießen Sie den Champagner oder Sekt und den Marc de Champagne dazu. In einer Schüssel auf Eis gut durchkühlen lassen und kurz vor dem Servieren durch ein feines Sieb streichen.

3 | **Für das Joghurt-Limetten-Eis** das Joghurt mit Puderzucker, Limettensaft, Sahne und Limettenschale gut verrühren und in der Eismaschine auf die gewünschte Konsistenz gefrieren lassen. Sollten Sie keine Eismaschine besitzen, können Sie die Eismasse auch etwa 5 bis 6 Stunden im Tiefkühlfach gefrieren lassen. Sie muss dann etwa alle 20 bis 30 Minuten gut durchgerührt werden.

4 | **Zum Anrichten die Himbeeren** verlesen und mit dem Himbeermark marinieren. Die leicht gelierte Holunderblütensuppe auf vorgekühlte tiefe Teller verteilen und je eine Nocke Joghurt-Limetten-Eis daraufgeben. Das Eis kreisförmig mit den marinierten Himbeeren umlegen und mit den Minzeblättchen verzieren.

Sirup verdünnen

Falls Sie gekauften Holunderblütensirup verwenden, verdünnen Sie ihn mit Wasser, Sekt oder Wein auf Trinksüße.

WARENKUNDE

Holunder – Blüten und Früchte zum Genießen

Schwarzer Holunder, auch als »Fliederbeeren« bekannt, wächst wild auf nährstoffreichen Böden, an Hecken und Waldrändern und wird in Deutschland für die industrielle Verarbeitung auch gewerblich kultiviert. Die weißlich-gelben, stark duftenden Blüten aromatisieren Saft, Sirup und Gebäck und sind Bestandteil schweißtreibender Kräutertees. Die blauschwarzen Beeren werden von August bis September geerntet und sind nicht für den Frischverzehr geeignet: Sie enthalten ein Blausäure abspaltendes Glykosid, das durch Entfernen der Samen und durch Erhitzen der Früchte unschädlich gemacht wird. Holunder wird zu Kompott, Saft, Likör und Marmelade verarbeitet.

Klares Apfelsüppchen

Fein gewürzt vereinen sich Äpfel und Quitten zu einem ungewöhnlichen Dessert.

Zubereitungszeit
ca. 1 Std.

Zieh- und Auskühlzeit für die Suppe
ca. 16 Std.

Zutaten

- *1 kg grüne Äpfel (z.B. Granny Smith)*
- *500 g Äpfel (z.B. Gravensteiner)*
- *500 g Quitten*
- *1 ½ l ungesüßter Apfelsaft*
- *120 g Gelierzucker (2:1)*
- *60 ml Zitronensaft*
- *1 Prise Ascorbinsäure (Vitamin C; Apotheke, Reformhaus)*
- *1 Beutel Fencheltee*
- *1 Faden Safran*
- *5 cl Calvados (oder Champagner)*

Für die Desserteinlage

- *2 Äpfel (z.B. Gravensteiner)*
- *1 Quitte*

In Rotwein garen

Für eine etwas farbigere Einlage die Quitten und Äpfel in gesüßtem Rotwein oder Punsch garen. Sie können die Suppe auch erwärmen und mit Butter aufmontieren.

1 | **Die Äpfel sorgfältig waschen** und trocken reiben, jedoch nicht schälen. Halbieren Sie die Äpfel, entfernen Sie das Kerngehäuse und schneiden Sie das Fruchtfleisch in 3 mm dünne Scheiben. Die Quitten ebenfalls waschen und trocken reiben, dann vierteln und das Kerngehäuse herausschneiden. Anschließend ebenfalls in etwa 3 mm dünne Scheiben schneiden (Step 1).

2 | **Den Apfelsaft mit dem Gelierzucker** einmal kräftig aufkochen lassen, den Zitronensaft und die Ascorbinsäure unterrühren. Geben Sie anschließend die Apfel- und Quittenspalten in den Apfelsaft, kochen Sie das Ganze nochmals auf und ziehen Sie dann den Topf sofort vom Herd. Den Beutel Fencheltee und den Safranfaden in die Apfelmischung geben. Lassen Sie diesen Ansatz bei etwa 40 °C mindestens 4 Stunden ziehen, entfernen Sie jedoch den Beutel Fencheltee bereits nach 20 Minuten (Step 2).

3 | **Den Apfelansatz in ein feines Sieb gießen** und ablaufen lassen. Den im Sieb verbleibenden Rest in ein mit einem Tuch ausgelegtes Sieb geben und vorsichtig ausdrücken. Die Suppe abgedeckt, am besten über Nacht, erkalten lassen (Step 3). Schmecken Sie die Apfelsuppe vor dem Servieren mit Calvados oder Champagner ab.

4 | **Für die Einlage** die Äpfel und die Quitte schälen und Kugeln oder Würfel daraus schneiden. Von der Suppe etwa 150 ml in einen kleinen Topf geben und darin zunächst die Quitten weich kochen, dann herausnehmen und beiseitestellen. Anschließend lassen Sie die Äpfel im Fond gar ziehen. Äpfel und Quitten kalt stellen und zum Servieren als Einlage in die Suppe geben.

Apfelsüppchen zubereiten

1) Die Äpfel und die Quitten waschen, trocken reiben, halbieren oder vierteln. Die Kerngehäuse entfernen und das Fruchtfleisch in Spalten schneiden.
2) Den Beutel Fencheltee und den Safranfaden dazugeben und bei etwa 40 °C mindestens 4 Stunden ziehen lassen. Den Beutel Fencheltee jedoch bereits nach 20 Minuten entfernen.
3) Den Ansatz durch ein mit einem Tuch ausgelegtes Sieb ablaufen lassen und dann gut ausdrücken. Über Nacht erkalten lassen.

Zubereitungszeit
ca. 1 Std. 15 Min.

Fliederbeerensüppchen mit Plauener Spitzen

Luftiger Eischnee erinnert an die filigranen Spitzenstickereien, für die Plauen berühmt ist.

Zutaten

- *250 g Fliederbeeren (Holunderbeeren)*
- *1 Birne*
- *3 Zwetschgen*
- *¼ l Apfelsaft*
- *100 ml Weißwein*
- *50 g Zucker*
- *Saft und abgeriebene Schale von ½ unbehandelten Zitrone*
- *150 ml Madeira*
- *3 EL Weizen- oder Speisestärke*
- *2 EL Milch*
- *1–2 Eiweiße (45 g)*
- *Butterkekse zum Garnieren*
- *Minzeblättchen und Holunderblüten zum Garnieren*

S. 442
WARENKUNDE Holunder

S. 492 ff.
REGIONENPORTRÄT
Sachsen/Sachsen-Anhalt

1 | **Die Holunderbeeren waschen,** gut abtropfen lassen und anschließend von den Stielen streifen. Sie bewerkstelligen dies am besten mit einer Gabel. Die Birne waschen, halbieren, das Kerngehäuse entfernen und das Fruchtfleisch in Stücke schneiden. Die Zwetschgen waschen, halbieren und entkernen.

2 | **Apfelsaft und Weißwein** in einen Topf geben. Holunderbeeren, Birnen, Zwetschgen, Zucker, Zitronensaft und Schalenabrieb dazugeben und etwa 30 Minuten zugedeckt kochen lassen. Pürieren Sie die Fruchtmischung und streichen Sie sie anschließend durch ein feines Sieb.

3 | **Das Fruchtpüree** wieder in einen Topf geben und den Madeira dazugeben. Die Weizenstärke mit der Milch glatt anrühren, die Mischung unter das Fruchtpüree rühren und kurz aufkochen lassen. Die gebundene Suppe eventuell nochmals mit Zucker und Zitronensaft abschmecken und heiß halten.

4 | **Die Eiweiße steif schlagen** (Step 1). Mit einem Löffel kleine Nocken abstechen und in der Suppe kurz ziehen lassen (Step 2). Zum Servieren verteilen Sie das heiße Fliederbeerensüppchen in Teller, geben jeweils einige Nocken darauf und bestreuen es mit zerkrümelten Butterkeksen. Mit Minzeblättchen und Holunderblüten garniert servieren.

Plauener Spitzen herstellen

1) Die Eiweiße steif schlagen. Währenddessen das Fliederbeerensüppchen heiß halten.
2) Mit dem Löffel kleine Nocken aus dem Eischnee stechen, auf die Suppe geben und gar ziehen lassen.

Bayern

Baden-Württemberg

bundesweit

Zubereitungszeit
ca. 45 Min.

Zwetschgen-Holunder-Kompott

Feinsäuerliche Zwetschgen und süße Birnen ergänzen das herbe Aroma der Holunderbeeren.

Für das Zwetschgen-Holunder-Kompott (für 6 Portionen)

- *400 g Zwetschgen*
- *200 g Birnen*
- *200 g Holunderbeeren*
- *je 1 kleine unbehandelte Zitrone und Orange*
- *1 Vanilleschote*
- *300 g Zucker*
- *1 Zimtstange (4 cm)*

Kompott einmachen

Sie können das heiße Kompott auch in Einmachgläser füllen und bei 90 °C für 20 Minuten im Wasserbad einmachen. So ist es, kühl und dunkel gelagert, mindestens 6 Monate haltbar.

S. 34 ff.
REGIONENPORTRÄT Bayern

S. 402 ff.
REGIONENPORTRÄT Baden-Württemberg

S. 442
WARENKUNDE Holunder

S. 450 ff.
WARENKUNDE Obst

1 | **Die Zwetschgen waschen,** der Länge nach halbieren oder vierteln und den Kern entfernen. Die Birnen schälen, halbieren, dabei das Kerngehäuse entfernen und das Fruchtfleisch in etwa 5 mm große Würfel schneiden.

2 | **Die Holunderbeeren waschen** und abtropfen lassen, anschließend von den Stielen streifen und gründlich verlesen. Zitrone und Orange heiß abwaschen und trocken reiben. Anschließend die Zitrusschalen abreiben, die Früchte halbieren und den Saft auspressen. Die Vanilleschote der Länge nach aufschneiden und das Vanillemark mit einem kleinen Messer herauskratzen.

3 | **Zitrusschalen sowie Fruchtsaft** mit Vanilleschote und -mark in einen Topf geben. 75 ml Wasser, den Zucker und die Zimtstange hinzugeben und alles aufkochen. Die Birnenwürfel dazugeben und 2 Minuten köcheln lassen, dann die Zwetschgen hinzufügen und das Ganze etwa 5 Minuten bei schwacher Hitze kochen lassen. Rühren Sie ab und zu mit einem Holzkochlöffel vorsichtig um.

4 | **Den Topf vom Herd ziehen,** die Holunderbeeren hineingeben und nochmals umrühren. Das Kompott mit einem Küchentuch abgedeckt abkühlen lassen. Zum Servieren die Vanilleschote und die Zimtstange entfernen.

VARIANTEN: HELLES BIRNENDESSERT UND PREISELBEERKOMPOTT

Probieren Sie auch andere Kompottvarianten: Für ein helles Birnendessert 100 ml weißen Holunderblütensaft mit 50 ml Grauburgunder oder Portwein zum Kochen bringen, 2 Macisblüten und ½ Stange Zimt zugeben und 10 Minuten kochen lassen. Passieren Sie das Ganze durch ein Sieb, fangen Sie den Fond auf und schmecken Sie ihn ab. 5 gelbe Williams-Christ-Birnen schälen, halbieren und das Kerngehäuse entfernen. Das Fruchtfleisch in Würfel schneiden, in eine heiße Pfanne mit Butter geben, mit Puderzucker bestauben und goldgelb anbraten. Mit dem Fond ablöschen und die Birnen weich garen. Das Kompott mit etwas Butter montieren und kalt oder warm servieren. Dazu passen gut Quarkknödel (S. 479), Crêpes oder Schokoladenkuchen.
Süßsäuerliches Preiselbeerkompott passt hervorragend zu süßem Kuchen, Quarkknödeln und zu Wildgerichten. Es ist einfach und schnell zubereitet: 250 g Preiselbeeren waschen und abtropfen lassen. 3 EL Blütenhonig, 40 g Zucker, ⅛ l Rotwein und ½ Stange Zimt aufkochen und etwa 5 Minuten einkochen lassen. Geben Sie die Preiselbeeren dazu und lassen Sie sie weitere 5 Minuten leicht köcheln. Die Zimtstange entfernen und das Kompott abkühlen lassen.

»Williams Christ«

Die typische Sommerbirne gehört zu den in Deutschland beliebtesten Sorten. Sie ist von August bis Ende September pflückreif und sollte rasch verzehrt werden, da sie schnell mehlig wird.

Obst aus deutschen Landen

Fruchtig, knackig, süß: Die Vielfalt an Obst aus deutschen Landen ist riesig. Ob alte Sorten oder neue Züchtungen – die Qualität stimmt!

»Wer täglich einen Apfel isst, braucht keinen Arzt«, sagt der Volksmund, und wertschätzt damit auch all die anderen fruchtigen Vitaminspender, die uns das Leben versüßen. Die Auswahl ist gewaltig und das nicht nur dank steigender Importe. Auch aus deutschen Landen kommt beste Qualität: Steinobst, z. B. Sauerkirschen oder die berühmten Bühler Zwetschgen, und Beerenobst wie Erdbeeren und Stachelbeeren, aber auch seltener verwendete Sorten wie Hagebutten, Holunder, Heidelbeeren, Preiselbeeren oder Schlehen haben in Deutschland eine lange Tradition. Dasselbe gilt für Kernobst wie Birnen, Quitten und Äpfel. Die beliebtesten und wichtigsten in Deutschland angebauten Obstsorten sehen Sie hier im Überblick.

Apfelquitten

Sie sind herb-würzig, sehr aromatisch und weisen ein hartes, mit Steinzellen durchsetztes Fruchtfleisch auf.

Äpfel sind des Deutschen Liebling

Die Sortenvielfalt aus heimischem Anbau, vor allem bei Äpfel und Birnen, ist enorm: Alte Züchtungen, wie Berlepsch, Bremer Boikenapfel, Augustbirne, Dithmarscher Paradiesapfel, Gelber Richard, Mecklenburger Orangenapfel, Sternrenette oder Pastorenbirne spielen meist nur regional eine Rolle. Nur wenige alte Sorten behaupten sich bundesweit, z. B. Alkmene und Jakob Fischer. Und so manche Frucht, die – weil beim Verbraucher beliebt – in größeren Mengen aus heimischem Anbau kommt, ist ursprünglich gar nicht deutsch: Gravensteiner wurden in Dänemark gezüchtet, Jonathan und Clapps Liebling kommen aus den USA, Alexander Lukas und Gute Luise aus Frankreich und Elstar und Boskop aus den Niederlanden. In der Verbrauchergunst ganz oben stehen Äpfel: Von rund 125 Kilogramm Obst, die jeder Deutsche pro Jahr isst, sind allein 28 Kilogramm Äpfel, zumeist der Sorten Elstar, Gala und Jonagold.
Frisches heimisches Obst gibt es in Deutschland zwar nicht das ganze Jahr über, ausgenommen Lageräpfel und -birnen, doch kann Obst gut konserviert werden: Beeren lassen sich gut einfrieren. Andere Früchte findet der Verbraucher in Form von Konfitüren und Marmeladen, Konserven (z. B. Apfelmus), Trockenfrüchten (z. B. Pflaumen) und Fruchtsäften (z. B. Trauben- oder Birnensaft) im Handel.

Apfel »Alkmene«

Brandenburgische Kreuzung aus Cox-Orangenrenette und Geheimrat Oldenburg. Sehr gute goldgelbe bis orangerote, feinsäuerliche Früchte, die von September bis November genussreif sind.

Tafelapfel »Elstar«

Mittelfester Tafelapfel mit saftigem Fruchtfleisch von weißgelblicher Farbe. Er schmeckt kräftig und süß mit ausgewogener Säure. Elstar ist von Ende September bis März genussreif.

Tafelapfel »Gloster«

Tafelapfel mit mittelfestem Fleisch von grüngelblicher Farbe. Die Sorte ist mäßig saftig, leicht säuerlich und hat einen feinfruchtigen Geschmack. Gloster ist von November bis Mai genussreif.

Tafelapfel »Gravensteiner«

Eine alte Sorte, die ursprünglich aus Schleswig stammt. Die Früchte sind groß, sehr saftig und schmecken hervorragend. Gravensteiner ist von September bis November genussreif.

Tafelbirne »Alexander Lukas«

Gelbgrüne, haltbare Wintertafelbirne mit körnigem, saftig-süßem Fruchtfleisch. Sie gewinnt durch Lagerung an Aroma und ist von November an den ganzen Winter über im Angebot.

Tafelbirne »Gute Luise«

Große Tafelbirne mit rötlichgelber bis gelbgrüner, glatter Schale. Sie weist einen feinen Geschmack auf, besitzt eine harmonische Süße und ist saftig. Von Oktober bis November genussreif.

Birnenquitten

Sie haben ein weicheres, saftigeres Fruchtfleisch und weitaus weniger Steinzellen als Apfelquitten.

Stachelbeere »Grüne Kugel«

Mittelfrühe, großfruchtige Züchtung mit intensiv grüner Färbung und sehr süßem Geschmack.

Erdbeere »Senga Sengana«

Altbekannte Züchtung aus Deutschland mit purpurroten, mittelfesten und rotfleischigen Früchten. Die Früchte reifen nach der Ernte nicht nach und sind nur wenige Tage haltbar.

Brombeere »Theodor Reimers«

Sehr alte und geschmacklich beste Brombeersorte. Die eher kleinen, aromatischen Früchte reifen von Ende Juli bis September an kräftig rankenden, stark stacheligen Trieben.

Gelbe Himbeere »Everest«

Züchtung mit in der Vollreife gelben, mittelgroßen, kugeligen Früchten. Sie haben ein mildfruchtiges Aroma und werden wegen des zu geringen Ertrags nicht im Erwerbsanbau eingesetzt.

Rote Himbeere »Korbfüller«

Sehr gute und altbewährte Sorte, die vorwiegend in Hausgärten zu finden ist. Mit großen, schmackhaften und leicht süßen Früchten, die etwa von Mitte August bis zum Frost reifen.

Rote Johannisbeere »Rovada«

Wichtigste Sorte im Erwerbsanbau mit spät reifenden, bis zu 20 cm langen Träubchen, die auch »Ribisel« genannt werden. Die Beeren schmecken säuerlich, aromatisch und sind festfleischig.

Schwarze Johannisbeere »Wusil«

Eine Sorte mit großen, süßen, aromatischen Beeren mit wenig Säure. Wegen des eigenartigen, wanzenartigen Geruchs des stachellosen Strauches heißt sie auch »Wanzenbeere«.

Heidelbeere

Sie wachsen wild, werden aber auch kultiviert und häufig als »Blaubeeren« bezeichnet. Waldheidelbeeren haben rotes Fleisch, die etwas größeren Kulturheidelbeeren farbloses.

Knorpelkirsche »Regina«

Aus Norddeutschland kommende, platzfeste, dunkelbraunrote Knorpelkirsche, die in der 6. Kirschwoche (Ende Juli bis Anfang August) zu ernten ist. Sie ist groß, aromatisch und angenehm süß.

Weichselkirsche »Schattenmorelle«

Weichselkirsche (Sauerkirsche) mit rotbraunem, sehr saurem Fleisch und stark färbendem Saft. Sie wurde erstmals 1598 beschrieben. Ihr Erntezeitpunkt liegt in der 6. bis 7. Kirschwoche.

Mirabelle

Würzig und süß schmeckende, kugelige bis ovale Frucht mit gelbem, saftigem Fleisch. Wird gelegentlich auch als »gelbe Zwetschge« und in Süddeutschland als »Kriecherl« bezeichnet.

Bühler Zwetschge

Saftige, mittelfeste bis sehr feste Frühsorte mit kräftiger Säure. Bei ausreichender Wärme entwickelt sich ein guter Geschmack, weshalb sie eine ausgezeichnete Backeignung aufweist.

Hauszwetschge

Beliebte und spät reifende alte Sorte mit eiförmigen, festen und haltbaren Früchten, die sich gut vom Stein lösen. Sie schmeckt leicht herb, süßsäuerlich und hocharomatisch.

Stachelbeere »Rolanda«

Sehr robuste deutsche Züchtung mit mittelgroßen, sehr festen und wohlschmeckenden roten Früchten, die jedoch eine etwas zähe Schale besitzen.

Zubereitungszeit
ca. 1 Std.

Ziehzeit für den Rumtopf
ca. 2 bis 3 Tage

Rumtopffrüchte mit Chili

Der alte Klassiker erhält durch Chili und Vanille neue Originalität.

Zutaten

- *100 g Kirschen*
- *3 Mirabellen*
- *3 Pflaumen (oder Zwetschgen)*
- *100 g Johannisbeeren*
- *100 g Himbeeren*
- *100 g Heidelbeeren*
- *2 Birnen*
- *2 frische Chilischoten*
- *1 Tonkabohne (Apotheke oder Kräuterladen)*
- *1 Vanilleschote*
- *400 g Rohrzucker*
- *1 unbehandelte Zitrone*
- *40 cl Rum (54 %)*

Haltbarkeit

Die benötigten Portionen Rumtopf stets mit einem sehr sauberen Schöpflöffel aus dem Glas entnehmen und das Gefäß sofort wieder verschließen. So ist der Rumtopf länger haltbar.

S. 450 ff.
WARENKUNDE Obst

1 | **Kirschen, Mirabellen und Pflaumen waschen,** abtropfen lassen und entsteinen, Mirabellen und Pflaumen dabei halbieren. Johannisbeeren waschen, abtropfen lassen, die Beeren von den Stielen streifen und verlesen. Himbeeren und Heidelbeeren verlesen, waschen und abtropfen lassen. Zum Schluss waschen Sie die Birnen, halbieren Sie die Früchte, entfernen Sie das Kerngehäuse und schneiden Sie das Fruchtfleisch in Spalten.

2 | **Alle Früchte in ein großes Einmachglas geben.** Die Chilischoten waschen, längs halbieren, Samen und Scheidewände entfernen und das Fruchtfleisch in sehr feine Streifen schneiden. Die Tonkabohne reiben, die Vanilleschote der Länge nach aufschlitzen und das Mark herauskratzen. Vermischen Sie das Tonkabohnenpulver und das Vanillemark mit dem Zucker.

3 | **Die Früchte mit der Zuckermischung bestreuen** und zugedeckt etwa 12 Stunden ziehen lassen. Die Zitrone heiß abwaschen, trocken reiben und in Scheiben schneiden. Die Früchte mit Rum bedecken, die Zitronenscheiben dazugeben, das Gefäß verschließen und den Rumtopf mindestens 2 Tage, besser aber 1 bis 2 Wochen, ziehen lassen. Die Rumtopffrüchte mit Chili passen gut zu Vanilleeis, Vanillecreme sowie Reis- oder Grießpudding. Sie können den Rumtopf aber auch mit Sekt aufgefüllt servieren.

VARIANTE: TRUNKENE ROTWEINKIRSCHEN

Sollten Sie nicht so viele verschiedene Früchtesorten zur Hand haben, so können Sie auch einen »kleineren Rumtopf« zubereiten: Dazu etwa 2 kg Süßkirschen (ersatzweise können auch Zwetschgen verwendet werden) waschen, abtropfen lassen, halbieren und entsteinen. Mischen Sie die Früchte mit 700 g Zucker, 1 Gewürznelke und 2 kleinen Stangen Zimt in einem großen Topf und lassen Sie sie 8 bis 10 Stunden, am besten über Nacht, abgedeckt ziehen. Dann mit 1 ½ l Rotwein und ¼ l weißem Rum mischen und einmal aufkochen. Die Fruchtmischung sofort in saubere Gläser mit Schraubverschluss füllen und die Gläser verschließen. Die Rotweinkirschen schmecken ebenfalls sehr gut zu Eis, Vanillecreme oder Grießflammeri. Sie passen aber auch hervorragend zu dunklem Fleisch und Wildgerichten.

Zubereitungszeit
ca. 3 Std. 30 Min.

Marinier- und Kühlzeit
ca. 14 Std.

Waldmeistersuppe

Frühsommerlich mit Erdbeeren und Joghurteis oder Zitronensorbet serviert

Zutaten

- *30 g Waldmeister (oder ½ Tonkabohne; Apotheke oder Kräuterladen)*
- *¼ l trockener Weißwein (Riesling)*
- *100 g Zucker* · *6 g Pektin*
- *¼ l weißer Traubensaft*
- *500 g reife Erdbeeren*
- *100–200 ml Prosecco, Sekt oder Champagner*
- *250 ml Eis (Sauerrahmeis, Joghurteis oder Zitronensorbet)*

1 | **Den Waldmeister gründlich waschen,** auf ein Küchenhandtuch legen und 3 Stunden anwelken lassen. Dann grob hacken, in ein Glas geben und mit dem Weißwein übergießen. Die Flüssigkeit abgedeckt etwa 12 Stunden ziehen lassen.

2 | **Den Waldmeisterwein durch ein Sieb abgießen.** Den Zucker mit dem Pektin vermengen und zusammen mit dem Traubensaft sprudelnd aufkochen. Geben Sie den Waldmeisterfond dazu und stellen Sie die Mischung mindestens 2 Stunden im Kühlschrank kalt. Kurz vor dem Servieren die Erdbeeren waschen, putzen, in Scheiben schneiden und auf tiefe Teller legen. Die Suppe nach Belieben mit Prosecco, Sekt oder Champagner verdünnen, auf die Erdbeeren gießen und eine Nocke Eis daraufgeben. Sofort servieren.

WARENKUNDE

Waldmeister – vergessenes Würzkraut

Die wohlduftende Frühjahrspflanze ist auch als »Maikraut« oder »wohlriechendes Labkraut« bekannt. Waldmeister wächst in Buchenwäldern und wird zum Aromatisieren von Bowle (Maibowle) verwendet. Er sollte vor der Blüte gesammelt werden, da er dann das beste Aroma hat. Das Anwelken der Pflanze verstärkt das Aroma. Aufgrund seines Cumaringehaltes darf aus Waldmeister kein Aromakonzentrat hergestellt werden, da Cumarin in hohen Dosen Kopfschmerz und Schwindel auslöst. Limonaden oder Götterspeise werden künstlich gefärbt und aromatisiert.

Zubereitungszeit
ca. 35 Min.

Süßes Weinsüppchen

Das traditionelle Dessert ist in allen norddeutschen Hansestädten zu Hause.

Zutaten

- *½ unbehandelte Zitrone*
- *½ unbehandelte Orange*
- *80 g Perlsago*
- *½ l halbtrockener Weißwein (oder Rotwein, Cidre oder Perlwein)*
- *2 EL Zucker*
- *4 frische Eigelbe (80 g)*

S. 200 ff.
REGIONENPORTRÄT
Hamburg/Bremen/Schleswig-Holstein

1 | **Die Zitronen- und Orangenhälfte** heiß waschen und gut trocken reiben. Die Schalen abreiben und den Saft auspressen. Die Zitrusfruchtschalen in einen Filterbeutel füllen und diesen zusammen mit dem Sago sowie ½ l Wasser in einen Topf geben. Alles bei schwacher bis mittlerer Hitze etwa 20 Minuten kochen, dabei ab und zu umrühren. Wein, Zitronensaft, Orangensaft sowie Zucker dazugeben und erneut aufkochen.

2 | **Die Eigelbe mit dem Schneebesen** 3 Minuten schaumig schlagen und unter die heiße Suppe rühren. Die Suppe sollte nicht mehr kochen und möglichst rasch und heiß serviert werden. An heißen Tagen kann man diese Suppe auch als Kaltschale servieren.

3 | **Als Beilage eignen sich** Heidelbeerliwanzen, Sauerrahmplinsen (S. 459), Holunderblüten- oder Apfelküchle (S. 466), Schwemmklößchen (S. 154), süße Puddings oder süße Grießnocken.

Zubereitungszeit
ca. 2 Std. 30 Min.

Marinierzeit
ca. 8 bis 10 Std.

Sauerrahmplinsen

Den russischen »Blinis« nachempfunden, sind diese Eierkuchen längst eine deutsche Spezialität.

Für die Plinsen (für 12 bis 16 Stück)

- *30 g Rosinen* · *1 EL Rum*
- *200 g Mehl*
- *500 g saure Sahne*
- *1 Ei* · *4 Eigelbe (80 g)*
- *1 Prise gemahlener Zimt*
- *1 TL Vanillezucker*
- *abgeriebene Schale von ½ unbehandelten Zitrone*
- *4 Eiweiße (120 g)* · *1 Prise Salz*
- *60 g Zucker* · *80 g Butterschmalz*

Für das Kirschragout

- *300 g Süßkirschen* · *200 ml Rotwein*
- *200 ml Portwein* · *150 ml Cassislikör*
- *100 ml Kirschsaft* · *½ Vanilleschote*
- *1 Scheibe Ingwerwurzel (1 cm)*
- *¼ Stange Zimt (2 cm)*
- *10 g Vanillepuddingpulver*
- *Saft von je 1 Orange und Zitrone*
- *1 TL Honig* · *2 cl Kirschwasser*
- *1 EL Mandellikör (Amaretto)*

Für die Vanillesauce

- *1 Vanilleschote* · *300 g Sahne*
- *300 ml Milch* · *90 g Zucker*
- *1 Prise Salz* · *6 frische Eigelbe*

Außerdem

- *Liwanzenpfanne (oder Ringe 8 cm Ø)*

Liwanzenpfanne

Für die Zubereitung eignet sich am besten eine Liwanzenpfanne, das ist eine gusseiserne Pfanne mit runden Vertiefungen. Sie können aber auch eine Teflonpfanne mit ofenfestem Griff und Metallringe oder Ringe aus Alufolie (8 cm Ø) verwenden.

S. 138 ff.
REGIONENPORTRÄT
Mecklenburg-Vorpommern

1 | **Für die Plinsen** die Rosinen mit dem Rum vermischen und 8 bis 10 Stunden abgedeckt bei Raumtemperatur stehen lassen. In der Zwischenzeit für das Kirschragout die Kirschen waschen, gut abtropfen lassen und entsteinen. Die Kirschkerne nicht wegwerfen.

2 | **Für das Kirschragout** die Kirschkerne mit Rotwein, Portwein, Cassislikör und Kirschsaft, Vanilleschote, Ingwer und Zimt bis auf ½ l einkochen. Rühren Sie das Puddingpulver mit Zitrusfrüchtesaft an und binden Sie den Kirschfond. Dann durch ein feines Sieb passieren und Honig, Kirschwasser und Mandellikör unterrühren. Auf etwa 45 °C abkühlen und die Kirschen hinzugeben. Lassen Sie das Kirschragout mindestens 4 Stunden durchziehen.

3 | **Den Plinsenteig zubereiten:** Das Mehl auf Backpapier sieben. Saure Sahne mit Ei, Eigelben, Zimt, Vanillezucker und Zitronenschale verrühren. Dann das gesiebte Mehl nach und nach mit dem Schneebesen unterrühren. Sollte der Teig nicht ganz glatt sein, mit einem Handrührgerät glatt rühren. Den Grundteig 1 Stunde abgedeckt ruhen lassen. Die eingeweichten Rosinen unterrühren.

4 | **Die Eiweiße mit dem Salz** und einem Drittel des Zuckers zu leichtem Schnee schlagen. Sobald das Eiweiß an Volumen gewonnen hat, nach und nach den restlichen Zucker hinzugeben. Weiterschlagen, bis der Eischnee fest ist. Ein Drittel des Eischnees mit dem Schneebesen unter den Grundteig rühren. Den Rest mit einem Teigschaber unterheben. Den Backofen auf 200 °C vorheizen.

5 | **In einer Liwanzenpfanne** (siehe unten) das Butterschmalz erhitzen und Teig in die Vertiefungen geben. Wenn die Plinsen von unten goldbraun sind, wenden Sie sie mit einer Gabel und schieben sie für 5 Minuten in den Ofen. Werden die Plinsen in Ringen zubereitet, diese gut ausbuttern und in die Pfanne setzen. Den Teig hineinfüllen und die Pfanne in den Ofen schieben. Wenn die Plinsen an der Oberfläche leicht angetrocknet sind, aus dem Ofen nehmen und reichlich Butter in die Pfanne geben. Die Ringe entfernen, die Plinsen wenden und unter ständiger Bewegung beidseitig goldgelb braten. Die Plinsen können auch karamellisiert werden. Dafür etwas Zucker in die Pfanne streuen und die Plinsen fertig backen.

6 | **Für die Vanillesauce** die Vanilleschote längs aufschneiden und das Mark herauskratzen. Die Sahne mit der Milch, der Hälfte des Zuckers, der ausgekratzten Vanilleschote, dem Vanillemark und dem Salz aufkochen. Die Eigelbe mit dem restlichen Zucker weißschaumig aufschlagen. Die heiße Vanillemilch langsam zugießen und unterschlagen. Die Mischung auf dem Wasserbad »zur Rose abziehen« (S. 417) und sofort auf Eis stellen. Lassen Sie die Vanillesauce unter gelegentlichem Rühren erkalten, anschließend passieren Sie sie durch ein feines Sieb und stellen sie kalt. Richten Sie je drei Plinsen auf einem Dessertteller an und servieren Sie sie mit Vanillesauce und Kirschragout.

Zubereitungszeit
ca. 30 Min.

Arme Ritter

Gefülltes Weißbrot in knuspriger Hülle verbirgt eine fruchtige Überraschung.

Zutaten

- *200 ml Milch*
- *2 EL Zucker*
- *1 Msp. gemahlener Zimt*
- *8 Weißbrotscheiben (oder Brioche)*
- *2 Eier* · *50 g Sahne*
- *2 EL Preiselbeer- oder Johannisbeermarmelade (oder Hagebuttenmark)*
- *2 cl Obstler*
- *2 TL Puderzucker*
- *50 g gesalzene Butter*
- *Puderzucker zum Bestauben*

Mit Marzipan gefüllt

Sie können für die Armen Ritter auch eine Füllung aus 50 g Marzipanrohmasse, 1 Msp. Zimt, 1 EL Orangenlikör und 1 TL Puderzucker zubereiten.

S. 34 ff.
REGIONENPORTRÄT Bayern

1 | **Die Milch mit Zucker und Zimt** in einem Topf erwärmen. Von den Weißbrotscheiben mit einem Messer dünn die Rinde abschneiden. Geben Sie die Brotrinde mit den Eiern und der Sahne in einen hohen Mixbecher und zerkleinern Sie alles mit dem Pürierstab zu einer feinen Masse. Die Preiselbeer- oder Johannisbeermarmelade beziehungsweise das Hagebuttenmark mit dem Obstler und dem Puderzucker verrühren.

2 | **Die Butter in einer beschichteten Pfanne** bei mittlerer Hitze aufschäumen lassen. Inzwischen 2 Brotscheiben einzeln in der warmen Milch kurz einweichen. Die Brotscheiben mit einem Schaumlöffel herausnehmen und mit der Marmeladenmasse bestreichen. Die beiden Scheiben aufeinanderlegen, sodass die Marmeladenfüllung zwischen den beiden Scheiben ist.

3 | **Die gefüllten Brotscheiben** in der Eier-Sahne-Masse wenden und sofort in die Pfanne mit der heißen Butter geben. Nacheinander auf diese Art vier Ritter zubereiten. Alle Armen Ritter auf jeder Seite in 3 bis 5 Minuten goldgelb und knusprig braten. Servieren Sie sie mit Puderzucker bestaubt. Dazu passt gut Apfelmus, Fruchtsauce (S. 431) oder Vanillesauce (S. 459).

NOCH EIN DESSERTKLASSIKER AUF BROTBASIS: FRÄNKISCHE KARTÄUSERKLÖSSE

Ihren Namen haben die Kartäuserklöße einem französischen Mönchsorden, den Kartäusern, zu verdanken. Vermutlich waren auch sie es, die sich das Rezept für die Süßspeise ausgedacht haben. Zumindest entstammt das Gericht als klassische Fastenspeise, die zwar auf Fleisch verzichtet, mit Milch und Eiern aber dennoch gut sättigt, ebenso wie die Armen Ritter ursprünglich den Händen von Mönchen einer Klosterküche. Und so werden die Klöße zubereitet: Reiben Sie von altbackenen Brötchen die Rinde ab und halbieren oder vierteln Sie die Brötchen je nach Größe. 225 ml Milch mit 2 Eiern und 3 EL Zucker verquirlen, die Brötchen darin kurz einweichen und anschließend auf eine Platte legen, damit sie durchziehen können. Dann die Brötchen etwas ausdrücken und zu Klößen zusammendrücken, in der abgeriebenen Brötchenrinde wenden und in heißem Öl oder Butterschmalz goldbraun frittieren. Auf Küchenpapier legen zum Entfetten, mit Zimtzucker bestreuen und sofort servieren. Dazu passt sehr gut Kompott.

Zubereitungszeit
ca. 45 Min.

Kaiserschmarren

Einst den österreichischen Nachbarn abgeschaut, ist die Süßspeise längst süddeutsch verwurzelt.

Zutaten

- *40 g Rosinen*
- *10 cl Rum*
- *150 g Mehl*
- *400 ml Milch*
- *1 Prise Salz*
- *8 frische Eier*
- *Öl zum Ausbacken*
- *2 EL Butter*
- *Puderzucker zum Bestauben*

S. 34 ff.
REGIONENPORTRÄT Bayern
S. 488
WARENKUNDE Hühnereier

1 | **Die Rosinen in Rum einweichen.** Das Mehl mit der Milch und dem Salz glatt rühren. Danach 3 Eier unterrühren. Die restlichen Eier mit einer Gabel verquirlen und leicht unter den Teig mischen, dadurch geht der Schmarren besser auf und wird besonders locker. Den Backofen auf 200 °C vorheizen.

2 | **In eine beschichtete, ofenfeste Pfanne** etwas Öl geben und erhitzen. Den Teig etwa 2 cm hoch eingießen, kurz in der Pfanne anbacken und dann die Rumrosinen darauf verteilen (Step 1). Den Kaiserschmarren auf den Boden des vorgeheizten Backofens stellen und etwa 7 Minuten im Ofen backen, dabei den Kaiserschmarren nach der Hälfte der Zeit wenden (Step 2). Dazu am besten zwei Pfannenwender verwenden.

3 | **Den fertig gebackenen Kaiserschmarren** aus dem Ofen nehmen und vorsichtig mit zwei Löffeln oder Pfannenwendern in mundgerechte Stücke reißen (Step 3). In einer Pfanne die Butter aufschäumen lassen, den Schmarren dazugeben, darin wenden und mit reichlich Puderzucker bestauben. Servieren Sie die Süßspeise möglichst sofort, da sie bei längerer Warmhaltezeit zusammenfällt. Klassischerweise reicht man zu Kaiserschmarren frisches Apfelmus, gedünstete Apfelschnitze oder Pflaumenkompott.

Kaiserschmarren zubereiten

1) In eine beschichtete, ofenfeste Pfanne Öl geben, 2 cm hoch Teig angießen, kurz anbacken und die Rumrosinen darauf verteilen.
2) Den Schmarren im vorgeheizten Backofen in etwa 7 Minuten fertig backen, dabei nach der Hälfte der Zeit wenden.
3) Den fertig gebackenen Schmarren aus dem Ofen nehmen und vorsichtig mit zwei Pfannenwendern oder Löffeln zerreißen.

Zubereitungszeit
ca. 3 Std.

Schoko-Quarkkeulchen mit Kirschgrütze

Goldgelb ausgebacken und im Früchtebett serviert

Zutaten

- *½ Vanilleschote*
- *50 g Weißbrot (ohne Rinde)*
- *50 g dunkle Kuvertüre (60 % Kakao)*
- *150 g Quark (20 % Fett)*
- *3 Eigelbe (60 g)*
- *1 Msp. Backpulver*
- *300 g Süßkirschen (frisch oder TK)*
- *2 EL brauner Rohrzucker*
- *200 ml Kirschsaft*
- *2 EL Perlsago*
- *Pflanzenöl zum Frittieren*
- *50 g Zucker*
- *1 TL Lavendelblüten (nach Belieben)*
- *Lavendelzweige zum Garnieren*

S. 450 ff.
WARENKUNDE Obst
S. 492 ff.
REGIONENPORTRÄT Sachsen/Sachsen-Anhalt

1 | **Die Vanilleschote der Länge nach aufschlitzen** und das Mark herauskratzen. Das Weißbrot in kleine Würfel schneiden, die Kuvertüre grob reiben. Den Quark mit den Eigelben, dem klein gewürfelten Weißbrot und dem Vanillemark verrühren. Das Backpulver untermengen und zum Schluss die Kuvertüre vorsichtig unterheben. Stellen Sie die Masse etwa 2 Stunden kühl.

2 | **Die Kirschen inzwischen waschen,** abtropfen lassen und entsteinen. Die Kerne nicht wegwerfen, sondern ein Drittel davon mit einem Topfboden grob zerkleinern. Den Rohrzucker im Mörser sehr fein zerreiben, in einem Topf karamellisieren und mit dem Kirschsaft ablöschen.

3 | **Die zerkleinerten Kirschkerne dazugeben** und 10 Minuten köcheln lassen, sie geben der Kirschgrütze einen leichten Bittermandelgeschmack. Den Kirschfond durch ein Sieb in einen Topf passieren und mit dem Perlsago binden. Anschließend die Kirschen dazugeben und 5 Minuten köcheln lassen.

4 | **Das Öl auf 140 °C erhitzen.** Aus der Schoko-Quark-Masse mithilfe eines Esslöffels Nocken abstechen und diese im heißen Öl 3 bis 4 Minuten backen. Die Quarkkeulchen herausheben und auf Küchenpapier abtropfen lassen.

5 | **Die lauwarme Kirschgrütze** zum Anrichten in tiefe Teller geben und die Quarkkeulchen darauflegen. Den Zucker mit den Lavendelblüten vermischen und darüberstreuen. Als Garnitur einen Lavendelzweig auf die Quarkkeulchen legen.

KÜCHENGEHEIMNIS: FRITTIEREN WIE EIN PROFI

Frittieren ist eine Zubereitungsart, die es lohnt, wieder entdeckt zu werden. Denn Desserts, Süßspeisen und auch herzhafte Gerichte erhalten eine knusprige Kruste und locken mit typischen Röstaromen. Ein allzu hoher Fettgehalt der Speisen und die Angst vor gesundheitsschädlichen Stoffen müssen nicht sein, wenn Sie das richtige Know-how beherzigen: Verwenden Sie zum Erhitzen stets nur hoch erhitzbares und frisches Fett bzw. Öl. Achten Sie darauf, es auf den Punkt zu erhitzen, aber keinesfalls zu überhitzen. Hier lohnt es sich, ein Fettthermometer zu verwenden. Gut geeignet ist ein hocherhitzbares Pflanzenöl, dem Sie aufgrund seines Gehalts an ungesättigten Fettsäuren den Vorzug vor Schmalz und Kokosfett geben sollten. Nicht geeignet sind Butter oder Margarine, die viel Wasser enthalten und beim Erhitzen stark spritzen. Backen Sie portionsweise aus, damit das Fett nach dem Einlegen des Frittierguts rasch wieder seine Ausgangstemperatur erreicht, die Speisen schnell eine Kruste bilden können und so möglichst wenig Fett in sich aufsaugen. Entfetten Sie fertig ausgebackene Speisen vor dem Servieren auf Küchenpapier. So entfernen Sie überschüssiges Fett und sparen Kalorien.

Zubereitungszeit
ca. 3 Std.

Apfelküchle mit Portweinsabayon

Ein Klassiker – erfrischend neu mit Preiselbeereis

Für das Preiselbeereis

- *250 g Sahne*
- *120 ml Milch*
- *6 Eigelbe (120 g)*
- *3 TL Zucker*
- *250 g kaltgerührte Preiselbeeren (S. 423; oder Fertigprodukt im Glas)*

Für das Portweinsabayon

- *50 ml roter Portwein*
- *100 ml Apfelsaft*
- *1–2 Macisblüten*
- *1 Stück unbehandelte Orangenschale*
- *2 Eigelbe (40 g)*
- *2 TL Zucker*
- *1 EL Zitronensaft*
- *1–2 EL geschlagene Sahne*

Für die Apfelküchle

- *2 Äpfel*
- *50 g Puderzucker*
- *3 cl Calvados*
- *1 EL Zitronensaft*
- *1 Prise frisch geriebene Muskatnuss*
- *60 g Zucker*
- *1 Msp. gemahlener Zimt*

Für den Backteig

- *1 Ei*
- *1 Eigelb (20 g)*
- *1 TL Raps- oder Distelöl*
- *75 g gesiebtes Weizenmehl*
- *75 ml Weißwein*
- *1 Prise Salz*
- *½ Päckchen Vanillezucker*
- *1 Eiweiß (30 g)*
- *1 TL Zucker*
- *1 l Öl und Mehl zum Ausbacken*

S. 287
WARENKUNDE Preiselbeeren

1 | Für das Preiselbeereis die Sahne mit der Milch mischen und aufkochen. Die Eigelbe mit dem Zucker in einer Schüssel schaumig rühren und die kochend heiße Sahnemilch dazugeben. Auf ein heißes Wasserbad stellen und unter ständigem Rühren »zur Rose abziehen« (S. 417). Danach sofort durch ein feines Sieb passieren und die Preiselbeeren einrühren. Zum Abkühlen auf Eis stellen und in der Eismaschine gefrieren. Wenn Sie keine Eismaschine besitzen, die Masse im Tiefkühlfach gefrieren, dabei das Eis im Abstand von etwa 20 Minuten gut durchrühren.

2 | Für das Portweinsabayon Portwein, Apfelsaft, Macisblüten und Orangenschale in einem Topf mischen, aufkochen und auf etwa 60 ml reduzieren. Schlagen Sie die Eigelbe mit dem Zucker cremig-weiß. Die Portweinreduktion zugeben und auf einem warmen Wasserbad zum Sabayon aufschlagen. Dann die Schüssel vom Wasserbad nehmen und weiterschlagen, bis die Masse abgekühlt ist. Mit etwas Zitronensaft und geschlagener Sahne verfeinern.

3 | Für die Apfelküchle die Äpfel schälen, die Kerngehäuse ausstechen und das Fruchtfleisch in 1 cm dicke Scheiben schneiden. Mit Puderzucker, Calvados, Zitronensaft und Muskatnuss marinieren. Zucker mit Zimt vermischen. Für den Backteig Ei, Eigelb, Öl, Mehl, Weißwein, Salz und Vanillezucker zu einem Teig verrühren und 20 Minuten quellen lassen. Das Eiweiß mit dem Zucker steif schlagen und vor dem Backen unter den Teig heben.

4 | Zum Ausbacken das Öl auf 160 bis 180 °C erhitzen. Die Apfelscheiben trocken tupfen, mehlieren, durch den Teig ziehen und im heißen Öl goldbraun ausbacken. Dann die Apfelküchle mit einem Schaumlöffel herausheben, zum Entfetten auf Küchenpapier legen und anschließend in dem Zimtzucker wälzen. Zum Anrichten die gebackenen Apfelringe auf Teller legen. Das Preiselbeereis daraufsetzen, etwas Sabayon angießen und den Rest separat dazureichen.

HOLUNDER STATT APFEL: DIE KLASSISCHEN BAYERISCHEN HOLLERKÜCHERL

Der bekannte Klassiker aus Bayern lässt sich folgendermaßen zubereiten: Verlesen Sie 8 Dolden Holunderblüten und entfernen Sie anhaftende Kleininsekten. Für den Ausbackteig 4 Eier trennen, die Eiweiße mit 80 g Zucker zu Eischnee schlagen. 250 g Mehl mit 300 ml Milch und 1 Prise Salz kräftig verrühren, die Eigelbe unterrühren und vor dem Ausbacken den Eischnee vorsichtig unterheben. Erhitzen Sie dann zum Ausbacken reichlich Öl auf 170 °C. Die Holunderblüten leicht mit Mehl bestauben (mehlieren), in den Ausbackteig tauchen und schwimmend im heißen Öl goldbraun ausbacken. Lassen Sie die Hollerküchерl auf Küchenpapier abtropfen und bestauben Sie sie mit Puderzucker. Backfrisch mit Vanillesauce (S. 459) servieren.

Zubereitungszeit
ca. 2 Std. 15 Min.

Dampfnudeln

Süße Hefeklöße kommen hier mit »Hollermandl«, einer bayerischen Zwetschgensauce, auf den Tisch.

Für das »Hollermandl«

- *300 g Zwetschgen*
- *1 reife Birne*
- *100 ml Holunderbeerensaft (Reformhaus)*
- *2 EL Zucker*

Für die Dampfnudeln

- *70 g Zucker*
- *400 ml Milch*
- *25 g frische Hefe*
- *500 g Mehl*
- *2 Eier*
- *200 g Butter*
- *1 Prise Salz*
- *6 cl Rum*

Ober- und Unterhitze

Wenn Sie eine Gastronomieausführung des Backofens in Ihrer Küche haben, wählen Sie für das Dämpfen im Backofen eine andere Einstellung: 180 °C Oberhitze und 210 °C Unterhitze bringen das optimale Ergebnis.

S. 34 ff.
REGIONENPORTRÄT Bayern

S. 450 ff.
WARENKUNDE Obst

1 | **Für das »Hollermandl«** die Zwetschgen waschen, entkernen und halbieren. Die Birne schälen, das Kerngehäuse entfernen und das Fruchtfleisch in kleine Stücke schneiden. Vermischen Sie die Birnen- und die Zwetschgenstücke in einem Topf mit dem Holunderbeerensaft, rühren Sie den Zucker unter und lassen Sie die Fruchtmischung zugedeckt köcheln, bis sich eine musartige Konsistenz einstellt. Anschließend durch ein grobes Sieb passieren.

2 | **Für die Dampfnudeln** die Hälfte des Zuckers in 100 ml lauwarmer Milch auflösen, die Hefe unterrühren und 125 g Mehl untermengen. Diesen Vorteig mit Mehl bestauben und zugedeckt an einem warmen Ort gehen lassen, bis sich das Volumen verdoppelt hat. 100 ml lauwarme Milch, das restliche Mehl und die Eier mit dem Vorteig verarbeiten. 140 g weiche Butter mit etwas Salz und dem Rum verrühren und unter den Teig mischen. Den Teig kräftig kneten, bis er geschmeidig ist und sich vom Schüsselrand löst. Geben Sie bei Bedarf noch ein wenig Mehl zu. Den Teig mit Mehl bestauben und zugedeckt 30 Minuten an einem warmen Ort gehen lassen. Nochmals durchkneten und 15 Minuten gehen lassen.

3 | **Den Backofen auf 190 °C vorheizen.** Aus dem Teig auf einer bemehlten Arbeitsfläche Kugeln von etwa 6 cm Durchmesser formen. Zerlassen Sie die restliche Butter, verrühren Sie sie mit der restlichen Milch sowie mit dem übrigen Zucker und kochen Sie die Mischung kurz auf. Etwas von der gezuckerten Milch in eine ofenfeste Glasform mit Deckel gießen, die vorbereiteten Teigkugeln hineinsetzen und mit der restlichen süßen Milch übergießen. Lassen Sie die Teiglinge in der Form nochmals 15 Minuten gehen.

4 | **Den Deckel auf die Form setzen** und rundherum mit Alufolie abdichten, damit kein Dampf entweichen kann. Die Form im Ofen möglichst weit unten auf ein Gitter stellen und die Nudeln 12 Minuten garen. Den Ofen ausschalten, die Nudeln aber weitere 20 Minuten darin garen. Die Dampfnudeln sollen oben hell bleiben und unter den Dampfnudeln soll sich eine Milchzuckerkruste bilden. Servieren Sie die Dampfnudeln mit dem »Hollermandl«. Nach Belieben auch Vanillesauce (S. 459) dazureichen.

KÜCHENGEHEIMNIS: WENN DIE DAMPFNUDELN SINGEN ...

Die ursprüngliche Art, Dampfnudeln zuzubereiten, ist, sie auf dem Herd in einem Topf in der Milch zu garen. Auch hier muss der Topf fest verschlossen sein und bleiben, denn sonst fällt der Hefeteig zusammen und die Dampfnudeln werden speckig. Profis erkennen am »Singen der Dampfnudeln«, dass die Hefeklöße fertig sind und sich auch die beliebte und qualitätsausweisende Kruste am Boden gebildet hat. Das »Singen der Dampfnudeln« ist ein flirrendes, leicht knisterndes Geräusch, das von ihrer Kruste herrührt und durch den Deckel zu hören ist.

Baden-Württemberg

Rheinland-Pfalz

Zubereitungszeit
ca. 1 Std. 45 Min.

Ruhezeit für den Teig
ca. 12 Std.

Kirschenmichel auf edle Art

Der Klassiker aus dem Ofen neu interpretiert: Teigtaschen mit Kirschfüllung knusprig frittiert

Für den Teig

- *100 g Mehl*
- *1 EL Sonnenblumenöl*
- *1 Prise Salz*
- *Fett zum Ausbacken*

Für die Zimtblütensauce

- *60 ml Milch* · *60 g Sahne*
- *6 Zimtblüten (Gewürzfachhandel; oder 2 kleine Zimtstangen)*
- *1 kleine Stange Zimt*
- *3 EL Zucker* · *1–2 Eigelbe (30 g)*

Für das Kirschkompott

- *16 Süßkirschen*
- *90 g Zucker* · *125 g roter Portwein*

Für die Füllung

- *24 Süßkirschen (frisch oder aus dem Glas)*
- *2 EL Zucker*
- *1 EL geröstetes und gemahlenes Roggenbrot*
- *2 EL geröstete und gemahlene Walnüsse*
- *1 cl Zibärtle (Markgräfler Wildpflaumenschnaps, oder Kirschwasser)*
- *80 g Marzipanrohmasse*
- *Puderzucker zum Bestauben*

1 | **Für den Teig** Mehl, 60 ml Wasser, Öl und Salz zu einem glatten Teig verkneten. Mit etwas Öl bestreichen, mit Frischhaltefolie abdecken und 12 Stunden im Kühlschrank ruhen lassen.

2 | **Für die Zimtblütensauce** die Milch mit Sahne, Zimtblüten, der Zimtstange und dem Zucker aufkochen. Die Mischung beiseitestellen und 1 Stunde ziehen lassen. Dann erneut aufkochen, Eigelb dazugeben und die Masse »zur Rose abziehen« (S. 417). Passieren Sie die Sauce durch ein Sieb und stellen Sie sie beiseite.

3 | **Für das Kirschkompott** die Kirschen waschen, abtropfen lassen und entsteinen. Die Früchte mit Zucker und Portwein in einem Topf 10 Minuten dünsten. Die Kirschen aus der Sauce nehmen und diese leicht einkochen. Geben Sie anschließend die Kirschen wieder in die Sauce und stellen Sie das Kompott beiseite.

4 | **Für die Füllung die Kirschen waschen,** abtropfen lassen, entsteinen und mit dem Zucker vorsichtig weich dünsten. Roggenbrot, Walnüsse sowie Schnaps hinzufügen und kalt stellen. Das Marzipan vierteln und jedes Stück mit Puderzucker zu einem dünnen Kreis ausrollen. Die Kirschfüllung darauf verteilen, das Marzipan darüber zusammenschlagen, vorsichtig zu einem runden Knödel formen und verschließen.

5 | **Den Teig hauchdünn von Hand ausziehen** und vier Dreiecke (Größe 12 x 25 cm) ausschneiden. Die gefüllten Marzipankugeln auf der 12 cm breiten Seite des Dreiecks auflegen, zur Spitze hin überklappen und fest verschließen. Das Ende des Dreiecks zu einer Spitze drehen. In 180 °C heißem Fett 3 Minuten backen. Herausheben und auf Küchenpapier abtropfen lassen. Zum Servieren die Früchte des Kompotts auf Tellern anrichten, mit etwas Portweinsauce vom Kompott nappieren und etwas Zimtblütensauce dazwischenträufeln. Den Kirschenmichel in die Mitte setzen, mit Puderzucker bestreuen und servieren.

DIE KLASSIKER: KERSCHEPLOTZER UND KIRSCHENMICHEL

Ganz traditionell wird der Kirschenmichel, den man in der Pfalz und in Baden als »Kerscheplotzer« kennt, als Auflauf mit einer Schaummasse zubereitet: Dazu rühren Sie 100 g Butter mit 100 g Zucker und 4 Eigelben schaumig und aromatisieren nach Geschmack mit 1 cl Kirschwasser. 4 bis 5 altbackene Brötchen in Scheiben schneiden und mit 100 ml lauwarmer Milch einweichen, unter die Schaummasse heben und mit 500 g entsteinten Kirschen mischen. Streichen Sie die Masse in eine gebutterte Auflaufform und backen Sie den Kirschenmichel bei 180 °C im vorgeheizten Backofen in 45 Minuten bis 1 Stunde goldbraun.

Zubereitungszeit
ca. 1 Std. 30 Min.

Zwetschgen-Scheiterhaufen

Mit Marzipan und weißem Zimtschaum verfeinert

Für den Scheiterhaufen

- *200 g Rosinenstuten oder Rosinenbrötchen vom Vortag (süße Hefeteigbrötchen)*
- *2 Eier* · *50 g Zucker*
- *1 Msp. Zitronenzesten*
- *1 Msp. Vanillemark*
- *50 g Marzipanrohmasse*
- *175 ml Milch* · *200 g Zwetschgen*
- *Butter und Zucker für die Förmchen*
- *Puderzucker zum Bestauben*
- *Minzeblättchen zum Dekorieren*

Für den weißen Zimtschaum

- *50 g Zucker* · *2 Stangen Zimt*
- *80 ml trockener Riesling*
- *1 Ei* · *1 Eigelb (20 g)*

Für die Zwetschgen in Rotwein

- *¼ l Rotwein* · *75 g Zucker*
- *10 Zwetschgen* · *4 Stangen Zimt*
- *1 Sternanis*

Außerdem

- *4 Auflaufförmchen (Portionsgröße)*

1 | **Für den Scheiterhaufen** den Rosinenstuten in dünne Scheiben schneiden und in eine Schüssel geben. Für den Guss die Eier mit dem Zucker schaumig schlagen, Zitronenzesten, Vanillemark, Marzipanrohmasse sowie Milch dazugeben und mit dem Pürierstab glatt mixen. Die Rosinenstutenscheiben damit übergießen.

2 | **Den Backofen auf 180 °C vorheizen.** Die Zwetschgen in der Zwischenzeit mit einem kleinen Messer von zwei Seiten einritzen, mit kochendem Wasser überbrühen und die Haut entfernen. Die Zwetschgen halbieren, dabei die Steine entfernen.

3 | **Die Auflaufförmchen mit Butter ausstreichen** und mit Zucker ausstreuen. Sie können statt Portionsförmchen auch eine Auflaufform verwenden. Die eingeweichte Rosinenstutenmasse mit den halbierten Zwetschgen in die Förmchen schichten. Stellen Sie sie im vorgeheizten Backofen in ein heißes Wasserbad und garen Sie den Scheiterhaufen 20 bis 30 Minuten. Sobald der Scheiterhaufen im Ofen ist, den Zimtschaum zubereiten.

4 | **Für den Zimtschaum** 100 ml Wasser mit dem Zucker aufkochen. Die Zimtstangen in Stücke brechen, in das Zuckerwasser geben und alles langsam auf 50 ml Sirup einkochen lassen. Dann den Riesling dazugeben. Gießen Sie die Masse durch ein Sieb in eine Schüssel ab und geben Sie das Ei sowie das Eigelb dazu. Zunächst kalt aufschlagen, dann im warmen Wasserbad aufschlagen, bis eine luftige Creme entstanden ist.

5 | **Für die Zwetschgen in Rotwein** den Rotwein mit dem Zucker aufkochen. Die Zwetschgen waschen, halbieren, entsteinen und mit dem Zimt und dem Sternanis im Rotwein weich garen. Anschließend die Zwetschgen entnehmen, beiseitelegen und den Rotweinfond zu einem dicklichen Sirup einkochen. Den Sternanis und die Zimtstangen entnehmen und für die Garnitur beiseitelegen.

6 | **Zum Anrichten** den noch heißen Scheiterhaufen in die Tellermitte stürzen und mit dem Zimtschaum umgießen. Die gegarten Zwetschgen um den Scheiterhaufen dekorieren und mit Rotweinsirup beträufeln. Dekorieren Sie mit Puderzucker, Minzeblättchen sowie mit dem beiseitegelegten Sternanis und den Zimtstangen.

Variation mit Kirschen

Versuchen Sie den Scheiterhaufen auch einmal mit Kirschen zuzubereiten. Ersetzen Sie dann die Marzipanrohmasse durch Walnüsse.

S. 450 ff.
WARENKUNDE Obst

Zubereitungszeit
je nach Rezept ca. 40 Min. bis 1 Std.

Marinierzeit
ca. 8 bis 10 Std.

Bratapfel mit Marzipan und Bratapfelsorbet

Herrlicher Bratapfelduft verspricht vollendeten Genuss, der sich im zweiten Gang als Sorbet fortsetzt.

Für die Bratäpfel

- *2 Dörrpflaumen* · *2 TL Rosinen*
- *2 EL gehackte Mandeln* · *5 cl Rum*
- *80 g Butter* · *120 ml Apfelsaft*
- *100 g Marzipanrohmasse*
- *1 EL Aprikosenkonfitüre*
- *1 TL Honig* · *4 Äpfel (Boskop)*
- *2 EL Zitronensaft*
- *4 Stück Würfelzucker*
- *2 cl Calvados (oder Rum)*

Für das Bratapfelsorbet

- *250 g Bratäpfel (abgekühlt)*
- *25 g Läuterzucker (S. 571)*
- *1 TL Zitronensaft* · *1 TL Rum*
- *100 ml Apfelsaft* · *2 EL Weißwein*
- *2 EL Champagner oder Sekt*

Aromatische Äpfel

Verwenden Sie nur aromatische Apfelsorten, wie etwa Elstar oder Boskop. Die Bratäpfel schmecken auch kalt mit Sahne und gerösteten Mandelsplittern sehr gut.

1 | **Die Dörrpflaumen halbieren** und mit den Rosinen sowie den Mandeln im Rum einweichen. Die eingeweichten Früchte zugedeckt an einem warmen Ort 8 bis 10 Stunden, am besten über Nacht, stehen lassen.

2 | **Den Backofen auf 220 °C vorheizen.** Eine feuerfeste Form mit der Hälfte der Butter ausstreichen und den Apfelsaft angießen. Die Marzipanrohmasse mit der Aprikosenkonfitüre und dem Honig glatt rühren. Fügen Sie die eingeweichten Dörrfrüchte hinzu.

3 | **Die Äpfel waschen** und jeweils das obere Drittel mit dem Stiel als Deckel abschneiden und beiseitelegen. Nach Belieben die unteren zwei Drittel des Apfels schälen oder Längsstreifen abschälen, sodass geschälte und ungeschälte Stellen wechseln. Die Kerngehäuse mithilfe eines Apfelausstechers entfernen und das Fruchtfleisch innen mit Zitronensaft beträufeln. Die Füllung mit einem Spritzbeutel in die Äpfel verteilen und diese in die vorbereitete Form setzen. Den Würfelzucker mit Calvados tränken und je ein Stück auf einen Apfel setzen. Die restliche Butter als Flöckchen daraufgeben und jeweils einen Deckel auf jeden Apfel setzen.

4 | **Die gefüllten Äpfel** in der Form so weit oben wie möglich in den Ofen schieben, die Hitze auf 200 °C reduzieren und die Äpfel etwa 30 Minuten weich braten. Servieren Sie die Bratäpfel heiß und nach Belieben mit Vanillesauce.

5 | **Für das Bratapfelsorbet** die Bratäpfel mit Läuterzucker, Zitronensaft, Rum, Apfelsaft und Weißwein fein pürieren, dann durch ein Haarsieb streichen. Das Sorbet in der Eismaschine gefrieren, kurz vor Schluss den Champagner hinzufügen und fertig gefrieren. Sie können die Eismasse auch in eine flache Schale füllen und im Tiefkühlfach gefrieren. Die Masse muss dann zwischendurch immer wieder von Hand gut durchgerührt werden.

WARENKUNDE

Marzipan – die Süße der Mandel

Ursprünglich aus dem Orient stammend, ist Marzipan schon seit Jahrhunderten bekannt. Die deutsche Marzipanrezeptur hat es als »Lübecker Marzipan« zu Weltruf gebracht: Die Masse besteht zu mindestens 65 Prozent aus süßen Mandeln, die gebrüht, geschält, getrocknet und fein zermahlen mit Zucker vermischt werden. Diese Rohmasse wird mit Zucker und gelegentlich auch mit Eiweiß, Pistazien, Schokolade und anderen Geschmackszutaten zu feinem Marzipan verarbeitet. Die leicht formbare Masse lässt sich gut färben und bemalen: Patissiers formen daraus detailgetreue Figuren, täuschend echte Miniaturen sowie Dekorationen.

Zubereitungszeit
ca. 1 Std. 30 Min.

Zwetschgenknödel

Der gefüllte Kartoffelkloß aus süddeutschen Landen ist für eine fruchtige Überraschung gut.

Für die Knödel

- *300 g mehlig kochende Kartoffeln*
- *grobes Salz zum Garen*
- *100 g Ziegenfrischkäse*
- *2 EL Hartweizengrieß*
- *1–2 EL Mehl* · *2 Eigelbe (40 g)*
- *1 Prise Salz* · *1 EL zerlassene Butter*
- *Mark von ½ Vanilleschote*
- *abgeriebene Schale von ½ unbehandelten Zitrone*
- *8 reife Zwetschgen*
- *8 Stück Perruche-Zucker (Rohrzucker in Würfelform)*
- *Salz für das Kochwasser*
- *Puderzucker zum Bestauben*

Für die Butterschmelze

- *100 g Butter*
- *1 EL Vanillezucker*
- *1 TL Akazienhonig*
- *2 EL Semmelbrösel*
- *2 EL Biskuitbrösel*
- *1 EL geriebene, geröstete Haselnüsse*
- *abgeriebene Schale von je ½ unbehandelten Zitrone und Orange*

1 | **Für die Knödel** den Backofen auf 180 °C vorheizen. Die Kartoffeln waschen und auf einem Salzbett 40 bis 50 Minuten (je nach Größe) im Ofen garen. Alternativ können Sie sie auch in Salzwasser kochen und anschließend im auf 80 °C vorgeheizten Backofen etwa 10 Minuten ausdampfen lassen (Step 1).

2 | **Die Kartoffeln pellen** und durch die Kartoffelpresse drücken. Den Ziegenfrischkäse durch ein Sieb streichen, zusammen mit dem Grieß und dem Weizenmehl zu den zerdrückten Kartoffeln geben und alles grob durchmengen. Die Eigelbe, das Salz, die Butter, das Vanillemark und die Zitronenschale dazugeben und zu einem glatten Teig verkneten.

3 | **Die Zwetschgen waschen,** trocken tupfen und einschneiden. Die Kerne entfernen und durch Zuckerwürfel ersetzen. Den Kartoffelteig in acht Stücke teilen und mit bemehlten Händen zu flachen Kreisen formen (Step 2). Je 1 Zwetschge daraufsetzen, mit Teig umhüllen und zum Knödel formen (Step 3).

4 | **In einem großen Topf 3 l Wasser** mit Salz zum Kochen bringen. Die Knödel in das kochende Salzwasser einlegen, aufkochen und danach bei reduzierter Hitze 8 bis 10 Minuten leicht köcheln lassen. Nehmen Sie anschließend die Knödel mit einer Schaumkelle heraus, geben Sie sie in eine Form und stellen Sie sie warm.

5 | **Für die Butterschmelze** die Butter in einer Kasserolle oder in einer kleinen Pfanne aufschäumen. Vanillezucker, Honig, Semmelbrösel, Biskuitbrösel und geriebene Haselnüsse hinzugeben und unter ständigem Rühren anrösten. Vom Herd nehmen und mit Zitronen- sowie Orangenschale würzen. Zum Anrichten je zwei Knödel auf einen Teller geben, die Butterschmelze darüber verteilen und kräftig mit Puderzucker bestauben. Dazu passt ein Kompott von süßsauren Zwetschgen und Eis.

Zwetschgenknödel zubereiten

1) Die gewaschenen Kartoffeln auf einem Salzbett im 180 °C heißen Ofen garen.
2) Den Kartoffelteig in acht gleich große Stücke aufteilen und jeweils mit bemehlten Händen flache Kreise formen.
3) Jeweils 1 entsteinte, mit Perruche-Zucker gefüllte Zwetschge auf eine Teigportion geben, mit Teig umhüllen und Knödel daraus formen.

Zubereitungszeit
ca. 45 Min.

Quarkknödel mit Heidelbeerragout

In ihrer bayerischen Heimat stehen sie auch als »Topfenknödel« auf der Speisekarte.

Für das Heidelbeerragout

- *400 g Heidelbeeren*
- *1 Vanilleschote*
- *1 Orange* · *1 Zitrone*
- *120 g Zucker*
- *50 ml Rotwein*
- *50 ml roter Portwein*
- *1–2 EL kalte Butter*

Für die Quarkknödel

- *350 g Quark (Topfen, 20 % Fett)*
- *125 g Weißbrot (ohne Rinde)*
- *4 TL Butter*
- *4 TL Puderzucker*
- *1 EL Vanillezucker*
- *1 Prise Salz*
- *abgeriebene Schale von je 1 unbehandelten Orange und Zitrone*
- *2 Eigelbe (40 g)* · *1 Ei*
- *Salz und Zucker zum Pochieren*

1 | **Für das Heidelbeerragout** die Heidelbeeren waschen und gut abtropfen lassen. Die Vanilleschote der Länge nach aufschlitzen und das Mark mit einem Messer herauskratzen. Die Orange und die Zitrone halbieren und den Saft auspressen. Den Zucker karamellisieren. Orangensaft, Zitronensaft, Rotwein, Portwein, Vanillemark und Vanilleschote dazugeben und aufkochen lassen. Die kalte Butter einrühren, die Heidelbeeren dazugeben und ziehen lassen. Die Vanilleschote vor dem Servieren entfernen.

2 | **Für die Quarkknödel** den Quark in einem Tuch abtropfen lassen und sehr gut ausdrücken; er sollte möglichst trocken sein. Das Weißbrot in 1 cm große Würfel schneiden. Die Butter mit Puderzucker, Vanillezucker, Salz, Zitronen- und Orangenschale schaumig rühren. Nach und nach die Eigelbe und das Ei unterrühren. Heben Sie anschließend zuerst den Quark und dann die Weißbrotwürfel locker unter die Masse.

3 | **In einem großen Topf reichlich Wasser** mit etwas Salz und Zucker aufkochen. Die Quarkmasse mit angefeuchteten Händen zu kleinen Knödeln formen, die Knödel vorsichtig in den Topf geben und im nur leise köchelndem Wasser bei halb aufgelegtem Deckel 15 bis 20 Minuten pochieren. Mit einem Schaumlöffel herausnehmen und kurz abtropfen lassen. Servieren Sie die Quarkknödel auf einem Bett aus Heidelbeeren.

S. 34 ff.
REGIONENPORTRÄT Bayern

S. 450 ff.
WARENKUNDE Obst

VARIANTE: GEMISCHTE BEERENSAUCE STATT HEIDELBEERRAGOUT

Sehr gut passt zu Quarkknödeln auch eine Sauce aus gemischten Beeren: Dazu 4 TL Zucker in einem Topf karamellisieren, dann je 50 ml Rotwein, Portwein und Cassislikör dazugeben. Ausgekratztes Mark und Schote von 1 Vanilleschote sowie die abgeriebene Schale von je 1 unbehandelten Orange und Zitrone dazugeben. Einmal aufkochen lassen, 125 g gemischte Beeren zugeben, nochmals aufkochen und 1 Stunde ziehen lassen. Passieren Sie die Mischung durch ein Sieb und binden Sie den Fond mit etwas in kaltem Wasser angerührter Speisestärke. Die gemischte Beerensauce lauwarm oder kalt servieren.

Aus der Backstube – süß und pikant

Kuchen, Torten, Kleingebäck und Brot

Zubereitungszeit
ca. 2 Std. 15 Min.

Auskühlzeit für den Biskuit
ca. 10 bis 12 Std.

Schwarzwälder Kirschtorte

Tortenzauber aus Schokoladenbiskuit, fruchtiger Kirschmasse, viel Sahne und Schokospänen

Für den Biskuitboden (für 1 Springform, 28 cm Ø)

- *Butter für die Form*
- *6 kleine Eier* · *1 Prise Salz*
- *170 g Zucker* · *80 g Mehl*
- *2 EL Speisestärke*
- *½ Päckchen Backpulver*
- *100 g geriebene Zartbitterschokolade*
- *80 g geriebene Mandeln (ohne Schale)*

Für den Mürbteigboden (für 1 Springform, 28 cm Ø)

- *200 g Mehl* · *70 g Zucker*
- *120 g kalte Butter in Stücken*
- *Mehl für die Arbeitsfläche*

Für die Füllung und Garnitur

- *900 g entsteinte Sauerkirschen*
- *125 g Zucker* · *etwa ¼ l Kirschsaft*
- *2 EL Speisestärke* · *10 cl Kirschwasser*
- *4 Blatt Gelatine* · *1 kg Sahne*
- *100 g Zucker* · *2 EL Vanillezucker*
- *3 EL Kirschmarmelade*
- *110 g dunkle Kuvertüre (70 % Kakao), in Späne gehobelt*

Ohne Gelatine

Wer die Torte noch am gleichen Tag verzehrt, kann auf die Gelatine in der Sahne verzichten.

S. 402 ff.
REGIONENPORTRÄT Baden-Württemberg

S. 450 ff.
WARENKUNDE Obst

1 | **Für den Biskuitboden** den Backofen auf 170 °C vorheizen und den Boden der Springform dünn mit Butter einfetten. Die Eier trennen. Die Eiweiße mit dem Salz steif schlagen. Die Eigelbe mit dem Zucker und 1 EL Wasser in eine Schüssel geben und sehr schaumig schlagen. Den Eischnee unterheben. Mischen Sie das Mehl mit der Stärke und dem Backpulver und heben Sie die Mischung mit der Schokolade und den Mandeln unter den Teig. In die Form füllen, glatt streichen und im vorgeheizten Backofen auf der mittleren Schiene 25 bis 30 Minuten backen. Den Kuchen aus der Form stürzen und auf einem Gitter abkühlen lassen, am besten über Nacht.

2 | **Für den Mürbteigboden** das Mehl mit dem Zucker mischen und mit der Butter zu einem Teig verkneten. In Frischhaltefolie gewickelt 30 Minuten kühl stellen. Inzwischen für die Füllung die Kirschen mit dem Zucker mischen und saften lassen. Die Kirschen in ein Sieb abgießen, die Flüssigkeit auffangen und mit Kirschsaft auf ¼ l auffüllen. Die Stärke mit 4 EL davon anrühren. Den restlichen Saft aufkochen, die angerührte Stärke einrühren und aufkochen. Legen Sie von den Kirschen zwölf Stück für die Garnitur beiseite, die restlichen Kirschen unter den gebundenen Saft rühren und nochmals aufwallen lassen. Die Kirschfüllung zum Erkalten in den Kühlschrank stellen. Den Backofen auf 180 °C vorheizen.

3 | **Den Mürbteig aus dem Kühlschrank nehmen,** auf einer leicht bemehlten Arbeitsfläche in Größe des Springformbodens ausrollen, darauflegen und mehrmals mit einer Gabel einstechen. Backen Sie den Mürbteigboden im vorgeheizten Ofen auf der mittleren Schiene in etwa 10 Minuten hellbraun. Herausnehmen und auf einem Kuchengitter abkühlen lassen. Schneiden Sie den Biskuit vom Vortag zweimal waagrecht durch, sodass drei gleich dicke Böden entstehen. Die Biskuitböden mit 8 cl Kirschwasser tränken.

4 | **Für die Füllung** die Gelatine in kaltem Wasser einweichen. Die Sahne steif schlagen, dabei den Zucker und den Vanillezucker einrieseln lassen. Rühren Sie dann das restliche Kirschwasser unter die geschlagene Sahne. Die Gelatine ausdrücken, in einem kleinen Topf bei mittlerer Hitze auflösen und behutsam unter die Sahne heben. Die Kirschmarmelade auf den Mürbteigboden streichen, den untersten Biskuitboden auflegen und die ausgekühlte Kirschfüllung darauf verteilen. Den mittleren Biskuitboden daraufsetzen und mit zwei Dritteln der Sahne kuppelförmig bestreichen. Setzen Sie den letzten Biskuitboden darauf und drücken Sie ihn leicht an.

5 | **Für die Garnitur** etwa 7 EL geschlagene Sahne in einen Spritzbeutel mit Sterntülle füllen. Bestreichen Sie die Torte rundherum mit der restlichen Sahne und bestreuen Sie sie mit Kuvertürespänen. Dann auf jedes Kuchenstück eine kleine Sahnerosette spritzen und diese mit einer Kirsche garnieren. Die Torte bis zum Servieren in den Kühlschrank stellen.

Zubereitungszeit
ca. 1 Std. 30 Min.

Marmorkuchen mit Kirschlikör

Der Klassiker in der Gugelhupfform kommt fein aromatisiert auf den Kaffeetisch.

Zutaten (für 1 Gugelhupfform)

- *Butter und Mehl für die Form*
- *1 Vanilleschote*
- *1 unbehandelte Zitrone*
- *300 g weiche Butter*
- *280 g Zucker*
- *5 Eier* · *380 g Mehl*
- *1 TL Backpulver*
- *3 EL Kakaopulver*
- *50 g fein gehackte Zartbitterschokolade*
- *3 EL Milch*
- *Kirschlikör zum Bestreichen (oder Amaretto)*
- *100 g Puderzucker*

Stäbchenprobe

Um zu prüfen, ob der Kuchen durchgebacken ist, stechen Sie mit einem Holzspieß hinein. Bleibt beim Herausziehen kein Teig daran hängen, ist der Kuchen fertig.

1 | **Den Backofen auf 180 °C vorheizen.** Eine Gugelhupfform mit etwas Butter auspinseln und mit Mehl ausstauben. Die Vanilleschote längs aufschlitzen und das Mark herauskratzen. Die Zitrone heiß waschen, trocken reiben und die Schale dünn abreiben, ohne dass dabei etwas von der inneren weißen Fruchthaut mitgerieben wird. Die Zitronen danach halbieren und eine Hälfte auspressen.

2 | **Für den Teig** die Butter mit dem Zucker in eine Schüssel geben und mit dem Handrührgerät schaumig rühren. Das Vanillemark zusammen mit der Zitronenschale unter die Buttermasse rühren. Die Eier aufschlagen und einzeln nacheinander unterrühren. Das Mehl mit dem Backpulver vermischen, auf den Teig sieben und anschließend behutsam unterziehen.

3 | **Die Hälfte des Teiges** in die vorbereitete Gugelhupfform füllen. Rühren Sie dann das Kakaopulver, die Schokolade und die Milch unter den restlichen Teig. Den Schokoladenteig auf den hellen Teig in der Form geben und mit einer Gabel spiralförmig im Kreise drehend einmal durch den Teig gehen, sodass ein Marmormuster entsteht. Den Kuchen im vorgeheizten Ofen auf der mittleren Schiene 50 bis 60 Minuten backen.

4 | **Den fertig gebackenen Kuchen** einige Minuten in der Form abkühlen lassen, dann mit der Messerspitze den oberen Rand behutsam lösen und den Kuchen auf ein Gitter stürzen. Pinseln Sie den noch warmen Kuchen rundherum mit Kirschlikör ein und lassen Sie ihn dann ganz auskühlen. Den Puderzucker mit dem Zitronensaft und etwas Wasser dickflüssig anrühren. Den ausgekühlten Kuchen oben mit der Glasur bestreichen, die dabei dekorativ nach unten verlaufen soll. Sie können den Kuchen auch vollständig mit der Glasur überziehen, so wird er länger haltbar.

AUS DER GLEICHEN FORM: DER KLASSIKER BAYERISCHER HEFEGUGELHUPF

In Bayern ist der Gugelhupf auf der Basis von Hefeteig sehr beliebt. Bereiten Sie dazu aus 500 g Mehl, 1 Würfel Hefe und ⅛ l lauwarmer Milch einen Vorteig zu und lassen Sie ihn an einem warmen Ort zugedeckt bis zum doppelten Volumen gehen. Inzwischen in einer Schüssel 180 g weiche Butter mit 120 g Zucker, ½ TL Salz, 1 Msp. frisch geriebener Muskatnuss, 1 Msp. abgeriebener Zitronenschale, 2 Eigelben und 3 Eiern schaumig rühren. Die Buttermischung mit dem Vorteig zu einem weichen Hefeteig verarbeiten und diesen gehen lassen, bis er sein Volumen verdoppelt hat, anschließend 100 g Rumrosinen unterkneten. Füllen Sie den Hefeteig in eine gefettete, mit Semmelbröseln ausgestreute Gugelhupfform und lassen Sie ihn 15 Minuten gehen. Dann im vorgeheizten Ofen bei 200 °C etwa 45 Minuten backen, aus der Form stürzen und abkühlen lassen. Nach Belieben mit Puderzucker bestauben.

Zubereitungszeit
ca. 2 Std. 45 Min.

Donauwellen

Ein feiner Rührkuchen mit versunkenen Kirschen, luftiger Vanillecreme und feinherber Kakaoschicht

Für den Rührteig (für 1 Springform, 28 cm Ø)

- *40 g dunkle Kuvertüre (55 % Kakao)*
- *40 g weiße Kuvertüre*
- *200 g Butter* · *150 g Zucker*
- *1 Prise Salz* · *4 Eier* · *150 g Mehl*
- *2 TL Backpulver* · *4 EL Milch*
- *Butter und Mehl für die Form*
- *300 g abgetropfte Sauerkirschen (Glas)*

Für die Kirschwassertränke

- *2 EL Zucker* · *10 cl Kirschwasser*

Für die Vanillecreme

- *6 Blatt Gelatine*
- *2 Vanilleschoten* · *2 TL Maisstärke*
- *½ l Milch* · *140 g Zucker*
- *7 Eigelbe* · *90 ml Eierlikör*
- *400 g geschlagene Sahne*
- *Kakaopulver zum Bestauben*

Außerdem

- *Tortenring*

Mit Schokolade

Verleihen Sie der Donauwelle einen »knusprigen« Boden: Bestreichen Sie dazu die Unterseite des gebackenen Bodens vor dem Tränken dünn mit geschmolzener Schokolade.

1 | **Für den Rührteig** die dunkle und die weiße Kuvertüre separat im Wasserbad schmelzen. Die Butter mit dem Zucker und dem Salz schaumig schlagen. Die Eier aufschlagen und einzeln nacheinander unterrühren. Mischen Sie das Mehl mit dem Backpulver und heben Sie die Mischung unter die Schaummasse. Den Teig halbieren. Unter die eine Hälfte die geschmolzene dunkle Kuvertüre, unter die andere Hälfte die weiße Kuvertüre ziehen. Dann unter beide Teighälften je 2 EL Milch rühren. Den Backofen auf 180 °C vorheizen.

2 | **Die Springform mit Butter ausfetten** und mit Mehl ausstauben. Den hellen Teig in die Form füllen, glatt streichen, die dunkle Masse daraufgeben und ebenfalls glatt streichen. Verteilen Sie die Sauerkirschen auf dem Teig und backen Sie den Kuchen im vorgeheizten Ofen auf der mittleren Schiene 30 bis 35 Minuten. Den Boden aus der Form lösen und auf einem Gitter abkühlen lassen.

3 | **Für die Kirschwassertränke** den Zucker mit 60 ml Wasser mischen, aufkochen und dann mit dem Kirschwasser verrühren. Mit einer Gabel Löcher in den Kuchenboden stechen und die Kirschwassertränke mit einem Pinsel gleichmäßig darauf verteilen. Bringen Sie anschließend einen Tortenring um den Boden an.

4 | **Für die Vanillecreme** die Gelatine in Wasser einweichen. Die Vanilleschoten aufschlitzen und das Mark herauskratzen. Die Stärke mit 2 EL Milch anrühren, die restliche Milch mit Zucker und Vanillemark aufkochen, mit der angerührten Stärke binden und nochmals aufkochen lassen. Ziehen Sie die Eigelbe unter und lassen Sie die Masse 5 Minuten abkühlen.

5 | **Die Gelatine ausdrücken** und unter die noch warme Creme rühren, sodass sich die Gelatine auflöst. Die Vanillecreme kaltrühren, dann Eierlikör und Sahne unterheben. Die Creme auf dem Kuchen verstreichen oder mit einem Kamm in Wellenform abziehen. Stellen Sie die Donauwelle für mindestens 1 Stunde in den Kühlschrank, dann den Tortenring entfernen und die Oberfläche mit etwas Kakao bestauben.

WARENKUNDE

Hühnereier: zum Backen möglichst frisch

Sie sind vielfältig verwendbar: als Hauptgericht, für Süßspeisen, Desserts oder zum Backen. Ob die Eierschale weiß oder braun ist, bestimmt die Legehennenrasse. Ein mittelgroßes Ei liefert 20 g Eigelb, das vor allem zum Binden der Masse eingesetzt wird, sowie 30 g Eiweiß, das als luftiger Eischnee zur Teiglockerung beiträgt. Je frischer ein Ei ist, desto wirkungsvoller ist es. Frische Eier sinken in einem Becher mit Wasser zu Boden. Wenige Tage alte Eier stehen im Wasser, noch ältere Eier schwimmen, da mit zunehmender Lagerdauer die Luftkammer im Ei größer wird.

Zubereitungszeit
ca. 1 Std. 45 Min.

Dresdener Eierschecke

Eine der ältesten und bekanntesten Kreationen aus deutschen Backstuben

Für den Mürbteig (für 1 Backrahmen, 26 cm)

- *100 g Butter*
- *60 g Zucker*
- *200 g Mehl*
- *1 Ei*
- *1 Msp. Backpulver*
- *Hülsenfrüchte zum Blindbacken*

Für die Quarkmasse

- *1 Vanilleschote*
- *1 Ei*
- *500 g Magerquark*
- *130 g Zucker*
- *60 g Rosinen*
- *130 g gekochter Vanillepudding*
- *abgeriebene Schale von 1 unbehandelten Zitrone*

Für die Eierschecke

- *4 Eier*
- *160 g Butter*
- *150 g Zucker*
- *370 g gekochter Vanillepudding*
- *Puderzucker zum Bestauben*

Mit Hefeteig

Für die Eierschecke kann auch ein einfacher Hefeteig als Boden zubereitet werden. Wenn Sie keinen eckigen Backrahmen besitzen, können Sie auch eine Springform verwenden.

1 | **Für den Mürbteig** die Butter mit dem Zucker verkneten, das Mehl, das Ei und das Backpulver dazugeben und alles zu einem glatten Teig verkneten. Lassen Sie ihn in Frischhaltefolie gewickelt 1 Stunde im Kühlschrank ruhen. Den Backofen auf 180 °C vorheizen. Den Mürbteig auf einer bemehlten Arbeitsfläche 26 x 26 cm groß ausrollen. Den Backrahmen auf ein mit Backpapier belegtes Backblech legen und den ausgerollten Mürbteig hineinlegen. Stechen Sie den Teig mehrfach mit einer Gabel ein, füllen Sie die Hülsenfrüchte zum Blindbacken in die Form und backen Sie den Teig im vorgeheizten Ofen auf der mittleren Schiene 10 Minuten.

2 | **Für die Quarkmasse** inzwischen die Vanilleschote längs aufschlitzen und das Mark herauskratzen. Verrühren Sie das Vanillemark mit dem Ei, dem Quark, dem Zucker, den Rosinen, dem Pudding und der Zitronenschale. Den vorgebackenen Mürbteig aus dem Backofen nehmen, die Hülsenfrüchte entfernen und anschließend die Quarkmasse auf dem Teigboden glatt streichen.

3 | **Für die Eierschecke** die Eier trennen. Die Eigelbe mit der Butter und dem Zucker schaumig schlagen. Den Pudding nach und nach unterrühren. Die Eiweiße steif schlagen und den Eischnee behutsam unterheben. Die Eierscheckenmasse auf die Quarkmasse gießen. Den Kuchen im Ofen, der aus Arbeitsschritt 1 noch heiß ist, 1 Stunde backen (keine Umluft verwenden). Falls die Oberfläche zu stark bräunt, diese mit Alufolie abdecken. Die Eierschecke abkühlen lassen, in Stücke schneiden und mit Puderzucker bestauben. Sie können den Kuchen vor dem Backen nach Belieben auch mit Mandelstiften bestreuen.

REGIONENPORTRÄT

Dresden – Stadt mit Backtradition

Sie hat viel zu bieten, historische Sehenswürdigkeiten sowie kulinarische Spezialitäten: Die Elbstadt Dresden. Nach sächsischer Manier pflegt man hier die Vorliebe für Süßes: Neben dem Dresdener Stollen ist auch die Dresdener Eierschecke bis weit über die Stadtgrenzen hinaus berühmt. Der dreischichtige Kuchen aus Hefe- bzw. Mürbteig, Quarkmasse und – zuoberst – Eierschecke entstand allerdings erst um das Jahr 1900. Sehr viel früher hingegen gab es schon die schlichtere und wesentlich flachere Eierschecke ohne Quarkmasse aus dem sächsischen Freiberg. Doch während der verfeinerte Kuchen rasch über die sächsischen Grenzen hinaus bekannt wurde, ist die »Freiberger Eierschecke« ein regionales Gebäck geblieben.

Im Land der Kaffeeriecher

Sachsen und Sachsen-Anhalt haben es – kulinarisch gesehen – in sich! Neben der ausgeprägten Leidenschaft für Kaffee teilen sie auch die Vorliebe für Süßes und Deftiges.

In Dresden gibt es Stollen, in Leipzig Allerlei, und zu allem immer wieder »Gaffe«, also Kaffee. So will es das Klischee über Sachsen und auch bei den anhaltinischen Ess- und Trinkgewohnheiten bestimmen Vorurteile die Meinungen, wonach es dort vor allem Brot und Kartoffeln gibt, dazu ein Glas Rotkäppchen-Sekt. Und vielleicht noch sauren Wein. Das ist aber so nicht richtig: Deutschlands Südosten hat es nämlich – kulinarisch gesehen – in sich. Man muss nur, wie so oft, genauer hinsehen – und wird dafür belohnt mit einer wahren Flut an regionalen Eigen- und Besonderheiten, die eines gemein haben: Sie schmecken gut – wahlweise süß oder deftig.

Muckefuck mit Lerchen

Über Sachsen kann man nicht kulinarisch nachdenken, ohne dabei auf Kaffee zu kommen. Als Johann Sebastian Bach mit seinem »Collegium musicum« einmal in der Woche ein Konzert im »Zimmermannschen Kaffeehaus« gab, war die große Liebe der Sachsen zum Kaffee längst entbrannt. Das war in den 30er-Jahren des 18. Jahrhunderts, und der schon 100 Jahre zuvor aus Südamerika nach Europa gelangte Kaffee hatte dem bis dahin beliebten sächsischen Bier den Rang abgelaufen. Doch wuchs Kaffee in Sachsen nicht, sondern wurde aus Überseekolonien importiert, die Deutschland aber damals nicht hatte. Deswegen mussten die Bohnen aus den größtenteils französischen Überseebesitzungen eingeführt werden. Dies hatte zur Folge, dass viel deutsches Geld an die Franzosen floss – zum Verdruss Friedrichs des Großen. Der erließ 1780 gar ein Verdikt gegen den Kaffeeausschank und propagierte stattdessen Wein, Bier und die Zerstörung »von Töpfen, vornehmen Tassen und gemeinem Schälchen, Mühlen, Brennmaschinen, kurz allem, zu welchem das Beywort Kaffee zugesetzt werden kann. Wer sich ersteht, Bohnen zu verkaufen, dem wird der ganze Vorrath confisciert«. Er schuf ein staatliches Kaffeemonopol und ließ »Kaffeeriecher« durch die Straßen der Städte spazieren, um illegale Röstereien aufzuspüren. Das Volk wusste sich mit allerlei Ersatzkaffees zu versorgen, vom Muckefuck bis hin zu Kartoffel- und Roggenkaffee. Genützt hat die staatliche Bevormundung nichts: Von Leipzig aus verbreiteten sich die Kaffeehäuser überall hin, der Kaffee wurde mal profan aus derber Keramik, mal vornehm aus erlesenem Meißener Porzellan getrunken. Zum Kaffee, dem »Schälchen Heeßen«, passten natürlich vor allem Süßspeisen, Gebäck und Torten, die auch heute noch begeistern. Eine davon ist die Leipziger Lerche, ein Mürbteigtörtchen, gefüllt mit Marzipan. Bis heute beliebt ist die Dresdener Eierschecke aus Hefe-, Mürb- oder auch Quarkteig, dazu Mohnkuchen, der Napfkuchen »Bäbe« mit Rosinen oder die »Leipziger Räbchen«, mit Marzipan gefüllte Pflaumen, die in Mehl, Zucker und Öl getaucht und in heißem Fett gebacken werden. Ein absoluter Klassiker aber bleibt natürlich der Dresdener Stollen, für ihn gibt es mit dem Schutzverband »Dresdener Stollen« sogar eine Kontrollinstanz, die in Vertretung von etwa 150 Bäckereien und Konditoreien aus dem Großraum Dresden über Zutaten, Güte und Herkunft des Traditionsgebäcks wacht.

Eisfürsten und Konservendosen

So genau reglementiert sind die Bestandteile einer weiteren Spezialität hingegen nicht, deren Ursprünge mit Sachsen zu tun haben: das »Fürst-Pückler-Eis«. Der Bonvivant und Landschaftsarchitekt Hermann Fürst von Pückler-Muskau diente als Offizier im säch-

Die Semperoper in Dresden: Sachsens berühmtestes Bauwerk ist ein leuchtendes Beispiel für sächsische (und anhaltinische) Lebenskunst.

sischen Gardedukorps in Dresden, seine Ländereien in der Lausitz gehörten bis 1815 zu Sachsen, weswegen die Sachsen bis heute Anspruch auf die Urheberschaft dieser Eisspeise geltend machen. Der Fürst ist unstrittig Namensgeber, ob das Eis seinen Namen aber zu Recht trägt, ist nicht ganz klar. Vielleicht brachte Pückler das Rezept nur von einer Reise nach Arabien mit, bekam es von einem Lausitzer Konditormeister überbracht oder aber er erfand es tatsächlich selbst. Pückler jedenfalls huldigte dem Eis in einem Gedicht an eine gewisse, von ihm hochverehrte Caroline: »Nehmen Sie für gute Laune: Schokolade, körperliches Wohlgefallen: Zucker, Neugier: Himbeergelee, Reisestimmung: Makronen, Lebenslust: Eis, Treue: weiße Gelatine, seelische Zuneigung: Vanillezucker, so haben Sie das Rezept für mein erst vor einigen Tagen komponiertes Eis.«

Beim Leipziger Allerlei ist der Name Programm. Erbsen, Karotten, Morcheln, Spargel, oft auch Bohnen und sogar Flusskrebse kommen hinein. Getrennt gegart, wird am Ende alles zusammengekippt, häufig auch mit gebräunter Butter und Gewürzen verfeinert, mit Kalbsfond oder Mettwurst ergänzt. So sollte es jedenfalls sein. Aber kaum ein deutsches Traditionsgericht hat in den letzten Jahrzehnten so gelitten wie dieses. Denn die zahllosen billigen Varianten, abgefüllt in Konservendosen, Plastikschälchen oder Alunäpfe, haben mit dem Ursprungsgericht – außer dem Namen – rein gar nichts zu tun. Die Zutaten des einstigen Frühsommergerichtes, als die Wälder noch voller Morcheln und die Bäche voller Krebse waren, sind heute sehr teuer. Die früher massenweise verfügbaren Ingredienzen sind heute selten geworden oder müssen importiert werden.

Das ist bei einem anderen Bestandteil der sächsischen und anhaltinischen Küche ganz und gar überflüssig, denn er ist in Hülle und Fülle vorhanden: die Kartoffel. Im Erzgebirge bestimmt sie zahlreiche rustikale traditionelle Speisen, etwa den »Ardäppelkuchen«, den »Ardäppelglitscher«, auch »Latschen«, »Fratzen«, »Frätzle« oder kurz »Glitzscher« genannten Reibekuchen, zu dem die heimischen Kartoffeln aus dem Vogtland und der Magdeburger Börde in Lein- oder Sonnenblumenöl gebraten werden. Sie begleiten Bratengerichte wie den gefüllten Rinderbraten, den Kalbsnierenbraten oder die vielseitigen Zubereitungen von Karpfen, die aus den zahlreichen Teichanlagen Sachsens stammen.

Die Rebflächen in Freyberg (Sachsen-Anhalt) liefern ausdrucksstarke, säurebetonte Weine. Weithin berühmt ist auch der hier hergestellte Rotkäppchen-Sekt.

Ihre Vorliebe für Süßes macht die Sachsen-Anhalter kreativ in der Herstellung feinster Süßwaren. Berühmt sind ihre Hallorenkugeln, mit Sahne-Kakao-Creme gefüllte Schokokugeln in unterschiedlichen Geschmacksrichtungen.

Ein Baum wird zum König der Kuchen

Aus der sehr fruchtbaren Börde um Magdeburg in Sachsen-Anhalt hingegen kommen in erster Linie Getreide und Zuckerrüben, und dem Getreide ist auch eine anhaltinische Spezialität zu verdanken, die Jahrhunderte bis heute überdauert hat: »Klump«. »Kool un Klump füllt den Buren den Rump«, dichtete man schon vor langer Zeit in der Börde. »Klump« ist eine Hefeteigschicht, die wie ein Deckel auf verschiedene Speisen (z. B. Grünkohl mit Schweinefleisch) gelegt und in einer speziellen gemauerten Ofenvorrichtung, »Gerde« genannt, gebacken wird. Der Klump kann außer aus Hefe auch mit normalem Getreidemehl oder aus Kartoffeln hergestellt werden, und es gibt ihn mit Sultaninen und Zitronat sogar als süßes Gebäck zum Kaffee.

Dass ausgerechnet eine andere Süßspeise, die auch als der »König der Kuchen« bezeichnet wird, aus Anhalt stammt – wer hätte das gedacht? Der Baumkuchen soll einer anhaltinischen Legende zufolge auf Ernst-August Gardes zurückgehen, den Küchenmeister von König Friedrich Wilhelm II. Aber erst seine Enkelin Luise Lentz entdeckte das Kuchenrezept, und als des alten Königs Nachfahre Friedrich Wilhelm IV. im Jahr 1841 in Salzwedel weilte, wurde der Baumkuchen berühmt. Denn er schmeckte dem König so gut, dass er ihn fortan nicht nur seiner Gemahlin, sondern auch verwandten und befreundeten Regenten von Österreich bis Russland servieren ließ. Salzwedel wurde zur Baumkuchenstadt, ein örtlicher Bäcker königlicher Hoflieferant, und noch heute ist der königliche Kuchen der Kuchenkönig, schon allein was die Zahl der darin verwendeten Eier angeht. Manche Rezepturen schreiben 40 Eier für fünf Kilo Teigmasse vor – das klingt rekordverdächtig. Die schaumig angerührte Masse wird von erfahrenen Konditoren schichtweise aufgetragen und gebacken, wobei die »Jahresringe« entstehen, die dem Baumkuchen, der mit Zucker- oder Schokoladenglasur bedeckt wird, sein typisches Aussehen verleihen.

Sekt, Pils und Pralinen

Eindeutig anhaltinisch sind die »Halberstädter Birnenklöße«. Dafür werden Birnenstücke im Hefeteigmantel gekocht, danach in Zucker und Zimt gewälzt und mit gebräunter Butter übergossen. Bis heute beliebt und mittlerweile bundesweit verbreitet, ist auch der Bienenstich, ein Hefeteigblechkuchen, der mit Honig und Zucker, Milch und Mandeln oder auch Kokosraspeln belegt wird. Aber nur die Wenigsten dürften wissen, dass der Bienenstich vermutlich aus Anhalt stammt. Hingegen sind die ostdeutschen Ursprünge von zwei anderen Exportschlagern weithin bekannt: Das Radeberger Pils, das mit der prächtig restaurierten Dresdener Semperoper wirbt, oder das Hasseröder Bier kennt man (nicht nur) bundesweit. Nicht zu vergessen der in Freyburg an der Saale beheimatete Rotkäppchen Sekt, der seit der Wende unter den fünf beliebtesten deutschen Sektmarken zu finden ist. Die Rebflächen um Bad Kösen, Naumburg und Freyburg sind mit 480 Hektar zwar sehr klein, die Muschelkalk- und Sandsteinböden liefern jedoch ausdrucksstarke, säurebetonte Weine. Früher war der Silvaner an Saale und Unstrut die wichtigste Rebsorte, die unkomplizierte Müller-Thurgau lief ihr jedoch den Rang ab. Seit dem Jahr 998 wird hier Wein angebaut, 1856 gründete man die »Freyburger Champagner-Fabrik-Gesellschaft«. Heute werden in den Rotkäppchen-Werken etwa 150.000 Flaschen Sekt am Tag abgefüllt. Besonders beliebt ist die halbtrockene Variante. Grundlage dafür sind aber nur zum Teil die hiesigen Weine; die klassischen Grundweine, Cuvées aus verschiedenen Rebsorten, werden mit Saale-Unstrut-Weinen abgerundet. Das Spitzenprodukt, ein reiner Weißburgunder, wird dagegen nur aus heimischen Trauben gekeltert. Perfekt ergänzt werden Sekt und Wein durch süße Hallorenkugeln, den nach den Salzsiedern aus Halle benannten, zuckersüßen Pralinen aus Deutschlands ältester Schokoladenfabrik in Halle. Unter einer feinen Schokoladenhülle versteckt sich Sahne-Kakao-Creme in verschiedenen Farben und Aromen, z. B. Sahne-Kakao und Joghurt-Erdbeer. Passt übrigens auch gut zum »Schälchen Heeßen«.

Robert Lücke

Zubereitungszeit
ca. 1 Std. 25 Min.

Apfel im Schlafrock mit Tonkabohnensauce

Die klassisch mit Blätterteig umhüllten Äpfel werden mit einer aromatischen Sauce serviert.

Für die Äpfel im Schlafrock

· 4 kleine Äpfel (Boskop)
· 1 EL Calvados · 50 g Rosinen
· 50 g Mandelblättchen
· 500 g Blätterteig (Kühltheke)
· Mehl zum Ausrollen
· 80 g Marzipanrohmasse
· 2 TL weiche Butter
· 1 Eigelb zum Bestreichen
· Puderzucker zum Bestauben

Für die Tonkabohnensauce

· 1 Tonkabohne (Gewürzladen oder Apotheke; oder 1 Vanilleschote)
· 4 Eigelbe · 150 ml Milch
· 150 g Sahne · 2–3 EL Zucker

S. 34 ff.
REGIONENPORTRÄT Bayern

S. 450 ff.
WARENKUNDE Obst

1 | **Die Äpfel schälen** und die Kerngehäuse ausstechen (Step 1). Den Calvados leicht erwärmen, die Rosinen hineingeben und bei schwacher Hitze 5 bis 10 Minuten darin ziehen lassen, bis sie etwas weicher werden. Die Mandelblättchen in einer beschichteten Pfanne ohne Fett unter Rühren goldgelb rösten und abkühlen lassen. Heizen Sie den Backofen auf 180 °C vor.

2 | **Den Blätterteig mit Mehl bestauben** und ausrollen, sodass etwa 2 mm starke Platten entstehen. Die Platten in vier Quadrate von 20 x 20 cm Größe schneiden. Verrühren Sie das Marzipan mit der Butter zu einer glatten Masse, dann die Mandeln und die Rosinen untermischen. Die ausgehöhlten Äpfel mit der Marzipan-Mandel-Masse füllen (Step 2). Die Äpfel in die Blätterteigplatten einschlagen, auf ein mit Backpapier belegtes Backblech setzen und mit Eigelb bestreichen (Step 3). Im vorgeheizten Ofen auf der mittleren Schiene etwa 40 Minuten goldbraun backen. Herausnehmen und auf einem Gitter abkühlen lassen.

3 | **Für die Tonkabohnensauce** die Tonkabohne fein reiben. Die Eigelbe mit der Milch und der Sahne verrühren, die geriebene Tonkabohne und den Zucker dazugeben. Schlagen Sie die Masse auf einem heißen Wasserbad dickcremig auf. Das Wasserbad darf dabei nicht kochen! Die Sauce abkühlen lassen, dabei gelegentlich umrühren, damit sich keine Haut bildet. Die Äpfel im Schlafrock mit Puderzucker bestauben und mit der Sauce servieren.

Apfel im Schlafrock zubereiten

1) Die Äpfel schälen und anschließend die Kerngehäuse der Äpfel mit einem Apfelausstecher gründlich entfernen.
2) Das Marzipan mit der Butter zu einer glatten Masse verrühren, Mandeln und Rosinen untermischen und die ausgehöhlten Äpfel damit füllen.
3) Die gefüllten Äpfel auf den Blätterteig setzen und darin einschlagen. Die Äpfel im Schlafrock auf ein mit Backpapier belegtes Backblech legen und zum Backen mit Eigelb bestreichen.

Zubereitungszeit
ca. 2 Std.

Zwetschgendatschi

Quark-Öl-Teig und eine Haselnuss-Frucht-Füllung verleihen dem Klassiker eine moderne Note.

Für die Streusel (für 1 Springform, 30 cm Ø)

- *100 g kalte Butter*
- *70 g brauner Zucker*
- *30 g Zucker* · *140 g Mehl*

Für den Quark-Öl-Teig

- *200 g Mehl* · *½ Päckchen Backpulver*
- *50 g Zucker* · *50 g weiche Butter*
- *80 g Quark* · *60 ml Öl* · *3 TL Milch*
- *Butter für die Form*
- *Mehl für die Arbeitsfläche*

Für den Belag

- *1 kg Zwetschgen* · *3 EL Zucker*
- *1 TL gemahlener Zimt*
- *125 g Zwetschgenmarmelade*
- *100 g gemahlene Haselnüsse*

Belag nach Saison

Der Teig eignet sich auch gut als Grundlage für andere Früchte, etwa für Äpfel oder Aprikosen. Passen Sie dann die Marmeladensorte der Fruchtsorte an.

1 | **Für die Streusel** die Butter in kleine Würfel schneiden. Den braunen Zucker mit dem Zucker und dem Mehl mischen, die Butterwürfel dazugeben und alles rasch zwischen den Händen zu feinen Streuseln verreiben. Stellen Sie die Streusel abgedeckt mindestens 1 Stunde kühl. In der Zwischenzeit den Quark-Öl-Teig herstellen und den Kuchenbelag vorbereiten.

2 | **Für den Quark-Öl-Teig** das Mehl mit dem Backpulver und dem Zucker auf einer sauberen Arbeitsfläche gründlich vermischen. Die Butter, den Quark, das Öl und die Milch dazugeben und alles zu einem glatten Teig verkneten. Sollte er klebrig sein, ggf. noch etwas Mehl dazugeben. Eine Springform dünn mit Butter ausstreichen. Rollen Sie den Teig auf einer bemehlten Arbeitsfläche in der Größe des Springformbodens aus, legen Sie ihn in die Form und stellen Sie diese beiseite. Den Backofen auf 220 °C vorheizen.

3 | **Für den Belag die Zwetschgen waschen,** entsteinen und vierteln. Den Zucker mit dem Zimt mischen. Den Quark-Öl-Teig-Boden mit der Zwetschgenmarmelade bestreichen und mit den Haselnüssen bestreuen. Geben Sie die vorbereiteten Zwetschgen darauf und bestreuen Sie sie mit dem Zimtzucker. Die Streusel (aus Arbeitsschritt 1) gleichmäßig darauf verteilen und den Kuchen im vorgeheizten Ofen auf der untersten Schiene 35 bis 40 Minuten backen.

4 | **Zum Fertigstellen** den Kuchen aus dem Backofen nehmen und ein paar Minuten in der Form abkühlen lassen. Anschließend mit einem Messer am Innenrand der Springform entlangfahren, den Ring der Springform vorsichtig öffnen und dann abnehmen. Lassen Sie den Zwetschgendatschi vollständig abkühlen. Mit geschlagener Sahne servieren.

S. 34 ff.
REGIONENPORTRÄT Bayern

S. 450 ff.
WARENKUNDE Obst

DER KLASSIKER: ZWETSCHGENDATSCHI MIT MÜRBTEIGBODEN

Der klassische Datschi wird in Süddeutschland meist mit einem Mürbteigboden und auf dem Blech zubereitet. Dazu kneten Sie 350 g Mehl, 175 g kalte Butter, 100 g Zucker, 1 Eigelb und 1 Msp. Zimt rasch zu einem Teig. Den Teig auf einer bemehlten Arbeitsfläche in Größe eines Backblechs ausrollen, mit der Gabel mehrfach einstechen, mit Frischhaltefolie abdecken und 30 Minuten im Kühlschrank ruhen lassen. In der Zwischenzeit 1 kg Zwetschgen waschen, halbieren und entsteinen. Die Früchte leicht schräg und überlappend auf den Teig legen, nach Belieben mit etwas Zimtzucker oder mit Streuseln (siehe obiges Rezept) bestreuen und im vorgeheizten Backofen bei 200 °C etwa 35 Minuten backen.

Zubereitungszeit
ca. 2 Std.

Pommerscher Mandelkringel

Der knusprig gebackene Kringel aus Knetteig verführt mit saftiger Mandelfüllung.

Für den Knetteig

· 250 g Mehl
· 50 g Speisestärke
· 1 TL Backpulver
· 4 EL Milch · 120 g Zucker
· 1 Prise Salz · 100 g Butter
· Butter für das Backblech
· Mehl für die Arbeitsfläche

Für die Mandelfüllung

· 2 Eier · 80 g Zucker
· 1 Päckchen Vanillezucker
· 1 Msp. gemahlener Zimt
· 200 g geriebene Mandeln
· Milch zum Verrühren

Für die Mandelglasur

· 100 g Puderzucker
· 1 EL Mandellikör (z.B. Amaretto)

1 | **Für den Knetteig** das Mehl, die Stärke und das Backpulver in eine Schüssel sieben und vermischen. In die Mitte eine Vertiefung drücken und die Milch hineingießen. Zucker und Salz dazugeben. Verteilen Sie dann die Butter in kleinen Stücken auf dem Mehl und verkneten Sie alle Zutaten rasch zu einem glatten Teig. Mit einem Tuch abdecken und 30 Minuten ruhen lassen.

2 | **Für die Mandelfüllung** die Eier mit dem Zucker, dem Vanillezucker und dem Zimt schaumig rühren. Ziehen Sie nach und nach die geriebenen Mandeln unter, wobei Sie gerade so viel Milch dazugeben, dass eine gut streichfähige Masse entsteht.

3 | **Den Backofen auf 200 °C vorheizen** und ein Backblech dünn mit Butter bestreichen. Den Knetteig auf der bemehlten Arbeitsfläche zu einem Rechteck von 50 x 60 cm Größe ausrollen (Step 1). Mit der Mandelmasse bestreichen und längs aufrollen (Step 2). Die Mandelrolle auf das Blech heben und zu einem Kringel formen, die Enden aneinanderdrücken (Step 3). Backen Sie den Mandelkringel im vorgeheizten Backofen auf der mittleren Schiene etwa 1 Stunde, dann herausnehmen und abkühlen lassen.

4 | **Für die Mandelglasur** den Puderzucker mit dem Mandellikör und 1 EL heißem Wasser verrühren, auf den abgekühlten Kringel streichen und trocknen lassen. Servieren Sie den Mandelkringel allein oder nach Belieben mit Vanillesauce (S. 459).

S. 138 ff.
REGIONENPORTRÄT
Mecklenburg-Vorpommern

Mandelkringel formen

1) Den Knetteig auf der bemehlten Arbeitsfläche zu einem Rechteck von etwa 50 x 60 cm Größe ausrollen und gleichmäßig mit der Mandelmasse bestreichen.
2) Den mit Mandelmasse bestrichenen Teig längs aufrollen und dabei leicht zusammendrücken.
3) Die Mandelrolle auf das vorbereitete Blech heben, zu einem Kringel formen und die Enden dabei gut aneinanderdrücken.

Zubereitungszeit
ca. 1 Std.

Mutzenmandeln

Die ausgebackenen Mandelteigstücke gibt es üblicherweise beim Karneval am Rhein.

Zutaten (für etwa 50 Stück)

- *90 g weiche Butter*
- *100 g Mandelblättchen*
- *3 Eier* · *1 Eigelb*
- *150 g Puderzucker*
- *2 TL Mandellikör (z.B. Amaretto)*
- *abgeriebene Schale von ½ unbehandelten Zitrone*
- *1 Vanilleschote* · *500 g Mehl*
- *1 TL Backpulver*
- *Mehl für die Arbeitsfläche*
- *Fett oder Öl zum Frittieren*

Mutzenform kaufen

Spezielle mandelförmige Mutzenausstecher erhalten Sie in gut sortierten Haushaltswarenläden.

1 | **Für den Teig** die Butter in einem kleinen Topf schmelzen und leicht abkühlen lassen. Inzwischen die Mandelblättchen in einer beschichteten Pfanne ohne Fett unter Rühren goldgelb rösten und anschließend auskühlen lassen. Die Eier, das Eigelb, den Puderzucker, den Mandellikör und die Zitronenschale in eine Schüssel geben. Die Vanilleschote längs aufschlitzen, das Mark herauskratzen und ebenfalls in die Schüssel geben. Schlagen Sie die Eiermischung mit dem Handrührgerät schaumig auf.

2 | **Das Mehl mit dem Backpulver mischen** und zusammen mit der noch flüssigen Butter unter die Eierschaummasse heben. Die gerösteten Mandeln zerbröseln und untermischen. Lassen Sie den Teig 20 Minuten abgedeckt im Kühlschrank ruhen. Anschließend rollen Sie ihn auf einer leicht bemehlten Arbeitsfläche 1 cm dick aus und stechen Mutzenmandeln aus. Falls Sie keinen speziellen Mutzenausstecher haben, können Sie aus dem Teig auch mit dem Teigrädchen kleine Rauten oder Ellipsen ausschneiden.

3 | **In einer Fritteuse** oder einem Topf das Frittierfett auf 180 °C erhitzen und die Mutzenmandeln darin portionsweise goldbraun ausbacken. Mit einem Schaumlöffel herausheben und auf Küchenpapier abtropfen lassen. Zum Servieren mit Puderzucker bestreuen.

Zubereitungszeit
ca. 1 Std. 20 Min.

Quellzeit für die Rosinen
ca. 3 bis 4 Std.

Kölner Rosinenstuten

Hefeteig mit Quark hält das traditionelle Gebäck lange saftig und frisch.

Zutaten
(für 1 Kastenform, 26 cm lang)

- *60 g Rosinen*
- *30 g frische Hefe*
- *375 g Weizenmehl (Type 550)*
- *200 g Magerquark*
- *60 g Zucker*
- *60 g weiche Butter*
- *2 Eier*
- *1 Prise Salz*
- *Butter und Mehl für die Form*

1 | **Die Rosinen mit heißem Wasser übergießen** und 3 bis 4 Stunden quellen lassen. Die Hefe in 1 EL lauwarmem Wasser auflösen. Das Mehl in eine Schüssel sieben, den Quark, den Zucker, die Butter, die Eier und das Salz dazugeben. Die Hefe hinzufügen und alles zu einem glatten, glänzenden Teig verarbeiten. Kneten Sie die abgetropften Rosinen unter und formen Sie den Teig zu einer Rolle.

2 | **Eine Kastenform mit Butter ausstreichen** und mit Mehl ausstauben. Geben Sie den Teig hinein und lassen Sie ihn zugedeckt an einem warmen Ort 40 bis 45 Minuten gehen, bis er etwa das doppelte Volumen erreicht hat. Den Backofen auf 200 °C vorheizen (Umluft 180 °C). Den Stuten 30 Minuten goldbraun backen, dann die Stäbchenprobe machen, um sicher zu sein, dass er fertig ist (S. 487). Falls er zu stark bräunt, mit Alufolie abdecken. Nach dem Backen sofort aus der Form nehmen und auskühlen lassen.

S. 96 ff.
REGIONENPORTRÄT
Nordrhein-Westfalen

KÜCHENGEHEIMNIS: TROCKENHEFE RICHTIG VERARBEITEN

Falls keine frische Hefe zur Hand ist, lässt sich das Rezept auch mit Trockenhefe zubereiten. 7 g Trockenhefe entsprechen 20 g Frischhefe. Bei der Verwendung von Trockenhefe ist es wichtig, dass ein Vorteig angesetzt wird, der an einem warmen Ort zugedeckt und vor allem lange genug gehen (»reifen«) darf. Teig mit Trockenhefe benötigt eine längere Reifephase: Während ein Vorteig mit Frischhefe etwa 20 Minuten reifen muss, braucht ein Vorteig mit Trockenhefe etwa 40 Minuten. Der Vorteig ist »reif«, wenn der Teig auf Fingerdruck in sich etwas zusammensinkt. An der weiteren Zubereitung des Backwerks ändert sich ansonsten nichts.

Zubereitungszeit
ca. 2 Std. 30 Min.

Rohrnudeln mit Zwetschgenkompott

Warm als Dessert oder ausgekühlt als Kuchenersatz zum nachmittäglichen Kaffee

Für das Zwetschgenkompott

- *1 kg Zwetschgen*
- *je ½ Zitrone und Orange*
- *½ Zimtstange* · *½ Vanilleschote*
- *1 Msp. Salz* · *100–150 g Zucker (je nach Süße der Zwetschgen)*
- *1 Gewürznelke* · *50 ml Rotwein*
- *50 ml roter Portwein*
- *Kirschlikör zum Abschmecken*

Für die Rohrnudeln (für 6 Portionen)

- *42 g Hefe* · *150 ml Milch*
- *500 g Mehl* · *60 g Vanillezucker*
- *2 Eier* · *2 Eigelbe*
- *120 g zimmerwarme Butter* · *Salz*
- *abgeriebene Schale von je ½ unbehandelten Zitrone und Orange*
- *1 cl Zwetschgenwasser*
- *Mehl für die Arbeitsfläche*
- *Butter und Zucker für die Form*
- *zerlassene Butter zum Bestreichen*
- *Puderzucker zum Bestauben*

S. 34 ff.
REGIONENPORTRÄT Bayern

S. 450 ff.
WARENKUNDE Obst

1 | **Für das Zwetschgenkompott** die Zwetschgen waschen, halbieren oder vierteln und die Steine entfernen. Die Orangen- und Zitronenhälfte auspressen. Orangen- und Zitronensaft, Zimtstange, Vanilleschote, Salz, Zucker und Nelke zu den Zwetschgen geben, alles gut vermischen und etwa 30 Minuten ziehen lassen.

2 | **Für die Rohrnudeln einen Vorteig zubereiten:** Dazu die Hefe in 100 ml lauwarmer Milch auflösen. Geben Sie 100 g Mehl und den Vanillezucker dazu und verrühren Sie alles gründlich miteinander. Mit einem Tuch abdecken und bei Zimmertemperatur etwa 20 Minuten gehen lassen, bis der Vorteig sein Volumen fast verdoppelt hat. Den Backofen auf 200 °C vorheizen.

3 | **Während der Vorteig geht,** den Wein und den Portwein zu den Zwetschgen geben und diese im vorgeheizten Ofen in 30 Minuten weich garen. Nach dem Auskühlen mit etwas Kirschlikör abschmecken. Während die Zwetschgen im Backofen garen, die Eier und die Eigelbe, die restliche Milch und das übrige Mehl zum Vorteig geben. Dann Butter, Salz, Zitronen- und Orangenschale sowie Zwetschgenwasser dazugeben und alles zu einem glatten Teig kneten. Den Teig abdecken und nochmals 30 Minuten gehen lassen.

4 | **Den Hefeteig auf der bemehlten Arbeitsfläche** etwa 2 cm dick ausrollen und 5 cm große Kreise ausstechen. Eine Reine mit Butter ausstreichen und mit Zucker ausstreuen. Den ausgestochenen Teig zu Kugeln abdrehen und diese eng nebeneinander in die Reine setzen. Decken Sie die Reine mit einem Tuch ab, lassen Sie die Rohrnudeln 15 Minuten gehen, dann mit zerlassener Butter bestreichen und im vorgeheizten Ofen auf der untersten Schiene bei 170 °C 20 bis 25 Minuten backen. Mit Puderzucker bestauben und lauwarm servieren. Das Zwetschgenkompott separat dazureichen.

VARIANTE: FEINE WEINSCHAUMSAUCE STATT KOMPOTT

Rohrnudeln werden besonders edel, wenn Sie sie vor dem Backen mit halbierten, entsteinten Zwetschgen (oder mit Marmelade) füllen und lauwarm mit Weinschaumsauce servieren. Für Letztere 700 ml weißen Traubensaft auf 100 ml reduzieren. 200 ml Riesling dazugeben, mit 100 g Zucker und 8 Eigelben verrühren und auf dem kochenden Wasserbad kräftig aufschlagen, bis sich eine feste Konsistenz bildet (»zur Rose abziehen«; S. 417). Verfeinern Sie die Sauce mit 1 cl Trester und servieren Sie die Weinschaumsauce noch warm. Soll die Weinschaumsauce kalt oder erst am nächsten Tag serviert werden, im heißen Zustand 1 EL Instantcremepulver (z. B. Wein- oder Vanillegeschmack) einstreuen und verrühren. Dadurch behält sie ihre Cremigkeit und fällt nicht direkt zusammen.

Zubereitungszeit
ca. 3 Std. 15 Min.

Schmalznudeln

Je dünner der Teig in der Mitte der »Aus'zognen«, desto perfekter ist der Koch.

Zutaten (für etwa 24 Stück)

- *30 g frische Hefe*
- *300 g Sahne*
- *½ Vanilleschote*
- *500 g Mehl*
- *70 g Zucker* · *3 Eier*
- *1 TL Salz* · *2 cl Rum*
- *Mehl für die Arbeitsfläche*
- *2 kg Butterschmalz zum Ausbacken*
- *Puderzucker zum Bestauben*

Perfekte »Fenster«

Für perfekte »Fensterkücherl«, also Schmalznudeln, deren Herz aus einer hauchdünnen, fast durchsichtigen Teigschicht besteht, die Nudeln direkt vor dem Ausbacken in der Mitte über die geballte Faust dünn ausziehen.

S. 34 ff.
REGIONENPORTRÄT Bayern

1 | **Die Hefe zerbröckeln** und in 200 g lauwarmer Sahne auflösen. Die Vanilleschote der Länge nach aufschlitzen und das Mark mit einem Messer herauskratzen. Das Mehl in eine Schüssel sieben, den Zucker, das Vanillemark, die Eier und das Salz dazugeben und unterrühren. Dann die restliche Sahne sowie den Rum untermischen und den Teig so lange abschlagen, bis er eine glatte Oberfläche bekommt und Blasen wirft. Lassen Sie den Hefeteig zugedeckt an einem warmen Ort gehen, bis er sein Volumen verdoppelt hat.

2 | **Den gegangenen Hefeteig** auf einer bemehlten Arbeitsfläche nochmals gründlich durchkneten, dann aus dem Teig gleichmäßige Kugeln von jeweils etwa 5 cm Durchmesser formen und diese in der hohlen Hand auf einem Brett nachformen (»den Teig abschleifen«). Die Kugeln im Abstand von etwa 5 cm auf ein mit Mehl bestreutes Brett legen, abdecken und nochmals etwa 15 Minuten gehen lassen, bis sich ihr Volumen mindestens verdoppelt hat.

3 | **Zum Ausbacken das Butterschmalz** in einem großen Topf auf 180 °C erhitzen. Die Teigkugeln auf einen Durchmesser von etwa 12 cm ausziehen: Zuerst vier bis fünf Schmalznudeln nur zur Hälfte ausziehen, wieder ablegen, dann fertig ausziehen und sofort ins heiße Schmalz legen. Dabei ist es wichtig, den Topf sofort abzudecken, da die Schmalznudeln durch den entstehenden Dampf als natürliches Triebmittel besonders locker werden. Legen Sie auch nicht mehr als vier bis fünf Nudeln auf einmal zum Ausbacken in das Fett, damit die Temperatur nicht zu stark abfällt.

4 | **Die Schmalznudeln** 2 bis 3 Minuten auf der Unterseite ausbacken, bis sie eine appetitliche goldbraune Farbe haben, dann vorsichtig mit einer Küchenzange wenden, wieder abdecken und in 2 bis 3 Minuten fertig backen. Legen Sie die fertigen Schmalznudeln zum Abtropfen auf Küchenpapier und servieren Sie sie noch lauwarm mit Puderzucker bestaubt.

DIE KLASSIKER: KRAPFEN, BERLINER PFANNKUCHEN UND MAINZER KREBBEL

Aus dem gleichen Teig wie für die Schmalznudeln können Sie auch Faschingskrapfen, Berliner oder Fastnachtskrebbel herstellen: Dazu den Teig nach dem ersten Gehen 2 cm dick ausrollen und Kreise (etwa 6 bis 8 cm Ø) ausstechen. Jeweils einen Löffel Aprikosen-, Himbeer- oder Erdbeerkonfitüre in die Mitte geben, den Rand mit Wasser bepinseln, eine zweite Teigscheibe darauflegen und vorsichtig andrücken. Die Teiglinge erneut gehen lassen und wie die Schmalznudeln schwimmend in heißem Fett ausbacken. Mit Puderzucker bestreut oder mit Zuckerglasur servieren. Falls Sie das Profi-Handwerkszeug besitzen, können Sie auch wie Konditoren vorgehen: Statt des Ausrollens einfach gleichmäßig große Teigkugeln formen, gehen lassen und vor dem Einlegen in heißes Fett etwas flach drücken. Zum Füllen des fertig gebackenen Krapfens verwenden Sie dann eine Marmeladenspritze.

Zubereitungszeit
ca. 2 Std. 10 Min.

Kühlzeit für die Streusel
ca. 8 bis 10 Std.

Marzipan-Streuselkuchen

Mit Marzipanstreuseln verfeinert und mit Mandelblättchen belegt ein besonderer Genuss

Für die Marzipanstreusel (für 1 Backblech)

- *200 g Weizenmehl (Type 550)*
- *100 g Zucker*
- *50 g Marzipanrohmasse*
- *120 g weiche Butter* · *1 Prise Salz*
- *abgeriebene Schale von ½ unbehandelten Zitrone*
- *Mark von ½ Vanilleschote*
- *1 Prise Zimt*

Für den Hefe-Quark-Teig

- *35 g frische Hefe* · *200 ml Milch*
- *500 g Weizenmehl (Type 550)*
- *1 Vanilleschote* · *4 Eigelbe*
- *60 g Zucker* · *1 gestr. TL Salz*
- *50 g Quark (20 % Fett)*
- *abgeriebene Schale von 1 unbehandelten Zitrone*
- *100 g weiche Butter* · *1 cl Rum*
- *100 g Sauerrahm*
- *50 g Mandelblättchen*
- *Puderzucker zum Bestauben*

S. 240 ff.
REGIONENPORTRÄT Thüringen/Nordhessen

S. 312 ff.
REGIONENPORTRÄT Rheinland-Pfalz/Saarland/Südhessen

S. 424 ff.
REGIONENPORTRÄT Niedersachsen

1 | **Für die Marzipanstreusel** das Mehl durch ein feines Sieb sieben. Den Zucker mit dem Marzipan verkneten und unter die Butter arbeiten. Geben Sie dann das Salz, die Zitronenschale, das Vanillemark und den Zimt zur Marzipanbutter. Das gesiebte Mehl hinzufügen und mit den restlichen Zutaten zwischen den Händen verreiben, dabei nicht kneten. Sobald Streusel entstanden sind, diese mit etwas Mehl bestauben, damit sie nicht zusammenkleben, abgedeckt kühl stellen und 8 bis 10 Stunden ruhen lassen.

2 | **Für den Hefe-Quark-Teig** einen Vorteig herstellen: Dazu die Hefe in 120 ml lauwarmer Milch auflösen, 150 g Mehl dazugeben und alles zu einem glatten Teig verkneten, der sich vom Schüsselrand löst. Abgedeckt an einem nicht zu warmen Ort 20 Minuten gehen lassen. Inzwischen die Vanilleschote aufschlitzen und das Mark herauskratzen. Das restliche Mehl mit den Eigelben, der übrigen Milch, dem Zucker, dem Salz, dem Quark, der Zitronenschale und dem Vanillemark zu einem festen Teig verkneten. Geben Sie den Vorteig hinzu und kneten Sie alles zu einem elastischen Teig. Die Butter und den Rum unterkneten. Den Teig zu einer Kugel formen und abgedeckt 20 Minuten im Kühlschrank ruhen lassen.

3 | **Ein Backblech mit Backpapier auslegen** und den Backofen auf 175 °C vorheizen. Den Hefe-Quark-Teig auf Blechgröße ausrollen, mit einem feuchten Tuch abdecken und 15 Minuten gehen lassen. Das Tuch entfernen, den Teig mit Sauerrahm bestreichen und mit einer Gabel mehrmals einstechen. Die Marzipanstreusel darauf verteilen und nochmals etwa 10 Minuten gehen lassen. Streuen Sie die Mandelblättchen auf die Streusel und backen Sie den Kuchen im vorgeheizten Ofen auf der mittleren Schiene 25 bis 30 Minuten.

4 | **Zum Fertigstellen** den Marzipan-Streuselkuchen aus dem Ofen nehmen, das Blech auf ein Gitter stellen und den Kuchen mindestens 30 Minuten abkühlen lassen. Zum Servieren schneiden Sie den Marzipan-Streuselkuchen in Stücke, bestauben ihn nach Belieben mit Puderzucker und servieren ihn mit geschlagener Sahne.

NOCH EIN KLASSIKER AUS HEFETEIG: BUTTERKUCHEN

Aus Niedersachsen stammt ein anderer Hefekuchenklassiker: Für Butterkuchen rühren Sie 30 g Hefe mit 225 ml lauwarmer Milch an. 500 g Mehl, 60 g zerlassene Butter, 1 Prise Salz, 1 Ei, 50 g Zucker und etwas abgeriebene Zitronenschale mit der Hefemilch zu einem glatten Teig kneten und zugedeckt an einem warmen Ort bis zur doppelten Größe gehen lassen. Rollen Sie den Teig auf einem gefetteten Backblech aus, stechen Sie ihn mehrfach mit der Gabel ein und lassen Sie ihn 20 Minuten gehen. 125 g weiche Butter mit 80 g Zucker und 1 Msp. Zimt verrühren, die Masse auf den Teig streichen und mit 100 g Mandelblättchen bestreuen. Bei 175 °C im vorgeheizten Ofen 30 Minuten goldbraun backen und möglichst frisch servieren.

Zubereitungszeit
ca. 3 Std. 45 Min.

Ruhezeit für den Vorteig
ca. 12 Std.

Bienenstich

Ein mittlerweile bundesweiter Klassiker, dessen Wurzeln mehrere Regionen für sich beanspruchen

Für den Hefeteig (für 1 Backblech)

- *2 EL Weizenvollkornmehl*
- *150 g Milch* · *42 g frische Hefe*
- *2 große Eier* · *110 g Butter*
- *1 cl Rum* · *1 Prise Salz*
- *500 g Weizenmehl (Type 550)*
- *50 g Zucker*
- *2 Päckchen Vanillezucker*
- *abgeriebene Schale von 1 unbehandelten Zitrone*

Für die Mandeldecke

- *200 g Zucker*
- *2–3 EL Honig* · *250 g Butter*
- *2 EL Milch* · *2 TL Glukose (Apotheke, Reformhaus; oder 1 EL Traubenzucker)*
- *200 g Mandelblättchen*

Für die Bienenstichsahne

- *6 Blatt Gelatine*
- *1 Vanilleschote* · *300 ml Milch*
- *125 g Zucker* · *4 Eigelbe*
- *15 g Vanillepuddingpulver*
- *500 g Sahne*

S. 312 ff.
REGIONENPORTRÄT
Rheinland-Pfalz/Saarland/Südhessen

S. 492 ff.
REGIONENPORTRÄT
Sachsen/Sachsen-Anhalt

1 | **Für den Hefeteig einen Vorteig herstellen:** 2 EL Wasser mit dem Weizenvollkornmehl verrühren und mit Frischhaltefolie abgedeckt an einem warmen Ort über Nacht ruhen lassen. Am nächsten Tag die Milch anwärmen und mit der Hefe verrühren. Die Eier verquirlen, die Butter mit dem Rum und dem Salz verkneten. Vermischen Sie den Vorteig mit dem Mehl, dem Zucker, dem Vanillezucker und der Zitronenschale. Die Hefemilch und die Eier dazugeben und einen Teig daraus kneten. Die Rumbutter nach und nach unterarbeiten und kneten, bis der Teig Blasen wirft. In Frischhaltefolie wickeln und 45 Minuten im Kühlschrank ruhen lassen.

2 | **Für die Mandeldecke** den Zucker, den Honig und die Butter in einem Topf mischen und unter ständigem Rühren aufkochen. Die Milch und die Glukose hinzufügen und alles kräftig durchkochen, bis die Masse eine sämige Konsistenz hat. Den Topf vom Herd ziehen und die Masse sofort in eine andere Schüssel umfüllen. Lassen Sie diese etwa lauwarm abkühlen.

3 | **Ein Backblech mit Backpapier auslegen.** Den Hefeteig aus dem Kühlschrank nehmen, auf Blechgröße ausrollen und darauflegen. Lassen Sie den Teig nochmals 30 Minuten im Kühlschrank ruhen, dann mit einer Gabel mehrmals einstechen, die Mandelblättchen auf dem Teig verteilen und die Honig-Butter-Masse mithilfe einer Palette darauf verstreichen. Lassen Sie den Bienenstich etwa 30 Minuten bei Zimmertemperatur gehen und heizen Sie rechtzeitig den Backofen auf 220 °C vor.

4 | **Zum Backen den Bienenstich** auf der mittleren Schiene in den vorgeheizten Ofen schieben und 20 bis 30 Minuten backen, dabei nach etwa 10 Minuten die Temperatur auf 200 °C reduzieren. Den fertigen Kuchen herausnehmen, abkühlen lassen und einmal quer in der Mitte durchschneiden. Die obere Schicht mit der Mandeldecke in Portionsstücke schneiden.

5 | **Für die Bienenstichsahne** die Gelatine in kaltem Wasser 15 Minuten einweichen. Schlitzen Sie die Vanilleschote auf und kratzen Sie das Mark heraus. 225 ml Milch mit 100 g Zucker in einen Topf geben, Vanillemark und -schote zur Milch hinzufügen und alles zusammen aufkochen. In der Zwischenzeit die Eigelbe mit der restlichen Milch, dem übrigen Zucker und dem Puddingpulver mit einem Schneebesen verrühren. Die heiße Vanillemilch unterrühren, die Flüssigkeit zurück in den Topf gießen und unter ständigem Rühren mit dem Schneebesen einmal kräftig aufkochen.

6 | **Die Vanillecreme** (aus Arbeitsschritt 5) in eine Schüssel geben und die Vanilleschote entfernen. Die Gelatine gut ausdrücken und unter Rühren in der heißen Creme auflösen. Kühlen Sie die Creme unter ständigem Rühren auf Eiswasser auf Zimmertemperatur ab. Die Sahne steif schlagen, ein Drittel der Sahne mit dem Schneebesen unter die Creme rühren, dann den Rest unterheben. Die Bienenstichcreme auf die untere Kuchenhälfte streichen und mit der portionierten Mandeldecke belegen. Vor dem Servieren 30 Minuten im Kühlschrank durchziehen lassen.

Zubereitungszeit
ca. 3 Std.

Marinierzeit für die Trockenfrüchte
ca. 12 Std.

Früchtebrot

Trockenfrüchte und Nüsse bescheren nicht nur zur Weihnachtszeit süße Brotlaibe.

Zutaten

- *250 g getrocknete Zwetschgen*
- *125 g getrocknete Feigen*
- *250 g getrocknete Datteln*
- *125 g getrocknete Aprikosen*
- *500 g Rosinen*
- *400 g altbackenes Brot (Weiß- und Schwarzbrot gemischt)*
- *300 g gemischte, geschälte Nüsse (z.B. Haselnüsse, Walnüsse, Cashewkerne)*
- *200 g geschälte Mandeln*
- *je 2–3 EL Zitronat und Orangeat*
- *1 TL gemahlener Zimt*
- *1 EL gemahlener Fenchel*
- *1 EL gemahlener Sternanis*
- *500 g Mehl*
- *2 EL Honig*
- *3 cl Kirschwasser*
- *30 g frische Hefe*

1 | **Die Trockenfrüchte** (Zwetschgen, Feigen, Datteln und Aprikosen) in Stücke schneiden (Step 1) und zusammen mit den Rosinen etwa 12 Stunden zugedeckt in kaltem Wasser einweichen. Anschließend die eingeweichten Früchte mit dem Einweichwasser aufkochen und etwa 30 Minuten bei schwacher Hitze köcheln lassen. Die Früchte erkalten lassen, dann durch ein feines Sieb abgießen und den Kochfond dabei auffangen.

2 | **Das altbackene Brot** mit einem scharfen Messer zunächst in dünne Scheiben und diese dann in feine Stücke schneiden. Die Mandeln und Nüsse grob, das Zitronat und das Orangeat fein hacken. Das Orangeat, das Zitronat, die Nüsse, die Mandeln, den Zimt, den Fenchel, den Anis, das Mehl und das altbackene Brot zu den gekochten und gut abgetropften Trockenfrüchten geben. Den Honig mit dem Kirschwasser vermischen und leicht erwärmen, die Hefe hineinbröckeln und darin unter Rühren auflösen. Geben Sie die Hefeflüssigkeit zu der Früchtemischung und kneten Sie alles kräftig durch (Step 2), bevor Sie den Früchtebrotteig vor dem Weiterarbeiten an einem warmen Ort 30 Minuten abgedeckt ruhen lassen.

3 | **Den Backofen auf 160 °C vorheizen.** Aus dem Brotteig sechs gleich große Laibe formen und nebeneinander auf ein mit Backpapier belegtes Backblech legen (Step 3). Die Früchtebrote im vorgeheizten Backofen auf der mittleren Schiene etwa 1 Stunde backen, dabei die Brotlaibe etwa alle 10 Minuten dünn mit dem aufgefangenen Kochfond der Trockenfrüchte bestreichen. Die Brote herausnehmen und auf einem Kuchengitter auskühlen lassen.

Verpackt lagern

Zum Lagern wickeln Sie das Früchtebrot zuerst in Frischhaltefolie und dann in Alufolie. So verpackt, hält es im Kühlschrank mehrere Wochen.

S. 34 ff.
REGIONENPORTRÄT Bayern

S. 402 ff.
REGIONENPORTRÄT Baden-Württemberg

Früchtebrot herstellen

1) Zwetschgen, Feigen, Datteln und Aprikosen in Stücke schneiden, einweichen und kochen. Erkalten lassen, durch ein Sieb abgießen und den Kochfond auffangen.
2) Mandeln, Nüsse, Orangeat und Zitronat hacken. Mit allen anderen Zutaten zu einem Teig verkneten und diesen ruhen lassen.
3) Den Teig in sechs Teile teilen, Laibe daraus formen und diese nebeneinander auf ein mit Backpapier belegtes Backblech setzen.

Zubereitungszeit
ca. 2 Std. 30 Min.

Roggenbrot mit Kartoffeln und Speck

Ein saftiges Brot, das durch seine spezielle Würze für Abwechslung auf dem Brotzeittisch sorgt

Zutaten (für 1 Kastenform, 30 cm lang)

- *300 g mehlig kochende Kartoffeln*
- *1–2 TL Salz*
- *50 g Bauchspeck*
- *50 g Gewürzspeck (oder geräucherter Bauchspeck)*
- *20 g frische Hefe*
- *⅛ l Milch*
- *4 TL Zucker*
- *300 g Mehl*
- *300 g Roggenmehl*
- *1 TL gehackter Thymian*
- *Butter und Mehl für die Form*
- *Eigelb zum Bestreichen*
- *Fassbutter nach Belieben*
- *Meersalz oder Kräuter zum Bestreuen*

Sparsam fetten

Um Formen besonders dünn auszufetten, zerlassen Sie die Butter bzw. das Fett und streichen das flüssige Fett mit einem Pinsel in die Form.

1 | **Die Kartoffeln schälen,** in Stücke schneiden, 1 gestr. TL Salz dazugeben, mit Wasser bedecken und weich kochen. Gießen Sie die Kartoffeln durch ein Sieb ab und fangen Sie dabei das Kochwasser auf. Die Kartoffelstücke durch eine Kartoffelpresse drücken und auskühlen lassen. Den Bauchspeck in feine Würfel schneiden und in einer Pfanne ohne Fett anrösten. Den Gewürzspeck in Streifen schneiden, in einen Topf geben, bei geringer Hitze auslassen und anschließend durch ein Sieb passieren.

2 | **Die Hefe zerbröckeln** und in 3 bis 4 EL lauwarmer Milch mit 1 TL Salz und dem Zucker auflösen. Das Kochwasser der Kartoffeln (etwa ¼ l) beigeben und mit den beiden Mehlsorten vermengen. Sollte das Kochwasser nicht ausreichen, füllen Sie es mit Wasser auf. Die Speckwürfel und das Schmalz vom Auslassen des Gewürzspecks zu den anderen Zutaten geben. Die Kartoffeln und den Thymian untermischen. Den Teig zugedeckt an einem warmen Ort gehen lassen, bis er sein Volumen etwa verdoppelt hat.

3 | **Den Teig kurz durchkneten.** Eine große Kastenform oder eine gusseiserne Terrinenform dünn mit Butter ausstreichen und mit Mehl ausstauben. Den Brotteig einfüllen – die Form sollte maximal halb voll sein – und den Teig an einem warmen Ort nochmals zugedeckt gehen lassen, bis er sein Volumen etwa verdoppelt hat. Den Backofen auf 170 °C vorheizen. Das Eigelb mit etwas Wasser verquirlen und den gegangenen Teig damit bestreichen. Das Brot im vorgeheizten Ofen 35 bis 40 Minuten backen, herausnehmen, aus der Form stürzen und auf einem Gitter auskühlen lassen. Zum Servieren das Brot in 1 bis 2 cm dicke Scheiben schneiden. Toasten Sie die Scheiben und bestreichen Sie sie mit frischer Fassbutter. Nach Geschmack mit Meersalz oder frischen Kräutern verfeinern.

DER KLASSIKER: BERLINER SCHUSTERJUNGEN

Die weithin bekannte Brötchensorte mit dem etwas kantigen Aussehen hat vermutlich ihren Ursprung in Berlin, wenngleich ihre Entstehungsgeschichte auch nicht sicher geklärt ist. Für den Teig mischen Sie 350 g Roggenmehl mit 180 g Weizenmehl, 1 TL Salz und 1 Päckchen Trockenhefe und verarbeiten alles mit 350 bis 375 ml lauwarmem Wasser zu einem glatten Teig. An einem warmen Ort zugedeckt bis zur doppelten Größe gehen lassen. Anschließend den Teig einmal kurz durchkneten und in zehn Stücke teilen, jeweils zum Brötchen formen und auf einem mit Backpapier belegten Backblech bis zur doppelten Größe gehen lassen. Mit Wasser bestreichen, dünn mit Mehl bestauben und im vorgeheizten Ofen bei 225 °C etwa 20 Minuten backen. Stellen Sie während des Backens eine Schale mit Wasser auf den Boden des Ofens, damit die Schusterjungen schön aufgehen.

Bauernbrot

Kräftiges Brot mit einem hohen Anteil an Roggenmehl. Es wird meist mit Sauerteig und Hefe im Holzofen gebacken.

Bauernbrot und Laugenbreze

Sie sind die Stars unter den kulinarischen Spezialitäten: Brot und Brötchen aus heimischen Backstuben sind weit über die Grenzen Deutschlands hinaus berühmt.

Mehr als 200 Brot- und 1200 Kleingebäcksorten – vom Westfälischen Schinkenbrot bis zur Laugenbreze – duften jeden Tag verführerisch in deutschen Bäckereien. Beim Brot sind die Deutschen Sortenweltmeister und lassen sich ständig neue Kreationen einfallen. Hafer, Reis, Buchweizen, Hirse oder Mais sowie Nüsse, Soja, Ölsaaten, Oliven, Kräuter und Gewürze bereichern die Vielfalt an Rezepturen.

Breze

Das Hefegebäck mit der kunstvollen Verschlingung gibt es als Dauerbackware, herzhaft als Laugenbreze und auch süß.

Jahrhundertealte Tradition

Seit dem 9. Jahrhundert ist das Backen hierzulande ein eigenes Gewerbe. Heute werden zum Backen Mehl und Triebmittel wie Hefe, Sauerteig oder Backpulver mit Wasser und Salz zu einem Teig geknetet, der in Ruhephasen reifen muss. Dabei quellen die Zutaten und es setzt eine Gärung ein, bei der die Nährstoffe des Korns aufgeschlossen werden. Die beim Gärprozess entstandenen Kohlendioxidblasen lassen den Teig aufgehen, der beim Backen an der Oberfläche eine appetitlich braune Kruste erhält. Je nach Brottyp beträgt die Backtemperatur bis zu 350 °C.

Abhängig von Zutaten, Teigführung und Backdauer lassen sich zahlreiche Brotarten unterscheiden, die zudem noch regionaltypisch abgewandelt werden, was zu der großen Sortenvielfalt in deutschen Bäckereien führt: Roggenbrot wird vorwiegend aus Roggenmehl gebacken, Roggenmischbrot enthält auch Weizen- oder Gerstenmehl, und im Weizenmischbrot überwiegt Weizenmehl. Vollkornbrote werden aus Roggen- oder Weizenschrot gebacken. Eine spezielle Form des Roggenschrotbrotes ist der Pumpernickel: Beim Backen entstehen reichlich Röststoffe und Abbauprodukte der Stärke, die seine dunkle Farbe und den typischen Geschmack ergeben.

Brot ist in Deutschland mit 82 kg Jahresverbrauch pro Person eines der wichtigsten Grundnahrungsmittel. Es liefert Kohlenhydrate und steht als Eiweißquelle nach Fleisch an zweiter Stelle. Getreideprodukte spielen für die Versorgung mit B-Vitaminen sowie Mineralstoffen und Spurenelementen eine bedeutende Rolle. Der Gehalt ist bei Broten aus dunklem Mehl und Vollkornbackwaren am höchsten, die zudem reichlich stoffwechselfördernde Ballaststoffe liefern.

Roggenmischbrot

Auch Graubrot oder Kommissbrot genannt. Es besteht zu 50–89 % aus Roggenmehl und wird mit Sauerteig oder Hefe und Sauerteig hergestellt. Roggenmischbrot ist die meistgekaufte Brotsorte.

Roggenbrot

Auch Landbrot genannt. Die großporige Brotsorte enthält mindestens 90 % Roggenmehl und besitzt einen kräftigen Geschmack. Als »Sauerteigbrot« wird es ausschließlich mit Sauerteig hergestellt.

Gewürztes Brot

Vor allem in Süddeutschland vertretene Variante des Bauernbrots. Der Teig erhält durch reichlich Koriander sein typisches Aroma. Wird vor dem Backen auch mit Koriander bestreut.

Kastenweißbrot

Deutsche Formgebung der europaweit verbreiteten Weißbäckerei. Aus mindestens 90 % Weizenmehl und meist mit Milch, Fett, Hefe, Zucker und Salz hergestellt. Sehr mild und bekömmlich.

Vollkornbrot

Aus Roggen- und Weizenvollkornmehl gebackenes, mit natürlichem Sauerteig aufgegangenes Brot. Es hat ein kräftiges Aroma und weist in der Regel eine graubraune, grobe Krume auf.

Pumpernickel

Krustenloses Spezialbrot aus Roggenback-, Roggenvollkornschrot bzw. -mehl und wenig oder keinem Sauerteig. Es wird mindestens 16 Stunden in Spezialformen in Dampfkammern gebacken.

Brötchen

Brotkleingebäck aus Hefeteig, das regional auch als »Semmel«, »Schrippe«, »Rundstück«, »Wecke« oder »Knüppel« gehandelt wird. Im Idealfall mit goldbrauner Kruste und weicher Krume.

Zubereitungszeit
ca. 3 Std.

Auskühlzeit für den Kuchen
ca. 10 bis 12 Std.

Baumkuchen

Schicht für Schicht gebacken und fruchtig gefüllt, ähnelt die Torte im Innern einem Baumstamm.

Für den Baumkuchen

- *100 g Mehl*
- *1 Msp. Backpulver*
- *50 g gemahlene Haselnüsse*
- *50 g Marzipanrohmasse*
- *2 EL Rum*
- *200 g Butter*
- *1 Vanilleschote*
- *1 Prise gemahlener Kardamom*
- *1 Prise geriebene Muskatnuss*
- *abgeriebene Schale von 1 unbehandelten Zitrone*
- *9 Eigelbe (180 g)*
- *70 g Sahne*
- *9 Eiweiße (270 g)*
- *1 Msp. Salz*
- *200 g Zucker*
- *100 g Weizenstärke*
- *250 g dunkle Kuvertüre (55 % Kakao)*

Für die Marzipanfüllung

- *100 g Marzipanrohmasse* · *5 cl Rum*
- *100 g Aprikosenkonfitüre*

Außerdem

- *1 konische Baumkuchenform (5 cm hoch, 22–26 cm Ø; Haushaltswarengeschäft; oder Springform)*

1 | **Für den Baumkuchen** alle Zutaten Raumtemperatur annehmen lassen. Eine konische Form mit einem Stück passend zugeschnittenem Backpapier auslegen. Das Mehl mit dem Backpulver mischen und durch ein Sieb schütteln, anschließend mit den Haselnüssen vermischen. Das Marzipan mit dem Rum und der Butter verrühren, sodass eine glatte Masse entsteht. Schlitzen Sie die Vanilleschote längs auf und kratzen Sie das Mark heraus.

2 | **Die Marzipan-Butter-Mischung** mit dem Vanillemark, den Gewürzen und der Zitronenschale verrühren. Die Eigelbe mit der Sahne verquirlen und nach und nach in die Buttermasse einlaufen lassen, dabei ständig weiterrühren, bis die Masse schaumig ist. Die Eiweiße mit dem Salz und dem Zucker zu einem luftigen Eischnee aufschlagen. Geben Sie die Stärke durch ein Sieb direkt auf den Eischnee und schlagen Sie diesen weiter, bis ein cremiger und nicht zu fester Eischnee entstanden ist. Ein Drittel des Eischnees unter die Buttermasse ziehen, dann den restlichen Eischnee unterheben. Zum Schluss die Mehl-Haselnuss-Mischung unterziehen.

3 | **Für die Marzipanfüllung** das Marzipan in Stücke schneiden und in einem schmalen, hohen Gefäß mit dem Rum und der Aprikosenkonfitüre mischen. Die Zutaten mit einem Pürierstab glatt und streichfähig mixen. Den Grill des Backofens vorheizen und die vorbereitete Baumkuchenform unter dem Grill erwärmen.

4 | **Zum Backen des Baumkuchens** eine dünne Schicht Baumkuchenmasse in der Form glatt streichen und diese auf der untersten Schiene unter dem Grill kurz goldbraun backen. Dabei, falls nötig, die Form drehen, damit die Masse gleichmäßig gebacken wird. Die Form herausnehmen, die nächste Teigschicht aufstreichen und die Form auf der mittleren Schiene wieder zum Backen in den Ofen schieben. Wiederholen Sie diesen Vorgang noch einmal, anschließend streichen Sie etwas Marzipanfüllung dünn mit einem Pinsel oder mit der Rückseite eines Löffels auf den Kuchen, dann tragen Sie wieder Teig auf und backen diesen unter dem Grill.

5 | **Zum Fertigstellen** des Baumkuchens auf die beschriebene Weise insgesamt etwa zwölf Schichten backen, bis die gewünschte Dicke erreicht ist. Bei der letzten Schicht wieder auf der untersten Schiene backen. Nach jeder dritten Schicht etwas von der Marzipanfüllung aufstreichen. Achten Sie beim Backen auf die richtige Einschubhöhe, denn diese beeinflusst die Backzeit: Wenn die einzelnen Schichten zu schnell gebacken werden, sind sie nicht gar und die Baumkuchentorte wird zäh. Werden sie zu langsam gebacken, besteht die Gefahr, dass die Torte zu trocken wird.

6 | **Den fertigen Baumkuchen** in der Form gut auskühlen lassen, am besten über Nacht. Den Baumkuchen aus der Form stürzen und das Backpapier abziehen. Überziehen Sie den ausgekühlten Baumkuchen mit Zartbitterkuvertüre: Die Kuvertüre hacken, im warmen Wasserbad schmelzen und über den Kuchen streichen. Vor dem Anschneiden sehr gut trocknen lassen.

S. 475
WARENKUNDE Marzipan

S. 492 ff.
REGIONENPORTRÄT
Sachsen/Sachsen-Anhalt

Zubereitungszeit
ca. 2 Std. 30 Min.

Quarkstollen

Eine saftige Stollenvariante, die viel schneller zubereitet ist als klassischer Dresdener Stollen

Zutaten

- *100 g Rosinen* · *1 cl Rum*
- *1 Vanilleschote* · *325 g Butter*
- *200 g Zucker* · *2 Eier*
- *250 g abgetropfter Quark (20 % Fett)*
- *1 TL Vanillezucker*
- *abgeriebene Schale von ½ unbehandelten Zitrone*
- *5 Tropfen Bittermandelaroma*
- *500 g Mehl* · *1 Päckchen Backpulver*
- *100 g fein gewürfeltes Orangeat*
- *100 g fein gewürfeltes Zitronat*
- *Butter für das Backblech*
- *100 g Puderzucker*

Mit Marzipanfüllung

Der Quarkstollen lässt sich zur Abwechslung einfach füllen: Den Teig leicht ausrollen, 100 g Marzipanrohmasse zu einer länglichen Rolle formen, auf den Teig legen und darin einschlagen.

S. 475
WARENKUNDE Marzipan

S. 492 ff.
REGIONENPORTRÄT
Sachsen/Sachsen-Anhalt

1 | **Für den Stollenteig** die Rosinen mit dem Rum beträufeln und etwa 1 Stunde ziehen lassen. Die Vanilleschote der Länge nach aufschlitzen und das Mark herauskratzen. 175 g Butter in einer Schüssel mit dem Zucker schaumig rühren, dann die Eier nacheinander dazugeben und unterrühren. Fügen Sie anschließend den Quark, das Vanillemark, den Vanillezucker, die Zitronenschale und das Bittermandelaroma hinzu und rühren Sie alles unter die Buttermasse.

2 | **Mischen Sie das Mehl mit dem Backpulver** und geben Sie es zusammen mit dem Orangeat, dem Zitronat und den Rosinen zur Quarkstollenmasse. Alles von Hand zu einem homogenen Teig kneten, der nicht mehr an den Händen kleben soll. Bei Bedarf können Sie noch etwas Mehl einarbeiten. Den Backofen auf 175 °C vorheizen und ein Backblech mit etwas Butter bestreichen. Die restliche Butter bei mittlerer Hitze in einem kleinen Topf erwärmen, bis sie beginnt, braun zu werden.

3 | **Den Stollen formen:** Aus dem Teig eine Rolle von etwa 10 cm Durchmesser formen und diese leicht flach drücken. Die Teigrolle auf das vorbereitete Backblech legen, mit etwas gebräunter Butter bestreichen und im vorgeheizten Backofen auf der unteren Schiene 1 Stunde bis 1 Stunde 15 Minuten backen. Wenn der Stollen dabei zu stark bräunt, decken Sie ihn mit Alufolie ab. Den fertigen Stollen aus dem Ofen nehmen und noch heiß fünf- bis sechsmal mit gebräunter Butter bestreichen. Dann mit dem Puderzucker bestauben und auf einem Gitter abkühlen lassen. Der Quarkstollen hält sich, in Alufolie gewickelt, 3 bis 4 Wochen.

NOCH EIN STOLLENKLASSIKER: BREMER KLABEN

Die bekannte Stollenspezialität aus Bremen genoss man früher nur zur Weihnachtszeit. Heute ist sie fast das ganze Jahr über in unterschiedlicher Ausführung zu haben: Zum Jahresausklang bereitet man den Klaben traditionell etwas schwerer zu: Reichlich Butter, Rosinen, Korinthen und Mandeln verleihen ihm die gewünschte Üppigkeit. Im restlichen Jahresverlauf wird jedoch eine leichtere Variante bevorzugt: Stellen Sie dazu aus 350 g Mehl, 30 g frischer Hefe, 45 g Zucker, 120 ml Milch, 1 TL Rum und 190 g Butter einen lockeren Hefeteig her. Kneten Sie dann 220 g Rosinen, 80 g gehackte Mandeln, je 40 g Zitronat und Orangeat sowie 1 Prise Kardamom unter. Den Teig gehen lassen, bis er sein Volumen fast verdoppelt hat, dann zum Laib formen, der Länge nach in der Mitte einen Spalt eindrücken und nochmals gehen lassen. Heizen Sie den Backofen auf 180 °C vor. Den Klaben im vorgeheizten Ofen etwa 1 Stunde backen und nach dem Abkühlen mit Puderzucker bestauben.

RÖSLE
Molybdänstahl
geschmiedet
96634

Zubereitungszeit
ca. 2 Std. 15 Min.

Ruhezeit für den Teig
mindestens 2 Tage

Aachener Printen

Der würzige Lebkuchenklassiker kommt hier aus der heimischen Backstube.

Zutaten (für etwa 30 Stück)

- *225 g Honig*
- *3 EL Zucker*
- *50 g Orangeat*
- *50 g brauner Kandiszucker*
- *250 g Mehl* · *Salz*
- *½ TL Zimtpulver*
- *1 TL Anispulver*
- *½ TL Nelkenpulver*
- *1 Msp. frisch geriebene Muskatnuss*
- *1 TL Pottasche*
- *Mehl für die Arbeitsfläche*
- *300 g dunkle Kuvertüre (55–60 % Kakao)*

1 | **Für den Printenteig** den Honig mit dem Zucker in einen Topf geben, bei schwacher Hitze flüssig werden und anschließend etwas abkühlen lassen. Inzwischen das Orangeat sehr fein hacken und den Kandiszucker im Mörser feinkrümelig zerstoßen. Das Mehl mit dem Salz und den Gewürzen vermischen. Das Orangeat und die Honigmasse zum Mehl geben und alles zu einem festen Teig verarbeiten. Lassen Sie den Printenteig abgedeckt bei Zimmertemperatur mindestens 2 Tage ruhen.

2 | **Nach der Teigruhephase** die Pottasche mit 1 EL Wasser anrühren und sehr gründlich unter den Teig arbeiten. Den Backofen auf 200 °C vorheizen. Das Backblech mit Backpapier belegen. Rollen Sie den Teig auf einer bemehlten Arbeitsfläche zu einer Platte von etwa 30 x 30 cm aus und bestreuen Sie diese mit dem Kandiszucker. Den Teig in etwa 10 x 3 cm große Rechtecke schneiden und auf das Backblech legen. Im vorgeheizten Backofen auf der mittleren Schiene etwa 12 Minuten backen, herausnehmen und abkühlen lassen.

3 | **Die Printen mit Kuvertüre überziehen.** Dazu hacken Sie die Kuvertüre in Stücke, schmelzen diese im heißen Wasserbad und bepinseln die ausgekühlten Lebkuchen mit der Schokolade. Auf einem Kuchengitter gut trocknen lassen. Zum Aufbewahren die Aachener Printen in Dosen schichten und jeweils eine Lage Back- oder Pergamentpapier dazwischenlegen.

S. 96 ff.
REGIONENPORTRÄT Nordrhein-Westfalen

S. 524
WARENKUNDE Honig

EIN KLASSIKER VON WELTRUF: NÜRNBERGER LEBKUCHEN

Die mittlerweile fast 700 Jahre alte Tradition der Lebkuchenbäckerei hat ihren Ursprung vermutlich in einem Ulmer Kloster. Die Nürnberger Pfeffersäcke, mittelalterliche Gewürzhändler, und findige fränkische Imker holten das Handwerk vor etwa 600 Jahren an die Pegnitz und machten die Nürnberger Lebkuchen weltberühmt. Für die feine Lebkuchenmasse erwärmen Sie unter Rühren 3 Eiweiße mit 125 g Zucker und 100 g zerkleinerter Marzipanrohmasse bei schwacher Hitze. Die Masse abkühlen lassen und dann 50 g gemahlene, geröstete Mandeln, je 30 g fein gehacktes Orangeat und Zitronat, 2 EL Mehl, 1 gestr. TL Kakaopulver, 1 Prise Salz und 1 TL Lebkuchengewürz unter die Eiweißmasse rühren. Den Backofen auf 175 °C vorheizen. Die Masse gleichmäßig dick auf Backoblaten (5 bis 6 cm Ø) streichen, diese auf ein mit Backpapier belegtes Blech legen und 15 bis 20 Minuten backen. Die Lebkuchen auskühlen lassen und nach Belieben mit Kuvertüre oder Zuckerguss überziehen.

Zubereitungszeit
ca. 1 Std. 30 Min.

Ruhezeit für den Teig
ca. 12 Std.

Honiglebkuchen

Der feine Teig mit aromatischen Gewürzen eignet sich auch zur Herstellung von Hexenhäuschen.

Für den Lebkuchenteig (für etwa 25 Stück)
- *250 g dünnflüssiger Honig*
- *160 g Zucker* · *160 g Butter*
- *400 g Weizenmehl (Type 1050)*
- *200 g Roggenmehl (Type 1150)*
- *2 kleine Eier* · *3 Eigelbe*
- *1 geh. TL Natron (16 g)*
- *3 TL Lebkuchengewürz*
- *Mehl für die Arbeitsfläche*
- *Milch zum Bestreichen*

Für den Honigkuchenlack
- *50 g Kartoffelstärke*

Lebkuchengewürz

Lebkuchengewürz können Sie individuell mischen. Probieren Sie die Mischung aus folgenden gemahlenen Gewürzen: je 5 g Piment und Gewürznelke, je 25 g Zimt und Anis sowie 3 g Muskatnuss und 90 g Koriander.

1 | **Für den Lebkuchenteig** den Honig mit dem Zucker mischen und auf einem heißen, aber nicht kochenden Wasserbad auflösen. Die Masse auf etwa 60 °C abkühlen lassen, dann die Butter zugeben, darin schmelzen und gründlich verrühren. Nehmen Sie die Schüssel vom Wasserbad und lassen Sie die Honig-Butter-Masse etwa auf Zimmertemperatur abkühlen. Für den Honigkuchenlack die Kartoffelstärke auf ein Backblech geben, im heißen Backofen kräftig braun rösten und anschließend abkühlen lassen. Bis zur weiteren Verwendung luftdicht verschlossen aufbewahren.

2 | **Das Weizen- und das Roggenmehl,** die Eier sowie die Eigelbe zur Honig-Butter-Masse geben und alles zu einem glatten Teig kneten. Das Natron mit dem Lebkuchengewürz vermischen und unter den Teig kneten. Schlagen Sie den Teig über Nacht in Frischhaltefolie ein und lassen Sie ihn an einem kühlen Ort ruhen.

3 | **Zum Backen** am nächsten Tag den Ofen auf 175 °C vorheizen. Den Teig auf einer bemehlten Arbeitsfläche etwa 8 mm dick ausrollen und nach Wunsch in Rauten schneiden oder Formen ausstechen. Die Teiglinge auf ein mit Backpapier belegtes Backblech legen, mit etwas Milch bestreichen und 15 bis 18 Minuten im vorgeheizten Ofen auf der mittleren Schiene backen.

4 | **Für den Honigkuchenlack** die geröstete, ausgekühlte Stärke durch ein feines Sieb passieren, mit 100 ml kaltem Wasser verrühren und die Mischung einmal aufkochen. Die fertigen Lebkuchen aus dem Backofen nehmen und zum Auskühlen auf ein Kuchengitter legen. Noch heiß mit dem Honigkuchenlack überziehen. Diese Glasur nennt man Dextringlasur. Sie können die Lebkuchen jedoch auch erkalten lassen und dann nach Belieben mit Schokoladen- oder Zuckerglasur bestreichen.

WARENKUNDE

Honig – köstlicher Schatz der Bienen

Die Imkerei ist in Deutschland eine jahrhundertealte Kunst. Zu diesem Zweck gezüchtete Bienen sammeln Blütenstaub und -nektar, die sie unter Zugabe körpereigener Enzyme in Wachswaben zu Honig reifen lassen. Geschmack, Farbe und Konsistenz des Honigs richten sich nach der Art der besuchten Blüten. Mischhonig kommt als Blütenhonig in den Handel. Honig, der überwiegend aus einer bestimmten Tracht stammt, darf mit dem Blüten- oder Pflanzennamen bezeichnet werden. Generell gilt: Je dunkler der Honig, desto kräftiger schmeckt er. Die beliebtesten deutschen Honigsorten sind Tannen-, Heide- und Löwenzahnhonig.

Fonds und Saucen

Fonds, Klassiker und Saucenvariationen

Zubereitungszeit
ca. 1 Std. 30 Min.

Fischfond

Die wichtigste Grundlage für eine gute Sauce zu Fischgerichten jeder Art

Zutaten (ergibt etwa 1 l)

- *je 500 g Steinbutt- und Seezungengräten (oder andere Gräten, siehe unten)*
- *1 Petersilienwurzel*
- *1 Gemüsezwiebel*
- *1 Stange Lauch*
- *½ Fenchelknolle*
- *1 Stange Staudensellerie*
- *3 Knoblauchzehen*
- *1 TL Pfefferkörner*
- *2–3 Wacholderbeeren*
- *80 g Butterschmalz (oder Distelöl)*
- *1 Lorbeerblatt*
- *2 Gewürznelken*
- *¾ l trockener Weißwein (z. B. Riesling)*
- *4 TL trockener Wermut (Noilly Prat)*
- *Meersalz (Fleur de sel)*

Karkassen bestellen

Fischkarkassen, wie etwa Gräten, bekommen Sie beim Fischhändler. Wünschen Sie Gräten von bestimmten Fischen, sollten Sie diese vorbestellen.

1 | **Die Steinbutt- und Seezungengräten** grob zerkleinern und in einer Schüssel 20 Minuten wässern. Dabei das Wasser immer wieder erneuern, bis es frei von Trübstoffen ist. Die Petersilienwurzel sowie die Zwiebel schälen und beides in Stücke schneiden. Den Lauch putzen, in Ringe schneiden, waschen und abtropfen lassen. Den Fenchel und den Sellerie putzen, waschen und beide Gemüse in grobe Stücke schneiden. Ziehen Sie die Knoblauchzehen ab und zerdrücken Sie sie mit dem Messerrücken. Die Pfefferkörner und die Wacholderbeeren im Mörser grob zerdrücken.

2 | **In einem Topf das Butterschmalz erhitzen** und die Fischgräten darin kurz angehen lassen. Die Petersilienwurzel, die Zwiebel, den Lauch, den Fenchel sowie den Sellerie dazugeben und ebenfalls glasig anschwitzen. Das Lorbeerblatt, die Nelken, die zerdrückten Pfefferkörner und Wacholderbeeren sowie die Knoblauchzehen in den Topf geben und salzen. Mit Weißwein, Wermut und ¾ l Wasser auffüllen und den Fond bei schwacher Hitze 20 Minuten köcheln lassen (siehe Küchengeheimnis). Schöpfen Sie zwischendurch immer wieder den aufsteigenden Schaum ab.

3 | **Ein Sieb mit einem Tuch auslegen.** Den Fischfond durch das Sieb in einen Topf abgießen, dabei nicht nachdrücken, sondern den Fond von alleine ablaufen lassen. Kochen Sie den Fischfond anschließend auf zwei Drittel ein und schmecken Sie ihn mit Salz ab. Der Fischfond hält sich abgedeckt im Kühlschrank einige Tage. Er lässt sich aber auch gut portionsweise einfrieren, sodass er nach Bedarf zur Verfügung steht.

KÜCHENGEHEIMNIS: SO GELINGT FISCHFOND PERFEKT

Die wichtigste Voraussetzung für guten Fischfond ist die Qualität der Karkassen. Sie sollten sehr frisch sein und nur von fettarmen, weißfleischigen Fischen stammen. Am besten geeignet sind Karkassen von Steinbutt, Glattbutt, Scholle, Seezunge, Trüsche, Zander und Petersfisch. Waschen oder wässern Sie die Fischkarkassen sehr gründlich, um Fremdstoffe (z. B. Schuppen oder Blutreste vom Ausnehmen der Fische) zu entfernen, denn sie beeinträchtigen Aroma und Aussehen des Fonds. Verwendete Flüssigkeiten (z. B. Wein, Wasser) sollten beim Zugeben kalt sein und langsam erwärmt werden, damit sich das Aroma aller Zutaten gut entfalten kann. Den Fischfond nie länger als 20 Minuten kochen lassen, sonst schmeckt er leimig. Anschließend durch ein Sieb passieren und reduzieren, damit sich sein Aroma verstärkt.

Zubereitungszeit
ca. 2 Std. 15 Min.

Wildfond

Unentbehrliche Basis für Liebhaber aromatischer Wildsaucen und -suppen

Zutaten (ergibt etwa 1 l)

- *2 kg Wildknochen*
- *500 g Zwiebeln*
- *2 große Möhren*
- *1 Stück Knollensellerie (100 g)*
- *75 ml Distelöl*
- *1 EL Tomatenmark*
- *¾ l trockener Rotwein*
- *10 weiße Pfefferkörner*
- *3 Pimentkörner*
- *2 Gewürznelken*
- *2 Lorbeerblätter*
- *6 Wacholderbeeren*
- *1 Zweig Thymian*
- *1 Sternanis*

Knochen für Fonds

Für Wildfond können Sie alle Wildknochen verwenden, allerdings empfiehlt es sich aus Geschmacksgründen, die Knochen verschiedener Tierarten nicht zu mischen.

1 | **Den Backofen auf 200 °C vorheizen.** Die Wildknochen abschaben, um sie von anhaftenden Fleischresten oder Sehnen zu befreien, anschließend in etwa gleich große Stücke hacken, waschen und sehr gut abtropfen lassen. Schälen Sie die Zwiebeln, die Möhren und den Sellerie und schneiden Sie das Gemüse in kleine Stücke.

2 | **Das Öl in einen Bräter geben,** die Knochen darin verteilen und im vorgeheizten Ofen 10 bis 15 Minuten anrösten. Geben Sie die Fleischreste vom Abschaben der Knochen dazu und rösten Sie sie kurz mit. Die Zwiebel-, Möhren- und Selleriestücke sowie das Tomatenmark in den Bräter geben und ebenfalls mitrösten, bis alles etwas Farbe angenommen hat (Step 1). Den Bräter aus dem Ofen nehmen und das ausgetretene Fett mit einem Löffel abschöpfen.

3 | **Die Knochen im Bräter mit dem Wein** und so viel kaltem Wasser aufgießen, dass sie bedeckt sind, und den Bratansatz gut lösen (Step 2). Den Inhalt des Bräters in einen großen Topf umfüllen und aufkochen, dabei mit dem Schaumlöffel den aufsteigenden Schaum vorsichtig abnehmen (Step 3). Geben Sie dann die Pfeffer- und die Pimentkörner, die Nelken, die Lorbeerblätter, die Wacholderbeeren, den Thymian und den Sternanis dazu und lassen Sie den Fond mindestens 1 Stunde kochen; dabei von Zeit zu Zeit den Schaum abschöpfen.

4 | **Den Wildfond** portionsweise durch ein mit einem Tuch ausgelegtes Sieb in einen Topf gießen, ohne dabei nachzudrücken. Reduzieren Sie den Fond anschließend auf etwa zwei Drittel und lassen Sie ihn abkühlen. Nach dem Erkalten das an der Oberfläche abgesetzte Fett vom Fond abnehmen und den Wildfond dann bis zur weiteren Verwendung kalt stellen oder tiefkühlen.

Wildfond zubereiten

1) Das vorbereitete Gemüse zu den angerösteten Wildknochen in den Bräter geben und ebenfalls Farbe annehmen lassen.

2) Die Knochen im Bräter mit so viel Wasser aufgießen, dass sie bedeckt sind. Den Bratansatz mit einem Pinsel lösen.

3) Den Inhalt des Bräters in einen großen Topf umfüllen, aufkochen und den dabei entstehenden Schaum abnehmen.

Zubereitungszeit
ca. 7 Std.

Dunkler Kalbsfond

Die beste Grundlage für das perfekte Gelingen etwas kräftigerer Saucen

Für den dunklen Kalbsfond (ergibt etwa 2 l)

- *2 ½ kg Kalbsknochen*
- *400 g Kalbsfuß*
- *3–4 Knoblauchzehen*
- *50 ml Sonnenblumenöl*
- *2 Möhren* · *3 Zwiebeln*
- *2 Stangen Staudensellerie*
- *300 g Flaschentomaten*
- *2 EL Tomatenmark*
- *1–2 Lorbeerblätter*
- *3 Zweige Thymian*
- *1–2 Gewürznelken*

Für das Bouquet garni

- *½ Stange Lauch*
- *1 Staudensellerieherz*
- *½ Bund glatte Petersilie*
- *½ Bund Thymian* · *3 Lorbeerblätter*

Kalbsjus herstellen

Konzentrierten Kalbsjus stellen Sie wie dunklen Kalbsfond her, gießen aber nicht mit Wasser, sondern mit fertigem Kalbsfond auf und lassen alles 4 Stunden köcheln. Nach dem Entfetten und Abkühlen hält der gelierende Jus im Kühlschrank 3 Wochen.

1 | **Für den Kalbsfond** die Kalbsknochen in Stücke hacken, kalt waschen und abtropfen lassen. Den Kalbsfuß blanchieren, abbrausen, abtropfen lassen und in grobe Stücke hacken. Die Knoblauchzehen in der Schale leicht andrücken. Den Backofen auf 200 °C vorheizen. Legen Sie die Kalbsknochen in einen Bräter, dann mit dem Öl übergießen und im vorgeheizten Ofen etwa 20 Minuten braten. Anschließend den Kalbsfuß dazugeben und 10 Minuten mitbraten.

2 | **In der Zwischenzeit die Möhren** und Zwiebeln schälen, den Staudensellerie putzen und waschen. Das Gemüse in Stücke schneiden, zu den Knochen geben und alles zusammen im Ofen weitere 20 Minuten ohne Wenden rösten. Währenddessen waschen und vierteln Sie die Tomaten, dabei die Stielansätze entfernen. Geben Sie die Tomatenstücke und das Tomatenmark in den Bräter. Die Lorbeerblätter, den Thymian und die Nelken dazugeben, 15 Minuten im Ofen rösten, dann alles mit einem Pfannenwender mischen und noch weitere 10 Minuten rösten.

3 | **Die Knochen-Gemüse-Mischung** aus dem Bräter nehmen und in einen großen Topf umfüllen. Den Bräter mit 1 l kaltem Wasser ausschwenken und dabei den Bratansatz lösen, in den Topf zur Knochen-Gemüse-Mischung gießen und weitere 3 l Wasser auffüllen. Den Fond zum Kochen bringen, mit einem Schaumlöffel aufsteigenden Schaum abschöpfen und die Hitze reduzieren.

4 | **Für das Bouquet garni** den Lauch sowie das Staudenselleriherz putzen und waschen, die Petersilie und den Thymian waschen und trocken schütteln. Lauch, Sellerie, Petersilie, Thymian und Lorbeerblätter zu einem Sträußchen zusammenbinden und in den Fond geben. Alles 5 bis 6 Stunden köcheln lassen, dabei mehrfach entfetten und abschäumen, jedoch nicht umrühren. Passieren Sie den fertigen Fond durch ein mit einem Tuch ausgelegtes Sieb.

DIE BASIS FÜR HELLE SAUCEN: GEFLÜGELFOND

Für die Zubereitung von hellen Saucen benötigen Sie dagegen meist Geflügelfond: Dafür den Backofen auf 200 °C vorheizen. 2 kg Hähnchenkarkassen und 750 g Kalbsknochen waschen, zerkleinern und in einem Bräter im vorgeheizten Ofen in 4 EL Öl nur leicht anbraten. Putzen und zerkleinern Sie 100 g Möhren, 80 g Staudensellerie, 80 g Lauch und 40 g Knollensellerie. Das Gemüse in den Bräter zu den Knochen geben und kurz mitrösten, dann mit ¼ l trockenem Weißwein ablöschen, alles in einen Topf umfüllen und mit 3 l Wasser aufgießen. Aufkochen und den Fond 1 Stunde offen köcheln lassen; aufsteigenden Schaum abschöpfen. 1 Knoblauchzehe abziehen und mit 1 Lorbeerblatt, 15 Pfeffer- sowie 4 Pimentkörnern in den Fond geben und nochmals 1 Stunde köcheln lassen. Den Topf vom Herd ziehen und den Fond 20 Minuten ruhen lassen, durch ein mit einem Tuch ausgelegtes Sieb passieren (ergibt 2 l) und entfetten.

Zubereitungszeit
ca. 4 Std.

Malzbier-Kümmel-Sauce

Mit Champignons und Kartoffeln eine exklusive Beigabe zu gebratenem Schweinefleisch

Zutaten (ergibt etwa 700 ml)

- *500 g Schweineknochen*
- *2 EL Butterschmalz*
- *2–3 Zwiebeln*
- *¼ Knollensellerie*
- *1 Möhre* · *2 Tomaten*
- *60 g durchwachsener Speck*
- *5 EL Tomatenmark*
- *1,3 l Gemüsefond (Glas oder S. 109)*
- *200 g Eiswürfel*
- *½ TL schwarze Pfefferkörner*
- *½ TL Senfkörner*
- *1 Lorbeerblatt*
- *120 g Champignons*
- *50 g brauner Zucker*
- *60 ml milder Rotweinessig*
- *100 ml Malzbier (z.B. Karamalz)*
- *1 TL Kümmel*
- *3 Zweige Thymian*
- *4 Stängel glatte Petersilie*
- *1–2 mehlig kochende Kartoffeln* · *Salz*

1 | **Den Backofen auf 220 °C vorheizen.** Die Schweineknochen waschen, trocken tupfen und in etwa walnussgroße Stücke hacken. Erhitzen Sie das Butterschmalz in einem Bräter und braten Sie die Knochen darin auf dem Herd an. Den Bräter in den Ofen schieben und die Knochen etwa 30 Minuten braun rösten. Inzwischen die Zwiebeln, den Knollensellerie und die Möhre schälen und in grobe Würfel schneiden. Die Tomaten waschen und vierteln, dabei die Stielansätze entfernen. Den Speck in grobe Würfel schneiden. Den Bräter aus dem Ofen nehmen und zurück auf den Herd stellen.

2 | **Zwiebeln, Möhre, Sellerie und Speck** in den Bräter geben und etwa 5 bis 6 Minuten weiterrösten. Das Tomatenmark hinzugeben, 2 Minuten mitrösten und mit dem Gemüsefond ablöschen. Dann sofort die Eiswürfel zufügen, die Pfeffer- und Senfkörner, das Lorbeerblatt und die Tomatenviertel hinzugeben und alles bei schwacher Hitze aufkochen lassen. Schäumen Sie den Fond ab und lassen Sie ihn weitere 50 bis 60 Minuten leicht köcheln, dabei immer wieder neu aufsteigenden Schaum abnehmen. Den fertigen Fond durch ein mit einem Tuch ausgelegtes Sieb abgießen.

3 | **Die Champignons putzen** und in feine Scheiben schneiden. Den braunen Zucker in einen Topf geben, bei starker Hitze karamellisieren lassen und mit Rotweinessig sowie Malzbier ablöschen. Champignons, Kümmel, Thymian und Petersilie hinzugeben und mit dem Schweineknochenfond aufgießen. Die Kartoffeln schälen, auf einer Reibe fein raspeln, in die Sauce geben und diese so lange köcheln lassen, bis die Kartoffeln verkocht und noch etwa 700 ml Flüssigkeit vorhanden sind. Passieren Sie die Sauce durch ein Sieb und schmecken Sie mit Salz ab. Malzbier-Kümmel-Sauce passt sehr gut zu Schweine- oder Rollbraten (S. 222) sowie Kotelett.

S. 240 ff.
REGIONENPORTRÄT
Thüringen/Nordhessen

S. 546 f.
IM FOKUS Bier

WARENKUNDE

Champignons – Köpfchen mit Aroma

Als wild wachsender Pilz fühlt er sich auf Wiesen und Feldern zu Hause. Da er jedoch leicht mit dem giftigen Knollenblätterpilz zu verwechseln ist, empfiehlt sich der Griff zu Zuchtchampignons, die in speziellen Kellern kultiviert werden. Frisch stehen sie dem Aroma des wilden Verwandten kaum nach. Direkt nach der Ernte sind die Lamellen auf der Unterseite des Pilzkopfes hellgrau, mit zunehmender Lagerdauer verfärben sie sich braun bis schwarz. Weltweit kennt man etwa 30.000 Sorten des bei uns gelegentlich auch als »Egerling« bezeichneten Pilzes, der vor allem wegen seines feinen, leicht nussigen Aromas geschätzt wird.

Zubereitungszeit
ca. 1 Std. 15 Min.

Pfeffersauce zu Hirschentrecôte

Leichte Schärfe und ein Hauch von Speckaroma verleihen der Sauce das gewisse Etwas.

Zutaten (ergibt etwa 350 ml)

- *400 ml Wildfond (Glas oder S. 533)*
- *2 TL weiße Pfefferkörner* · *2 Schalotten*
- *2 Scheiben Frühstücksspeck (50 g)*
- *2 Zweige Thymian* · *2 EL Öl*
- *2 EL Weinbrand* · *¼ l Weißwein*
- *1–2 TL Aceto balsamico*
- *50 g Sahne* · *60 g eiskalte Butter*
- *Salz* · *frisch gemahlener Pfeffer*

Auch zu Rindfleisch

Die Pfeffersauce passt auch gut zu Rindersteaks. Bereiten Sie sie dann mit hellem Rinderfond zu.

S. 533
REZEPT Wildfond

1 | **Den Wildfond offen** in einem weiten Topf auf etwa die Hälfte einkochen. In der Zwischenzeit zerstoßen Sie den weißen Pfeffer grob im Mörser. Die Schalotten schälen und in sehr kleine Würfel schneiden. Den Frühstücksspeck zunächst in schmale Streifen und dann ebenfalls in kleine Würfel schneiden. Den Thymian kurz waschen und gut trocken schütteln.

2 | **Das Öl in einer Pfanne erhitzen,** den zerstoßenen Pfeffer darin leicht anrösten, mit dem Weinbrand ablöschen und diesen sofort anzünden, um das Ganze zu flambieren. Sobald die Flamme ausgeht, geben Sie die vorbereiteten Speck- und Schalottenwürfel dazu und braten sie leicht an. Dann den Weißwein, den Aceto balsamico und den Thymian untermischen. Die Flüssigkeit fast vollständig einkochen lassen.

3 | **Die Sahne dazugeben** und den reduzierten Wildfond angießen. Die Sauce etwas einkochen lassen, die Butter in kleine Würfel schneiden und zum Binden nach und nach unter die Pfeffersauce rühren. Schmecken Sie die Sauce mit Salz und Pfeffer würzig ab und halten Sie sie zugedeckt warm. Vor dem Servieren die Thymianzweige entfernen. Die Sauce passt zu Hirschentrecôte, Rehmedaillons oder Gamsrücken (S. 296).

VARIANTE: GRÜNE PFEFFERSAUCE ZU KURZ GEBRATENEM FLEISCH

Eine besonders aromatische Pfeffersauce lässt sich auch mit eingelegtem grünen Pfeffer zubereiten: Dazu lassen Sie 1 EL Zucker mit 20 g abgetropften, eingelegten grünen Pfefferkörnern in einem Topf goldbraun karamellisieren. Mit 2 cl Cognac und 3 EL Madeira ablöschen und das Ganze auf etwa die Hälfte reduzieren. Dann 200 ml Kalbsjus (S. 534) zufügen und die Sauce auf die gewünschte Konsistenz einkochen lassen. 1 EL Butter hinzugeben, alles unter Rühren aufkochen und mit Pfefferfond von den eingelegten Pfefferkörnern abschmecken. Richten Sie die Sauce in einer vorgewärmten Sauciere an und servieren Sie sie möglichst rasch. Diese Pfeffersauce schmeckt mit ihrem interessanten Spiel zwischen Süße und Schärfe sehr gut zu dunklem Fleisch, etwa Rind oder Lamm. Wenn Sie sie zu hellem Fleisch, etwa Kalb oder Schwein, servieren möchten, heben Sie zum Schluss noch 3 EL halbsteif geschlagene Sahne unter.

Zubereitungszeit
ca. 2 Std. 20 Min.

Wacholdersauce zu Wildgerichten

Mit Hagebuttenmark oder Pilzen gut zu variieren

Zutaten (ergibt etwa 200 ml)

· 1 kg Wildknochen und -abschnitte · 60 g Butterschmalz · 4 Zwiebeln · 1–2 Möhren · 1 Stück Knollensellerie (50 g) · 1 EL Tomatenmark · 4 EL Rotwein (z. B. Blauburgunder) · 1 l Wild- oder Kalbsfond (Glas oder S. 533 bzw. S. 534) · 10 Wacholderbeeren · ½ TL schwarze Pfefferkörner · 4 Pimentkörner · 1 Gewürznelke · ½ Lorbeerblatt · Salz · 1 TL Armagnac · 2–3 EL Portwein · 4 TL Sherry · 1 TL Speisestärke

Pflege des Fonds

Das Abschäumen und Entfetten des Fonds ist sehr wichtig, da durch das lange Köcheln das auskochende Fett mit dem Fond emulgiert und man einen unerwünschten Beigeschmack erhält.

S. 424 ff.
REGIONENPORTRÄT Niedersachsen

1 | **Die Wildknochen waschen,** abtropfen lassen und in walnussgroße Stücke hacken. Den Backofen auf 220 °C vorheizen. Erhitzen Sie das Butterschmalz in einem Bräter, geben Sie die Wildknochen und Wildabschnitte dazu und braten Sie sie im vorgeheizten Ofen goldbraun an, dabei ab und zu umrühren. Reh- oder Wildgeflügelknochen benötigen dafür 30 Minuten, Hirsch- oder Wildschweinknochen mindestens doppelt so lange. Inzwischen die Zwiebeln, die Möhren und den Sellerie schälen und in Würfel schneiden, zu den Knochen geben und 10 Minuten mitbraten.

2 | **Den Bräter aus dem Ofen nehmen** und auf den Herd stellen (Step 1). Das Tomatenmark dazugeben und unter Rühren anrösten, bis die Feuchtigkeit verdampft ist, ohne dass das Tomatenmark anbrennt. Mit etwas Wein und 50 ml Wild- oder Kalbsfond ablöschen, die Flüssigkeit vollständig einkochen lassen, dabei ab und zu umrühren und den Vorgang noch dreimal wiederholen (Step 2). Zerdrücken Sie die Wacholderbeeren und Pfefferkörner und geben Sie sie mit den Pimentkörnern, der Nelke, dem Lorbeerblatt, dem Salz und dem restlichen Fond dazu. Armagnac, Portwein und Sherry angießen und bei mittlerer Hitze 1 Stunde köcheln lassen, gelegentlich abschäumen und entfetten.

3 | **Den fertig gegarten Fond** durch ein mit einem Tuch ausgelegtes Sieb passieren (es bleibt etwa ½ l) und auf gut 200 ml reduzieren (Step 3). Rühren Sie die Stärke mit 2 TL Wasser an und binden Sie damit die Sauce. Die Wacholdersauce (im Bild unten) kann zu Wildgerichten jahreszeitlich auch mit Preiselbeeren (im Bild oben links), Wacholderbutter, Hagebuttenmark, gebratenen Pilzen oder Ahornsirup und Sahne (im Bild oben rechts) variiert werden.

Wacholdersauce zubereiten

1) Die Knochen und Fleischabschnitte im Ofen anbraten, das vorbereitete Gemüse dazugeben und mitrösten, dabei gelegentlich umrühren. Anschließend den Bräter aus dem Ofen nehmen.

2) Die Knochen und das Röstgemüse mit Rotwein und Fond ablöschen, die Flüssigkeit vollständig reduzieren und den Vorgang noch dreimal wiederholen.

3) Zum Schluss den Fond durch ein mit einem Tuch ausgelegtes Sieb gießen und ablaufen lassen. Die Sauce auf etwa 200 ml einkochen lassen.

Zubereitungszeit
ca. 30 Min.

Berliner Senfsauce

Mit Weißwein und würzigem Senf ein cremiges Vergnügen zu Eiern und pochierten Fischgerichten

Zutaten (ergibt etwa 300 ml)

- *2 Schalotten*
- *2 EL Butter*
- *2 EL Mehl*
- *⅛ l Geflügelfond (Glas oder S. 534)*
- *⅛ l trockener Weißwein*
- *10 Senfkörner*
- *2 Pimentkörner*
- *1 Lorbeerblatt*
- *2 EL Bautzener Senf (oder mittelscharfer Senf)*
- *1 EL Schmand*
- *3 EL Sahne*
- *Salz*
- *frisch gemahlener weißer Pfeffer*
- *Dill zum Garnieren*

S. 191
WARENKUNDE Senf

S. 338 ff.
REGIONENPORTRÄT
Berlin/Brandenburg

1 | **Die Schalotten schälen** und sehr fein würfeln. Dann eine helle Mehlschwitze herstellen: Dazu die Butter in einem kleinen Topf bei schwacher Hitze zerlassen. Das Mehl hinzufügen und 1 Minute mit einem Holzlöffel unter Rühren anschwitzen. Achten Sie dabei darauf, dass die Butter nicht braun wird (Step 1).

2 | **Die Mehlschwitze** mit dem kalten Geflügelfond und dem trockenen Weißwein nach und nach ablöschen. Dabei ständig mit einem Schneebesen rühren, damit sich die Flüssigkeit gut mit der Mehlschwitze verbindet (Step 2) und keine Klümpchen entstehen.

3 | **Die Schalottenwürfel, die Senfkörner,** die Pimentkörner und das Lorbeerblatt mit in die Flüssigkeit geben und das Ganze etwa 10 Minuten leicht köcheln lassen (Step 3). Rühren Sie dabei häufig um und achten Sie darauf, dass die Sauce nicht am Topfboden ansetzt. Dann die Sauce vom Herd nehmen und Senf, Schmand und Sahne einrühren. Mit Salz und Pfeffer würzen und die Sauce durch ein feines Sieb passieren. Die Sauce sollte nun nicht mehr kochen, da sie sonst gerinnen könnte. Mit Dill garniert servieren.

1)

2)

3)

Senfsauce zubereiten

1) Eine helle Mehlschwitze herstellen: Butter bei schwacher Hitze zerlassen, Mehl hinzufügen und unter Rühren etwa 1 Minute anschwitzen; dabei darauf achten, dass die Butter nicht braun wird.

2) Mit kaltem Geflügelfond und Weißwein ablöschen und dabei ständig mit einem Schneebesen rühren, sodass sich die Flüssigkeit gut mit der Mehlschwitze vermischt.

3) Die Schalottenwürfel, Senfkörner, Pimentkörner und das Lorbeerblatt mit in die Flüssigkeit geben und etwa 10 Minuten köcheln lassen.

Zubereitungszeit
ca. 50 Min.

Biersauce

Schmeckt zu kräftigen Fischgerichten oder auch zu gebratenem Fleisch

Zutaten (ergibt etwa 300 ml)

- *½ Möhre*
- *½ Pastinake*
- *½ Stange Staudensellerie*
- *2 frische Lorbeerblätter*
- *5 Wacholderbeeren*
- *2 Schalotten*
- *2 Blätter vom Staudensellerie*
- *1 Zweig Thymian*
- *1 Gewürznelke*
- *200 ml dunkles Bier*
- *150 g Crème fraîche*
- *100 g Sahne*
- *50–70 g kalte Butter*
- *1 Prise Zucker · Salz*
- *frisch gemahlener Pfeffer*
- *Schnittlauchröllchen zum Garnieren*

1 | **Die Möhre und die Pastinake schälen,** den Staudensellerie waschen und putzen. Schneiden Sie alle drei Gemüsesorten in kleine Würfel, dann in kochendem Salzwasser etwa 1 Minute blanchieren, in ein Sieb abgießen, abschrecken und sehr gut abtropfen lassen.

2 | **Die Lorbeerblätter** mehrfach mit einer Schere einschneiden. Die Wacholderbeeren mit dem Messerrücken andrücken. Die Schalotten schälen, halbieren und in feine Würfel schneiden. Die Sellerieblätter waschen, abtropfen lassen und grob zerkleinern. Den Thymian waschen und trocken schütteln.

3 | **Die Schalottenwürfel** mit den Lorbeerblättern, dem Thymian, den Sellerieblättern, den Wacholderbeeren und der Gewürznelke in einen kleinen Topf geben, das Bier angießen, alles aufkochen und die Flüssigkeit auf etwa 100 ml reduzieren. Die Crème fraîche und die Sahne dazugeben und offen 10 bis 15 Minuten kochen lassen, bis die Sauce sämig bindet (Step 1).

4 | **Die Biersauce** durch ein feines Sieb in einen anderen Topf passieren, erneut aufkochen und die blanchierten Gemüsewürfel zugeben. Rühren Sie nach und nach die Butter in kleinen Stücken ein, dabei die Sauce nicht mehr kochen lassen (Step 2). Mit Zucker, Salz und Pfeffer abschmecken. Mit Schnittlauchröllchen garnieren.

S. 546 f.
IM FOKUS Bier

Biersauce fertigstellen

1) Die Crème fraîche und die Sahne zum Saucenansatz geben, alles aufkochen und die Flüssigkeit auf 100 ml reduzieren.

2) Die Butter in kleine Stücke schneiden und nach und nach in die Sauce rühren, dabei die Sauce nicht mehr kochen lassen. Mit Zucker, Salz und Pfeffer abschmecken.

Braukunst mit Tradition

Alt, Bock, Kölsch und Weizen sind mehr als Durstlöscher: Regionale Bierspezialitäten schaffen Akzente auf der Speisekarte und prägen das kulturelle Leben mit.

Bier: Kein anderes Lebensmittel – abgesehen von Sauerkraut – wird im Ausland so stark mit Deutschland assoziiert. Und seine Erfolgsgeschichte ist hierzulande noch nicht zu Ende. Zwar ging der Pro-Kopf-Verbrauch in nur zehn Jahren um etwa 15 Liter auf ungefähr 111 Liter Bier jährlich zurück und die Brauereien rechnen damit, dass sich der Konsum bis 2015 um weitere 30 Prozent verringern wird. Doch trinken in Europa nur die Tschechen (mit knapp 160 Litern) mehr Bier als die Deutschen. Es wäre also Jammern auf hohem Niveau – erst recht angesichts der kümmerlichen 20 Liter Wein, 3,8 Liter Schaumwein und 5,8 Liter Spirituosen, die jeder Deutsche statistisch gesehen pro Jahr trinkt.

Woher kommt das beste Bier?

Bier ist eines der ältesten Getränke der Menschheit. Schon im altbabylonischen Gilgamesch-Epos aus dem 12. Jahrhundert v. Chr. ist es erwähnt: Enkidu, der bis dahin mit den Gazellen Gras gefressen hatte, trinkt zum ersten Mal Bier und wird so zum Menschen. Und Aristoteles wusste, dass zu viel Bier nur »nach hinten kippen lassen« soll, zu viel Wein »aber nach allen Seiten«.

Nirgendwo auf der Welt findet sich eine solche Vielfalt an Biersorten wie in Deutschland. 5.000 sollen es sein, vom Einfachbier bis zum Maibock, je nach Art der Herstellung und Beschaffenheit, Menge und Herkunft der Zutaten kann es dünn wie Apfelschorle oder dick und süß wie Holundersaft oder gar Kakao schmecken. Manche Biere haben sehr wenig Alkohol, viel oder keine Kohlensäure, andere sind stark schäumend und gehen direkt in den Kopf. Woher das beste Bier stammt, diese Frage wird freilich in München anders beantwortet als in Flensburg, und in Köln oder Düsseldorf wird um das örtliche Bier herum gleich eine ganze Weltanschauung aufgetürmt. Am besten mundet es wohl dort, wo man gerade ist.

Allen deutschen Bieren gemein sind ihre fundamentalen Bestandteile: Am 23. April 1516 verkündete der bayerische Herzog Wilhelm IV.: »Ganz besonders wollen wir, dass forthin allenthalben in unseren Städten, Märkten und auf dem Lande zu keinem Bier mehr Stücke als allein Gersten, Hopfen und Wasser verwendet und gebraucht werden sollen. Wer diese unsere Anordnung wissentlich übertritt und nicht einhält, dem soll von seiner Gerichtsobrigkeit zur Strafe dieses Fass Bier, so oft es vorkommt, unnachsichtlich weggenommen werden.« Diese simplen Sätze sind nichts weniger als das weltberühmte deutsche Reinheitsgebot. Zwar würde heute wohl kein deutscher Bierbrauer von Gerichten behelligt, hielte er sich nicht an diese Maßgaben. Viel existenzgefährdender wäre die Strafe des Verbrauchers – er würde das Bier nicht mehr kaufen. Denn dass sich die deutschen Brauer bis heute an das Gebot halten, ist und war wohl einer der besten Marketingtricks der Geschichte. Bis auf eine kleine Ausnahme – die im Gebot von 1516 nicht erwähnte Hefe, von deren Existenz man damals noch nichts wusste. Der Verzicht auf jedwede Chemie hat sich bewährt, auch wenn das im Ausland anders gesehen wird und es heute aus anderen Teilen der Welt Biere gibt, die sich in Deutschland immer größerer Beliebtheit erfreuen, etwa das mexikanische Corona.

Zwei Bierarten erobern die Welt

Streng genommen gibt es nur zwei Arten von Bier: obergäriges und untergäriges. Obergäriges vergärt bei Temperaturen von 15 bis 20 °C, untergäriges bei weniger als 10 °C. Beim obergärigen sammelt sich die Hefe nach dem Brauen oben auf dem Sud und wird abgeschöpft. Obergärige Biere gibt es vor allem in milden Gegenden wie dem Rheinland – sowohl das Düsseldorfer Alt als auch das Kölsch sind obergärige Biere. Untergärige Biersorten wurden vor Erfindung der Kältemaschine 1876 nur im Winter gebraut und kommen vor allem aus Bayern. Die Hefe vergärt in ihnen zu Malzzucker und setzt sich am Bottichboden ab. Untergärige Biere wie Pils, Export, Stark- und Bockbier sind oft bitterer oder süßlich und sind mit gut einem halben Jahr länger lagerfähig als Kölsch, Alt oder Berliner Weiße, die bald nach dem Brauen getrunken werden müssen. Geschmacksbestimmend ist vor allem der Hopfen. Je nach Art und Dosierung entsteht ein mildes oder herbes Bier. Nicht zu vergessen das Wasser: Kalkhaltiges soll besser für dunkle, Felsquellwasser eher für helle Biere geeignet sein.

Kunst der Mönche und Hausfrauen

Das Brauen an sich war in früheren Zeiten Sache von Mönchen – Biertrinken galt nicht als Fastenbrechen – und Hausfrauen. Die Brauereien von heute sind eine vergleichsweise neue Erfindung. Romantische Vorstellungen von kupfernen Sudpfannen in Kellergewölben gehören der Vergangenheit an und werden nur noch aus nostalgischen Gründen für Besucher gepflegt. Ansonsten sind moderne Brauereien hochtechnisierte Industrieanlagen, in denen computergesteuert nichts dem Zufall überlassen wird. Nur in wenigen Betrieben, vorzugsweise in Brauhäusern in Bayern oder am Rhein, gibt es noch alte Brauereiromantik – und Bier mit unverwechselbarem Charakter, das nicht immer gleich perfekt, dafür aber einzigartig schmeckt. Neben München ist vor allem das Sauerland Heimat zahlreicher bundesweit bekannter Biersorten, vor allem des Pilsener Bieres, dessen Ursprünge in der tschechischen Stadt Pilsen liegen.

Vielerorts hat das Bier deutliche Akzente in den regionalen Küchen hinterlassen: in Bayern die Biersauce zum Schweinebraten, in Franken den Karpfen in Bierteig, in Thüringen und in der Oberpfalz die Biersuppen und natürlich die deftige Brauhausküche in Bayern und dem Rheinland, die ohne Bier schlechterdings nicht entstanden wäre.

Er verleiht Aroma und macht das Bier klar und haltbar: Beim Hopfen dürfen nur die weiblichen, unbefruchteten Blütenstände meterhoch auswachsen. Nur sie liefern die zum Brauen wichtigen grünlichen Hopfenzapfen.

Bier ist weit mehr als ein Getränk. Es ist eine Art zwischenmenschlicher Kitt. Ob in der Kneipe, auf dem Schützenfest, als alternativer »Aperitif« vor dem Essen, Durstlöscher oder gleich als Seele der Volkskultur: Lieder, Rezepte und gesellschaftliche Rituale wie das größte Volksfest der Welt, das Münchener Oktoberfest – ohne das Bier wäre das alles nicht nur undenkbar, sondern schlicht undurchführbar.

Robert Lücke

Zubereitungszeit
ca. 50 Min.

Thüringer Zwiebelsauce mit Bratwurstbrät

Sie wird klassischerweise zu knusprig gebratenem Schweinekotelett mit Klößen serviert.

Zutaten (ergibt etwa 700 ml)

- *600 g Zwiebeln*
- *100 g Butter*
- *1 Prise Kümmel* · *Salz*
- *frisch gemahlener Pfeffer*
- *2 EL Ketchup*
- *1 EL mittelscharfer Senf*
- *4 cl Weinbrand*
- *300 ml Bier (z.B. Erfurter Braugold; oder ein anderes helles Bier)*
- *50 ml Kalbsfond (Glas oder S. 534)*
- *½–1 Bund Petersilie*
- *1–2 EL Öl*
- *4 Thüringer Bratwürste*

1 | **Die Zwiebeln schälen, vierteln** und mit einem Messer oder einem Küchenhobel in feine Streifen schneiden. Die Butter in einer Pfanne zerlassen und die Zwiebeln darin goldbraun anschwitzen. Den Kümmel im Mörser grob zerreiben und dazugeben. Würzen Sie die Zwiebeln mit Salz und Pfeffer.

2 | **Das Ketchup und den Senf** zu den Zwiebeln geben und kurz mitangehen lassen. Löschen Sie mit dem Weinbrand und dem Bier ab und lassen Sie die Flüssigkeit auf etwa die Hälfte einkochen. Anschließend den Kalbsfond dazugeben und die Sauce offen noch etwa 10 Minuten leise köcheln lassen.

3 | **Inzwischen die Petersilie waschen,** trocken schütteln und sehr fein hacken. Etwas Öl in einer Pfanne erhitzen. Die Thüringer Bratwürste an einem Ende aufschneiden und das Brät portionsweise direkt in die heiße Pfanne drücken, sodass kleine Stücke entstehen, und diese braun anbraten.

4 | **Zum Fertigstellen** der Thüringer Zwiebelsauce die gebräunten Bratwurststücke in die Sauce geben und diese mit der gehackten Petersilie verfeinern. Servieren Sie die reichhaltige Sauce ohne eine weitere Fleischbeigabe zu Kartoffelknödeln oder -klößen (S. 390 und 393) oder klassisch zu Schweinekotelett mit Klößen.

S. 46 ff.
WARENKUNDE Wurst

S. 240 ff.
REGIONENPORTRÄT Thüringen/Nordhessen

S. 546 f.
IM FOKUS Bier

WARENKUNDE

Zwiebeln – Vielfalt für Auge und Gaumen

Große und kleine, weiße, braune und rote: Die Vielfalt an Zwiebeln ist riesig, gibt es doch etwa 100 Arten, die sich in Form, Größe, Farbe und Schärfe deutlich unterscheiden. In Deutschland gilt die Zwiebel von jeher als Universalgewürz. Ob Gemüse-, Gewürz-, Küchen- oder Sommerzwiebel: In der deutschen Küche werden Schalotte, Perlzwiebel & Co. sehr geschätzt; etwa jedes zweite deutsche Gericht enthält Zwiebeln, meinen Kochexperten. Das beliebte Aroma des gesunden Lauchgewächses beruht auf einer Vielzahl schwefelhaltiger Verbindungen, die uns, ist die Zwiebel erst einmal angeschnitten, zu Tränen rühren.

Zubereitungszeit
ca. 20 Min.

Specksauce

Zwiebeln und Rotwein geben der schnellen Sauce eine kräftige Geschmacksnote.

Zutaten (ergibt etwa 300 ml)

- *100 g durchwachsener Speck*
- *1 rote Zwiebel*
- *½ Bund Petersilie*
- *1 Knoblauchzehe* · *2 EL Butter*
- *⅛ l Rotwein* · *1 EL Mehl*
- *¼ l Geflügelfond (Glas oder S. 534)*
- *Salz* · *frisch gemahlener Pfeffer*

Wandlungsfähig

Als Ergänzung zu Kartoffeln oder Semmelknödeln schmeckt die Sauce besonders gut, wenn Sie sie mit Rosmarin, Thymian oder Estragon anreichern.

1 | **Den Speck, falls nötig, von der Schwarte befreien** und in etwa 5 mm große Würfel schneiden. Die Zwiebel schälen und ebenfalls in 5 mm große Würfel schneiden (Step 1). Die Petersilie waschen, gut trocken schütteln und fein hacken. Ziehen Sie den Knoblauch ab und hacken Sie ihn sehr fein.

2 | **In einer heißen Pfanne die Butter zerlassen** und die Zwiebelwürfel und den Knoblauch darin glasig dünsten. Geben Sie dann den Speck dazu und rösten Sie ihn kurz an (Step 2). Die Speck-Zwiebel-Mischung mit dem Rotwein ablöschen und diesen vollständig einkochen lassen.

3 | **Die Speck-Zwiebel-Mischung** mit dem Mehl bestauben und dieses leicht anrösten. Dann den Geflügelfond dazugießen, alles gut verrühren und 3 bis 4 Minuten köcheln lassen (Step 3). Die Specksauce mit Salz und Pfeffer abschmecken und zum Schluss die fein gehackte Petersilie unterrühren. Diese Sauce passt gut zu Rinder- oder Schweinesteaks, Sie können sie aber auch zu Kartoffeln oder Semmelknödeln (S. 396) servieren.

1)

2)

3)

Specksauce herstellen

1) Den Speck in Würfel schneiden, dabei die Schwarte entfernen. Anschließend die Zwiebel schälen und würfeln.
2) Die Speckwürfel zur Zwiebel-Knoblauch-Mischung geben und unter Rühren kurz mitrösten.
3) Mit dem Fond aufgießen und dabei kräftig rühren, damit sich keine Klümpchen bilden. Lassen Sie die Sauce 4 Minuten kochen.

Zubereitungszeit
ca. 40 Min.

Pilzsauce

Der süddeutsche Klassiker wird in Bayern als »Schwammerlsauce« zu Semmelknödeln serviert.

Zutaten (ergibt etwa 250 ml)

- *250 g gemischte Pilze (Pfifferlinge, Steinpilze, Maronen, Wald- oder Steinchampignons)*
- *1 Schalotte*
- *5 Stängel Petersilie*
- *1 Scheibe durchwachsener Speck (30 g)*
- *2 EL Butter*
- *100 g Sahne · Salz*
- *frisch gemahlener Pfeffer*
- *1 Spritzer Zitronensaft*

S. 34 ff.
REGIONENPORTRÄT Bayern

S. 402 ff.
REGIONENPORTRÄT Baden-Württemberg

S. 537
WARENKUNDE Champignons

1 | Die Pilze gründlich putzen: Wenig verschmutzte Exemplare trocken mit Küchenpapier abreiben oder mit einem Pinsel säubern (Step 1). Bei stark verschmutzten Pilzen die oberste Hutschicht abziehen und den Stiel frisch anschneiden (Step 2). Kontrollieren Sie Waldpilze auch auf Madenbefall oder Fraßstellen, die ausgeschnitten werden müssen (Step 3). Die geputzten Pilze in mundgerechte Stücke schneiden; kleine Pilze nach Möglichkeit ganz lassen, große Pilze vierteln oder achteln.

2 | Die Schalotte schälen und in sehr feine Würfel schneiden. Die Petersilie waschen, trocken schütteln und fein hacken. Den Speck, falls nötig, von der Schwarte befreien und in feine Streifen oder in Würfel schneiden. Zerlassen Sie die Butter in einer Pfanne und braten Sie die Schalotten und den Speck darin an. Dann die Pilze dazugeben, kurz mit angehen lassen und anschließend herausnehmen. Den Fond, der sich in der Pfanne gebildet hat, reduzieren. Die Sahne zugeben und alles weiter einkochen, bis die Sauce leicht bindet.

3 | Die Pilze zurück in die Pfanne geben, die Sauce mit Salz, Pfeffer und Zitronensaft abschmecken und die gehackte Petersilie unterrühren. Servieren Sie die Pilzsauce möglichst frisch zu Semmelknödeln (S. 396), Spätzle (S. 401) oder Nudeln (S. 408).

Pilze putzen

1) Zuchtpilze und wenig verschmutzte Waldpilze (v. a. Pfifferlinge) vorsichtig mit einem Pinsel, einer Spezialbürste oder etwas Küchenpapier reinigen. Nicht waschen, da sich Pilze mit Wasser vollsaugen und an Aroma verlieren.

2) Von sehr verschmutzten oder unschönen Pilzen die obere Hutschicht entfernen: Mit einem Messer die Haut vom Hutrand zur Mitte hin abziehen und den Stielansatz frisch anschneiden.

3) Waldpilze zusätzlich halbieren und im Inneren auf Madenbefall oder Fraßstellen prüfen. Diese gegebenenfalls gründlich ausschneiden.

Bayern

Baden-Württemberg

Zubereitungszeit
ca. 20 Min.

Warme Meerrettichsauce

Ein süddeutscher Klassiker zu Fleisch und Fisch, der sich auch asiatisch variieren lässt

Warme Meerrettichsauce (ergibt etwa 400 ml)

· 2 TL Butter · 1 EL Mehl · ¼ l Kalbsfond (Glas oder S. 534) · ¼ l Milch · 100 g frischer Meerrettich (oder 2–3 EL aus dem Glas) · Salz · frisch gemahlener Pfeffer · frisch geriebene Muskatnuss · 1 Prise Zucker

Asiatische variierte Meerrettichsauce (ergibt etwa 400 ml)

· 1 Zwiebel · 1 TL gehackter Ingwer · 1–2 EL Distelöl · 1 TL Salz · 1 TL Zucker · 100 ml Maracujasaft · 400 ml Kokosmilch · 2 frische Lorbeerblätter · 2 Zweige Rosmarin 80 g geriebener Meerrettich · 2 EL Akazienhonig · fein geschnittene Minze zum Garnieren

1 | **In einem Topf die Butter zerlassen,** das Mehl dazugeben und unter Rühren goldgelb darin anschwitzen. Löschen Sie die Mehlschwitze mit dem Kalbsfond ab, dabei kräftig rühren, damit sich keine Klümpchen bilden. Füllen Sie mit 200 ml Milch auf und lassen Sie diese Grundsauce etwa 10 Minuten sämig einkochen, dabei gelegentlich umrühren, damit sie nicht am Topfboden ansetzt. Inzwischen den Meerrettich waschen, schälen, sehr fein reiben und sofort mit der restlichen Milch mischen, damit die Schärfe gebunden wird und der geriebene Meerrettich sich nicht verfärbt.

2 | **Die Meerrettich-Milch-Mischung** unter die gekochte Grundsauce rühren. Lassen Sie diese dann nicht mehr kochen, da sie sonst an Aroma und Schärfe verliert. Die Meerrettichsauce mit Salz, Pfeffer, Muskatnuss und Zucker abschmecken und bis zum Servieren in einem Wasserbad zugedeckt warm halten. Rühren Sie die Meerrettichsauce gelegentlich um, damit sich keine Haut auf der Sauce bildet. Zu gekochtem Rind- oder Ochsenfleisch servieren.

3 | **Für die asiatisch variierte Meerrettichsauce** die Zwiebel schälen und fein würfeln. Mit dem Ingwer in Öl anbraten und mit Salz und Zucker würzen. Mit dem Maracujasaft und der Kokosmilch ablöschen, die Lorbeerblätter und den Rosmarin dazugeben und die Flüssigkeit auf etwa die Hälfte reduzieren. Geben Sie den geriebenen Meerrettich dazu und schmecken Sie mit dem Akazienhonig ab. Lassen Sie die Sauce nicht mehr kochen, da sonst die Schärfe verloren geht. Mit Minze bestreuen und servieren.

REGIONENPORTRÄT

Knoblauchsland – das Herz Frankens

Etwa in der Mitte des Städtedreiecks Nürnberg – Fürth – Erlangen liegt eines der größten zusammenhängenden Anbaugebiete seiner Art in Deutschland: Das sogenannte Knoblauchsland liefert vor allem Kartoffeln, Zwiebeln, Knoblauch und Gemüse aller Art, Weizen, Salate, einheimische Kräuter, Blumen und den beliebten frischen Meerrettich. Vieles davon wird im Freiland angebaut, doch auch Treibhäuser sichern die Ernte etwas empfindlicherer Kulturen. Durch seine stadtnahe Lage und den ländlich-dörflichen Charakter ist das Knoblauchsland auch als Naherholungsgebiet sehr beliebt.

Zubereitungszeit
ca. 25 Min.

Apfelkren

Eine fruchtig-scharfe Meerrettichcreme, die gut zu Rindfleisch oder geräuchertem Fisch schmeckt.

Zutaten
(ergibt etwa ½ l)

- *4 säuerliche Äpfel (Boskop)*
- *75 g frischer Meerrettich (oder 2 EL aus dem Glas)*
- *½ Zitrone*
- *1 EL Butter*
- *100 ml Weißwein*
- *50 ml Apfelsaft*
- *Salz* · *Zucker*
- *frisch gemahlener Pfeffer*
- *Meerrettichspäne zum Garnieren*

S. 34 ff.
REGIONENPORTRÄT Bayern
S. 175
WARENKUNDE Meerrettich
S. 366 ff.
WARENKUNDE Altes Gemüse

1 | **Die Äpfel waschen,** vierteln, das Kerngehäuse entfernen und das Fruchtfleisch in kleine Stücke schneiden. Den Meerrettich schälen und in kaltes Wasser legen. Die Zitrone auspressen. Die Butter in einer Pfanne aufschäumen lassen, die Apfelstücke darin schwenken, mit Zitronensaft und Weißwein ablöschen. Dünsten Sie die Äpfel zugedeckt etwa 10 Minuten, bis sie weich sind, dann durch ein Sieb in einen Topf streichen.

2 | **Den Apfelsaft** zu diesem cremigen Apfelmus geben und, falls nötig, das Ganze noch weiter einkochen lassen, bis eine dick-cremige Konsistenz entstanden ist. Nehmen Sie den Meerrettich aus dem Wasser und tupfen Sie ihn trocken. Reiben Sie ihn sehr fein direkt in die Apfelcreme und verrühren Sie beides sofort miteinander, damit sich der geriebene Meerrettich nicht verfärbt.

3 | **Den Apfelkren** einige Minuten ziehen lassen, dann vorsichtig mit Salz, Zucker und Pfeffer abschmecken. Wenn Sie den Apfelkren gerne noch etwas frischer und intensiver mögen, können Sie noch einen rohen Apfel dazureiben und etwas Wasabi (japanischen Meerrettich) unterrühren. Nicht kalt stellen, denn der Apfelkren verliert im Kühlschrank an Geschmack und Aroma. Zum Servieren mit Meerrettichspänen garnieren und mit Pfeffer übermahlen.

Zubereitungszeit
ca. 30 Min.

Frankfurter Grüne Sauce

Sieben Kräuter machen den Saucenklassiker perfekt zu Eiern, gekochtem Fisch und Kartoffeln.

Zutaten (ergibt etwa 400 ml)

- *2 Eier*
- *1 EL scharfer Senf*
- *2 EL Estragonessig (oder Kräuteressig)*
- *5 EL Traubenkernöl*
- *Salz*
- *frisch gemahlener Pfeffer*
- *Zucker*
- *50 g Doppelrahmfrischkäse*
- *180 g Crème fraîche*
- *2 Schalotten*
- *1 Bund gemischte Kräuter (z.B. Borretsch, Kerbel, Kresse, Schnittlauch, Sauerampfer, Pimpinelle und Petersilie)*

1 | Die Eier in einen Topf mit kochendem Wasser geben und in 8 Minuten hart kochen, dann kalt abschrecken und pellen. Die Eigelbe und die Eiweiße trennen. Streichen Sie die Eigelbe durch ein feines Sieb und hacken Sie die Eiweiße in kleine Stücke.

2 | Die Eigelbe mit dem Senf und dem Essig glatt rühren. Das Öl wie für eine Mayonnaise erst tropfenweise, dann langsam in einem dünnen Strahl unter Rühren dazugeben, bis eine homogene, cremige Masse entstanden ist. Schmecken Sie die Creme mit Salz, Pfeffer und Zucker würzig ab. Dann den Frischkäse und die Crème fraîche zur Eigelbcreme geben und alles glatt verrühren.

3 | Die Schalotten schälen und in sehr feine Würfel schneiden. Heben Sie die Schalottenwürfel und die gehackten Eiweiße behutsam unter die Creme. Die Kräuter waschen und trocken schleudern. Die Blättchen von den Stielen zupfen, sehr fein hacken und unter die Sauce mischen. Die Frankfurter Grüne Sauce nochmals nach Belieben mit Salz, Pfeffer und Zucker abschmecken und bis zum Servieren abgedeckt kühl stellen. Servieren Sie die Frankfurter Grüne Sauce zu hart gekochten Eiern oder auch zu gekochtem Rind- oder Ochsenfleisch (S. 262), Pell- oder Schmandkartoffeln (S. 333).

Zubereitungszeit
ca. 45 Min.

Bärlauchsauce

Mit feiner Knoblauchnote und unverwechselbarem Aroma passend zu Lamm- oder Zickleinfleisch

Für die Bärlauchpaste (ergibt etwa 200 ml)

- *200 g Bärlauch* · *50 g Parmesan*
- *½ TL Meersalz (Fleur de sel)*
- *50 g Pinienkerne*
- *100 ml kalt gepresstes Olivenöl*

Für die weiße Grundsauce (ergibt etwa 400 ml)

- *4 Schalotten* · *1 TL Butter*
- *100 ml trockener Wermut (Noilly Prat)*
- *50 ml trockener Weißwein*
- *100 ml Geflügelfond (Glas oder S. 534)*
- *100 g Sahne* · *2 Lorbeerblätter*
- *1 TL Mehlbutter (S. 572)*
- *2 EL Crème fraîche*
- *1 TL Zitronensaft* · *Salz*
- *1 Prise Cayennepfeffer*
- *2 TL kalte Butter*

Pesto als Ersatz

Außerhalb der Bärlauchsaison können Sie die Sauce gut mit fertigem Bärlauchpesto oder auch mit 4 EL getrocknetem Bärlauch zubereiten.

1 | **Für die Bärlauchpaste** die Bärlauchblätter verlesen, waschen und gut abtropfen lassen. Den Parmesan fein reiben. Die Bärlauchblätter von den Stielen zupfen. Die Bärlauchstiele mit einem Messer in grobe Stücke schneiden und beiseitelegen. Die Bärlauchblätter grob hacken und anschließend mit Meersalz, Pinienkernen, geriebenem Parmesan und Olivenöl im Mixer oder mit dem Pürierstab fein pürieren. Stellen Sie die Bärlauchpaste abgedeckt kühl.

2 | **Für die weiße Grundsauce** die Schalotten schälen und in feine Würfel schneiden. Die Butter zerlassen und die Schalotten darin glasig anschwitzen. Löschen Sie mit dem Wermut, dem Weißwein, dem Geflügelfond und der Sahne ab und lassen Sie die Mischung einmal kurz aufkochen.

3 | **Die Lorbeerblätter** und die Bärlauchstiele in die weiße Grundsauce geben. Die Mehlbutter unterrühren und die Sauce einige Minuten köcheln lassen, bis sie sämig bindet. Rühren Sie zum Schluss die Crème fraîche unter und schmecken Sie die weiße Grundsauce mit dem Zitronensaft und etwas Salz sowie mit Cayennepfeffer ab. Die Sauce erneut aufkochen und durch ein Sieb abgießen.

4 | **Zum Fertigstellen der Sauce** die Butter in kleinen Stücken in die Grundsauce geben und mit dem Pürierstab untermixen. Zum Schluss rühren Sie so viel Bärlauchpaste wie gewünscht unter die weiße Grundsauce. Den Rest der Bärlauchpaste im Kühlschrank zugedeckt aufbewahren; sie hält 1 Woche. Servieren Sie die Bärlauchsauce zu Zickleinkeule (S. 267) oder Lammschulter (S. 268).

EINE VARIANTE MIT ANDEREN WILDKRÄUTERN: KALTE SAUERAMPFERSAUCE

Zu geschmorter Lammschulter, die kalt aufgeschnitten serviert wird, oder zu Kalbsfilet passt statt einer Bärlauchsauce auch gut eine kalte Sauerampfersauce. Dazu 200 g Sauerampfer in kochendem Salzwasser blanchieren, sofort in Eiswasser abschrecken und in einem Tuch ausdrücken, bis der Sauerampfer fast trocken ist. Pürieren Sie den ausgedrückten Sauerampfer mit 3 EL kaltem, reduziertem Geflügelfond (S. 534) und 2 EL Himbeeressig, bis er eine sehr feine Konsistenz aufweist. 60 g Sahne und 4 TL Crème fraîche hinzufügen und die Sauce mit Meersalz und etwas Cayennepfeffer abschmecken. Die Sauce sollte maximal 8 Stunden vor dem Servieren zubereitet werden, da sie sich mit der Zeit grau verfärbt.

Zubereitungszeit
ca. 50 Min.

Stachelbeersauce

Eine fruchtige Ergänzung zu Huhn und anderen hellen Geflügelgerichten

Für die Stachelbeersauce (ergibt etwa ½ l)

- *500 g vollreife Stachelbeeren*
- *1 Zweig Estragon* · *1 Zweig Thymian*
- *4 Schalotten* · *3 TL Traubenkernöl*
- *80 g Zucker* · *4–5 EL Estragonessig*
- *80 ml trockener Wermut*
- *3 Msp. Currypulver*
- *2 Msp. gemahlener Kardamom*
- *80 g Crème fraîche*
- *60 g Fourme d'Ambert (oder milder Gorgonzola oder Camembert)*
- *Salz* · *frisch gemahlener Pfeffer*
- *1 Prise frisch geriebene Muskatnuss*
- *2 EL geschlagene Sahne*

Außerdem

- *1–2 Einmachgläser*
- *Schnaps (z.B. Wodka) zum Haltbarmachen des Confits*

Gut vorzubereiten

Das Stachelbeerconfit (die ersten drei Arbeitsschritte) lässt sich gut ein bis mehrere Tage vorher zubereiten, sodass die Sauce dann in etwa 10 Minuten fertiggestellt ist.

1 | **Zunächst ein Stachelbeerconfit zubereiten:** Die Stachelbeeren waschen, putzen, gut abtropfen lassen und je nach Größe halbieren oder vierteln. Waschen Sie dann den Estragon und den Thymian und schütteln Sie die Kräuter trocken. Die Blättchen von den Stielen zupfen und sehr fein hacken. Die Schalotten schälen und in feine Würfel schneiden.

2 | **Das Traubenkernöl erhitzen** und die Schalottenwürfel darin glasig anschwitzen. Geben Sie den Zucker dazu und lassen Sie ihn bei mittlerer Hitze leicht karamellisieren. Mit dem Estragonessig ablöschen und diesen vollständig einkochen lassen. Den Wermut dazugeben und aufkochen lassen.

3 | **Die Stachelbeeren,** das Currypulver, den Kardamom, den Thymian und den Estragon in den Topf geben und alles 20 Minuten zugedeckt leise köcheln lassen, dabei gelegentlich umrühren. Der Sud sollte dabei nicht einkochen. Das fertige Stachelbeerconfit lässt sich gut haltbar machen: Füllen Sie es dazu noch heiß in saubere Einmachgläser (Step 1), die durch Entzünden von Schnaps beim Verschließen ein Vakuum ziehen (Step 2). Das Confit lässt sich bei Bedarf mit wenigen Handgriffen zur Sauce weiterverarbeiten.

4 | **Zum Fertigstellen der Sauce** die Crème fraîche unter das Stachelbeerconfit mischen, die Sauce kurz aufkochen und dann den Topf vom Herd ziehen. Schneiden Sie den Fourme d'Ambert in feine Würfel, geben Sie diese in die Sauce und lassen Sie den Käse darin unter Rühren schmelzen. Die Sauce mit Salz, Pfeffer und Muskatnuss abschmecken und die geschlagene Sahne unterheben (Step 3). Die Stachelbeersauce passt gut zu gebratener Ente (S. 304), Rebhuhn (S. 321) oder auch zu Kalbfleisch.

Stachelbeerconfit verarbeiten

1) Das Stachelbeerconfit nach Rezept (siehe oben) herstellen und heiß in saubere Einmachgläser füllen.
2) Zum Haltbarmachen des Confits jedes Glas einzeln nacheinander mit etwas Wodka beträufeln, diesen abflämmen und das Glas sofort sorgfältig verschließen.
3) Zur Fertigstellung der Sauce das Confit mit Crème fraîche mischen, aufkochen und vom Herd ziehen. Den Käse zugeben, die Sauce abschmecken und die geschlagene Sahne unterheben.

Zubereitungszeit
ca. 3 Std.

Schlehencreme mit Senf

Zu gebratenem Fisch oder zum Verfeinern von Wildjus eine exquisite Wahl

Zutaten (ergibt etwa 400 ml)

- *500 g frische Schlehen*
- *100 g Zucker* • *½ TL Salz*
- *1 Stück frische Ingwerwurzel (2 cm)*
- *3 Zweige Rosmarin*
- *2 Limettenblätter (oder ½ TL Zitronenzesten)*
- *100 ml Gingerale (oder Ingwerlimonade)*
- *50 ml Kaffeelikör (oder 1 EL stark gesüßter Kaffee)*
- *1 EL mittelscharfer Senf*
- *Senfkörner zum Bestreuen*
- *frische Kräuter zum Garnieren*

Frost bringt Aroma

Schlehen sollten erst nach dem ersten Frost gepflückt werden. Sie können sie jedoch auch schon vorher pflücken und einfach mehrere Tage tiefkühlen.

1 | **Die Schlehen waschen,** abtropfen lassen, entsteinen und vierteln, dann mit dem Zucker und dem Salz bestreuen und 1 Stunde zugedeckt ziehen lassen. Inzwischen den Ingwer schälen und fein hacken. Den Rosmarin waschen und trocken schütteln. Zupfen Sie die Rosmarinblättchen von den Stielen und hacken Sie sie mit einem scharfen Messer fein.

2 | **Die Schlehen mit dem Ingwer,** dem Rosmarin und den Limettenblättern in einen Topf geben und aufkochen. Mit dem Gingerale und dem Kaffeelikör ablöschen und mit Senf abschmecken. Lassen Sie die Mischung unter gelegentlichem Umrühren etwa 40 Minuten bei mittlerer Hitze offen kochen, bis die Masse dickflüssig ist.

3 | **Die Schlehen-Gewürz-Mischung** vom Herd nehmen, mit einem Pürierstab fein zerkleinern und anschließend durch ein feines Haarsieb streichen. Lassen Sie die Schlehencreme abgedeckt im Kühlschrank abkühlen und servieren Sie sie kalt und pur zu gebratenem Fisch. Zum Anrichten die Schlehencreme mit Senfkörnern bestreuen und mit Kräutern (z. B. Thymian, Rosmarin) garnieren. Zu Wildgerichten einen Teil Schlehencreme mit zwei Teilen Wildjus verrühren und als Sauce dazureichen.

WARENKUNDE

Schlehen – Genuss nach dem ersten Frost

Schlehen reifen ab September an wild wachsenden Schlehdornbüschen, die bevorzugt Wald- oder Ackerränder säumen. Die haselnuss- bis kirschgroßen, kugeligen Früchte sind erst nach dem ersten Frost genießbar, weil die in der Frucht enthaltene Stärke erst durch die Kälte zu Zucker umgewandelt wird (siehe oben). Die schwarzblaue Frucht mit dem leicht herben Aroma ist regional auch als »Ackerpflaume«, »Haagpflaume«, »Schlinke« oder »Effke« bekannt. Früher wurde sie zu Kompott und Marmelade eingekocht, heute wird sie vor allem in der Wein-, Likör- oder Ginherstellung verwendet.

Schleswig-Holstein

bundesweit

Zubereitungszeit
ca. 1 Std.

Holsteiner Fischsauce und Champagnersauce

Zwei Saucenklassiker zu gekochtem Fisch, die nicht nur an der Küste bekannt und beliebt sind

Für die Holsteiner Fischsauce (ergibt etwa ½ l)

- *1–2 Zwiebeln* · *80 g Butter*
- *½ l Fischfond (Glas oder S. 531)*
- *4 EL scharfer Senf*
- *3 EL geschlagene Sahne*
- *1–2 EL Zitronensaft*
- *Salz* · *1 Prise Zucker*

Für die Champagnersauce (ergibt etwa 400 ml)

- *2 Schalotten* · *4 TL Butter*
- *2 EL trockener Wermut*
- *150 ml Champagner (oder Sekt)*
- *300 ml Fischfond (Glas oder S. 531)*
- *150 g Sahne*
- *2–3 TL eiskalte Butter*
- *2 EL geschlagene Sahne*
- *Salz* · *frisch gemahlener Pfeffer*

S. 200 ff.
REGIONENPORTRÄT
Hamburg/Bremen/Schleswig-Holstein

S. 531
REZEPT Fischfond

1 | **Für die Holsteiner Fischsauce** die Zwiebeln schälen und mit einem sehr scharfen Messer in feine Würfel schneiden. Dann die Butter in einem Topf zerlassen und die vorbereiteten Zwiebelwürfel darin glasig anschwitzen. Füllen Sie mit dem Fischfond auf und lassen Sie den Zwiebel-Fisch-Sud 20 bis 30 Minuten bei schwacher Hitze kochen, bis die Zwiebeln gar sind.

2 | **Den Topf vom Herd ziehen,** sodass der Zwiebel-Fisch-Sud nicht mehr kochen kann. Dann den Senf unter die Sauce rühren und diese mit der geschlagenen Sahne binden. Schmecken Sie die Sauce zum Schluss mit Zitronensaft, Salz und Zucker ab. Die Holsteiner Fischsauce (im Bild hinten) passt zu gekochtem oder gebratenem Fisch, z. B. zu Schellfischkoteletts (S. 191) und gebratenem Steinbutt (S. 209).

3 | **Für die Champagnersauce** die Schalotten schälen und in grobe Würfel schneiden. Die Butter in einem Topf zerlassen und die vorbereiteten Schalottenwürfel darin farblos anschwitzen. Mit dem Wermut ablöschen und diesen vollständig reduzieren. Zwei Drittel des Champagners und den Fischfond angießen. Die Mischung aufkochen und 5 Minuten köcheln lassen. Sie können in diesem Fond auch gewürzte Fischfilets (z. B. Seezungenfilets) dünsten und den Fond erst anschließend zur Sauce weiterverarbeiten.

4 | **Den Fond durch ein feines Sieb abgießen** und auf etwa die Hälfte einkochen lassen. Füllen Sie mit der Sahne auf und reduzieren Sie die Flüssigkeit erneut. Zum Schluss die eiskalte Butter mit dem Schneebesen einmontieren. Die geschlagene Sahne und den restlichen Champagner unterrühren, mit Salz und Pfeffer abschmecken und die Champagnersauce (im Bild vorne) mit dem Mixer aufschäumen, damit sie eine leichte und elegante Note bekommt.

KÜCHENGEHEIMNIS: WÜRZEN UND LEGIEREN, OHNE DASS ES »FLOCKT«

Wer Saucen kocht, kennt das Problem: Wenn säuerliche Würzzutaten (etwa Senf oder saure Sahne) und empfindliche Bindemittel (etwa Eigelb) verarbeitet werden, ist erhöhte Vorsicht geboten, damit ein Ausflocken der »kritischen« Zutat oder ein Gerinnen der Sauce vermieden wird. Grundsätzlich gilt: Die Saucentemperatur muss deutlich unter dem Siedepunkt liegen, sollte aber aus Hygieneaspekten beim Verarbeiten von frischem Eigelb mindestens 70 °C betragen. Die kritische Zutat nie direkt in die Sauce rühren, sondern legieren: Dazu die Zutat in einem separaten Gefäß nach und nach mit insgesamt zwei bis drei Teilen Sauce vermischen und erst dann die Mischung unter die Sauce rühren. Nicht mehr aufkochen lassen!

Zubereitungszeit
ca. 1 Std. 40 Min.

Nordseekrabbensauce

Sie passt zu Nudeln, Reis und Kartoffeln, ist aber auch eine Bereicherung für einfache Fischgerichte.

Zutaten (ergibt etwa ½ l)

- *1 Schalotte*
- *4 Stangen grüner Spargel*
- *Salz* · *2 Tomaten*
- *200 g Nordseekrabben*
- *2 EL Speisestärke*
- *¼ l Fischfond (Glas oder S. 531)*
- *1 TL Butter*
- *1 TL Tomatenmark*
- *60 ml trockener Wermut (Noilly Prat)*
- *60 ml Weißwein*
- *125 g Sahne*
- *frisch gemahlener Pfeffer*

S. 200 ff.
REGIONENPORTRÄT
Hamburg/Bremen/Schleswig-Holstein

S. 531
REZEPT Fischfond

1 | **Die Schalotte schälen** und in sehr feine Würfel schneiden. Die Spargelstangen waschen, am Stangenende schälen und in kleine Stücke schneiden. Blanchieren Sie die Spargelstücke in kochendem Salzwasser in etwa 4 bis 5 Minuten bissfest, dann schrecken Sie sie kalt ab und lassen Sie sie gut abtropfen.

2 | **Die Tomaten am Stielansatz** kreuzweise einritzen, mit kochendem Wasser überbrühen, kalt abschrecken, häuten, halbieren und von Stielansätzen und Samen befreien. Schneiden Sie das Fruchtfleisch in kleine Stücke. Die Nordseekrabben in ein Sieb geben und kalt abbrausen, gut abtropfen lassen und anschließend ebenfalls in kleine Stücke schneiden.

3 | **Die Speisestärke** mit 4 EL kaltem Fischfond verrühren. Die Butter in einem Topf zerlassen und die Schalottenwürfel darin glasig anschwitzen. Geben Sie das Tomatenmark dazu und schwitzen Sie es mit an. Mit Wermut und Weißwein ablöschen, den restlichen Fischfond in den Topf geben und das Ganze aufkochen lassen.

4 | **Die Sahne untermischen.** Dann die angerührte Speisestärke unter Rühren dazugeben, die Sauce nochmals aufkochen lassen und mit Salz und Pfeffer abschmecken. Geben Sie den Spargel, die Tomaten- und die Krabbenstücke in die Sauce, mischen Sie alles behutsam unter und lassen Sie die Sauce vor dem Servieren noch ein paar Minuten ziehen. Die warme Sauce passt gut zu Pell- oder Schmandkartoffeln (S. 333), Nudeln (S. 408) oder Reis.

VARIANTE: KALTE KRABBENSAUCE

Auch kalt lässt sich Krabbensauce variieren: Geben Sie dazu 1 Ei mit 1 Prise Salz in einen hohen Rührbecher. 1 Msp. Senf sowie den Saft von 2 ausgepressten Limetten hinzufügen. Mit einem Pürierstab aufmixen und dabei nach und nach 200 ml Rapsöl dazugeben, bis die Sauce bindet und eine mayonnaiseartige Konsistenz aufweist. Etwa 10 Basilikumblätter grob hacken und unter die Sauce mixen. 80 g saure Sahne, 1 TL Meerrettich (frisch gerieben oder aus dem Glas), 2 EL Ketchup und 1 cl Pernod zugeben. Schneiden Sie 200 g geschälte Nordseekrabben in kleine Würfel und ziehen Sie sie unter. Die kalte Krabbensauce passt zu Kartoffeln oder als Dip zu rohem oder gekochtem Gemüse.

Dem Profi über die Schulter geschaut

Wissenswertes rund ums Kochen und Backen: spezielle Techniken, Kochgeschirr und sonstiges Zubehör sowie regional geprägte Bezeichnungen für Gerichte

ABBRENNEN:
Zur Herstellung von **Brandteig** wird Mehl in kochende Flüssigkeit gerührt, bis sich der Teig als Kloß vom Topfboden löst und er von einer weißen Haut überzogen wird.

ABLÖSCHEN:
Angebratenes wie Fleisch, Knochen oder Gemüse mit heißer oder **kalter Flüssigkeit** (Fond, Wasser, Wein u. a.) übergießen; eventuell Bratansatz vom Topf- oder Pfannenboden lösen.

ABSCHÄUMEN:
Flüssigkeiten, wie z. B. Fonds, Saucen oder Brühen mithilfe eines **Schaumlöffels** von zur Oberfläche aufgestiegenem, geronnenem Eiweiß und Trübstoffen befreien.

ABSCHRECKEN:
Heiße Speisen mit **kaltem Wasser** übergießen oder darin eintauchen, um die Temperatur sehr schnell zu senken und den Garprozess sofort zu unterbrechen.

ABSTEIFEN:
Ausgelöste Muscheln in heißem **Würzfond** kurz ziehen lassen.

ABZIEHEN, ZUR ROSE:
Eine Eigelbcreme unter Rühren bis vor den Siedepunkt erhitzen, sodass sie auf dem Kochlöffel angedickt liegen bleibt und sich beim Daraufblasen **Kringel zeigen**, die an die Form einer Rose erinnern.

ANBRATEN:
Fleisch bei **großer Hitze** in wenig Fett anbraten, bis die Poren sich schließen (Krustenbildung) und kein Saft mehr austreten kann.

ANSCHWITZEN:
In Fett **leicht angehen** lassen oder anbraten, ohne dass die Speise Farbe annimmt.

ANZIEHEN LASSEN:
Überzüge erkalten lassen, bis sie beginnen, fest zu werden. Voraussetzung zum Auftragen **weiterer Schichten**, die klar voneinander getrennt bleiben sollen.

AUFSCHLAGEN:
Einschlagen von Luft in eine Masse zum Zweck der **Lockerung** und gleichzeitiger Bindung durch rollende oder kreisende Bewegungen mit dem Schneebesen – meist über einem heißen Wasserbad, bis die Masse dickcremig ist.

AUSBACKEN:
Siehe »**frittieren**«.

AUSBRECHEN:
Das Fleisch von **Krustentieren** aus dem Panzer lösen.

AUSSTECHEN:
Gegarte Fleischstücke mit einer **Fleischgabel** der Garflüssigkeit entnehmen.

BAISER:
Schaummasse aus **Eischnee** und Zucker, im Ofen bei geringer Temperatur mehr getrocknet als gebacken, sodass sie farblos bleibt.

BARDIEREN:
Wild, Fleisch oder Geflügel zum Schutz vor **Austrocknung** mit dünnen Speckscheiben umbinden, die auch ein wenig Aroma geben.

BAYERISCHE CREME (CREME BAVAROISE):
Dessertklassiker, der auf der Basis von **Englischer Creme** mit Gelatine und geschlagener Sahne hergestellt wird.

BEGIESSEN:
Fleisch während des Brat- oder Grillvorgangs wiederholt mit **zerlassenem Fett** oder einer Flüssigkeit (Wein, Brühe, Sahne, Fond, Marinade, Wasser) übergießen, um so ein Austrocknen zu verhindern.

BEIZE:
Siehe »Marinade«. **Gewürzte Flüssigkeit** zum Marinieren von Fisch, Fleisch oder Geflügel.

BEIZEN:
Einlegen eines Lebensmittels in eine Beize, um dem Lebensmittel einen typischen Geschmack zu geben und um dessen Haltbarkeit und Struktur zu verbessern.

BESTAUBEN:
Mit Mehl, gemahlenen Gewürzen oder **Puderzucker** bestreuen.

BETTSEICHER:
Saarländische Bezeichnung für **Löwenzahn**. Der Name spielt auf die harntreibende Wirkung des Löwenzahns an.

BEUSCHERL:
Süddeutsche Bezeichnung für ein Gericht aus **Innereien vom Kalb** (meist Lunge, Herz).

BINDEN (LEGIEREN):
Andicken und Sämigmachen von Flüssigkeiten wie Suppen, Saucen, Cremes durch **Einrühren eines Bindemittels** (z. B. Mehl, Speisestärke, Mehlbutter, Sahne, Eigelb).

BLANCHIEREN:
Lebensmittel kurz in **sprudelnd kochendes Wasser** tauchen oder damit übergießen, um es vorzugaren, von unerwünschten Geschmacksstoffen oder Verunreinigungen zu befreien, die appetitliche Farbe zu erhalten oder um Häute oder Schalen besser entfernen zu können.

BLANQUETTE:
Ragout aus separat in Brühe gegartem **hellen Fleisch**, aber auch

Fisch oder Gemüse in einer weißen, mit Eigelb und Sahne gebundenen Sauce.

BLAUKOCHEN:
Garmachungsart für ganze Fische (z. B. Aal, Forelle, Hecht, Karpfen, Schleie) in reichlich gesäuertem Würzsud, wobei die von Haus aus bläuliche Fischhaut farblich noch stärker hervortritt.

BLAUKRAUT:
Süddeutsche Bezeichnung für gekochten Rotkohl.

BLINDBACKEN:
Mürbteig ohne den eigentlichen Kuchenbelag (vor-)backen. Damit dabei der Teigrand nicht zusammenrutscht, wird der Teig in der Regel mit Pergament-, Backpapier oder Alufolie ausgelegt und zum Backen mit getrockneten Hülsenfrüchten bedeckt.

BOUQUET GARNI:
Würzsträußchen aus verschiedenen Kräutern, Gemüse und Gewürzen zur Verfeinerung von Brühen und Saucen. Wird vor dem Anrichten entfernt.

BRAISIEREN:
Siehe »Schmoren«.

BRATEN:
Garen von Lebensmitteln (meist Fleisch, Fisch oder Gemüse) in trockener, heißer Luft, meistens unter Zugabe von etwas Fett.

BRATANSATZ:
Durch Austreten des eiweißreichen Fleischsaftes beim Braten entstehende braune Geschmacks- und Farbstoffe. Werden beim Ablöschen zur Saucenbildung gelöst.

BRIDIEREN:
Binden von Geflügel. Dabei werden die Schenkel mit Küchengarn so fixiert, dass sie waagrecht zum Körper stehen und die Geflügelbrust hervortritt.

BRUNOISE:
Fein gewürfeltes Gemüse (meist Wurzelgemüse) für die Zubereitung von aromatischen und farblich ansprechenden Suppen und Saucen. Siehe »Mirepoix«.

BULETTE:
Berliner Bezeichnung für Frikadelle.

BUTTER KLÄREN:
Butter schmelzen und bei geringer Hitze kochen, bis sich ihre Eiweißbestandteile am Topfboden absetzen. Die Butter darf nicht bräunen; aufsteigenden Schaum abschöpfen. Das so entstandene Butterreinfett anschließend durch ein feines Sieb abgießen.

CONCASSE:
In Spalten oder Würfel zerkleinerte und gehäutete Tomatenstücke.

CONFIT:
Eingemachtes; im engeren Sinne auch im (eigenen) Fett eingemachtes Fleisch, Geflügel, aber gelegentlich auch Gemüse.

CONSOMMÉ:
Besonders kräftige, klare Brühe oder Fond von Krustentieren, Fisch, Geflügel oder Fleisch.

COURT-BOUILLON:
Sud aus aromatischen Gemüsen und Kräutern, häufig mit Essig oder Wein versetzt, zum Ansetzen von weißem Fleisch, aber auch Meeresfrüchten oder Fisch.

CRÄWES:
Rheinländische Bezeichnung für Eintopf mit Sauerkraut.

CROÛTONS:
Geröstete Weißbrotscheiben, etwa als Unterlage für kleine Fleischstücke oder, in Würfel geschnitten, als Suppeneinlage.

DÄMPFEN:
Garen im Wasserdampf bei etwa 100 °C im geschlossenen Topf, mit Siebeinsatz über kochender Flüssigkeit oder im Dampfkochtopf.

DARNE:
Dicke Scheibe aus dem Mittelstück von Fischen (hinter dem Kopf bis zum Bauchhöhlenende), die sich zum Braten, Grillen, Dämpfen oder Dünsten eignet.

DATSCHI:
Süddeutsche Bezeichnung für Blechkuchen aus Hefe-, Rühr- oder Mürbteig; typischerweise mit Obst (z. B. Zwetschgendatschi).

DEKORIEREN:
Gebäck oder Konfekt verzieren. Dazu eignen sich etwa gespritzte Ornamente (Sahne, Creme o. Ä.),

geraspelte Schokolade, Marzipanblumen oder kandierte Früchte.

DRESSIEREN:
Teige, Massen oder Cremes mit dem **Spritzbeutel** bzw. Dressiersack und entsprechenden Tüllen (Stern-,

Loch- oder andere Form) in eine gewünschte Form bringen.

DÜNSTEN:
Ein Lebensmittel im geschlossenen Geschirr in **wenig Flüssigkeit**, Fett und im eigenen Saft garen.

EINBRENNE:
Mehlschwitze.

EINKOCHEN (LASSEN):
Siehe »**reduzieren**«.

EISWASSER:
Mit Eiswürfeln oder auch im Kühlschrank **abgekühltes Wasser**.

ENGLISCHE CREME:
Eine Art **Vanillesauce**. Dickflüssige und vielseitig einsetzbare Grundcreme, die in der Regel für Desserts oder zum Füllen von Torten verwendet wird.

ENTFETTEN:
Überschüssiges Fett (von einer Flüssigkeit) mit einer Schöpfkelle oder durch Abtupfen mit Küchenpapier entfernen. Am einfachsten ist es, die erstarrte Fettschicht von der Oberfläche der erkalteten Flüssigkeit abzuheben.

ERDÄPFEL:
Süddeutsche Bezeichnung für **Kartoffeln**.

ESSENZ:
Stark eingekochte Brühe oder **hoch konzentrierter Fond** zur Würzung und Farbgebung von Suppen oder Saucen.

EXTRAKT:
Eingedickte **Essenz**.

FARCE:
Gewürzte, gebundene Füllung für **Pasteten oder Terrinen** aus meist sehr fein zerkleinertem Fleisch, Wild oder Fisch.

FARCIEREN:
Mit einer feinen, gewürzten und **gebundenen Masse** (Farce) füllen oder bestreichen.

FILET:
Bei Fleisch das von Knochen befreite **edle Muskelfleisch** von den hinteren Seiten. Bei Fisch das von den Gräten gelöste Fleisch der Seiten. Bei Früchten die Stücke nach Entfernen der Schaleninnenhäute.

FINES HERBES:
Frische oder getrocknete, **gehackte (meist grüne) Kräuter** in verschiedener Zusammensetzung, teilweise auch mit gehackten Schalotten. Für Fleisch, Gemüse, Eierspeisen, Salate, Saucen, Dips und zum Einlegen.

FLÄDLE:
Schwäbische Bezeichnung für **Pfannkuchen**.

FLEISCHPFLANZERL:
Bayerische Bezeichnung für **Frikadelle**.

FLOTTE LOTTE:
Passiergerät mit Siebboden, durch den weiche Lebensmittel (roh oder gekocht, z. B. Tomaten oder gedünstete Äpfel) mithilfe rotierender Metallblätter gedrückt werden.

FOND:
Flüssigkeit, die beim Kochen beispielsweise von Fleisch und Knochen entsteht und das Aroma des Garguts angenommen hat; **Basis für Suppen und Saucen**.

FRITTIEREN:
Lebensmittel mit oder ohne Teigmantel beziehungsweise Panade in **reichlich heißem Fett** oder Öl (140–190 °C) schwimmend goldbraun ausbacken.

GANACHE:
Aufgekochte Sahne, in der man Kuvertüre schmelzen lässt. Die Masse erstarrt je nach Kuvertüreanteil beim Erkalten oder bleibt flüssig und kann cremig aufgeschlagen werden.

GARNIEREN:
Ein Gericht mit (essbaren) Zutaten, z. B. Kräutern, Pilzen, Obst, belegen, umlegen oder **verzieren**.

GARNITUR:
Umlage eines Gerichts oder **Einlage** (bei Saucen und Suppen). Die Garnitur bestimmt oft den Namen des Gerichts mit, z. B. »Müllerinart« (Gebratenes mit Zitronensaft und gebräunter Butter beträufelt und mit gehackter Petersilie bestreut).

GAR ZIEHEN:
Siehe »**pochieren**«.

GEHEN LASSEN:
Hefeteig mit einem Küchentuch zugedeckt an einen warmen, zugfreien Ort stellen, damit der Teig durch die von der Hefe ausgelöste Gärung sein **Volumen vergrößert** und locker wird.

GEKLÄRTE BUTTER:
Butterreinfett, siehe »Butter klären«.

GELATINE:
Geschmackloses, durchsichtiges **Geliermittel tierischen Ursprungs**. Wird in der Regel zunächst kalt eingeweicht, dann warm aufgelöst; bei sogenannter Instantgelatine entfällt das Einweichen.

GELEE:
Verschiedene geklärte und **erstarrte Flüssigkeiten**, deren Konsistenz von breiartig bis schnittfest reicht.

GLACE:
Stark eingekochter, konzentrierter, **dickflüssiger Fond** von Fisch, Meeresfrüchten, Kalb-, Geflügel- oder Wildfleisch. Zur Geschmacksverbesserung von Saucen oder zum Überglänzen von Speisen. Erkaltet ist die Glace so fest, dass sie problemlos aufgeschnitten werden kann.

GLACIEREN:
Speisen mit **Glace überziehen**, um ihr Aussehen zu verbessern und sie vor Austrocknung zu schützen. Statt Glace können auch Butter oder Zucker und Fond verwendet werden.

GLASIEREN:
Überziehen von Speisen mit einer **dünnen Glasurschicht** aus Zucker oder Eis.

GRATINIEREN:
Ein Gericht bei Oberhitze oder unter dem **Grill überbacken**, sodass es eine appetitliche, knusprig-braune Kruste bekommt.

GRILLEN:
Garen und Bräunen eines Lebensmittels oder einer Speise bei Strahlungshitze (ca. 350 °C) im (Elektro-)Ofen, unter dem Gasgrill oder über Holzkohleglut.

GRÜNER SPECK:
Ungeräucherter **fetter Speck**.

HACKEPETER:
Berliner Bezeichnung für **Hackfleisch** vom Schwein.

HOLLANDAISE (SAUCE HOLLANDAISE):
Aufgeschlagene **Buttersauce**, die die Basis für zahlreiche Saucenvarianten ist und in Deutschland auch allein vor allem zu Spargelgerichten gereicht wird.

HOLLER:
Bayerische Bezeichnung für **Holunder**.

HOMOGENISIEREN:
Zutaten einer Creme, Sauce oder Glasur mit dem **Mixstab** gleichmäßig pürieren, sodass die fertige Masse eine glatte, meist sämige Konsistenz aufweist.

JULIENNE:
Sehr feine Streifen von Gemüse, Zitrusfruchtschalen, Schinken und Geflügelfleisch. Als Einlagen in Suppen und Saucen oder auch als Beilage bzw. Garnitur.

JUS:
Reiner **Fleisch- oder Bratensaft**, auch konzentrierter Fond.

KARAMELLISIEREN:
Zucker mit oder ohne Wasserzugabe **schmelzen** und leicht bräunen lassen. Auch: Ein Lebensmittel oder eine Speise mit zu Karamell gekochtem Zucker überziehen.

KARKASSE:
Gerippe von Fisch, Krustentieren und Geflügel. **Grundlegende Zutat** für Fonds.

KASSEROLLE:
Zylindrischer **Kochtopf** mit Deckel.

KLÄREN:
Aus Flüssigkeiten (Fonds, Brühen) **trübende Bestandteile entfernen**. Durch Zugabe von rohem Eiweiß und/oder gehacktem Fleisch oder Fisch bei gleichzeitigem Erhitzen der zu klärenden Flüssigkeit werden die Trübstoffe gebunden.

KLARKOCHEN:
Eine Flüssigkeit bei schwacher Hitze kochen lassen, dabei wiederholt den **aufsteigenden Schaum** und das Fett abschöpfen, bis die Flüssigkeit vollkommen klar ist.

KLETZEN:
Süddeutsche Bezeichnung für **getrocknete Birnen**.

KNÖDEL:
Süddeutsche Bezeichnung für alle Arten von **Klößen**.

KNÖPFLE:
Schwäbische Bezeichnung für mehr oder weniger **rund geformte Spätzle** (im Gegensatz zu geschabten, länglichen Spätzle).

KÖCHELN (LASSEN):
Bei **schwacher Hitze** gerade am Sieden halten (simmern lassen).

KOCHEN:
Bis zum **Siedepunkt erhitzen**, sieden; das Gargut im ca. 100 °C heißen, wallenden Wasser garen. Allgemein auch als Synonym für Garen gebräuchlich.

KREN:
Süddeutsche Bezeichnung für **Meerrettich**.

KUVERTÜRE:
Schokolade, die sich speziell zum **Überziehen** von Gebäck und Konfekt eignet. Sie wird im Wasserbad geschmolzen. Je nach Verwendungszweck mit unterschiedlichem Kakaogehalt erhältlich.

LÄUTERZUCKER:
Klarer, **gekochter Sirup** aus Wasser und Zucker (im Verhältnis 2,5 : 1) zum Tränken von Gebäck und für Cremes.

LIWANZEN:
Runde **Eierkuchen**, die aus dickflüssigem Teig in einer Spezialpfanne mit Vertiefungen zubereitet werden. Auch **Plinsen** genannt.

MARINADE:
Mit Kräutern und Gewürzen versetzte Flüssigkeit zum Würzen, Haltbar- und Mürbemachen von Fleisch, Fisch und Gemüse. Auch als Synonym für Salatsauce (z.B. Essig-Öl-Marinade) verwendet.

MARINIEREN:
In Würzflüssigkeit einlegen oder damit mischen (Salat).

MEHLBUTTER (BEURRE MANIÉ):
Mehl mit Butter zu gleichen Teilen verkneten und die Masse zur Rolle formen, von der nach Bedarf portionsweise Scheiben geschnitten werden, oder walnussgroße Kugeln rollen. Dient als Bindemittel für Suppen und Saucen.

MERINGE:
Bezeichnung für Baiser (im Backofen getrockneter, gesüßter Eischnee).

METT:
Norddeutsche Bezeichnung für Schweinehackfleisch.

MILLE-FEUILLE:
»Tausend Blätter«; französische Bezeichnung für Blätterteig.

MIREPOIX:
Röstgemüse zum Würzen von Suppen und Saucen. Besteht aus klein geschnittenen und leicht angerösteten Möhren und Zwiebeln, eventuell auch Staudensellerie, Schinken, Speck und Kräutern.

MONTIEREN:
Eiskalte Butterstückchen mit dem Schneebesen oder Pürierstab in eine Sauce oder Suppe einarbeiten. Dadurch wird die Flüssigkeit leicht gebunden, sämiger und erhält zudem einen feinen Buttergeschmack.

NAPPIEREN:
Mit Sauce überziehen (vollständig oder auch nur in Teilen).

NUSSBUTTER:
Gebräunte Butter. Wird hergestellt durch Erhitzen von Butter.

PARIEREN:
Fleisch, Fisch, Meeresfrüchte von nicht essbaren Teilen befreien und gleichmäßig zurechtschneiden.

PARÜREN:
Abfälle, die beim Zerlegen und Parieren entstehen (z.B. Fett, Haut, Sehnen oder Schalen).

PASSIEREN:
Eine Flüssigkeit durch ein feines Sieb oder ein Tuch gießen.

PERLSAGO:
Körniges Stärkeerzeugnis zum Binden von Süßspeisen und Suppen.

PLATTIEREN:
Ein Lebensmittel (z.B. Fleisch) mit dem Messerrücken, Fleischklopfer oder Plattiereisen zur Lockerung des Bindegewebes klopfen.

POCHIEREN:
Garen in reichlich Flüssigkeit unter dem Siedepunkt (70–95 °C); die Flüssigkeit darf nicht zum Wallen kommen. Besonders schonende Garmethode, insbesondere für Eier, Klöße, geräuchertes Fleisch, Geflügel, Fisch, Austern.

PUDERZUCKER:
Sehr fein zermahlener Zucker. Wird vor allem dort eingesetzt, wo Zuckerkristalle sich nicht so leicht lösen können.

PÜRIEREN:
Herstellen von Püree oder Mus durch Zerdrücken oder Mixen mit einem Pürierstab, Mixer oder mithilfe von Sieb und Löffel. Siehe auch »Flotte Lotte«.

RADI:
Oberbayerische Bezeichnung für Rettich.

REDUKTION:
Stark eingekochte Flüssigkeit.

REDUZIEREN:
Flüssigkeiten wie Fonds, Suppen oder Saucen auf die gewünschte Konzentration einkochen, auch sämig kochen; verstärkt den Geschmack.

REIBERDATSCHI:
Bayerische Bezeichnung für Reibekuchen.

RÖSTEN:
Garen und Bräunen ohne Zugabe von Fett durch unmittelbare Einwirkung von Kontakt- oder Strahlungshitze bei sehr hoher Temperatur.

ROUX:
Weißliche, hellbraune oder stark gebräunte Mehlschwitze als Basis für Suppen und Saucen. Siehe »Einbrenne«.

SABAYON:
Im Wasserbad aufgeschlagene feincremige Sauce auf der Basis von Zucker und Eigelb unter Beigabe von Weißwein, Marsala oder anderen aromatischen Flüssigkeiten. In der Regel hat das Sabayon süßlichen Geschmack; abgewandelt kann es jedoch auch pikant gewürzt werden.

SCHÄUFELE:
Baden-württembergische Bezeichnung für Spanferkelschulter.

SCHMOREN:
Anbraten und Bräunen von Lebensmitteln mit meist grober Konsistenz (z. B. Fleisch) in heißem Fett mit anschließender Flüssigkeitszugabe; fertig garen im geschlossenen Topf.

SCHWAMMERL:
Bayerische Bezeichnung für Pilze aller Art.

SCHWEINENETZ:
Fetthaltige Gewebehaut des Bauchfells vom Schwein. Schweinenetz wird als Hülle für Farcen oder auch zum Zusammenhalten von Fleischscheiben mit Auf- oder Einlage verwendet (frz. Crépine). Das Fett tritt bei der Zubereitung aus dem netzartigen Gewebe aus.

SEMMEL:
Bayerische Bezeichnung für Brötchen.

SIMMERN:
Leise köcheln lassen.

SPICKEN:
Durchziehen von tiefgekühlten Speckstreifen mithilfe einer Spicknadel durch größere Fleischstücke zum Schutz vor deren Austrocknen. Auch nicht zu tiefes Einbringen von Kräutern oder von Knoblauch mit dem Spickmesser in Fleisch zum Aromatisieren.

STÄBCHENPROBE:
Garprobe für Kuchen, Torten und Kleingebäck, bei der ein Holzstäbchen in die dickste Stelle eines Gebäcks gesteckt und langsam wieder herausgezogen wird. Haften keine feuchten Teigreste mehr daran, kann das Gebäck aus dem Ofen genommen werden.

STOCKEN:
Gerinnen oder Festwerden einer in der Regel eihaltigen Masse. Auch für Eismasse verwendet.

SUD:
Gewürzte Kochflüssigkeit.

TEMPERIEREN:
Schmelzen, Abkühlen und langsames Wiedererwärmen (bis 32 °C) von Schokolade und Kuvertüre.

TOPFEN:
Südbayerische (und auch österreichische) Bezeichnung für sehr trockenen Quark.

TOURNIEREN:
Abrunden der Kanten eines zerkleinerten Lebensmittels (z. B. Apfelspalten) mit einem Messer.

TRÄNKEN:
Beträufeln von luftigem Gebäck mit Zuckersirup und/oder anderen aromatischen Flüssigkeiten.

TRESTER:
Restmasse, die nach dem Keltern von Wein übrig bleibt und mit Wasser und Zucker zum sogenannten Nachwein vergoren wird, aus dem Tresterbranntwein (umgangssprachlich ebenfalls Trester genannt) gebrannt wird.

UNTERHEBEN:
Behutsames Mischen von Zutaten durch langsame und rollende Bewegungen mit dem Schneebesen, ohne dass die dabei eingeschlagene Luft wieder entweicht.

WÄSSERN:
Nahrungsmittel einweichen, meist um unerwünschte Geschmacks- oder Trübstoffe herauszulösen und zu entfernen. Wird besonders bei der Zubereitung von Innereien (Hirn, Nieren, Bries) sowie Fischkarkassen angewendet.

WAMMERL:
Bayerische Bezeichnung für durchwachsenen Bauchspeck mit Schwarte, der roh, geräuchert oder gekocht in den Handel kommt.

WARM- UND KALTSCHLAGEN:
Eine Masse unter Hitzezufuhr zu größerem Volumen aufschlagen, dann ohne Hitzezufuhr weiterschlagen, bis sie wieder abgekühlt ist. Eine derart zubereitete Masse (Biskuit, Baiser, Sabayon) wird besonders stabil.

WASSERBAD (BAIN MARIE):
Auch Bezeichnung für ein Kochgeschirr, das für besonders schonendes Garen im Wasserbad, zum Warmhalten von Speisen, zum Warm- und Kaltschlagen von Massen und zum behutsamen Schmelzen von Kuvertüre eingesetzt werden kann. Das Geschirr besteht im Prinzip aus zwei ineinandergestellten Töpfen, zwischen denen heißes Wasser ist, das für den gewünschten Wärmeaustausch sorgt.

ZESTE:
Dünn abgeschältes Stück Schale von Zitrusfrüchten. Wird anschließend häufig in feinste Streifen geschnitten; enthält aromatisches Zitrusöl.

ZESTENREISSER:
Mit dem Zesteur oder Zestenreißer wird die Schale von Zitrusfrüchten in Zesten direkt von der Frucht abgezogen. Größere Schalenstücke werden mit dem Messer fein geschnitten.

Register

Alle Rezepte, Hauptzutaten sowie die wichtigsten kochtechnischen Fachbegriffe

C

G

H

L

Z

Unsere Spitzenköche ...

BERND AROLD

Zu Recht wird Bernd Arold als Meister fantasievoller Gerichte bezeichnet, der mit den verschiedensten Kräutern und Gewürzen und vor allem mit Fruchtsaftaromen spannende kulinarische Kreationen schafft. Nach seiner Ausbildung zum Koch im unterfränkischen Würzburg waren der »Käfer« in München und die renommierten »Schweizer Stuben« in Wertheim-Bettingen wichtige Stationen seiner Kochkarriere. Zu Stefan Marquard, als dessen Schüler er sich nach wie vor versteht, kam er dann in den »3 Stuben« in Meersburg und folgte ihm anschließend nach München ins »Lenbach«. Marquards Philosophie, die keine Rezepte und vor allem keine Kompromisse kennt, nahm Bernd Arold, der sich bereits einen Stern im Guide Michelin erkocht hat, als Küchenchef mit in das »Ess Neun« in München: Dort entpuppen sich vor den Augen des Gastes beispielsweise einfache »Fischstäbchen« als zartes, saftiges Heilbuttfilet, eingehüllt in eine mit Roter Bete gefärbte, knusprige Teighülle.

MICHAEL BAADER

Der Küchenchef des Kunst- und Galeriehotels »Der Teufelhof« in Basel lernte sein Handwerk unter anderem im »Kurhotel Sonne« in Freudenstadt und als Souschef im Restaurant »Katzenberger's Adler« in Rastatt. Weitere ausschlaggebende Stationen zur Findung seines eigenen Kochstils waren die Stellen als Souschef im »Landhaus Scherrer« in Hamburg sowie die langjährige Tätigkeit als Souschef im Hotel »Schweizer Stuben« in Wertheim-Bettingen.

Er hat sich auf die Fahnen geschrieben, seine Gäste täglich mit neuen Kreationen aus Küche und Weinkeller zu überraschen. Michael Baader setzt dabei auf die absolute Frische und herausragende Qualität seiner Zutaten sowie auf die handwerklich meisterliche Verarbeitung dieser Rohstoffe, die er, abgestimmt auf regionale und saisonale Angebote, zu außergewöhnlichen Menüs zusammenstellt. So hat er sich, gemeinsam mit seiner Küchenbrigade, einen Stern im Guide Michelin und 15 Punkte im Gault Millau für sein Restaurant »Bel Etage« im Hotel »Der Teufelhof« erkocht.

MARKUS BISCHOFF

Seinen Ruf als hervorragender Koch begründete Markus Bischoff durch seine Arbeit in den unterschiedlichsten Spitzenrestaurants: So war er unter anderem in der »Auberge de l'Ill« im elsässischen Illhäusern, bei Eckart Witzigmann in der »Aubergine« in München und lange Jahre im »Leeberghof« am Tegernsee als Inhaber und Küchenchef tätig.

Seit einiger Zeit begrüßt Markus Bischoff seine Gäste im eigenen malerisch gelegenen Restaurant am Tegernsee »Bischoff am See«: Dort begeistert er Feinschmecker von nah und fern mit seinem außergewöhnlichen Kochstil, der bayerische, aber auch italienische und asiatische Akzente aufweist. Markus Bischoff hat sich unzählige Auszeichnungen erkocht: Der Gault Millau verlieh ihm 17 Punkte und sein Restaurant schmückt sich mit einem Michelin-Stern. »Der Feinschmecker Hotel & Restaurant Guide 2007« ehrte Markus Bischoff mit 3,5 F. In der eigenen Kochschule gibt er Interessierten sein Wissen in kleiner, lockerer Runde weiter. Nähere Informationen dazu im Internet unter www.bischoff-am-see.de

INGO BOCKLER

Gute Produkte in ein gutes Essen zu verwandeln – das ist das ebenso einfache wie erfolgreiche Motto, nach dem Ingo Bockler kocht. Nach seiner Ausbildung war er in den unterschiedlichsten Restaurants tätig, etwa im Hotel »Alpenhof« in Murnau oder dem Schlossrestaurant »Schöningen« (Schöningen, Niedersachsen). Als Küchenchef im Restaurant »Merlin« in Großburgwedel bei Hannover erhielt er für seine kreative Küche den begehrten Michelin-Stern.

Derzeit arbeitet er im Hotel »Hohenhaus« in Herleshausen. Die moderne Klassik bildet in seiner Küche die Basis für seine Gerichte, die jedes für sich als individuelle Highlights aus seiner Küche kommen, wie zum Beispiel ein auf Bohnenkraut gebratenes Lammkaree mit Burgunderjus und weißem Bohnenconfit. »Der Feinschmecker Hotel & Restaurant Guide 2007« ehrte Ingo Bocklers Küche mit 3 F.

Sehr beliebt sind auch die Hohenhaus-Kochseminare für Feinschmecker, bei denen der Sternekoch sein Wissen gerne an interessierte Hobbyköche weitergibt.

HOLGER BODENDORF

Auf Sylt, im Hotel »Landhaus Stricker«, zelebriert der Sternekoch Holger Bodendorf seine viel gepriesene Cuisine méditerranée. Er weiß aber auch mit Sylter Spezialitäten zu glänzen.

Holger Bodendorf arbeitete am Herd so bekannter Gourmetadressen wie im Restaurant »Alte Krone« in Bempflingen (Baden-Württemberg), dem »Landhaus Scherrer« und Kempinski Hotel »Atlantic« in Hamburg, in »Petermann's Kunststuben« in Zürich sowie im »Da Gianni« in Mannheim. Der Guide Michelin verlieh ihm bereits zum siebten Mal in Folge den begehrten Stern.

Mittlerweile verwöhnt er im »Landhaus Stricker« auf Sylt das Feinschmecker-publikum. Hier haben die Gäste die Wahl zwischen regionaler Frischküche (Kaminzimmer/Tenne) und mediterraner Gourmetküche im »Bodendorf's«. Holger Bodendorf überzeugt beispielsweise mit lauwarmer Tarte von Artischocken mit Trüffelvinaigrette, gebratenem Seeteufel und knuspriger Poulardenhaut sowie mit Rochenflügel auf Schwarzwurzelschaum mit Banyulsreduktion und karamellisierten Sultaninen. »Der Feinschmecker Hotel & Restaurant Guide 2007« ehrte Holger Bodendorf mit 3,5 F.

BOBBY BRÄUER

»... Bobby Bräuer ist ein Cagliostro am Herd, ein Zauberer... « So beschreibt der bekannte Gastronomiejournalist August F. Winkler die Kochkünste des Spitzengastronoms.

Bobby Bräuer erwarb seine Kochkünste in vielen renommierten Häusern: So war er nach seiner Ausbildung zum Koch unter anderem bei Eckart Witzigmann im Restaurant »Aubergine« in München tätig, später arbeitete er als Küchenchef im Hotel »Königshof« in München und im Restaurant »Victorian« in Düsseldorf. Die Liste seiner Auszeichnungen und Preise ist lang und umfasst einen Michelin-Stern und 17 Punkte vom Gault Millau. Mittlerweile verwöhnt er in der »Quadriga« im Hotel »Brandenburger Hof« in Berlin seine Gäste. Hierbei pflegt er eine regionale und saisonale Küche mit Raffinesse, aber auch die mediterrane Küche mit ihren natürlichen Aromen bringt er zur Perfektion. So verwöhnt er seine Gäste mit einer feinen Essenz aus der Milchkalbstelze mit Raviolo und Meerrettich. »Der Feinschmecker Hotel & Restaurant Guide 2007« ehrte Bobby Bräuer dafür mit 3,5 F.

MATTHIAS BUCHHOLZ

Die Kochkarriere des Matthias Buchholz ist eine Erfolgsgeschichte: Ein Michelin-Stern, der zweifache »Berliner Meisterkochtitel«, 18 Punkte Gault Millau und 2,5 F vom »Der Feinschmecker Hotel & Restaurant Guide 2007« erhielt er für seine Kochkunst, die sich durch »zeitgemäße Leichtigkeit und sinnliche Würzfantasie« auszeichnet.

Nach seiner Ausbildung zum Koch arbeitete Matthias Buchholz in verschiedenen Restaurants, unter anderen im »Weinhaus Brückenkeller« in Frankfurt, im Restaurant »Schießhaus« in Gelnhausen und im Restaurant »Logenhaus« in Berlin. Als Chef de Cuisine im Gourmetrestaurant »First Floor« in Berlin begeistert er seine Gäste mit hervorragenden Menüs, die deutsche und internationale Küche zu einem harmonischen Ganzen verbinden. So verwöhnt er seine Gäste mit gebratenem Kaninchenrücken mit Flusskrebsen und gegrilltem Spargel im Chorizosud oder mit pochiertem Rinderfilet im Senf-Kräuter-Mantel auf Selleriemousseline mit einer Ochsenschwanzsauce.

Ein besonderes Angebot richtet Matthias Buchholz an interessierte Hobbyköche, die in seinem Gourmetkochkurs Kochgeheimnisse enträtseln dürfen.

THOMAS BÜHNER

Thomas Bühner hat zu Beginn seiner Karriere unter anderem bei Harald Wohlfahrt in der »Schwarzwaldstube« des Hotels »Traube« (Tonbach) gearbeitet. Heute ist er Chefkoch des Restaurants »la vie« in Osnabrück und versteht Kochen als kreativen Prozess. So weiß er Spezialitäten der internationalen Spitzenküche seine individuelle Note zu geben. In Thomas Bühners vielseitiger und kreativer Küche gibt es einen obersten Grundsatz: Qualität genießt stets die höchste Priorität. Die Produkte werden nach Möglichkeit saisonal und zum Teil regional bezogen. Seine Gäste lieben besonders Strudel vom Moorhuhn und Bresse-Taube mit Schwarzwurzeln, Steinpilzen und Rouenaiser Sauce.

Die Anerkennung seiner Leistungen wurde ihm durch den Guide Michelin in Form von zwei Sternen zuteil. Vom Gault Millau wurde er zum »Koch des Jahres 2006« gekürt und mit 19 Punkten bewertet. »Der Feinschmecker« zeichnete das »la vie« als »Restaurant des Jahres 2006« aus. Der »Aral-Schlemmeratlas« verlieh ihm als Spitzenkoch 2006 4,5 Löffel und »Der Feinschmecker Hotel & Restaurant Guide 2007« ehrte Bühner mit 4 F.

BERNHARD DIERS

Für das Stuttgarter Restaurant »Zirbelstube« hat Bernhard Diers sich bereits den fünften Michelin-Stern seiner Karriere erkocht, die ihn unter anderem in das »Historische Gasthaus Schwanen« in Haigerloch (zwei Michelin-Sterne) und in den »Marstall« in München (zwei Michelin-Sterne) führte. Bernhard Diers arbeitete zudem in Eckart Witzigmanns Restaurant »Aubergine« in München.

Der »Aral-Schlemmeratlas« zeichnete Bernhard Diers mit 4,5 Löffel aus. Die französische Feinschmecker-Bibel Gault Millau lobt ihn in den höchsten Tönen: Er sei »bei allem, was er zubereitet, einem strengen Harmoniebedürfnis unterworfen«. So richtet sein Küchenteam um Carsten Neumann eine Tranche von der Poltinger Lammkeule in der Senf-Meerrettichkruste oder das Mosaik vom Rind und Kalb im Gänsestopflebermantel mit Zwiebelquiche an und weiß die Gäste damit rundum zu überzeugen.

ALEXANDER DRESSEL

Wichtige Schritte seiner Karriere legte der in Berlin geborene Alexander Dressel im Sternerestaurant »La Pergola« (drei Michelin-Sterne), im »Cavalieri Hilton« in Rom, im »Borchardt« in Berlin (14 Punkte Gault Millau) und im »Schwarzen Adler« in Kitzbühl zurück. Hier kürte ihn der Gault Millau 2002 zum »Newcomer«. 2004 zeichnete ihn »Der Feinschmecker Hotel & Restaurant Guide« als »Aufsteiger des Jahres« aus.

Seine neue berufliche Heimat hat Alexander Dressel in Potsdam gefunden: Als Küchenchef und Direktor ist er im Hotel »Bayerisches Haus« tätig. »Mich fasziniert die Leichtigkeit der italienischen Küche«, sagt Alexander Dressel, »von ihr lasse ich mich am meisten inspirieren«. Er versteht es, traditionelle deutsche Gerichte mit mediterranem Flair zu veredeln. So serviert er zum Beispiel Schorfheider Reh, glasierte Maronen mit Herbsttrompeten und Kardamomchiboust und begeistert damit nicht nur seine Gäste: Der Guide Michelin verlieh seiner Küche einen Stern und »Der Feinschmecker Hotel & Restaurant Guide 2007« ehrte Alexander Dressel mit 2,5 F.

KARL EDERER

Karl Ederer lernte im Laufe seiner Ausbildung die verschiedenen Ausprägungen der Haute Cuisine kennen: So im Münchener Nobelrestaurant »Tantris«, im »Aubergine« bei Eckart Witzigmann und in Frankreich, wo er unter den 3-Sterne-Köchen Bernard Loiseau und Alain Senderens arbeitete.

Für das Gasthaus »Glockenbach« in München wurde Karl Ederer vom Gault Millau 1993 zum »Restaurateur des Jahres« gekürt, und er erkochte sich einen Stern im Guide Michelin. Er war der erste Sternekoch, der mit dem »Wirtshaus zum Schweinsbräu« in den Hermannsdorfer Landwerkstätten ein ökologisches Restaurant eröffnete und bis 1998 betrieb. Seit 2001 führt er das »Ederer« in einem denkmalgeschützten Stadtpalais im Herzen Münchens. Das Motto seiner Küche heißt: »Puristische Gastronomie auf höchstem Niveau«. Im Mittelpunkt stehen bei ihm dabei immer die Zutaten und ihre Qualität: naturbelassene, regionale Produkte, bevorzugt aus ökologischem Anbau bzw. Aufzucht, am jahreszeitlichen Angebot orientiert. Seine Gäste überzeugt er mit ausgesuchten Spezialitäten wie Fasanenbrust mit Lardo und Maronen im Romanablatt gebraten, dazu confierter Lauch. »Der Feinschmecker Hotel & Restaurant Guide 2007« ehrte Karl Ederer mit 2 F.

GERD M. EIS

Nach seiner Ausbildung und Stationen wie dem Mainzer »Hilton« erlebte Gerd M. Eis seine kreativen Prägungen bei Johann Lafer. In dem damals gerade mit zwei Michelin-Sternen ausgezeichneten Restaurant »Le Val d'Or« lernte er die asiatische Küche kennen. Fortan gepackt von den Finessen und Freihand-Interpretationen zog es Gerd M. Eis nach Asien. Er verbrachte sieben Jahre in führenden Häusern Asiens, wie dem »The Imperial Queen´s Park« oder dem »Pacific City Club« in Bangkok, Thailand. Zuletzt war er Küchenchef im Restaurant »Plume« im »Regent Hotel« in Hongkong.

1998 ereilte ihn der Ruf zurück in die Heimat als Küchenchef und Restaurateur der legendären »Ente« im Hotel »Nassauer Hof« in Wiesbaden. Dort erkochte er sich einen Michelin-Stern sowie 17 Punkte im Gault Millau. In seinen acht »Enten-Jahren« hat er sich mit seinen Kreationen und seiner leichten, frischen und weltoffenen Küche einen Namen gemacht. Derzeit stellt sich Gerd M. Eis neuen Herausforderungen als Leiter der Entwicklung und Qualitätskontrolle für das Unternehmen »Sander Gourmet« in Wiebelsheim. Dort ist er auf der Suche nach neuen Trends und Entwicklungen und nutzt seine Kreativität für Innovationen und Verbesserungen auf dem Foodmarkt.

MARTIN FAUSTER

»Eine einfache, gute, klare Küche. Das Hauptprodukt im Mittelpunkt, witzig und originell gekocht, kein Schnickschnack«, so beschreibt Martin Fauster den Stil seiner Küche.

Nach einigen Wanderjahren durch die Küchen dieser Welt, die ihn unter anderem auch in Alfons Schuhbecks »Kurhausstüberl« (ein Michelin-Stern) nach Waging am See (Bayern) sowie zu Hans Haas ins Münchener »Tantris« (zwei Michelin-Sterne) und zu Olivier Roellinger ins »Maisons de Bricourt« (zwei Michelin-Sterne) in der Bretagne führten, möchte er diese Philosophie nun im Hotel »Königshof« in München als Küchenchef gemeinsam mit seiner Mannschaft umsetzen. Seine Küche im »Königshof« wurde bereits mit einem Michelin-Stern, 18 Punkten im Gault Millau und 3,5 F vom »Der Feinschmecker Hotel & Restaurant Guide 2007« geehrt. Dem verwöhnten Gaumen bietet Fauster hier beispielsweise ein Gourmetmenü mit sieben Gängen, das von Mariniertem und Gebratenem vom Taschenkrebs mit eingelegtem Muskatkürbis bis zum Süppchen von der Erdbeertraube mit Vanillesorbet reicht.

STEPHAN FRANZ

Seine Leidenschaft für Süßes hat Stephan Franz, nachdem er zunächst eine Ausbildung zum Koch im Hotel »InterContinental« in Berlin absolvierte, schließlich zum Beruf gemacht. Er erlernte den Beruf des Konditors im Münchener »Konditorei-Café Widmann«. Schnell stieg er zum Chefpatissier auf und arbeitete in so renommierten Häusern wie den Restaurants »Aubergine« und »Tantris« in München oder dem Hotel »Adlon« in Berlin. Dort erhielt er 1999 die Auszeichnung als bester Patissier. Der Gault Millau zeichnete ihn 2002 als Patissier des Jahres aus und der »Aral-Schlemmeratlas« wählte ihn zum Patissier des Jahres 2005.

Überdies begleitete er zahlreiche Publikationen als Rezeptautor, Foodstylist und Autor und wirkte an vielen Fernsehproduktionen mit. Inzwischen arbeitet er im Unternehmen seiner Frau, die sich mit »Schokofoto« auf die Fotoproduktion von Objekten aus Schokolade spezialisiert hat.

BJÖRN FREITAG

Björn Freitag ist einer der jüngsten deutschen Köche mit Michelin-Stern: Sein Restaurant »Goldener Anker« in Dorsten, das er bereits als 24-jähriger übernahm, hat sich zu einem Spitzenrestaurant in Nordrhein-Westfalen entwickelt, das neugierige Feinschmecker, aber auch treue Liebhaber des alteingesessenen Traditionshauses anzieht. »Der Feinschmecker Hotel & Restaurant Guide 2007« ehrte Björn Freitag mit 2,5 F.

Seinen handwerklichen Schliff erhielt der ehrgeizige junge Koch in Renommierhäusern wie der »Ente« in Wiesbaden oder dem »Brückenkeller« in Frankfurt. Seine eigene Handschrift aber ist heute in keinem Menü mehr zu übersehen: kreative Kombinationen mit frischesten Produkten, internationalen Spezialitäten, aber auch regionaler Küche. Spaß am Herd steht bei dem Spitzenkoch im Mittelpunkt, wenn er Kochschülern seine innovative, aber bodenständige Küche vermittelt, wie zum Beispiel Carpaccio vom Ochsenrücken mit Tomatengelee, frittierten Artischocken und Rucolapistou.

KARL-JOSEF FUCHS

Karl-Josef Fuchs bevorzugt in seiner Küche im »Romantik Hotel Spielweg« im Münstertal regionale Produkte seiner badischen Heimat, raffiniert kombiniert und auf die entsprechenden Jahreszeiten abgestimmt. Besonders stolz ist er auf seine eigene Käserei, wo aus heimischer Milch zart schmelzender Obermünstertäler Weichkäse bis hin zu würzig pikantem Spielweger Bergkäse produziert wird. Diese Käse reicht Karl-Josef Fuchs sowohl zur traditionellen badischen Vesper als auch zum Abschluss eines Menüs. Seine Gäste genießen höchste regionale Gaumenfreuden, wie etwa Hirschkalbsfilet und Wildschweinbratwürstle auf Rahmkohlrabi mit Kartoffel-Knoblauch-Püree oder Frikassee von Zander und Krebsen mit breiten Nudeln und krossem Speck.

Karl-Josef Fuchs ist zudem Gründungsmitglied der »Jeunes Restaurateurs d'Europe Deutschland«, einer Vereinigung von inzwischen fast 50 jungen deutschen Spitzenköchinnen und -köchen. »Der Feinschmecker Hotel & Restaurant Guide 2007« ehrte ihn mit 2 F.

JÖRG GLAUBEN

Aufgewachsen ist Jörg Glauben in Homburg, seine Ausbildung zum Koch absolvierte er im »Parkhotel Adler« in Hinterzarten (Schwarzwald). Er arbeitete im Laufe seiner Karriere in zahlreichen Spitzenrestaurants wie dem 2-Sterne-Restaurant »Zum Ritter« in Durbach, und dem »Gravenbruch Kempinski« in Frankfurt. Jörg Glauben war vier Jahre Küchendirektor und Hotelchef von »Schloss Berg« in Perl-Nennig (ein Michelin-Stern).

Von 1993 bis 1999 war Jörg Glauben im »Saint Michel« in Luxemburg tätig, wo er sich einen Michelin-Stern erkochte. Seit 1999 arbeitet er im Gourmetrestaurant »Tschifflik« des Romantik Hotels »Landschloss Fasanerie« in Zweibrücken und ist mit zahlreichen Auszeichnungen für seine hervorragende Küche geehrt worden. So leuchtet seit 2001 ein Michelin-Stern über seinem Restaurant und der Gault Millau bewertet seine Kochkünste mit 17 Punkten. »Der Feinschmecker Hotel & Restaurant Guide 2007« ehrte Jörg Glauben mit 3,5 F. Der »Aral-Schlemmeratlas« kürte ihn 2004 zum »Aufsteiger des Jahres« und verlieh ihm 4,5 Schlemmerlöffel. Er begeistert seine Gäste mit Tschiffliks-Kartoffelsalat mit Trüffel, Gänseleber und Rotbarbe auf Kokoscurry-Milchreis mit Röstzwiebeln.

HANS HAAS

Hans Haas hat sich als Chef de Cuisine des Restaurants »Tantris« in München einen Namen in der Welt der Haute Cuisine gemacht. Unter seinen zahlreichen Auszeichnungen sind zwei Michelin-Sterne, 18 Punkte des Gault Millau und 5 F vom »Feinschmecker Hotel & Restaurant Guide 2007«. Darüber hinaus wurde er wiederholt unter die »Top Ten Köche« gewählt (2005, 2006).

Die Stationen seiner Karriere führten ihn unter anderem in die Spitzengastronomie wie dem Restaurant »Auberge de l'Ill« in Illhäusern in Frankreich, zu Eckart Witzigmann ins »Aubergine« nach München und ins Restaurant »Brückenkeller« nach Frankfurt am Main.

Seit 1991 verwöhnt er im »Tantris« in München ein Gourmetpublikum mit Köstlichkeiten wie Medaillons vom Rehrücken mit Steinpilzen, Rotkraut und gebackenem Kartoffelknödel. Sein Credo ist »Genuss ohne Reue«; praktisch umgesetzt in seiner Küche bedeutet dies die optimale Zubereitung von qualitativ hochwertigen Produkten und eine angenehme Atmosphäre für seine Gäste.

MARKUS HERBICHT

In seine Kochkunst fließen Erfahrungen aus verschiedenen Spitzenrestaurants und ganz unterschiedlichen Ländern ein. Er arbeitete beispielsweise zwei Jahre bei Johann Lafer im »Le Val d'Or«. Auch erkundete der gebürtige Saarländer Markus Herbicht immer wieder die asiatische Küche in Thailand. So arbeitete er unter anderem in den beiden 5-Sterne-Restaurants »Kamala Bay Terrace Resort« auf Phuket (Thailand) und »The Imperial Queens's Park Hotel« (Bangkok).

Markus Herbicht übernahm als jüngster Küchenchef Deutschlands 1994 die 5-Sterne-Küche des »Radisson SAS Hotels« in Berlin und entwickelte anschließend im »Kempinski Resort Hotel Estepona« in Spanien seinen unverwechselbaren Kochstil. Zurück in Berlin, war er viereinhalb Jahre lang Küchenchef des »Westin Grand Hotels«. 2006 wechselte er in ein Gastronomieimperium: Seither ist er Küchendirektor bei der Firma »Gastart«, die unter anderem die Restaurants »Borchardt« und »Pan Asia« in Berlin betreibt.

ALEXANDER HERRMANN

Bevor Alexander Herrmann Küchenchef in »Herrmann's Romantik Posthotel & Restaurant« in Wirsberg (Franken) wurde, zog es ihn hinaus in die Welt der Spitzengastronomie: Hochkarätige Betriebe wie das »Romantik Hotel Rottner« in Nürnberg, die »Schweizer Stuben« in Wertheim, Alfons Schuhbecks »Kurhausstüberl« in Waging, der »Scholteshof« in Hasselt (Belgien) sowie Karl Ederers Restaurant »Glockenbach« in München waren seine Stationen, bevor er 1995 dem Ruf in den heimischen Betrieb folgte.
Mit zwei Restaurantkonzepten erfüllt er hier vielfältigste kulinarische Ansprüche: Die gemütliche Stube steht für zeitgemäße fränkische Kreationen. Herrmann's Restaurant dagegen offeriert spannend-anspruchsvolle Gourmetküche. Mit seinen kreativen, durchaus gewagten Interpretationen der deutschen und der regionalen Küche erkochte sich Alexander Herrmann u.a. 16 von 20 Punkten des Gault Millau 2007 und den Titel »Aufsteiger des Jahres 2005« des »Bertelsmann Restaurant & Hotel Guide«. Zudem verlieh ihm der »Feinschmecker Hotel & Restaurant Guide 2007« 3,5 F. Nebenbei hat sich der erfolgreiche Spitzenkoch auch in den Medien etabliert: Im Bayerischen Fernsehen läuft seine eigene Kochsendung »Koch doch!« mit passender Kochbuchreihe.

CHRISTIAN JÜRGENS

Christian Jürgens durchlief nach seiner Ausbildung zum Koch Stationen der Spitzengastronomie wie das Restaurant »Tantris« in München, die »Residenz Heinz Winkler« in Aschau im Chiemgau, arbeitete bei Jörg Müller auf Sylt und Eckart Witzigmann in der »Aubergine« in München. Als Küchenchef und Geschäftsführer des Restaurants »Am Marstall« erkochte er sich innerhalb von einem Jahr den ersten Michelin-Stern. Die Zeitschrift »Der Feinschmecker« verlieh ihm als erstem die Auszeichnung »Restaurant des Jahres«. Seit 2001 ist er auf Burg Wernberg als Küchenchef tätig und hat sich mit dem Restaurant »Kastell« 2002 seinen zweiten Michelin-Stern verdient. Vom »Aral-Schlemmeratlas« wurde er mit fünf Bestecken (Höchstbewertung) ausgezeichnet und vom Gault Millau wurde der gebürtige Westfale mit drei Hauben sowie 17 Punkten geehrt. »Der Feinschmecker Hotel & Restaurant Guide 2007« sowie die Zeitschrift »Bunte« zählen ihn zu den besten zehn Köchen in Deutschland. Seinen Gästen präsentiert er unnachahmliche Köstlichkeiten wie Cassoulet von Hummer und Morcheln auf Lauch oder die von ihm kreierte gefüllte Kartoffelkiste mit Pfifferlingen auf Petersilienpüree. Auch mit seinen Fernsehauftritten und als Autor begeistert er ein großes Publikum.

MICHAEL KAMMERMEIER

Michael Kammermeier beherrscht sein Handwerk aus dem »Effeff«. Die höheren Weihen der Gourmandise hat er bei Stefan Marquard, einem der kreativsten Köche Deutschlands, sowie bei 3-Sterne-Koch Heinz Winkler in dessen Residenz in Aschau erworben. »Es kommt weniger darauf an«, sagt er, »dass man irgendwelche exklusiven Produkte verarbeitet, sondern vielmehr, was man aus gerade vorhandenen Lebensmitteln mit Liebe, Spaß und guten Ideen zaubern kann.« Dass er dies in die Praxis umsetzen kann, hat er im Gourmetrestaurant »Ente« in Wiesbaden, das der Guide Michelin seit 27 Jahren in Folge mit einem Stern krönt, bewiesen. Hier verwöhnt er als Chef de Cuisine seine Gäste mit Gaumenfreuden wie dem Vogelsberger Reh mit Kürbis, Kernöl und Zimt. »Der Feinschmecker Hotel & Restaurant Guide 2007« ehrte ihn mit 3 F.

WOLF-DIETER KLUNKER

Zu Beginn seiner Karriere arbeitete Wolf-Dieter Klunker unter anderem im «Finnlandhaus« in Hamburg, später als Küchenchef im »Finkenwerder Elbblick« in Hamburg und im Hotel »Kaltenkirchener Hof« in Kaltenkirchen.

Seit 1980 hält Wolf-Dieter Klunker dem »Fischereihafen Restaurant« in Hamburg als Küchenchef die Treue. Und treu sind ihm auch die 16 Punkte des Gault Millau, die ihm seit 26 Jahren in Folge verliehen werden. Im »Fischereihafen Restaurant« sind kulinarische Tradition und Moderne in perfekter Balance. Dabei bietet die Karte über traditionelle regionale Gerichte von Labskaus bis Aalsuppe hinaus auch neue Fischköstlichkeiten für jeden Geschmack. Asiatisches wie Dim Sum mit Wasabi oder Gambas in Tempura mit verschiedenen scharfen Saucen findet in seinem Restaurant immer Anklang. »Der Feinschmecker Hotel & Restaurant Guide 2007« ehrte Wolf-Dieter Klunker mit 2 F.

JÜRGEN KOCH

Jürgen Koch erlernte unter anderem im »Victorian« in Düsseldorf, im »Palace Hotel« von St. Moritz, in Texas und in Mexiko die hohe Kunst des Kochens. Irgendwann zog es ihn wieder in die fränkische Heimat. Mittlerweile steht er seit 15 Jahren zu Hause, im eigenen Restaurant »Laurentius« in Weikersheim, am Herd.

Weltläufige und zugleich bodenständige Küche ist bei ihm kein Widerspruch. Er nutzt beide Stile, aber besonders die gutbürgerliche Küche versteht er gefühlvoll zu verfeinern und in einer Hommage an die Region deren Esskultur zu würdigen. So liebt es Jürgen Koch, seinen Gästen als Amuse-Bouche eine Tauberfränkische Winzervesper zu servieren. Als Hauptgang kann eine Kalbshaxe mit Kartoffel-Endivien-Püree folgen. Diese »Hohenloher Küche eigener Prägung«, wie Koch sie nennt, reißt die gestrengen Kritiker des Gault Millau, die ihm dafür 15 Punkte verleihen, zu wahren Lobeshymnen hin. »Der Feinschmecker Hotel & Restaurant Guide 2007« ehrte Jürgen Koch mit 2,5 F.

JÖRG MÜLLER

Aus Freiburg im Breisgau stammend, hat Jörg Müller die verschiedensten Spitzenrestaurants kennengelernt: Er war u.a. im Hotel »Bellerive au Lac« (Zürich), im Hotel »Mira Mare Beach« auf Korfu oder im Hotel »Dorchester« in London, arbeitete im Hotel »Carlton« (St. Moritz) sowie im »Schweizer Hof« (Bern) und im Restaurant »Schweizer Stuben« (zwei Michelin-Sterne) in Wertheim-Bettingen, bis er schließlich als Pächter für das »Landhaus Nösse« auf Sylt zwei Sterne und 19 Punkte vom Gault Millau errang.

Sein eigenes Hotel-Restaurant »Jörg Müller« in Westerland ist bereits seit 1988 bis heute stolzer Besitzer eines Michelin-Sterns. Der Gault Millau hat seine Küche mit 18 Punkten geehrt. »Der Feinschmecker Hotel & Restaurant Guide 2007« ehrte ihn mit 4 F. Seine Weinkarte wurde mehrfach als beste Weinkarte Deutschlands prämiert. So bietet er seinen verwöhnten Gästen eine sehr eigenständige, lebendige Küche, die von bester badischer Kochtradition ebenso lebt, wie von regionalen Einflüssen seiner neuen Heimat und der internationalen Erfahrung auf dem Spitzenparkett der Gastronomie. Das 7-Gang-Menü offeriert unter anderem eine Variation vom Milchlamm mit Morcheln und Spargelspitzen und Keitumer Ziegenkäse auf Kürbis-Feigen-Confit.

NELSON MÜLLER

Sein Kochhandwerk hat der unternehmungslustige Nelson Müller bei Holger Bodendorf im Sternerestaurant »Veneto« (ein Michelin-Stern) auf Sylt gelernt. Als Commis de Cuisine war er anschließend bei Lutz Niemann in Timmendorf im Gourmetrestaurant »Orangerie« (ein Michelin-Stern) tätig. Dem Restaurant »Residence« in Essen blieb er fünf Jahre lang treu, wo er bei Henrie Bach und Berthold Bühler als Souschef arbeitete. Mit zwei Michelin-Sternen und 18 Punkten vom Gault Millau wurde dieses Restaurant für seine hervorragende Küche mit Köstlichkeiten wie der Roulade von Zander und Jakobsmuscheln im Zucchinimantel ausgezeichnet.

Bei all seinem Erfolg als Koch ist Nelson Müller doch immer ein Wanderer zwischen den Welten geblieben, denn seine zweite große Leidenschaft ist die Musik. So ist er von Zeit zu Zeit mit seiner eigenen Band »Nelson« auf Tour und hat ein erstes Album geplant. Darüber hinaus begeistert er in seiner eigenen Show im Schauspielhaus Essen seine Gäste.

WOLFGANG MÜLLER

Aus allem das Beste machen und dabei das Leben in vollen Zügen genießen – das ist das Motto von Wolfgang Müller und dieses Prinzip setzt er auch in der Küche kompromisslos um: 18 Punkte vom Gault-Millau sprechen für sich.

Der gebürtige Allgäuer Wolfgang Müller arbeitete nach seiner Ausbildung zum Koch in zahlreichen Spitzenrestaurants, so unter anderem in der »Alten Stadtmühle« in Schopfheim (Baden-Württemberg) und im »Hotel-Restaurant Adler« in Pfullendorf (Baden-Württemberg). Nach einem Jahr im Gourmetrestaurant »Imperial« im »Schlosshotel Bühler Höhe« machte er seine Meisterprüfung und blieb dem »Imperial« als Souschef, Küchenchef und als Executive Chef wiederum acht Jahre treu. Schließlich eröffnete er 1999 in Berlin das »Adermann«, wo er rasch einen Michelin-Stern erwarb.

Derzeit ist Wolfgang Müller als Chefkoch des Restaurants »Horváth« in Berlin tätig, wo er seine Gäste mit Köstlichkeiten wie einer Piccata vom Seeteufel und einem zartrosa gebratenen Rinderrücken verwöhnt. »Der Feinschmecker Hotel & Restaurant Guide 2007« ehrte ihn mit 1,5 F.

FRED NOWACK

Die große Liebe zur italienischen Küche – das zeichnet die Küche von Fred Nowack aus. Nach seiner Ausbildung zum Koch in der ehemaligen DDR zog es den jungen Koch zunächst nach Hamburg: Dort arbeitete er unter anderem im »Il Ristorante« und im Restaurant »Osteria Due«. Das Restaurant »Latini«, das er als Küchenchef in Hamburg leitete, war eine weitere Station auf seinem erfolgreichen Werdegang als Koch, der ihn schließlich – diesmal als Küchenchef – wieder nach Hamburg zurückführte.

Im Restaurant »Port« im »Hotel Hafen Hamburg« ist er vor Anker gegangen. Die Küche bietet typische Hamburger Spezialitäten, weiß aber auch mit internationalen Gerichten zu begeistern. So offeriert Fred Nowack seinen Gästen Hamburger Labskaus mit gebratenen Jakobsmuscheln und knusprigem Wachtelei.
Neben dem »Hotel Hafen Hamburg« hat Fred Nowack auch die Küchenleitung im »Empire Riverside Hotel« inne, das im Spätsommer 2007 seine Türen am Hamburger Hafen öffnet.

Fred Nowack tritt auch im Fernsehen auf: Beim ARD Mittagsbüffet und bei Kabel 1 präsentiert er einem breiten Publikum seine maritim und mediterran inspirierten Rezeptideen.

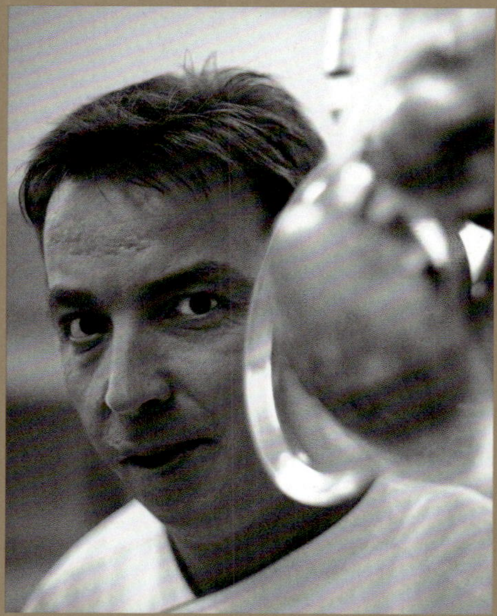

MARIO PATTIS

Der Dresdener Mario Pattis hat sich in seiner Heimatstadt einen Traum verwirklicht und eine mehr als einhundert Jahre alte Mühle in der Merbitzer Straße in ein romantisches Hotel mit Gourmetrestaurant verwandelt, die beide seinen Namen tragen. Hier serviert er seinen Gästen klassisch sächsische Menüs in der höfischen Tradition August des Starken, die er leicht und modern adaptiert hat: Wachtelconsommé unter der Blätterteighaube mit Pilzravioli, gefolgt von Medaillons vom Lammrücken auf Paprikamousseline mit einem Hauch von Lavendel verwöhnen die Gäste. Der gedämpfte Stör wird begleitet von aromatisierten Gemüsen mit Tomatenrisotto und duftet nach Fenchel.

Für seine köstlichen Kreationen erhielt Mario Pattis 1995 den ersten Michelin-Stern, der in den neuen Bundesländern verliehen wurde. Der Gault Millau zeichnete ihn mit 16 Punkten und »Der Feinschmecker Hotel & Restaurant Guide 2007« mit 2,5 F aus.

CHRISTIAN RACH

Wenn ein Student der Philosophie und Mathematik vom Hörsaal an den Herd wechselt, dann, weil das Kochen seine wahre Leidenschaft ist und von nun an sein Leben bestimmen wird.

Nachdem er die Nouvelle Cuisine durch einen Aufenthalt in Grenoble kennenlernte, danach als Souschef die Gelegenheit erhielt, im noblen »Korso« in Wien zu kochen, eröffnete der gebürtige Saarländer Christian Rach 1986 das Restaurant »Leopold« in Hamburg. Seit 1989 verwirklicht er sich sehr erfolgreich mit dem Restaurant »Tafelhaus« als selbstständiger Unternehmer und verlegte das Restaurant 2004 der schöneren Lage wegen an das Elbufer des Hafens. Warm geräucherten Lachs mit Gurke, Ingwer und Korianderpesto oder Saltimbocca vom Thunfisch und Kalb mit Tomatenmarmelade und Crostini serviert er dort unter anderem seinen Gästen. Seine weiteren Hamburger Restaurants, wie z. B. der »Engel« sind ebenfalls sehr erfolgreich. Christian Rach hat einen Michelin-Stern. Der Gault Millau zeichnete ihn mit 17 Punkten aus. »Der Feinschmecker Hotel & Restaurant Guide 2007« ehrte Rach mit 3,5 F. Christian Rach tritt auch im Fernsehen auf und geht als kritischer Restauranttester auf Sendung.

WOLFGANG RAUB

In seinem eigenen Restaurant »Raubs Restaurant« in Kuppenheim in Baden-Württemberg, das sich seit 1854 in Familienbesitz befindet, verwöhnt Wolfgang Raub bereits seit 1986 als Maître de Cuisine seine Gäste.

Den Grundstein seiner Karriere in der Spitzengastronomie hat er im »Brenner's Parkhotel« (Baden-Baden) bei Küchenchef Albert Kellner gelegt. Für den Gault Millau war er 1987 die »Entdeckung des Jahres«, zwei Jahre später erhielt er den ersten Stern des Guide Michelin und neben zahlreichen weiteren Auszeichnungen bewertete 2006 der Gault Millau seine Küche mit 18 Punkten. Seine Philosophie ist kurz und prägnant: Saisonale Frische, höchste Qualität, natürliche Produkte – und mündet in eine badische Küche, die sich durch eine leichte, zeitgemäße Zubereitung auszeichnet. Zu den Spezialitäten aus »Raubs Restaurant« zählen Bresse-Taube und Gänsestopfleber mit glasierten Weinbergpfirsichen und Piment d'Espelette oder Essenz vom Lamm mit Steinpilzravioli und gebeiztem Lammfilet. »Der Feinschmecker Hotel & Restaurant Guide 2007« ehrte Wolfgang Raub dafür mit 4,5 F.

TIM RAUE

Der gebürtige Berliner Tim Raue startete seine berufliche Laufbahn im Restaurant »Quadriga« im Hotel »Brandenburger Hof« in Berlin. Danach folgten die »Kaiserstuben« im ehemaligen »Ritz Carlton Schlosshotel Berlin« oder das »E. T. A. Hoffmann« in Kreuzberg. Tim Raue ist Mitglied der »Jeunes Restaurateurs d'Europe«. Seit Mai 2003 ist er Küchenchef des »Restaurants 44« im »Swissôtel« am Kurfürstendamm in Berlin. 2007 wurde er vom Gault Millau zum »Koch des Jahres« gekürt und erstmals mit 18 von 20 Punkten ausgezeichnet. Dem nicht genug, waren auch die Michelin-Tester von seiner Kochkunst überzeugt und verliehen ihm den ersten Stern. Damit zählt er laut Gault Millau zu den 32 besten Küchenchefs in Deutschland. »Er tischt in der Hauptstadt die Weltstadt auf. Faszinierend verbindet er das modisch Erwünschte mit dem handwerklich Möglichen in höchster Geschmacksintensität.«

Mit seiner Frau Marie-Anne Raue, die das »Restaurant 44« im »Swissôtel« am Kurfürstendamm als Maître d´Hôtel leitet, hat er es in drei Jahren geschafft, dieses zu einer der ersten Restaurantadressen Deutschlands zu machen. In der neuen Showküche des »Swissôtel Berlin«, dem »Kochstudio 44«, werden künftig Hobbyköche von Raues Kochkursen profitieren.

JÖRG SACKMANN

Jörg Sackmann ist Küchenchef im Gourmetrestaurant »Schlossberg« und Inhaber des Romantik Hotels »Sackmann« in Baiersbronn-Schwarzenberg im Schwarzwald, das bereits seit drei Generationen in Familienbesitz ist.

Seine Ausbildung hat Jörg Sackmann im Hotel »Traube« (Tonbach) absolviert, anschließend jeweils zwei Jahre bei Harald Wohlfahrt in der »Traube« und bei Eckard Witzigmann im Münchener »Aubergine« gearbeitet. Er ist Mitbegründer des deutschen Verbandes der »Jeunes Restaurateurs d´Europe«. Sein kreativer Kochstil versteht sich als moderne Küche, die Einflüsse aus der Schweiz und dem nahen Elsass mit der badischen Tradition verbindet. Mit Produkten aus dem Ländle wie Schwarzwälder Forelle, Beeren und Pilzen aus den heimischen Wäldern gelingt es ihm, mit liebevoll präsentierten, auch einfachen, bodenständigen Gerichten seine Gäste vollkommen zu überzeugen. Unter den vielen Ehrungen, die Sackmann zuteil wurden, sind unter anderem auch ein Michelin-Stern und 18 Punkte im Gault Millau zu nennen. »Der Feinschmecker Hotel & Restaurant Guide 2007« ehrte ihn mit 4 F. Der Gault Millau ernannte ihn 2006 zum »Aufsteiger des Jahres«. Jörg Sackmann ist Mitglied der Genussvereinigung »Les Amis de l'Art de Vivre«.

ERNST KARL SCHASSBERGER

Ernst Karl Schassberger, Chefkoch des Romantik Hotels »Schassberger Ebnisee« bei Stuttgart, das er gemeinsam mit seiner Schwester bereits in der siebten Generation führt, vollendete seine Lehr- und Wanderzeit bei Alain Ducasse in Monaco. Davor lernte er unter anderem bei Michel Guerard, Jose Arzac und Gérard Boyer. Seine Philosophie des Kochens konzentriert sich auf frische, regionale Produkte von hoher Qualität und deren geradlinige, geschmacklich raffinierte Zubereitung. Ernst Karl Schassberger weiß Naturprodukte gekonnt in Szene zu setzen. »Ist es nicht schön, so einfach, wie es ist?«, meint der erfolgreiche Spitzenkoch, der einen Michelin-Stern besitzt und vom Gault Millau mit 15 Punkten ausgezeichnet wurde. »Der Feinschmecker Hotel & Restaurant Guide 2007« ehrte ihn mit 3 F.

Neben dem Gourmetrestaurant »Ernst Karl« und der regionalen »Flößerstub« können Gäste auch am »Chef's Table« speisen. Das Ein-Tisch-Restaurant in der State-of-the-Art-Küche lockt mit einzigartigem Ambiente. Kochkurse, Weindegustationen und Küchenfeste sind fester Bestandteil des vielseitigen Eventprogramms der ehemals königlich Württembergischen Flößerherberge.

FRANK SCHICKER

Frank Schicker schlug zielstrebig seinen Weg in die Spitzengastronomie ein: Er absolvierte die Kochausbildung in Göttingen als Bester des Jahrgangs. Der 3-Sterne-Koch Gualtiero Marchesi in Mailand war ebenso wie Heinz Winkler im Restaurant »Tristan« auf Mallorca sein Lehrmeister.

Mit 27 Jahren eröffnete er bereits in seiner Heimatstadt Melsungen in einem historischen Fachwerkhaus sein eigenes Restaurant, die »Alte Apotheke«, das er bis September 2004 mit großem Erfolg führte. Schnell wurde er für seine Kochkünste mit einem Michelin-Stern ausgezeichnet. Im mecklenburgischen Schloss »Lütgenhof« im historischen »Schloss Restaurant« und im Restaurant »Terrazza« hat Frank Schicker seit 2004 eine neue Heimat gefunden. Das Gourmetrestaurant ist für seine köstlichen Kreationen wie dem rosa gebratenen Rind auf Estragon-Senf-Sauce weithin berühmt und wurde vom Restaurant-Guide »Der Feinschmecker« 2006 in die Kategorie der besten Restaurants Deutschlands erhoben.

ACHIM SCHWEKENDIEK

Nach seiner Kochausbildung verschlug es Achim Schwekendiek zunächst ins »Landhaus Ammann« nach Hannover, danach folgten das Restaurant »Felsenkeller« in Lauenau und das Mainzer »Hilton«. Rund zwei Jahre war er Souschef in »Averbecks Giebelhof« in Senden, bevor er als Chef Gardemanger in Heinz Winklers »Tantris« nach München wechselte. 1990 lernte er in Paris die besondere Raffinesse der französischen Küche kennen. Ein halbes Jahr in der Küche der Nobelherberge »Hôtel de Crillon« an der Place Concorde hat Achim Schwekendieks Kochstil inspiriert und geprägt. Zurück aus Paris, übernahm er Anfang 1992 die Küchenleitung im Restaurant »Alte Stadtmühle« (Schopfheim), bevor er die Prüfung zum Küchenmeister absolvierte. Mitte 1992 wurde er Küchenchef im »Hotel Hohenhaus« in Herleshausen. Hier erkochte er sich seinen ersten Michelin-Stern, gewann die »Kikkoman Masters« und wurde beim »Bocuse d'Or« bester Fischkoch Deutschlands. 1995 wurde er im Gourmetrestaurant des Schlosshotels »Münchhausen« mit einem Michelin-Stern ausgezeichnet. 17 Punkte bei Gault Millau, 4 Sterne bei Varta, 3,5 Löffel im »Aral-Schlemmeratlas«, sowie 3,5 Punkte im »Der Feinschmecker Hotel & Restaurant Guide 2007« zieren seine Küche.

BERND SIENER

Bernd Siener hat für seine exzellente Ausbildung die halbe Welt bereist. So arbeitete er unter anderem für Heinz Winkler im »Tantris« in München, in dessen Restaurant »Tristan« auf Mallorca und im Hotel »Traube« (Tonbach) bei Harald Wohlfahrt. Die Spitzengastronomie anderer Kulturen lernte er auch in Großbritannien, bei einem Auftrag für die Deutsche Botschaft in Bogotá (Kolumbien) und in Istanbul kennen.

1999 kehrte er zurück nach Deutschland. In Marburg bekleidet er seitdem die Position des Küchenchefs im »Vila Vita Rosenpark«. Seit 2002 glänzt über seinem Restaurant »Bel Etage« ein Michelin-Stern. Neben zahlreichen anderen Auszeichnungen kürte ihn der »Feinschmecker« zum »Aufsteiger des Jahres 2003«. »Der Feinschmecker Hotel & Restaurant Guide 2007« ehrte ihn mit 3 F.

Seine Gäste verwöhnt Siener sowohl mit feinen regionalen Spezialitäten als auch mit klassisch französischer Küche, die Einflüsse der mediterranen und asiatischen Esskultur aufgreift. Seine Erfahrungen als Spitzenkoch hat er auch als Autor der Öffentlichkeit zugänglich gemacht.

JÜRGEN W. SPERBER

Jürgen Sperber war nach seiner Ausbildung zum Koch in zahlreichen Gourmetrestaurants tätig, unter anderem in »Petermanns Kunststuben« in Zürich oder dem Restaurant von Joel Robuchon in Paris. Insbesondere seine Erfahrungen, die er in den Küchen Singapurs und Malaysias machte, kommen dem Gast nun in Jürgen Sperbers eigenem Restaurant zugute: Im Januar 2001 eröffnete er in Abstatt (Baden-Württemberg) am Fuß der Löwensteiner Berge den puristisch eleganten Hotelneubau »Sperber«.

Unter dem Motto »East meets West« tischt Jürgen Sperber hier kulinarische Highlights wie lauwarmen Hummer mit Cocosvinaigrette auf. Daneben begeistert er seine Gäste aber auch mit feiner regionaler Küche. Im Jahr 2006 ist die »Sperber-Lounge« in Heilbronn, die Nachtdependance, hinzugekommen. Alle drei Restaurants sind in den einschlägigen Gourmetführern sehr gut bewertet, das Hotel gehört zu den Topadressen in Deutschland.

Jürgen W. Sperber ist Koch, Hotelier, Autor und Dozent des neuen Studienganges Kulinaristik.

HANS-PAUL STEINER

Der sympathische Schwabe Hans-Paul Steiner erlernte sowohl den Beruf des Kochs im Hotel-Restaurant »Ratskeller« in Freudenstadt, volontierte aber auch als Konditor im »Café Sommer« in Stuttgart. In der Schweizer Spitzengastronomie war er unter anderem als Souschef im Hotel »Metropol« in Basel tätig. Danach führte ihn sein beruflicher Weg ins Hotel »Hilton« nach London und ins Hotel »Lancaster» nach Paris. Als Küchenchef im Restaurant »Traube« in Stuttgart-Plieningen erwarb er sich seine Meriten mit seinem ersten Michelin-Stern.

1980 kaufte er das Hotel und Restaurant »Hirschen« in Sulzburg im Markgräflerland. Inzwischen hat er sich mit seinem Restaurant, das er gemeinsam mit seiner Familie betreibt, zwei Michelin-Sterne erkocht. Regionale Wildgerichte wie Crepinette vom Rehrücken mit einem Salpicon von Pilzen, neuem Spitzkraut und Apfelstrudel werden von den verwöhnten Gästen und den Kritikern hoch geschätzt. »Der Feinschmecker Hotel & Restaurant Guide 2007« ehrte ihn mit 3,5 F.

Herzlichen Dank an ...

HANS STEFAN STEINHEUER

Hans Stefan Steinheuer begann seine Karriere im Restaurant »Gut Schwarzenbruch« in Stolberg bei Aachen und war danach im Hotel »Erbprinz« in Ettlingen tätig. Schließlich arbeitete er in den »Schweizer Stuben« in Wertheim-Bettingen, wo er zum Stellvertreter von Dieter Müller ernannt wurde. 1984 beschloss er, eigene Wege zu gehen, und übernahm mit seiner Frau Gabriele das Gasthaus seiner Eltern in Bad Neuenahr-Heppingen. Im gemütlichen Landgasthof »Poststuben«, den er 1985 eröffnete und für den er die regionaltypischen Rezepte seiner Mutter veredelt hat, gibt es beispielsweise Ahrtaler Rehsauerbraten, Rheinische Bohnensuppe oder gebratene Blutwurst mit Senf-Kartoffelsalat.

In Steinheuers Restaurant »Zur Alten Post« serviert er eigene Kreationen, mit denen er sich zwei Michelin-Sterne erkocht hat und für die er vom Gault Millau mit 19 Punkten geehrt wurde. Hier werden Spezialitäten serviert wie Gänsestopfleberterrine in Feigen-Tokayer-Gelee, Steinbutt mit Trüffelkruste auf grünen Spargelspitzen oder Eifler Reh im Champignon. Hans Stefan Steinheuer wurde auch unter die »Top Ten Köche 2006« gewählt. »Der Feinschmecker Hotel & Restaurant Guide 2007« zeichnete Steinheuer mit höchstmöglichen 5 F aus.

ROLF STRAUBINGER

Im Burgrestaurant »Staufeneck« im baden-württembergischen Salach ist Rolf Straubinger zugleich Küchenmeister und Hausherr. Nachdem er beruflich in verschiedenen Restaurants der Spitzenklasse Station gemacht hatte, so unter anderen im »Tantris« in München oder bei Harald Wohlfahrt im Hotel »Traube« (Tonbach), übernahm er 1990 den elterlichen Betrieb und eröffnete 2002 das Burghotel, das bereits ein Jahr später von der DEHOGA mit 5 Sternen ausgezeichnet wurde.

Die Gourmetkritik beschreibt die Küche Rolf Straubingers als gekonnte Symbiose mediterraner Leichtigkeit und schwäbischer Lebensart und überhäuft ihn mit Preisen, etwa 1996 als Bocuse d'Or Sieger Deutschland und 1997 mit dem Sonderpreis »Bester Fischkoch« im Bocuse d'Or Weltfinale. Auch erstrahlt ein Michelin-Stern über seinem Restaurant und der Gault Millau bewertet seine Küche mit 17 Punkten. »Der Feinschmecker Hotel & Restaurant Guide 2007« ehrte Rolf Straubinger mit 3 F, der »Varta-Führer« verlieh ihm zwei Sterne. Aber bei schwäbischen Köstlichkeiten wie Rehrückenscheiben auf süßsauren Pfifferlingen mit eingelegten Aprikosen und knusprigen Schupfnudeln ist das auch nicht verwunderlich.

... UNSERE PROBEKÖCHE

Ein besonderer Dank gilt allen Probeköchen, die jedes einzelne Rezept unserer Spitzenköche »auf Herz und Nieren« geprüft und en détail nachgekocht haben: Karoline Ahrens, Georg Aigner, Margret Behrendt, Charlotte Berger, Karin Fink, Eva Fischer, Thomas Fischnaller, Iris Ghiai, Irene Klose, Ulrich Koke, Verena Natterer, Kerstin Nollmann, Walburga Ott, Sonja Ott-Dörfer, Petra Roth, Brigitte Ruchholtz, Marcel und Susanne Schellong, Bärbel Schermer, Gisela Schmid, Ursel Schultze, Dorothee Seeliger, Jakoba Siller, Gerhard Steenken, Marc Strittmatter, Ernst Wagner, Eva Weber-Schmid, Carsten Wittwer und Beate Höß-Zenker.

Bezugsquellen

Suchen, finden, bestellen: anspruchsvolle Zutaten leicht einkaufen – im Internet

www.bavarianbeershop.de
Onlineversand der bayerischen Brauereien Eichhofener, Kneitinger und Schneider-Weiße

www.bosfood.de
Alles online einkaufen: von Austern bis Demi Glace, Trüffeln und mehr, mit eigenem Geschäft in Düsseldorf

www.dallmayr-versand.de
Internetseite des traditionsreichen Münchener Feinkostgeschäfts mit breitem Sortiment, darunter auch zahlreiche Hausmarken

www.der-feinschmecker-club.de
Onlineshop der Zeitschriften »Der Feinschmecker« und »Wein Gourmet« mit edlem Kochzubehör, Delikatessen und Wein

www.Dinsesculinarium.de
Kleines, feines Sortiment an Feinkost, darunter einige ursprüngliche Spezialitäten, die zu den »Arche-Passagieren des Geschmacks« von Slow Food e.V. gehören, z. B. Bamberger Hörnchen, alte Tomaten- und Erdbeersorten

www.doit24.de
24.000 Supermarktartikel von frischem Brot über Pizza bis zu Spezialitäten und Haushaltswaren

www.edeka24.de
Onlineversand des gesamten Edeka-Warensortiments (mit Ausnahme von Frischwaren); ausgewählte Rezepte und Warenkundeinformationen

www.Eworld24.de
Der Internet-Spezialitätenshop der Edeka-Südwest e. G. Hier finden sich ausgewählte Weine, Champagner und Feinkost.

www.Feinkostseite.de
Feinkostversand mit Schwerpunkt auf Schwarzwälder Marmeladen und Konfitüren

www.Feinkostversand.de
Weimarer Onlineversand von Biofleisch, Thüringer Wurstspezialitäten und zahlreichen Feinkostprodukten

www.Freshgourmet.de
Frische, mediterrane Lebensmittel (auch Fleisch und Fisch) sowie Feinkost und Delikatessen

www.fruchtversand.de
Bundesweiter Bio-Lieferservice für Frischprodukte wie Obst und Gemüse sowie Naturkost aller Art (Wurst, Käse, Getreide etc.)

www.Gaumenshop.de
Web-Kaufhaus für Back-, Koch- und Küchenzubehör

www.Gourmondo.de
Internationale Lebensmittel aus Italien, Spanien, Frankreich, China, Japan, Indien und Südostasien

www.Herbaculix.com
Über 1.600 Kräuter und Gewürze, seltene Wurzeln und Rinden, getrocknete Blüten und Blätter, Tee der Firma Schimmelschmidt im Odenwald

www.hobbybaecker.de
Spezial-Versandhaus für Backzubehör aller Art mit Geschäft in Bellenberg

www.hin-zur-natur.de
Vegetarische Lebensmittel (Obst, Gemüse, Brot) im »friedfertigen Landbau« erzeugt und direkt vermarktet

www.Klosterbrauerei.com
Riesige Bierauswahl im Web oder im Klosterladen in Neuzelle an der Oder: von Schwarzbier, glutenfreiem Bier bis Badebier; alles Wissenswerte zum Thema Bier

www.Kraeuterzauber.de
Getrocknete Kräuter und feine Gewürze der Firma Edora für die kulinarische Kochweltreise

www.Leano.de
Onlineversand für feinste Bioprodukte der Firma Lea (Lebe anders GmbH) und anderer Hersteller

www.leipner-selektion.de/shop
Feines für Genießer: Delikatessen, Wein, Kochzubehör, sächsische Spezialitäten und Saisonprodukte

www.lunas-delikatessen.de
Produkte für die feine Küche (z. B. Gewürze, Würzmittel, Wurst, Fischprodukte, Trüffel etc.) sowie italienische Feinkost und Wein aus aller Welt

www.manufactum.de
Im Segment Lebensmittel hochwertige, ausgefallene Spezialitäten, z. B. Liebigs Fleischextrakt, Safran, Hutzeln (Dörrbirnen), Thüringer Senf, Wacholderbrand, blaue Kartoffeln

www.Omikron-online.de
Onlineshop und Ladengeschäft in Neckarwestheim für Naturwaren aller Art, ätherische Öle, Kräuter und Gewürze aus aller Welt, kleines Naturkostsortiment

www.Phytofit.de
Onlineshop des traditionsreichen Kräuterhauses Lindig, auch bekannt als »der Wurzelsepp«, der eine Vielzahl an Gewürzen, Kräutern sowie Tees und ätherische Öle anbietet. Hier gibt es alte Schätze wie Schwedenkräuter und Klettenwurzelhaaröl.

www.Seven-shopping.de
Lebensmittelsupermarkt online mit 15.000 Produkten, darunter auch ein umfangreiches internationales Lebensmittelsortiment

www.Shopian.de
Online einkaufen, verweist bei Lebensmitteln auf www.kelkoo.de, bei Feinkost auf www.insiderAsia.de und bei Delikatessen auf www.Dinsesculinarium.de

www.tortissimo.de
Onlineversand für Backzubehör von Ausstechern bis Zutaten

www.Wineandco.com
Die Welt der Weine im Internet: Im Onlineshop für Spitzenweine aus aller Herren Länder und ausgewählte Spirituosen (z. B. Calvados)

www.yotengo.de
Umfangreiches Sortiment nicht alltäglicher Lebensmittel aus dem In- und Ausland

RÖSLE

Die Klassiker

→ Überzeugende Funktion und nachhaltiges Design.

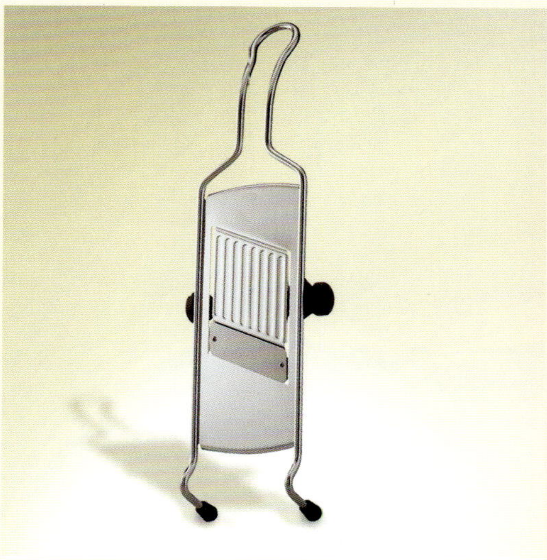

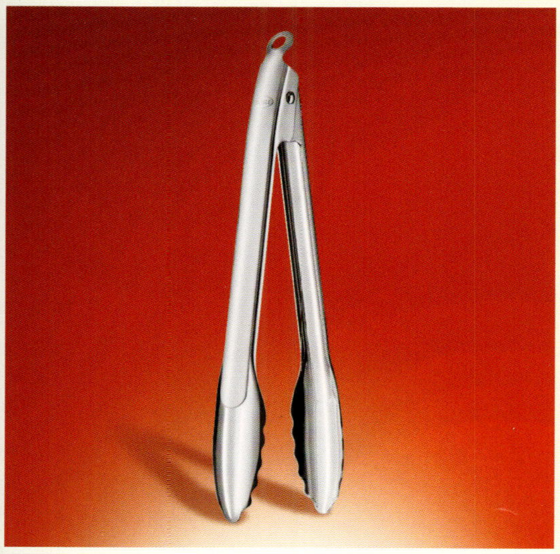
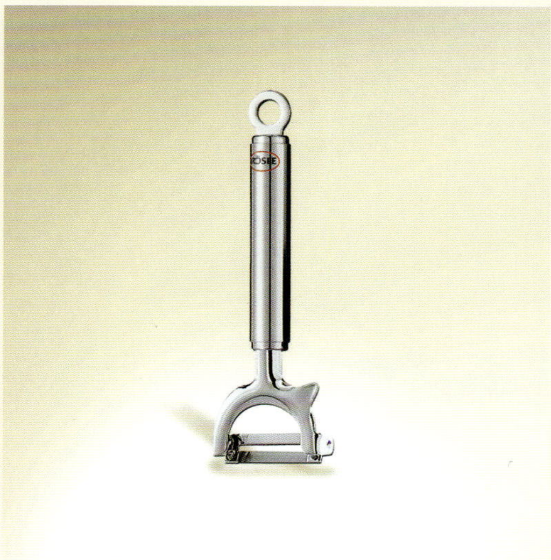

IMPRESSUM

Verlag	© 2007 TEUBNER Grillparzerstr. 12, D-81675 München TEUBNER ist ein Unternehmen des Verlagshauses GRÄFE UND UNZER, GANSKE VERLAGSGRUPPE www.teubner-verlag.de
Programm- und Verlagsleitung	Dorothee Seeliger
Projektleitung und Redaktion	Sonja Ott-Dörfer
Redaktion, Text und Lektorat	Bärbel Schermer
Bildredaktion	Sonja Ott-Dörfer, Claudia Bruckmann, Astrid Mathé
Herstellung	Susanne Mühldorfer
Beratung	Bobby Bräuer, Dr. Maria Haumaier
Rezepte	Bernd Arold, Michael Baader, Markus Bischoff, Ingo Bockler, Holger Bodendorf, Bobby Bräuer, Matthias Buchholz, Thomas Bühner, Bernhard Diers, Alexander Dressel, Karl Ederer, Gerd Eis, Martin Fauster, Stephan Franz, Björn Freitag, Karl-Josef Fuchs, Jörg Glauben, Hans Haas, Markus Herbicht, Alexander Herrmann, Christian Jürgens, Michael Kammermeier, Wolf-Dieter Klunker, Jürgen Koch, Jörg Müller, Nelson Müller, Wolfgang Müller, Fred Nowack, Mario Pattis, Christian Rach, Wolfgang Raub, Tim Raue, Jörg Sackmann, Ernst Karl Schassberger, Frank Schicker, Achim Schwekendiek, Bernd Siener, Jürgen Sperber, Hans-Paul Steiner, Hans Stefan Steinheuer, Rolf Straubinger
Freie Autoren	Einleitung: Ingrid Schindler Sonderseiten: Margarethe Brunner, Cornelius und Fabian Lange, Robert Lücke, Bärbel Schermer, Ingrid Schindler, Ingo Swoboda, Katrin Wittmann
Fotografie	Alle Rezeptaufnahmen, Haupttitel, Kapitelaufmacher und Steps: Westermann Studios GbR: Nikolai Buroh Fotografische Mitarbeit: Thordis Rüggeberg, Bea Singer, Susanne Tiepelmann Foodstyling: Roland Geiselmann (Leitung), Maren Jahnke, Volker Hobl, Rocco Dressel Styling: Katrin Heinatz, Meike Stüber, Anja Buroh Assistenz: Yvonne Gastler, Chiara Cigliutti, Tina Quardon, Britta Kohl
Titelfoto	Westermann Studios GbR: Nikolai Buroh
Gestaltungskonzept	independent Medien-Design, München, Sandra Gramisci
Layout und Satz	Gabriele Wahl, w & w Verlagsservice, Füssen
Reproduktion	Repromayer, Reutlingen
Druck	Appl, Wemding
Buchbinderei	Sigloch, Blaufelden
Auflage/Jahr	2. Auflage 2007
ISBN (13)	978-3-8338-0464-9

GRÄFE UND UNZER

Ein Unternehmen der
GANSKE VERLAGSGRUPPE

Liebe Leserin und lieber Leser,

wir freuen uns, dass Sie sich für ein TEUBNER-Buch entschieden haben. Mit Ihrem Kauf setzen Sie auf die Qualität, Kompetenz und Aktualität unserer Bücher. Dafür sagen wir Danke! Ihre Meinung ist uns wichtig, daher senden Sie uns bitte Ihre Anregungen, Kritik oder Lob zu unseren Büchern. Haben Sie Fragen oder benötigen Sie weiteren Rat zum Thema? Wir freuen uns auf Ihre Nachricht!

Wir sind für Sie da!
Montag – Donnerstag:
8.00 – 18.00 Uhr
Freitag: 8.00 – 16.00 Uhr

Tel.: 0180-5 00 50 54*
Fax: 0180-5 01 20 54*
*(0,14 €/Min aus dem dt. Festnetz/ Mobilfunkpreise können abweichen)
E-Mail:
leserservice@graefe-und-unzer.de

P.S. Wollen Sie noch mehr Aktuelles von TEUBNER wissen, dann abonnieren Sie doch unseren kostenlosen Genuss-Newsletter und/oder unser kostenloses TEUBNER MAGAZIN.

GRÄFE UND UNZER Verlag
Leserservice
Postfach 86 03 13
81630 München

Wir danken der Firma **RÖSLE** für die Bereitstellung der verschiedenen Küchenutensilien (www.roesle.de).

Ebenso bedanken wir uns bei Frau **Manuela Ferling**, Agentur Kochende Leidenschaft, für die Vermittlung der Köche (www.kochende-leidenschaft.de).

Bildnachweis:
S. 4 alle: Westermann Studios GbR; S. 6 alle: Westermann Studios GbR;
S. 8: Niedersachsen, rechts: mauritius images (Torsten Krüger); links: mauritius images (Torsten Krüger); Nordrhein-Westfalen, rechts: mauritius images (imagebroker.net); links: mauritius images (Werner Otto); Thüringen/Nordhessen: mauritius images (Karl-Heinz Hänel); Rheinland-Pfalz/Saarland/Südhessen, rechts: mauritius images (Hans-Peter Merten); links: mauritius images (Friedel Gierth); Baden-Württemberg, rechts: mauritius-images/Westend61; links: mauritius images (Roland T. Frank); S. 9: Bayern: mauritius images (imagebroker.net); Sachsen/Sachsen-Anhalt: ullstein – Momentphoto; Berlin/Brandenburg: mauritius images (imagebroker.net); Mecklenburg-Vorpommern, rechts: mauritius images (pepperprint); links: mauritius images (Thorsten Krüger); Hamburg/Bremen/Schleswig-Holstein: CORBIS/zefa (Guenter Rossenbach); S. 10: StockFood GmbH/Joerg Lehmann; S. 11: mauritius images (pepperprint); S. 12: FoodPhotographie Eising/Stockfood; S. 13: ullstein – Lengemann; S. 24: akg-images; S. 25: ullstein – Archiv Gerstenberg; S. 26: ullstein – Archiv Gerstenberg; S. 27: akg-images; S. 28, rechts: mauritius images (Klaus Hackenberg); S. 28, links: mauritius images (Günter Rossenbach); S. 34: CORBIS/zefa (P. Manner); S. 35: mauritius images (Horst Kolley); S. 36: mauritius images (Bernd Römmelt); S. 37: mauritius images (bw media Photoagentur); S. 42, rechts: ullstein – CARO/Muhs; S. 42, links: ullstein bild – joko; S. 63, rechts: mauritius images (Sabine Steputat); S. 63, links: mauritius images (Manfred Mehlig); S. 77, rechts: mauritius images (ANP Photo); S. 77, links: mauritius images (Robert Knöll); S. 78: Foodfoto Teubner; S. 79: ullstein bild – histopics; S. 96: mauritius images (Rudolf Pigneter); S. 97: mauritius images (PowerStock); S. 98: mauritius images (Harry Walker); S. 99: ullstein – Brockdorff; S. 114: mauritius images (Caroline); S. 115: mauritius images (Martin Baumgärtner); S. 126: ullstein bild; S. 127: mauritius images (dieKleinert); S. 138: mauritius images (Rainer Waldkirch); S. 139: ullstein – Klietz; S. 140: mauritius images (age fotostock); S. 141: mauritius images (Hiroshi Higuchi); S. 145, rechts: mauritius images (Norbert Rosing); S. 145, links: mauritius images (Fritz Pölking); S. 148, rechts: ullstein bild (imagebroker.net); S. 148, links: akg-images; S. 182: mauritius images (Ulrich Kerth); S. 183: CORBIS/zefa (Uli Wiesmeier); S. 200: mauritius images (Ypps); S. 201: mauritius images (Photononstop); S. 202: mauritius images (age fotostock); S. 203: mauritius images (Peter Rathmann); S. 210, rechts: CORBIS/zefa (Ute Kaiser); S. 210, links: ullstein – Neuhauser; S. 214, rechts: ullstein bild; S. 214, links: CORBIS/Hulton – Deutsch Collection; S. 240: mauritius images (age fotostock); S. 241: mauritius images (age fotostock); S. 242: ullstein (Sabine Wolf); S. 243: ullstein bild – Unkel; S. 264: ullstein bild (imagebroker.net); S. 265: ullstein bild; S. 268, rechts: ullstein – Cuveland; S. 268, links: ullstein – Giribas; S. 287: Foodfoto Teubner; S. 290: mauritius images (Hicazi Özdemir); S. 291: mauritius images (Herbert Kehrer); S. 295: Foodfoto Teubner; S. 308, rechts: ullstein – CARO/Sorge; S. 308, links: mauritius images (Torsten Krüger); S. 312: mauritius images (Hans-Peter Merten); S. 313: mauritius images (imagebroker.net); S. 314: ullstein – Scherf; S. 315: mauritius images (age fotostock); S. 336, rechts: ullstein bild (Wodicka); S. 336, links: mauritius images (Torsten Krüger); S. 338: mauritius images (K. W. Gruber); S. 339: mauritius images (Haag + Kropp); S. 340: mauritius images (Manfred Mehlig); S. 341: ullstein bild – Unkel; S. 343, rechts: mauritius images (Hubertus Blume); S. 343, links: mauritius images (age fotostock); S. 352: ullstein – Eckel; S. 353: mauritius images (age fotostock); S. 389, rechts: ullstein bild (Cooper); S. 389, links: ullstein bild (Roger-Viollet); S. 402: mauritius images (Rudolf Pigneter); S. 403: mauritius images (Steve Vidler); S. 404: mauritius images (Herbert Kehrer); S. 405: mauritius images (imagebroker.net); S. 424: mauritius images (Werner Otto); S. 425: mauritius images (Torsten Krüger); S. 426: mauritius images (Manfred Habel); S. 427: mauritius images (Torsten Krüger); S. 491, rechts: ullstein bild (imagebroker.net); S. 491, links: ullstein bild (imagebroker.net); S. 492: ullstein – Seyboldt; S. 493: mauritius images (Günter Rossenbach); S. 494: ullstein – CARO/Klemmer; S. 495: ullstein bild – AP; S. 546: ullstein – CARO/Riedmiller; S. 547: ullstein – Ibis Bildagentur; S. 554, rechts: StockFood GmbH/Joerg Lehmann; S. 554, links: mauritius images (Ferdinand Hollweck); S. 596 Herrmann: Herrmanns Posthotel/Derek Henthorn
Warenkundebilder Westermann Studios GbR: S. 19; S. 32; S. 38; S. 46 oben; S. 47 Thüringer Bratwurst; S. 60; S. 80 oben; S. 81 Blumenkohl; S. 83; S. 88; S. 90; S. 94; S. 118; S. 128 oben; S. 134; S. 142; S. 152; S. 175; S. 184 oben; S. 191; S. 206; S. 226 oben; S. 228; S. 245; S. 272; S. 330; S. 345; S. 349; S. 364; S. 366 oben; S. 369 Steckrübe; S. 420; S. 428; S. 442; S. 450 oben; S. 456; S. 475; S. 488; S. 516/517 gesamt; S. 524; S. 537; S. 548; S. 563
Warenkundebilder Foodfoto Teubner: S. 128/129; S. 184/185; S. 226/227; S. 366/367/368/369; S. 450/451/452/453; S. 516/517

Die TEUBNER Edition:

DAS GROSSE BUCH VOM FLEISCH

320 Seiten mit ca. 700 Farbfotos,
Format 23 x 30 cm.

ISBN 978-3-8338-0167-9
69,90 € [D]/71,90 € [A]/116,–sFr

DAS GROSSE BUCH VOM FISCH

320 Seiten mit ca. 900 Farbfotos,
Format 23 x 30 cm.

ISBN 978-3-7742-6966-8
69,90 € [D]/71,90 € [A]/116,–sFr

DAS GROSSE BUCH VOM WILD

320 Seiten mit ca. 600 Farbfotos,
Format 23 x 30 cm.

ISBN 978-3-8338-0695-7
69,90 € [D]/71,90 € [A]/116,–sFr

DAS GROSSE BUCH DER MEERESFRÜCHTE

320 Seiten mit ca. 800 Farbfotos,
Format 23 x 30 cm.

ISBN 978-3-7742-6967-5
69,90 € [D]/71,90 € [A]/116,–sFr

- Kochbuch, Lesebuch und Nachschlagewerk in einem
- Kombination aus klassischen, traditionellen und neuen, innovativen Rezepten
- Von Spitzenköchen rezeptiert und getestet
- Hochwertige Ausstattung mit luxuriösem Schuber
- Einzigartig auf dem deutschsprachigen Kochbuchmarkt

TEUBNER

kochen | erleben